中国近现代文化思想学术文丛

# 中國通史要略

缪凤林 著

中国书籍出版社

图书在版编目（CIP）数据

中国通史要略/缪凤林著.—北京：中国书籍出版社，2017.3
（中国近现代文化思想学术文丛）
ISBN 978-7-5068-5392-7

Ⅰ.①中… Ⅱ.①缪… Ⅲ.①中国历史-古代史 Ⅳ.①K22

中国版本图书馆 CIP 数据核字（2016）第 023760 号

### 中国通史要略

缪凤林　著

| | |
|---|---|
| 图书策划 | 范洪军 |
| 责任编辑 | 刘　娜 |
| 责任印制 | 孙马飞　马　芝 |
| 封面设计 | 北京汇智泉文化传播有限公司 |
| 出版发行 | 中国书籍出版社 |
| 地　　址 | 北京市丰台区三路居路 97 号（邮编：100073） |
| 电　　话 | （010）52257143（总编室）（010）52257140（发行部） |
| 电子邮箱 | eo@chinabp.com.cn |
| 经　　销 | 全国新华书店 |
| 印　　刷 | 三河市华东印刷有限公司 |
| 开　　本 | 710 毫米×1000 毫米　1/16 |
| 印　　张 | 28 |
| 字　　数 | 360 千字 |
| 版　　次 | 2017 年 3 月第 1 版　2017 年 3 月第 1 次印刷 |
| 书　　号 | ISBN 978-7-5068-5392-7 |
| 定　　价 | 56.00 元 |

版权所有　翻印必究

# 出版者的话

十九世纪中叶以后，西方学术思想来到中国，并得到了广泛的传播，长期束缚国人的思想禁锢得到解放；至二十世纪初，随着清帝逊位，二千余年的封建帝制彻底宣告结束，中国进入一个崭新的时代——社会历史的新时代，也是思想学术的新时代。

在这个新的时代，随着海外留学的大力拓进、新学堂的纷纷建立、西学学理的广泛传播，国内各学术领域进入了一个空前繁荣时期，同时也造就了一批博古通今、学贯中西的大师。这些学术大师秉承"独立之精神、自由之思想，为后世学人表率"之旨，撰著了一批对当时及后世的中国学术发展与演进均产生巨大影响的经典学术著作。这些著作反映了中国近现代的学术研究成果，全面展示了中国现代学术体系建立及发展过程。这些大师级学人的经典著述，虽经岁月的磨洗，至今仍然璀璨生辉，在诸多学术领域发挥着广泛影响。

民国初叶处于历史激变时期的大师级学者，他们都有一个共同的特点：既受过中国传统思想文化的洗礼，国学功底深厚；同时又接受过西方先进学术思想的熏陶，能够熟练运用所学西方先进的学术理念和科学方法，研究国是，探求真知；更重要的一点，他们有着严谨治学的态度，精益求精的治学精神——他们令人叹为观止的学术成，正是建基于这种种主客观因素之上的。

还须指出的是，那一时期独立之精神、自由的思想与学术氛围亦十分重要，与孕育培养出学术大师、撰著出版学术经典密不可分。在今天的清华园中，陈寅恪先生为王国维纪念碑撰写的碑文，至今可谓金声玉振、振聋发聩:"先生之著述,或有时而不章,先生之学说,或有时而可商,唯此独立之精神,自由之思想,历千载万祀,与天壤而同久,共三光而永光!"精神独立、思想自由,是王国维的学术品格,也是民国初叶众多学术大师所共有的学术风范。

二十世纪已经渐渐远去。那是个人才辈出的时代,也是个激变的时代,更是一个留下了自己深深印痕的时代。那个时代所产生的众多人文学术大师及其学术成果,当时是、现在是、也将永远是我们国家一笔丰厚的文化财富,值得后人珍惜、继承和研究。

编辑出版这套《中国近现代文化思想学术文丛》,我们存有一个素朴的心愿:既坚持学术性与可读性并重的原则,亦以弘扬这些人文大师们的学术经典为指归,来进一步展示这些学术经典是中华民族的文化之本;让广大读者从中体悟到,阅读经典可以帮助人们深入理解我国传统文化的深层结构与博大精深。经典愈悠久,就愈具有长期的重要历史影响与现实作用。

整理出版这套文丛,可为广大读者提供二十世纪初期以来的中国学术精品。这些著述以历史、文学、哲学为主,不仅是近代各新学科的开山之作,亦是典范之作,业已经历时间检验,学术界对其有一定的肯定。如胡适的《白话文学史》、蔡元培的《中国伦理学史》、陈青之《中国教育史》等,皆为轰动当时并影响至今的经典学术著作,有些著作更是近年来第一次整理出版。

本次编辑整理这些著作,均以民国时期的初版为底本,用现代汉语标点符号标点,采用横排简体的形式出版。本着尊重原著的原则,对原书中一些词汇,包括人名、地名、书名及其译名皆仍其旧,不做改动,一般只做技术性处理。

盛世多撰述,盛世出好书,盛世重藏书。在今天这个中华民族最接近伟大复兴的时代,推出这套文丛,其嘉惠时人、流传后世意义不言而喻,出版者和广大读者当以此目标共勉。

中国书籍出版社
2016年2月

# 目录

自序 …………………………………………………………… 1

## 第一篇

第一章　总　　说 …………………………………………… 2
第二章　传疑时代（唐虞以前）…………………………… 14
第三章　封建时代（唐虞夏商西周）……………………… 28
第四章　列国时代（东周）………………………………… 49
第五章　统一时代（秦汉）………………………………… 77

## 第二篇

第六章　混乱时代与南北对峙时代（魏晋南北朝）……… 114
第七章　统一时代与割据时代（隋唐五代）……………… 155

## 第三篇

第八章　汉族式微与北方诸族崛兴时代（宋元）………… 214
第九章　汉族复盛时代（明）……………………………… 286
第十章　满族入主时代（清）……………………………… 342

# 自 序

　　民国十二年秋，余始讲授国史于沈阳东北大学。时坊肆出版课本，率多浅陋，余之学力亦未能于短期内另编新册，惟辑印补充讲义及参考资料，以应讲授之需。光阴荏苒，余所辑印者，亦以时增益，至十七年南归，改就中大教职，已积稿盈数寸矣。余病其庞杂，乃开始整理。欲以十载二十载之时间，以全史为经，纬以百家。编一较详备之大学国史教本。名曰《中国通史纲要》，分为四篇，首导论，次历代史略，次政治制度，次学术文化。每成一章，即付学校印作讲义，及至第二年再印，例有一度之增改。至二十一年秋，第一册始由南京钟山书局正式出版，二十二年及二十四年，又续印二三两册，然仅及第二篇隋唐五代章而止，共约八十余万言。第四册为第二篇宋元时代章，方拟于二十六年秋最后改定付印，而抗倭战起，余只身随校西迁，初意东归之日，或不在远，余之编撰工作，或仅暂时间息。无何，首都沦陷，十余年来辛勤搜集之图籍二万三千余册，悉为倭寇攫夺以去。中夜悲愤，绕室兴叹，虽著述之志犹昔，然资粮尽丧，亦惟悬鹄以俟而已。

　　二十七年后，每岁夏秋，余辄讲学西北，横秦岭，度陇坂，登太华，涉皋兰，游宗周秦汉隋唐之故墟，访灵台阿房上林西苑曲江之遗址，感我国族之蕴藉，若是其闳硕，宅居之山河，若是其壮美，经历之年岁，若是其悠久，余忝居讲席，当此神圣抗战之会，既不获执干戈以临前敌，苟对我先民盛德宏业，犹弗克论载，罪莫大焉。二十八年归后，始浩然有写作之思。既先后著《民族宝训》、《中国民族文化》、《西北史略》（即西北问题一书第一部分）、《汉武经略河西考》暨《国史上之战斗观》诸小册，刊印流布。又以教部新颁大学课程，文理法师诸院新生，概须讲习普通国史一年，旧著《纲要》，篇幅过巨，且印本已不易得，不如另草一简编，就我国族所以开拓广土抟结庶众及历久长存之本原，与其政治文化社会各种变迁之荦荦大者，略述其根柢与趋向，以饷学子，亦书生报国之一端也。因抗战以来，物力维艰，初拟以十万字为率，庶便刊印，嗣以论述范围较广，书成后，并附注合计，溢出原定字数几至两倍，兹分三篇排印，名曰《中国通史要略》，所以示别于旧著《纲要》也。

昔曾子固序《南齐书》有云，"古之所谓良史者，其明必足以周万事之理，其道必足以适天下之用，其智必足以通难知之意，其文必足以发难显之情。……使诵其说者如出乎其时，求其指者如即乎其人。"自来论史，未有高于此者。然由其所言，虽司马氏《史记》自谓欲以"究天人之际，通古今之变，成一家之言"者，犹有病语。况其他邪。是其言固论史之典范，然自汉以后。固无一人焉能合此准则者也。以余末学，诚不敢仰企于万一。

又此课本，简略已甚，亦不足以言史学。然纂述之宗旨与夫用心之所在，亦有可得而言者。史为人事之记录，人事之演进，虽无前定之原则，就已陈之迹而察之，又若有端绪可寻。撰述历史，首在寻得此端绪，一也。史文叙述，其事实皆有客观的存在，言史者惟当以事实为依归，实事求是，不宜先怀成见，尤忌向壁虚造，务求所言合乎人心之公，绝不能稍逞一人之私，二也。营阿房建章之宫者，张千门而立万户，若寻丈之基，止宜筑为环堵之室，屋大小殊，则其制异也。十数万言之课本，断不能事事求备，要在别择史迹之重轻，著其大而忽其细，必有所舍，乃能有所显，三也。传曰，圣人有以见天下之赜而拟诸其形容。见天下之动而观其会通。窃谓编纂历史，其道犹是。是旨也，曩序《纲要》时曾反复言之，今编是册，亦守之兢兢，不敢或失。然二书宗旨虽同，而面目有绝异者。《纲要》史略与政制学术，各自为篇，兹则每章成一完全之单位，义取纵贯，一也。《纲要》体如读史要录，征引颇详，兹则文多熔铸，仅著大凡，二也。《纲要》多考订史事，辨析异说，兹则惟直叙正义，凡钩索辩难者，概付阙如，三也。盖《要略》篇幅，视《纲要》才十之一，体例固不能不如此也。

抑余重有感者，初编是册，私意一载即可蒇事。嗣因行文简质，取材所自，不可不详加注明；又宋元明清诸章暨各代学术宗教等，《纲要》犹未出版，叙次例须稍详；而公私图籍，凡能借阅者，亦无不辗转设法。间三十万言之书，因袭旧稿者殆半，而自二十八年讫今，先后已四载矣。忆二十九年三十年间，每雾季一过，倭机旦夕肆虐，余抱此稿入洞避警者，无虑百十次，默念苟不被炸，终有出版之一日。今印行有期，回首前事，恍如梦寐，爰泚笔记之如此。

三十二年六月一日序于重庆沙坪坝中央大学

# 第 一 篇

# 第一章
# 总　说

汉许慎《说文解字》曰："史、记事者也。从又（右）持中，中、正也。"[1]是汉人以记事为史职，而史之记事，必中正无私。因持书记事，必于竹帛，故史虽官名，引申之，记录于简册者，亦得为史。史遂流为往事记录之总称，而一切典籍，皆可名之为史。清章学诚谓"盈天地间，凡涉著作之林，皆是史学"，[2]龚自珍谓"史之外无有文字焉"，[3]盖此意也。

史为往事之记录，往事自影响人事之自然现象外，悉为生人在宇宙间所演之动作，是称"人事"或"史实"，史之所凭以记载者也。构成史实之要素凡三：曰宇、曰宙、曰人。空间之谓宇，无宇、则史实失其凭借。时间之谓宙，无宙、则史实莫由动变。宇宙位矣，无生人焉动作于其间，则天地之大，亘亿兆年，亦万族生游死藏而已，无史也。故三者之间，尤以人为最要。兹讲国史，要在明白国人过去在神州之动作，故首略述国史上之民族年代与地理，而以国史体制与史之功用附焉。

国史主人，今号中华民族，其构成之分子，最大者世称汉族。自余诸族，无虑百数，世或别之为五：正南曰苗族，正西曰藏族，东北曰东胡族，西北曰突厥族，正北曰蒙古族；或以荤粥、猃狁、东胡、匈奴、乌桓、鲜卑、柔然、突厥、回纥、契丹、靺鞨、女真、蒙古、满洲等为北方国族，九夷、三韩等为东方国族，蛮、闽、哀牢、黎、苗、瑶、獞、摆夷、猓猓等为南方国族。氐、羌、及西域各国为西方国族。[4]中国史者,即汉族与诸族相竞争而相融合为一个中华民族之历史也。自黄帝至今,汉族势力扩张者五期,诸族与异族侵入者亦五期,略述如次:

**甲、汉族之扩张** 自黄帝平蚩尤,披山通道,东至于海,西至于空桐,南至于江,北逐荤鬻,合符釜山,而邑于涿鹿之阿。历夏商周,致九夷,享氐羌,伐鬼方,平淮夷。是为汉族势力扩张第一期。春秋时,齐桓兴师伐戎,晋楚秦三国,日与各族启竞争,开疆拓土,大河北境,悉入晋封,汝颍以南,悉成楚境,秦凉附近,悉入秦疆。至战国而列国排外,北筑长城以拒胡,中土无杂居之戎。是为汉族势力扩张第二期。秦并六国,斥逐匈奴,收河南地,并略南越陆梁地,又尝破西南夷。略通五尺道,颇置吏焉。汉因其迹,立朔方郡,幕南无匈奴王庭,更平南越,置九郡,定西南夷,置五郡,而河西更置四郡,绝匈奴与羌往来之道,西通三十六国,逾葱岭,至今中亚细亚,东取朝鲜,亦置四郡。东汉则破北匈奴,取伊吾庐,征西域,通西亚,开哀牢,置永昌。是为汉族势力扩张第三期。隋一中国,南征林邑,夷为三郡,西征吐谷浑,入其国都,又发现琉球。惟东有高丽,北有突厥,一再兴师,功卒未成。唐兴,遂尽定诸国,诸国尊为天可汗;军府之立,安东、安南、安西、安北,自新罗、渤海、勃勒、以至波斯、天竺、大食,悉属羁縻。是为汉族势力扩张第四期。明征漠北,降鞑靼,东北招致女真部落,分海西、建州、野人三卫,嗣又置奴儿干都司。统制黑龙江北及苦夷(今库页岛)诸部,南取安南,置交趾布政司,西降吐鲁番哈密,远至嘉峪关西,而郑和奉使航海,由闽广西南,直至非洲东境,使南海各国朝贡于明。是为汉族势力扩张第五期。至若苻秦、北魏、胡元、满清之恢拓版图,虽以诸族为主,亦多赖汉族之力焉。

**乙、诸族之侵入** 西周之季,戎夷交侵,及春秋时,鲜虞拥甲于北陲,义渠跳梁于西土,百濮南侵,淮夷东逼,吴越楚蜀,遍为蛮境,秦陇晋魏,悉成戎地,河南为蛮,河西为狄,淮有群舒,魏有诸隗,狄獾邦冀,遍于渭首,虽洛阳一王城,而扬、拒、泉、皋、陆浑、伊洛之戎，杂然分处其中，中国不绝若线。是为诸族侵入第一期。汉室盛时，乌桓鲜卑，已招置肘腋间，匈奴两呼韩邪单于入朝，披西河地予之，氐羌一再内徙，遂启五胡乱阶，西羌首作难，氐与胡羯鲜卑，相挺而起，江淮以北，悉为戎虏争竞之场，南蛮亦因缘出五溪（雄、构、辰、酉、武），至五水（巴、蕲、希、赤亭、西归），布满伊洛山谷间；其既也复有拓跋氏之凭陵，中国南北分裂。是为诸族侵入第二期。有唐中叶，回纥、吐蕃、契丹，相继称兵，回纥吐蕃衰而契丹兴。西突厥之余裔沙陀，迭主中国。宋始困于辽夏，继迫于金元，或战或和，偏安自守，其后讳和，并所守者失之，中国版图，沦于异域。是为诸族侵入第三期。明室外患，北虏（鞑靼）南倭，虏衰倭敛，建夷窃发，曾未几时，辽东疆圉，毁撤殆尽，卒乘流寇之乱，入主中国。是为诸族侵入第四期。满清不振，西力东渐，割我藩领，踞我要害，侵我主权，夺我财贿，清祚虽斩，祸仍未已。是为异族继诸族入侵之期。若夫诸族之患，仅中于一隅，未尝蔓延于四境者，尤未可一二数。然总其要归，三代以降，汉族所受外族之祸，两科而已。自清以前，北族之患亟，而其侵略，全凭武力，不以经济与文化，诵唐张乔"蕃情似此水，长愿向南流"[5]之句，三垂比之悬矣。清季以还，西北之患未纾，东南海疆之祸日深，前之与中国不相往还者，皆挟炮舰而东来，岛夷日本，亦成旷古未闻之巨寇，经济与文化之侵略，亦悉随武力而至焉。

　　至论中国民性，因幅员广而种族混合者众，异常复杂，无论何时何代，举不能以一语概括：然以世界为观点，则全民族又自有其共同之精神，而优点所在，缺点亦寓其中焉。一曰家族主义。以孝为制行之本，远之事君则为忠，迩之事长则为悌，充类至尽，至于享帝配天，原始要终，至于没宁存顺。历代之以家庭之胚笃，产生巨人长德，效用于社会国家者，尤不可胜纪。然其弊也，人以家族为重，邦国为轻，甚或置国度外，惟见其家，不知有国；而戚族之依赖投靠，官吏之贪墨任私，其原皆由是出焉。一曰中庸主义。中国之名，始见禹贡，[6]历圣相传，皆以中道垂教，故一言国名，而国性即以此表现，我民族能统制大宇，葆世滋大，其道在此。然其弊也，习于消极妥协，不能积极进取，吏多圆猾，民多乡愿，以因循为美，以敷衍为能，政治社会，奄无生气。一曰世界主义。以平天下为理想，而以国治为过程，化育外族，施不责报，故非我族类，一视同仁，拥有广土，亦不以之自私，混合殊族，此为主因。然其弊也，有世界思想，而乏国家观念，外患洊臻，每鲜敌忾同仇之心。一曰和平主义。以不嗜杀人为政治上至高之道德，远人不服，则修文德以来之，寇则惩而御之，去则备而守之，既服之后，慰荐抚循，交接赂遣，所费尤多。故声教之敷，不恃他力，而海陆奔凑，竞来师法，纯任自然，遂为各国宗主。然其弊也，流于文弱，与外国遇，常致失败。一曰政治上之不干涉主义。以垂拱无为为执政者之信条，官之所治，惟听讼收税，而一切民事，悉听其自为，民因得以大展其材，政治虽腐败，民事仍能发荣滋长。然其弊也，以政治为少数人之专业，民不之问，政治遂鲜改进之望。一曰实用主义。以利用厚生养欲给求为鹄，虽阜其财求，而不以浮侈为利，故锦绣篡组有禁，奇技淫巧有诛，务本舍末，习于勤劳。然其弊也，重实利而轻理想，可与乐成，难与虑始，不容有远识先知之士，或力求革新之事；而名理之学，研究者寡，遂鲜纯粹之科学。此六者虽未云备，吾民族得失之林，大略在是。往史所载，班班可征。如何发扬其优点，革其缺失，并吸取他人之长，补吾之短，以竞存于兹世，且永保世界先进之令誉，则吾人所宜自勉也。

次论年祀。自太史公读牒记，黄帝以来，皆有年数，因诸家所传咸不同乖异，故疑则传疑，阙而不录，[7]为五帝、夏、殷、周本纪，三代世表，多有世而无年，至十二诸侯年表，叙次西周共和以降，始按年谱记。史家因皆以共和元年（西元前八四一年）为国史确实纪年之始；至今民国三十二年，都二千七百八十有四年。汉末刘歆作三统世经，尝论定周初及唐、虞、夏、殷之年纪，言"唐帝即位七十载，虞帝即位五十载，夏后氏继世十七王，四百三十二岁，殷世继嗣三十一王，六百二十九岁，周凡三十六王，（钱大昕曰，实凡三十七王、）八百六十七年"。[8]除共和至赧王五百八十六年，自帝尧至共和前厉王，都千四百六十有二年。于是汉后之论古史年代者，虽间有多寡，其原皆由是出焉。宋邵雍以数术极变知来，著《皇极经世》，顺推而上，断是唐尧元载甲辰，当西元前二三五七年，至民国前一年辛亥（一九一一），都四千二百六十有八年。尧以前传说有黄帝、少昊、颛顼、帝喾、帝挚，晋皇甫谧《帝王世纪》说黄帝百年，少昊八十四年，颛顼七十八年，帝喾七十年，帝挚九年。辛亥革命以黄帝纪元，文告称是年为黄帝纪元四千六百零九年，即取皇甫谧邵雍之说合计而得，然非司马迁刘歆所及知也。黄帝以前，传说有伏羲、神农，伏羲以前，传说有有巢、燧人，而诸氏之间，易姓而王者几代，各家传说互歧，年岁多或数万，少则数千，相差尤悬绝。有巢以前，传说复有盘古三皇，益荒诞无征，传说年岁亦益巨。[9]今观黄帝时诸圣勃兴，百物并作，其前必经长期之演化，始克有此。则黄帝以前之年岁，虽难概计，而我国古史历年之悠久，概可想见也。

史实绵延，初无截然可以画分之界限，故断代为史，昔人所讥。然皇古讫今，年月遐长，治乱兴衰，各有首尾，分期会通，并行不悖。东西史家，论次史迹，每就其蝉联蜕化之际，略分三世，以便寻绎，挽近编纂国史课本讲义者，皆取其法，而区分多殊。[10]本书旨在就古今民族文化政治社会各种变迁之荦荦大者，略述其经过与趋向，为叙次便利计，顺应乎世变自然之势，默会乎典制变革之交，亦略本通史之规模，兼寓断代之义例，区分为十时代：

（一）唐虞以前曰传疑时代，

（二）唐虞夏商西周曰封建时代，

（三）东周曰列国时代，

（四）秦汉曰统一时代，

（五）魏晋南北朝曰混乱时代与南北对峙时代，

（六）隋唐五代曰统一时代与割据时代，

（七）宋元曰汉族式微与北方诸族崛兴时代，

（八）明曰汉族复兴时代，

（九）清曰满族入主时代，

（十）民国曰中华民族更生时代，
代各一章，自为经纬，分之可略识各代原委，合之即得千古会归焉。

次论地理。国史疆域，以元为最大；世祖初元，辖境横绝亚洲大陆，远跨欧洲。唐次之，太宗高宗两朝，威令所行，东综辽海，北包大碛，西被达曷水（今底格里斯河），南极天竺及海中岛上诸小国。清又次之，高宗弘历之世，自今二十八省、外蒙、西藏暨西伯利亚东偏、中亚土耳其斯坦一部，及台湾、澎湖、香港等外，东自朝鲜、琉球，南至越南、缅甸、暹罗、南掌、苏禄，西至廓尔喀、浩罕、布鲁特、哈萨克、安集延、阿富汗，罔不称藩内附。今日我国辖境，虽沿自清季，而暴敌压境，寇迹遍于国中，必努力驱除，始能光复故土焉。自余历代疆域，诸史多班班可考[11]；然春秋以前，则广狭颇难质言。经传所载春秋列国之地理，以今地释之，惟得河南、山东、河北、陕西、江苏、安徽、浙江、江西、湖北、山西诸省之大半，及四川、湖南之一部[12]，其中尤多蛮夷戎狄之地，所谓中国，通不过豫省大部及秦、晋、燕、鲁、皖、鄂之小半；而诸史所称黄唐三代之州疆域界，则视此不啻倍蓰[13]。盖泰古游牧争伐，居无常处，故有履迹所经，号为疆域者，一也。酋豪部族，慕义从令，声教渐被，泛称领土者，二也。盛衰靡常，广狭时殊，则其统治区域，后或逊前者，三也。要之，古代开化之区，不出今黄河流域，当时土地之开辟，与中央政府直接施政之区域，实不足方数千里；特当其盛时，声教所及，或亦甚为辽远耳。

至论各地开化之先后，则有史以来，诸夏文物，滥觞今黄河下流，而渐自东而西。以帝都征之，其迹最显。神农、少昊、颛顼，并都典阜穷桑；太昊之墟虽在陈，然《左传》言太昊之胤，任、宿、须句、颛臾，胥国于济泲之间；黄帝都涿鹿，罗泌《路史》引世本，谓系彭城，亦在海岱之间；是上世帝王多宅都于鲁。《帝王世纪》言颛顼徙帝邱，葬顿丘；《水经注》则言帝喾都亳殷，葬濮阳；乃自鲁而移于卫。及尧都平阳，舜都蒲坂，禹都安邑，又自卫而移于晋。《史记》言唐人都河东，殷人都河内，周人都河南，则三河在天下之中，又为王都。文武宅酆镐，而三辅又为王都。此帝都自东而渐以西移之明验也。观《诗》称古公迁岐，"陶复陶穴，未有家室，"[14] 足征殷商之世，西土犹属草昧，周室崛起，始渐进于开明。征之唐虞时画野分州，以及《尔雅》、《职方》所记，淮汉以南，仅扬荆二州，自余冀、兖、青、徐、豫、雍、幽、并、营诸州，多属淮汉以北[15]。足见其时大势，举萃于北方，万里南邦，不足当天下四分之一，故虽以吴楚之同出神明后裔，处今苏鄂之境，春秋之初，尚被目为蛮夷。古代淮汉长江之域，荒野僻陋，诚不足与中原比；黄河流域之上游，亦不足与下流并论矣。春秋之世，四夷多为大国所灭，楚与吴越，相继与中国争雄，诸夏文明，不特渐推渐广，且渐自北而南。战国继之，兼并日烈，土地日辟，文化灌输，随以益广。秦一天下，则北尽幽冀，南讫交广，东至吴会，西被陇蜀，俱号冠带。两汉代兴，东至朝鲜，西届玉门，咸设郡县；北方西南，复多开斥。然《史》、《汉》所载，其时冠冕之盛，文学之众，谷粟之丰，机巧之利，户口之繁，财用之饶，举属黄河流域；即汉分天下为十三部，淮汉以南，亦止荆、扬、益、交四部，而豫、冀、兖、徐、青、凉、幽、并及司隶校尉，皆在淮汉以北，与三代相去犹不甚远。盖汉世文化先进，仍在北部中原，苏、浙、皖、川、鄂、赣次之，湘、闽、粤、桂与辽东，未化者多，云贵则为蛮夷荒徼矣。班固言"秦汉以来，山东出相，山西出将。"[16]《后汉书》亦载"关西出将，关东出相"之谚。[17] 山谓华山，关则函谷。当时南北文野攸殊，尚无对峙之名，而北方则有东西之分。自汉室颠覆，三国鼎峙，吴之与魏，始有南北抗衡之势；南蛮山越，迭经开辟，南及交广，渐臻开通。晋氏失驭，五胡入居中原，中州士女，渡江侨寄，南方为汉族之中心地，北方以诸族为主人翁，于是江南日益文明，河洛渐呈退化，文化中枢，遂渐自北而南。隋唐一统，渤海吐蕃，交通频数，华化遂远被吉黑二省及西藏；交广与外夷贸易，尤称繁盛。然柳宗元谪居永州，尝言"居蛮夷中，意绪殆非中国人；"[18] 及贬柳州，则有"一身去国六千里，万死投荒十二年"之句。[19] 五季刘䶮僭号岭南，每对北人，辄言家本咸秦，耻为蛮夷之主。[20] 韩愈欧阳生哀辞，亦言"闽越之人举进士，由詹始。"[21]则湘、桂、闽、粤，唐世固未甚开化。及五季俶扰，契丹南牧，南方诸国，多为北人避难之所，诸国秩序，亦较中朝为安定。南唐与蜀之文学，既非五代所及，闽粤之开化，亦有过唐代。洎乎北宋，因周成势，汴洛复为中枢。然自女真南侵，剽掠焚戮，肆意摧残，东北塞外，既复返野蛮，淮河以北，文物亦一落千丈。惟巨室世家，学士将帅，随宋南渡，而后天旋地转，南北文野倒置，闽浙百越，视古河洛齐鲁，大河南北，等于春秋时之南蛮，大江以南，自是为文化中心，南宋迄今，如出一辙。元明开辟云贵等省，及置川广等土司，清代湘、鄂、川、广、云、贵，改土归流者尤多，西南荒僻之区，渐沐华化。内蒙新疆，清末亦日趋开明；东北三省，以日俄竞争，发达更速。台湾至清始发辟，惜弃之于日。外蒙青海西藏，清世皆以旧俗羁縻，最称闭塞，然蒙藏自俄英势力侵入后，亦渐沐欧风矣。又自西力东渐，沿海各省与交通利便之处，多日臻繁华，至暴日入寇，国府迁都西蜀，以西北西南为抗战之根据地，建设开发，尤远迈往昔焉。

古今论史学体制者，以唐刘知几《史通·六家》篇为最著。一曰尚书家，记言者也。二曰春秋家，记事系以时日，而寓褒贬黜陟者也。三曰左传家，编年而详事者也。四曰国语家，国别为书者也。五曰史记家，纪传以统君臣，书表以谱年爵，而通古为书者也。六曰汉书家，法史记而断代为书者也。自汉至唐，尚书等四家，其体久废，惟编年及纪传二体，各相矜尚；纪传一体，尤为史之正宗。李唐以降，诸作史者，陈陈相因，虽正史外，亦时有宏编巨制，而体制一本前人：如杜佑《通典》，马端临《通考》，分类纵贯，为纪传志体；司马光《通鉴》，为左传家法；郑樵《通志》，又模拟史记家也。惟宋袁枢以《通鉴》旧文，每事为篇，各排比其次第，而详叙其始终，名曰纪事本末，于是吾国史学，横的方面，年别（编年）人别（纪传）二体之外，复有事别一体；而纵的方面，复有通古与断代二家。司马迁《史记》上起黄帝，下迄汉武，班固《汉书》则断汉为书：通断之分，实始《史》、《汉》。然有荀悦断代编年之《汉纪》，又有司马光合十六代千三百六十二年（自战国至五季）之《通鉴》；有袁枢之《通鉴纪事本末》，又有明陈邦瞻断代为书之《宋史纪事本末》、《元史纪事本末》：则知年别事别之史，亦有通断之分，不限于纪传一体也。兹编于三体之史，皆无所当，徒以通叙古今，故称通史，而分期论述，亦略类断代，至因事分节，又以本末为宗焉。

刘知几曰："夫人寓形天地，其生也若蜉蝣之在世，如白驹之过隙，犹且耻当年而功不立，疾没世而名不闻；上起帝王，下穷匹庶，近则朝廷之士，远则山林之客，谅其于功也名也，莫不汲汲焉孜孜焉。夫如是者何哉？皆以图不朽之事也。何者而称不朽乎？盖书名竹帛而已。向使世无竹帛，时阙史官，虽尧舜之与桀纣，伊周之与莽卓，夷惠之与跖蹻，商冒之与曾闵，但一从物化，坟土未干，则善恶不分，妍媸永灭者矣。苟史官不绝，竹帛长存，则其人已亡，杳成空寂，而其事如在，皎同星汉；用使后之学者，坐披囊箧，而神交万古，不出户庭，而穷览千载，见贤而思齐，见不贤而内自省。若乃《春秋》成而逆子惧，《南史》至而贼臣书。其记事载言也则如彼，其劝善惩恶也又如此。由斯而言，则史之为用，其利甚溥，乃生人之急务，为国家之要道，有国有家者，其可缺之哉。"[22]古来言史之功用，未有如子玄此言之深切著明者。夫史之大源，本乎《春秋》，《春秋》据行事，仍人道，明是非，定犹豫，善善恶恶，贤贤贱不肖，文成数万，其指数千。虽其效不能使天下后世无乱臣贼子，而能使乱臣贼子不能不惧；故孟子以禹抑洪水，周公兼夷狄，与孔子成《春秋》并论。由今观之，史册诚详文该事，善恶已彰，无待美刺；劝善惩恶，亦道德家事，非史家第一义谛。然记事载言，则于人类之进化，民族之兴亡，所系至巨。自人类肇始，迄有文字记载，曰史前时代；始有文字记载，以迄今兹，曰有史时代。史前时代，虽永于有史时代百倍或数百倍，而有史时代人类智慧文物之进步，较之史前时代，殆不可以数字计度。此无他，人类有史，乃能以前人之经验成就，传之后人，递遗递袭，继长续增，故为时短而进步速。野人无史，自遗传本能与口授技能外，凡事皆须自创，故历年久而进步缓。譬如竞走，时间一长距离也，有史者合无量数人以替换续进，无史者则人人皆自起点出发；文明人与野蛮人之分由是，即与高等动物之分亦由是：此史之有关于人类之进化者一也。总理建国，首重民族主义；民族与立，莫盛于史。吾华远起炎黄，近迄廿祺，世无失名，代无失事，纪载之备，积史之富，世莫与京。故虽乱于五胡，割于拓跋宇文，肉于女真，亡于鞑靼建夷，数过时迁，仍能统承烈祖，修其旧物。观彼埃及、巴比伦、亚述、天竺、大食之伦，非无国故，而纪载缺如，国史靡闻，遂令万世长瞑，不能复起。今东西枭雄，吞灭与国，尤斤斤焉划文灭史，绝其种姓，使为死灰不复燃。后起之雄，欲恢复故步，而宗系不明，往迹不著，徒自切齿腐心，可为流涕矣。故爱国雪耻之思，精进自强之念，皆以历史为原动力，欲提倡民族主义，必先昌明史学：此史之有关于民族存亡者又一也。明今测来，生人之要道，革故救弊，当今之急务，而皆惟史是赖。盖过去为现在之母，凡今之为，率沿自昔，不稽往籍，罔识当前；过去与现在又为未来之母，方来现象，虽难逆睹，宿因既著，略可预测。故温古可以知新，彰往亦能察来。挽近言改革者，大自礼教风俗，政制学术，下至名号话言，服御饮食，人有主义，家矜新奇。然以不稽历史，惟逞私臆，非徒格不相入，且多偾事滋乱，诚能精研史册，一一明其蜕化之所由，及其造成之所以，则言皆实际，事不虚为，对症择药，成效可期。王符有言："索物于夜室者，莫良于火，索道于当世者，莫良于典。"[23]此史之有关于明今测来，起衰救弊者又一也。

## 注　释

[1] 见《说文解字》篇第三。王国维以史字所从之中，古文篆文并作ㄓ，与古文中正之中，伯仲之仲异。且中正无形之物德，非可手持。因以史所从之中为盛笑之器，言史字从又持中，义为持书之人，与尹之从又持——（象笔形）者同意。说详王氏著《观堂集林》卷六《释史》，可备一解。

[2] 见南浔刘氏嘉业堂刊本《章氏遗书》卷九《报孙渊如书》。

[3] 见《定盦续集》卷三《古史钩沉论二》。

[4] 详见拙著《中国通史纲要》（以下简称《纲要》）第一册四三页附"四裔国

[5] 张乔《书边事》，见石印本《全唐诗》第二十三册八六页。

[6] 今通行本《书经·禹贡》作"中邦锡土姓"，《史记·夏本纪》则曰"中国锡土姓"。孙星衍曰："史迁邦作国者，非避讳字。后遇国字率改为邦，误矣。"是《禹贡》邦字原为国字，后人疑汉人避讳，因改为邦耳。说详孙氏著《尚书今古文注疏》卷一。

[7]《史记·三代世表》序："太史公曰，五帝三代之记尚矣。自殷以前，诸侯不可得而谱，周以来，乃颇可著。孔子因史文，次春秋，纪元年，正时月日，盖其详哉。至于序《尚书》，则略无年月，或颇有，然多阙不可录。故疑则传疑，盖其慎也。余读牒记，黄帝以来皆有年数，稽其历谱牒，终始五德之传，古文咸不同乖异。夫子之弗论次其年月，岂虚哉。于是以五帝系牒《尚书》，为世纪黄帝以来讫共和为世表。"

[8] 见《汉书·律历志》。

[9] 说详拙著《纲要》第一册二六节"唐虞以前历年之传疑"；页五九至六二，可参阅。

[10] 详同上书二八节"时代之区分"，页六五至六六。

[11] 参顾祖禹《读史方舆纪要》一至九卷；拙著《纲要》第一册三十一节"历代疆域形势"，页七四至八二，曾节录之。

[12] 详顾栋高《春秋大事》表六"列国地形犬牙相错表"。

[13] 古籍言九州者凡三。一为《尚书·禹贡》，称"冀州，济河惟兖州，海岱惟青州，海岱及淮惟徐州，淮海惟扬州，荆及衡阳惟荆州，荆河惟豫州。华阳黑水惟梁州，黑水西河惟雍州。"一为《尔雅·释地》，称"两河间曰冀州，河南曰豫州，河西曰雍州，汉南曰荆州，江南曰扬州，济河间曰兖州，济东曰徐州，燕曰幽州，齐曰营州。"一为《周官·职方氏》，称"东南曰扬州，正南曰荆州，河南曰豫州，正东曰青州，河东曰兖州，正西曰雍州，东北曰幽州，河内曰冀州，正北曰并州。"说者以《禹贡》为虞夏制，《尔雅》为殷制，《职方》为周制。至黄唐疆界，则如《史记·五帝本纪》言"轩辕为天子，东至于海，西至于空桐，南至于江，北合符釜山；""颛顼北至于幽陵，南至于交趾，西至于流沙，东至于蟠木；"刘向《说苑》言"尧有天下，其地南至交趾，西至幽都，东西至日所出入"是。

[14] 见《诗·大雅·文王之什·绵》。

[15] 详见注[13]。

[16] 见《汉书》卷六十九《赵充国辛庆忌传》赞。

［17］见《后汉书》卷八十八《虞诩传》。

［18］见刘禹锡纂《唐柳先生集》卷三十《与萧翰林俛书》。

［19］见同上书卷四十二《别舍弟宗一》。

［20］见《新五代史》卷六十五《南汉世家》。

［21］见李汉编《昌黎先生集》卷二十二。

［22］见《史通·外篇》卷一《史官建置》篇。

［23］见《潜夫论·赞学》篇。

# 第二章

# 传疑时代（唐虞以前）

孔子订书，始于唐虞，今略师其意，次唐虞以降为信史，而其前则概曰传疑，传疑时代之史料有二，曰史前之遗骸与遗器，曰上古之传说。

民之初生，若禽兽然，不知用器也。生而有食，食不能无所取，值猛兽与异族，则有争；争取之藉，徒手而已。知识渐启，则相竞以器。始也剥木以战，桀石以投；继也持石片以为刀，拾石块以为斧，用石条以为椎，于是伤害禽兽，敌御异族，可以养生而防害，是曰始石器时代。人智渐进，经验日富，见石条而或知选择，拾石块而或知刮磨，刀斧之外，兼多钻磨之器，陶器、木器，或亦间出其间，是曰旧石器时代。再进则钻镞刀斧，益臻完备，枪锯剑锤，因材而施，或钻孔以便佩带，或磨痕以取束缚，其尖甚锐，其刃甚利，可以宰割，可以及远，而揉斫林木，抟土烧冶，磨琢骨玉，木陶骨玉之器，亦多精美可观，是曰新石器时代。由是而进焉，则为铜器时代。更由是而进焉，则为铁器时代。若此者，斯世之所同然也。人类祖先，地质学家言约始于新生代，距今自五十万年至百万年，其繁殖分布，形貌生活，今尚鲜可考知，学者但知其与猿同祖，称曰"猿人"而已。猿人遗骸之已发见者，曩仅有爪哇中部之"爪哇猿人"Piltheoanthropus erectus与英伦苏塞克司（Sussex）地方之"辟尔当曙人"Piltdownman；Eoanthropus。民国十年至二十年间，澳人师丹斯基（Dr. O. Zdansky）与国人杨钟健、裴文中两君，在北平西南房山县属之周口店，先后发现猿人之牙齿及头骨等化石，学者初称为"北京种之中国猿人"，Sinanthropus Pekniensis继乃定名为"震旦人"；年代约在四五十万年前，较爪哇与英伦发现者尤古。在发现震旦人遗骸之地层中，曾得多数石器，说者或谓即始石器时代之遗物。[1]然是种石器，或因风化剥蚀使然，或系岩石层次经变乱而失去原有次序，非必猿人用具。故吾国始石器时代之有无，今尚在疑似间。至旧石器时代与新石器时代之确立，则近年来已为学者所公认，民国十二年夏，法人德日进（Pére Teilhard de Chardin）桑志华（Pére Licent）在陕甘河套发现多量石器，其地凡三：一为今宁夏南之水东沟，二为今绥远鄂尔多斯东南角萨拉乌苏沟，三为陕西榆林南油坊头。其中如穿孔用之尖锐器物，防御及猎兽用之扁杏状武器，及刮磨器物等，大抵为欧洲旧石器时代常见之物；发现地层，又在黄土下层及相当之沙层与黄土底部砾层中，而黄土为洪积统中之沉淀；随石器而见之哺乳类化石，有犀、象、马、骆驼、野牛、水鹿、羚羊、鬣狗及貛等，亦皆洪积统之遗骸：故确定为旧石器物。[2]至其年岁，以所在地层及欧洲类似石器证之，约在四五万年前。石器之外，亦得单色之陶器，独无人类遗骸耳。新石器物，自十九世纪以还，我国各地尝有零星发现；至大量采集，则有瑞典人安特生氏（J. G. Andersson）始。民国八年春，北京地质调查所技师朱庭祐君在奉天热河采集石器多种，翌年，刘君长山复在河南得石器数百件。安氏时任北京政府农商部顾问，继往考查，初在直隶河南，略有所获；十年夏冬，先后挦掘辽宁锦西县沙锅屯，及河南渑池县仰韶村史前遗址：前者在一洞穴，（沙锅屯为北宁路女儿河站，至通裕煤矿支路之末站，洞穴在站南三里，）后者则为村落（仰韶村在陇海路渑池县车站北十五里，遗址甚广，南北为九百六十公尺，东西为四百八十公尺），所得有石陶骨贝诸器及人兽骨等，甚为丰富。十二年十三年间，氏复考古甘肃，履迹所经，几及甘省大半，在洮沙之新店，宁定之齐家坪、半山、瓦罐嘴，碾伯之马厂沿，狄道之寺洼西宁之下、窑、下西河、朱家寨，镇番之沙井等处，石陶玉贝骨器之外，兼得少数之铜器，前古之住址（古代村落之遗址）葬地，亦往往见焉。综述其要如次：[3]

**一、沙锅屯得者** 石器有石刀、小石斧、石锥、石削、石矛、石镞、石瑗、石环、石纽、石珠、石圆板及一似猫石雕刻物。陶器，单色彩色兼有，皆破碎，惟单色者，有罐碗鬲诸形，略可辨识。花样有蓆印纹、绳纹、格纹、黑花纹四种。器皆手制。（惟间有一二碎块，似为磨轮制）骨器有骨针、骨锥、小锥针、凿刀、豕牙之雕刻物，及形如羹匙之长器。贝器有贝环、贝瑗。又得人骨数十具，兽骨十数。

**二、仰韶村得者** 石器有石斧、长方石刀、石凿、石矛尖、石镞、石杵、石环、石瑗、石针、石锄、石耨、石纺织轮等。陶器极多，单色者，有有足罐、碗、杯、瓶、壶、陶鼎、陶鬲、陶甗、陶炉及陶纺织轮、硬泥环、硬泥环甩头等。彩色者，多碎片，能确识其形者，有圆口钵、半圆球钵、盘状浅钵、深盂、陶罐等。花纹彩色、种类繁复。骨器有骨镞、骨针及鹿角制针与斧等。贝器有贝镞、贝瑗等。又得人骨十数具。

**三、甘肃得者** 则齐家坪石器有斧、镰等；陶器皆单色，有形式秀丽之薄肉瓶；骨器有各种尖锐器。宁定县属洮河河谷西侧及瓦罐嘴，有各种石器、陶器、石制饰珠、玉瑗、琢磨玉片等。西宁之朱家寨，有长方小骨板、骨刀。其下窑下西河，则有单色陶器及多数小铜器。马厂沿有长大之陶瓮，上绘人形花纹，有小钵，满绘几何图案。洮沙之辛店，除普通石骨器外，有牛马胛骨制之鹤嘴锄，陶瓮之口特大，高者多而低者少，彩绘花纹，多连续之回纹，又有犬羊马及人形纹，亦间有鸟纹及车形纹；有铜器，惟甚少。寺洼陶器，有马鞍口之单色陶瓮，空足之陶鬲，又铜器若干件。镇番陶器，形杂质粗，多单色；惟彩色陶器，有绘鸟形之横形花纹而极精致者；贝货甚多；又有绿松石之饰珠；铜器小者无数，有带翼之铜镞，颇精美。人骨除齐家坪外，各处葬地多有，共约百二十具。

十五年间，李济袁复礼二君考古山西，复发现夏县西阴村遗址，所得自石陶骨贝诸器及人兽骨外，又有一半割类丝之壳，极似蚕茧云。[4]十九年以远，各地调查考察，蔚成风气，山西万泉县之荆村，陕西宝鸡县之斗鸡台，河南安阳县之后冈，热河之查不干庙、林西及赤峰，南京栖霞山旁之甘夏巷，江苏武进之奄城，金山卫之戚家墩，浙江吴兴县之金山漾，杭县之良渚镇、长明桥以及西湖旁北高峰下之古荡等，皆发现新石遗址。[5]虽自荆村外，所得石陶各器，数量均少，然亦可见吾国新石器时代分布之广矣。综观各地器物，以仰韶村出土者为最丰富，陶器种类尤繁，故近人论述石器文化，多以仰韶为主，他处所得器物，亦每以"仰韶期"概之。盖史前之仰韶时代，几与有史以来正统之朝比隆，一中原之小村，占上古史之一页矣。

至论遗物年代，江南各地，开化较晚，年岁或较迟外，黄河流域各省，一因抔掘之物。概无文字，二因河南及辽宁山西遗物，皆无铜器，确为有史以前新石器时代之物。甘肃虽间得铜器，然皆简陋小品，无有花纹，拟诸传世之殷代铜器，相去悬绝，亦为新石器晚期过渡至铜器初期之物。又仰韶及西阴村各地发见之同类品物，精者甚精，粗者极粗，其时间之相去，当不下数千年，故其遗物最后年岁，虽略与有史时代相衔接，距今约五千年，而其最初年岁，当在万年内外矣。[6]据遗存以述古史，多可与上古传说相佐证，或补其缺遗。兹略考数事如下：

**一、农业社会**　《易大传》言神农氏以木为耒耜，世或以为耕稼之始。今仰韶有石耨石锄，则新石器时代，已有农业，记称"昔者先王饮血茹毛"，则更在新石器时代以前矣。晋豫有纺织轮，纺织所资，出于植物；各地陶器，皆有绳纹格纹，绳格由成，复为缔绤；则种植且兼及苎麻矣。有农业，斯有定居，故晋豫甘肃古址，多为村落，以其范围之广，文化层之厚，足证其邻里之富，居住之久，而上栋下宇，时或粗备，固非皆属穴居野处者矣。有居室，斯有家畜。遗址得豕骨甚多。想见当年畜豕之盛；陶器刻纹有作犬马羊形者，骨器有马牛骨制者，则家畜亦种类繁多矣。《白虎通义》称"黄帝作宫室"，《世本》称"胲作服牛，相土作乘马"，实则黄帝等之先已有之矣。

**二、工艺**　最著者为陶，《世本》言"舜始陶，夏臣昆吾更增加。"《说文解字》则曰"古者昆吾作陶"。今观抔掘古物，以陶为多，自粗至精，各式略具；河套所得，或与石器同时，则我国有陶已数万岁。盖垆土所在而有，烧冶又易，烹升出载，盛濡实干，需用甚广，故发明甚早也。制作既繁，土质火候多异，橙红灰素，奇色互见，因时已知用色，则有先涂后烧，或烧而复涂者矣。绳范指印，器或异纹，因时已知绘事，则有配合图案，刻画物形者矣。实用之品，与美术为一，色象遂亦变化无穷。西人谓世界高等工业文明，源于我国，职是故也。他若陶有布纹，又有石陶纺织轮，则知有纺织；有骨与鹿角针，则知有缝纫；其时先民固非皆已卉服蔽体或衣其羽皮者矣。其余石骨贝铜之器，亦皆以表见旧石器至铜器初期之工艺云。

**三、宗教** 宗教之始，其在信有人鬼神示物魅之时乎。上世人死，或取而食之，或举而委之，杀伐之祸既烈，魁桀之徒，为众托命，一旦物化，众心不胜其疑惧也，或疑其有灵，于是有人鬼之说，仰视天文，俯察地理，中观庶物，祸福利害，杂然并陈，秉其自卫之本能，思永福利而免祸福，而己身曾无力以抗，乃信有主宰，于是有神示物魅之说，尊崇之道，自此始矣。抔掘古物，或有用以奉祀鬼神者，惜无可考证。其贝石诸器，有脆薄细小，不适佩带者，或亦用以享神；然不知所享何神也。至晋豫遗址之一部，甘肃之大部，则为葬地；其随人骨而见者，半为神明之器。以其品类之富，想见送死饰终之繁，且可推知其养生矣。尸之位置无定，（仰韶尸多东南首，甘肃则多北首，亦有西首及东首南首者；尸多仰卧，亦有俯卧或蜷伏而向左侧卧者。）无石椁，亦无棺椁，皆与后事异。然棺椁易腐，时或已有；刘向谓棺椁之作，自黄帝始，恐未必然也。

**四、美术** 生民之始，保生为亟，先圣有作，不出实用品物也。进而游牧耕稼，生事以裕，居处以宁，乃有余力从事文化，而美术以兴。彩色陶器之有物形者，皆画也。彩色多以笔施，画亦当以笔，时或亦画于他物，惜今无可考。雕刻石骨皆具，初亦以实用，后乃踵事增华。至辽豫之贝瑗，甘肃之玉瑗，或为明器，或为佩饰，则纯属美术品矣。河套所得，无雕刻之物，陶器亦皆单色，说者或谓旧石器时代尚无美术云。

上皆足与旧史相佐证或补其缺遗者。余若因古物之见，藉知古史历年之久；内蒙河套，今日沙漠荒凉，太古则为人民聚殖之乡；西阴村半割类丝之壳，或为太古蚕业之滥觞等：亦多与史事有关，其关系尤巨者，则为汉族由来问题。

中国民族果何自而来乎？吾往昔史家，殆从未生此问题，自十七世纪中叶以降，欧洲耶稣会士来华传教，探索中国文化，震于吾华立国之悠久，及其在世界史上地位之夐绝，始倡汉族西来之说，以证中西文化之同源。继之者或比较中外文物，或考察亚洲地质人类，或发掘史前遗存，异说益滋。大别之，为土著与西来、北来（美洲北部逾海而来）南来（后印岛半岛）四说，而西来说又有（一）埃及、（二）土耳其、（三）巴比伦、（四）印度、（五）中亚细亚、（六）于阗、（七）甘肃等说之分。诸说之中，最为中土学人所信者，为巴比伦说，余说亦各有少数人士称述。[7]然据上述发现史前遗骸测量研究之结果，则自土著说外，皆已不攻自破。盖主汉族外来说者，谓满族之由外迁入，大抵有史时代之事；今据故北平协和医学院解剖学教授英人步达生博士（Dr. Davidson Black）研究报告，辽豫甘肃有史以前，新石器时代之遗骸全部，皆与现在华北人近似，而为今日国人之祖先，则吾民族自有史以前，久已生息东亚，有史以来之民族，决无外来之可能也。

按步氏在《奉天沙锅屯及河南仰韶村之古代人骨与近代华北人骨之比较》中言"吾人比较研究之结果，颇不易避去沙锅屯仰韶村居民体质与近代华北居民体质同派之结论。"其在《甘肃史前人种说略》则曰："仰韶沙锅屯居民之体质，与史前甘肃居民之体质，亦相似，盖三组人之体质，均似现代华北人，即所谓亚洲嫡派人种也。"其在《甘肃河南晚石器时代及甘肃史前后期之人类骨头与现代华北及其他人种之比较》则曰："由上述河南甘肃史前人种之骨头与现代华北者之比较研究的结果，各系各组的测量的研究及各系各组的头形关系，我们可以没有甚么疑虑的说，史前人种的头骨，在物理性质方面，很明显的代表的一种东方派的人种。因为史前及现代华北人种，有许多相同之点，我们更可以谓史前人种为中华原始人。"

又史前遗存之用器形范，如陶鬲、陶鼎、瓦尊、瓦甗等，多与三代之铜器相似，其进化之迹，历历可见；则吾有史以来之民族，自有史前固已久为土著，有史以来之文化，亦皆吾土著之祖先所自创，盖不烦言而辨。至此史前人种之由来问题，因震旦人之种系不明，国史民族，是否即此震旦人后裔，今既不能质言，河套旧石文化，亦未知为何民族所遗留，今尚无术论定之云。

古史之传说，自黄帝以前，以有巢、燧人、伏羲、神农诸氏称号之含义，为最可玩味。《韩非子·五蠹》篇云："上古之世，人民少而禽兽众，人民不胜禽兽虫蛇，有圣人作，构木为巢，以避群害，而民悦之，使王天下，号之曰有巢氏。民食果蓏蚌蛤，腥臊恶臭，而伤害腹胃，民多疾病，有圣人作，钻燧取火，以化腥臊，而民悦之，使王天下，号之曰燧人氏。"班固《白虎通义》云："古之时未有三纲六纪，民人但知其母，不知其父，能覆前而不能覆后，卧之法法，行之吁吁，饥即求食，饱则弃余，茹毛饮血而衣皮苇，于是伏羲仰观象于天，俯察法于地，因夫妇，始定人道，画八卦，以治天下，天下伏而化之，故谓之伏羲也。古之人民皆食禽兽肉，至于神农，人民众多，禽兽不足，于是神农因天之时，分地之利，制耒耜，教民农作，神而化之，使民宜之，故谓之神农也。"班氏《汉书》引《三统世经》，又云："作网罟以田渔，取牺牲，故天下号曰庖牺氏。"皇甫谧《帝王世纪》亦云："取牺牲以充庖厨，故号庖牺氏。"后人或谓伏羲一作伏牺，犹言游牧之王。[8] 凡此解释，未必至当无讹；然初民生活，皆始于渔猎，次以游牧，继以耕稼，居室火食衣服，自穴居生食卉服进化而来，社会之由草昧日进于开明，实多赖圣哲之制作。后人尚论古昔，或以开物成务恃前人之经验，或多士之分工，而非一手一足之烈也，则泛称圣人。如《礼运》言："昔者先王未有宫室，冬则居营窟，夏则居橧巢；未有火化，食草木之实，鸟兽之肉，饮其血，茹其毛；未有麻丝，衣其羽皮，后圣有作，然后修火之利，范金合土，以为台榭宫室牖户，以炮以燔，以烹以炙，以为醴酪，治其麻丝，以为布帛，以养生送死，以事鬼神上帝，皆从其朔。"或以功德归之一人，则即以发明之事物称之。故有巢燧人庖牺神农诸名，实为古初进化阶级之象征，其姓氏年世，虽不可考，而古初社会之情况，反可由是窥见焉。

司马迁作《史记》，始于黄帝，《五帝本纪》《三代世表》言古帝之系姓，自颛顼以降，皆黄帝子孙，悉可表见。

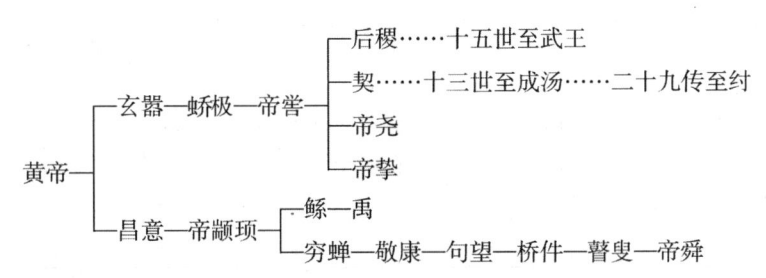

```
                    ┌─后稷……十五世至武王
                    ├─契……十三世至成汤……二十九传至纣
      ┌─玄嚣─蛴极─帝喾
      │             ├─帝尧
黄帝─┤             └─帝挚
      │             ┌─鲧─禹
      └─昌意─帝颛顼
                    └─穷蝉─敬康─句望─桥件─瞽叟─帝舜
```

夫黄帝至尧五世，至舜则九世，颛顼至禹三世，至舜则七世，尧、舜、禹时则相及，而言世则相去已远；鲧则舜之五世从祖父也，而及舜共为尧臣，尧则舜之三从高祖，而妻舜以二女；黄帝至纣四十六代，而至武王才十九世；皆事理之所必无者。则迁书帝系之不足据，事甚明凿。后人或谓古书所云某帝为某子者，子即指子孙而言，犹言后裔，其中亦多假托，非必定其所生。或谓颛顼以降，咸祖黄帝，为种人之宗法，盖以神灵首出之一人，为一种人民之祖，谓咸出于一源，使种人之心有所附丽，非必信而有征。[9]盖未可以一端尽矣。又《五帝本纪》仅叙黄帝、颛顼、帝喾、尧、舜等五人，盖商夏之前，以此五王为最著名，故特尊以帝号耳。马迁而后，汉人言古史者，多于五帝前别立三皇，以三皇五帝代表上古史之二时期，而与后之三王五霸相对立。（史家称曰"皇"、"帝"、"王"、"霸"之四时代，或称曰两个"三五"。）考三皇之名，见于秦人者，曰天皇，曰地皇，曰泰皇，汉人求天皇、地皇、泰皇于故记不可得，乃以经传之王在五帝外者当之，以羲农在黄帝前，而黄帝为五帝首也，故诸家言三皇，皆称伏羲神农，犹缺其一，则各以意取古王者补之，或曰燧人，或曰女娲，或曰祝融，或曰共工，于是羲、农、燧人、女娲、祝融、共工，纷纷为皇。而纬书复有言羲农前别有天地人之三皇，或更言三皇前尚有盘古者。又自刘歆《三统世经》于黄帝后加少昊一代，郑玄遂以黄帝、少昊、颛顼、帝喾、尧、舜六代为五帝，至皇甫谧《帝王世纪》，病诸家列燧人女娲等于三皇及郑玄谓五帝有六人之未合，以伏羲、神农、黄帝为三皇，少皞、颛顼、帝喾、尧、舜为五帝，三皇五帝之说，虽得其调和，而黄帝为五帝之本者，已进而为皇。宋人又以有巢燧人次伏羲前；至胡宏《皇王大纪》，集传说之大成，以自燧人氏而上为三皇之世，三皇纪叙盘古、天皇、地皇、人皇、有巢、燧人六氏，于是三皇有六人，自伏羲至帝舜为五帝之世，五帝纪述伏羲、神农、黄帝、少昊、颛顼、帝喾、尧、舜八君，于是五帝有八人。[10]明清之言古史者，虽下之小本之鉴，亦多辗转袭其说。[11]既不能弃三五之数而不用，又不知改易数字，以符帝皇之实数，更不敢沙汰王者以合数字，大题曰三五，小题与内容则有六氏八君，数百年来未闻有正其谬者。世益晚而古义益晦，古史益繁乱而不可理矣。今此次各种传说，言其较可征信者：

**一曰文物之演进，至黄帝而盛**　《世本》及《易传》等书，称述上古之制作，羲农之世，仅有琴瑟罔罟耒耜兵戈诸物，至黄帝时，而诸圣勃兴，羲和占日，常仪占月，后益作占岁，臾区占星气，大挠作甲子，隶首作算术，伶伦造律吕，容成造历，沮诵苍颉作书，史皇作图，伯余作衣裳，胡曹作冕，于则作扉履，雍父作舂杵臼，共鼓货狄作舟，夷作鼓，挥作弓，夷牟作矢：生人所需，粲然大备。[12]故唐虞以前，实以黄帝时为最盛之时。后世百家盛称黄帝，一切传说多集中于帝，自颛顼帝喾而后，下至夏商周诸代，皆以黄帝为远祖沿至今日，吾汉族咸自称为黄帝子孙，非无故也。

**二曰母系社会**　上古之时，婚姻之礼未备，血胤相续，咸以女而不以男，故稽之古籍，帝王大抵从母得姓。神农黄帝，同为少典之后裔，而神农姓姜，黄帝姓姬，则以母姓不同之故耳，其证一也。伏羲之姓为风，而女娲之姓亦为风，则以女娲先妣，与伏羲之母同出一源，其证二也。黄帝二十五子，其同姓者仅二人，则以黄帝妃后甚多，子之生也，各随母姓，其证三也。推之尧为帝喾之子，而尧则从母姓伊氏，舜为颛顼之后，颛顼亦姬姓，而舜则从母姓姚，禹亦为颛顼后，而禹因母吞薏苡故，而独姓姒之类，实未可以更仆数。[13]因从母得姓，故姓字从女从生，古姓如姜、姬、姞、姚、妫、姒、妘、嬴、姺、嫫等，亦多从女也。

其尤要而亦最可征信者，则曰部落种族之战争。盖自生齿日繁，而地方养人者日不足，不得不出于相争，于是分而为种族，聚而为部落，习戎兵，尚武事，各据一方，互争雄长，强凌弱，大吞小，不知经若干岁月，始渐由诸部族而集为大群。善夫《吕览》之论曰："兵之所自来者久矣，黄炎故用水火矣，共工氏故次作难矣，五帝固相与争矣，递兴递废，胜者用事。人曰蚩尤作兵，蚩尤非作兵也，利其械矣。未有蚩尤之时，民固剥林木以战矣。胜者为长；长则犹不足治之，故立君；君又不足以治之，故立天子。天子之立也出于君，君之立也出于长，长之立也出于争。"[14]古记所传，无部落之名，然《古孝经纬》有言："古之所谓氏者，氏即国也。"是则古之部落，不称国而称氏，古所谓某氏某氏者，即所谓某某部落耳。今考之先秦载籍，自燧人、有巢、伏羲、神农、有熊、金天、高阳、高辛诸氏外，《左氏传》有帝鸿氏、缙云氏、共工氏、大庭氏、御龙氏、豕韦氏、豢龙氏、烈山氏，《国语》有有蟜氏、方雷氏、彤鱼氏，《小戴记》有伊耆氏、女娲氏，《大戴记》有西陵氏、蜀山氏、滕隍氏、竭水氏、鬼方氏、有邰氏、有娀氏，《管子》有无怀氏，《庄子》有豨韦氏、有焱氏、泰氏、几蘧氏、冉相氏、容成氏、大庭氏、伯皇氏、中央氏、栗陆氏、骊畜氏、赫胥氏、尊卢氏、祝融氏，《列子》有华胥氏，《商君书》有吴英氏，《吕氏春秋》有朱襄氏、葛天氏、阴康氏、史皇氏。凡他《山海经》及纬书等所称述者，不可胜记，其湮灭而不可考者尤多。《韩诗外传》云："孔子升泰山，观易姓之王，可得而数者，七十余氏，不可得而数者万数。"盖太古部落之割据者众矣。后世尊为帝皇者，大抵皆当时之大部落，以力服人，视其兵方所至，形势便利，即屯其众，故史称"黄帝披山通道，未尝宁居，迁徙往来无常处，以师兵为营卫，"[15]"颛顼乘龙而至四海；"[16]而伏羲神农，亦皆行止无定。[17]其间战祸最烈者，则为共工氏。古书或言共工氏与颛顼争帝，或言尧诛共工，或言禹伐共工；盖共工氏为古部落之最强者，自伏羲氏之末，下至夏禹，常为世患，其子孙部落，固袭称共工氏，即其同盟之部落散处各地者，亦以共工氏之名号，表示于敌，故管子称共工之王，水处什之七，陆处什之三，乘天势以隘制天下；[18]盖水陆各地，在有共工氏之名号也。以颛顼尧禹之圣，犹不能一一平之，亦可想见其争战之剧矣。

　　上古之世，汉族夹黄河两岸而居，其北有獯鬻，江汉之区，则为黎苗。（黎指九黎，苗即三苗，先汉诸师说苗，皆谓是神灵苗裔，与汉族同祖先。）炎黄之际，黎苗势力，与诸夏并炽，争竞攻战之祸，乃不能不起。《史记·五帝本纪》言"轩辕之时，蚩尤作乱，不用帝命，于是黄帝乃征师诸侯，与蚩尤战于涿鹿之野，遂擒杀蚩尤。"蚩尤为九黎之君。九黎之民，先在河南，时乃进展至河北，若涿鹿之战，黄帝失败，则五千年来泰东史事，将全改观。幸而蚩尤授首，汉族遂永奠中土。观黄帝南登熊湘，是汉族版图，南达江汉，帝子玄嚣，降居江水，昌意降居若水，又西抵巴蜀，开疆拓土，勋业炳然矣。《史记·匈奴传》称"唐虞以上，有山戎猃狁荤粥，居于北蛮。"《五帝本纪》又言"黄帝北逐荤粥，合符釜山，而邑于涿鹿之阿。"荤粥猃狁，一音之转，即后世之匈奴，时已环中国而北，黄帝逐之，涿鹿之都，始安如磐石。说者或咎黄帝不穷追绝北，此后北狄之害，遂与黄帝子孙相终始。然当时北族情形，世远文湮，今已不可稽矣。自黄帝而后，以颛顼最为杰出。《国语》曰："少昊之衰，九黎乱德，民神杂糅，不可方物，颛顼受之，乃命南正重司天以属神，火正黎司地以属民，使复旧常，无相侵渎。"[19]盖少昊之代，黎族复乱，至颛顼乃复诛之也。黄帝南侵，仅及江汉，颛顼更并江汉以南，视黄帝时益辽远矣。颛顼之衰，黎苗又乱。及"尧战于丹水之浦以服南蛮"，[20]舜"窜三苗于三危"，"分北三苗"，[21]始稍以衰落。然《礼记·檀弓》言"舜葬苍梧之野"，郑玄注云："舜征有苗死，因葬焉。"则黎苗之强，犹可见也。禹平水土，"三危既宅，三苗丕叙。"[22]《史记·吴起传》"起对魏武侯曰，昔三苗氏左洞庭，右彭蠡，德义不修，禹灭之。"盖自禹征有苗，洞庭彭蠡之间，皆王迹之所经矣。自上古以来，内则诸部落相攻战，外则与诸侯启竞争，亘数千百年，乃合诸小民族为一大民族，后之学者，每以上古之世寓其郅治之理想，与事实适相反也。

## 注　释

　　[1] 震旦人遗骸之公布于世，始于民国十五年十月二十二日北京各学术团体欢迎世界考古学会会长瑞典皇太子会中，时仅有前臼齿及白齿各一，二十三日英文《北京导报》详载其事。自是遗骸陆续出土，学者论著亦日多。可参考步达生《周口店储积中一个荷谟形的下白齿》（Black Davidson: *On a lower Molar hominid tooth from the Chou Kou Tien deposit* 十六年地质调查所出版。按 hominid 意云"似人"或"人形"，该所译为荷谟形，误）。裴文中《中国猿人化石之发现》（《科学》十四卷八期），《周口店洞穴层采掘记》（二十三年地质调查所出版），《旧石器时代之艺术》（二十四年商务印书馆出版）。杨钟健《中国猿人与人类进化问题》（《科学》十五卷九期），《中国猿人的新研究》（《地质论评》一卷一期）。及叶为耿《震旦人与周口店文化》（二十五年商务印书馆出版）。

　　[2] 参 Teilhard de Chardin and Licent, *On the Discovery of a Palaeolithic Industry in Northern China*，见《中国地质学会会志》卷三第一号。德日进及桑志华又于黑龙江省海拉尔附近之达赖诺尔（Djalainor）发现有晚期旧石器遗迹，曾于《中国地质学会会志》第九卷（十九年出版）中有所报告。二十四年春，德日进杨钟健及裴文中等在广西调查新时代地质，复在武鸣桂林等处发现类似中期旧石器之文化遗迹，裴君曾于同年《中国地质学会会志》第十四卷中发表报告，题曰 *On a Mesolithic(?)Industry of the Caves of Kwangsi*，盖皆未能如陕甘河套所发见者之确定矣。

　　[3] 论著之已刊布者，有安氏之《中华远古之文化》（*An Early Chinese Culture* 十二年出版），综论奉豫之所得，《奉天锦西县沙锅屯石穴遗址》（*The cave deposit at Sha Kuo T'un in Fengtien* 十二年出版），论详其地形地层及器物，《甘肃考古记》（*Preliminary Report on Archaeological Research in Kansu* 十四年出版），略志遗址器物之梗概及其年代，及阿尔纳《河南石器时代之着色陶器》（T. G. Arne: *Painted Stone*

*Age Pottery from the Province of Honan, China* 十四年出版），步达生《奉天沙锅屯河南仰韶村之古代人骨与近代华北人骨之比较》（*The Honan Skeletal Remains from the Sha Kuo T'un Cavedeposit in Comparison With those from Yang Shao Tsun and With Recent North China Skeletal Material* 十四年出版），《甘肃河南晚石器时代及甘肃史前后期之人类头骨与现代华北及其他人种之比较》（*A Study of Kartsu and Honan Aeneolithic Skulls and Specimens from Later Kartsu Prehistoric Sites in Comparison with North China and Other Rocent Crania* 十七年出版），共六种，皆地质调查所印行。

[4] 详见李济《西阴村史前的遗存》，清华大学出版。

[5] 各种零星报告甚多，然皆无甚价值。读者欲略知梗概，可阅商务印书馆出版之卫聚贤《中国考古学史》及《十年来的中国考古学》（载《十年来的中国》中）。

[6] 遗物年代，安特生《甘肃考古记》中曾析为六期，年岁自西元前三千年至一千七百年，不啻缩短吾国古史数千载也。自拙著《纲要》第一册（四十三节"分期与年岁"，页一三四至一三八）剧论其谬，今已无信其说者矣。

[7] 拙著《中国民族由来论》，（载南京中国史学会十九年出版之《史学杂志》二卷二、三期）共三万余言，论此问题最详，各家论著引征亦略备。读者欲略知梗概，可阅拙著《纲要》第一册页二七至四一。

[8] 见刘师培《论古代人民以尚武立国》，载乙巳年《国粹学报》第二期，拙著《纲要》第一册页一七九以下，曾备录之。

[9] 见刘师培《氏族原始论》、《宗法原始论》。载乙巳年《国粹学报》第四期《古政原始论》中。拙著《纲要》第一册五十节"帝系与母统"页一九三以下曾引之。

[10] 说详拙著《纲要》第一册四六节"五帝之传说"与四七节"三皇之传说，帝皇之混合"，页一五八至一七二，可参阅。

[11] 鲍古邨《史鉴节要》曰，"盘古首出，天地初分，三皇继之，物有群伦。有巢构木，宫室是因。教民烹饪，则有燧人。伏羲画卦，书契是造。炎帝神农，耒耜是教。黄帝轩辕，始制衣服。少昊金天，通天绝地。颛顼命官，五方分治。帝喾继之，传其子挚。唐侯代之，是曰放勋。有虞舜者，孝德升闻。"可为例证。

[12] 详拙著《纲要》第一册页一八八至一九二。

[13] 参同上书一九五至一九七页引刘师培《氏族原始论》。

[14] 见《吕氏春秋·荡兵》篇。至古代人民以尚武立国，刘师培论之最详，见上注[8]。

［15］见《史记·五帝本纪》。

［16］见《大戴礼记·五帝德》篇。

［17］《遁甲开山图》言伏羲生成纪，徙治陈仓。《帝王世纪》言神农都于陈，又徙于鲁。

［18］见《管子·揆度》篇。

［19］见《国语》卷十八《楚语下》。

［20］见《吕氏春秋·召类》篇。

［21］见《尚书·尧典》。

［22］见《尚书·禹贡》。

# 第三章

# 封建时代（唐虞夏商西周）

自唐虞至周，皆封建时代。封建者，封谓封国，百里、七十里、五十里或百里至五百里之分土是。建谓建君，公侯伯子男之列爵是。质言之，王者不独治天下，封建诸侯，与诸侯分地而治是已。封建之制，儒者以为起于王者之公天下，然邃古之诸侯，皆自然发生之部落，非出于帝王之封建，而起于事之不容已。部落时代，酋长各私其土，各子其民，有大部落起，势不能取诸部一一而平之，故挞伐与羁縻之策并行，凡举部族以从号令者，即因其故土而封之，使世袭为诸侯；边远之国，政策有所不加，刑戮有所不及，则亦因仍旧俗，自主其国；即受封于天子者，如泰伯之为吴，熊绎之为楚，箕子之为朝鲜，亦由其行义德化，足以孚信于一方，子孙因之遂君其地；而古代部族，迁徙无常，随其所居，皆成国邑。名曰封建之诸侯，实则疆土无定，兴灭无恒，天子徒建空名于其上，非真能建置之而统治之也。[1]

宋罗泌《路史·封建后论》言"封建之事，自三皇建之于前，五帝承之于后，而其制始备。"是封建之事，唐虞以前，即已有之。然尧舜前部落之世，未可名为封建，伏羲、炎黄、颛顼、帝喾，封建之国鲜闻。《史记》称"神农氏世衰，诸侯相侵伐，""黄帝置左右大监，监于万国，"[2]诸侯万国，皆后世追记之辞，疑即部落之异名。而天子巡狩与诸侯朝觐之事，亦始见《虞书·尧典》。则封建之制，虽不始于唐虞，或至唐虞而始盛也。

封建制度演进之方向凡四，[3]一曰新建诸侯之增加，二曰同姓封国之增加，三曰王朝与诸侯关系之由疏而密，四曰天子诸侯君臣之分之由宽而严。四者皆以中央政府权力之扩张为之基。盖中央政府权力愈扩张，则旧国之灭者众，新建诸侯，随以俱增，且得广封同姓，以为屏藩，而王朝与诸侯之关系益密，统治诸侯之法益备，君臣之辨亦益严焉。尧舜之时，封国甚少，今可考者，才十数国。自余群牧群后，虽书缺有间，疑多前世之部落。《尧典》载巡狩朝觐之事虽备，然诸侯则未闻有所更置。又尧舜举人命官，皆咨询岳牧（诸侯之长），鲧之治水，亦以四岳之推举，尧虽知其方命圮族，而不得不用之，是岳牧之在中央，权且陵天子矣。夏商之世，王子分封可考者，夏仅有少康庶子无余，商仅有微箕，自余同姓封国，《史记·夏殷本纪》所载，亦仅十余，且非全封于夏商之世。经传所载夏殷诸侯，都计得百数十国。诸书或言禹时诸侯万国，汤时三千余国，皆举其大略言之，诸载籍所不著者，疑多袭前代所封，或先世之部族，而徇之以为安，仍之以为俗。又当时诸侯之强大者，皆有王号，诸侯之于天子，犹后世诸侯之于盟主，未有君臣之分。名曰封建，古代部落并峙之风，犹自存焉者矣。周兴，封建制度乃集其大成。周崛起西土，自文王受命称王，周公相武王，诛纣以定中原，伐奄（东方大国）以奠东方，以纣子武庚禄父为殷后，以续殷祀。三分其地置三监，封叔鲜于管，叔度于蔡。叔处于霍，以三监镇殷墟，封太公于齐，以表东海，封召公于燕，以临其北，遍封功臣同姓戚者。又广封神农、黄帝、尧、舜、大禹之后。及武庚之叛，周公克殷救乱，又收殷余民，以封康叔于卫，封微子于宋，以奉殷祀，周公子伯禽亦代公就封于鲁，自余昆弟功臣，棋置于殷之畿内及其侯甸。唐虞夏商之诸侯，率因部落之旧，同姓者尤屈指可数，周则国多新建，而同姓著者特多。荀子谓"周立七十一国，姬姓独居五十三人；周之子孙，苟不狂惑者，莫不为天下之显诸侯"[4]矣。太史公言："鲁卫地各四百里，齐兼五侯地。"[5]齐、鲁、卫三国，以王室懿亲，为诸侯长，封土之广，尤前此所未有。夏殷以来古国，方之蔑矣。孟子言武王周公诛纣伐奄，灭国五十，《逸周书》言："武王遂征四方，凡憝国九十有九国，馘磨亿有万七千七百七十有九。俘人三亿万有二百三十。"[6]由其所灭者多,故得封建若斯之众,而同姓占地几得其半也。周初称诸侯曰友邦君,君臣之分犹未全定,然新建之国,多其功臣昆弟甥舅,本周之臣子,由是天子之尊,非复诸侯之长,而为诸侯之君。其在丧服,诸侯为天子斩衰三年,与子为父臣为君同,盖天子诸侯君臣之分,又定于此矣。至王朝与诸侯相维相系之法制。自列爵、分土、命官、贡物、朝聘、盟约、刑罚、庆吊,以及文字与口语之宣传,均详见于《周官》,其组织各国而成一大国,俨如今人之所谓有机体焉。[7]成康以降,同姓犹时有封国(如郑封于宣王)。无封国者,公卿大夫皆使食畿内之邑,不世位而世禄。而外诸侯亦得自置附庸,其卿大夫士,亦皆有封地,卿大夫之家,又各分子弟以采邑。封建之制,于是通乎内外上下;而建国以屏藩,前之起于事势之不容已者,今乃因之以为藩翼之卫,本根之辅矣。班固《汉书·诸侯王表序》极言周代封建之利:"所以亲亲贤贤,褒表功德,关诸盛衰,深根固本,为不可拔。"而李斯则言"周文武所封子弟,同姓甚众,然后属疏远,相攻击如仇雠,诸侯更相诛伐,周天子弗能禁止。"[8]自是诸儒之论封建者,二说互相排诋,[9]历千百年而未有定说焉。

封建时代,帝王名为天下共主,直辖之地,约不过方千里,余皆诸侯治地,故其时政教,自施之于其直辖之地,兼以为各国之模楷者外,最要者为统治各国之法。王朝之盛衰,率视中央政令之能及诸侯与否为断,乃至天下之得丧,亦每系于诸侯之叛服焉。史称尧之禅舜也,尧崩,舜避尧之子丹朱于南河之南,天下诸侯朝觐讼狱者,不之丹朱而之舜,讴歌者,不讴歌丹朱而讴歌舜,舜乃之中国,践天子位。舜之禅禹也,舜崩,禹避舜之子商均于阳城,天下诸侯皆去商均而朝禹,禹遂即天子位。禹以天下授益,禹崩,益避禹之子启于箕山之阳,天下诸侯皆去益而朝启,启遂即天子位。[10]是唐虞间虽号禅让,而其关键,与禹之传子,同在得失诸侯也。夏之衰,诸侯多畔,夏桀不务德,汤修德,诸侯皆归汤,汤率之以伐夏,桀走死,汤乃代夏朝天下。商之衰,诸侯有畔者,纣用费中恶来为政,诸侯以此益疏,西伯修德行善，诸侯多叛纣而往归西伯，周武王之东伐，至盟津，诸侯叛殷，会周者八百诸侯，武王乃克商而有天下。《易》称"汤武革命，应乎天而顺乎人；"[11]桀纣二凶，尤为恶之所归。[12]实则汤武之先祖契弃，皆兴于唐虞之际，与禹同为舜臣，功业著于百姓；商周与夏，皆唐虞以来古国，汤武革命，不过以诸侯革共主之命，桀纣亦仅以昏暴为诸侯所弃而已。及周之衰，申侯与缯西夷犬戎攻幽王，幽王举烽火征诸侯兵，兵莫至，遂杀幽王骊山下。此三代之兴亡，皆以诸侯之明验也。至中叶之盛衰，如夏至孔甲而德衰，殷之五兴五衰，[13]周之成康以降之治乱，亦皆以诸侯之从服与否为断。盖封建之世，天子虽为共主，天下之重心，则在诸侯，诸侯之势，又至不一定，当其盛时，诸侯毕至，及其既衰，诸侯去之，而诸侯之叛服，王朝之兴衰亦系焉。《白虎通义》言"昔昆吾氏；霸于夏者也。大彭豕韦，霸于殷者也。齐桓晋文，霸于周者也。"以昆吾、大彭、豕韦与桓文并论。又言"昔三王之道衰，而五霸存其政，帅诸侯，朝天子，正天下之化，兴复中国，攘除夷狄，故谓之霸也。"应劭《风俗通义》则言"夏后太康娱于耽乐，不循民事，诸侯僭差，于是昆吾氏乃为盟主，诛不从命，以尊王室，及殷之衰也，大彭氏豕韦氏复续其绪，所谓王道废而霸业兴者也。"是夏殷之世，诸侯亦有主盟作霸，以代王政，如春秋时之桓文者。盖夏殷天子之大小强弱，与诸侯本不甚悬殊，虽其名居诸侯之上，数世以后，王室衰微，即与春秋时之成周无异，昆吾、大彭、豕韦乃起而代执国命。当时诸侯地位所系之重，益可见矣。

至论封建制度对吾国史之影响，最大者计有三端。上古部落，棋布天下，植根深固，有大酋起，因其故土而封建，于是"光天之下，至于海隅苍生，万邦黎献，共为帝臣。"[14]封建之制，遂为吾国成为大一统之国家之基。然当时外观虽号统一，而内部之文化，尚分无限之等级。历唐虞夏商，千有余岁，朝觐会同，传播则效，尚未能收整齐均一之功。及周而广封大藩，分化（谓将同一之精神及组织分布于各地，使各因其环境以尽量的自由发展，）同化，（谓将许多异质的低度文化，醇化于一高度文化总体之中，以形成大民族意识，）殊途同归，我族文化，乃广播于各地。此封建之有关于吾国历史者一也。封建一制，虽出于事之不容已，然古王者之行封建，实亦未尝无公天下之心，故尧舜禅位，而尧子丹朱，舜子商均，皆有疆土以奉先祀。周武灭纣，广封古先名王之后。而鼎革之际，虽小国寡民，亦多袭前代所封。以周之大封同姓功臣，亦未闻尽以宇内易置而封其私人，故春秋之世，尚有唐虞之侯伯历三代千有余载而不亡者。观武王之伐商，杀纣而立其子武庚，取天下而不取其国。周公诛武庚，亦立微子于宋，以续殷后。沿及后世，犹以兴灭继绝，封先王后，优礼前朝后为美谈。而四夷之国，挞伐所及，既不利其土地，尤鲜绝其宗祀，以视今日野蛮帝国，相去霄壤。此封建之有关于吾国历史者二也。姓氏之制，史官所以辨章氏族，吾华夏种族，绳绳不替，实由于谱系之整具有期验。自上古母系社会，进而为父统时代之"女子称姓，男子称氏，"其演进之迹虽未易论定，然《禹贡》言"锡土姓"，国语亦有"皇天嘉之，胙以天下，赐姓曰姒，氏曰有夏，胙四岳国，命为侯伯，赐姓曰姜，氏曰有吕"之言。[15] 是姓氏固与封建为因缘。自三代迄王，延及春秋之初，分封之国虽仅存百余，然溯其姓，如陈妫姓，杞鄫越姒姓之出颛顼，宋子姓之出高辛，齐、卫、晋、郑等姬姓之出黄帝之类，率多本于五帝，[16] 而西箴荀僖傿依秃斟及耽嬐娸等姓，其封国无考者，多绝而无后。则五帝之裔，至春秋之世，犹绵绵不绝者，以封爵相承，远有代序故也，春秋时，诸侯之国，公子公孙，支分派别，列官分职，世有掌司，因以命氏。自战国以下之人，以氏为姓；五帝以来之姓虽亡，而秦汉以来姓氏合并之姓，由委溯源，尚多知其出自古帝。后之史家，辨伦脊，察条贯，自知华夏之民，多为炎黄之遗胤，以撼怀旧之蓄念，以发思古之幽情，皆食古代封建之赐也。此封建之有关于吾国历史者三也。

　　唐虞间事与国史关系最巨者，曰禹之治水。吾国洪水之祸，不知始于何时，《尸子》称"燧人氏时，天下多水，"《淮南子·览冥训》则言"女娲氏时，四极废，九州裂，水浩洋而不息。"足征洪水为患，由来甚久。帝尧之时，洪水滔天，浩浩怀山襄陵，尧用忧之，命鲧俾又。鲧之治水,曰堙、曰障,殆惟多筑堤防,以遏水势,故经营九载而功弗成。尧举舜辅治,舜乃殛鲧于羽山,而命其子禹继父职,益及弃佐之。(益掌火,焚山林而驱禽兽,以为治水之预备;弃则掌播种之事,水之既平者,即教种植以安民居也。)禹伤父功不成,劳身焦思,以求继续先业,乘四载,(水行乘舟,陆行乘车,泥行乘輴,山行乘樏。)随山刊木,调查测量,而后酌其缓急,因其高下,从事疏凿,首自冀都,次及兖青徐扬荆豫,而终于梁雍。其唯一宗旨,在宣导水流,而不与之争势,居外十三年,卒竟父志,其功程最大者,则推导河。《史记·河渠书》云:"河菑衍溢,害中国也尤甚,唯是为务,故导河自积石,历龙门,南到华阴,东下底柱,及孟津雒汭,至于大邳。于是禹以为河所从来者高,水湍悍,难以行平地,数为败,乃厮二渠,以引其河,北载之高地,过降水,至于大陆,播为九河,同为逆河,入于渤海。九州既疏,九泽既洒,诸夏又安,功拖于三代。"观周汉以降,黄河虽时有溃决、迁徙,然永无怀山襄陵之祸,可谓功施于万代矣。传称"微禹吾其鱼乎"![17]则吾民今日之宅土安生,亦禹之功赐矣。

夏自禹受禅而有天下,传至桀癸,传凡十七王,一十四世,四百有余年。

(1)大禹—(2)启—┬—(3)太康
　　　　　　　　└—(4)仲康—(5)相—(6)少康—(7)杼—(8)槐—
└—(9)芒—(10)泄—┬—(11)不降—(14)孔甲—(15)皋—(16)发—(17)癸
　　　　　　　　　└—(12)扃—(13)廑

其文献之残缺,为历代最。然就今日所知极简单之事实观之,则足说明后此史迹者,犹有多端。禹以前之君多称氏,"帝"则后世所进称,然禹则不能称帝而称王,三代之君因之。称王之始起,一也。尧舜时之巡狩朝觐,仅会方面之诸侯,禹则大合诸侯于涂山,大会诸侯于会稽。诸侯会合之肇端,二也。禹以前君统,授受无定,至禹禅皋陶与益不成,卒成传子之局,数千年因之。(殷为例外见后)传统法之确定,三也。太康即位,以逸豫灭厥德,黎民咸贰,畋于有洛之表,十旬弗反,夷羿以妘姓之裔,自鉏迁穷,因民弗忍,拒之于河,太康失邦。家天下者,不数世每有淫乱之主,召权臣之窃国,四也。当太康失冀方时,河南犹有翼戴故主之诸侯,故太康及弟仲康,皆居斟鄩,帝相则居斟灌。偏安之创始,五也。羿自称帝,恃其善射,不修民事,淫于田猎,而委政其相寒浞,浞使羿家众逢蒙杀之。篡夺者每及躬受报,六也。浞因羿室,生浇及豷,灭斟灌斟鄩,而弑王相,相后缗奔仍,生子少康,浇求之亟,乃逃奔虞,有田一成,有众一旅,布德兆谋,垂数十年。卒灭寒浞,复禹旧绩。贤主之中兴,七也。孔甲淫乱,德政日衰。传及后癸,昏暴纵恣,任威信谗,陵铄诸侯,武伤百姓,天下离畔,卒灭于汤。暴君之失国,八也。家天下之局始于夏,而后世每朝起伏盛衰惯演之史事,亦几莫不于夏开其端,亦云异矣。

吾国伦理道德,首尚忠孝,社会思想,多关五行,民生经济,根本农业,而忠孝五行农业三者,皆可于夏史考其详。夏道尚忠复尚孝,禹之殚心治水,幹父之蛊,既为纯孝之精诚所致,而其尽力社会国家,为民生牺牲一切,不避艰险,日与洪水猛兽奋斗至十数年之久,实亦尚忠之确证。战国时,墨家以薄己利人为极则,而特推尊夏禹,亦以禹近人而忠故耳。此夏代之有关于后世者一也。五行之说,见于经者,自《夏书·甘誓》始。观启之以有扈氏威侮五行而伐之,因五行而起战争,夏之特重五行可知。传称"水火者,百姓之所饮食也,金木者,百姓之所兴作也,土者,万物之所资生也,是为人用。"则五行之物,盖利用厚生所必须,传之既久,遂有以之统贯他事与解释他事者。此夏代之有关于后世者二也。夏之社会,为一农业社会,故《夏小正》及《诗·豳风·七月》之述夏代社会礼俗者,皆以农业为主。盖自水土既平,弃播百谷,禹亦尽力沟洫,民皆降丘宅土,以事农作;田赋之制,亦由是兴。而农时之精,尤度越百王。殷商而降,正朔迭改,然农时多用夏历,孔子亦曰行夏之时,沿及今世,因仍不废。此夏代之有关于后世者三也。

自契始封商,传十四世。至汤而有天下,以商为天下号。其后裔盘庚迁殷，又以殷为天下号。自汤至受辛，凡三十王，一十七世。传凡六百有余年。

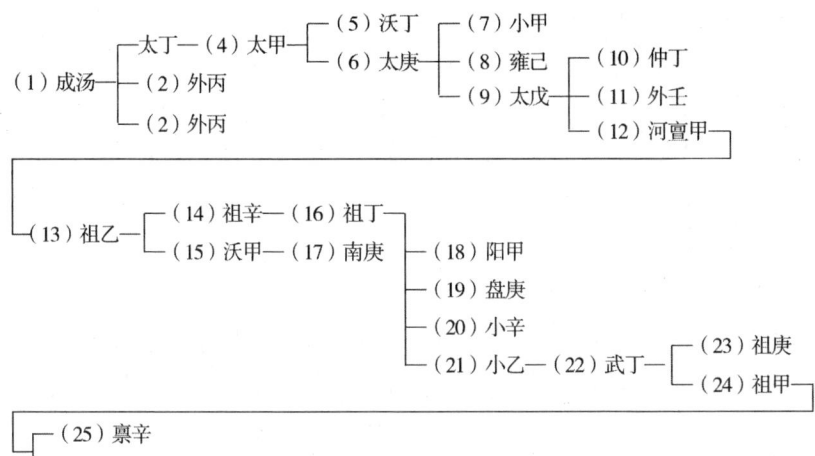

```
          ┌ 太丁 ─ (4) 太甲 ┬ (5) 沃丁    ┬ (7) 小甲
(1) 成汤 ─┤                └ (6) 太庚 ┬ (8) 雍己    ┬ (10) 仲丁
          ├ (2) 外丙                   └ (9) 太戊 ┼ (11) 外壬
          └ (2) 外丙                                └ (12) 河亶甲
┌(13) 祖乙 ┬ (14) 祖辛 ─ (16) 祖丁 ┬ (18) 阳甲
          └ (15) 沃甲 ─ (17) 南庚 ├ (19) 盘庚
                                   ├ (20) 小辛
                                   └ (21) 小乙 ─ (22) 武丁 ┬ (23) 祖庚
                                                             └ (24) 祖甲
┌ (25) 廪辛
└ (26) 庚丁 ─ (27) 武乙 ─ (28) 太丁 ─ (29) 帝乙 ─ (30) 受辛
```

其一代特征，最显著者为继统法。自殷以前，虽无嫡庶之制，然嗣位者非必弟及，商之继统法，则以弟及为主，而以子继辅之，无弟然后传子。自成汤至于帝辛，三十帝中，以弟继兄者凡十四帝，（外丙、仲壬、太庚、雍己、太戊、外壬、河亶甲、沃甲、南庚、盘庚、小辛、小乙、祖甲、庚丁。）其以子继父者，亦非兄之子，而多为弟之子。（小甲、仲丁、祖乙、武丁、廪辛、武乙。）惟沃甲崩，祖辛之子祖丁立，祖丁崩，沃甲之子南庚立，南庚崩，祖丁之子阳甲立，此三事独与商人继统法不合。此盖《史记·殷本纪》所谓中丁以后，九世之乱，其间当有争立之事，而不可考矣。此殷制之独异者；而其一切礼制，如祭祀先王，兄弟同礼，未尝有嫡庶之分等，其源亦由是出也。自周武王之崩，武王弟周公不继武王而自立，立武王子成王而相之，自是以后，子继之法，遂为百王不易之制矣。[18]

殷代卜时命龟之辞，刊于龟甲及牛骨上，清光绪二十五年（一八九九），始出土于河南安阳县西北五里之小屯，其地在洹水之南，水三面环之，《史记·项羽本纪》所谓洹水南殷虚者也。学者考知为殷代遗物，收藏研索，蔚成风气，甲骨出土者，亦日众，综计不下十万片。[19]甲骨记载殷王之名，与《史记·殷本纪》皆同，[20]由此可证明古史之多为实录。至卜辞所问之事，以祭祀与田猎为最多；此尚鬼与尚田猎，亦为殷代之特征。田猎他无可考，尚鬼则与旧史相发明。孔子称殷人尊鬼先神。与夏道之尊命（四时政令），周人之尊礼者异。[21]《尔雅》言商谓岁曰祀，[22]明其一岁之事，惟祀为最重也。《商颂》五篇，多祭祀之诗，《商书》汤誓、盘庚、高祖肜日、微子等篇，亦多言祭祀鬼神之事。又巫氏世相殷室，钟鼎尊彝等祭器，犹多流传于今世，皆可考见一代之风气。战国诸子，言及愚痴，如孟子言揠苗助长，韩非言守株待兔之类，多托之宋人；宋为商后，信鬼则民愚，亦商之遗风然也。随甲骨而发现者，以铜器为多，自鼎彝尊卣、戈矛剑刃以及射远之矢镞、护首之铜盔咸具，制器之模型与熔铸钟鼎四周云雷盘屈之文之铜范，今亦陆续出土，知殷代为铜器极盛时代。而彩色陶器则有附有瓷釉者。较诸仰韶文化，其进步不可以道里计。观甲骨文字之小者，不及黍米，而古雅厚博，则古人技术之工妙，更逾于楮墨。且甲骨至坚，作书之契刀，非极锋利不可，则殷人炼金之术，亦已极精矣。

　　《史记》称夏后氏德衰者仅一次，而称殷之兴衰凡十见，孟子亦言"自汤至于武丁，圣贤之君六七作。"殷商贤君之众多，盖后此立国者所仅见。亦一代之特点也。经纣之暴，国灭于周，然殷民故国之思，易代不衰，故武王封纣子武庚于殷，监以三叔，及武王卒，成王立，武庚卒以殷叛。周公平之，殷民犹时思恢复，周公乃分殷余民，改封微子启于宋以续殷祀，分殷之根据地而杀其势力，又封康叔于殷墟（国名卫），伯禽于鲁，唐叔于唐，而以殷之豪族，分属诸国，使之服事于周。又营东都于洛邑，迁殷顽民，使之密迩王室，以大为镇压。以《尚书》康诰、召诰、洛诰诸篇考之，封康叔与营洛邑，皆周公极意用心之事。周公复作多士、多方，诰诫殷之臣民与诸侯，惟愿其安居田里，观周之虑之深，足征殷人故国之痛之切，而商之德泽之深，更可知矣。

　　周有弃封于邰，世为后稷之官，皆有令德。至公刘遇夏桀之乱，由邰迁豳，太王避狄迁岐，复修后稷之业，百姓怀之，肇基王迹，历季历至文王，遂为西伯。武王革殷，受天明命。至周公辅相成王，经纶天下，兴正礼乐，制度于是改，而民和睦，颂声作。郑玄诗谱曰："周颂者，周室成功致太平德洽之诗，其作在周公摄政成王即位之初，颂之言容，天子之德，光被四表，格于上下，无不复焘，无不持载，此之谓容，于是和乐兴焉，颂声乃作。"周之盛德，盖前古所无，而其关系悉在周公一人。盖周之制度，皆周公所手定，要本子德治礼治之大经，吾国之政治与道德，亦以周为最高也。及成王崩，康王立，史亦称"成康之际，天下安宁，刑错四十余年不用。""康王卒，昭王立，王道微缺，昭王南巡狩，不返，卒于江上。"[23]二南被化独深之国，时荆蛮已跳梁于其间，则王室之衰可知也。

（1）武王发—（2）成王诵—（3）康王钊—（4）昭王瑕—（5）穆王满—
—（6）共王緊扈—（7）懿王囏—（9）夷王燮—（10）厉王胡（共和十四年）
—（8）孝王辟方

—（11）宣王靖（四十六年）—（12）幽王宫涅（十一年）

及穆王内修外武，周乃复振。四传至于厉王，王室复衰。《史记》言"厉王行变虐侈傲，诸侯不朝，三年，国人相与畔，袭厉王，厉王出奔于彘，召公周公二相行政，号称共和。共和十四年，厉王死于彘，太子静长于召公家，二相乃共立之为王，是为宣王。"[24]诸书又言共和谓共国之伯名和，厉王流彘，诸侯皆往宗共伯，若霸主然。今虽未能断言其是非；然周之共和，要仍为贵族执政，非西国古代罗马之所谓共和，亦非今世民主国之所谓共和也。然以厉王之虐，甫及三年，民已群起而推翻之，当时虽非民主，人民实有一种伟大之势力；且流厉王者，不闻有谁何谓之魁帅，必为多数人民之公意，非出于一二人之主使；则吾国真正之平民革命，固始于此时矣。

宣王外攘戎狄，为中兴令主，与周室关系亦至巨。自夏商以降，四夷叛服不常，与中国时有攻战，其详见于《后汉书》东夷传、南蛮传及西羌传。[25]兹综而述之。大抵夏后一代，勤事九夷（东夷分九种），其国势亦强于东，而稍绌于西，故少康以后，夷人世服王化，宾于王门，献其乐舞，而邠凉一带，则多在戎索之中。桀为暴虐，诸夷内侵，汤遂兴师伐而残之。是东夷之叛，且关于夏之灭亡矣。商则绌于东而申于三垂。武乙以前，东夷或畔或服，武乙衰敝，九夷寖盛，遂入中土，自是以后，迄于周之中叶，东夷为强。《诗》称："昔有成汤，自彼氐羌，莫敢不来享，莫敢不来王，曰商是常。"而其颂高宗武丁，则曰"挞彼殷武，奋伐荆楚，罙入其阻，裒荆之旅，有截其所，汤孙之绪。"[26]西南声威，前世方之蔑矣。《易》爻辞又曰："高宗伐鬼方，三年克之；""震用伐鬼方，三年有赏于大国。"[27]王国维《鬼方考》谓"其族西自汧陇，环中国而北，东及太行常山间。"[28]以克之之需三年，其强可知，而爻辞作于商周之际，乃两举之，尤见其关系之重大矣。及殷之季世，西戎日强，季历文王，继世征攘，虽云宾服，而宗周之际，鬼方尚屡勤征讨焉。周都丰镐，虑兵威不及于东，遂封建诸侯，以作藩翰，齐鲁陈曹，星罗棋布，皆足以控制东夷。自管蔡武庚等反，淮夷亦叛，周公兴师东伐，宁淮夷东土。及周公反政成王，淮夷及徐戎又叛，王乃大蒐于岐阳，东伐淮夷。盖周至成王，东土始大定；东夷固周人之劲敌，历久而后削弱也。厉王无道，四夷入寇，宣王修政，法文武成康之遗风，命方叔伐蛮荆，而蛮荆来威。《采芑》之诗曰："蠢尔蛮荆，大邦为仇，方叔元老，克壮其猷，方叔率止，执讯获丑。"命召穆公平伐淮夷，王自帅师伐徐戎，而淮夷徐戎又平。《江汉》之诗曰："淮夷来求，淮夷来铺。""王命召虎，彻我疆土，于疆于理，至于南海。"《常武》之诗曰："王谓尹氏，命程伯休父，左右陈行，戒我师旅，率彼淮浦，省此徐土。""王奋厥武，如震如怒，进厥虎臣，阚如虓虎，铺敦淮濆，仍执丑虏，截彼淮浦，王师之所。""徐方既同，天子之功。"命韩侯为北国伯，而北国又服。《韩奕》之诗曰："王锡韩侯，其追其貊，奄受北国，因以其伯，实墉实壑，实亩实籍，献其貔皮，赤豹黄罴。"而南仲及王之征玁狁，尤为一代盛事。《出车》之诗曰："王命南仲，往城于方，出车彭彭，旂旐央央，天子命我，城彼朔方，赫赫南仲，玁狁于襄。""赫赫南仲，薄伐西戎。"

· 38 ·

"执讯获丑,薄言还归,赫赫南仲,狝狁于夷。"《六月》之诗曰:"狝狁孔炽,我是用急,王子出征,以匡王国。""狝狁匪茹,整居焦获,侵镐及方,至于泾阳,织文鸟章,白斾央央,元戎十乘,以先启行。""戎车既安,如轾如轩,四牡既佶,既佶且闲,薄伐狝狁,至于太原,文武吉甫,万邦为宪。"[29]王诚中兴令主矣。然当时西戎已深入周之腹心,宣王晚年,西戎之祸益炽,五败王师,虽起爪牙之士,料民于太原,终不能克,则以王室卒徒,丧于他方者众,强弩之末,势不能穿鲁缟也。幽王承之,宠褒姒,废申后及太子,卒召西戎之祸。观幽王在位,距宣王之中兴,不过十有一年,而周遂亡,不得谓非宣王贻谋之不善也。

孔子曰:"我观周道,幽厉伤之。"[30]孟子亦言:"名之曰幽厉,虽孝子慈孙,百世不能改也,"(名之即谥之,周书谥法解,暴慢无亲曰厉,杀戮无辜曰厉,动静乱常曰幽,壅遏不通曰幽。)周人自孔孟外,无不以幽厉并称,犹季汉人之言桓灵也。然厉幽之暴,其时公卿大夫,至于寺人下国,多直陈无隐,形之于诗。今传《诗经》,刺二王者,几五十篇,[31]或见微而思昔,或陈古以刺今,或忧时而伤谗,或指暴而斥奸,或痛周室之大坏,或闵国家之将亡;而人民之穷困颠连,亦历历在目。作诗者无所忌讳,采诗者著之简编,而当时怨悱愁苦之言,均能流传于世。是固可见周家之忠厚;抑亦衰乱之季,先世教泽,犹绵延未已之征矣。

\* \* \*

封建时代之制度,自封建制外,以授田与宗法为最要,而皆与封建为因缘。授田制旧或名为井田。谓方里而井,井九百亩,家各有其百亩,或以其中百亩为公田,而八家皆私百亩。然古之井田,第施于衍沃之地,山林薮泽之地,初不尽区为井;而地之上中下殊,民之受田者,亦不能尽限于百亩。特田之井不井虽异,而田皆国有,由国家平均分配则同,故不曰井田而曰授田。孟子谓夏后氏授田五十亩,殷七十亩,周百亩;顾炎武谓五十七十百亩,特丈尺之不同,而田未尝易。[32]然考之《周官》,则周代之制,实区田为上中下三等,不易之地(岁种之),是为上田，夫百亩，一易之地（休一岁复种），是为中田，夫二百亩，再易之地（休二岁乃种），是为下田，夫三百亩。[33]民年三十有室者，授一夫之地，二十以上三十以下有室者为余夫，授正夫四分之一之地，皆至年六十而归田于官。授田之制，虽以均贫富，实则乃拥有大地之贵族，使其属下之平民，皆有一部分之使用土地耳。当时天子领有畿内，畿外以封建诸侯，无封国者，天子之公卿大夫，皆食畿内之邑，诸侯之卿大夫士，亦各有其封地采邑，故全国土地，皆为贵族所世有。贵族不能躬操耒耜，其土地之耕种，惟其隶属之庶民是赖。庶民生活必需之田亩，亦皆仰赖其封君之授予。以土地为庶民之永业，则时有多寡肥瘠遗传继续侵占无主之争；按亩授民，则均无穷，和无寡，安无倾；人民各遂其私，则衣食足而礼义兴；土地不得卖买，则无兼并之患，而拥有大地之封建阶级，亦得维系特权于不坠焉。人民受田于官，官或藉其力以养公田（助法），或取其什一以为地税（贡法），或通乎地之远近年之上下以为敛取之法（彻法），又寓兵于农，因农事而定军令，受田者皆有服兵役之义务；国养民而不养兵，兵出于民而不病民，民为兵而不病国。人人有以自乐其生，而国家亦足食足用足兵，此尤古制最要之义也。

　　宗法起源于祭祀。皇古之时，有一族所祀之神，即祖先之祭，其名曰宗。宗为祖庙之名，主祭之人，即称宗子。帝王为一国主祭之人，故帝王亦称为宗。而族人为主祭之人所统辖者，亦莫不称之为宗。（小宗、群宗、宗人等）此宗法之名所由立也。宗法大纲，不出《礼记·大传》"别子为祖，继别为宗，继祢者为小宗，有百世不迁之宗，有五世则迁之宗"数语。天子之母弟封为诸侯，与诸侯之母弟为大夫者，曰别子，别子之嫡长，嗣世为国君，为大夫，自立宗庙，均以别子为祖，继此别子者，即为其他近支诸侯大夫所宗，是为大宗，所谓别子为祖继别为宗也。而其他近支诸侯大夫，又各以其相近之子孙曾玄，系属为宗，是为小宗，所谓继祢者为小宗也。大宗永为诸小宗之首领，不问其世次远近，小宗则满五世，即递推一世，所谓有百世不迁之宗（大宗），有五世则迁之宗（小宗）也。[34]宗为祖庙，宗法者，天子诸侯大夫各自有其祖庙之法。诸侯别有其祖庙，不得入于天子之庙，所以防诸侯之为天子也。大夫亦自有祖庙，不得入于诸侯之庙，所以防大夫之为诸侯也。故宗法虽非由于封建而有，实成立于封建时代，因封建制度之影响，宗法遂益臻完密，而其功效亦益显。天子为天下宗主，天子封子姓为诸侯，由宗主分立大宗，诸侯用子姓为大夫，由大宗分为小宗。所谓封建政治，实亦宗法政治。《大传》又曰："自仁率亲，等而上之至于祖，自义率祖，顺而下之至于祢。是故人道亲亲也；亲亲故尊祖，尊祖故敬宗，敬宗故收族，收族故宗庙严，宗庙严故重社稷，重社稷故爱百姓，爱百姓故刑罚中，刑罚中故庶民安，庶民安故财用足，财用足故百志成，百志成故礼俗刑，礼俗刑然后乐。"是则尊祖敬宗之效，其极足以措国（诸侯皆国也）于极治，而合诸侯卿大夫嫡庶男女以共宗于天子，天下亦收治平之效。记称修身齐家治国与平天下，实为宗法政治最高之理想，不独防止诸侯大夫僭逆而已。

封建授田宗法，古代王者治天下之大器，亦中国古代政制之结晶也。自政治言为封建，自经济言为授田，自社会言为宗法，三者息息相通，自余礼乐刑政，则皆三者之用而已。论三者之鹄的，要在保持阶级特权，维系天下民心，以保社会之秩序与安宁。故贵族庶民，富厚尊卑，礼数各位，无不迥异，同族之中，亦有贵贱之殊；[35]人人苟能自安其分，即不复有越礼败度之愆。虽曰古先圣哲之微意，实与封建为因缘，而皆集大成于周世者也。自周室既衰，列国转相吞并，封建废而为郡县，宗法随以颠坠；而暴君污吏，漫灭经界，豪富兼并，公田亦易为民田：三者名实俱亡。然其影响于历史者犹深。以言封建，则王侯之封，民国始革，而袁世凯僭帝，尚多受其封号。以言授田，则汉儒主限田，王莽收田为国有，后魏至唐皆行授田之制，总理民生主义，亦以平均地权为基础。以言宗法，秦汉之世，郡国间里之豪宗，虽有族长，皆推其长老有德者，不以宗子，各族之间，亦散而不能复合，封建之大宗，遂分而为无数之家族；政治一于上，家族分于下，其极至人民知有家而不知有国；然其政法典制，伦理风俗，尚多沿宗法社会之遗，至今莫能尽革焉。

自唐虞以降，职官之制，与教育之法，皆日趋详备。羲黄之世，官制绝简；《尧典》载虞舜时，以羲氏和氏司历象，禹作司空，弃居稷官，契为司徒，皋陶作士，垂为共工，益作虞，伯夷作秩宗，夔典乐，龙作纳言，中央政务之分配，井井有条矣。夏代则箕子所陈《洪范》，备言食、货、祀、司空、司徒、司寇、宾、师等八政，伏生《尚书·大传》引《夏书》，又以后稷、司徒、秩宗、司马、作士、共工为六卿，此外复有羲和、遒人、太史、车正、乐正、虞人、啬人等。[36]殷商则有六太（太宰、太宗、太史、太祝、太士、太卜，）典司六典，五官（司徒、司马、司空、司士、司寇，）典司五众，六府（司土、司木、司水、司草、司器、司货，）典司六职，六工（土工、金工、石工、木工、兽工、草工，）典制六材。[37]周代王官，大纲分为六职，每职官各约六十。一曰治职，其长为大冢宰，以平邦国，均万民，节财用。二曰教职，其长为大司徒，以安邦国，宁万民，怀宾客。三曰礼职，其长为大宗伯，以和邦国，谐万民，事鬼神。四曰政职，其长为大司马，以服邦国，正万民，豫百物。五曰刑职，其长为大司寇，以诘邦国，纠万民，除盗贼。六曰事职，其长为大司空，以富邦国，养万民，主百物。其由百官所自辟除者，治藏者曰府，掌书者曰史，选民给繇役者，曰胥曰徒，每官多寡不等，都计不下数万人。今传《周官》，已阙《大司空》一篇，然即其所存五职观之，不特宏纲细目，包罗万象，且又贯穿联络，精密绝伦。虽作者是否周公，今不能确定；然周世必实有此制度，非能凭空撰造，故前人之排击之者，亦多认为周制，特或未能完全实行耳。

周虞时中央教育，有普通与专门之分。舜使契为司徒，教以人伦，此普通教育也。专门教育，则有学校，其名曰庠，有上下二所。庠者养也，盖取绩学之国老庶老，养于庠中，聚少年学子而教之，故耆老之所居，蔚成最高之学府焉。至其所教，则以诗歌声律为主；《尧典》称"诗言志，歌永言，声依永，律和声，"即近世之声音学、语言学、文学、音学诸科也。夏之国学曰序，有东西二所，亦称曰校、曰学。其学科特重教射（序者射也），入学行礼，则舞干戚。国之老者，亦养于序中。乡学则曰公堂，乡人农事毕功，则跻公堂，行饮酒之礼焉。殷世国学，有右学与左学，又有瞽宗及庠序，性质与虞夏国学略同。然殷世教育，实较虞夏为发达；殷人讲求教育学说，远有端绪；私家教学之制，亦兴于殷。故书称殷之多士，咸知典册，粒食之民，昭然明视。即周之代殷，实多得殷之人才，周初三母（王季之母太姜，文王之母太任，武王周公之母太姒。）以文德著称，亦皆受殷世侯国之教育。盖殷周之季，不独男子多受教育矣。周代教育，分国家与地方为二。国家教育，有大学，有小学。小学在王宫南大门之右，师氏、保氏、乐师掌之。大学有五，在国之南郊，大司乐、大胥、小胥、诸子掌之。其学者，小学全为贵族之子弟，大学则地方之俊秀，侯国之贡士，亦与焉。其入学之年限，大抵自八岁至二十岁，初入小学，而后入大学，其年之迟早，则视资秉之敏鲁而定。大学毕业年限约九年，教科则异时异地，各有所重，自德行道艺外，干戈羽籥，射御书数，靡不兼学。地方教育，则仅有小学，以周官推之，四海之内，当有学数万，其普及远非后世所及。大学之毕业者，国家各署其所长，使之试守，而定爵禄，故学校制与选举制合一，而学成者皆为国用焉。[38]

　　世界各国，皆尚宗教，至今尚未尽脱离。吾国古代，亦信多神；然《左传》称颛顼纪官，为民师而命以民事，其时已渐脱离神权。圣哲继世，建立人伦道德。以为立国中心，洒洒数千年，皆不外此：此吾国独异于他国者。故论中国文化，以人伦道德为根本，而大备于唐虞三代。契之教人人伦也，曰父子有亲，君臣（君者主也，臣者从也，君臣即主从之别名）有义，夫妇有别，长幼有序，朋友有信；五伦为人道之本，而其条目，则具于当时之普通教育。周世小学之教，乡学曰六德（知仁圣义忠和）六行（孝友睦姻任恤），国学曰三德（至德敏德孝德）、三行（孝行友行顺行），亦以德行为主。至大学教育，则自周以前，多以音乐为主要教材，虽曰各代之乐，即各代之历史，诵诗知政，作乐降神，诗乐与政治宗教，亦大有关系，实则陶淑学者之性情，养其正而使之不流于邪僻而已。[39]尧舜皋陶禹汤，皆以中道垂教，[40]及文王作易之卦辞。周公作爻辞，亦多阐发中理。盖人类之失，大抵由于偏激，故列圣相传，以中为德本也。国家行政，虽在封建时代，亦惟以民为主，

《尚书》典谟训诰所陈安民、保民、惠民、爱民之义，不可胜举。《皋陶谟》称："天聪明，自我民聪明；天明畏，自我民明畏。"则直视民如天，以天与民合为一事，欲知天意，但顺民心。制度典礼，虽多不下庶人，然治天子诸侯卿大夫士者，皆所以为民，（有制度典礼以治天子诸侯卿大夫士，使有恩以相洽，有义以相分，则国家之基定，争夺之祸泯，而民亦得以遂其性，而安其生矣。）故国家非徒政治之枢机，而亦道德之枢机焉。《皋陶谟》称"慎厥身修"，"兢兢业业"，《商颂》称"温恭朝夕"，"圣敬日跻"，[41]皆从收敛克己立论。而诗书称文王之德，亦惟言其敬慎小心，周公之戒成王、康叔、召公及殷之士民，无在不含有戒慎恐惧之意。或陈古刺今，时时危悚，或寅畏天命，自励自戒，盖人心惟危，道心惟微，稍一放纵，必致害人贼己，故立身处事，须从敬慎小心入手，[42]即周公制礼作乐，集前圣之大成，大至冠婚丧祭乡射朝聘，下至起居相见之琐末，莫不事为之制，曲为之防，其仪文度数之繁密，为世界各国所仅见，亦皆所以调节情性，使人日徙善远罪而不自知。班固有云："人函天地阴阳之气，有喜怒哀乐之情，天禀其性而不能节也，圣人能为之节而不能绝也，故象天地而制礼乐，所以通神明，立人伦，正情性，节万事者也。人性有男女之情，妒忌之别，为制婚姻之礼，有交接长幼之序，为制乡饮之礼，有哀死思远之情，为制丧祭之礼，有尊尊敬上之心，为制朝觐之礼。哀有哭踊之节，乐有歌舞之容，正人足以副其诚，邪人足以防其失。"[43]斯言足以窥矣。至若工艺美术，商周两代之钟鼎彝器，最为著称，自烹饪用之鼎鬲甗敦，饮食用之爵觚觯尊，壶豆簠簋，盥洗用之盘鉴及匜，以及乐器之钟镈钲铙，传世者数盈千百。先儒以器皆燕飨祭祀行礼所用，统名礼器，今人则以器皆铜锡合制，总称曰青铜器。考古者以其品物形制，为他古民族所未有，且炼制之精，图文之美，在艺术上亦有无上价值，咸奉为中国文化之瑰宝。然论其造作之本源，则与礼文之用意，初无二致。阮元《商周铜器说》云："器者所以藏礼。先王之制器也，齐其度量，同其文字，别其尊卑，用之于朝觐燕飨，则见天子之尊，锡命之宠，虽有强国，不敢问鼎之轻重焉。用之于祭祀饮射，则见功德之美，勋赏之名，孝子孝孙，永享其祖考而宝用之焉。且天子诸侯卿大夫，非有德位保其富贵，则不能制其器，非有问学通其文词，则不能铭其器。然则器者，先王所以驯天下尊王敬祖之心，教天下习礼博文之学也。且世禄之家，其富贵精力必有所用，用之于奢僭奇邪者，家国之患也。先王使用其才与力与礼与文于器之中，愚慢狂暴好作乱者鲜矣。此古圣王之大道，亦古圣王之精意也。"[44] 盖吾国之学，不讲超人之境，惟以人为本位，故立国根本与文化中心，惟在人伦道德，而其所发明之道器，[45] 亦卓卓非他国所及。若夫天文、历数、医药等学，以其切于实用，古代亦时有发明。若《尧典》所载四中星之说，与近世天文历学多符，周代人兽之病，皆有专医，备具祝药劀杀诸法，然绝非吾华文化主要所在。至如物理、数理、名理等纯粹科学，则研究者寡，较之希腊先贤，瞠乎后矣。

## 注　释

[1] 参柳子厚《封建论》，及马端临《文献通考·总序》中《封建考序》。

[2] 见《史记·五帝本纪》。

[3] 拙著《纲要》第一册五二节"封建制度之演进"（页二〇一至二一一）论此问题较详，本节系就彼书节录，可参考。

[4] 见《儒效》篇。

[5] 见《史记·汉兴以来诸侯王年表》序。

[6] 见《世俘解》。

[7] 详柳先生（诒徵）《中国文化史》第一编第十九章第十一节"王朝与诸侯之关系"（钟山书局本，上册页二三二至二三八。）

[8] 见《史记·秦始皇本纪》。

[9] 其论最精者，如曹冏《六代论》，陆机《五等诸侯论》，主班固者也。李百药《封建论》，柳宗元《封建论》，主李斯者也。

[10] 见《史记》五帝本纪，夏本纪。

[11]《周易·革卦》象辞。

[12] 参拙著《纲要》第一册六二节"汤武革命"与六四节"桀纣之恶"，页二八一至二九一。

[13]《史记·殷本纪》"太甲暴虐，伊尹放之于桐宫，伊尹摄行政当国，以朝诸侯，太甲修德，诸侯皆归殷，褒帝太甲称太宗。雍己立，殷道衰，诸侯或不至。太戊

修德，殷复兴，诸侯归之，故称中宗。河亶甲时，殷复衰。祖乙立，殷复兴。帝阳甲之时，殷衰，诸侯莫朝。盘庚立，行汤之政，殷道复兴，诸侯来朝。小辛立，殷复衰。武丁之，修政行德，天下咸欢，殷道复兴，称高宗。祖甲立，殷复衰。"

[14] 见《尚书·皋陶谟》。

[15] 见《国语》卷三《周语下》。

[16] 《日知录》卷二十三《姓》篇曰："言姓者本于五帝，见于《春秋》者，得二十有二。妫虞姓，出颛顼，封于陈。姒夏姓，出颛顼，封于杞鄫越。子殷姓，出高辛，封于宋。姬周姓，出黄帝，封于管蔡郕霍鲁卫毛聃郜雍曹滕毕原鄫郇邘晋应韩凡蒋邢茅胙祭吴虞虢郑燕魏芮彤荀贾耿滑焦杨密随巴诸国。任宿须句颛臾，风姓也，自太皞。秦赵梁徐郯江黄葛麋，嬴姓也，自少皞。莒已姓，薛任姓，（隐十一年疏引世本舒邑祝终泉毕过谢章薛十国皆任姓。）南燕姞姓也，自黄帝。杜，祁姓也，自陶唐。楚夔权，芈姓，邾郳，曹姓，郧偪阳，妘姓，鄾夷，董姓也，自祝融。齐申吕许纪州向，姜姓也，自炎帝。蓼六舒鸠，偃姓也，自咎繇。胡归姓，邓曼姓，罗熊姓，狄隗姓，鄋瞒姓，阴戎允姓，六者不详其所出。略举一二论之，则今之孟氏季氏孙氏宁氏游氏丰氏，皆姬。陈氏田氏，皆妫。华氏向氏乐氏鱼氏，皆子。崔氏马氏，皆姜。屈氏昭氏景氏，皆芈。自战国以下之人，以氏为姓，而五帝以来之姓亡矣。"

[17] 《左传·昭公元年》。

[18] 参王国维《殷周制度论》，见《观堂集林》卷十，拙著《纲要》第一册六二节"殷商之特征"，六五节"殷周之际"曾备录之。

[19] 关于研究甲骨之书籍论著，邵子风《甲骨书录解题》（二十四年十一月商务印书馆出版）叙录最备，可参阅。在邵君书成后出版与甲骨有关书册，以中央研究院历史语言研究所编辑之《田野考古报告》第一册（二十五年八月商务印书馆出版）为最要。

[20] 说详王国维《殷卜辞中所见先公先王考》及《续考》，见《观堂集林》卷九。

[21] 见《礼记·表记》。

[22] 《尔雅·释天》"载，岁也，夏曰岁，商曰祀，周曰年，唐虞曰载。"

[23]、[24] 皆见《史记·周本纪》。

[25] 晋世发现《竹书纪年》，其记载有视汉世所传旧史为详者，范晔修《后汉书》时本之，故此诸传足补《史记》《汉书》之遗缺。

[26] 皆见《诗·商颂·殷武》篇。

[27] 《周易》"既济"与"未济"爻辞。

[28] 见《观堂集林》卷十三《鬼方昆夷玁狁考》。

[29] 上引诸诗，"出车"见《诗·小雅·鹿鸣之什》，"六月""采芭"见《小雅·南有嘉鱼之什》，"韩奕""江汉""常武"见《大雅·荡之什》。

[30] 见《礼记·礼运》。

[31] 据《毛诗》小序，《大雅》刺厉王诗凡五篇（民劳、板、荡、抑、桑柔，），刺幽王诗凡二篇（瞻卬、召旻），《小雅》刺幽王诗凡四十一篇（节南山，正月，十月之交，雨无正，小旻，小宛"十月之交以下四篇，郑笺谓亦当为刺厉王。"小弁、巧言、巷伯、谷风、蓼莪、大东、四月、北山、小明、鼓钟、楚茨、信南山、甫田、大田、瞻彼洛矣、裳裳者华、桑扈、鸳鸯、頍弁、车舝、青蝇、宾之初筵、鱼藻、采菽、角弓、菀柳、采绿、黍苗、隰桑、白华、绵蛮、瓠叶、渐渐之石、苕之华、何草不黄，），共四十八篇。

[32] 见《日知录》卷七《其实皆什一也》。

[33] 此据《周官·大司徒》职文。周官遂人又言"上地夫一廛，田百亩，莱五十亩，余夫亦如之，中地夫一廛，田百亩，莱百亩，余夫亦如之，下地夫一廛，田百亩，莱二百亩，余夫亦如之。"解《周官》者多谓《大司徒》之"易"，即遂人之"莱"（草地休不耕者）。惟遂人上地犹有莱五十亩，则周制授田，共有百亩，百五十亩，二百亩，与三百亩四等矣。余夫受田之数，《周官》无明文，惟《孟子·滕文公》篇有"二十五亩"之说，足补经缺。又据《周官·大司徒》职文，为"都鄙"（乡遂以外王畿之地）受田之法，遂人职文，为"乡遂"（王畿内王城附近之自治区域约方四百里之地，）受田之法。周制都鄙制井田，乡遂不制井田。然大司徒受田有一易再易，则制井田区域，有不井者矣。遂人上地夫田百亩，莱五十亩，则虽衍沃之地，能制井者，亦有不井者矣。盖周制所重在授田，不在井田也。后世北魏齐周隋唐，亦皆授田而不为井，亦可见均产之制，与井不井并无一定联带关系也。

[34] 本节论宗法名义，略本刘师培《宗法原始论》，参第二章"注［8］"，拙著《纲要》第一册页二二六至二二九曾备录之。至解释大传数语，纯取普通解说。清儒凌廷堪另有一明爽解释曰："有宗庙、土地、爵位、人民，方谓之大宗。天子以别子为诸侯，其世为诸侯者，大宗也。诸侯以别子为卿，其世为卿者，大宗也。卿以别子为大夫，其世为大夫者，大宗也。大夫以别子为士，其世为士者，大宗也。春秋桓二年《左传》曰：天子建国；言大子以别子为诸侯，故云建国也。又诸侯立家；言诸侯以别子为卿，故云立家也。又卿置侧室；言卿以别子为大夫，故置侧室也。又大夫有贰宗；言大夫以别子为士，故云有贰宗也。又士有隶子弟；士之别子，无重可传，故云隶子弟也。"所云"传重"，即所受于大宗之宗庙土地爵位人民之重也。继别子者，有

重可传，故百世不迁为大宗。继高祖者，无重可传，故五世则迁为小宗。诸侯卿大夫士则然。说详氏著《礼经释例》卷八《封建尊服制考》，可备一解。

[35] 同上注。

[36] 参柳先生《中国文化史》第一编第十二章《夏之文化》，页九九至一〇一。

[37] 见《礼记·曲礼》及郑玄注。

[38] 本节参柳先生《中国文化史》第一编第十一章《唐虞之政教》（页八六至八九），第十二章《夏之文化》（页九七至九八），第十六章《殷商之文化》（页一三四至一三六），第十七章《传疑之制度》（页一四一至一四二），第十八章《周室之勃兴》（页一四七至一四九），及第十九章第三节"乡遂之自治"（页一七四至一七五），第六节"王朝之教育"（页一九二至一九八）。

[39] 同上注。

[40]《论语》"尧曰，咨尔舜，允执厥中，舜亦以命禹。"《中庸》"舜其大知也欤，择其两端，而用其中于民。"《尧典》"帝（舜）曰，夔，汝典乐，教胄子，直而温，宽而栗，刚而无虐，简而无傲。"《皋陶谟》"皋陶曰，亦行有九德，宽而栗，柔而立，愿而恭，乱而敬，扰而毅，直而温，简而廉，刚而塞，强而义。"《孟子》"汤执中，立贤无方。"

[41]《诗·商颂》"那"及"长发"。

[42] 参柳先生《中国文化史》第一编第十八章页一四九至一五一。

[43] 见《汉书·礼乐志》。

[44] 阮元《揅经室三集》卷三及《积古斋钟鼎彝器款识》，皆载此文。

[45] 阮元《商周铜器说》又曰："形上谓道，形下谓器，商周二代之道存于今者，有九经焉，若器则罕有存者，所存者铜器钟鼎之属耳。"

# 第四章

# 列国时代（东周）

自周平王元年宗周东迁，至秦始皇帝二十六年六国灭亡（前七七〇至二二一），旧史或称东周，或分为春秋与战国，今名之曰列国时代。此时代虽沿袭封建时代，然周室衰微，列国并峙，初则政由方伯，继则强国纵横，列国迭为兴替，大半与王室不相关涉，历史之重心，亦不在王室而在列国，故与封建时代大异。其事可由各方面征之。

（一）宗周之诗，曰雅曰颂，东周则有王风，而无雅颂。郑玄诗谱《王风谱》曰："平王徙居东都，于是王室之尊，与诸侯无异，其诗不能复雅，故贬之，谓之王国之变风。"盖王室与诸侯无异，故王室之诗，编诗者亦次诸国风，与列国等夷焉。鲁诸侯之国，而鲁诗四篇，又以颂名。孟子曰："王者之迹息而诗亡，诗亡然后春秋作。"然《春秋》亦以鲁公纪年，不以周王焉。

（二）封建时代帝王政教，颇为明备，侯国史实，则靡得而详。《史记》三代世表，十二诸侯年表，六国表，秦本纪，及吴、鲁、燕、管蔡、陈杞、卫、宋、晋、楚、越、郑、赵、韩、田完、诸世家，备载各侯国历史，然自平王以前，其事多缺略不具，自春秋以降，则多较《周本纪》为备。自余邾、莒、许、滕、薛、郳、随、郯、虞、虢等国，春秋前多不可考，太史公以其国小，不立世家，而其事实之见于《春秋》左氏内外传及传记诸书者颇详。[1]外传中周语，与《国策》中东周策西周策（战国时之东西周），虽别篇首，然皆与齐秦晋楚等并列，而其篇帙，犹多不及诸国。[2]盖天下之重心在列国，列国史实，遂较王室为详备，虽小国亦多可稽也。

（三）封建之世，诸侯奉王朝之礼乐政刑，其国不治则有让，贬爵削地，或加讨伐。东周以降，礼乐征伐自诸侯出，而王室内乱，亦赖诸侯以定。如襄王时王子带之乱，齐桓公会于首止，以谋王室，既而襄王告难，复盟洮以安其位。齐桓既殁，狄人助乱，襄王出奔，子带立为王。襄王告急于晋，晋文纳王而诛叔带，王室始靖。未几遂有河阳之召，天王听命于诸侯焉。匡王而后，王臣争讼繁兴，多讼于晋以定曲直，迨晋衰而不能靖王室之难，读史者且伤天下之无霸矣。自后强陵众暴，王室有乱，列国亦莫之问矣。

（四）封建时代，列国有朝，王有巡守，岁时聘问，吉凶告赴，东周之世，巡守无闻，天王之崩，且有不赴者矣。盟会皆强国司之，诸侯之述职于王朝者，春秋阙如，而其自相朝见，则更仆难数，知有事大国而已，不知有王也。试以鲁为例；综计二百四十二年之间，诸公之朝齐晋与楚者，三十有三，而朝周仅三。诸大夫之聘于列国者，五十有六，而聘周仅五。鲁秉周礼，在春秋亦非强国，而犹若是，有以知周之衰，而政治重心之在列国矣。至战国，则七雄皆为万乘之国，周室削弱为一小国，秦昭王一怒攻周，而西周武公奔秦，顿首受罪，而尽献其邑户，更不待言矣。

其尤可玩味者，则为名号之变迁。周制，列国诸侯非夏殷二王之后，其爵无至公者，而大夫虽贵，亦不敢称子。自东迁而后，列国诸侯，皆僭称公，执政之卿，亦渐称子。春秋而后，则鲁之季氏，晋之韩、魏、赵氏，齐之田氏，皆以大夫而为诸侯矣。春秋时，仅楚与吴越僭称王号。至显王世，六国皆次第称王。赧王世，则秦齐二国，且一度去王号而称帝。其臣如田文、范雎等，亦称君称侯（文称孟尝君、雎号应侯）。而历载八百之宗周，则王赧时东西分治，《国策》称之曰东周君西周君，并王号而无之。盖名者实之宾，周室时已削弱为一小国，与七国之臣无殊，而七国之强大，则远迈东迁初之周室，实异而名号亦随之异也。余如平戎御敌，兴灭继绝，战胜吞灭，开疆拓地，变法创制，合纵连横等等，皆列国事而非周室事，学术则私学盛于官学，人才则列国盛于周室,皆为此时代之特征。汉以后史家目此种变迁为世衰道微之征,因以三代为治世,春秋为衰世,战国为乱世,自西周降至春秋战国,实为退化之历史。司马迁、刘向与班固,尤慨乎言之。

《史记·十二诸侯年表》序"厉王奔彘,共和行政,是后或力政,强乘弱,兴师不请天子,然挟王室之义,以讨伐为会盟主。政由五伯,诸侯恣行,淫侈不轨,贼臣篡子滋起矣。齐、晋、秦、楚,其在成周,微甚,封或百里,或五十里。晋阻三河,齐负东海,楚介江淮,秦因雍州之固,四国迭兴,其为伯王,文武所褒大封,皆威而服焉。"

又《六国表》序"太史公读秦记,至犬戎败幽王,周东徙洛邑,秦襄始封为诸侯,作西畤,用事上帝,僭端见矣。《礼》曰:天子祀天地,诸侯祭其域内名山大川。今秦杂戎翟之俗,先暴戾,后仁义,位在藩臣,而胪于郊祀,君子惧焉。及文公逾陇,攘夷狄,尊陈宝,营岐雍之间,而穆公修政,东竟至河,则与齐桓、晋文,中国侯伯侔矣。是后陪臣执政,大夫世禄,六卿擅晋权,征伐会盟,威重于诸侯。及田常杀简公而相齐国,诸侯晏然弗讨,海内争于战攻矣。三国终之,卒分晋,田和亦灭齐而有之,六国之盛自此始。务在强兵并敌,谋诈用,而从横短长之说起,矫称蜂出,誓盟不信,虽置质剖符,犹不能约束也。秦始小国,僻远,诸夏宾之,比于戎翟,至献公之后,常雄诸侯,卒并天下。"

刘向《战国策》序"五伯之起,尊事周室,五伯之后,时君虽无德,人臣辅其君者,若郑之子产,晋之叔向,齐之晏婴,挟君辅政,以并立于中国,犹以义相支持,歌咏以相感,聘觐以相交,期会以相一,盟誓以相救。天子之命,犹有所行,会享之国,犹有所耻,小国得有所依,百姓得有所息。及春秋之后,众贤辅国者既没,而礼义衰矣。田氏取齐,六卿分晋,道德大废,上下失序。至秦孝公捐礼让而贵战争,弃仁义而用诈谲,苟以取强而已矣。夫簒盗之人,列为侯王,诈谲之国,兴立为强,是以转相放效，后生师之，遂相吞灭，并大兼小，暴师经岁，流血满野，父子不相亲，兄弟不相安，夫妇离散，莫保其命，湣然道德绝矣。晚世益甚，万乘之国七，千乘之国五，敌侔争权，尽为战国，贪饕无耻，竞进无厌，国异政教，各自制断，上无天子，下无方伯，力功争强，胜者为右，兵革不休，诈伪并起。当此之时，虽有道德，不得施设，有谋之强，负阻而恃固。连与交质，重约结誓，以守其国。故孟子孙卿儒术之士，弃捐于世，而游说权谋之徒，见贵于俗。是以苏秦、张仪、公孙衍、陈轸、代、厉之属，主从横短长之说，左右倾侧，所在国重，所去国轻。"

《汉书·礼乐志》"周室大坏，诸侯恣行，设两观，乘大路，陪臣管仲季氏之属，三归雍彻，八佾舞庭，制度遂坏，陵夷而不反。桑间濮上郑卫宋赵之声并出，内则致疾损寿，外则乱政伤民。巧伪因而饰之，以营乱富贵之耳目，庶人以求利，列国以相间。至于六国，魏文侯最为好古，而谓子夏曰，寡人听古乐，则欲寐，及闻郑卫，余不知倦焉。子夏辞而辨之，终不见纳。自此礼乐丧矣。"

又《刑法志》"周道衰，法度堕。至齐桓公任用管仲，作内政而寓军令，齐桓既没，晋文接之，亦先定其民，作被庐之法，总帅诸侯，迭为盟主。然其礼已颇僭差，又随时苟合，以求欲速之功，故不能充王制。春秋之后，灭弱吞小，并为战国，雄桀之士，因势辅时，作为权谋，以相倾覆。世方争于功利，而驰说者以孙吴为宗。"

又《食货志》"周室既衰，暴君污吏慢其经界，繇役横作，政令不信，上下相诈，公田不治。于是上贪民怨，灾害生而祸乱作。陵夷至于战国，贵诈力而贱仁义，先富有而后礼让，王制遂灭，僭差无度。庶人之富者累巨万，而贫者食糟糠，有国强者兼州域，而弱者丧社稷。"

又《货殖传》"周室衰，礼法堕，诸侯刻桷丹楹，大夫山节藻棁，八佾舞于庭，雍彻于堂。其流至于士庶人，莫不离制而弃本，稼穑之民少，商旅之民多，谷不足而货有余，陵夷至乎桓文之后，礼谊大坏，上下相冒，国异政，家殊俗，耆欲不制，僭差亡极。于是商通难得之货，工作亡用之器，士设反道之行，以追时好而取世资。伪民背实而要名，奸夫犯害而求利。篡弑取国者为王公，圉夺成家者为雄杰，礼谊不足以拘君子，刑戮不足以威小人。富者土木被文锦，犬马余肉粟，而贫者裋褐不完，唅菽饮水。其为编户齐民同列，而以财力相君，虽为仆虏，犹无愠色，故夫饰变诈为奸轨者，自足乎一世之间，守道循理者，不免于饥寒之患。其教自上兴，繇法度之无限也。"

又《游侠传》"古者天子建国，诸侯立家，自卿大夫以至庶人，各有等差，是以民服事其上，而下无觊觎。周室既微，礼乐征伐自诸侯出。桓文之后，大夫世权，陪臣执命。陵夷至于战国，合从连衡，力政争强。繇是列国公子，魏有信陵，赵有平原，齐有孟尝，楚有春申，皆藉王公之势，竞为游侠，鸡鸣狗盗，无不宾礼，皆以取重诸侯，显名天下。搤腕而游谈者，以四豪为称首。于是背公死党之议成，守职奉上之义废矣。"

三子皆拘拘于封建时代之礼法，以王者施令定制统一天下为立论之标准，故无在而不觉其陵夷衰微。然封建已进而为列国，诸侯代王者为政于天下，制度礼法，自须因时制宜；而强国并争，物力进步，其立国精神与夫经济俗尚，其势亦不得不变。语曰："世异变，成功大。"[3]春秋战国为国史上一大变局，亦为由封建至统一必经之阶段。（古代由部落，而封建，而列国，而统一，皆必经之阶段。）读史者第当识其变迁，以明白一代之风气，不必先立一成见，而惟訾议其退步也。然后世论列国时代者，多不能出三子之范围，故备录之，以见列国时代各方面之异于封建时代焉。

列国时代变迁之最大者，曰各国之兼并。周初千八百国，春秋世见于经传者，仅百数十国。[4]厉宣以降，诸侯之互相吞并，盖已久矣。然至春秋时，各国力攻相并，始可考见。当时灭国最多者，首推晋、

· 53 ·

楚、齐、秦，据《春秋传》所载，楚所灭者约四十余国，晋二十余国，齐十国，秦八国，自余鲁、宋、吴、越、郑、卫等。亦各灭数国。诸书又称"齐桓并国三十五"，"晋献公并国十七，服国三十八，""楚庄王并国二十六"，"楚文王兼国三十九"，"秦穆公灭国二十"。[5]是此四国五君，灭国已百数十。弱肉强食，其祸酷矣。至战国而争战益亟，卒之统一于秦。《汉书·地理志》云："周室既衰，礼乐征伐自诸侯出，转相吞灭，数百年间，列国耗尽。至春秋时，尚有数十国，五霸迭兴，总其盟会。陵夷至于战国，天下分而为七，合纵连衡，经数十年，秦遂并兼四海，荡灭前圣之苗裔，靡有孑遗者矣。"

自各国兼并，周之诸侯，进而为强大之列邦，其国家之组织，政治之设施，社会之状况，学者之思想，胥因之而变易。而军制之改革尤剧。周制天子六军，诸侯大者三军，次者二军，小者一军。军万二千五百人。春秋时，齐桓晋文皆务扩充兵额，其后晋国之兵，数至十万，[6]大于西周盛时天子六军。然其时皆用车战，犹未有斩首至于累万者。至战国则列国竞以众胜，苏秦张仪游说诸侯，盛称诸国之兵，燕、赵、韩、魏、齐，皆带甲数十万，楚、秦则百余万。[7]又由车战变为骑射，故兵祸之烈，极于此时。《史记·六国表》载秦将白起斩首之数，有多至数十万者，[8]其残酷前古所未有也。孙膑、吴起之兵法，白起、王翦、廉颇、李牧之将略，以及学者痛恨当时穷兵黩武之论，如孟子、墨子之非攻战等，皆相因而生，亦可以觇世变矣。其影响于历史最巨者，曰革封建为郡县。春秋诸国并吞小弱，大抵以其国地为县，县或以之赏功臣，或特使大夫守之，或特置县尹县公以治之。至战国各国又以所辟之地为郡，郡置守焉。[9]因灭国而特置郡县，因置郡县而特命官，不复如三代之灭国以封国，封建之制，遂渐变为郡县之制，诸国并峙之势，亦渐进而为统一之局焉。

春秋之时，蛮夷戎狄，杂居内地，诸夏亦多用夷礼。宋洪迈言"成周之世，中国之地最狭，以今地理考之，吴、越、楚、蜀、闽皆为蛮，淮南为群舒，秦为戎，河北真定中山之境，乃鲜虞肥鼓国，河东之境，有赤狄、甲氏、留吁、铎辰、潞国，洛阳为王城，而有阳、拒、泉、皋、蛮氏、陆浑、伊洛之戎,京东有莱牟介莒,皆夷也。杞都雍邱,今汴之属邑,亦用夷礼。邾近于鲁,亦曰夷。其中国者,独晋、卫、齐、鲁、宋、郑、陈、许而已。通不过数十州;盖于(今)天下,特五分之一耳。[10]自齐桓称霸,晋文继之而兴,世霸北方,并戎狄以自广,秦楚亦随国势之强大,灭夷狄,称霸王,而努力自化于华夏,四裔遂多为诸大国所灭。[11]又当时诸族多与汉族通婚媾,[12]及其灭亡,遂多为汉族所吸收,而同化于吾族。中国之文化,亦渐推渐广,且渐自北而南及楚与吴越。周成王封熊绎于楚蛮,至春秋初,熊通犹自居于蛮夷。[13]吴出泰伯,与周同族,越之先祖,则为禹之苗裔,而吴自寿梦(前六世纪初)以前,不通中国,越尤僻陋。然自熊通以降,楚国日大,文化之进步,一日千里,人物之盛,逾于诸夏。吴则季札聘鲁(前五四四),请观周乐,于国风雅颂乐舞之精义,言之无或一爽。越之文化,又直接得之于吴,而间接得之于楚;范蠡文种皆楚人也,句践得此二人,而教士四万,君子六千,勃然而兴。而种蠡之文章,见于越语者,亦于国语为最高。吾国文化之自北而南东,此其第一度矣。

春秋之季,诸族之在中土者,式微甚矣。至战国而遂消灭;而诸国拓张境土,又远过于春秋。江西湖南之地,大半为楚越所辟,越又南及闽中;楚则威王时服越,又使庄蹻略巴蜀黔中以西,远至滇池。赵襄子北略狄土,韩魏灭伊洛阴戎。秦惠文并巴蜀,昭襄王又灭义渠,置陇西、北地、上郡,赵武灵王破林胡楼烦,置云中、雁门、代郡,燕将秦开却东胡,置上谷、渔阳、右北平、辽西、辽东诸郡。南西北三垂之辟,皆非春秋以前所及,然非诸国国力强大,要未足以致此。盖列国之兼并,影响于国史地理之扩张者深矣。至秦并天下,中国已无杂居之戎,惟南岭之南,巫黔之西南,陇蜀以西,尚存种落,不足复为中国患;然匈奴则以此时大矣。[14]

自平王东迁至秦灭六国,列国盛衰不一,[15]兹以周王纪年,依次略述其要如次。

## 东周世系表

（1）平王宜臼（五一年）——泄父——（2）桓王林（二三年）——（3）庄王佗（一五年）
——（4）僖王胡齐（五年）（5）惠王阆（二五年）——（6）襄王郑（三三年）
——（7）顷王壬臣（六年）——（8）匡王班（六年）
（9）定王瑜（二一年）——（10）简王夷（一四年）
——（11）灵王泄心（二七年）——（12）景王贵（二五年）——（13）悼王猛
（14）敬王匄（四三年）
——（15）元王仁（八年）——（16）贞王介（二八年）
——（17）哀王去疾
——（18）思王叔
——（19）考王嵬（一五年）——（20）威烈王午（二四年）——（21）安王骄（二六年）
——（22）烈王喜（七年）
（23）显王扁（四八年）——（24）慎靓王定（六年）——（25）赧王延（五九年）
周桓公——威公——惠公——东周惠公（七年）
西周武公

《史记·周本纪》言："平王之时，周室衰微，诸侯强并弱，齐、楚、秦、晋始大，政由方伯。"周自幽王之亡，平王东保于雒，从王之国，不过秦、晋、郑、卫，自四国之外，诸侯未有至者。王命晋文侯为侯伯，启河内而表里山河，封秦襄公为诸侯，赐之岐以西之地，二国渐大，郑尤强梁一时。然当时齐负东海，楚介江淮，实与秦晋俱得地理之胜。其最初以霸业名者，齐桓公也。桓公以周庄王十二年（前六八五）即位，任管仲以变法。史称"管仲既任政相齐，以区区之齐，在海滨，通货积财，富国强兵，与俗同好恶。故其称曰，仓廪实而知礼节，衣食足而知荣辱，上服度则六亲固，四维不张，国乃灭亡。下令如流水之原，令顺民心，故论卑而易行。俗之所欲，因而予之，俗之所否，因而去之。其为政也，善因祸而为福，转败而为功；贵轻重，慎权衡。"[16]仲盖以法家而兼道术者。齐既富强，桓公遂霸诸侯。桓公之大功，在攘夷狄以救诸夏。当是时，周既陵迟，白狄赤狄陆浑山戎之属，错居内地，为诸夏患，邢卫两国，悉为所灭，楚尤为患于南方，其势已以扩至淮水以北，浸逼中国。《公羊传》曰："夷狄也，而亟病中国，南夷与北狄交，中国不绝若线。"[17]桓公北伐山戎以救燕，却狄以再造邢卫，南伐荆楚，为召陵之盟。虽既盟之后，楚灭弦灭许，而桓公不能救；然周室衰微，独齐为中国会盟，衣裳兵车之会，唯是尊天子而睦诸侯，抑强楚而保小国，遏戎狄方张之势，救诸夏垂危之局，一君一臣，经营数十年而克济焉。功烈称五霸首，宜也。管仲桓公既没，（前六四五仲卒，六四三桓公卒。）齐霸骤衰，宋襄公欲继桓志，图霸不成，为楚所败而死。楚遂肆其强暴，越汉东以陵上国，会晋文公起，中国之势乃稍振。晋自献公世（前七世纪中）辟土图强，一时称雄，献公死而国乱。周襄王十六年（前六三六），晋文以秦穆之援入即位，用赵衰、狐偃、先轸、栾枝诸贤，施惠百姓，作被庐之法，又作执秩以正其官。会楚率诸侯围宋，文公败之于城濮（前六二三），献楚俘于周，王命晋侯为伯，霸业与齐桓比烈焉。然晋不独南破楚也，又西制秦。时秦穆公用百里奚、蹇叔、公孙支、由余诸贤，国势甚盛，晋文之没，穆公因丧伐郑，文公子襄公袭之于殽，秦军尽没，从此不敢东出。虽穆公深自罪悔，增修国政，并国二十，遂霸西戎，周襄王使召公过贺穆公以金鼓，命为西方侯霸，然终春秋世，秦不得志于中原焉。自晋襄卒后，晋累世多故，而楚勃兴。庄王侣（前六一三年立）发愤有为，厉精图治，传称其"以芃敖为宰，百官象物而动，军政不戒而备，内姓选于亲，外姓选于旧，举不失德，赏不失劳，老有加惠，旅有施舍，君子小人，物有服章，贵有常尊，贱有等威。在国无日不讨国人而训之，于民生之不易，祸至之无日，戒惧之不可以怠。在军无日不讨军实而申儆之，于胜之不可保，纣之百克而卒无后。箴之曰，民生在勤，勤则不匮。"[18] 乘晋霸之衰，出师围郑，大败晋师于邲（前五九七），诸侯遂尽服于楚。及庄王卒（前五九一），楚威稍替，晋复与楚争郑，又交吴以制楚。周简王二年（前五八四），楚申公巫臣为晋通使于吴，教之乘车，教之战陈，教之叛楚，于是吴通上国，为晋用而议楚后。楚于东南方树一大敌，竖于奔命，故晋悼公复霸，而楚不能争。其后吴王阖闾因伍员、孙武诸贤，奋发为雄，亟肆以疲楚，多方以误楚。周敬王十四年（前五六〇），率师长驱入郢，楚昭王出走，阖闾攘楚之效，高于桓文矣。然吴方议楚后，

· 57 ·

越又议吴之后。阖闾为越子句践所伤而死,夫差志复父仇,虽卒以报越,然句践栖保会稽,委曲行成。史称其"苦身焦思,置胆于坐,坐卧则仰胆,不忘会稽之耻,身自耕作,夫人自织,食不加肉,衣不重采,折节下贤人,厚遇宾客,振贫吊死,与百姓同其劳,拊循士民,欲以报吴。"[19]值夫差怠政黩武,出师北攻齐鲁,与晋争盟于黄池,句践乘虚破其国都;未几,遂兼有吴土,驱役中国,越又代吴而霸矣。综观春秋时之霸主,旧史虽以齐桓、宋襄、晋文、秦穆、楚庄为五霸,然宋襄图霸不成,而阖闾句践尝盛极一时,故论者多退宋襄而进阖闾,或退宋襄而进句践,亦有退宋襄秦穆而进阖闾句践者。[20]要之其时强国,首推齐、晋、秦、楚、吴、越,齐居东,晋居北,秦居西,楚居南,吴越居东南,皆僻处一隅。当时中原诸侯,地丑德齐,方从事于会盟朝聘,莫敢先动。诸国既边僻,则肆意并兼,而无所顾忌,且各以一面向中原争霸,少后顾之忧,其势尤易强大也。而晋之近旁皆戎狄,楚之近旁多诸姬,凭恃武力以霸除,无所踌躇,故二国兼并独多,于诸国中为尤强,而春秋时局,亦大抵属之晋楚,执政人才,于各国为特盛焉。自楚与吴越代兴,天下大势,渐自北而南。然桓文创霸,皆以尊攘为名,即宋秦亦不敢称王,楚吴越则均自称王,此又春秋夷夏之所由分矣。

　　周贞王(前四六八年立)以后,王室愈微,诸侯灭亡略尽。晋六卿柄政,既而智氏灭范、中行氏,而又为韩、魏、赵所灭,于是晋权尽归三家,晋侯反朝之,至威烈王二十三年(前四〇三),皆受王命为诸侯。齐桓公时,陈公子完来奔,世仕齐国,至田常遂专齐政。及三家分晋,田和亦篡齐为诸侯(前三九一)。四国新建,越衰于南,而燕强于北,与秦楚称为七雄,互相争竞,号称战国。战国之初,六国皆强盛。赵则烈侯任公仲连为相,国政修明,雄于北方。楚则尽灭附近诸小国,悼王时,用吴起为相,起明法审令,捐不急之官,废公族疏远者,以养战士,南平百越,诸侯皆患楚之强。齐则威王赏罚严明,境内大治,诸侯莫敢加兵。韩则文侯伐郑伐宋,执宋君,哀侯灭郑而徙都之。燕亦生养休息,置地自广。尤富强者为魏,文侯师事卜子夏田子方,过段干木之庐必式,四方贤士多归之,用李悝以尽地力,以西门豹治邺,兴水利,又用乐羊伐中山,吴起守西河,子武侯继之,两世贤主,国势益振,韩赵皆听命焉。惟秦较弱,国数乱,列国皆以夷翟遇之,摈斥之不得与中国会盟焉。秦孝公即位(前三六二),发愤修政,下令招贤,卫鞅入秦,孝公用之,卒定变法之令:"令民为什伍而相收司连坐,不告奸者腰斩,告奸者与斩敌首同赏,匿奸者与降敌同罚;民有二男以上不分异者倍其赋;有军功者,各以率受上爵,为私斗者,各以轻重被刑;大小僇力本业耕织致粟帛多者,复其身,事末利及怠而贫者,举以为收孥;宗室非有军功论,不得为属籍;明尊卑爵秩等级各以差次,名田宅臣妾衣服以家次,有功者显荣,无功者虽富无所芬华。"[21]鞅又以三晋地狭人穷,秦地广人寡,故草不尽垦,地利不尽出,于是诱三晋之人,利其田宅,复三代无知兵事,务本于内,而使秦人应敌于外。[22]秦行鞅法而富强,时列国自相伐,秦人乘之,攻魏取河西地,魏徙都大梁,秦人至是如虎之出柙,诸侯非戮力不能制秦矣。商鞅卒(前三三八)后四年,而苏秦唱六国合从之策(前三三四),初说燕文侯,文侯资之车马金帛以至赵,因说赵肃侯"韩、魏、齐、楚、燕、赵以从亲,以畔秦。令天下之将相,会于洹水之上,通质刳白马而盟,要约曰,秦攻楚,齐魏各出锐师以佐之,韩绝其粮道,赵涉河漳,燕守常山之北。秦攻韩魏,则楚绝其后,齐出锐师以佐之,赵涉河漳,燕守云中。秦攻齐,则楚绝其后,韩守成皋,魏塞其道,赵涉河博阙,燕出锐师以佐之。秦攻燕,则赵守常山,楚军武关,齐涉勃海,韩魏皆出锐师以佐之。秦攻赵,则韩军宜阳,楚军武关,魏军河外,齐涉清河,燕出锐师以佐之。诸侯有不如约者,以五国之兵共伐之。"[23]次说韩宣惠王、魏襄王、齐宣王、楚威王,于是六国合从而并力焉。苏秦为从约长,并相六国。史称"乃投从约书于秦,秦兵不敢窥函谷关十五年。"[24]然约定一年,秦使公孙衍欺齐魏以伐赵,赵让苏秦,苏秦去赵而从约解。慎靓王三年(前三一八),楚、赵、魏、韩、燕同伐秦,秦出兵逆之,五国皆败走。翌年,齐杀苏秦,而张仪相秦惠文王,连横之策大盛。初说魏哀王事秦,言"今从者一天下，约为昆弟，刑白马，以盟洹水之上以相坚也，而亲昆弟，同父母，尚有争钱财，而欲恃诈伪反覆苏秦之余谋，其不可成亦明矣。"[25]哀王乃倍从约，而因仪请成于秦。仪又欺楚绝齐；终乃说韩襄王、齐湣王、赵武灵王、燕昭王，连横以事秦。时赧王四年（前三一一），距苏秦之卒才六年耳。虽惠文王卒，悼武王不说仪，诸侯闻之，皆畔横复合从，明年，张仪亦卒。而苏秦之弟苏代苏厉，犹时约诸侯从亲，公孙衍亦尝佩五国之相印，或从或横，常为约长。然六国联鸡不能俱栖，且利害异势，故急则相救，缓则相攻，其合从皆有名而无实。苏秦之连横，以己国为中心，虽不能举六国以事我，而乘六国之间，离合操纵，实易于集事。六国之君，虽有发愤变法，或任贤图强者，如韩昭侯时用申不害为相（前四世纪中叶），修术行道，国内以治，赵武灵王胡服骑射，攘地北至燕代，西至云中九原，燕昭王任乐毅、剧辛诸贤，命乐毅伐齐，下七十余城：要仅能称雄一时。秦初则屡乘隙以攻接壤之楚魏韩，三国既受侵削，日以地事秦，奉之弥繁，侵之愈急。迨范雎入秦（前二七○），秦王用雎远交近攻之计，尽夺韩魏南阳太行之地，而赵与秦接界。秦又以全力攻赵，坑赵卒数十万；继又使人灭周，周遂先六国而亡（周东迁后，又分为东西，西周亡于前二五六年，东周亡于前二四九年）。及秦王政立（前二四六），益连攻各国，后又用楚人李斯之谋，阴遣术士赍金玉，游说诸侯名士，可下以财者，厚遗结之，不肯者，利剑刺之，离其君臣之计，然后使良将将兵随其后。自十七年（前二三○）灭韩，至二十六年（前二二一），以次灭赵、燕、魏、楚及齐，六国卒并于秦。盖自孝公用商鞅，兴本业，奖战功，深植高强之基，秦之乘胜役诸侯，已数世矣。六国既不能合从以抗秦，复互相猜忌，自残以逞欲，赂秦以舒祸，其臣既多受秦人之赂，其君亦好听反间之言，秦人遂得振长策而御宇内，吞二周而亡诸侯。推是言之，亦天时，非人力之致也。然国史则由列国时代，而转入统一时代矣。

\* \* \*

吾国学术思想，以东周为全盛时代，其派别千条万绪，据《汉书·艺文志》所载，大别凡六，小别三十有八。

（一）**六艺**　分《易》、《书》、《诗》、《礼》、《乐》、《春秋》、《论语》、《孝经》、《小学》九种。

（二）**诸子**　分儒、道、阴阳、法、名、墨、纵横、杂、农、小说十家。

（三）**诗赋**　分《屈原赋》、《陆贾赋》、《孙卿赋》、《杂赋》、《歌诗》五种。

（四）**兵家**　分权谋、形势、阴阳、技巧四种。

（五）**数术**　分天文、历谱、五行、蓍龟、杂占、形法六种。

（六）**方技**　分医经、经方、房中、神仙四种。

《艺文志》据刘向刘歆父子合著之《七略》，《七略》为太古至西汉末现存载籍之总录，总五百九十六家，万三千二百六十九卷。大抵六艺传记与诗赋，多汉人之述作，诗赋中之《陆贾赋》、《杂赋》、《歌诗》三种，皆托始于汉，为先秦所未有。自余四类，则以春秋战国时人之述作为多，即托名宓羲、神农、黄帝以下者，亦多时人所依托。兵家数术方技，本可附庸诸子，另立数家，因其为专门之术，当时校书者各有专人（刘向校六艺诸子诗赋。步兵校尉任宏校兵书，太史令尹咸校数术，侍医李柱国校方技），故与诸子并列。是则论晚周学术思想，虽谓以诸子概之可也。

诸子之学之起因，亦以《艺文志》所言为最备。一曰出于官守：谓"儒家者流，盖出于司徒之官；道家者流，盖出于史官；阴阳家者流，盖出于羲和之官；法家者流，盖出于理官；名家者流，盖出于礼官；墨家者流，盖出于清庙之官；从横家者流，盖出于行人之官；杂家者流，盖出于议官；农家者流，盖出于农稷之官；小说家者流，盖出于稗官；兵家者，盖出古司马之职，王官之武备；数术者，皆明堂羲和史卜之职；方技者，皆生生之具，王官之一守。"司徒以下，皆王朝之官，故后人亦称诸子出于王官。[26]盖学术寄于典籍，古代典籍，皆藏官府，司其职者世其业，世其业者专其学，专其学者传其说，官守学业，皆出于一，故学在王官，而私门无著述文字。及周室东迁，天子失官，官守不修，官师之学，遂分裂而为私家之学，始则由天子畿内分而之各国，继则由各国转而入私家。官家之书，亦多散布于人间。好古者咸可从师讲习，有书者亦得博学详说，此所以孔老圣哲，勃兴于春秋之末；而九流十家，继轨并作，旁及兵书数术方技，大盛于战国之世也。二曰起于时势，《艺文志》称"诸子十家，皆起于王道既微，诸侯力政，时君世主，好恶殊方，是以九家之说，蜂出并作，各引一端，崇其所善，以此驰说，取合诸侯。"是诸子虽出于王官，亦与时势为因缘。如阴阳家、法家、纵横家、农家、兵家，以及数术方技，皆随时俗之好尚，以择术立言。如孔子之讥世卿，恶征伐，墨子之明尚贤，著非攻，孟子之明王道，辨义利，下及宋钘尹文之救民之斗，禁攻寝兵，然与世枘凿，亦皆救时之要术，济时之良谟。而墨家以悲天悯人为怀，尤尚趋时。其言曰："凡入国，必择务而从事焉，国家昏乱，则语之尚贤尚同，国家贫，则语之节用节葬，国家熹音湛湎，则语之非乐非命，国家淫僻无礼，则语之尊天事鬼，国家务夺侵凌，则语之兼爱非攻。"[27]即道家之抉摘天地造化之根原，消极于世俗之荣辱得丧，而积极于精神之稠适上遂，下至商鞅之反对礼乐诗书善修孝悌廉辩，亦皆周末时势激之使然。古人谓学术可以观时变，岂不然哉。

诸子之学，各有宗旨，其书家别人异。《艺文志》著录之书，虽经历代之兵乱，而销亡者十九，若阴阳、农、小说、纵横四家，今已无整篇之书，兵家数术方技，除兵权谋形法及医经存书数家外，亦并亡佚。然即其存者论之，犹有千门万户之观，其学说文章之腾焯千古者，亦更仆而难悉数。要其于道最为高，而关系中国文化最巨，影响中国历史最深者，首推孔子（生周灵王二一年，卒敬王四一年，前五五一至四七八）。

孔子者，中国文化之中心也。[28]自孔子以前，数千年之文化，赖孔子而得，自孔子以后，数千年之文化，赖孔子而开。盖其学集上古圣哲遗教之大成，发挥光大而布之民间，一以人伦道德为本，而卓然立人之极，为生民以来所未有。《礼记》、《论语》详载孔子学行，其所言首重修身成己，其所标举之德目，自仁义礼智信外，曰诚、曰敬、曰恕、曰忠、曰孝、曰爱、曰友、曰恒、曰中、曰庸、曰让、曰俭、曰恭、曰宽、曰敏、曰惠、曰刚、曰毅，殆未可以偻举。修身之后，即推之于家国天下，故于道国为政理财治赋成人教民之法，无一不讲求，而蕲致用于世。盖既充满其心性之本能，一切牖民觉世之方，乃从此中自然发露于外，其极则至于尽物性而参天地，宇宙内事，皆性分内事。本末兼赅，有体有用，内圣外王之道，固与百家之得一察焉以自好者异矣。由其以修身克己为重，斯不暇及于外，而怨天尤人之意，自无自而生。其遇虽穷，其心自乐，人世名利，视之淡然。故曰："饭疏食饮水，曲肱而枕之，乐亦在其中矣。不义而富且贵，于我如浮云。"自孔子立此标准，于是人生正义之价值，乃超越之经济势力之上，服其教者，力争人格，则不为经济势力所屈。不独昌言私利不耻攘夺者，群斥为小人，即躬行正义，举措无忧，而于隐微幽独之中，有一念涉及私图者，亦不得冒纯儒之目。此孔子之学之最有功于人类者也。人之生活，固不能不依乎经济，然社会组织不善，则经济势力，往往足以锢蔽人之心理，使之屈伏而丧失其人格。其强悍者，蓄积怨尤，则公为暴行，而生破坏摧毁之举。今世之弊，皆坐此耳。孔子以为人生最大之义务，在努力增进其人格，而不在外来之富贵利禄。即使境遇极穷，人莫我知，而我胸中浩然，自有坦坦荡荡之乐。无所歆羡，自亦无所怨尤。而坚强不屈之精神，乃足历万古而不可磨灭。儒教真义，惟此而已。

孔子之学，固不以著述重，然其著述之功，关系绝巨。《史记·孔子世家》称"孔子之时，周室微，而礼乐废，诗书缺。追迹三代之礼，序书传，上纪唐虞之际，下至秦缪，编次其事，曰夏礼吾能言之，杞不足征也，殷礼吾能言之，宋不足征也，足则吾能征之矣；观殷夏所损益，曰后虽百世可知也；以一文一质，周监二代，郁郁乎文哉，吾从周，故书传礼记自孔氏。孔子语鲁太师，乐其可知也，始作翕如，纵之纯如，皦如，绎如也，以成；吾自卫反鲁，然后乐正，雅颂各得其所。古者诗三千余篇，及至孔子，去其重，取可施于礼义，上采契后稷，中述殷周之盛，至幽厉之缺，始于衽席，故曰关雎之乱，以为风始,鹿鸣为小雅始,文王为大雅始,清庙为颂始,三百五篇,孔子皆弦歌之,以求合韶武雅颂之音,礼乐自此可得而述。"孔子又因鲁史作《春秋》,读《易》而为之传,合之《诗》、《书》、《礼》、《乐》,号为"六艺"(亦曰"六经")。《诗》、《书》、《礼》、《乐》皆述,《易》、《春秋》则述而兼作,孔子以之垂教,布诸天下,然后中国文化根本所寄之六艺,遂如布帛菽粟之普及。两汉而降,载籍汗牛充栋,大抵皆六籍之附属物,训诂考据,义理词章,皆以六艺为本干。无孔子则无六籍,虽谓无中国文化可也。

《史记·孔子世家》称"孔子以诗书礼乐教弟子,盖三千焉,身通六艺者,七十有二人。"私家教授徒众之盛,自古以来,未有如孔子者。《史记·仲尼弟子列传》所载,虽仅七十七人,其中鲁人且占半数;然自余齐、楚、秦、晋、卫、陈、宋、吴诸国,亦皆有学籍。当时各国分立,而孔子以鲁人设教洙泗,教化所被,南及江淮,西达山陕,不分畛域如此。此岂其他诸子所可拟哉。《论语》称孔子弟子,分德行、言语、政事、文学四科,孔子之后,学派繁衍,而其最有功于文化者,亦惟讲学授经之人。据宋洪迈所考,则今世五经之传,殆皆出于子夏焉。[29] 世谓儒学之崇,由于董仲舒之说汉武帝抑黜百家。然《史记·儒林传》称"自孔子卒后,七十子之徒,散游诸侯,大者为师傅卿相,小者友教士大夫,或隐而不见,故子路居卫,子张居陈,澹台子羽居楚,子夏居西河,子贡终于齐,如田子方、段干木、吴起、禽滑釐之属,皆受业于子夏之伦,为王者师。"战国并争,"儒术既绌,齐鲁之门,学者独不废。"及秦皇一天下,坑儒生,始皇长子扶苏谏曰:"天下初定,远方黔首未集,诸生皆诵法孔子,今上皆重法绳之,臣恐天下不安。"[30] 则儒术流行民间,固已日久而日深矣。至汉高帝十二年(前一九五)过鲁,以太牢祀孔子,是为吾国历代帝王崇祀孔子之始。而学校祀孔子,则始于后汉明帝永平二年(五九);初与周公并祀,以周公为先圣,孔子为先师。至唐始改为特祀,初称"先圣",嗣追谥"文宣王";历宋至明,最后始称"大成至圣先师"。盖自汉以来,虽已举国崇奉孔子之教,而立庙奉祀,近于宗教性质者,乃由人心渐演渐深，踵事增华之故，初非孔子欲创立一教，亦非一二帝王或学者假孔子之教以愚民也。孔子后裔，自汉以来，亦代有封号（宋仁宗时封衍圣公，至今国民政府，始改称大成至圣先师奉祀官）。自东周至今，弈叶相传，七十七世，谱牒统系，灼然无疑，亦世所仅见矣。自明以后，府县学皆祀孔子，外国如琉球、日本，亦立文庙，高丽自宋时即祀孔子。此虽不足为孔子重；而其为东方文化之祖，则举世所共信也。太史公曰："天下君王，至于贤人，众矣。当时则荣，没则已焉。孔子布衣，传十余世，学者宗之。自天子王侯，中国言六艺者，折衷于夫子。可谓至圣矣。"[31]

《艺文志》以儒家列十家之首，而孔子则又在儒家之外，谓儒家宗师仲尼。盖推尊孔子，不与诸子等列。然韩非子则以孔子与墨翟并论，曰："世之显学，儒墨也，儒之所至，孔丘也，墨之所至，墨翟也。"[32] 盖当战国初，儒术既绌，诸子之学之影响，实以墨学为最盛，自东方及中原外，南被楚越，西及秦国，故孟子称曰其言盈天下。然墨家以自苦为极，刻苦太过，不近人情，其徒又骛外徇名，互相猜忌，争为巨子，故不久遂式微。墨家衰，而法家纵横家大盛。申不害之学，主刑名，相韩十五年，内修政教，外应诸侯，终其身国治兵强，无侵韩者。商鞅以法家之术相秦，使民内急耕织之业以富国，外重战伐之赏以劝戎士，法令必行，内不私贵宠，外不偏疏远，令行禁止，法出奸息，秦国卒收富强之效。鞅卒，而苏秦唱诸侯合纵拒秦之策，身佩六国相印，张仪则说诸侯连横以事秦，亦名重列邦，三晋权变之士，人人攘臂言纵横矣。同时与之颉颃者，则有阴阳家。邹衍深观阴阳消息，而作怪迂之变终始大圣之篇，十余万言，身重于齐；适梁，梁惠王郊迎，执宾主之礼；适赵，平原君侧身襒席；如燕，昭王拥篲先驱，请列弟子之座而受业，筑碣石宫，亲身往师之。其游诸侯见尊礼如此！至于秦汉，其学犹盛。儒家虽有孟轲荀卿，遵孔子之业而润色之，以学显于当世，然孟子所如者不合，荀子亦惟在齐为老师。道家秉要执本，清虚以自守，卑弱以自持，关尹老聃当春秋之末，既以自隐无名为务，著书辞亦称微妙难识，庄子与梁惠王齐宣王同时，其学无所不窥，然其要本归于老子之言，其言洸洋自恣以适己，故自王公大人不能器之，皆未尝得权凭势而有所为。韩非著书，引绳墨，切事情，明是非，言利名法术，而原于道德，归本于黄老，亦终死于秦。惟吕不韦为秦相国，藉秦之富厚，招士礼贤，使其客人人著所闻，集论以为八览六论十二纪，号曰《吕氏春秋》，为杂家一重镇。然秦王既长，不韦亦绌。余如名家之尹文惠施公孙龙，下及农家小说，其影响及于当时者，益微末不足道矣，列子称"齐鲁多机，有善治土木者，有善治金革者，有善治声乐者，有善治书数者，有善治军旅者，有善治宗庙者，群才备也。"[33]当时齐鲁人材之盛，声闻各国。即就《艺文志》所载战国诸子之书考之，亦以齐鲁为最多，赵与魏韩次之，楚与秦又次之。惟燕最逊，仅纵横家有《庞煖》二篇，兵权谋有《庞煖》三篇，今亦不传。燕为晚进之国，其文化故劣于中土；而诸子作者篇章之多寡，亦可考见各国学术之盛衰焉。[34]

诸子之学，欲究其全，当别为专书。就其极浅显者言之，如孟子之辨义利曰："行一不义，杀一不辜，而得天下，君子不为也。"又曰："枉尺而直寻者，以利言也；如以利，则枉寻直尺而利，亦可为欤。"皆极端与功利论相反。又其非战争，则曰："争地以战，杀人盈野，争城以战，杀人盈城，此可谓率土地而食人肉，罪不容于死。"其言痛切极矣。墨子又谓国家与个人无别，悉当以义为断，国家之战争，其罪恶千百倍于私人之杀伤。《非攻》篇曰："杀一人谓之不义，必有一死罪矣，杀十人十重不义，必有十死罪矣，杀百人百重不义，必有百死罪矣，今至大为攻国不义，则不知非，从而誉之谓之义。"又曰："今小为非，则知而非之，大为非攻国，则不知非，从而誉之谓之义，可为知义与不知义之辨乎？"尤今世强国侵略主义之药石，而其言大有功于人类者也。自余牖民觉世之大义，如孟子之养气知言，子思、孟子之论性，列子、荀子之论学，庄子、列子之言宇宙原理等，指不胜屈。即以文章论之，孟墨之论辨，庄、列之寓言，屈原、宋玉之词赋，皆前无古人，后无来者。晚周学术之进步，洵可异矣。

列国时代社会之变迁，最要者三事，曰礼法之递嬗，曰贵族平民之废兴，曰经济之变迁。

春秋之风气，渊源于西周，虽经多年之变乱，而其纵迹犹未尽泯者，无过于尚礼一事。观《春秋左氏传》所载，当时士大夫觇国之兴衰，决军之胜败，定人之吉凶，多以礼为准则，乃至聘问则预求其礼，朝会则宿戒其礼，卿士大夫以此相教授，其不能者则以为病而讲学焉。惟其时之习此者，已居少数，《礼记》、《左传》记当时礼之变古者亦多；而列侯卿大夫之上烝下报，禽兽其行，尤史不绝书：礼教之陵夷甚矣。然因去西周末远，流风余韵，犹浸淫渐溃于人心，故时人所持之见解，所发之议论，均以礼为最要之事。管子者，儒家所斥为霸佐，不足语于王道者也。然其言之见于《左氏僖八年传》者，则曰"招携以礼，怀远以德，德礼不易，无人不怀。"其所著《牧民》，亦以礼为四维之首，曰"国有四维，一曰礼，二曰义，三曰廉，四曰耻。礼不逾节，义不自进，廉不蔽恶，耻不从枉。"其见解与战国法家诸子绝异。故春秋者，直接于礼教最盛之时代之后之一时代，又礼教由盛而日趋于衰落之一时代也。[35]当时诸侯虽高兼并，亦重礼法，故大国之图霸者，皆须假仁义以行，而小国亦得藉以自保；然至春秋末期，亦多蔑弃之矣。至于战国，此等风气，则绝无所见。"如春秋时犹尊礼重信，而七国则绝不言礼与信矣。春秋时犹宗周王，而七国则绝不言王矣。春秋时犹严祀祭，重聘享，而七国则无其事矣。春秋时犹论宗姓氏族，而七国则无一言及之矣。春秋时犹宴会赋诗，而七国则不闻矣。春秋时犹有赴告策书，而七国则无有矣。"[36]威烈王之命魏赵韩为诸侯也，司马光谓"晋大夫暴蔑其君，剖分晋国，天子既不能讨，又宠秩之，使列于诸侯，是区区之名分，复不能守而并弃之也。先王之礼，于斯尽矣。"[37]因以此事为《通鉴》所托始，然其所由来渐矣，礼教之规范既除，人群行为之表现于当时社会者，在在与古昔相乖背，司马迁刘向班固言之详矣。而思想之解放，学说之繁兴，争竞之剧烈，国力之开展，经济之发达，物质之进步，亦无一不呈空前之伟观，其关系尤巨者，则为变法。当时国家之形式，既与春秋时迥殊，立国之精神，自不得不变，如楚吴起、韩申不害、秦商鞅与赵武灵王等，多致意于政法之改革，专务苟且偷薄，以求适时。古制由是潜然绝矣。礼义既不足以拘世人，尚论者以法代礼，谓法为万能，法家之学，遂大盛于战国，治国者亦皆任法而不任人。《荀子·强国》篇称"应侯问孙卿子曰，入秦何见。孙卿子曰，入境观其风俗，其百姓朴，其声乐不流污，其服不佻，甚畏有司而顺，古之民也。及都邑官府，其百吏肃然，莫不恭俭敦敬，忠信而不楛，古之吏也。入其国，观其士大夫，出于其门，入于公门，出于公门，归于其家，无有私事也；不比周，不朋党，倜然莫不明通而公也；古之士大夫也。观其朝廷，其间听决，百事不留，恬然如无治者，古之朝也。故四世有胜，非幸也，数也。"当时法治之推行，实以秦为最彻底，其效亦以秦为特著。观荆轲逐秦王，诸郎中执兵陈殿下者，格子非有诏召不得上之秦法，终不敢无诏上殿，击轲以救秦王，亦可见秦人奉法之精神矣。

春秋之世，列国诸侯，嫡长嗣世为君，支庶则推恩列为大夫，掌国事，食采邑，称公子某，公子之子称公孙，公孙之子以王父字为氏，世世不绝。若异姓积功劳，用为卿，世掌国政，则各以其官或以其邑为氏。故其时多世卿执政。若鲁之三桓，（孟孙氏、叔孙氏、季孙氏，皆桓公之后，故名），郑之七穆；（穆公之子十有三人，而七族列为大夫，曰罕氏、驷氏、良氏、游氏、丰氏、国氏、印氏，是为七穆），卫之孙氏、宁氏，宋之华氏、向氏，晋之韩、栾、魏、狐，齐之高、国、崔、庆，皆公族或同姓也。晋之赵氏、先氏、胥氏、郤氏、范氏、中行氏、知氏，齐之陈氏，皆异姓也。[38]世卿之制，大抵不外亲亲与选贤，亲亲即展亲睦族，为国毗辅，选贤则唯贤是择，不拘世类。然其祸，小者淫侈越法，隔世丧宗，如齐之崔、庆、高、国是也。或族大多宠，权逼主上，如鲁之三桓，郑之七穆是也。甚者厚施窃国，如陈氏篡齐，三家分晋。故世卿之祸，几与封建等。其时惟楚之令尹，虽俱以亲公子为之，然一有罪戾，随即诛死；秦则西取由余于戎，东得百里奚于宛，迎蹇叔于宋，求丕豹公孙支于晋，皆李斯所谓能用天下之士者；其制与诸夏异，故皆免于世卿之祸焉。孔子作《春秋》，迹盛衰，讥世卿最甚。至于战国，人主虽犹有任其贵戚者（如齐之田文、田单等），然世卿则完全绝迹。而窭人下士，抵掌游谈，往往取贵族之权而代之，古代阶级之制，遂以渐泯。盖当战国之初，篡位夺国者，皆强宗世族，其人虽甘冒不韪，恒惧他人之师其故智，故思以好贤礼士之名，罗致疏贱之士，畀以国政，而阴削宗族大臣之权，以为其子孙地，此一因也。疏贱之士，既握政柄，必与贵戚世臣不相容，恃其言听计从，则力排异己以为快；加以游士相踵，争取高位，贵族皆不能一一倾之，而列国之风气，以之大变，此二因也。国家积弱，宗族大臣，不能自振，则人主急于求士，士亦争往归之，此三因也。数千年之贵族政治，以此三因，遂渐转而入于平民之手。[39]而自官学散而为私家之学，其所藏之书，亦多散布于人间，学问非贵族所得而私，有志之士，皆得博学详说，故贤才勃兴，亦非习于骄奢之贵族所能及，于是苏秦、张仪、犀首、范雎、蔡泽等，徒步而为相，孙膑、白起、乐毅、廉颇、李牧、王翦等，白身而为将，开后世布衣将相之局。而前之男子称氏，女子称姓，以氏为卿大夫之标征，且以别贵贱，辨亲疏，防淆乱者，[40]今则贵族式微，姓氏亦渐无辨而不足重矣。自国君破格求贤，其流至于大臣贵戚，如四公子及秦吕不韦之徒，亦皆以养士为高，鸡鸣狗盗，无不宾礼，皆以取重诸侯，显名天下。士无贤不肖，麕聚而求食，长富贵而羞贫贱，尚诈术而贱仁义，遂成一时之风气。然岩处奇士，读书怀独行君子之德，义不苟合当世，当世亦笑之，则有如季次原宪，终身空室蓬户，褐衣疏食不厌，死而已。而庄周、孟轲、鲁仲连等，亦皆不阿世俗，以求仕宦。《庄子·让王》又载原宪语子贡曰："夫希世而行，比周而友，学以为人，教以为己，仁义之慝，舆马之饰，宪不忍为也。"战国学士，盖同时有投机植党，营私攘利者，亦有足乎己而无待于外者。故战国为平民显荣之时代，亦人品极复杂极参差，思想极平等极自由之时代矣。

经济之变迁，关系最巨者，曰土地变国有为民有。其事亦肇端于春秋。古者士皆授田，与农无别，农工商外，别无士之名。四民之分，始见《管子》，曰："士之子恒为士，工之子恒为工，商之子恒为商，农之子恒为农。"又曰："士闻见博学，与工而不与分。"[41]谓预食农收之功，而不受力作之分也。是士不授田，意必当时授田之制渐废，始别立士之名也。又当衰世法坏，则其归授之际，豪强必有欺隐之奸。而阡陌（田之疆畔）之地，均近民田，又必有阴据以自私，而税不入于公上。观郑子产为政，使田有封洫（封疆沟洫），郑人怨其不便而欲杀之：民之占田以自私，亦已久矣。至战国而各国皆呈经界不正之象。商君相秦，以其急刻之心，行苟且之政，是以一旦奋然不顾，尽开阡陌，悉除禁限，而听民兼并买卖，以尽人力；垦辟弃地，悉为田畴，而不使其有尺寸之遗，以尽地利；使民有田即为永业，而不复归授，以绝烦扰欺隐之奸；使地皆为田，而田皆出税，以核阴据自私之幸。[42]他国亦仿而行之。于是国有之地，变为民有。虽以竞争而促进人之智力；而田得买卖，豪强遂得肆意吞并。列国兼于上，豪强兼于下；有国强者兼州域，而弱者丧社稷；庶人之富者田连阡陌，而贫者无立锥之地。又专川泽之利，管山林之饶，荒淫越制，逾侈以相高，故邑有人君之尊，里有公侯之富。小民或耕豪民之田，见税十五，故贫民常衣牛衣，而食犬彘之食。贫富之不均，生计之悬绝，又远过封建时代贵族专政之世矣。计然（范蠡之师）言"夫籴二十病农，九十病末。"[43]李悝亦言"粟石三十"。[44]田为私有，粟米亦为商品，前之家有余粟者，今则须购米而食。而白圭"岁熟取谷，予之丝漆玺，凶取帛絮，与之食。"[45]民以食为生，资本家则因食而取利，亦可谓之巨变矣，惟牛耕铁耕之事，俱始于春秋而盛于战国，农作技术，因是而大得进步；而沟渠溉田之繁兴，尤有助于农业生产之增进。《汉书·沟洫志》称"荥阳下引河东南为鸿沟，以通宋、郑、陈、蔡、曹、卫，与济汝淮泗会。于楚，西方则通渠汉川云梦之际，东方则通沟江淮之间。于吴，则通渠三江五湖。于齐，则通淄济之间。于蜀，则蜀守李冰凿离堆，避沫水之害，穿二江成都中。此渠皆可行舟，有余则用溉，百姓飨其利。至于它，往往引其水用溉田，沟渠甚多。魏文侯以史起为邺令，引漳水溉邺，以富魏之河内，民歌之曰，邺有贤令兮为史公，决漳水兮溉邺旁，终古舄卤兮生稻粱。其后韩使水工郑国间说秦，令凿泾水，自中山西邸瓠口为渠，并北山东注洛，三百余里，渠成而用溉，注填阏之水，溉舄卤之地，四万余顷，收皆亩一种，于是关中为沃野，无凶年，秦以富强，卒并诸侯，因名曰郑国渠。"水利之巨，前史所未有也。

《管子·山权数》篇称"民之能明于农事者，置之黄金一斤，直食八石，民之能蕃育六畜者，置之黄金一斤，直食八石，民之能树艺者，置之黄金一斤，直食八石，民之能树瓜瓠荤菜百果使蕃裕者，置之黄金一斤，直食八石，民之能已民疾痛者，置之黄金一斤，直食八石，民之知时日岁丰且阨曰某谷不登曰某谷丰者，置之黄金一斤，直食八石，民之通于蚕桑使蚕不疾病者，置之黄金一斤，直食八石；谨听其言而藏之官，师旅之事，民无所与。"盖国家富强，则各种职业，皆因而发达，业分而专，则各业皆有能者，而国家亦竭力奖励之保护之也。古者工皆世官，以业为氏，钟鼎彝器之作，亦仅王朝能之。春秋以降，王朝工官之技，多传之各国，齐、晋、郑、秦、楚诸国，制器之风大盛，形制花纹，文字书法，皆富有地方色彩，与商周之器多异。自两宋迄清考古家著录者外，近年在郑楚故地发现者，其数犹盈千百。[46]而普通制作，则各国之专擅一技者，至于夫人能之。《考工记》曰："粤无镈，燕无函，秦无庐，胡无弓车。粤之无镈也，非无镈也，夫人而能为镈也；燕之无函也，非无函也，夫人而能为函也；秦之无庐也，非无庐也，夫人而能为庐也；胡之无弓车也，非无弓车也，夫人而能为弓车也。"亦可见其时工艺之演进矣。《考工记》为记载工学之专籍，即战国时齐人所作，虽其所载之工，仅三十种，而攻木、攻金、攻皮、设色、刮磨、抟埴之工，无一不具；而分工之多，定名之密，度数之精，雕刻之美，在在可征其时工艺之进步。《墨子》载公输子削竹木以为鹊，成而飞之，三日不下。[47]韩非子则称墨子为木鸢，三年而成，蜚一日而败。[48]则战国时之机械工艺，亦异常发达矣。《管子·海王》篇道铁官之数曰："一女必有一针、一刀，耕者必有一耒、一耜、一铫，行服连軺者，必有一斤、一锯、一锥、一凿，不尔而成事者，天下无有。"时兵器礼器，虽多任铜，而什器则或任铁，实为铜铁并用时代。至战国而铁器乃益盛。《史记·货殖列传》

称"邯郸郭纵,以铁冶成业,与王者埒富;蜀卓氏之先,赵人也,用铁冶富;宛孔氏之先,梁人也,用铁冶为业;"皆战国时人也。而商业之进步尤速。东周以前,大抵为农业自足经济,商业不甚发达;至春秋而各国商货交通渐繁,《管子·轻重甲》篇称"万乘之国,必有万金之贾,千乘之国,必有千金之贾,百乘之国,必有百金之贾;"是贾之大小,已视国之大小。《左传》载秦师袭郑,郑商人弦高将市于周,遇之,以牛犒师,卒以却敌卫国。[49]春秋而后,则"范蠡之陶,为朱公,以陶为天下之中,诸侯四通,货物所交易,乃治产积居,与时逐,而不责于人,十九年之中,三致千金,子孙修业而息之,遂至巨万。""子贡鬻财于曹鲁之间,七十子之徒,赐最为饶益,结驷连骑,束帛之币,以聘享诸侯,所至国君无不分庭与之抗礼。"而"白圭乐观时变,人弃我取,人取我与,能薄饮食,忍嗜欲,节衣服,与用事僮仆同苦乐,趋时若猛兽鸷鸟之发。故曰:吾治生产,犹伊尹、吕尚之谋,孙吴用兵,商鞅行法是也;是故其智不足与权变,勇不足以决断,仁不能以取予,强不能有所守,虽欲学吾术,终不告之矣;"[50]为天下言治生者所祖。盖用贫求富,农不如工,工不如商,故富商与商业人才为独多焉。工商之业既盛,货币与商品交易之最骤增,用金之多,遂极于战国。《孟子》称于齐王馈兼金一百,宋馈七十镒,薛馈五十镒。《国策》则载苏秦为赵相,黄金万镒,姚贾出使四国,质金千斤;孟尝君予冯谖金五百斤,西游于梁,梁遣使者黄金千斤,往聘孟尝。即朱公中男杀人囚楚,朱公营救,亦进千金于楚庄王。自虞、夏、商、周已有金币,未闻用金有如是多者。[51]而黄金之势力,亦发挥至最高度。游士之麕聚求食,军将之赴重赏,赵女郑姬之奔富贵,无论已;秦王以金玉遗结诸侯名士,或以重金行间,魏公子无忌之废,赵将李牧之杀,皆秦金之力也。故秦之得天下,实黄金政策之成功。观苏秦贫穷则妻不下纴,父母不与言,多金则父母郊迎,妻侧目倾耳,虽以父母夫妻之爱,亦视黄金为转移。亦足征战国时代世变之大,物质观念入人之深,而穷巷掘门桑户棬枢之士奋发之所由矣。班固有言:"其为编户齐民同列,而以财力相君,虽为仆虏,犹无愠色。"[52]部落封建时代仅有政治奴隶者，至列国时代，乃复有经济之奴隶。然观季次原宪之行，则虽在黄金万能时代，人生之价值，仍有远超经济之上，而丝毫不为经济所屈者。历史现象，错综繁赜，固未可尽以经济解释矣。

## 注　释

[1]《文献通考》卷二六二《封建考》，对诸小国仿世家之例一一备述，约得三十国。

[2]《国语》二十卷，《周语》纪自穆王以来，仅三卷，而《晋语》多至九卷。《战国策》刘向定著三十三篇，秦策五篇，齐策六篇，楚赵魏各四篇，韩燕各三篇，而东周西周各一篇，与宋卫中山同。

[3] 见《史记·六国表》序。

[4] 顾栋高《春秋大事表》六五"春秋列国爵姓及存灭表"，共考得一百四十八国。

[5] 见《荀子·仲尼》篇，《韩非子》难二篇，有度篇，《吕氏春秋·直谏》篇，及《史记·李斯传》。

[6]《左氏昭十三年传》"叔向曰，寡君有甲车四千乘在，虽以无道行之，必可畏也。"案杜注以七十五人为一乘，四千乘三十万人，其数不确。孙诒让谓兵车以二十五人一乘为定法（《周礼》正义卷二十），则四千乘为十万人，此春秋时列国兵数之最多者。

[7] 见《史记》苏秦传、张仪传。

[8] 如秦昭王十四年，击伊阙，斩首二十四万，三十四年，击魏华阳，斩首十五万，四十七年，破赵长平，杀卒四十五万。

[9] 详《日知录》卷二十二《郡县》。

[10]《容斋随笔卷》五"周世中国地"节。

[11] 如东夷之莱介灭于齐，根牟灭于鲁，南蛮之卢戎，西戎之蛮氏，灭于楚，西戎之骊戎，西夷之亳，灭于秦，西戎之陆浑之戎，灭于晋，北狄之鄋瞒、潞氏、甲氏、留吁、铎辰以及东川皋落氏、廧咎如、鼓等，咸灭于晋。

[12]《左传》记周襄王有狄后，晋献以骊姬为元妃，晋文及其异母弟夷吾奚齐，皆诸戎所出，晋文自娶狄女季隗，以叔隗妻赵衰生盾，而璐子婴儿之夫人，亦为晋景公之姐。

[13]《史记·楚世家》"熊通立，是为楚武王，三十五年（周桓王十四年，鲁桓公六年，前七〇六，）楚伐随，楚曰，我蛮夷也。"

[14] 自本章首至此，多节录拙著《纲要》第一册六七至七十节（页三〇九至三四五），可参看。

[15] 拙著《纲要》第一册七一节"霸主与纵横"（页三四五至三五二），总论列国盛衰大势。自七五节至八二节，又分列国盛衰为八时代：一、郑国强梁时代，二、齐桓称霸时代，三、晋楚争霸中原秦霸西方时代，四、吴越争霸时代，五、秦衰而列国强盛时代，六、秦变法强盛魏韩楚由盛而衰时代，七、秦益强赵齐燕由盛而衰韩魏楚益衰时代，八、秦灭六国时代（页三八九至四一八）；论述较详，可参看。

[16] 见《史记·管晏列传》。

[17] 见《左传·僖公四年》。

[18] 见《左传·宣公十二年》。

[19] 见《史记·越世家》。

[20] 说详《日知录》卷四"五伯"节。

[21] 见《史记·商君传》。

[22] 见杜佑《通典》卷一《食货一》。

[23] 见《史记·苏秦传》。

[24] 同上注。

[25] 见《史记·张仪传》。

[26] 近人胡适尝著《诸子不出于王官论》（见商务印书馆出版胡君著《中国哲学史》大纲附录），其说多误，详见拙著《评胡氏诸子不出于王官论》，载民国十年中华书局出版之《学衡》杂志第四期。

[27] 见《墨子·鲁问》篇。

[28] 本节以下二节，多本柳先生《中国文化史》第一编第二十五章《孔子》及第二十六章《孔门弟子》（页二九二至三二三），可参看。

[29] 见《容斋随笔》卷十四《子夏经学》。

[30] 见《史记·秦始皇本纪》。

[31] 见《史记·孔子世家》。

[32] 见《显学》篇。

[33] 见《仲尼》篇。

[34] 本节及下节论诸子，多本柳先生《中国文化史》第一篇第二十八章《诸子之学》（页三四二至三六五），可参看。

[35] 详《中国文化史》第一篇第二十二章《周代之变迁》页二六一至二六四。

[36] 见《日知录》卷十三《周末风俗》节。

［37］见《通鉴》卷一。

［38］拙著《纲要》第一册七二节"贵族执政与平民擅权"（页三五二至三六八）详载各族世系表，可参阅。

［39］详《中国文化史》第一编第二十七章《周末之变迁》页三三四至三三六。

［40］顾炎武《亭林文集》卷一原姓"男子称氏，女子称姓，氏一再传而可变，姓千万年而不变。最贵者国君，国君无氏，不称氏，称国。次则公子，公子无氏，不称氏，称公子。最下者庶人，庶人无氏，不称氏，称名。然则氏之所由兴，其在于卿大夫乎。故曰诸侯之子为公子，公子之子为公孙，公孙之子，以王父字若谥若邑若官为氏。氏焉者，类族也，贵贵也。考之于传，二百五十五年之间，有男子而称姓者乎？无有也。女子则称姓。古者男女异长，在室也，称姓，冠之以序，叔隗季隗之类是也。已嫁也，于国君则称姓，冠之以国，江芊息妫之类是也。于大夫则称姓，冠以大夫之氏，赵姬卢蒲姜之类是也。在彼国之人称之，或冠以所自出之国若氏，骊姬梁嬴之于晋，颜懿姬鬷声姬之于齐是也。既卒也称姓，冠之以谥，成风敬嬴之类是也。亦有无谥而仍其在室之称，仲子少姜之类是也。范氏之先，自虞以上为陶唐氏，在夏为御龙氏，在商为豕韦氏，在周为唐杜氏，士会之帑处秦者为刘氏。夫概王奔楚为堂溪氏。伍员属其子于齐为王孙氏。智果别抚于太吏为辅氏。故曰氏可变也。孟孙氏小宗之别为子服氏，为南宫氏，叔孙氏小宗之别为叔仲氏，季孙氏之支子曰季公鸟季公亥季寤，称季不称孙，故曰贵贵也。鲁昭公娶于吴为同姓，谓之吴孟子。崔武子欲娶棠姜，东郭偃曰，男女辨性，今君出自丁，臣出自桓，不可。夫崔之与东郭，氏异。昭公之与夷昧，代远。然同姓百世而婚姻不通者，周道也，故曰姓不变也。是故氏焉者，所以为男别也。姓焉者，所以为女坊也。自秦以后之人以氏为姓，以姓称男，而周制亡，而族类乱。"

［41］见《管子·乘马第五》。

［42］说详朱子《开阡陌辨》，见《朱文公文集》卷七十二，《文献通考》卷一《田赋考》亦引之。

［43］见《史记·货殖列传》。

［44］见《汉书·食货志》。

［45］同注［43］。

［46］民国十二年，河南新郑县城内发现巨量铜器，计河南博物馆收存者，尚有成形之器百余件，破碎者不计其数。新郑在春秋时为郑地，诸器亦皆春秋时制也。二十二年，安徽寿县出土铜器尤多，除散失者不计外，仅就安徽图书馆保存者而言，犹有七百余件。寿县于秦以前为寿春，自楚考烈王二十二年（前二四一）迁都于此，

至楚王负刍五年（前二二二），前后二十年，皆都其地，铜器之作，亦在是时，盖皆战国末年之楚器也。参阅百益《新郑古器图录》（商务印书馆出版）刘节《寿县楚器考释》（燕京大学出版），及《参加伦敦中国艺术国际展览会出品图说》（商务印书馆出版）第一册。

　　[47] 见《墨子·鲁问》篇。

　　[48] 见《韩非子·外储说》。

　　[49]《左传·僖公三十三年》。

　　[50] 皆见《史记·货殖列传》。

　　[51] 参《中国文化史》第一编第二十七章《周末之变迁》，页三三一至三三二。

　　[52] 见本章首引《汉书·货殖列传》序。

# 第五章
# 统一时代（秦汉）

自秦王政二十六年至后汉献帝兴平二年（前二二一至后一九五），凡四百一十有六年，为国史第一次统一之时（中间有豪杰亡秦与楚汉纷争八年，及王莽更始十六年）。秦王政二十六年，丞相王绾、御史大夫冯劫、廷尉李斯等上皇帝尊号议曰："昔者五帝地方千里，其外侯服夷服，诸侯或朝或否，天子不能制，今陛下兴义兵，诛残贼，平定天下，海内为郡县，法令由一统，自上古以来未尝有，五帝所不及。"[1]"盖嬴政称皇帝之年，实前此二千数百年之结局，亦为后此二千数百年之起点，不可谓非吾国历史上一大关键。惟秦虽有经营统一之功，而未能尽行其规画一统之策，凡秦之政，皆待汉行之，秦人启其端，汉人竟其绪，亦有秦启之而汉未竟之者。"[2]故今以秦汉合论焉。

秦汉之统一，不仅其疆域之广大，为前史所未有已也。其事可由各方面征之。

（一）吾国旧号，多举一家一姓之国邑封地为称，"秦""汉"虽封建旧名，然古代亚洲东方各国及希腊罗马称中国为脂那（Cina 梵文）、西尼姆（Sininm 希伯来文）、秦斯坦（Cynstan 康居国文）、秦（Thin 阿拉伯文）、秦尼（Sinae 希腊文）、秦那斯坦（Zhinastan 叙利亚文）、支那（China 波斯文），东西学者多谓由秦国转音而来。[3]而法显玄奘等高僧纪行书中，皆称其本国为汉土，汉族之称，亦至今不替。盖秦汉统一中国，国威远播，故得以朝代之名，代表国家民族之称号也。

（二）七国分立时，燕、赵、魏、秦四国境邻北边，各筑长城以拒匈奴，然不相连续。秦并六国，始皇帝使蒙恬将众城河上为塞，因前人之功而加广，其中之不相属者，则为合之，起甘肃临洮，至辽东，袤延几及万里。世界仅有之万里长城，随中国之统一而完成，汉族与北方诸族，遂以长城为绝大之界域，而长城亦为吾国统一之象征焉。汉武帝遣卫青等击匈奴，取河南地，筑朔方，复缮故秦时蒙恬所为塞，因河为固。自汉以后，亦时有修缮云。[4]

（三）始皇帝即位后，时巡游四方，[5]所至立石颂德，盖以示天下之统一，而已为四海之共主，非秦一国之君也。而东西南北之大道，亦因之次第开辟。史称"蒙恬通道，自九原抵甘泉，堑山堙谷千八百里。"[6]"秦为驰道于天下，东穷燕齐，南极吴楚，道广五十步，三丈而树，厚筑其外，隐以金锥，树以青松。"[7]其规模之伟大，前古所未有也。汉人继之，秦时道路所不通者，复随时兴作，如张卯之开褒斜道，唐蒙司马相如之开西南夷道，郑弘之开零陵桂阳峤道，皆著于史策。[8]盖交通利便为国家统一之要图，亦惟国家统一，故得轻用民力，一举而辟国道数百千里也。

（四）秦汉国威澎涨，迥绝古今，皆以统一为之基，其事当让后论；兹仅就徙民略边实边一端言之。如始皇帝发诸尝逋亡人略取陆梁地，为桂林、象郡、南海，以适遣戍（徐广曰，五十万人守五岭）。西北斥逐匈奴，自榆中并河以东属之阴山，以为三十四县，城河上为塞，徙谪实之初县；汉武帝募民徙朔方十万口，上郡朔方西河河西开田官，斥塞卒，六十万人戍田之，及开河西四郡徙民以实之，发谪戍屯五原之类；皆以全国之发展与安全为目的，通盘筹画，从事徙谪，而非统一之世，亦不能厉行此种国家政策也。

（五）许慎《说文解字》序言"七国田畴异亩，车涂异轨，律令异法，衣冠异制，言语异声，文字异形。"秦始皇既一天下，法度权量丈尺车轨律历衣冠文字，皆厉行画一之制，汉因其旧而时加损益。始皇四方刻石，于琅邪则曰"器械一量，同书文字；"之罘则曰"普施明法，远迩同度；"会稽则曰"皆遵度轨"。[9]盖儒家"车同轨书同文"

之理想，随秦之统一而实现矣。而文字之统一，尤有功于后世。初李斯、赵高、胡毋敬等所作之秦文，皆称小篆，而程邈又作隶书，以趣约易，遂为数千年来中国全境及四裔小国所通用焉。

（六）战国时诸侯宫室，多以高大相尚，秦灭六国，诸侯宫室之制，悉萃于秦。《始皇本纪》载"营作朝宫渭南上林苑中，先作前殿阿房，东西五百步，南北五十丈，上可以坐万人，下可以建五丈旗，周驰为阁道，自殿下直抵南山，表南山之巅以为阙，为复道，自阿房渡渭，属之咸阳。"秦之宫殿，遂极从古未有之大观，汉代宫室，观班固《西都赋》所写未央昭阳建章诸宫，其壮丽亦不下于秦。而新莽之篡，建立宗庙，尤穷极百工之巧。是虽帝王僭窃之侈心，然非其时国家统一，物力充盛，亦不能遂其侈心也。

（七）秦汉统一，政治经济，皆趋集中，故其时都城，不特为政治之重心，亦为经济之中心。史称秦徙天下豪富于咸阳十二万户。[10]而汉都长安之壮丽殷阗，见于班固《西都赋》者，尤超越前古。《史记·货殖列传》言"关中之地，于天下三分之一，而人众不过什三，然量其富，什居其六。"然关中巴蜀陇西诸地，不过长安之贸易区域及物品供给地；长安之发达，盖随汉之统一为绝对的集中状态，与近世欧美之大都市类也。

余如疆域之区处，官吏之分职，皆应统一之需要而规画，学者之思想，文人之辞赋，亦多与统一之国势相应，即下至帝王之陵墓，其规模亦远越前古。[11]盖自列国转入统一，历史之中心既变，各方面史实之演化，皆足以表现时代之精神，与前世几若另一世界矣。

世言专制帝王，必首推秦皇，其事亦缘统一而起。[12]综秦皇专制之迹，滥用民力，一也。撰定君主专有名称，如号曰皇帝，命为制，令为诏，印为玺，天子自称曰朕，臣称天子曰陛下等，二也。废除谥法，不欲以子议父，以臣议君，三也。刚戾自用，以刑杀为威，四也。以私学之语多道古以害今，饰虚言以乱实，则燔灭文章，以愚黔首，著于法令者，自秦纪医学卜筮种树之书而外，凡非博士官所职者，秘书私箧，无所不烧，方策述作，无所不禁，有敢偶语诗书者弃市，以古非今者族,吏见知不举者与同罪,令下三十日不烧,黥为城旦,五也。以诸生之或为妖言以乱黔首,则自除犯禁者四百六十余人,皆坑之咸阳,六也。至其开边征伐,则不欲己之外别有君长,信方士,求仙药,则因富贵已极,惟望不死以长享此乐,或亦专制一念之所发现也。汉祖除秦苛政,而叔孙通定朝仪,大抵袭秦故,择其尊君抑臣者存之,于是秦虽亡,而秦之专制,则流毒数千年,且以时而加甚焉。

秦并天下后之政策,影响后世最大者,一曰罢封建之制,以诸侯之地分置郡县。其所设郡县,初仅三十有六,后增至四十余。[13]虽多因各国旧制,然分据险要,形势鳌然,且广狭各得其中。史称"萧何入咸阳,收秦丞相御史律令图书,具知天下阨塞户口多少强弱之处。"[14]是秦时丞相御史规画地域,必按地图而定,非漫漫然为因为革也。始皇死而群雄蜂起,各据地自王,至项羽主约霸天下,分王诸将,又复封建之旧。西汉之初,当国者皆无学识,猥欲参用周秦之制,以封建与郡县并治。其初异姓王者凡七国(楚王韩信,梁王彭越,淮南王黥布,燕王卢绾,赵王张耳,韩王信,长沙王吴芮);既患其图己,则翦除之而广封同姓,然一再传而后,小者荒淫越法,大者睽孤横逆;景武以后,始专务抑损,卒归于偏用秦法,诸侯王惟得衣食租税,不与政事,势与富室无异。[15]惟以秦郡太大,稍复开置,增至倍余;而分郡太多,难于检察,又并为十三部,部置刺史以相司察。后汉虽有增损,而大致同于前汉。是皆仍秦之法,而稍加变通者也。二曰设官分职,三权鼎立。考秦之制,内官之要职凡三,丞相相天子助理万机,太尉掌武事,御史大夫掌副丞相,属丞督外官,领侍御史,受公卿奏事,丞相、太尉、御史大夫,是称三公,其下有奉常(掌宗庙礼仪)、郎中令(掌宫殿掖门户)、卫尉(掌宫门卫屯兵)、大仆(掌舆马)、廷尉(掌刑辟)、典客(掌诸归义蛮夷)、宗正(掌亲属)、治粟内史(掌国家财政)、少府(掌皇室财政)等九卿,分理庶务。外官之要职亦三,郡守掌治郡,尉掌佐守典武职甲卒,监掌监郡。[16]盖内外官制同一系统,丞相与守掌民事,太尉与尉掌军事,而御史与监,则纠察此治民治军之官者也。官制绝简,而纲举目张,军民分治,监察独立,厥义尤精；汉亦因之，特名目时有变迁耳。（丞相更名相国、大司徒，太尉更名大司马，御史大夫更名大司空，奉常更名太常，郎中令更名光禄勋，廷尉尝更名大理，典客更名大行令、大鸿胪，治粟内史更名大农令、大司农，郡守更名太守。）自周之封建，进而为秦之统一封建时代之法制，遂无不革除，而分郡与设官，尤为改革之最大者。盖规画区域，治理军民，为统一国家之首图也。后世郡县多因秦之法。官制虽变化繁赜，而其原理，亦不能出于治民治军与监察官吏之外者，以汉后皆统一之治，非封建之治，故制度亦皆承秦而不承周也。

秦自始皇称帝，至二世三年而亡，凡十五年（前二二一至二〇七）。书传所记，未始有亡天下若斯之亟也。

始皇帝政 —— 统一后在位十二年 —— 某 —— 子婴（为王四十六日）

二世皇帝胡亥（三年）

盖秦自孝公变法以来，刻薄寡恩，始皇以诈力兼并诸侯，一切以专制为治；又益之以兴作，阿房骊山，离宫别馆，徒数十百万，二世继之，内蔽于私欲，外惑于赵高，繁刑严诛，变本加厉。元元之民，内困于赋税，外胁于威刑，力竭于土木，命尽于甲兵，乃不得不为万一徼幸之计。二世元年（前二〇九），陈胜、刘邦、项梁、项籍等豪杰并起亡秦，三年而刘邦入关，子婴乞降。善乎贾生之言曰："仁义不施，而攻守之势异也。"然秦祚虽短，而古人之遗法，无不革除，后世之治术，亦大都创导，甚至专制政体之流弊，亦于始皇崩后数年尽演出之。[17]至其卒代秦而践帝祚者，则为一泗水亭长毫无凭借之刘邦。盖战国之世，平民已代贵族而执政，草泽之徒，易生觊觎富贵之思。史称项羽少时，观秦始皇帝渡浙江，曰，彼可取而代也。刘邦繇咸阳，观秦皇帝，喟然太息曰，嗟乎！大丈夫当如此矣。而陈胜起事，亦有"王侯将相宁有种乎"之言。[18]亦可见时人之心理矣。刘邦以匹夫起事，卒角群雄而定一尊，诚哉司马迁所谓"王迹之兴，起于闾巷，合从讨伐，轶于三代"矣。[19]邦既起自布衣，故以收揽人才为急，而萧何、曹参等掾吏，陈平、王陵、陆贾、郦商、郦食其、夏侯婴等白徒，下及屠狗之樊哙，吹箫给丧事之周勃，贩缯之灌婴，挽车之娄敬，遂多立功以取将相。齐楚三晋旧族，虽乘时复起，自立为六国后，然皆不数年而败亡。汉所立之王，惟韩王信出于王族，余皆与汉自庶姓起；周人贵族之遗泽，无复存矣。太史公尝言"非王侯有土之女士，不可以配人主"。[20]而汉初妃后，高祖薄姬先在魏豹宫者，生男后为文帝，尊为皇太后；武帝母王太后，先嫁为金王孙妇；武帝卫皇后本平阳公主家讴者：皆出自微贱。且多有夫者。汉武三大将，卫青、霍去病、李广利，皆出自淫贱苟合，或为奴仆，或为倡优，徒以嬖宠进，皆成大功为名将。其韦布之士，自致显荣者，如公孙弘、卜式、儿宽、司马相如、东方朔、严助、朱买臣、张骞等，尤不可胜纪。武帝以后，仕进之门，自缘外戚恩泽进拔者外，或公府辟召，或郡国荐举，或由曹掾积累而升，多循资格；而东汉之世，朝廷召用，如郑玄、荀爽等，犹有以布衣践台辅之位者。汉之用人，固与前世异矣。然三代世族之制，至汉虽荡然无存，而人情狃于故见，亦尚以世族为荣。刘邦起自沛泽，既传神母夜号，以章赤帝之符，而学者复称其承尧之祚，谓汉为尧后。王莽篡汉，亦自谓黄虞苗裔，姚妫陈田，皆其同族，即学者著述，如太史公自序，远溯重黎，扬雄自序，"其先出自有周"[21]《汉书》叙传，"班氏之先，与楚同姓，令尹子文之后；"亦可证世族之见之未能尽泯矣。自西汉张汤、杜周，并起文墨小吏，致位三公，子孙贵盛，韦贤及子玄成，平当及子晏，则再世为宰相，东汉则弘农杨氏（杨震），汝南袁氏（袁安），皆四世三公。累叶载德，史家称美，魏晋以降之世族，又萌芽于汉世矣。[22]

秦汉一统四百余年，其政教学术与夫君民行事，影响于后世者，未可悉数，功罪之间，尤难定论。吾人今日可断言者，曰其时之人有功于吾国最大者，实在外拓国家之范围，内开辟壤之文化，使吾民所处炎黄以来之境域，日扩充而日平实焉。秦之外拓，史惟称其北逐匈奴，南取南越，然当时滇蜀百粤，实多赖中夏谪戍移民为之开化。如赵人卓氏迁临邛，即铁山鼓铸，运筹策，领滇蜀之民，南海尉佗居番禺，南北东西数千里，颇有中国人相辅，治之甚有文理，是其最著者也。汉承其业，竟其未竟之绪，而益猛进，国威澎涨，因亦震铄今古。兹略述之于下：

（一）东方之开拓　朝鲜自周初箕子立国，已被商周之文化；然中间交通不盛。燕秦筑塞至浿水，燕、齐、赵人往者益多。汉初燕人卫满逐箕准而自王，易箕氏朝鲜为卫氏朝鲜，吾国民力之及于朝鲜者，视周代乃大进。至武帝元封三年（前一〇八），朝鲜相参杀其王满孙右渠来降，以其地为真番、临屯、乐浪、玄菟四郡，卫氏朝鲜亡而为汉郡，汉之疆域，遂奄有今日朝鲜京畿江原二道以北之地。昭帝时，罢临屯、真番二郡，又置乐浪东部都尉，至东汉光武建武六年（三〇），始省都尉官，弃单单大岭以东之地，然乐浪、玄菟，犹内属也。以晚近出土乐浪郡汉孝文庙铜钟及秥蝉县章帝元和二年平山君祠碑证之，两汉统治朝鲜郡县，虽远在乐浪秥蝉，其奉行诏令，实与河淮郡县无异，[23]不独《史记·货殖列传》称燕民东绾秽貉朝鲜真番之利，汉之拓东境，大有益于商业而已。《汉书·地理志》称"乐浪海中有倭人，分为百余国，以岁时来献见。"《后汉书·东夷传》称光武"建武中元二年（五七），倭奴国奉贡朝贺，光武赐以印绶，安帝永初元年（一〇七），倭国王师升等献生口百六十人，愿请见。"是汉之声教，且由朝鲜而及于日本也。

（二）北方之开拓　古代北方诸部族，曰匈奴，曰乌桓，曰鲜卑。秦汉时匈奴最强，雄居北徼，与中国对峙，乌桓鲜卑皆为所屏，自高帝至武帝初，边境屡被其害。武帝乃大兴师数十万，使卫青霍去病操兵，前后十余年，驱匈奴于汉北，出塞筑朔方郡，又收河西地，置酒泉、武威、张掖、敦煌四郡，汉之西北境，轶于秦二千余里，而匈奴或降或徙，乌桓亦为汉用焉。昭宣之世，匈奴内乱，宣帝权时施宜，覆以威德，然后单于稽首臣服，遣子入侍，三世称藩，宾于汉庭，匈奴遂降为属国，受汉保护。后王莽篡位，始开边衅焉。东汉时，匈奴分为南北，南匈奴附汉入宅河南，北匈奴和帝时为窦宪所破，漠北以空，而乌桓鲜卑渐以强盛。论者多谓北族徙入中土，为汉族渐衰之端，然北族之人，实沐汉之文化，如匈奴古无文书，以言语为约束，至东汉时，单于比使人奉地图求附，是匈奴亦如华夏，有文字图籍矣。

**（三）西方之开拓** 秦之西界，不过临洮，西域之通，始于汉武时张骞之奉使。其后霍去病击匈奴右地，降浑邪王，乃以河西为郡县。及李广利伐大宛，则自敦煌西至盐泽，皆起亭障，轮台渠犁，皆有汉之田卒。昭宣之世，傅介子、常惠、郑吉、冯奉世辈，迭建功于西陲。汉之设官西域，亦自宣帝时命郑吉为西域都护始。天山南北葱岭以东诸国，悉属汉之都护，治乌垒城，实今新疆省之中心也。元帝时，康居骄嫚，庇护匈奴郅支单于，陈汤发兵讨伐，逾葱岭，径大宛，破康居，而郅支伏辜，县首藁街，万里振旅。及王莽篡汉，四边扰乱，西域亦遂与中国绝。明帝永平中，匈奴胁服诸国，共寇河西郡县，城门昼闭，乃命将北征匈奴，取伊吾卢地以屯田，遂通西域于阗诸国；西域自绝六十五载，乃复通焉。和帝永元初，窦宪大破匈奴，班超遂重定西域，五十余国悉纳质内属。时条支、安息诸国，至于海滨四万里外，皆重译贡献焉。安帝以后，虽罢都护，犹设西域长史，屯柳中，辖葱岭以东诸地。虽各国自有君长，实与汉地无异。清季敦煌发现汉简，除屯戍文牍外，有小学术数方技诸书；[24]而新疆罗布淖尔（汉时名盐泽），近年除发现汉简外，复得汉代漆器织品之类甚夥。[25]汉之文物，当时遍传西域，又可知也。又其时陕甘之地，亦未尽开化，武帝以白马氏地置武都郡，即今武都临羌等县也，宣帝时，先零羌扰河湟，赵充国以屯田之策制之，至王莽时，置西海郡，则辟地至今之青海矣。东汉之世，氐羌诸族，时服时叛，或徙其人，或置屯田，皆劳汉族之力以镇抚之而开化之焉。

**（四）西南及南方之开拓** 秦辟扬越，仅置南海、桂林、象郡三郡，至赵佗自立，役属骆越，其地乃及于安南。佗传国五世，武帝元鼎六年（前一一一）灭之，增置苍梧、交趾、合浦、九真、珠崖、儋耳六郡，（秦置三郡，南海仍旧，桂林改郁林，象郡改日南。）其珠崖、儋耳二郡（今海南岛），至元帝初元三年（前四六）复罢之。东汉初，马援平交趾征侧之乱，随山刊道千余里，立铜柱，为汉之极界。《后汉书·马援传》称"援所过，辄为郡县，治城郭，穿渠溉灌，以利其民，条秦越律与汉律驳者十余事，与越人申明旧制，以约束之，自后骆越奉行马将军故事。"又《南蛮传》曰："凡交趾所统，虽置郡县，而言语各异，重译乃通，人如禽兽，长幼无别，后颇徙中国罪人，使杂居其间，乃稍知言语，渐见礼化。光武中兴，锡光为交趾，任延守九真，于是教其耕稼，制为冠履，初设媒娉，始知姻娶，建立学校，导之礼义。"此汉人开化两广越南之功也。其时四川云贵之地，汉初亦因秦旧，除巴蜀置郡外，其西南又有夜郎、滇、邛都、筰、昆明、筰都、冉駹诸国，总曰西南夷。武帝使唐蒙通南夷，置犍为牂牁诸郡，又使司马相如通西夷，置越巂益州诸郡。后汉明帝时，又以哀牢夷地置永昌郡。于是汉郡至今云南保山县澜沧江之南，而徼外之掸人（缅甸）亦归化焉。《汉书·文翁传》称"景帝末，文翁为蜀郡守，见蜀地僻陋，有蛮夷风，欲诱进之，乃选郡县小吏，遣诣京师，受业博士，或学律令，数岁，成就还归，以为右职。又修起学官于成都市中，招下县子弟，以为学官弟子。蜀人由是大化，学于京师者，比齐鲁焉。"《后汉书·西南夷传》称"章帝时，王追为益州太守，始兴起学校，渐迁其俗。""桓帝时，牂牁人尹珍自以生于荒裔，不知礼义，乃从汝南许慎应奉受经书图纬，学成，还乡里教授，于是南域始有学焉。"此四川、云南、贵州以次开化之证也。至湘、鄂、浙、闽诸省，虽已久立郡县，其文化实远逊于江淮以北，经数百年，始渐同于中土。先民劳苦经营，遂开辟今日中华民国大半之土地焉。

　　汉代开边，纯属国家之政策。当时斥地远境，发扬国威，虽多赖朝廷将臣之统率指挥，然亦吾民族身心之康强，远在四夷之上，又能克尽国民之义务，有以致之。《汉书·地理志》言"天水、陇西、安定、北地、上郡、西河，皆迫近戎狄，修习战备，高上气力，以射猎为先。"孝武世征伐匈奴，即以此六郡良家子为基本队伍，飚锐勇猛，兵行若雷风者也。然观名将李陵将丹阳楚人五千人，出征绝域，抑匈奴数万之师，与单于连战十有余日，所杀过当，虏救死扶伤不给，是汉人之勇武，实为普遍风尚，不仅边郡之士为然。故陈汤言外夷兵刃朴钝，胡兵五当汉兵一，今颇得汉巧，犹三当一也。[26]汉使立功西域者，如傅介子、段会宗、常惠、甘延寿、陈汤、冯奉世，下及东汉班超、班勇父子等，或以单车使者，斩名王定属国于万里之外，或用便宜调发属国兵，以定数国十数国之乱，[27]其事尤奇于近世欧人之征略东方诸国。两汉文士，如蜀人司马相如，会稽郡人严助、朱买臣等，亦皆兼有武功，至其文字，如相如之谕巴蜀檄、难蜀父老文，晁错之论守边备塞书、论募民徙塞下书，赵充国之屯田奏，侯应罢边备议，刘向论甘延寿等疏，及扬雄谏不许乌珠留单于朝书，班固封燕然山铭等，皆代表伟大民族之作品，所谓"振大汉之天声"者也。[28]汉人身心之康强如是；而其对国家之负担，尤至足惊人。汉制，民二十始传为更卒（颜师古曰，传著也，言著名籍给公家繇役也。），给事郡县，岁一月；二十三为正卒，一岁为卫士，一岁为材官骑士，习射御、驰战阵，水处为楼船士；过此犹服繇戍，岁戍边三日，至五十六乃免（因不能人人尽行，行者亦往往以一岁为期，以一人兼代百数十人之役，诸不行者，出钱三百入官，由官给代戍者）。[29]此汉人所服之常备兵役也。于时材官骑士，悉为丁壮，戍卒则或属中年。其因事出非常，如实边屯田穿渠作城之类，或下令征募，或以谪遣戍，员额多寡，一视实际需要，众者至数十万，且皆不在常限焉。至言纳税，则自田租十五税一，文景后三十税一外，民年七岁至十四，出口赋钱，人二十，武帝时又加三钱，以补车骑马；[30]年十五以上，至五十六，则出算赋，人各一算，凡百二十钱，为治库兵车马。以汉时米中价石五十钱，合今量约二斗余计之，二十三钱，约可购食米今量一斗，百二十钱可购五斗有奇，是不啻人纳今法币数十元至数百元矣。又有赀算，人赀万钱，收算百二十七，贫民亦以衣履釜鬵为赀而算之。此汉人所纳之直接税也。余如往来繇戍者，道中衣装饮食，悉由戍者自备。武帝世，师旅大兴，国用不足，复"榷酒酤，筦盐铁，算至车船，租及六畜"焉。[31]汉代人民对于国家之义务，可谓迥绝古今；四境之拓，实由人民倾无量之血肉资财而来。帝王之厚敛繁役，虽非当时国民所愿，然苟视为国家政策，事固未可厚非，今当日所辟，与吾先民积世经营之国土，多为暴敌所侵占，如何竭尽国民之义务，以光复失土，以继汉人之伟业,则吾炎黄子孙所当常念也。

*　*　*

汉自刘邦称帝,传至孺子婴,为王莽所篡,凡十四君,二百一十年(前二〇二至后八年)。

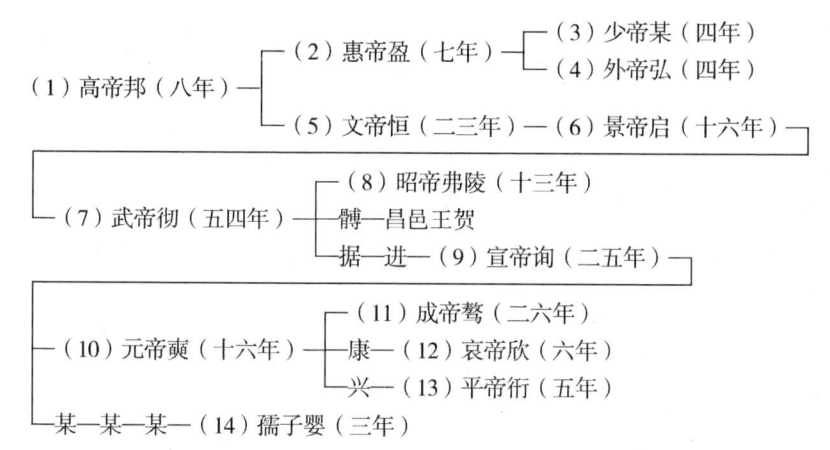

```
(1)高帝邦(八年)─┬─(2)惠帝盈(七年)─┬─(3)少帝某(四年)
                │                    └─(4)外帝弘(四年)
                └─(5)文帝恒(二三年)─(6)景帝启(十六年)─┐
┌──────────────────────────────────────────────────────┘
├─(7)武帝彻(五四年)─┬─(8)昭帝弗陵(十三年)
│                   ├─髆─昌邑王贺
│                   └─据─进─(9)宣帝询(二五年)─┐
┌───────────────────────────────────────────────┘
├─(10)元帝奭(十六年)─┬─(11)成帝骜(二六年)
│                    ├─康─(12)哀帝欣(六年)
│                    └─兴─(13)平帝衎(五年)
└─某─某─某─(14)孺子婴(三年)
```

史称高祖为人,有大度,知人善任,从谏如流,观其初入关作三章之约:"杀人者死,伤人及盗抵罪;"余悉除去秦苛法,诸吏人皆案堵如故,其气度实迥非项籍辈所能及。楚汉战争,前后五年,楚兵常强,而汉兵常弱,终为汉灭者,论者谓楚多敌而汉多助,楚暴戾而汉假仁义,楚失地势而汉凭险固,楚军常乏食而汉常不匮,楚粗疏无谋而汉多谲诈,楚妒贤嫉能而汉与人同利;然其主因,亦以高祖能用张良、萧何、韩信,而项籍则有一范增而不能用耳。天下既定,命萧何次律令,韩信申军法,张苍定章程,叔孙通制礼仪,陆贾造新语,又与功臣剖符作誓,丹书铁契,金匮石室,藏之宗庙;史称其虽日不暇给,而规摹弘远。然诸人鲜通达治体,凡所设施,大抵袭秦故,不能卓然立一代之制也。孝惠少帝,政由吕后,君臣俱欲无为,兴作未遑。文帝以恭俭率先天下,专务以德化民,海内殷富,兴于礼义,断狱数百,几致刑措,其治绩为三代后冠。盖自惠帝时相国曹参以道家清静不扰之术为治,文帝亦好黄老之言,躬修玄默,加之以仁俭,时去楚汉相争,已三十年大乱之后,民数减少,天然之产,养之有余,而豪杰敢乱之徒，并已前死，余者厌乱苟活之外，无所奢望，承暴秦网密文峻之余，而能扫除烦苛，与民休息，其治效有断断然矣。景帝继之，参之以名法，政尚刻核，然节俭爱民，仍师文帝，故治道仍隆，史亦以文景并称。至武帝出，而汉乃臻极盛。当时海内又安，府库充实，而诸侯削弱，内顾无忧，于是用事四夷，为所欲为，所创诸政，亦多与后世有关系。始以年号纪年，一也。改用夏历，以正月为岁首，色尚黄，二也。屡策贤良，开后世以文字取士之制，三也。立乐府，尚词章，启后世崇尚美文之习，四也。立学校，置五经博士及弟子，抑百家而隆儒术，五也。吏通一艺以上，皆得补职，以儒术为利禄之途，六也。置武功爵，令民买爵及入粟者，得补官吏，又令民得入粟赎罪，死罪亦得出钱以赎，开买官赎罪之例，七也。以赵过为搜粟郡尉，易古爰田休耕法为代田（一亩三甽，岁代处，故曰代田）轮耕制，其耕耘下种田器，皆有便巧，一岁之收，常过缦田一斛以上，善者倍之，盛增农业生产，八也。桑弘羊领大司农时，"各郡国往往置均输盐铁官，令远方各以其物，如异时商贾所转贩者为赋，而相灌输；置平准于京师，都受天下委输，召工官治车，诸器皆仰给大农，大农诸官，尽笼天下之货物。贵则卖之，贱则买之，使富商大贾亡所牟大利，而万物不得腾跃"[32]，以均输与平准为国营商业之总机构，使民不益赋而国用益饶，九也。而其功最大者，亦有二。一曰保存文化。自秦禁挟书之律，至汉惠帝四年始除之，然民间之收藏隐秘，犹未尽敢公布；武帝建藏书之策，置写书之官，自六艺至诸子传说，皆充秘府。[33]古先圣哲著述之保存与流传，帝之功也。二曰增拓四境，前所言汉代之开辟疆界，大半皆武帝时事也。然穷兵黩武，以金帛招致属国，所费不可胜计；帝又信方士，求神仙，数益宫观，盛巡幸，修封禅，至海内虚耗，户口减半，黎民困逼，益轻犯法，虽任酷吏，所在盗起不可治。幸帝晚年悔过，下诏谢天下，一意以富民养民为事；又专任霍光，付托得人；昭帝继嗣，光知时务之要，轻徭薄赋，与民休息，故得不如始皇崩后之即酿大乱耳。宣帝励精为治，信赏必罚，综核名实，政事文学法理之士，咸精其能。"尝称曰，庶民所以安其田里，而无叹息愁恨之心者，政平讼理也，与我共此者，其惟良二千石乎。以为太守吏民之本也，数变易，则下不安，民知其将久，不可欺罔，乃服从其教化，故二千石有治理效，辄以玺书勉厉，增秩赐金，或爵至关内侯，公卿缺，则选诸所表，以次用之，汉世良吏，于是为盛；若赵广汉、韩延寿、尹翁归、严延年、张敞之属，皆称其位，王成、黄霸、朱邑、龚遂、郑弘、召信臣等，所居民富，所去见思。"[34]又用赵充国降诸羌，常惠、冯奉世、郑吉等，频宣威于西域，即暴亢如匈奴，亦于是时称臣款塞；可谓中兴英主矣。元帝委政宦者，优柔不断，孝宣之业衰焉。然汉自宣帝以前，治道皆杂王霸，[35]自元帝以下，始专用儒术，汉儒学风，武宣与元成迥异，其端固自元帝启之矣。成帝湛于酒色，赵氏乱内，外家擅朝，自后国统三绝，哀平短祚，王莽卒以外戚而移汉祚矣。

外戚之祸，与西京相终始。盖上古贵族政体，公族擅权，主少国疑，政事决之冢宰，即有篡窃，亦与外家无与。汉以庶姓起，贵族之制去，主势孤危，在朝多羁旅之臣，鲜可信托，故惟外家是赖，或猝有大丧，不能不听于母后，母后又以己之族党为亲，必思张其势以久其权，而外戚之祸起矣。高帝吕后为人刚毅，佐帝定天下，生孝惠，及即位，张后无子，吕后命取他人子养之而杀其母。帝崩，少帝即位，吕后临朝称制，封诸吕为王及侯，及少帝以怨怼而废，又立弘为帝。后持天下八年，汉书于惠帝纪后立高后纪，明吕后继惠帝而君天下也。后崩，诸吕欲为乱，赖齐王发兵于外，陈平、周勃、刘章等合谋于内，以诛灭之，迎立文帝，然后刘氏复安。景帝以母窦太后从兄子窦婴为大将军，又封王后之同母弟田蚡为侯，武帝时窦婴、田蚡先后为丞相，已而武帝卫后弟青为大司马大将军，后姊子霍去病为大司马骠骑将军（大司马即秦太尉，武帝置大司马以冠将军之号，故大司马加于将军之上，共为一官），李延年、李广利兄弟，亦以李夫人宠贵，虽二帝之雄，外家无大表现，卫霍之殊勋伟绩，亦不缘椒房，然当时婴蚡之权势，亦皆逼主上焉。卫后与太子据以巫蛊事自杀，钩弋夫人生子弗陵，武帝立为太子，而夫人先赐死，霍去病之弟光以大司马大将军受遗诏辅政,自此大司马兼将军一官,遂永为外戚辅政之职。昭帝立光外孙女为后;昭帝崩,无子,光请后征昌邑王贺即位,未几又废贺而立宣帝。史称贺无道淫乱,实则贺群臣谋光,而光乃废贺耳。宣帝在位,诸事皆先关白光,然后奏御天子,光持国权柄,杀生在手中,党亲连体,根据于朝廷。帝始立微时许妃为后,光夫人显欲贵其少女,使乳医淳于衍行毒药杀许后,光因纳女为后,上亦宠之,颛房燕,光死,帝乃立许后子为太子,而霍氏骄侈益盛,帝乃悉移霍氏党于外,而以外家许、史(帝外祖母家)子弟代之。及霍氏谋废立,宗族诛夷,帝于许史之外,亦不敢轻任,以许后叔父延寿为大司马车骑将军辅政。元帝又以延寿子嘉为大司马车骑将军辅政。临崩,又以祖母史良娣弟子高为大司马车骑将军受遗诏辅政。嘉女为成帝后,成帝又以嘉辅政。盖自昭帝以降,步步皆趋于外戚之政矣。元帝虽委政宦者宏恭石显等,亦与许史相表里。及成帝黜显等,专任元舅王凤为大司马大将军秉政,诸舅谭、商、立、根、逢时,同日封侯,世谓之五侯。时王凤子弟分据势要,公卿见凤侧目而视,郡国守相刺史,皆出其门,而五侯群弟争为奢侈,赂遗珍宝,四面而至。盖历上古至秦汉,外戚僭贵,未有如王氏者矣。凤卒,从弟音及弟商根相继当国,根病免,荐其从子莽自代。莽继四父而执政,欲令名誉过前人,遂克己不倦,聘诸贤良以为掾吏,赏赐邑钱,悉以享士,愈为俭约,会哀帝即位,莽废于家,帝初以祖母傅昭仪从弟喜为大司马辅政,寻又以母丁姬兄明为大司马骠骑将军辅政,终乃以嬖人董贤为大司马,领尚书,贤女弟亦位次皇后。及哀帝崩,太皇太后(即元帝王后)仍诏莽为大司马,迎立平帝,诸哀帝外戚及大臣居位素所不说者,莽皆传致其罪,附顺者拔擢,忤恨者诛灭,汉政遂一出于莽矣。莽进女为平帝后,既又弑帝而立孺子婴,自称假皇帝,三年,遂即真。盖自宣元而后,同姓诸侯王已无势力,而本朝短世,国统三绝,王莽以佞邪之材,乘汉中外殚微,本末俱弱,孝元后又历汉四世,为天下母,飨国六十余载,群弟世权,更持国柄,卒以外戚而易汉祚矣。[36]

王莽始起外戚,折节力行,以要名誉,及其居位辅政,成哀之际,勤劳国家，直道而行，动见称述。当哀帝世退废家居，诸吏上书讼莽冤者以百数，贤良对策亦均以为言。及哀帝之崩，莽借元后之势以辅政，援立幼弱，手握大权，由安汉公而宰衡，而居摄，而即真，定有天下之号曰新，权势所劫，始则颂功德者八千余人，继则诸王公侯议加九锡者九百二人，又吏民上书者前后四十八万数千人。虽汉宗室有安众侯刘崇、徐乡侯刘快等，臣僚有东郡太守翟义、期门郎张充等，先后起兵讨莽，皆旋即败灭，其威力所劫，固已遍天下靡然从风。而莽有所作为，动引经义以文其奸，故篡窃之初，硕学通儒，多讴歌劝进。莽之足以继汉称帝，故为天下所公认矣。使能逆取顺守，沛大泽以结人心，则天下亦且安于新政，未必更有发大难之端，起而相抗者。乃莽予智自雄，晏然自以黄虞复出，制度纷更，朝令暮改。以豪民之兼并侵陵，细民或耕其田，见税什五也，则下令更名天下田曰王田，禁之不得买卖，其男口不满八而田过一井者，分余田与九族乡党，敢有非议者，投四裔。以新定"金""银""龟""贝""钱""布"等货币共二十八品也，则禁用汉家旧五铢钱，犯者亦投四裔。于是农商失业，食货俱废，以卖田积钱坐罪者，不可胜数。继又设六斡之令，谓"盐、酒、铁、名山大泽、五均赊货、铁布铜冶，六者，非编户齐民所能家作，必仰于市，虽贵数倍，不得不买，豪民富贵，即要贫弱，先圣知其然也，故斡之。"每一斡，为设科条防禁，犯者罪至死，专令州县酤酒卖盐，铸造铁器，诸采取名山大泽众物者税之。[37]吏缘为奸，民受其毒。又恃府库之富，狭小汉家制度，以为疏阔，妄欲立功域外，一举而灭匈奴，兴师三十万众，十道并出，吏士罢弊，边民死亡系获。重以旱蝗相因，富者不得自保，贫者无以自存。是以四海之内，嚣然丧其乐生之心，中外愤怒，远近俱发，自始建国至地皇四年（九至二三），才十五岁，而支体分裂，卒用灭亡焉。

东汉自光武称帝，建都洛阳，传至献帝，为曹氏所废，凡十四君，一百九十六年（二五至二二〇）。
光武之初起也，较诸同时并兴之豪杰，微弱殊甚。然起兵不三年，遂登帝位；海内割剧者，自陇西隗嚣，蜀公孙述剸除稍后外，余悉不数

```
(1) 光武帝秀（三三年）—(2) 明帝庄（一八年）—(3) 章帝炟（一三年）┐
┌─庆─(6) 安帝祜（一九年）—(8) 顺帝保（一九年）—(9) 冲帝炳（一年）
├─(4) 和帝肇（一七年）—(5) 殇帝隆（一年）
├─寿─(7) 少帝懿（七月）
├─伉─宠─鸿─(10) 质帝缵（一年）
│       ┌─翼─(11) 桓帝志（二一年）
└─开───┤
        └─淑─苌─(12) 灵帝宏（二二年）─┬─(13) 废帝辩（六月）
                                        └─(14) 献帝协（三一年）
```

年平定，其得天下反较高祖为易。范晔总论其因，曰："敌无秦项之强，人资附汉之思。"[38] 盖自新莽毒流诸夏，乱延蛮貊，人心思汉，举天下不谋而同，群雄之起兵者，无不以刘氏举号；而刘玄、刘盆子、刘永、刘林等俱不材，隗嚣、公孙述辈，亦皆孤立一隅。光武虽除直柔外无他长，而"恢廓大度，同符高祖，"亦一时人望所归，其得成中兴之业，宜也。且帝英雄气概，虽不及高祖，然有非高祖所及者二事。一曰崇尚儒术。光武少时，曾往长安受尚书，通大义，将帅若邓禹、寇恂、贾复、冯异、祭遵等，皆好学通经，有儒家气象。史称"光武中兴，爱好经术，未及下车，而先访儒雅，采求阙文，补缀漏逸，四方学士，莫不抱负坟策，云会京师，范升、陈元、郑兴、杜林、卫宏、刘昆、桓荣之徒，继踵而集。"[39] "自陇蜀平后，非儆急未尝复言军旅，每旦视朝，日侧乃罢，数引公卿郎将讲论经理，夜分乃寐，虽身济大业，兢兢如不及，故能明慎政体，总揽权纲，量时度力，举无过事。"[40] 而帝于功臣，亦优以宽科，完其封禄，莫不终以功名，延庆于后焉。二曰表章气节。自武帝表章六经以后，师儒虽盛，而大义未明，故新莽居摄，颂德献符者遍于天下，清明之士，亦多仕莽贵重。光武有鉴于此，即位之后，首封不仕王莽之密令卓茂为褒德侯；侧席幽人，求之若不及，优礼处士严光、周党、王霸；不仕二姓者，皆见褒表；尊崇节义，敦厉名实，而风俗为之一变焉，明帝遵奉建武制度，典学勤政，继以章帝，史称"事从宽厚，平徭减赋，而人赖其庆。"[41] 盖自光武迄明章，六十余年，为东汉盛世，明章亦皆令主，比于前汉之文景焉。和帝而后,"皇统屡绝,权归女主,外立者四帝(安质桓灵),临朝者六后(章帝窦后、和帝邓后、安帝阎后、顺帝梁后、桓帝窦后、灵帝何后),莫不定策帷帝,委事父兄,贪孩童以久其政,抑明贤以专其威。"[42]于是女主临政,而外戚擅权。女主临政,朝臣国议,无由参断帷幄,称制下令,不出房闱之间,不得不委用刑人,寄之国命。外戚擅权,人主不胜其胁迫,而公卿以下,皆其党羽,亦惟借宦官之力以诛之。故章帝以后,以外戚与宦官之擅权为一大事,戚与阉之专权,亦东汉乱亡之二大祸水也。[43]诸帝政绩,鲜可述者,惟和帝时国威最著,"偏师出塞,则漠北地空,都护西指,则通译四万;"顺帝时人才最盛,"若李固、周举之渊谟弘深,左雄、黄琼之政事贞故,桓焉、杨厚,以儒学进,崔瑗、马融,以文章显,吴祐、苏章、种暠、栾巴,牧民之良干,庞参、虞诩,将帅之宏规,王龚、张皓,虚心以推士,张纲、杜乔,直道以纠违,郎𫖮阴阳详密,张衡机术特妙;",然帝亦不能信用也。

初,光武惩王莽之祸,躬揽魁柄,防闲戚畹,贵戚樊氏(光武母家)郭氏阴氏(皆后家),虽多位列通侯,然不居权要。樊氏三世共财,子孙朝夕礼敬,常若公家,阴后兄弟,亦深自降抑,范晔所谓"樊氏世笃,阴亦戒侈,恂恂苗胤,传龟袭紫"者也。明帝后马氏,马援小女,贤德素著,"每于侍侧之际,辄言及政事,多所毗补,而未尝以家私干。"章帝即位,尊后曰皇太后,史称常事减损外家;然史又称"马防(援子马后兄)兄弟贵盛,奴婢各千人以上,资产巨亿,皆买京师膏腴美田,又大起第观,连阁临道,弥亘街路,多聚声乐曲度,比诸郊庙,宾客奔凑,四方毕至,京兆杜笃之徒数百人,常为食客,居门下,刺史守令多出其家,防又多牧马畜,赋敛羌胡。"幸帝数加谴敕,所以禁遏甚备,由是权势稍损,宾客亦衰焉。章帝窦后,窦融之曾孙女,宠幸殊特,宫闱为之慑息。窦氏自明帝时,已一公、两侯、三公主、四二千石,皆相与并时,自祖及孙,官府邸第,相望京邑,奴婢以千数,于亲戚功臣中莫与之比。章帝宠任后族,窦宪兄弟亲幸,并侍宫省,赏赐累积,宠贵日盛,自王主及阴马诸家,莫不畏惮,然亦不授以重位。和帝即位，窦太后临朝，于是兄弟皆在亲要之地；及宪平匈奴，威名大盛，以耿夔任尚等为爪牙，邓叠、郭璜为心腹，班固、傅毅之徒，皆置幕府以典文章，刺史守令，多出其门，兄弟并封侯，窦氏一门，并居列位，充满朝廷，权倾主上。和帝乃与中常侍郑众定议除之；大憝虽诛，然宦者用权自此始，中官亦始盛焉。帝崩，太子未立，后邓氏立少子隆，生始百余日，是为殇帝，邓后为皇太后临朝。殇帝立六月崩，后与兄骘、悝等定策禁中，迎立安帝，犹临朝政，骘等皆封侯，宠权显赫，而宦官亦渐用事。及邓后崩，安帝乳母王圣与宦者李闰、江京等潜诛邓氏，而帝嫡母家耿氏、祖母家宋氏、后家阎氏、及李闰、江京、王圣、圣女伯荣等皆贵显用事。圣等共潜废太子，帝崩，阎后与兄显等迎立少帝，诛黜圣等，身自临朝。少帝殂，宦官孙程等十九人拥立安帝废太子（是为顺帝），诛阎氏，程等皆封侯。顺帝以梁后父商为大将军，商卒。其子冀继之，及帝崩，梁后与兄冀立冲帝，身自临朝；冲帝又崩，立质帝，冀以帝聪慧，酖之而立桓帝，并以后妹为桓帝后，冀身为大将军辅政。冀一门前后七封侯、三皇后、六贵人、二大将军，夫人女食邑称君者七人，尚公主三人。其余卿将尹校五十七人，在位二十余年，穷极满盛，威行内外，百僚侧目，莫敢违命，天子恭己而不得有所亲豫，其凶恣专断，豪横盈极，为东京外戚最。帝与中常侍单超、具瑗、唐衡、左悺、徐璜等五人合谋诛之，收冀财货，县官斥卖，合三十余万万，遂减天下租税之半，封超等五人为侯，于是宦者以功代外戚执政。桓帝梁后崩，以窦武女为皇后，帝崩，武与后定策，迎立灵帝，窦后临朝，武入居禁中辅政，与太傅陈蕃谋诛宦官，卒为宦官曹节、王甫等所杀，节等封侯。至灵帝崩，何后临朝，立子辩为帝，后兄何进以大将军辅政，进奏诛宦官蹇硕，收其所领八校尉兵，方欲尽诛宦官，而进又为宦官张让、段珪等所杀。是时军士大变，袁绍、袁术、闵贡等因乘乱勒兵捕宦者，无少长皆杀之，或有无须而误死者，至自发露然后得免，死者二千余人。于是外戚与宦官俱尽。自戚宦之争，戚常败而宦常胜，而宦官之势焰，亦随外戚之屡败而益盛。加以宦官既据权要，则征辟察举，望风迎附，非其亲族，则其姻戚，桓灵之世，宦官之子弟支附，盖过半于州国矣。莫不穷暴极恶，流毒遂遍天下，士大夫秉正嫉邪，奋死与之揩拄，而宦者构害明贤，专树党类，于是有党锢之祸。海内嗟毒，志士穷栖，寇剧缘间，摇乱区夏，于是有黄巾之乱。黄巾之乱，虽藉皇甫嵩、朱儁之力，幸获平定，而党锢之祸，则凡称善士，莫不离被灾毒。自中兴之后，羌胡之患最大，天下精兵猛士，恒聚于凉州。黄巾乱起，各州刺史守牧亦多各揽其地之财赋甲兵。及何进谋诛宦官，首召凉州将董卓，卓将凉州兵至，而废帝辩，立献帝，专权恣睢，袁绍纠州郡兵讨之，卓残破洛阳，西迁长安。初平三年（一九二），王允、吕布合谋诛卓，而凉州诸将李傕、郭汜、张济等继之，纷争数年，关中无复人迹。袁绍、袁术、陶谦、刘表、曹操等，亦各据州郡自立。建安元年（一九六），献帝乘间到洛，曹操入朝，迁帝都许，击灭凉州诸将，挟天子以平群雄，于是政归曹氏，天子守府，而汉亡矣。

\* \* \*

周遭犬戎之祸，文物湮沦，平王东迁，秦虽居周旧地，而其开化较晚于诸夏。自以武力一天下，其贡献最大者，惟在统一之文字与政制，虽有博士七十人，掌通古今，特备员勿用，最著者为伏生与叔孙通，一传尚书，一制朝义，皆显名汉世，然非能于学术有所特创也。晚周百学争鸣，至秦盖寂寥甚矣。惟刻石之文，光耀海内，则有过前代。《史记》载始皇峄山、泰山、之罘、琅邪、碣石、会稽刻石凡七（之罘二，余各一。），至今琅邪台铭文，犹存十三行，泰山亦存十字，而他石拓本钩摹影印者，世尚有之。[44]文字之美与其流传之久，皆为史册所仅见。周代金文最多，东周时，齐楚诸国犹盛，惟秦独尚刻石，大书深刻，悉王绾、李斯等之意象也。世人虽极斥秦，于此独宝存之，盖其文字之美，为千载所共推焉。

晚周学术思想，至两汉而结局，凡汉人之所从事，若六艺诸子，大抵为古人作功臣，不能特别有所创造。然因古代文明之递嬗，亦能于保存之中，演为新制。而国基大定，疆域辽廓，又足以生国民宏大优美之思，故如史学文学等，皆有其特殊之贡献。虽汉人之著作与其所研究者，今存者十不逮一，未易遽下定论；姑就著于史者观之，犹可见汉人于吾国之文化，既善继往，兼能开来。后之言汉学者，徒掇拾汉人之片言单文。犹足以专门名家焉。[45]

两汉之学，以六艺为最盛，而派别亦最繁。大抵以传授之性质而言，有师学家学之分，以经之立于学官与否言，有官学私学之殊，以文字之通行与否言，有今文古文之异。师学者，老师先师传授之学，家学者，家世传授之学。西汉之初，经师辈出，如田何之《易》，渊源于商瞿，毛公之《诗》，权舆于子夏（皆孔子弟子），申公之鲁《诗》，贾生之《左传》，并溯沿于荀卿，以及伏生之传《尚书》，高堂生之传《士礼》，皆师学也。公羊氏五世口传《公羊》，孔安国家世传《尚书》，欧阳生自歆八世传《尚书》，伏理至无忌六世传《齐诗》，杨荣家世传《小戴礼》，则家学也。师学家学，其初皆私相授受，皆私学而非官学。自文帝设立诸经博士，至武帝颁《易》、《诗》、《书》、《礼》、《春秋》五经于学官，每经皆选绩学之士为博士，官给俸禄，择民之俊秀者为博士弟子，以相教授。虽为博士者，仍守先师老师相传之说，或从一家之言，以自鸣其学，其所教者，不出师学家学之范围，然学由官立，师弟由官选择，设科射策，劝以官禄，已为官学而非私学矣。（私学犹今私塾之授徒，官学犹今国立大学特设某某科讲座，选任教授，以教准许入学之学生也）当时每经皆有数家之训释，各家所传授之本子，有为汉世通行之隶书，有为汉世已不通行之先秦古文。其初学者传习之本，大抵为通行之隶书，继则先秦旧文之本，传者渐多，名曰古文学，本之为通行隶书者，亦别立今文之名。国家所立之五经博士，东汉初虽已增至十四（《易》四：施、孟、梁邱、京氏，《书》三：欧阳、大小夏侯氏，《诗》三：鲁、齐、韩氏，《礼》二：大小戴氏，《春秋》二：严氏、颜氏），然皆属今文家，古文学如《左氏春秋》、《周官》、《毛诗》、《古文尚书》，王莽秉政时，虽一度立于学官，王莽既败，学亦随废，在野巨儒，惟在民间自相传授。故又有以今文学为官学，而古文学为私学者。虽当时诸儒以今文经家居教授者，一经恒千百人，然或本为博士，或本受业博士，皆谨守博士家法；即传自私学者，亦皆不背官学；故弟子受经卒业者,咸任博士议郎之职。盖自官学既立,学术定于一尊,儒生家居传经,不啻受教法于博士,所谓私学,特辅博士教授之所不及而已。儒术既为禄利之途,学业既成,取青紫如拾芥,学之为国家所立者,皆专相传祖,莫或讹杂,排黜异说,深闭固距。博士之极弊,遂至于抱残守缺,挟恐见破之私意,而无从善服义之公心。诸研习古文者,愤其不得立于学官,诋諆今学,亦无所不用其极;今文古文之争,亦官学与私学之争也(已立学官之今文,不欲古文再立学官,未立学官之古文,欲与今文同立学官)。然当时通儒,如西汉之刘向,东汉之许慎、马融,皆兼通今古文;郑玄(生顺帝永建二年,卒献帝建安二年,一二七至二〇〇。)括囊大典,网罗众家,《后汉书·郑玄传》称"凡玄所注,《周易》、《尚书》、《毛诗》、《仪礼》、《礼记》、《论语》、《孝经》、《尚书大传》,《中侯乾象历》,又著《天文七政论》、《鲁礼禘袷义》、《六艺论》、《毛诗谱》,驳许慎五经意义,答临孝存周礼难,凡百余万言:"尤集今古文说之大成,且其所注各经,不守一先生之言,参酌今古文,以实事求是为指归,与博士所传,亦不尽合。自是以降,治经学者,悉奉郑君为大师,官学日沦,郑学日昌,两汉经学以私学始者,亦以私学代官学终焉。

  武帝初为博士官置弟子五十人,昭帝增满百人,宣帝增倍之,元帝更为设员千人,成帝增弟子员三千人。后汉则光武修起太学,建三雍,明帝复为功臣子孙、四姓末属、别立校舍,搜选高能,以受其业。至顺帝更修黉宇,凡所构造,二百四十房,千八百五十室,汉末太学诸生,遂至三万余人,为古来未有之盛事。此两汉京师之国学也。地方教育,初仅有闾里书师;自景帝末蜀郡太守文翁在蜀立学堂,至武帝时,乃令天下郡国皆立学校官。平帝时,王莽秉国,广立学官,下至乡聚,皆立孝经师一人。东汉则郡县守令,著名史册者,大抵造立校舍,修庠序之教,僻壤蛮陬,并有学校,班固《东都赋》所谓"四海之内,学校如林,庠序盈门"也。此两汉地方之官学也。其时儒生之习今文经者,以游学京师,受经博士为正途。然私人家居教授者,大师徒众至千余人,前汉末已渐称盛,而《后汉书》所载张兴著录且万人,牟长著录前后万人，蔡元著录万六千人，楼望诸生著录九千余人。[46]自余弟子门徒数千人千余人，下及数百人者，指不胜屈，比前汉为尤盛。私家之传授，盖驾国学而上之。古来经学之昌明，儒生之众，未有如两汉者。两汉书中所载，今可考者，犹不下数百人，要而论之，不外五派。诵读经文，互相授受，不事作述，始也凭口耳之传，继也则著之竹帛，此一派也（此派两汉最多，汉书儒林传之经师，半属此派）。以经解经，不立异说，使经义自明，如费氏之说《周易》，此二派也。援引故训，证明经义，或详章句训故，前者如毛公之《诗传》，后者如郑玄之注群经，此三派也。挥发经义，成一家言，合之则与经相辅，离经亦别自成书，如伏生之《尚书大传》，董仲舒之《春秋繁露》，此四派也。去圣日远，大道日漓，有志之士，拟经为书，如焦氏易林之拟易，扬雄法言之拟论语，此五派也。大抵西汉之世，五派并行，后汉则第三派特盛，故西汉经师，偏重微言大义，后汉则多详训故章句，此其大较也。[47]又汉世小学，文字与算学并重。算书今多失传，文字则随时增益，初仅三千余字，后以次增至九千余字。[48]其时小学文字之书，盖有二体。一取便于记诵，司马相如之《凡将》篇（句皆七言），史游之《急就》篇（三言七言），扬雄之《训纂》篇（四言）是也。一取详是解说，许慎《说文解字》是也。后世童蒙读本，以三字、以四字、或七字为句，皆源于汉；而研究许书者，以其文字而兼声音训诂，为群经之锁钥，独为专门之学，大师宿儒，且多未能尽通焉。亦可见汉人著述之深邃矣。

汉世与经学相糅合者，又有阴阳谶纬之学。战国时，阴阳迂怪之说朋兴，为诸子术数大宗。西汉经师，自董仲舒（武帝时）始以春秋推阴阳，为儒者宗，一般经生，本术数之迷信，袭方士之故智，又以时君无所畏惮，惟借灾异以示儆，或知恐惧修省，莫不兼通其说，附会经术。如高相专说阴阳灾异，京房长于灾变，翼奉好律历阴阳之占，下及刘向之明灾异，皆西汉之经学大师也。其后则由阴阳家而变为谶纬。谶为预决吉凶之隐语，如"亡秦者胡"之类，本方士图箓之书，战国末已盛行。纬则与经相对待，其说多怪诞不经，兴于哀平之际，盖经师增益旧史，王莽取之以惑世诬民者，自光武以符箓受命（王莽时谶云，刘秀当为天子,其后光武兴兵破王郎,降铜马,群臣方劝进,适有旧同学疆华者自长安奉赤伏符来,曰,刘秀发兵捕不道,四夷云集龙在野,四七之季火为主,群臣以为受命之符,乃即位于鄗南),笃信其术,用人行政,悉以谶纬从事,儒者亦以谶纬为秘经,《易》、《书》、《诗》、《礼》、《乐》、《孝经》、《春秋》七经,皆各有纬书,号为七纬。[49]于是五经为外学,七纬为内学,习经者必兼通纬,解经者必援饰经文,杂糅谶纬,遂成一代风气。虽以郑玄之经传洽熟,称为纯儒,亦为纬学名家,沉溺其中而莫反。是则两汉经学昌明之世,亦阴阳谶纬盛兴之时代矣。

汉世治诸子之学者,虽不若东周之盛,然九流之说,犹绵延于两汉。以两汉书诸传考之,有专治一家之学者,有以一家之学教授后生者,其风气盖与经学家无殊;而黄老为尤盛。汉初如曹参师盖公,陈平治老子,以及田叔、汲黯、郑当时之流,后汉如郑均、蔡勋、矫慎等,莫不好黄老之学;甚至帝王(如文帝楚王英),皇后(如景帝母窦太后)亦尊崇其言焉。晁错学申商刑名于轵张恢生所,后汉阳球好申韩之学,皆法家之学。阴阳家则与儒术相糅合。自余纵横杂农小说诸家之书,皆著于《艺文志》,旁及兵家、数术、方技,亦皆有专家校定,而小说家有虞初周说九百四十三篇,百家百三十九卷,张衡《西京赋》至谓小说本自虞初(虞初,河南人,武帝时以方士侍中,号黄车使者,其说以周书为本),则其盛可想。惟名家及墨家,汉人似少传授;然汉人所见名家墨家之书犹夥,非若今之抱残守缺,徒摭拾一二语者比也。观《艺文志》所载诸子,凡百八十九家,四千三百二十四篇,至魏晋以降,始次第沦佚。先秦诸子之学,汉人实能综括而章明之;故有功于诸子者,莫汉若也。特汉人所著子书,多沿周秦以来之学说,不能出其范围。最著者,西汉则淮南鸿烈,然杂出众手,不足成一家之书,后汉则王充《论衡》,亦专事诋諆,仅足以供游谈之助。盖汉人发明之功,不及其保存之力焉。

自孔子删《尚书》,作《春秋》,左丘明论辑春秋本事,以为之传,又撰异同为《国语》。时又有世本,录黄帝以来至春秋时帝王公侯卿大夫祖世所出。春秋之后,七国并争,秦并诸侯,有《战国策》。汉兴定天下，则陆贾作《楚汉春秋》。至司马迁（生景帝中五年（前一四五年），约卒于昭帝世。）萃《尚书》、《春秋》、《左传》、《国语》、《世本》诸书之体，采《国策》，述楚汉《春秋》，创为《史记》，立本纪、表、书、世家、列传之目，上起黄帝，下讫汉武，凡百三十篇，五十余万字。于是汉之史册，集自古以来之大成，与汉之统一之国势，若相应和焉。史迁之后，褚少孙、扬雄、刘歆等，多踵为之，而东汉初班彪及子固相继为《汉书》百篇，复为断代史之祖。吾国史书，自是灿然大备，桀则相承，仍世以续，令晚世得以识古，后人因以知前，故虽戎羯荐臻，国步倾覆，其人民知怀旧常，得以幡然反正。汉人学术之有造于华夏，史书功为第一。抑史汉不独为历史家所祖也，亦为后世文学家所宗。西汉文章，初承战国之习，有纵横之余风，文景以后，提倡经术，其文多尔雅深厚，相如子云之雄伟，匡衡刘向之渊懿，其最著者；而《史记》实极文之变。东汉一代，前有冯衍、杜笃，中有崔骃、张衡，后有蔡邕、孔融；而《汉书》之风骨尤遒劲。后之史家，续史汉以成书者，无虑百十家，未有能继其文者也。自余"诗文辞赋，汉人亦多创为新体。枚乘、苏武为五言诗，而乐府之三言、四言诗体，亦于三百篇之外，别成一格。降及后汉，诗人益多，"作品之传于今者，大抵音节苍凉，文情朴茂，无意于工而自工。"而孔雀东南飞一篇，为焦仲卿妻作者，凡一千七百四十五字，实为叙事诗之绝唱；虽不知作者之名，然可见汉之诗人，实多开创，无所谓定格成法也。诗之外，创制之体，如答客难、封禅书、七发之类，亦多新格。而赋体之多，尤为汉人所独擅，大之宫室都邑，小之一名一物，铺陈刻画，穷形尽相，而其瑰伟宏丽之致，亦与汉之国势相应。盖人类之思想，不用于此，必注于彼。以两周之经籍子家衡两汉，诚觉汉人之思想，迥不及古；而就其所独至者观之，则前人仅构其萌芽，至汉而始发荣滋长者，亦未易偻数"也。[50]

汉世学艺制作，犹有可述者数事。秦人刻石颂始皇功德，汉代不师其制，故西汉石刻甚鲜。近人于广州城东里许发掘一南越贵人遗冢，得汉初隶书木刻阴文数十。[51]是为今日所知古人木刻之始，亦西汉之特色也。东汉石刻极夥，门生故吏为其府主伐石颂德者，遍于郡邑，其书有篆有隶，而隶体为多，或纵横宕逸，或谨严流丽，后之碑版，靡得而逾焉。古代宫室，多有壁画（观《楚辞·天问》可见），汉世亦沿其法，所画以人事为多。惟汉代又有石刻画像，或琢石纳诸圹，或伐石树阙以刊之，或刻诸墓前石室，今世所传者，以孝堂山石室武梁祠石阙为最完好，[52]古代人物之状貌，以及车马衣服之制，胥可赖以考见。观石室石阙之图刻人事者，多古圣贤节孝义烈事，与印度、希腊石刻之多以宗教故事为题材者迥异，足征吾国文化之中心，惟在人伦道德，故虽旌表祖先之美术，亦质实无华，不含若何神秘意味。而其图刻物形者，大致以牡类体状居多，斗兽怒马，飞舞龙蛇，类皆胸大腰鲞，筋力呈现，尤足征汉代强健战斗生气活泼之精神，艺术上亦处处流露，即在造墓石刻之中，从未稍现死丧之意焉。[53]自余金玉礼器，及服御诸物，传世者极夥，形制与所镌文字，多极精美。[54]盖汉代崇尚工艺，少府有考工室，外郡如河内郡怀县、南阳郡宛县、济南郡东平陵县、泰山郡奉高县、蜀郡成都县、广汉郡雒县等，亦均有工官。贡禹在元帝世上书，称"今齐三服官作工各数千人，一岁费数巨万，蜀广汉主金银器，岁各用五百万，三工官官费五千万，东西织室亦然。"[55]于当世之奢侈，深致太息；而《汉书·孝宣纪》赞，则言"孝宣之治，技巧工匠器械，自元成间鲜能及之"，是工艺之优劣，且以觇政治之盛衰焉。

古代书籍，木板竹简并用，汉世则多用竹简木简，亦间有用帛者；至后汉世，乃有蔡侯纸。《后汉书·蔡伦传》称"自古书契，多编以竹简，其用缣帛者，谓之为纸，缣贵而简重，并不便于人，伦乃造意用树肤麻头及敝布鱼网以为纸，（和帝）元兴元年（一〇五），奏上之，帝善其能，自是莫不从用焉，故天下咸称蔡侯纸。"是实吾国文化之一大利器，亦为世界有纸之始，而发明于一宦者（伦为明帝至安帝时宦官，卒于安帝建光元年，一二〇），亦至奇之事也。（笔则新石器时代已有之，世称蒙恬造笔，盖蒙恬始造兔毫耳。）顾传写虽便，而经籍未有定本，亦难免于讹误，于是有石经之刻。其事倡于蔡邕（生顺帝阳嘉元年，卒献帝初平三年，一三二至一九二）。《后汉书·蔡邕传》称"邕以经籍去圣久远，文字多谬，俗儒穿凿，疑误后学，熹平四年（一七五），乃与堂豁典、杨赐等，奏求正定六经文字，灵帝许之，邕乃自书册于碑，使工镌刻，立于大学门外，于是后儒晚学，咸取正焉；及碑始立，其观视及摹写者，车乘日千余两，填塞街陌。"迄今阅千七百数十年，而石经之残字，犹陆续出土。[56]其可贵逾于秦之刻石矣。然时虽有纸与石经，而以纸拓石之法，则绝不之知（拓石盖始于唐），未能尽传播之能事；亦可见人类文明之进步，以渐增益，且时有其限度也。

汉世于科学最有贡献者，曰张衡（生章帝建初三年，卒顺帝永和四年，七八至一三九），《后汉书·张衡传》称"衡善机巧，尤致思于天文阴阳历算，为太史令，妙尽璇玑之正，作浑天仪，著《灵宪算罔论》，言甚详明。（顺帝）阳嘉元年（一三二），复造候风地动仪，以精铜铸成，员径八尺，合盖隆起，形似酒尊，饰以篆文山龟鸟兽之形，中有都柱，傍行八道，施关发机，外有八龙，首衔铜丸，下有蟾蜍，张口承之，其牙机巧制，皆隐在尊中，覆盖周密无隙，如有地动，尊则振龙，机发吐丸，而蟾蜍衔之，振声激扬，伺者因此觉知，虽一龙发机，而七首不动，寻其方面，乃知震之所在，验之以事，合契若神，自书典所记，未之有也。尝一龙机发，而地不觉动，京师学者咸怪其无征，后数日驿至，果地震陇西，于是皆服其妙。"同时崔瑗称之曰："数术穷天地，制作侔造化。"其言信矣。而华佗（东汉末人）医术之精，亦迥绝今古。《后汉书·华佗传》称："佗精于方药，处齐不过数种，心识分铢，不假称量，针灸不过数处，裁七八九，若疾发结于内，针药所不能及者，乃令先以酒眼麻沸散，既醉，无所觉，因刳破腹背，抽割积聚，若在肠胃，则断截湔洗，除去疾秽，既而缝合，傅以神膏，四五日创愈，一月之间皆平复。"与今西人之治病相同。《史记·扁鹊仓公传》述春秋时人语，称上古之时，医有俞跗，治病不以汤液醴洒，而以解剖，佗盖传其术者。佗死而烧其书，破腹断肠之法，遂无传者。后世医家皆祖张机，于一切病，惟恃诊脉处方之术，机字仲景，亦东汉末人也。所著《金匮玉函要略》，上卷论伤寒，中论杂病，下载其方，并疗妇人；自宋以来，医家奉为典型，依其法以治病，迄今犹有甚验者。汉人之学术，后人宁能穷其所诣哉。

汉世文化上尚有一盛事，为前古所无者，则西方文物之传入是也。汉通西域，主因虽为政治关系，然其影响于商业及文化甚大。西域诸国，与汉通使，大率多贪汉财物，而汉人亦利其珍宝，当时使外国者，多以交易有无为鹄，《张骞传》所谓"其使皆私县官赍物，欲贱市以私其利"也。自余赂遗赠送，万里相奉，百工所作，无一不具，观两汉书《西域传》所载，殆不可以偻计。中国丝织品辗转稗贩而西，遂入罗马（大秦），罗马人至呼中国为"赛里斯"，（Seres 犹言产丝地也）嗜之可知，而罗马珍品亦多东来中国。鱼豢《魏略》详言大秦国之珍宝出产，以及各种织造物品，[57]必多当时之贸易物。而绯持、发陆、巴则、度代、温色等布，犹今之法篮绒、哔叽、哈喇呢，苏合、狄提、迷迭、兜纳等香，亦犹今之咖啡、可可等译音也。至文化之交通，自横吹胡曲由西胡传入外，据近人研究汉武梁祠石刻画像，其有飞舞形者，略带希腊美术色彩，与中国古代朴陋生硬庄重古雅之作风异趣，或系汉世输入希腊美术之影响工。西域安息大夏诸国，故马其顿王亚力山大军将后人所建，富有希腊文化，月氏亚服大夏，亦与之同化，汉通诸国，遂因以传入耳。余如葡萄、苜蓿、胡麻、胡桃等植物，亦皆当时东来，民到于今尚享其利。观传世汉代铜镜，多铸有葡萄花纹，"葡萄"一名，考其起源，实系希腊语 Botrus 之译音，洵为中西文物合流之伟观。[58]然其关系尤巨者，首推佛教。

佛教起源印度，教主瞿昙悉达多（号释迦牟尼）约与孔子同时。其初势力，大抵限于恒河滨，至东周末阿输迦王时，自印度全境外，传播及于中亚西亚。至东汉初，北印度已为佛教之中心，汉与西域之道通，佛教遂由西而东。虽其入中国之年岁，未能确定，大约在西汉之末，《魏略》称"汉哀帝元寿元年（前二），博士弟子景卢从大月氏王使伊存口授《浮屠经》："是为汉季佛教传入中国最可征信之记载。其在东汉，则《后汉书·楚王英传》载光武帝子楚王英学为浮屠，斋戒祭祀，明帝永平八年（六五）赐王诏书，有"伊蒲塞"（在家佛教信徒，今称居士）"桑门"（僧）等佛教辞句。摄摩腾、竺法兰二僧，亦于帝时东来洛阳，译经造寺。至桓帝，复于宫中设华盖以祠浮屠。观夫帝王之尊，信仰异教，则知民间自颇有奉之者矣。时则西僧先后莅华，翻译经论，宏布法事。据唐释智昇《开元释教录》所载，自从明帝至献帝，译经缁素一十二人，所出经律，总二百九十二部，三百九十五卷云。

佛教之来华，由于汉通西域，汉世传入之佛教，亦由西域间接输入，故东来僧徒，如安清、安玄、支谶、支谦、支亮等，大抵月氏安息之人。而其能博中人之信仰，则黄老学之力为多。古无黄老之名，战国时治道家之学者，始以黄帝与老子相附会，至汉初遂以黄老并举。两汉间以好黄老、学黄老名者，指不胜屈，儒学之外，以黄老为最占势力之一学派；其学大抵尚微言，贵清虚，崇无为，明自然。当时神仙方技之士，（简称方士，亦称道士）崇尚服食修炼，讲求鬼神祠祀，亦多自谓出于黄老；又采用阴阳五行之说，成一大综合，而渐演变为后来之道教。佛教之入也，亦以黄老为先容，汉人之崇佛者，自楚王英以下，皆兼好黄老，而以黄老与浮屠并称。桓帝时襄楷上疏，言"闻宫中立黄老浮屠之祠，此道清虚，贵尚无为，好生恶杀，省欲去奢"[59]，明其学理亦同科矣。盖时人之见解，以为浮屠与黄老，无甚殊异，故崇之者，以为黄老而兼及；即初期翻译之佛经，多借用老庄词句，阐扬佛理之著作，亦多援老子立言。佛教于此时传入，使汉人不觉其隔阂难通，而博帝王人民之信仰，此其一主因矣。

\* \* \*

秦自商鞅遗礼义，弃仁恩，并心于进取，厉行军国主义，而俗一大变。贾谊谓"秦人家富子壮则出分，家贫子壮则出赘，借父耰锄，虑有德色，母取箕帚，立而谇语，抱哺其子，与公并倨，妇姑不相说，则反唇而相稽"者，汉兴犹承其弊。[60]又自战国以来，竞为游侠，汉初余风犹在，故代相陈豨，从车千乘，而吴濞淮南，皆招宾客以千数，外戚大臣窦婴、田蚡之属，竞逐于京师，布衣游侠剧孟郭解之徒，驰骛于闾阎，权行州邑，力折公侯，虽其陷于刑辟，自与杀身成名，死而不悔，自文景以恭俭化民，秦俗渐革，而景武两朝，专任酷吏，所以摧灭游侠者无不至，汉武之后，游侠之风亦微。然商业经济之发展，及其随生之弊害，则反视战国世有加。盖自"汉兴，海内为一，开关梁，弛山泽之禁，是以富商大贾，周流天下，交易之物，莫不通得其所欲。"[61]民亦多背本而趋末。汉廷虽厉行重农抑商政策，如高帝世令贾人不得衣丝乘车，孝惠高后时，令市井子孙不得为官吏，"而商贾大者，积贮倍息，小者坐列贩卖，操其奇赢，日游都市，乘上之急，所卖必倍，故其男不耕耘，女不蚕织，衣必文彩，食必粱肉，因其富厚，交通王侯，力过吏势，以利相倾，千里游敖，冠盖相望，乘坚策肥，履丝曳缟。"诚者晁错所言，"法律贱商人，商人已富贵矣。"[62]《史记·货殖列传》载蜀卓氏、临邛程郑、宛孔氏、曹邴氏，皆以冶铁致巨富，（当时实为铁器极盛时代）齐刁间则任使黠奴，逐渔盐商贾之利，起富数千万，周人师史，转毂贾郡国，致七千万，宣曲任氏力田畜，富者数世，桥姚以斥塞畜牧，而致饶益，无盐氏以子贷金钱，富埒关中；若至力农畜工虞商贾，为权利以成富，大者倾郡，中者倾县，下者倾乡里者，不可胜数。马迁以若辈虽无秩禄之奉，爵邑之入，而椎埋去就，与时俯仰，获其赢利，千金者或比一都之君，巨万者乃与王者同乐，因名之曰"素封"，商业经济发达极矣。自武帝外事四夷，干戈日滋，行者赍，居者送，中外骚扰相奉，而富商贾或滞财役贫，转毂百数，废居居邑，封君皆低首仰给，黎民重困。帝虽任孔仅、束郭咸阳等计臣，尽情掊克，诸贾人末作贳贷及商以取利者，各以其物自占，率缗钱二千而算一（百二十钱），诸作有租及铸，率缗钱四千算一，匿不自占，占不悉，戍边一岁，没入缗钱，有能告者，以其半畀之。[63]商贾中家以上，大抵皆遇告破产，而民偷甘食好衣，不事畜藏之业。及桑弘羊领大农，弛告缗令，仍令入物者补官，出货者除罪，故选举陵夷，廉耻相冒，奢侈之俗，尤一往而不可正，降及昭宣，其祸不复。观昭帝时贤良文学之士言："富贵奢侈，贫贱篡杀，女红难成而易弊，车器难就而易败，常民文杯画案，几席绨蹋，婢妾衣纨履丝，匹庶粺饭肉食，里有俗，党有场，康庄驰逐，穷巷蹋鞠，秉耒抱插，躬耕身织者寡，娶要领从容傅白黛青者众，无而为有，贫而强夸，文表无里，纨袴枲装，生不养，死厚葬，送死殚家，遣女满车，富者欲过，贫者欲及，富者空藏，贫者称贷，是以民年急而岁促，贫即寡耻，乏即少廉，此所以刑非诛恶，而奸犹不止。"[64]元帝时贡禹上书言："故俗皆曰，何以孝弟为，财多而光荣；何以礼义为，史书而仕宦，何以谨慎为，勇猛而临官；故黥劓而髡钳者，犹复攘臂为政于世，行虽犬彘，家富势足，是为贤耳；故谓居官而置富者为雄桀，处奸而得利者为壮士，兄劝其弟，父勉其子。"[65]俗之败坏，亦云甚矣。汉自庶姓起，一切因袭秦故，宗周彝教，概未有闻。至孝武表章《六经》，史称"畴咨海内，举其俊茂，与之立功，兴太学，修郊祀，改正朔，定历数，协音律，作诗乐，建封禅，礼百神，绍周后，号令文章，焕焉可述，后世得遵洪业，而有三代之风。"[66]然任用儒生，仅重文学，事粉饰，封禅礼神，尤多循秦制。而其时宫庭淫逸之习，亦毫无忌讳。自元帝少而好儒，及即位，征用儒生，委之以政，贡禹、薛广德、韦贤、匡衡，迭为宰相，学者亦多言兴复古礼，以革秦制；汉儒学风寖变矣。然师儒虽盛，而大义未明，其极则王莽借儒学以成篡窃，儒者犹多颂功德以劝进。及光武中兴，于崇尚儒术之外，一意表章气节，凡所举用，多经明行修之人，明章继之，其风世笃，而风俗为之一变。综观东汉一代，多以名行相尚，郡吏之于太守，往往周旋于生死患难之间，或尽力于所事以著其忠义，或感知遇之恩，而制服从厚；志节之士，尤好为苟难，或轻生报仇，或代人贼仇，务欲绝出流辈，以成卓特之行。若夫性分所至，则隐居求志，《后汉书·逸民列传》所载，若梁鸿、高凤、台佟、韩康、矫慎、戴良、法真、宠公，以及不知姓名之汉阴老父，陈留老父等，皆远引孤骞，亭亭物表，蝉蜕嚣埃之中，自致寰区之外。其不仕者，既不仕王侯，高尚其志，而其仕者，亦危言深论，不隐豪强。至其末造，朝政昏浊，国事日非，而党锢之流，独行之辈，依仁蹈义，舍命不渝。[67]风雨如晦，鸡鸣不已。三代以下，风俗之美，无尚于东京者。故范晔之论，以为"桓灵之间，君道秕僻，朝纲日陵，国隙屡启，自中智以下，靡不审其崩离，而权强之臣，息其窥盗之谋，豪俊之夫，屈于鄙生之议。""所以倾而未颓；决而未溃，皆仁人君子心力之为。"[68]可谓知言者矣。司马光曰：

"光武敦尚经术，宾延儒雅，广开学校，修明礼乐。继以孝明孝章，遹追先志，临雍拜老，横经问道，虎贲卫士，皆习孝经，匈奴子弟，亦游大学。是以教立于上，俗成于下。其忠厚清修之士，岂惟取重于搢绅，亦见慕于众庶。愚鄙污秽之人，岂惟不容于朝廷，亦见弃于乡里。自三代既亡，风化之美，未有若东汉之盛者也。及孝和以降，贵戚擅权，嬖倖用事，赏罚无章，贿赂公行，贤愚浑殽，是非颠倒，可谓乱矣。然犹绵绵不至于亡者，上则有公卿大夫袁安、杨震、李固、杜乔、陈蕃、李膺之徒，面引廷争，用公义以扶其危，下则有布衣之士符融、郭泰、范滂、许劭之流，立私论以救其败。是以政治虽浊，而风俗不衰。至有触冒斧钺，僵仆于前，而忠义奋发，继起于后，随踵就戮，视死如归。夫岂特数子之贤哉，亦光武明章之遗化也。桓灵昏虐，保养奸回，过于骨肉，殄灭忠良，甚于寇仇。积多士之愤，蓄四海之怒，于是何进召戎，董卓乘衅，袁绍之徒，从而构难，遂使乘舆播越，宗庙邱墟，王室荡覆，烝民涂炭，大命陨绝，不可复救。然州郡拥兵专地者，虽互相吞噬，犹未尝不以尊汉为辞。以魏武之暴戾强伉，加有大功于天下，其蓄无君之心久矣，乃至没身不敢废汉而自立。岂其志之不欲哉，犹畏名义而自抑也。"[69]

汉代重儒之效，亦云伟矣。虽观诸子所陈，如王充《论衡》、应劭《风俗通义》之正时俗嫌疑，王符《潜夫论》、仲长统《昌言》、荀悦《申鉴》之讥当时失得，其时迷信之繁，奢侈之习，或逾西京，民间弊俗，亦往往而有。此则范晔所谓"世非胥庭，人乖鷇饮，化迹万肇，情故萌生，虽周物之智，不能研其推变，山川之奥，未足况其纡险。"自战国社会经济剧变以后，百世所同。第自节义气概及士流风尚言之，中国立国五千年，未有如东京者耳。

## 注 释

［1］见《史记·秦始皇本纪》。
［2］语本柳先生《中国文化史》第一编第二十九章《秦之统一》，页三六七。

[3] 说详张星烺《中西交通史料汇篇》（辅仁大学印本）第二册附录"支那名号考"。

[4] 说详《日知录》卷三十一《长城》。

[5] 二十七年，巡行今陕西西部及甘肃。二十八年，巡行今河南山东安徽湖北湖南。二十九年，巡行今河南山东山西。三十二年，巡行今河北山西及陕西北部。三十七年，巡行今湖北湖南江苏浙江山东。

[6] 见《史记·蒙恬传》。

[7] 见《汉书·贾山传》。

[8] 见《史记》河渠书，平准书，及《后汉书·郑弘传》。

[9]、[10] 皆见《史记·秦始皇本纪》。

[11]《汉书·刘向传》言"秦始皇帝葬于骊山之阿，下锢三泉，上崇山坟，其高五十余丈，周回五里有余，石椁为游馆，人膏为灯烛，水银为江海，黄金为凫雁，珍宝之臧，机械之变，棺椁之丽，宫馆之盛，不可胜原，又多杀宫人，生蕴工匠，计以万数。"

[12] 拙著《纲要》第二册八四节"皇帝之专制"（页十一至十七），论列颇详，可参阅。

[13] 秦郡之数，异说最多。据裴骃《史记集解》，说三十六郡者，三川、河东、南阳、南郡、九江、鄣郡、会稽、颖川、砀郡、泗水、薛郡、东郡、琅邪、齐郡、上谷、渔阳、右北平、辽西、辽东、代郡、巨鹿、邯郸、上党、太原、云中、九原、雁门、上郡、陇西、北地、汉中、巴郡、蜀郡、黔中、长沙，凡三十五郡，与内史为三十六郡。此外又有闽中、南海、桂林、象郡，故《晋书·地理志》有四十郡之说。王国维氏则谓此四十郡外，尚有定陶、河间、广阳、胶东、胶西、城阳、济北、博阳等八郡，共四十八郡。见《观堂集林》卷十二《秦郡考》。

[14] 见《史记·萧相国世家》。

[15] 拙著《纲要》第二册五八节"封建之余波"（页一七至二六）论此颇详，可参阅。

[16] 参阅《汉书·百官公卿表》。

[17] 始皇身死未寒，宦官赵高即与丞相李斯阴谋，废遗诏，杀太子扶苏，立庶孽胡亥，一也。胡亥立，即戮死诸公子，二也。赵高使其婿阎乐杀二世于望夷宫，二世求与妻子为黔首而不可得，三也。项羽入关，尽杀子婴与秦诸公子公族，四也。并详《史记·秦始皇本纪》。

[18] 见《史记》项羽本纪，高祖本纪，及陈涉世家。

[19] 见《史记·秦楚之际月表》序。

[20] 见《史记·外戚世家》。

[21] 见《汉书·扬雄传》。

[22] 拙著《纲要》第八册八六节"受命之新局与布衣之显荣"（页二六至三三），论此问题较详，可参阅。

[23] 本节及下论东方北方西南及南方之开拓，多本柳先生《中国文化史》第一编第三十一章《汉代内外之开辟》，（页三八三至三九一）。其论东方开拓段所引汉孝文庙铜钟及平山君祠碑，兹述略如次。铜钟为民国九年发现，铭文曰："孝文庙铜钟容十升，重四十七斤，永光三年六月造。"永光为西汉元帝年号。《史记·孝文纪》称"景帝元年，诏郡国诸侯各为孝文皇帝立太宗之庙。"乐浪郡虽置自武帝，亦为孝文立庙，此铜钟即郡立孝文庙之物也。平山君祠碑为民国二年发现，刘翰怡海东《金石苑补遗》卷一著录，系乐浪郡秥蝉县奉东汉章帝元和二年增修群祀诏，特增修平山君祠，而刻石记之也。由此钟及碑，然后可知两汉统治朝鲜之实际情形；盖虽远在乐浪秥蝉，其奉行诏令，竟与河淮郡县无异也。详见拙著评傅斯年君《东北史纲》卷首，（载中央大学《文艺丛刊》第一卷第一期，二十二年十一月出版）可参阅。

[24] 清光绪戊申（一九〇八），英国斯坦因（A. Stein）访古于我新疆甘肃，在敦煌迤北之长城，罗布淖尔北之古城，及和阗东北之古城等地，获得木简千余枚。敦煌所出，皆两汉之物，（出罗布淖尔及和阗附近者，则为东汉至隋唐之际之遗物。）据罗振玉及王国维排类印行之"流沙坠简"，区为小学术数方技诸书，及"屯戍丛残"两类，前者为当时边陲教育所用之课本。后者率记当时塞上屯戍之事，王君考释分为簿书、烽燧、戍役、禀给、器物、及杂事六目。

[25] 见黄文弼《新疆发现古物概要》（附录西北科学考查团二十年印行《高昌第一分本》后）及《罗布淖尔发现汉漆杯考略》（在商务印书馆出版之一《中国艺术论丛》中），黄君于十六年四月赴甘新一带考查古迹古物，于十九年秋返平，其赴罗布淖尔考察，在十九年春，所得木简约数十百枚，中有孝宣帝"黄龙"年号，知为西汉遗物。黄君于后一文中，又言漆杯一件，彩色花纹，最为鲜艳，洵为西汉良器云。

[26] 见《汉书》卷七十《陈汤传》。

[27] 皆见《汉书》本传。赵翼《廿二史札记》卷三《汉使立功绝域》节，（拙著《纲要》第二册页四十八至五十，备录之，）曾加综述，可参阅。

[28] 班固封燕然山铭语。又司马相如晁错赵充国诸文，皆见《汉书》本传，侯

应文扬雄文见《汉书·匈奴传》，刘向文见《甘延寿传》，班固文见《后汉书·窦宪传》；坊行古文读本，如姚鼐《古文辞类纂》，曾国藩《经史百家杂钞》，亦皆选录，可参阅。

[29] 据《汉书·昭帝纪》元凤四年正月如淳注。

[30] 据《汉书·昭帝纪》元凤四年如淳注，及《后汉书·光武帝纪》建武二十二年章怀太子注，皆称本收二十钱，至武帝始另加三钱，以补车骑马。又据《汉书·贡禹传》，则称武帝征伐四夷，重赋于民，民产子三岁，则出口钱，故民重困，至于生子辄杀，甚可悲痛，"此盖孝武帝世一时之制。

[31] 《汉书·西域传》赞语。孝武世敛财新法，详见《汉书·食货志下》，可参阅。

[32] 见《汉书·食货志下》。又按桓宽《盐铁论·本议》篇曰，"平准则民不失职，均输则民齐劳逸，故平准均输，所以平万物而便百姓。"均输与平准，虽同属国营商业机关，目的亦从同，而略有分别。均输分设在郡国，平准则在京师，一也。均输类似行商，平准类似坐贾，二也。均输所以调剂空间上物价之不平，平准兼以调剂时间上物价之不平，三也。

[33] 参阅《汉书·艺文志》。

[34] 见《汉书·循吏传》序。循吏传共纪文翁、王成、黄霸、朱邑、龚遂、召信臣六人，自王成以下，皆宣帝时人也。

[35] 《汉书·元帝纪》"元帝柔仁好儒，见宣帝所用多文法吏，以刑名绳下，大臣杨恽盖宽饶等坐刺讥辞语为罪而诛，尝侍燕从容言，陛下持刑太深，宜用儒生。宣帝作色曰，汉家自有制度，本以王霸道杂之，奈何纯任德教，用周政乎。俗儒不达时宜，好是古今非，使人眩于名实，不知所守，何足委任。乃叹曰，乱我家者，弟子也。"

[36] 拙著《纲要》第二册九一节"西汉诸帝及外戚之祸"（页九五至一一二）言武帝外戚颇详：本节多就彼书节录。可参阅。

[37] 详见《汉书·食货志》。

[38] 见《后汉书》卷四十八《吴盖陈臧列传》论。

[39] 见《后汉书·儒林列传·序》。

[40] 见《后汉书·光武帝纪》。

[41] 见《后汉书·章帝纪》。

[42] 见《后汉书·后纪·序》。

[43] 拙著《纲要》第二册九三节"吏汉诸帝及戚宦之祸"（页一二二至一四

八），论诸帝及戚宦颇详，本节及下节多就彼书节录，可参阅。

[44] 参叶昌炽《语石》卷一《秦一则》。

[45] 此节及下论小学、诸子之学、文学与学艺制作等，多略本柳先生《中国文化史》第一编第三十二章《两汉之学术及文艺》（页三九一至四一二）。

[46] 皆见《后汉书·儒林列传》。

[47] 本刘师培《国学发微》，载乙巳年《国粹学报》第三期第六期。

[48] 汉初闾里书师所传习之《苍颉》篇，凡五十五章，章六十字，共三千三百字。至平帝世，扬雄作《训纂》篇三十四章，顺续《苍颉》篇，共八十九章，五千三百四十字。东汉和帝时，贾鲂父增《滂喜》篇三十四章，二千四十字，共七千三百八十字。至安帝世，许慎作《说文解字》，凡九千三百五十三字。详清段玉裁《说文解字序注》。

[49]《后汉书·樊英传》有"河洛七纬"之语，章怀太子注曰，"易纬，稽览图、乾凿度、坤灵图、通卦验、是类谋、辨终备也。书纬，璇玑钤、考灵耀、刑德收、帝命验、运期授也。诗纬，推度灾、记历枢、含神雾也。礼纬，含文嘉、稽命征、斗威仪也。乐纬，动声议、稽耀嘉、叶图征也。孝经纬，授神契、钩命决也。春秋纬，演孔图、元命包、文耀钩、运斗枢、感精符、合试图、考异邮、保乾图、汉含孳、佑助期、握诚图、潜潭巴、说题辞也。"

[50] 引同上注[45]，页四一二。

[51] 引同上注，页四〇九至四一〇。上海广仓学窘编印之艺术丛编第九册，影印木刻字拓片，王国维《南越黄肠木刻字跋》（载《观堂集林》卷十八）详加考证，谓系樟木，可参阅。

[52] 孝堂山在今山东肥城县，武梁祠在今山东嘉祥县之紫云山，清乾隆中，黄小松李铁桥先后访得，冯云鹏编之《金石索》第七、九、十册，曾加摹刻，较王昶《金石萃编》所载者为详备，可参阅。

[53] 略本冯承钧译法人色伽兰著《中国西部考古记》（商务印书馆出版）第一章《中国古代之石刻》，页十八。

[54] 参《金石索》第三册杂器之属，第六册镜鉴之属，及容庚《汉代服御器考略》。（载《燕京学报》第三期）。

[55] 见《汉书·贡禹传》。

[56] 汉石经残字，以罗振玉历次集录印行者为较备，（《汉熹平石经残字集》录三卷，十九年石印本，续补一卷，二十二年辽居杂著本，又续编一卷，续拾一卷，二十三年辽居杂著丙编本。）据王国维考证，当时共刊《周易》、《尚书》、《诗》、《仪

· 111 ·

礼》、《春秋》、《公羊传》、《论语》七种,凡四十六石,石高丈许,广四尺,表里刻字,每面三十五行,行七十余字云。(见《观堂集林》卷二十《魏石经考一》)

[57] 见《三国志·魏志》卷三十注引。

[58] 见冯承钧译法儒沙畹《中国之旅行家》。(商务印书馆出版)

[59] 见《后汉书》卷六十下《襄楷传》。近人论汉代佛教之输入与流布者,以汤用彤著《汉魏两晋南北朝佛教史》(商务印书馆出版)为最详,可参阅。

[60] 见《汉书·贾谊传》。

[61] 《史记·货殖列传》语。

[62]、[63] 皆见《汉书·食货志》。

[64] 见《盐铁论·国病》篇。

[65] 同注[55]。

[66] 见《汉书·武帝纪》赞。

[67] 拙著《纲要》第二册八九节"风俗之变迁"(页六六至八八),论列颇详,可参阅。

[68] 见《后汉书》儒林列传论,左周黄列传论。

[69] 见《通鉴》卷六十八。

[70] 见《后汉书》卷七十九王充王符仲长统列传论。

# 第二篇

# 第六章
# 混乱时代与南北对峙时代
（魏晋南北朝）

自汉献帝建安元年，曹操迁帝于许，至隋文帝开皇九年灭陈（西元一九六至五八九），凡三百九十四年，为中国混乱分裂之时；视两汉之统一历年相若也。以帝王篡窃之氏号别之，则自魏文篡汉（二二〇）至晋武灭吴（二八〇），有魏、蜀、吴三国之六十年，继有西晋统一之二十四年，（晋惠帝永兴元年（三〇四），刘渊据离石称汉。）东晋偏安之百有三年（三一七至四一九），华夷杂糅之僭窃与晋宋对峙之百三十六年，〔自晋永兴元年，至魏太武太延五年，（宋文帝元嘉十六年，四三九，）灭北凉，统一北方。〕而南北朝截然画分。南朝有宋五十九年（四二〇至四七八），齐二十三年（四七九至五〇一），梁五十五年（五〇二至五五六），陈三十二年（五五七至五八八）。北朝之魏统一九十五年（四三九至五三三），其后为东魏十六年（五三四至五四九），西魏二十二年（五三五至五五六），又为北齐二十八年（五五〇至五七七），北周二十四年（五五七至五八〇），隋文帝篡周九年，而南北始归于一。治国史者，以此时期为最繁杂，而历史之变迁，自由统一而混乱分裂外，其大者犹有三端。

（一）前史民族之活动，以汉族为主，政治主权亦完全在汉族，他族侵扰中国者，多以被治者而同化。此时代则北方诸族入侵，与汉族分有中土，政治主权亦不全在汉族，虽诸族终亦多归于同化，然以征服汉族者而同化，非以被治者而同化。其后隋唐之皇族臣庶，亦多诸族混合种之后裔，而诸族教俗之输入中土者亦不鲜。盖汉族自太古经春秋战国之竞争，至秦汉而长育完成，经历若干年，已呈老大之象。而诸族以骁雄劲悍之种性，渐被汉族之文教，转有新兴之势，新陈代谢，相磨相镞，而成两晋南北朝之局；而隋唐历史，亦胚胎于此时矣。

（二）前史文化之中枢，皆在北方，此时代则南方日趋开辟，文化中枢，亦渐自北而南。盖自东汉以降，分为三国，孙吴立国江南与魏始有南北对抗之势。吴国人才，多产南土，山越之地，迭经开辟，南及交广，物产饶衍，故数十年间，魏蜀皆无如之何。迨晋武平吴，复告统一，吴人入洛，虽颇为北人所轻，而永嘉乱起，中原云扰，北方士民，相率南徙，号曰渡江，元帝定都建康，南方为汉族正统之国者，二百七十有余年。中州人士，侨寄不归，久而相安，北人遂为南人；南方之学术文艺及冠冕君子，遂臻前史未有之盛。而北方文物，多破坏于外来诸族，优秀分子，又多南徙，大河流域，反呈退化之象。虽当时学术风尚，南北不同，各有长短，其优劣相悬，未可轻易定论。而南方之开化，与夫文物中心之渐自北而南，固以此时代为之枢纽矣。

（三）吾国治道教化，以成周为最备，秦汉虽政杂王霸，然立国尚有规模。此时代则政教大纲，自一二因时补苴者外，鲜可称述。秽丑之史，猕漫充塞，民族相斫之惨，与夷酋之残酷无复人理，无论矣。魏晋以降，篡乱之相仍，帝王之昏暴，宫闱之淫乱，与帝室骨肉屠戮之祸，亦皆前史所未有。就文化论，汉族虽仍能以固有之文化，使诸族同化，学术文物，亦间有创造发明，足以证人民之进化者。然大体均已就衰，其发荣滋长之精神，较之太古及三代秦汉，相去远矣。惟印度文化，自汉世输入中国，此时代日臻其盛，而使吾国社会思想礼俗以及文艺美术建筑等，皆生种种之变化。且吾民吸收之力，能使印度文化渐变为中国文化。故此时代不独混合各方之种族，并且混合各方之文化焉。

东汉之季，四方兵寇，太常刘焉建议刺史改置牧伯，镇安方夏；州任之重，自此而始。各州有时虽仍设刺史，然其权亦渐重；陈寿谓"汉季以来，刺史总统诸郡赋政于外，非若曩时司察之而已。"[1]自经董卓及凉州诸将之乱，州郡刺史太守，初则纠众兴讨，继则自相攻伐，于是雄豪并起，遂成群雄割据之局。曹操初据兖州，自移献帝都许昌，即募民屯田许下，所在置田官积谷，运筹演谋，征伐四方，无运粮之劳。[2]不十年，而中原群雄，若称帝寿春之袁术，虎视南阳之张绣，鸱张徐兖之吕布，及鹰扬河朔之袁绍等，悉告平定。时孙权席父坚兄策之业，奄有江东，刘表雄踞荆州，前豫州牧刘备亦往依之，刘璋领有益州，然皆不足与操敌矣。建安十三年（二〇八），刘表卒，子琮袭位。操将大军向江汉，琮以荆州降。操方自江陵顺流东下，而刘备已遣诸葛亮说孙权并力击操。冬，大破操兵于赤壁。备又下荆州诸郡，于是操南下之望绝。十六年（二一一），备以刘璋之迎入益州，留关羽守荆州，越三年，据之，备自领益州牧，遂与操权成鼎峙之势矣。

曹操平定群雄，事垂成矣，而卒成三分之局，实以赤壁战败及刘备入益州为关键。盖赤壁之战，操胜则有统一之势；而备苟不西取巴蜀，虽有荆州，亦未易与魏吴鼎峙也。然自备入益州，三分之势已定，吴人追维备之得荆，由于赤壁之胜，而吴人之力为多，谓荆州应为吴有，于是有借荆州之说；吴蜀遂日以争荆州为事。[3]建安二十四年（二一九），备取汉中，自立为汉中王。方命关羽自荆州襄阳北攻操，而吴将吕蒙袭杀羽，夺荆州，蜀势顿衰。二十五年（二二〇），操卒，子丕篡汉为帝。明年（二二一），备亦称汉帝。权则初受魏封为吴王，后亦自称帝。三国名号，亦完全平等矣。备耻关羽之没，称帝后自将伐吴，权遣陆逊抗之，大破蜀军于猇亭，备赍恨而殂。子禅立，诸葛亮受遗诏辅政。是时三国之势，蜀为最弱。幸亮遣使修好于吴，又务农息民，整理戎旅，饬官职，修法制。讨平南蛮，以绝后顾之忧。然后北屯汉中以伐魏，屡出祁山；犹冀以益州之众，成霸业而兴汉室。陈寿谓"亮之素志，进欲龙骧虎视，包括四海，退欲跨陵边疆，震荡宇内，又自以为无身之日，则未有能蹈涉中原，抗衡上国者，是以用兵不戢，屡耀其武。然亮才于治戎为长，奇谋为短，理民之干，优于将略；而所与对敌，或值人杰，加众寡不侔，攻守异体，故虽连年动众，未能有克。"[4]然以一隅之地，抗衡中原，义之所在，虽知其不可，卒无反顾，后主建兴五年（二二七）出师表之忠诚亮节，千载下犹昭同星汉。即其器能政理，亦管仲之匹亚；盖秦汉来一人而已！

自战国以降，人才莫盛于三国；亦惟三国之主各能用人，故得众力相扶，以成鼎足之势。[5]迨蜀诸葛亮卒（建兴十二年、二三四），魏则司马氏专政，惟以猜忍营立家门；孙权虽犹自擅江表，而末年性多嫌忌，果于杀戮，以陆逊之忠诚恳至，亦愤恚而卒（二四五）；三国寂寥甚矣。蜀姜维粗有文武，立志功名，欲继武侯之业，屡出师攻魏；国小民劳，蜀人愁苦。及魏司马昭遣钟会、邓艾率诸军伐蜀，后主禅降（二六三），蜀遂先二国而亡。昭子炎亦篡魏为晋（二六五），合魏蜀之势以临吴。吴赖陆抗贞良筹幹，长江天险，延国十数年，至晋武帝太康元年（二八〇），亦继蜀魏而亡。晋又统一中国矣。

蜀—（一）照烈帝刘备（二年）—（二）后主禅（四一年）（二世，四三年）

魏—（武帝）曹操┬（一）文帝丕（七年）┬（二）明帝叡（一三年）
　　　　　　　│　　　　　　　　　　└霖—（四）废帝髦（六年）
　　　　　　　└宇—（五）元帝奂（五年）
└（三）废帝芳（一五年）　　　　　　　（五世，四十六年）

吴—（一）大帝孙权（三一年称帝二四年）┬和—（四）归命侯皓（十六年）
　　　　　　　　　　　　　　　　　　├（二）废帝亮（六年）
　　　　　　　　　　　　　　　　　　└（三）景帝休（六年）
　　　　　　　　　　　　　　　　　　　（四世，五十九年）

史称晋武即位之初，即恣意声色，至采择百官及良家子女，采择未毕，权禁断婚姻，[6]其无道盖前古所无；徒以袭曹魏之余力，统一禹域。然晋自武帝以前，凡三世，皆未及称帝，（晋书立宣、景、文三帝纪，皆为追谥）自武帝以后，凡三帝（惠、怀、愍），皆大乱，不能一日安，又十一帝皆不能保其一统，偏安江南，（史家称东晋）武帝固晋代唯一之盛世矣。惠帝而后，晋室大坏，贾后八王，祸乱相寻。而其与国史关系最巨，影响亦最大者，曰匈奴、羯、鲜卑、氐、羌诸族之入侵，史家所谓"五胡之乱"者是也。

两晋之混乱与南北朝之对峙，以匈奴、羯、鲜卑、氐、羌等族入

# 中国通史要略

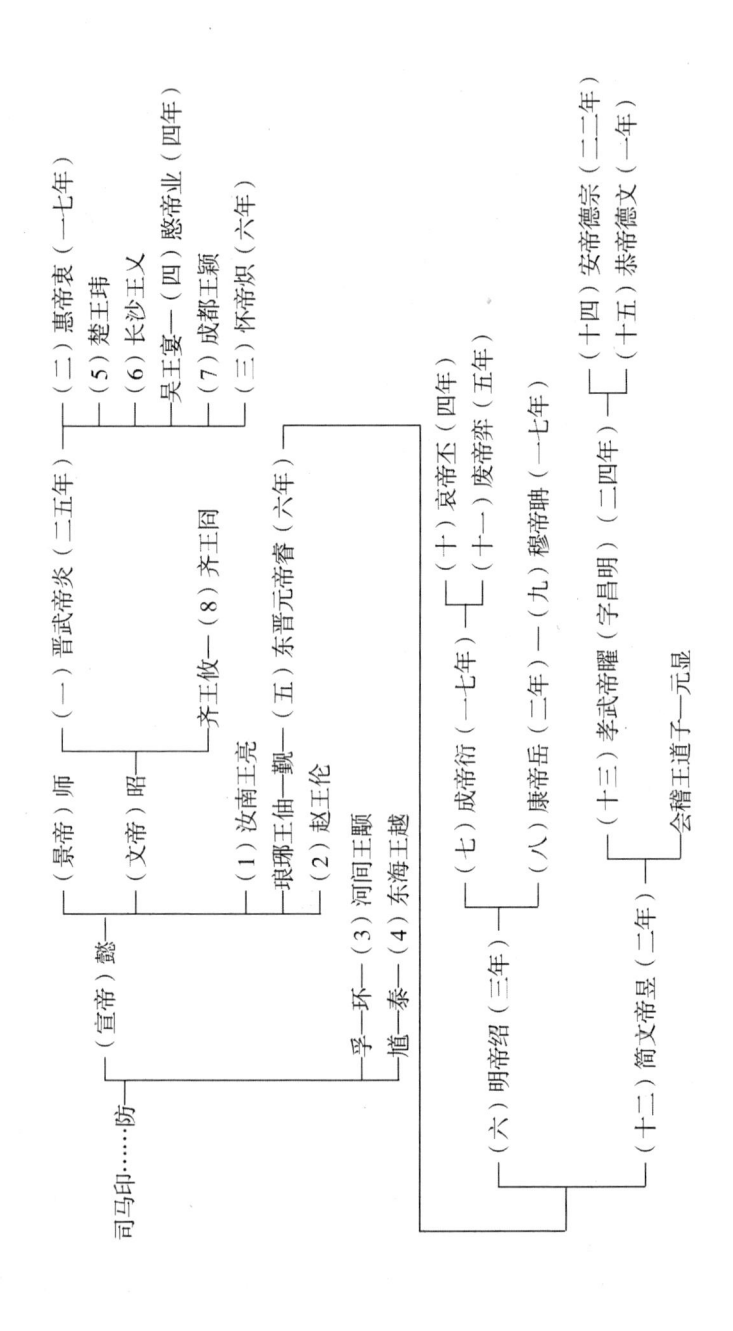

司马印……防—(宣帝)懿
├─(景帝)师
├─(文帝)昭—(一)晋武帝炎(二五年)
│   ├─(二)惠帝衷(一七年)
│   │   ├─(5)楚王玮
│   │   ├─(6)长沙王乂
│   │   ├─吴王晏—(4)愍帝业(四年)
│   │   └─(7)成都王颖
│   ├─(三)怀帝炽(六年)
│   ├─齐王攸—(8)齐王冏
│   └─(五)东晋元帝睿(六年)
├─(1)汝南王亮
│   └─琅邪王伷—觐
├─(2)赵王伦
├─孚—环—(3)河间王颙
└─馗—泰—(4)东海王越

(五)东晋元帝睿(六年)
├─(六)明帝绍(三年)
│   ├─(七)成帝衍(一七年)
│   │   ├─(十)哀帝丕(四年)
│   │   └─(十一)废帝弈(五年)
│   └─(八)康帝岳(二年)—(九)穆帝聃(一七年)
└─(十二)简文帝昱(二年)
    ├─(十三)孝武帝曜(字昌明)(二四年)
    │   ├─(十四)安帝德宗(二二年)
    │   └─(十五)恭帝德文(一年)
    └─会稽王道子—元显

· 118 ·

侵为最大之关键，而诸族之入侵，则以杂居塞内为主因，其端远始于汉室盛世。汉世对外政策，既施恢廓之功，复用吸收之策，胡骑越骑，置于京师，华夷杂居之区，则不置县而设道（县有蛮夷曰道，见《汉书·百官公卿表》），与后世土州如出一辙。自武帝元狩二年（前一二一），匈奴昆邪王降，于边郡置五属国以处之，宣帝神爵二年（前六〇），又置金城属国以处降羌，五凤三年（前五五），又置河西北地属国以处匈奴降者。东汉外夷之患，羌祸最烈，赖任尚、马贤、皇甫规、张奂、段颎等将百战之力，仅乃克之，然羌族迁徙关中，入居三辅，金城陇右，为其出没之场，其侵犯所及，东至河内，南至汉中，已不仅边疆之患。羌族东南复有氐族，由岷山附近散居巴蜀之间。北匈奴破于窦宪、耿夔等，而宪等不知徙南匈奴于塞外，王庭既设，部族日蕃，蔓廷河东，宅居汾晋。加以东汉中叶，边虏鸱张，高车立国于北陲，鲜卑横行于汉南，白兰建邦于西鄙，挹娄拓境于东隅，胡、羯、氐、羌之故地，多为所占，惟以荐居内土，保其生存。汉末中原大乱，杂居边塞之胡狄，多雄张跋扈，曹操反依之以实边助国，自内徙诸羌、鲜卑、乌桓外，于匈奴则分为五部，散居西北诸郡，于诸氐则徙置秦川，皆渐有反客为主之势。晋武继之，虽有傅玄、郭钦，实边徙戎之议，寝而不用，复盛纳降胡。惠帝时，陈留江统作徙戎论以警朝廷（二九九），言"关中之人，百余万口，率其少多，戎狄居半，""五部之众，户至数万，弓马便利，倍于氐羌"；[7] 执政者亦置若罔闻。又自惠帝元康（元年、二九一）以还，汉族之因大旱疾疫，自关西流徙汉川，自并州流徙河南，自幽州流徙兖州者，无虑数十万众，戎晋杂居之地，汉族或十不存二。而惠帝昏庸，内则贾后八王，祸乱相寻，外则州郡空虚，盗贼蜂起，政治社会，士流习俗，尤极腐败。而边吏士庶，或侮异族之轻弱，侵淫倍至，使其怨恨之气，毒于骨髓。边鄙愚民，或习其犷悍之俗，浸渍濡染，弃夏就夷。诸族以贪戾之性，挟愤怒之情，加以入居既久，识边塞之盈虚，明山川之险易，候隙乘便，遂为横逆。惠帝永兴元年（三〇四）距江统作论才五岁，刘渊首据离石称汉，羯与鲜卑、氐、羌乘之，而五胡卒乱华矣。[8]

晋世五胡之乱,自刘渊僭号,为战国者一百三十六载(三〇四至四三九)。当时跨僭一方,建邦命氏者,据北魏崔鸿所著之《十六国春秋》,为前赵(初号汉,后改赵,刘渊、刘聪、刘曜)、后赵(石勒、石虎),前燕(慕容廆、慕容儁、慕容暐)、前秦(苻健、苻生、苻坚)、后秦(姚苌、姚兴、姚泓)、成汉(李雄、李势)、前凉(张轨、张重华)、后凉(吕光)、后燕(慕容垂)、西秦(乞伏国仁)、西凉(李暠)、南凉(秃发乌孤)、南燕(慕容德、慕容超)、北凉(沮渠蒙逊)、夏(赫连勃勃)、北燕(冯跋)等十六国。[9]此外尚有冉闵之魏,慕容冲之西燕,谯纵之蜀,及占据仇池之氐族杨氏,立国青海之鲜卑吐谷浑等,因鸿书未加叙述,后之史家,亦多弃而不录。十六国之中,刘氏、沮渠氏、赫连氏为匈奴,石氏为羯,慕容氏、乞伏氏、秃发氏为鲜卑,苻氏、吕氏为氐,姚氏为羌,世因称之曰五胡。然成汉李氏为賨,张轨、李暠、冯跋皆汉而非胡,则十六国固华夷杂糅,不能以五胡概之矣。诸国更起迭灭。初则前赵据司、雍、幽、并,后赵灭之,蔓延至淮汉以北,是为胡羯势力最盛时代。及前燕慕容儁灭后赵,北有青、冀、幽、平,南有荆、徐、司、豫,是为鲜卑族最盛时代。苻氏兴于关中,东灭前燕,西取前凉,版图所及,南至长淮,骎骎乎有统一宇内之势,是为氐族最盛时代。及苻坚犯晋,败于淝水,后秦、后燕、西秦、后凉、后魏诸国,下及南凉、南燕、西凉、北凉、北燕及夏等,先后并起,是为诸族竞争时代。至汉族所受之祸,则以怀愍之世为最惨;怀帝永嘉五年(三一一),刘曜、王弥、石勒等寇洛阳,所杀晋人,不下数十万众,其被驱掠转徙者,尚不可胜计。曜虏怀帝,七年(三一三)正月,刘聪大会,使帝着青衣行酒而弑之。愍帝即位于长安,史称时"天下崩离,长安城中,户不盈百,墙宇颓毁,蒿棘成林,朝廷无车马章服,唯桑版署号而已,众惟一旅,公私有车四乘,器械多阙,运馈不继"。[10]建兴四年(三一六),刘曜等逼长安,帝乘羊车肉袒衔璧舆榇出降。明年(三一七),聪复因大会,使帝行酒洗爵,反而更衣,又使帝执盖,继亦弑之。其后石虎、苻生、赫连勃勃等,戎狄残犷,政刑惨虐,陵轹中夏,尤无复人理。汉族之力图复兴者，初以刘琨、祖逖为著；然琨守并州时，虽志切复仇，而屈于力弱，卒为鲜卑所拘缢，逖将流徙部曲，击楫渡江，亦以内怀忧愤，赍志卒于雍邱。元帝即位建康（三一八），偏安江左，回首中原，力不能救。中兴名臣，虽以王导之戮力王室，陶侃之致力中原，亦惟以宏厚镇物，或宏总上流而已。淮汉以北，孑余细民，既多弃夏就夷。才智之士，如陈元达之于刘渊，张宾之于石勒，王猛之于苻坚，多奉胡将军以立功名。文公儒师，虽有铲迹销声（如董景道、辛谧等），或弘风阐教者（如当时河西儒者），而如范隆（仕前赵）、续咸、韦謏（俱仕后赵）、及王欢（仕前燕）等，则多鬻周孔之学，以市禄利。民族思想，销沉甚矣。惟后赵大将军冉闵，于石虎死后，班令内外赵人，尽杀胡羯（三四九），胡羯死者数十万人，其数几等于永嘉末胡羯之屠晋人；然闵为石虎养子，固汉人而胡化者也。冉闵为慕容儁所杀（三五二），鲜卑代胡羯而兴，苻氏亦据关中称帝。然自北方诸族相攻相吞，夏夷俱弊，而东晋休养生息，国力渐充。庾亮、庾翼、庾冰、褚裒、殷浩等，皆思乘机恢复中原，惜或谋而未行，或行而无功。及桓温出，初灭成汉（三四七），继伐秦，败苻生于蓝田，进军坝上（三五四），后又复洛阳（三五六）。哀帝隆和元年（三六二），温遂上疏请还都旧京，自永嘉之乱，流播江表者，一切北徙，以实河南，[11]而人情疑惧，事不果行；盖自丧乱缅邈，至是已五十余载，先旧殂没，后来童幼，积习成俗，遂望绝于本邦，宴安于所托矣。温后又伐燕，为慕容垂所败。而前秦苻坚统一北方，复取晋梁、益二州，东抵淮泗，西极西域，南至邛僰，北尽大碛，诸国遣使贡方物者，凡六十有二王，不特幅员之大，为他胡所不及，即国威之隆，亦魏晋以来所未有。及坚大发戎卒六十余万犯晋，为晋将谢玄、谢石、刘牢之等大败于淝水（三八三），北方诸国，先后并起。晋军虽乘胜北进，复河南地，而关河之间，戎狄之长，更兴迭仆，晋人视之，漠然不关于其心。[12]至刘裕执政，始攻灭南燕（四一〇），谯蜀（四一三）伐后秦，克长安，执姚泓送建康斩之（四一七）；永嘉以来，挞伐有功，未有能如裕者矣。裕初欲留关中经略西北，而诸将佐久役思归。裕亦不胜其急图篡晋之私，遂率军东还，秦地卒没于夏。东晋经营中原之业，由是结局。裕寻篡晋为宋（四二〇），北方之国，亦次第并合于鲜卑族之拓跋魏，遂成南北朝之局。[13]

　　南北朝之竞争，虽互有胜负，然南朝当宋初，与魏以河为界，自后河南淮北，乃至淮南江北之地，渐次折入于北，至陈世竟画江以为界，观南北疆域之伸缩，知其时实北强而南弱。[14]盖南朝自刘裕以降，不知作育人材，而以诛除异己摧抑英尤为得计，四代百七十年间，遂至通国无一特异之豪杰，即齐萧道成、梁萧衍、陈陈霸先辈，号称开国之主，其勋业亦多不足观，且篡弑相寻，变乱时起，民力物资，多耗于内乱，谋臣将帅，多自相贼杀。而北族骁雄劲悍，自拓跋氏统一北方，华氓戎落，众力兼倍，兼代马胡骑，出自冀北，我徒彼骑，走不逐飞，故南朝卒非北朝敌也。至争竞最烈而兵祸最惨者，首推宋文帝元嘉二十七八年之役。元嘉二十七年（四五〇），魏太武主焘大举寇宋，宋亦出师北伐。于是"军旅大起，减内外百官俸三分之一，王公妃主及朝士牧守，各献金帛等物，以助国用，下及富室小民，亦有

**南朝帝系表**

宋—（一）武帝刘裕（三年）
├（二）*少帝义符（一年）
└（三）*文帝义隆（三十年）┬（四）孝武帝骏（十一年）—（五）*废帝子业（一年）
　　　　　　　　　　　　└（六）明帝彧（七年）┬（七）*废帝昱（五年）
　　　　　　　　　　　　　　　　　　　　　　└（八）顺帝准（二年）

齐—（一）高帝萧道成（四年）—（二）武帝颐（十年）—长懋┬（三）*废帝昭业（一年）
　　　　　　　　　　　　　　　　　　　　　　　　　　└（四）*废帝昭文（五月）
　└萧道生—（五）明帝鸾（五年）┬（六）*废帝宝卷（二年）
　　　　　　　　　　　　　　　└（七）*废帝宝融（一年）

梁—（一）武帝萧衍（四八年）┬统-后梁—（一）宣帝詧（七年）
　　　　　　　　　　　　　│　　　└（二）明帝岿（二四年）—（三）后主琮（二年）
　　　　　　　　　　　　　├（二）*简文帝纲（二年）
　　　　　　　　　　　　　└（三）*元帝绎（三年）—（四）*敬帝方智（二年）

陈—（一）武帝陈霸先（三年）
　└陈道谭┬（二）文帝蒨（七年）—（三）*废帝伯宗（二年）
　　　　　└（四）宣帝顼（十四年）—（五）*后主叔宝（六年）

· 122 ·

**北朝帝系表**

魏—（昭成帝）拓跋什翼犍……（一）*道武帝珪（一一年）—（二）明元帝嗣（一五年）—
└（三）*太武帝焘（二八年）—晃—（四）文成帝濬（一四年）—（五）*献文帝弘（六年）—
├鳃—（九）*孝庄帝攸（二年）
├羽—（十）*节闵帝恭（二年）
└（六）孝文帝宏（二八年）
├（七）宣武帝恪（一六年）—（八）孝明帝诩（一三年）
├怀—（十一）*孝武帝脩（三年）
├愉—（西魏）（十二）文帝宝炬（一七年）—（十三）*废帝钦（二年）
└怿—亶—（东魏）—*孝静帝善见（一七年）—（十四）*恭帝廓（四年）

齐—（神武帝）高欢
├（文襄帝）澄
├（一）文宣帝洋（十年）—（二）*废帝殷（一年）
├（三）孝昭帝演（一年）
└（四）武成帝湛（三年）—（五）*后主纬（一二年）—（六）*幼主恒（二月）

周—（文帝）宇文泰
├（一）*孝闵帝觉（一年）
├（二）*明帝毓（三年）
└（三）武帝邕（一八年）—（四）宣帝赟（一年）—（五）*静帝阐（二年）

（附注）表中有*符号者，为被废，或被弑，或俘获之帝。

献私财至数十万者。又以兵力不足，悉发青、冀、徐、豫、二兖（南兖北兖）六州三五民丁，（三丁发其一，五丁发其二，）倩使赍行，符到十日装束，缘江五郡集广陵，缘淮三郡集盱眙。又募天下弩手，不问所从，若有马步众艺武力之士，应科者，皆加厚赏。有司又奏军用不充，扬、南徐、兖、江四州富民家资满五十万，僧尼满二十万，并四分借一，事息即还。"[15]魏兵所过，城邑多望风奔溃，惟攻彭城盱眙不下。十二月，魏主至瓜步，坏民庐舍，及伐苇为筏，声言欲渡江。建康震惧，民皆荷担而立；于是内外戒严，丹阳统内，尽户发丁，王公以下子弟皆从。明年（四五一），魏主掠居民焚庐舍而去。"魏人凡破南兖、徐、兖、豫、青、冀六州，杀掠不可胜计，丁壮者即加斩戮，婴儿贯于槊上，盘舞以为戏，所过郡县，赤地无余。"文帝为南朝第一令主,而覆败一至于此!盖有宋一代,当魏兵最强之世,宋之宿将,帝时惟有檀道济,亦已虑其不可制而杀之,自坏其万里长城;又帝"每命将出师,常授以成律,交战日时,亦待中诏,是以将帅趑趄,莫敢自决;又江南白丁,轻进易退;此其所以败也。"[16]梁沈约《宋书》论其事曰:

"狸伐(焘字)连骑百万,南向而斥神华,胡旆映江,穹帐遵渚,京邑荷担,士女喧惶,天子内镇群心,外御群寇,役竭民徭,费殚府实,举天下以攘之,而力犹未足也。既而虏纵归师,歼累邦邑,剪我淮州,俘我江县,喋喋黔首,跼高天,蹐厚地,而无所控告,强者为转尸,弱者为系虏,自江淮至于清济,户口数十万,自免湖泽者,百不一焉,村井空荒,无复鸣鸡吠犬。时岁维暮春,桑麦始茂,故老遗氓,还号旧落,桓山之响,未足称哀,六州荡然,无复余蔓残构,至于乳鹬赴时,衔泥靡托,一枝之间,连窠十数,春雨裁至,增巢已倾。"[17]

吾人今日读之,犹有余痛矣!齐世魏孝文主迁都洛阳(四九三),以河南为根据,南侵之势益亟。值萧鸾(齐明帝)身弑二君,遂以讨贼为名,大举入寇,复屡遣使临江,数鸾罪恶。汉族不知并力以御夷狄,惟知自相残杀,坐令北虏怀兼弱之威,挟广地之计,执言伐乱,名实两得,汉族之可耻,盖未有甚于此时矣。及萧鸾卒,魏主下诏称礼不伐丧,引兵还。至萧衍篡齐为梁(五○二),尽诛萧鸾子孙,鸾子鄱阳王宝寅逃魏,魏封为齐王,尝伏于魏阙之下,请兵伐梁,虽暴风大雨,终不趑移。汉族篡逆屡起,转观夷狄之可亲,于是夷夏之义,绝不复闻。魏亦遣将出兵,助之南侵,自后梁、魏各竭其国力以争沿淮之地者多年。及魏末内乱,魏北海王颢奔梁(五二八),梁不乘机进复河南,顾以颢为魏王,遣陈庆之将兵奉之北伐,进占洛阳。及魏卒再奋,庆之兵败逃归,梁亦不继遣军救援。盖中畿之沦,汉族至此已尽忘矣。自后魏分东西,高欢宇文泰悉山东关西之众以争,河洛汾晋之间，无岁无战事，干戈之祸，且视南北之争为烈。宇文为鲜卑大姓，高欢史虽称其为汉人后裔，然亦化于鲜卑，[18]则二氏之斗，固以胡族为主，与南北之争殊矣。东魏侯景初以河南降梁（五四七），继引兵渡江，陷建康，既饿死梁武，立简文，后复杀简文，自称汉帝。史称"时百姓流亡，相与入山谷江湖，采草根木叶菱芡而食之，所在皆尽，死者蔽野。富室无食，皆鸟面鹄形，衣罗绮，怀珠玉，俯伏床帷，待命听终。千里绝烟，人迹罕见，白骨成聚，如邱陇焉。"[19]南服糜烂之惨，前史所未有也。自景之乱，江北州郡入于东魏，寻属北齐，汉中蜀川，亦为西魏所并，梁之疆土，略与孙吴相似。而诸王复各据州郡（时梁武子纶据江夏，绎据江陵，纪据益州，孙詧据襄阳），互相攻击。至陈霸先篡梁为陈，宇文氏亦篡西魏为周（五五七）。寻周灭北齐，杨坚复篡周灭陈。南朝卒为北朝所灭，而北朝亦归汉统。由晋以来民族之竞争，至是闭幕，而国史又另启一新局面矣。[20]

随诸族之入侵而产生之重大史实：

**其一则民族之迁徙混合与南北之畛域也**。自永嘉乱起，"幽、冀、青、并、兖五州及徐州之淮北流人，相率过江淮，"[21]而中州士女避乱江左者尤多。[22]始或以贵族陵蔑南士，南北畛域，固未能泯。即晚渡北人，虽系出高族，亦每受排抑。[23]然迁居既久，人安其业。又自东晋之季，厉行土断之法，令西北士民侨居东南者，所在以土著为断，不得挟注本郡。于是北人多为南人，而中原遗黎及五胡诸种，乃为北人。刘知几曰："自刘曹受命，雍豫为宅，世胄相承，子孙繁衍。及永嘉东渡，流寓扬越，代氏南迁，革夷从夏。于是中朝江左，南北混淆，华壤边民，虏汉相杂。"[24]盖自诸族入侵，与汉人杂居，诸族既自相混合，自与汉人混合，复促进北人与南人之混合。汉族以南方为中心地，北方以胡族为主人翁矣。《晋书》所载当时北土戎夷之数，如《石虎载记》言"冉闵诛胡羯二十余万"，《冉闵载记》言"青、雍、幽、荆州徙户及诸氐羌胡蛮数百余万各还本土。"《姚苌载记》言"苌称秦王时，北地、新平、安定羌胡降者十余万户"之类，较之南徙汉族，殆尤过之。至魏孝文主南迁洛阳，《魏书·高祖纪》称"发京师南伐，步骑百余万"。观《宋书·索虏传》称"少帝景平元年（四二三），青州刺史竺夔镇东阳城，虏众向青州，前后济河凡六万骑，三月，三万骑前追胁，城内文武一千五百人，而半是羌蛮流杂。"青州在今山东，时为宋地，羌蛮流杂已占文武之半。《臧质传》又称"元嘉二十八年，拓跋焘攻盱眙，与质书曰：'吾今所遣斗兵，尽非我国人，城东北是丁零与胡，南是三秦氐羌，设使丁零死者，正可减常山赵郡贼，胡死，正减并州贼，氐羌死，正减关中贼。'"亦可见当时北方诸族之盛与民族迁徙之繁矣。过江侨民与南土之畛域，以同居久而日消，南方北方之界限，则以分裂久而益深。晋时北方纷乱，未有定名，"晋世臣子，党附君亲，嫉彼乱华，比诸群盗。"[25]而戎羯则各称帝王，自号国人。至宋魏以降，南北分治，于是南人呼北人为索虏，北人呼南人为岛夷。[26]及魏孝文主迁洛，当时南人之北往者，北人皆视同域外，处之夷馆，与东夷北夷西夷等列。[27]留仕北朝之中原上族，亦皆自许上国，诋斥江左，不遗余力。观魏抚军司马杨衒之《洛阳伽蓝记》载梁时陈庆之入洛，魏中大夫杨元慎尝大肆嘲弄。言"江左假息，僻居一隅，地多湿蛰，攒育虫蚁，疆土瘴疠。蛙龟共穴，人鸟同群。短发之君，无抒首之貌。文身之民，禀丛陋之质。浮于三江，棹于五湖。礼乐所不沾，宪章弗能革。虽复秦余汉罪，杂以华晋，复闽楚难言，不可改变。虽立君臣，上慢下暴。我魏膺箓受图，定鼎嵩洛。五山为镇，四海为家。移风易俗之典，与五帝而并迹。礼乐宪章之盛，陵百王而独高。""吴人之鬼，住居建康。小作冠帽，短制衣裳。自呼阿侬，语则阿傍。菰稗为饭，茗饮作浆。呷啜鳟羹，唼嗍蟹黄。手把豆蔻，口嚼槟榔。乍至中土，思忆本乡。急急速去，还尔丹阳。若其寒门之鬼，口头犹修。网鱼漉鳖，在河之州。咀嚼菱藕，捃拾鸡头。蛙羹蚌臛，以为膳羞。布袍芒履，倒骑水牛。沅湘江汉，鼓棹遨游。随波溯浪，唅唱沉浮。白纻起舞，扬波发讴。急急速去，还尔扬州。"[28]而北齐魏收所撰魏书序纪，谓"黄帝以土德王，北俗谓土为托，谓后为跋，"故托跋之族，出自黄帝。而于"僭晋司马叡"、"岛夷萧道成、岛夷萧衍"诸传，则曲加丑诋，无所不用其极。[29]华人之媚虏，其祸盖尤烈于夷狄之陵夏矣。又南北朝时使命往来，皆妙选通才，期为国家折冲樽俎之间，不辱使命，且多能以片言全国体，使邻国不敢轻视。[30]然诸充北朝正伴使及接待聘使者，其人皆华夏之俊彦也。汉人不能自卫其国，夷狄入主，致使同一禹域，同一民族，自分畛域，互事訾謷，视同寇雠。致令后之人虽在统一之时，亦受其影响，好分南北两派之言。是则外族陵轹中夏之害也。[31]

**其二则诸族之同化也**。两晋南北朝勃兴之诸族，自汉魏之世，已多与汉族杂居。虽其以部落为别，多仍故俗，其形貌、语言、饮食、服饰，亦与华夏不同。《晋书·后赵载记》称"冉闵率赵人诛诸胡羯，于是高鼻多须至有滥死者；"此胡羯形貌与汉人异也。《隋书·经籍志》称"后魏初定中原，军容号令，皆以夷语，后染华俗，多不能通，故录其本言，相传教习，谓之国语；"此鲜卑语言与诸夏异也。《洛阳伽蓝记》载南齐王肃初入北魏，"不食羊肉及酪浆等物，常饭鲫鱼羹，渴饮茗汁，京师士子见肃一饮一斗，号为漏卮，"[32]此北族饮食与汉人异也。《通鉴》载魏孝文主"至洛阳，谓任城王澄曰：朕入城，见车上妇人，犹戴帽，着小袄；"（胡三省注曰：此代北妇人之服也）。[33]此北族衣服与诸夏异也。然杂居既久，其向慕华风，有不期然而然者。《晋书·载记》称五胡酋豪，如刘渊习《毛诗》、京氏《易》、马氏《尚书》、诵《左氏传》、孙吴《兵法》，慕容儁博观图书，雅好文籍，姚泓博学，善谈论，尤好诗咏之类，多躬染中国之文学。如石勒之立太学，以傅畅、杜嘏，领经学祭酒，续咸、庾景为律学祭酒，任播、崔濬为史学祭酒，及建社稷、立宗庙，营东西官序，遣使循行州郡，劝课农桑，苻坚广修学宫，召郡国学生通一经以上充之，六卿以下子孙，并遣受业，课后宫，置典学，立内司，以授于掖庭，选阉人及女隶有聪识者，置博士以授经，及起明堂，缮南北郊之类，其立国政事，亦多仿中国之教学法意。盖中国政教，根柢深固，诸族习之既久，又多用汉人为政，故其同化有如此也。及鲜卑拓跋氏统一北方，自道武以下诸主，多好经史，崇儒术。而孝文主宏尤醉心华夏之文明，凡所设施，如禁同姓为婚也，班俸禄之制也，建明堂辟雍也，尊三老五更也，颁均田之法也，定车服礼乐也，正宗庙群祀也，祀先王圣贤也，立史官也，耕籍田也，制律令也，无不师法中土古制。而犹以为未足，齐武帝永明十一年（魏孝文主太和十七年、四九三）。宏复排群臣之议，去其旧都平城，迁宅洛阳，冀鲜卑人浸渍华风，变易旧习。嗣又诏禁士民胡服，不得为北俗之语于朝廷，违者免所居官。诏迁洛之民，死葬河南，不得还北。又诏改国姓为元氏，诸功臣旧族自代来者，姓或重复，均改之。（如丘穆陵氏后改为穆氏、步六孤氏后改为陆氏、贺赖氏后改为贺氏、独孤氏后改为刘氏、贺楼氏后改为楼氏、勿忸于氏后改为于氏、纥奚氏后改为嵇氏、尉迟氏后改为尉氏等，据《魏书》卷一一三《百官志》，所改者凡一百十八氏，此八族则其最著者。）又与汉族广通婚姻，宏自纳"范阳卢敏"、"清河崔宗伯"、"荥阳郑羲"、"太原王琼"及"陇西李冲"等五姓士族女以充后宫，复为六弟娶诸士族女，而使前妻为妾媵。于是胡汉混淆，不可复辨。虽其棼乱氏族，为后世恶胡族者所痛心，然拓跋宏深于文学，才藻天成，其汲汲然自同于华夏，盖发于性灵而不能自止。胡族之用夏蛮夷者，固以宏为巨擘矣。一传而宣武，再传而孝明，元魏文物，日益增盛，而武事渐弛，国无与立。及高欢宇文泰兴，魏分东西，拓跋氏遂相率而为其赘疣。东魏由洛迁邺，洛阳为北方文物中心者，既复荒废。欢在军中，亦盛行鲜卑语。[34]泰在西魏，又尽复鲜卑旧姓，且以中原故家，易赐番姓。[35]然其华化，仍与前无殊。《北史·儒林传》称欢泰及齐周诸主，多尊重儒术，敬礼名贤，而泰尤有志复古。泰尝以"苏绰参典机密，绰始制文案程序，朱出墨入，及计账户籍之法。又为六条诏书，其一先治心，其二敦教化，其三尽地利，其四擢贤良，其五恤狱讼，其六均赋役；泰常置诸座右，又令百司习诵之。其牧守令长，非通六条及计帐者，不得居官。"[36]泰又"欲行周官，命绰专掌其事。绰卒，乃令卢辩成之。于是依周礼建六官，置公卿大夫士，并撰次朝议，车服器用，多依古礼，革汉魏之法，事并施行。"[37]史称泰"崇尚儒术，明达政事，恒以反风俗复古始为事。绍元宗之衰绪，创隆周之景命。摈落魏晋，宪章古昔。修六官之废典，成一代之鸿规。"[38]虽徒务复古，而无古人之精神，未足语于善制。然自南北分治，南朝创制立法，邈无所闻，因时定宪，乃在北朝。虽腥膻之族，以同化于华夏，不能自保其故俗，日趋衰弱。而老大之汉族，与诸族混合，一变永嘉以来之习气，再造其新生命，卒代北朝而有天下，然隋唐皇族及列名隋唐书者，既多汉族与诸族混合之后裔；两朝所用之制度治道教化，及习俗宗教望族等，皆上承宇文，遥接拓跋，与宋、齐、梁、陈之脉，固不相接，与两汉魏晋，亦自不同。故隋唐之历史，仍属汉胡混合之北方之统系，而纯正之汉族统系，则随陈亡而斩矣。[39]

魏晋南北朝之世，不独同化胡羯、氐、羌、鲜卑诸族也，其于开化东夷，招徕西戎，亦视汉世为盛。日本自汉光武帝赐以印绶后，魏晋以降，神功、仁德、履仲、反正、允恭、安康，雄略诸酋，屡遣使朝献于吾国，拜受吾国爵命。吾国之文化，遂由往来使者及朝鲜半岛诸国，传入日本。日本遂由草昧而日进于开明，渐成国家之形式。《宋书·夷蛮传》载倭王武（即雄略酋）所上表文，倭人今犹尊为最古之汉文焉。[40]当西汉季世，朝鲜半岛崛兴新罗、高丽（亦称高句骊）、百济三国，界居西汉郡县及半岛诸部落间，后渐强大，鼎峙于半岛。虽对吾国或臣或叛，高丽与吾国且时有战争。而儒学佛教制度文物，则多于晋魏后由吾国传入，其关系视箕氏卫氏时尤密切。而三国之开化，亦远非箕氏卫氏时所及也。西域诸国，自东汉衰微，政治上虽鲜与中国通，然商业交通，犹仍继续。汉世入居中国者，其子孙亦继续同化。而文化上之交通，尤以此时为盛（见下论佛教节）。自苻坚命吕光伐西域，平龟兹，魏太武世亦屡遣使通西域之道，西域各国，相率臣服于魏，商胡沙门，日趋塞下。及孝文迁洛后，《洛阳伽蓝记》载宣武孝明之世，西夷附化者，"万有余家，门巷修整，闾阖填列，"永明寺有"百国沙门三千余人"，[41]可谓盛已。北齐之世，则西域丑胡，龟兹杂伎，如和士开、安吐根、何朱弱、史丑多、曹僧奴、及子妙达、何海、及子洪珍等，封王开府，接武比肩，非直独守幸臣，且复多干朝政。至华风之西传，则以高昌（今新疆吐鲁番）为最盛。盖其地自汉以还，雅有华人。元魏中叶后，华人阚氏、张氏、马氏、麴氏相继王其地。当麹氏王高昌时,其风俗政令,与华夏略同。文字亦同华夏,有"《毛诗》、《论语》、《孝经》,置学官弟子,以相教授。"[42]其砖志遗文,今犹时有发现焉。[43]若夫北方国族,与北朝接壤而启冲突者,则有新兴之民族二,曰柔然与突厥。柔然故东胡苗裔,兴于东晋中叶,世役属于拓跋氏,荐居漠南北,魏道武主时,其酋社仑学中国立法,并吞诸部,雄于北方,其地西至焉耆,东接朝鲜,南临大漠,旁侧小国皆羁属焉。自号可汗,屡南侵魏,魏太武主大举伐之,柔然种类前后降魏者三十余万落。东自高句骊,西至波斯,遐方诸国,亦皆先后入贡于魏。魏之国威,以斯时为极盛。及魏分东西,相构兵,复各结柔然为重,竞厚遗岁币,妻以公主,会突厥部落日盛,遂灭柔然而代兴。突厥盖匈奴别种,本西方小国,世居金山之阳,为柔然铁工。西魏时,酋土门自号可汗,始强大。土门子俟斤击灭柔然,"又西破嚈哒,东走契丹,北并契骨,威服塞外诸国。其地东自辽海以西至西海,万里,南自沙漠以北至北海,五六千里,皆属焉。"[44]"南向以临周齐,二国莫之能抗,争请盟好,求结和亲。"[45]他钵继立,"弥复骄傲,至乃率其徒属曰:但使我在南两个儿孝顺,何忧无物耶。"[46]自古蕃夷骄僭,未有若斯之甚者也。隋兴突厥内自相图,遂以乖乱焉。

自曹魏欲移汉之天下,不肯居篡弑之名,假禅让为攘夺。司马氏之在魏,其势力虽远不及曹氏之在汉,亦乘机窃权,一仿其成法,篡魏为晋。自后宋、齐、梁、陈、北齐、周隋,以至唐高祖、梁朱温,奉魏晋为成式者,且十数代。然其间亦有不同者。曹操、司马昭皆及身不敢称帝,至于丕、炎,始行禅代。刘裕则身为晋辅,即移晋祚,自后齐梁以下诸君,莫不皆然。此一变局也。丕之代汉,炎之代魏,于汉魏故主,未尝加害。至刘裕篡位而戕故君,以后齐、梁、陈、隋、北齐、后周,亦无不皆然,此又一变局也。[47]观自刘裕称帝至隋文灭陈,除后梁及隋外,南北朝综七代,百七十年,五十君,被废杀者都二十八君。篡杀之祸,虽大率起自权臣,然如北魏道武主珪、太武主焘、献文主弘、孝明主诩,祸皆出于家庭之间,南朝亦有二凶弑父之事(宋文帝为二子劭、濬所弑)。不仅此也,史载宋武子孙,多为文帝、孝武、废帝、明帝所杀,齐高武子孙,多为萧鸾(明帝)一人所杀,骨肉相屠,草薙禽狝,其残忍惨毒,殆无复人理。以视东汉时太子被废者,皆得保全,西汉则如霍光废昌邑王为海昏侯,至宣帝世,仍以善终,其相去真不啻天壤矣。余如帝王之童昏狂暴,宫闱之淫乱,南北诸史所载,亦多非有理性者所能想象。[48]盖南朝自刘裕以降,多起自寒微,不与士类相洽,帝位虽高,先世之教法,则非其所喻。北朝夷狄之俗,尤与诸夏之礼法殊科。故丑史弥漫,与西国之罗马、东夷之日本相似,不独远逊于三代两汉,即视魏晋亦多愧色也。又自曹魏以降,历两晋南北朝,其酿祸乱,恣专横,与移国祚者,大抵为拥兵之藩镇帅臣。如曹操以兖州牧镇东将军入卫汉献,继遂自为大将军、丞相。子丕为五官中郎将,置官属,为丞相副,而篡汉自立。其初与操并争之袁绍、袁术、刘表、吕布、公孙瓒、陶谦,其继与魏鼎足而峙之孙、刘,亦皆为各州刺史牧守。司马懿当齐王芳时,以大将军持节都督中外诸军事。子师、昭,初为中护军、中郎将,后递继父职。昭子炎为抚军大将军,遂篡魏自立,晋氏一统,宗室诸王多拥重兵出为都督刺史,星罗棋布,各据强藩,卒酿八王之祸。琅琊王睿以安东将军都督扬州诸军事,值永嘉之乱,移镇建康,遂即帝位。以王敦率众内犯,忧愤而卒;敦即专任阃外,都督江、扬、荆、湘、交、广六州诸军事者。明帝与丹阳尹温峤合谋,始平敦乱。其后成帝时有苏峻之乱,峻为冠军将军历阳内史,而平峻者则为江州刺史温峤、与荆州刺史陶侃。帝奕时有桓温之祸,温以荆州刺史专制上游军事,及孝武帝立,始自毙而祸纾。安帝时有桓玄之乱,玄督荆、江、司、雍、秦、益、梁、宁八州诸军事;而平玄者,为北府兵出身之刘裕。裕以功为车骑将军、都督中外诸军事、寻进扬州刺史,卒篡晋而自立。自后萧道成篡宋为齐,而道成初仕宋为南兖州刺史,镇淮阴,后受顾命辅政,兼总军国重事。萧衍篡齐为梁,而衍初仕齐为雍州刺史,镇襄阳,后至建康;自为大司马,都督中外诸军事。陈霸先篡梁为陈,而霸先初为梁西江督护、高要太守,督七郡诸军事,后讨平侯景,自为侍中,大都督中外诸军事、车骑将军、扬南徐二州刺史。至元魏之乱,则始于六镇,(初魏都平城,以北边为重,设怀朔、高平、御夷、怀荒、柔玄、沃野六镇、盛简亲贤,配以高门子弟,拥麾作镇,以捍朔方。及孝文迁洛,镇人役同厮养,官婚班次,致失清流,一生推迁,不过军主,而其同族留京师者,各居荣显。朝廷出为镇将者,又皆底滞凡才,政以贿立,惟事聚敛,边人积久生怨。值孝明主世,胡后临朝称制,恣行秽浊,时事日非,六镇遂尽叛。)成于尔朱氏。六镇转相攻剽,后并于怀朔镇人葛荣。魏车骑将军尔朱荣击灭葛荣,并其众,遂为大丞相、都督河北畿北诸军事,专制朝政。及孝庄主诛尔朱荣,尔朱兆、尔朱天光、尔朱仲远等,复各拥部曲,竞起为暴。高欢以将六镇部众,起兵灭尔朱氏,迁孝静主于邺,是为东魏。孝武主西奔关中,依关西大都督宇文泰,是为西魏。欢泰争雄,各专国政,欢子洋遂篡东魏而为齐,泰子觉篡西魏而为周。厥后齐灭于周。周杨坚虽以外戚擅权,其初亦屡从征伐,至定州总管,及受遗辅政,都督内外诸军事,始篡周为隋。盖自汉季牧守刺史,各揽其地之财赋甲兵,秦汉以来内重之局,一变而为外重之局。于是占据州镇,拥有甲兵,即有无上权势,平逆讨叛,张大国威,固全赖其力。称兵作乱,入中主政,亦为所欲为矣。[49]惟朝廷之行政机关,秦汉时代以三公九卿掌国家之大政,且设官分职,各有其固定之权限。曹魏而后,则以尚书令、中书令、侍中诸职,(按三者,秦汉时皆属少府,尚书令、中书令掌凡选署及奏下尚书曹文书众事,侍中掌侍左右赞导众事,盖皇帝之文书书记之类。)分理国家政务。遂演成"尚书"、"中书"、"门下"三省为行政主体之局,为隋唐官制所自出。秦汉以来之三公,至是或徒存虚名,或仅为奸雄篡窃之阶,寻常人臣,不以相处。九卿之专治一事者,至是亦大半并省,归入尚书各曹中。任事之官,惟尚书、中书、门下三省,而此三省又皆秦汉少府之属官也。内职愈改而愈轻,所以便帝皇之专制,又与外职之改而趣重,适以成权臣篡窃之势者异矣。至其时政制之最可称道者,首推北朝之均田制与府兵制。

汉末大乱,司马朗尝建议曹操,"以为宜复井田,往者以民各有累世之业,难中夺之,是以至今,今承大乱之后,民人分散,土业无主,皆为公田，宜及此时复之，"[50]然议未施行。晋太康时，虽有男子一人占田七十亩，女子三十亩之制，而史不详言其还受之法。南渡以后，诸士族多擅割林池，专利山海，"富强者兼岭而占，贫弱者薪苏无托。"[51]军国所须，亦临时征赋，无恒法定令。[52]而拓跋氏兴于北荒，深入中原，孝文主太和九年（四八五），以李安世之议，下诏均给天下民田。"诸男夫十五以上，受露田四十亩，妇人二十亩。诸民年及课则受田，老免及身没则还田。"[53]诸男夫又别给桑田二十亩（麻布之土、则别给麻田十亩），皆为世业，身终不还。其民赋，则一夫一妇帛一匹（麻布之乡、则出布一匹），粟二石。时当大乱之后，田多无主，豪强兼并，争讼不决。魏主又以李冲之议，先立三长，（五家立邻长、五邻立里长、五里立党长、皆取乡人强谨者为之，邻长复一夫、里长二夫、党长三夫。"）确定户籍，校比户口，遂得其实。且丧乱多年，民人稀少，计口受田，不虞不足。积此诸因，故能于周秦以后，实行均产之政。然其立法之大要，实在因田之在民者而略均之，"有盈者无受无还，不足者受种如法，盈者得卖其盈，不足者得买所不足，不得卖其分，亦不得买过所足，"[54]固不能尽如三代之制也。其后北齐北周均仿行其法，（北齐"一夫受露田八十亩、妇四十亩、又每丁给永业二十亩为桑田、土不宜桑者，给麻田如桑田法、率人一床、调绢一匹、绵八两、垦租二石、义租五斗。"北周"有室者田百四十亩、丁者田百亩、其赋有室者岁不过绢一匹，绵八两，粟五斛，丁者半之，其非桑土，有室者布一匹，麻十斤，丁者又半之。"皆见《隋书·食货志》。）而隋唐之制，亦由是出焉。汉魏之际，海内荒废，人户所存，十无一二。三国鼎峙，大率皆以强者为兵，羸者补户。两晋南朝，征调训练，一无成法。且以其时民户多归豪强，国家军队，至有不及私门部曲者。惟东晋谢玄镇广陵时，择将简卒，号北府兵，精绝一时，淝水之捷与刘裕之北伐，皆此系军人力也。五胡北朝，其初多以种人事争战，汉人则服奴役，务耕种。[55]史称魏人出师南向，"驱（中国）民使战，后出者灭族，以骑蹙步，未战先死。"[56]"周齐每以骑战，驱夏人为肉篱，诧曰：当剉汉狗饲马，刀刈汉狗头，不可刈草也。"[57]然自拓跋宏定鼎嵩洛,诏选天下勇士十五万人为羽林虎贲,充宿卫,已杂有汉人在内。(按时军士自代来者,亦皆为羽林虎贲,与戍守北边之六镇将卒,多为代北部落之苗裔。)高欢以高昂为军司大都督,"所将部曲,前后战斗,不减鲜卑。"[58]高洋受禅,除"百保鲜卑"[59]外,亦简华人之勇力绝伦者,谓之勇夫,以备边要。而拓跋修(西魏孝武主)之西奔依宇文泰也,因种人从往者寡,泰遂"用苏绰言,仿周典置六军,籍六等之民,择魁健材力之士以为之首,(时民户分九等,六等乃中等以上之家,凡有三丁者,选材力一人。)尽蠲租调。而刺史以农隙教之,合为百府。每府一郎将主之,分属二十四军,开府各领一军,大将军凡十二人,每一将军统二开府,一柱国主二大将,复加持节都督以统焉。凡柱国六员,众不满五万人。"[60]是即西魏有名之府兵制。不特选农训兵,得周代寓兵于农之意,而汉民之有材力者,皆取得正式之军籍,受军士之教育矣。北周因之。"武帝建德二年(五七三),又改军士为侍官,募百姓充之,除其县籍,是后夏人半为兵矣。"[61]自后四年而灭北齐,又四年而隋文代周,不十年而尽一中国,盖皆渊源于此焉。

\* \* \*

鱼豢《魏略》称"正始(魏废帝年号、元年,二四〇)中,有诏议圜丘,普延学士,是时郎官及司徒领吏二万余人,而应书与议者,略无几人。又是时朝堂公聊以下四百余人,其能操笔者,未有十人,多皆饱食相从而退。"[62]当时学业之沉阒,亦已甚矣。洎永嘉之乱,中原横溃,礼乐文章,扫地将尽。然自魏晋以降,治经学者固赓续不绝,研究诸子者,亦时有之,史学、文学、艺术、制作之突过前人者,尤不一而足。盖人事万千,有退化者、有进步者,有蝉嫣不绝者,固不可以一概论也。

汉末之时,治经学者,多奉郑君为大师,而古文学之立于学官,则在魏初。"自董卓之乱,京洛为墟,献帝托命曹氏,未遑庠序之事。博士失其官守,垂三十年,今文学日微,民间古文之学,乃日兴月盛。逮魏初复立太学,(魏文帝黄初五年、立太学、制五经课试之法、有博士十余人,)博士已无复昔人,其所以传授课试者,亦绝非曩时之学。盖汉家四百年学官今文之统,已为古文家取而代之矣。"[63]然魏世有王肃者,遍注群经,排斥郑学,其所注诸经,亦与郑注五经世列学官。肃又伪作孔安国《尚书传》及《圣证论》、《孔子家语》,以己说易郑说,使经义朝章,皆从己说;于是郑学渐衰。时王弼注《易》,空谈名理。何晏作《论语集解》,杂引古说。下及晋世杜预之《左传集解》,范宁之《穀梁集解》,郭璞之《尔雅注》,亦多据前人说解,而不专主一家。两汉师法,由是沦亡。论者谓魏晋经学,尚排击而鲜引伸,演空理而遗实诂,尚摭拾而寡独见,实为经学中衰时代。然汉儒溺于笺注,惑于灾异五行之说,王何说经,始舍数理,不以阴阳断人事,其析理精微,或间出汉儒之上。即杜范诸儒,或自成一家言,或能以己意折衷,故并为后世所宗而不能废也。(世传十三经注、魏晋人注者凡六经、即上伪孔书传以下是、汉人注者亦六经、《诗·毛苌传》郑玄注,《三礼》皆郑玄注,《公羊传》何休注、《孟子》赵岐注、惟《孝经》为唐明皇御注。)又汉季所刊石经,皆立于学官之今文经。魏世既立古学,正始中,乃续刊古文经传《尚书》、《春秋》及《左氏传》于汉碑之西。晋惠帝世,裴頠亦奏修国学,刻石写经。虽晋石经为而未成,魏石经所刊《左传》,亦未毕工。然正始石经,古篆隶三体骈列,其制迥异于熹平一字石经。所刊古文,且有为许氏说文所未载者。近岁洛阳出土之残石,考先秦旧文者,咸奉为瑰宝,亦足征魏世学人之所诣矣。[64]

自南北分立,其时说经者亦有南学北学之分。《北史·儒林传》序曰:"大抵南北所为,章句好尚,互有不同。江左,《周易》则王辅嗣,《尚书》则孔安国(即伪古文《尚书》),《左传》则杜元凯。河洛,《左传》则服子慎,《尚书》、《周易》则郑康成。《诗》则并主于毛公,《礼》则同遵于郑氏。南人约简,得其英华。北学深芜,穷其枝叶"盖自典午南渡,经学盛于北方,北朝诸儒,咸能恪守师法,章句讲习,虽微嫌繁琐,然尚存汉儒之遗风,其所传授者,亦皆两汉经师之说。南朝儒者,则多守魏晋经生之业,侈言新理,而师法悉改汉儒矣。当时儒者又倡为义疏之学，则有功于后世甚大。南如崔灵恩《三礼义宗》、《左氏经传义》，沈文阿《春秋》、《礼记》、《孝经》、《论语义疏》，皇侃《论语》、《礼记义》，戚衮《礼记义》，张讥《周易》、《尚书》、《毛诗》、《孝经》、《论语义》，顾越《丧服》、《毛诗》、《孝经》、《论语义》，王元规《春秋》、《孝经义记》，北如刘献之《三礼大义》，徐遵明《春秋义章》，李铉撰定《孝经》、《论语》、《毛诗》、《三礼义疏》，沈重《周礼》、《仪礼》、《礼记》、《毛诗》、《丧服经义》，熊安生《周礼》、《礼记义疏》、《孝经义》，皆见南北史儒林传。今日皇氏《论语义》外，虽尽亡佚，然传世之唐人《五经正义》，详实明畅，多存古说，号称经学宝库者，由委溯源，实多本之诸儒。惟是南朝衣冠文采，北人常称羡之。南儒又多善谈名理，增饰华词，与北学之质朴少文者异。其时南儒虽有研治北学者。而南学北传，北方经生好之者尤多。自后南学日昌，北学日绌，此唐修正义，所由易崇王弼，《书》用伪孔，而《左传》则崇杜注也。

汉魏之际，诸子之术朋兴。治儒家者有徐幹，治阴阳家者有管辂，治医家者有华佗，治兵家者有曹操、王昶，而法家之学尤盛。盖自汉季纲纪废弛，浸成积弱之俗，欲矫其弊，不得不尚严明。故曹操治邦，揽申商之法术，以陈群、钟繇为辅弼，诸葛亮治蜀，亦尚刑名。观杜恕上疏，谓"今之学者，师商韩而上法术，竞以儒家为迂阔，不周世用，"[65]可见一时之风气矣。至于正始，王弼、何晏之徒，祖述老庄，而道家之术复昌。晏言圣人无喜怒哀乐。弼言"天地万物以无为为本，无也者，开物成务，无往不存者也。阴阳恃以化生，万物恃以成形，贤者恃以成德，不肖恃以免身。故无之为用，无爵而贵。"[66]弼注释《周易》，间以庄老之说释经，并作《老子注》诸书。而阮籍之徒，口谈虚浮，排斥礼法，嵇康亦喜读庄老，与刘伶、向秀、阮籍、王戎、山涛，并称竹林七贤，遂开晋人放旷之风。自是以后，裴遐善言天理，卫玠雅善玄言，王衍为当世谈宗，乐广亦宅心事外，阮瞻、刘恢、王濛、潘京之流，莫不崇尚清谈。而胡母辅之、谢鲲、光逸、毕卓之徒，又竞为任达。崔譔、向秀、司马彪、郭象之辈，又咸注老庄。孙登、葛洪之俦，则又侈言仙术，以隐逸自高。是数者，皆道家之支与流裔也。因清谈所标，多为玄理，宋初遂有玄学之目，与儒学史学文学总称四学。《宋书·何尚之传》称"尚之为丹阳尹，立宅南郭外，置玄学，聚生徒。"玄学立学，此其嚆矢。考玄字之名，出于老子，其义略同大易之极深研几。玄学者，所以宅心空虚，静观物化，阐绎玄言，成一高尚之哲理，且以农黄之化，在乎己身，周孔之业，弃之度外者也。《梁书·张讥传》称讥笃好玄言，讲《周易》、《老》、《庄》而教授，撰《周易义》、《老子义》、《庄子义》及《玄部通义》、《游玄桂林》等。当时《庄》、《老》、《周易》，总称"三玄"，谈论者为玄言，著述者为玄部。讥于三玄并有著述，又善谈论，实为当时玄学大家。梁武简文，复盛加提倡，玄风广播，遂有逾前代。又因论辩之习，推之于说经，遂有升座讲经之事。如梁武帝召岑之敬升讲座论难《孝经》，简文亦尝自升座说经，张正见请决疑义之类，史不绝书。虽其时谈义之习已成，所谓经学，亦徒以才辩相争胜。然开堂升座，颇与今日学校教授讲学相符。故说经之书，自义疏（笔之于书者）外，兼有讲疏（宣之于口者）；而言语与文章，亦分为二途。（宣之于口者为言语、笔之于书者为文章。）异于汉儒之崇尚朴讷，有文章而寡言论，研习章句，多著述而鲜讲说。是亦足征学术之进步矣。然自何王谓天地万物以无为为本，而裴頠著《崇有论》，则又揭有字以为标，以政事人伦礼法制度为人群所不可缺，"济有者皆有也"，"养既化之有，非无用之所能全，理既有之众，非无为之所能循。"[67]阮籍辈矜浮诞而贱名检，以与儒学相诋排，而江惇通道崇检论，刘实崇让论，则又标礼教以为宗。[68]推之鲍敬言谓"古者无君，胜于今世，"而葛洪著《诘鲍篇》，复以历史进化之理，力辩其诬。[69]墨子作《辩经》以立名本，在秦后已称绝学，而鲁胜之注《墨辩》，独能引说就经，明其指归。[70]其时学术，固未可以数端尽。而梁武问魏使李业兴，儒玄之中，何所通达。业兴谓少为诸生，止习五典，至于深义，何敢通释。则清谈玄学，北方亦初未渐染矣。[71]

自马班以私家纂修国史，虽代有踵作，而著述尚寡；汉志附太史公书于六艺类春秋家，未能独立一目也。然自汉季史官失职，初则博闻之士，愍其废绝，各记见闻，以备遗忘。继则群才景慕，竞相述作，以马班自况。如撰《后汉书》者，自吴谢承至宋刘义庆，多至十家。晋宋之际，撰《晋书》者多至二十余家。乃至五胡僭伪诸国，亦莫不各有国史。余如钞撮旧藉，记注典制，谱录贤哲，汇集图志，作者众多，不可殚述。史部遂由六艺附庸，蔚为大国。《隋书·经籍志》著录史部，分正史、古史、杂史、霸史、起居注、旧事、职官、仪注、刑法、杂传、地理、谱系、簿录十三类，凡八百一十七部，一万三千二百六十四卷，通计亡书，合八百七十四部，一万六千五百五十八卷，十九皆此期人之作品。故以史学论，魏晋南北朝实为吾国极盛时代，不独陈寿《国志》，范晔《后汉书》，与《史》《汉》并称；沈约《宋书》诸志，亦上继《史》《汉》，详赡有法；裴松之注《国志》，在史注中体例最称完善；以及司马彪（撰《续汉书》、今惟志存），华峤（撰《后汉书》、亡），袁宏（撰《后汉纪》、存），习凿齿（撰《汉晋春秋》、亡），干宝（撰《晋纪》、亡），臧荣绪（撰《晋书》、亡），裴子野（撰《宋略》、亡），崔鸿（撰《十六国春秋》、亡），萧子显（撰《齐书》、存）辈，皆不愧为一代作者已也。[72]而文学之进步，亦与史学相颉颃。古无所谓文集，魏晋而后，始有集名；专辑一家之作，名曰别集，合编众家之文，名曰总集。盖古之学者，以学为文，未尝以文为学，三国以降，经子之学衰，而文章之术盛。自建安七子（曹植、陈琳、王粲、徐幹、阮瑀、应玚、刘桢），以至西晋之潘（岳）、左（思）、张（张华、张载、张协），陆（陆机、陆云），东晋之陶潜，宋之颜（延之），谢（灵运），明远（鲍照），作家如林。或以彪炳之词，寓精微之理，或以沈怨之思，发刚劲之音，或吐词简直，而真朴自然，或模山范水，而奇情毕呈。齐梁以降，厥制益工，色泽声调亦均由朴拙而日趋于典丽，若沈约、谢朓、任昉、江淹、徐陵、庾信，其最可称诵者矣。而北朝文人，则舍文尚质。崔浩、高允之作，咸硉确自雄。温子升长于碑版，叙事简直，卢思道长于歌词，发音清刚。邢邵魏收，亦工记事之文。《北史·文苑传》称"永明、天监之际，太和、天保之间，洛阳江左，文雅尤盛，彼此好尚，雅有异同。江左宫商发越，贵于清绮。河朔词义贞刚，重乎气质。气质则理胜其词，清绮则文过其意。理深者便于时用，文华者宜于咏歌。"是就文章气骨言之，南北实有区别。然自庾信、江总，以清绮之文，传于北土，沈炯、王褒，身居北鄙，耻操南音，所为诗文，间崇劲直，南北风气，亦未能斩截划分矣。《隋志》著录集部，凡五百五十四部，六千二百二十二卷，通计亡书，合一千一百四十六部，一万三千三百九十卷，其数量至足惊人。而文章之学既盛，于是评论之书，如梁刘勰之《文心雕龙》，选录之书，如梁萧统之《文选》，亦皆为专门之学焉。[73]

魏晋以降，学艺制作之进步，犹有可述者数事。[74]一曰天历算学。晋虞喜发明岁差，实开吾国天文学史之新纪元。南北朝制历者多家，南以何承天（宋人）为宗，北以祖冲之（宋齐人）为法，两家皆承虞喜之后，实测岁差，治历天学，益见进步矣。算学则今世所传《古算经》十书，除汉人所著之《周髀》，唐王孝通所撰之《缉古算经》外，《孙子算经》为汉后人所辑，魏刘徽著《海岛算经》、注《九章算术》，晋有《夏侯阳算经》，张邱建《算经》，北周甄鸾撰《五经算术》，又注《孙子算经》及《五曹算经》，是八书皆此期人之作品。《隋书·律历志》载南齐祖冲之圆率，盈数三一四一五九二七，朒数三一四一五九二六，正数在盈朒二限之间，亦第五世纪世界最精之圆率也。二曰制造。《蜀志·诸葛亮传》称亮"性长于巧思，损益连弩，木牛、流马，皆出其意；推演兵法，作八阵图，咸得其要。"而魏扶风马钧之巧思尤过之。钧尝作指南车，作十二蹑绫机，作翻车百戏，作发石车等；晋世傅玄序之曰："马先生之巧，虽古公输般墨翟，汉世张平子，不能过也。"[75]他如吴陆续、王蕃、葛衡之制浑天仪象，宋钱乐之之铸铜浑天仪，何承天之造刻漏，梁祖暅之之造铜表，（置于嵩山、表高八尺、表下有圭、圭上为沟、置水以取平正、测验日晷。）以及晋裴秀之作《禹贡·地域图》，（《晋书·本传》载其序曰："制图之体有六。一曰分率：所以辨广轮之度；二曰准望：所以正彼此之体；三曰道里：所以定所由之数；四曰高下；五曰方邪；六曰迂直：此三者各因地而制宜，所以校夷险之异。"）宋谢庄之作《左氏经传方丈图》，（《宋书·本传》称其"随国立篇，制木为图，山川土地，各有分理，离之则州郡殊别，合之则宇内为一。"）亦皆名世之作也。三曰音韵学。汉儒注解经籍，仅有譬况假借，以证音字，而古语与今殊别，其间轻重清浊，犹未可晓。至魏孙炎创尔雅音义，始有反切之法。李登撰声类，以宫、商、角、徵、羽五声命字，于是又有五声。齐梁间沈约、谢朓、王融等作文，又分平上去入四声。而音韵之学兴矣。魏晋之世，文章日趋于排偶，至齐梁而骈文之式大成，五言诗亦开后来律诗之端；是皆与音韵之学进步相关者也。四曰书画。汉画之传于今者，简朴殊甚。吾国画学之盛，盖自晋始。卫协、张墨，并有画圣之目。传世顾恺之《女史箴图》，[76]亦称神品。自是南则宋、齐、梁、陈，北则元魏、齐、周，画学传承，班班可考。若陆探微之人物，张僧繇之龙鹰，曹仲达之佛像，孙尚子之鬼物，其尤著者。而法书之进步，尤驾绘事而上之。汉世盛行隶书，元帝时史游作隶草，至东汉而楷书行草渐兴。魏钟繇、晋王羲之、凝之、献之等，遂以楷书、行书、草书著称。观传世晋代木简及晋人书石室经卷，多寻常流传文字，而笔致之圆美，与宋世所刊之晋人笺帖，如出一辙，当时书法之美善，概可想见。惟魏晋南朝，惟帖是尚，碑版传世者不多；而北魏、齐、周，石刻极夥。[77]虽其碑志摩崖，刻经题名，辞或浅陋，文多浮屠，而字画之工妙，则度越南碑远甚。近世学书者，多宗北碑而轻南帖，论书法之进化，亦以北朝为极则。若郑道昭之云峰山上下碑（在山东益都县），及论经诗诸刻（在山东掖县），"其笔力之健，可以刜犀兕，搏龙蛇，而游刃于虚，全以神运；自有真书以来，一人而已！"[78]

魏晋以降，道教与佛教之传布，亦远视汉世为盛。东汉之季，张角、张道陵之徒，世所谓黄巾道士者，盛行符箓之方，以召鬼神，以治疾病，而托名于道术；是为吾国道教之权舆。时又有丹鼎一派，讲求烧炼服食，传世牟子理惑论序所谓"是时灵帝崩后，天下扰乱，独交州差安，北方异人，咸来在焉，多为神仙辟谷长生之术，时人多有学者"是也。及二张既没，其徒传播四方，魏晋以来，流为五斗米道，以驱召鬼神自标其帜。东晋世如琅琊王氏，钱唐杜氏，皆世世奉之；而王凝之与杜子恭信之弥笃。孙恩、卢循挟子恭之术以倡乱，聚众至数十万，卒为刘裕所败灭。丹鼎之说，魏伯阳之参同契集其大成。《魏书》虽托名《周易》，实则假借爻象，以论作丹之意，故其章目，有所谓炼己立基者焉，有所谓金丹刀圭者焉，有所谓养性立命圣贤伏炼者焉。然自晋葛洪著《抱朴子》，多言延命养生之术，并及丹药之方，于仙经而外，兼列神符，以证却祸禳邪之法。梁陶洪景隐居华阳（今江苏句容茅山），虽曾受有道经符箓，而仍兼具辟谷导引之法，凡所著述，均与炼养服食有关。即后魏嵩山道士寇谦之，自言尝遇仙人成公兴及神人李谱，授以大法及图箓真经，为符箓派正宗，然亦备述居石室服仙药之所由，且于服气导引口诀之术，及销炼金丹云英八石玉浆之法，亦皆谙练。则符箓丹鼎两派，固多杂而不分矣。[79]道教袭庄老之玄言，学巫祝之鬼道，行方士之术数，其包罗已至为猥杂。及佛教寖盛，道士又多窃其玄言，仿其仪制，以自文饰；传世道经，抄撮佛典以成书者，无虑十之六七。故此时代道教传布虽日盛，然除清心寡欲之旨，有益于人生修养外，其可称述者，殆甚鲜也。

  佛教在东汉末，虽颇有可纪，然实未普及。当时惟听西域人出家，禁汉人效之。汉人出家今可考见者，仅有临淮严浮调一人，[80]然其出家因缘，世亦不之知。故《隋书·经籍志》言魏黄初中（元年、二二〇），中国人始有依佛戒剃发为僧者；而费长房撰《历代三宝记》，且以魏甘露五年（二六〇），朱士行之出家，为汉地沙门之始也。晋世洛中已有佛图四十二所。竺法护于武帝世赍梵本东来，终身写译，方等深经，于焉广流中夏。及五胡云扰，后赵石勒、石虎，并崇信西域僧佛图澄，中州胡晋，多因澄故营造寺庙，相竞出家。而后秦姚兴，尤托意佛道，州郡化之，事佛者殆十室而九。兴自凉州迎龟兹高僧鸠摩罗什（生三四二、卒四一三），至长安，译出经论三百余卷，传布真正之大乘教理，为佛教史上空前盛事。东晋则释道安（生三一二、卒三八五），振玄风于襄阳，释慧远（生三三四、卒四一六），嗣沫流于江左，亦与澄什相先后。自是至南北朝，佛教遂有盛鲜衰，南朝当梁武帝世,北朝当宣武主、孝明主世,尤称极盛。唐杜牧诗曰,南朝四百八十寺,是就金陵一地而论,已有四百八十寺之多,北朝则《洛阳伽蓝记》称"招提栉比,宝塔骈罗,京城表里,凡有一千余寺"焉。综观两晋南北朝,为吾国佛教兴盛发达期;稽其兴盛之方面及发达之原因,约有六端。魏晋以降,西域僧徒之东来者,先后相望。据梁释慧皎《高僧传》及唐释道宣《续传》,其德业卓著有传记述者,凡五六十人。《隋书·经籍志》称"姚苌时,胡僧至长安者数十辈。"《洛阳伽蓝记》则言永明寺有百国沙门三千余人。当时西僧总数,殆难确计。上焉者利彼忘躯,委命弘法;次亦负锡持经,感悟矇俗。一也。中土僧俗,时亦多锐意西行求法。自魏朱士行、晋法显、至北魏宋云、北齐宝暹等,近人搜考所及,主要人物,不下五十余人。[81]大抵排除障碍,历尽险阻,求正智于异域,扬大教于中邦。二也。弘法之事,莫重翻译。据《开元释教录》所载,自曹魏至北齐,主译缁素一百十有五人,译出经律论一千五百八十一部,四千零四十有七卷,(内有数部中国著述)译业之盛,殆无过于兹时。[82]三也。两晋以降,佛教大师辈出。综体玄旨者,或以性空为宗,或以实相立义,或标即色游玄(支遁著《即色游玄论》),或倡般若无知(僧肇著《般若无知论》),讽研经论者,或善毗昙,(僧伽提婆译之《阿毗昙心论》,及法显觉贤共译之《杂阿毗昙心论》等,)或弘《成实》,(《成实论》,鸠摩罗什译,)或为三论(《百论》,《中论》,《十二门论》,皆罗什译,)涅槃(北凉昙无谶译《涅槃经》),宗匠,或以《地论》(《十地经论》,北魏菩提流支译),《摄论》(《摄大乘论》,陈真谛译,)驰誉。以及禅法、戒律、弥陀、净土等,习者尘兴,后先相望。分道扬镳,蔚为大观。[83]四也。汉季衰乱,礼教式微,贤达之士,立命无方,佛教智信圆融,善巧方便,英才硕彦,遂多入于彼教。又因其时干戈扰攘,迄无宁宇,细民或求精神之慰安,或避朝廷之征徭,亦相从入道,号称佛子。五也。畏罪喜福,有生恒情,佛说首重福报行业,功德因缘。凡欲悔罪免祸,求福田利益者,帝王则立寺造像,舍身度僧;众庶则施宅建刹,刻石诵经,或顶礼皈依,或缘经建忏。下愚上智,其归一揆。六也。[84]

自佛教盛行，印度之美术建筑，随以输入；吾国社会礼俗思想，亦缘之而生种种之变化。《魏书·释老志》称"自洛中构白马寺，为四方式，凡宫塔制度，犹依天竺旧状而重构之，从一级至三五七九，世人相承，谓之浮图，或云佛图。"吾国建筑之式，由是增入印度制度。《洛阳伽蓝记》载永宁寺"中有九层浮图一所，高九十丈，有刹复高十丈，合去地一千尺，去京师百里遥已见之。刹上有金宝瓶，容二十五石。宝瓶下有承露金盘三十重，周匝皆垂金铎，浮图有九级，角角皆悬金铎，合上下有一百二十铎。浮图有四面，面有三户六窗，户皆金漆扉，上有五行金铃，合有五千四百枚。僧房楼观一千余间，雕梁粉壁，青璅绮疏，难得而言。"其壮丽宏大至矣。而法云寺佛殿僧房，复皆为胡饰焉。《三国志·吴志》（卷四）《刘繇传》称"笮融大起浮图祠，以铜为人。黄金涂身，衣以锦采，"此为中土立佛像记载之始。而雕像则大盛于北朝。（印度亦至犍陀罗美术、始有佛像之制作、当元后一二世纪顷。）《释老志》载魏都平城时，昙曜白文成主，于京城西武州塞，凿山石壁，开窟五所，镌建佛像各一，高者七十尺；次六十尺，雕饰奇伟，冠于一世。（其所建佛寺，名曰灵岩，郦道元《水经注》灅水下注云："其水又东转灵岩，凿石开山，因岩结构，真容巨壮，世法所希，山堂水殿，烟寺相望，林渊锦镜，缀目新眺。"）及迁都洛阳，宣武主、孝明主世，复准代京灵岩寺石窟，于洛阳伊阙山，营建石窟三所，用功八十万二千三百六十八。此即今日举世艳称代表犍陀罗艺术最佳杰作之云岗石窟，与兼具麴多王朝时代作风之龙门石窟，[85]亦鲜卑民族吸收印度文物之伟业也。石窟造像，自后岁有增益，北齐幼主世开凿之晋阳西山佛像（今称天龙山造像），亦为伟大作品。其以一区（躯）、一铺、一堪（龛）名者，及以赤金、铜铁与土木雕塑者，尤众。汉世石刻画像，率为浮雕，至是而立体造像，盖多至不可胜计矣。余如佛经刻石之踵盛（泰山《金刚经》、徂徕《般若经》、风峪《华岩经》，皆北齐刻，字数较汉石经尤多）；僧传碑铭之撰集（僧祐集诸寺碑文四十六卷，梁元帝有内典碑铭集林三十卷，僧传则尤多），诗文之融会释理与征引翻译句语，绘事之惯用西法与以佛像为题材，祷祀礼忏之纯袭胡俗，音乐歌诵之间杂梵呗，以及婆罗门"天文经""医方明"之采用，西域风土地理记述之增益等，无一而非扩大吾国文化之内容。而离染入净之出世法，有漏无漏之根本义，吾往古哲人从未闻知，纯由天竺输入者，更不待言矣。然自象教流行，吾华社会，士农工商之外，复增一释氏之民，不特君臣父子夫妇兄弟之伦，皆所割舍，即衣食居处，举止声容，亦悉与吾国礼俗乖异，其所崇学理，复在在与吾儒枘凿。故魏晋以降，信佛教者虽众，而排斥诋諆之论，及冲突争辩之事，亦往往见于史策。东晋季世，何无忌辈已目沙门为五横之一，谓其"上减父母之养，下损妻孥之分，会同尽飨膳之甘，寺庙极壮丽之美，割生民之珍玩，崇无用之虚费，罄私家之年储，阙军国之资实。"齐顾欢著《夷夏论》，则曰"端委搢绅，诸华之容，剪发旷衣，群夷之服。擎跽磐折，侯甸之恭，狐蹲狗踞，荒流之肃。棺殡椁葬，中夏之风，火焚水沈，西戎之俗。全形守礼，继善之教；毁貌易性，绝恶之学。今以中夏之性，效西戎之法，下弃妻孥，上绝宗祀。嗜欲之物，皆以礼伸。孝敬之典，独以法屈。悖礼犯顺，曾莫之觉。弱丧忘归，孰识其旧。"梁世有作三破论者，至谓佛教"入国而破国，入家而破家，入身而破身"。时范缜又著《神灭论》，言"形者神之质，神者形之用，形存则神存，形谢则神灭，"[86]更从学理上证明佛教神识不灭及三世轮回业报诸说之为虚构。而信佛者，对此诸论，亦莫不详加辩释焉。[87]又其时奉道教者，见其教理之不敌佛教，虽多混合老释，援释以为重，然亦时加非毁，甚或借政治势力以相摧残，如魏太武主焘因崇信道士寇谦之，对沙门盛加诛戮，并焚毁经像，其尤著者，佛道之争既起，诸崇习儒书者，或亦奉孔子为教主，与李释对抗。至北周世，遂成三教鼎立之势。周武主邕既集群臣及沙门道士等，辩释三教先后，以儒教为先，道教为次，佛教为后。继遂断佛道二教，罢沙门道士，并令还民，别置通道观，简释李有名者，普着衣冠，同为学士。然自晋以来，释子大抵兼通老庄，目为外书，与内典并称。诸崇清谈研玄理者，往往与释子周旋，受缁衣熏染。梁陈讲学，或在宫殿，或在僧寺，亦多以内典与儒道诸书并讲。社会上虽有礼俗学理之争，而佛教与吾华学说思想，已日趋于融合。南朝君主，既多隆敬佛教，北朝君主之信儒道者，亦远不及崇佛者之众，故魏太武、周武之毁佛，皆不再世而复，三教亦遂并行而不相害。是则吾华民性，富调和且善调和，与印度欧洲中世，时因异教或同教异派之争，而演流血之惨祸者，异矣。

＊　　＊　　＊

两汉经生，守师法而重训诂，物极必反，东汉之季，遂由朴学而趋游谈。士之善谈论者，辄获盛名，或以美言相为题品，或敏才捷对，逞其机锋，或以核论高下人物，此一时之风气也。[88]及党锢、黄巾、董卓，祸乱继起，凡称善士，多被罹灾毒；其幸存者，虽以蔡邕之博学多文，而节义已衰。（顾炎武曰："东京之末，节义衰而文章盛，自蔡邕始。其仕董卓，无守。卓死惊叹，无识。观其集中滥作碑颂，则平日之为人可知矣。"）至曹操盗有冀州，崇奖跅弛之士，下令再三，至于求负污辱之名，见笑之行，或不仁不孝而有治国用兵之术者；于是权诈迭进，奸逆萌生。故董昭太和六年（二三二）之疏，已谓当今年少，不复以学问为本，专更以交游为业，国士不以孝悌清修为首，乃以趋时游利为先。至正始中，一二浮诞之徒，骋其智识，蔑周孔之书，习老庄之教，以腾口为高远，因以简功业，隳职务；汉季游谈之习，遂一变而为清谈。及魏晋易代之际，高朗而不降志者，既自揣不足以抗时难，又不肯屈服为之用，乃始颓然自放，以求全生，蔑弃礼法，近于佯狂。晋室肇兴，崇清谈者，既信口雌黄，天下竞称其风流；弃礼法者，益任达不拘，以纵肆为率真；而何曾、石崇、王恺、羊琇之徒，又各以奢靡相尚，或淫于嗜味，或果于劫略。自余政治民风。尤极腐败。干宝《晋纪》总论曰："朝寡纯德之士，乡乏不贰之老。风俗淫僻，耻尚失所。学者以庄老为宗而黜六经，谈者以虚薄为辩而贱名检，行身者以放浊为通而狭节信，进仕者以苟得为贵而鄙居正，当官者以望空为高而笑勤恪。由是毁誉乱于善恶之实，情慝奔于货欲之涂。选者为人择官，官者为身择利。而秉钧当轴之士，身兼官以十数,大极其尊,小录其要,机事之失,十恒八九。而世族贵戚之子弟,陵迈超越,不拘资次。悠悠风尘,皆奔竞之士,列官千百,无让贤之举。其妇女装栉织纴,皆取成于婢仆,未尝知女工丝枲之业,中馈酒食之事也;先时而婚,任情而动,故皆不耻淫佚之过,不拘妒忌之恶,父兄弗之罪也,天下莫知非也;又况贵之闻四教于古,修贞顺于今,以辅佐君子者哉。礼法刑政,于此大坏!"[89]其极也,永嘉乱起,遂溃决而不可收拾矣。渡江而后,华侈之俗渐革,任达之风,"八达"(时胡母辅之、谢鲲、阮放、毕卓、光逸、羊曼、桓彝、阮孚等八人,每散发裸袒,闭室酣饮,不舍昼夜,称为八达。)没后亦稍绝,惟清谈则犹竞相祖述。故以言语论,实以此时代为最进步。且因士矜通脱,襟怀浩阔,以劳身为鄙,即宅心艺术,亦视为适性怡情之具。由是见闻而外,别有会心。诗语则以神韵为宗,图画则以传神为美;推之奏音审曲,调琴弄筝,亦必默运神思,独标远致,旁及博弈,咸清雅绝俗,以伸雅怀。美术之兴,又于斯为盛矣。[90]

东晋南北朝最普遍之风尚,殆无过于重氏族尚门第一事。[91]东汉之季,世族阶级已渐兴起。魏初以陈群之议,立九品中正之法,(郡邑设小中正,州设大中正,各取本处人在诸府公卿及各省郎吏有才德充盛者为之。由小中正区别所管人物,定为九等,以上大中正,大中正核实以上司徒,司徒再核,然后付尚书选用。)两晋南北朝,沿袭不改,选举多用世族,上品无寒士,下品无高门,贵族欲保其特权,咸自矜门第,高自标置。又因其时五胡诸族,深入禹域,与诸夏杂处,婚嫁不禁,种族混淆。北人南徙者,既以贵族陵蔑南士,北方衣冠之族,亦深自标异,相尚为经术政务,勉立功业以图存全。积此诸因,古代阶级之制,已铲除于战国秦汉者,至是又复盛行。其时士庶门第之见,深入人心,高门之视后门寒素,不啻如良贱之不可紊越,单门寒士,亦多自视微陋,不敢与世家相颉颃,甚至帝王虽宠幸其人,亦不能跻之于士大夫之列;其为社会中一种特殊势力,几不让古代之贵族。而盛门右姓,如过江侨姓之王、谢、袁、萧,东南吴姓之朱、张、顾、陆,山东郡姓之王、崔、卢、李、郑,关中郡姓之韦、裴、柳、薛、杨、杜，亦多继世有名人。加易代之际，惟图保其门户，莫不传舍其朝，故胜国之臣，即为兴朝佐命，帝王之朝代虽更，而冠冕不替。虽《纪传》所载，无一完节之士，然当时士族，初不专恃政治地位为其唯一之表征，亦以德业儒素及家学礼法等标异于众。[92]故其子孙继迹，不以朝代为盛衰，而社会之中坚势力，亦不随国家禅代而变易紊乱焉。自余一般之影响，首推士庶之不通婚媾。观齐沈约《奏弹王源》曰："风闻东海王源嫁女于富阳满氏，王满连姻，实骇物听。此风勿翦，其源遂开，点世尘家，将被比屋。宜寘以明科，黜之流伍。"[93]侯景入建康，请婚王谢，梁武曰：王谢门高，可于朱张以下求之。北魏赵邕，宠贵一时，欲与范阳卢氏为婚，卢氏有女，其父早亡，叔许之，而其母阳氏不肯，携女至母家藏避。崔巨伦姐眇一目，其家议欲下嫁，巨伦姑悲泣曰：吾兄盛德，岂可令此女屈事卑族。可以见其畛界之严矣。余如尊严家讳，崇重谱牒，亦皆南北世族所同。然其时南北选举，率先门第而后贤才，南朝于门第之外，犹重清议，入仕者亦重流品，而北朝无闻。北朝由慎重婚姻，流为财婚卖婚之陋习，（其始高门与卑族为婚，利其所有，财贿纷遗，魏齐之世，遂成风俗，凡婚嫁无不以财币为事。）由尊崇谱牒，复有通谱认族之弊风，南朝虽亦有之，而不甚显著。戎狄入主，虏汉相杂之区，固与江左之为汉族之中心地者，不能尽同也。其他南北礼俗之异点，北齐颜之推《家训》，纪述尤多。观《家训·音辞》篇曰："南方水土和柔，其音轻举而切诣，失在浮浅，其辞多鄙俗。北方山川深厚，其音沉浊而讹钝，得其质直，其辞多古语。然冠冕君子，南方为优。闾里小人，北方为愈。易服而与之谈，南方士庶，数言可辨。隔垣而听其语，北方朝野，终日难分。而南染吴越，北杂夷虏，皆有深弊，不可具论。"盖南方之君子，多过江士夫之后裔，远非北方入侵之胡族所及，北方之小人，犹是中原之遗氓，亦优于吴越之细民；之推虽就音辞为说，实可推诸其他一般风习焉。《家训》又言"今北土风俗，率能躬俭节用，以赡衣食。江南奢侈，多不逮焉。……河北妇人织纴组紃之事，黼黻锦绣罗绮之工，大优于江东也。"[94]"江南朝士，因晋中兴南渡江，卒为羁旅，至今八九世，未有力田，悉资俸禄而食，假令有者，皆信僮仆为之，未尝目观起一拨土，耘一株苗，不知几月当下，几月当收，安识世间余务乎。故治官则不了，营家则不办，皆优闲之过也。""梁世士大夫皆尚褒衣博带，大冠高履，出则车舆，入则扶持，郊郭之内，无乘马者。及侯景之乱，肤脆骨柔，不堪行步，体羸气弱，不耐寒暑，坐死仓猝者，往往而然。"[95]南朝士夫以生活优裕，日久腐化，经侯景之乱，贵族门第遂大半澌灭。而北方士族经历艰苦，转能勤俭自励，与胡人协调合作，委曲求存。《家训》又称"楚朝有一士大夫，尝谓吾曰：我有一儿，年已十七，颇晓书疏，教其鲜卑语及弹琵琶，稍欲通解，以此伏事公卿，无不宠爱；亦要事也。"[96]是鲜卑虽一切师法中土，而汉族之无耻者，亦多谨事鲜卑人，争学鲜卑语俗以求自媚焉。隋唐代兴，此风虽绝，然六朝时百官多乘牛车，或乘肩舆，着履或屐，朝祭皆跣，北朝则多乘马着靴，至唐则百官皆乘马，靴为朝服，而履反为裹服，则夷狄服饰，固已经北朝而为中夏之法服。自余如北族十二相属之俗，及胡帐、胡床、胡坐、胡饭、胡箜篌、胡笛、胡舞等，汉魏之季，已极盛行，经北朝至唐，仍相沿不废者，更未易悉数也。

## 注　释

[1]《魏志》卷十五刘馥，司马朗等传评语。

[2]《魏志》卷一《武帝纪》"建安元年，（操）用枣祗韩浩等议，始兴屯田。"裴注引《魏书》曰："自遭荒乱，率乏粮谷，诸军并起，无终岁之计，饥则寇略，饱则弃余，瓦解流离，无敌自破者，不可胜数。袁绍之在河北，军人仰食桑椹。袁术在江淮，取给蒲蠃。民人相食。州里萧条。公曰：夫定国之术，在于强兵足食，秦人以急农兼天下，孝武以屯田定西域，此先代之良式也。是岁，乃募民屯田许下，得谷百万斛。于是州郡例置田官，所在积谷。征伐四方，无运粮之劳，遂兼灭群贼，克平天下。"

[3]《廿二史札记》卷七"借荆州之非"节论此事甚详，可参阅。

[4]见《蜀志》卷五《诸葛亮传》。

[5]参阅《廿二史札记》卷七"三国之主用人各不同"节。又拙著《纲要》第二册一〇二节"群雄之竞争与三国之兴亡"，（页三三七至三五四）论列较详，赵翼

说亦皆备录,可参考。

[6] 见《晋书》卷三《武帝纪》"泰始九年"下。卷二十七《五行志》"咸宁二年"卷二十八"泰始十年"下,及卷三十一《武元杨皇后传》。

[7]《徙戎论》全文见《晋书》卷五十六《江统本传》;《通鉴》卷八十三所载。略加删节润饰。

[8] 拙著《纲要》第二册九五节"异族入侵之因",(页一五二至一六一)论此问题颇详,傅玄、郭钦、江统之论,亦皆备录,可参考。

[9] 据《北史》卷四四《崔鸿本传》。《十六国春秋》原书百卷,南宋后已佚,今世所传者凡两本,一十六卷,一百卷,皆后人伪托,惟《晋书》载记固多本鸿书耳。

[10] 据《晋书》卷五《愍帝纪》。

[11] 见《晋书》卷九八《桓温传》。章炳麟《检论九·仰桓》篇论此事颇详,可参阅。

[12]《通鉴·晋记》三十太元二十一年下胡三省注语。

[13] 拙著《纲要》第二册页一六四至一八八,论两晋与诸族之竞争较备,本节多系节录彼书,可参阅。

[14] 参阅《廿二史札记》卷十二"南朝陈地最小"节。

[15] 见《通鉴》卷一二五及《宋书·索虏传》。

[16] 见《通鉴》卷一二六。

[17] 见《宋书》卷九十五《索虏传》论。

[18]《北齐书》卷一《高祖纪》"高欢,字贺六浑,渤海穆人。六世祖隐,晋玄菟太守。神武既累世北边,故习其俗,遂同鲜卑。"

[19] 见《通鉴》卷一六三简文帝"大宝元年"下。

[20] 拙著《纲要》第二册页一八九至二〇〇论南北朝之竞争略备,本节多系节录彼书,可参阅。

[21]《晋书》卷十五《地理志下》语。

[22]《晋书》卷六十五《王导传》云:"洛京倾覆,中州士女避乱江左者十六七"。

[23] 按此类事例甚多,拙著《纲要》第二册页二一三至二一五曾详举之,可参阅。

[24] 见《史通·书志》后论。

[25]《史通·称谓》篇语。

[26]《通鉴》卷六十九,"司马光曰:晋氏失驭,五胡云扰,宋魏以降,南北分治,各有国史,互相排黜,南谓北为索虏,北谓南为岛夷。"胡注"索虏者,以北人辫发,谓之索头也。岛夷者,以东南际海,土地卑下,谓之岛中也"。

[27] 杨衒之《洛阳伽蓝记》卷三,"宣阳门外,伊洛之间,夹御道有四夷馆。道东有四馆,一名金陵,二名燕然,三名扶桑,四名崦嵫。道西有四馆,一曰归正,二曰归德,三曰慕化,四曰慕义。吴人投国者,处金陵馆,三年以后,赐宅归正里。北夷来附者,处燕然馆,三年以后,赐宅归德里。东夷来附者,处扶桑馆,赐宅慕化里。西夷来附者,处崦嵫馆,赐宅慕义里"。

[28] 见同上书卷二。

[29] 按梁沈约《宋书》于四夷立索虏传,萧子显《南齐书》则立魏虏传,皆以汉族为主体。北魏崔鸿《十六国春秋》虽于羌胡皆奉为帝王,然全书纪纲,犹以晋为主,(《史通·探赜》篇语)至魏收始病鸿书不录司马刘萧之书;又以"元氏出于边裔,见侮诸华,遂高自标举,比桑乾于姬汉之国,曲加排抑,同建邺于蛮貊之邦。"(《史通·曲笔》篇语)所作《魏书》,以得中原者为正统,以曹魏承汉,西晋承魏,元魏承西晋,北齐承元魏,而于吴蜀十六国江左,则概视同夷狄,斥为僭盗。《魏书》九十五立"匈奴刘聪,羯胡石勒,铁弗刘虎,徒河慕容廆,临渭氐符健,羌姚苌,略阳氐吕光"等传,九十六以下,则立"僭晋司马叡,实李雄""岛夷桓玄,海夷冯跋,岛夷刘裕","岛夷萧道成,岛夷萧衍","私署凉州牧张实,鲜卑乞伏国仁,鲜卑秃发乌孤,私署凉王李暠,卢水胡沮渠蒙逊"等传,于江左皆曲加丑诋。视五胡诸国殆犹不如。拙著《纲要》第二册页二二二至二二四曾略加节录,可参阅。

[30] 说详《廿二史札记》卷十四"南北朝通好以使命为重"节。

[31] 拙著《纲要》第二册九七节"南北之对峙与北方之汉族"(页二○六至二三六),论列当时民族之迁徙混合与南北之畛域较详,兼及汉族在诸族统治下之地位,可参阅。

[32] 见卷三。同书又云:"经数年已后,肃与高祖殿会,食羊肉酪粥甚多,高祖怪之,谓肃曰:卿中国之味也,羊肉何如鱼羹,茗饮何如酪浆。肃对曰:羊比齐鲁大邦,鱼比邾莒小国。惟茗不中,与酪作奴。"按北族以羊酪为主要食品,世传李陵答苏武书所谓"羶肉酪浆以充饥渴"也。

[33] 见卷一四二"永元元年"下。

[34]《北齐书》卷二十一《高昂传》"鲜卑共轻中华朝士,惟惮服于昂,高祖(高欢)每申令三军,常鲜卑语,昂若在列,则为华言。"《通鉴》卷一五七系此事于梁武帝大同三年,(五三七),上距拓跋宏禁止鲜卑语,(事在太和十九年、四九五),

已四十三年。

[35]《通鉴》卷一六五"梁元帝承圣三年（西魏恭主元年、五五四）正月、宇文泰废魏主，立其弟齐王廓、去年号。称元年，复姓拓跋氏，九十九姓改为单者，皆复其旧。魏初统国三十六，大姓九十九，后多灭绝。泰乃以诸将功高者为三十六国，次者为九十九姓，所将士卒，亦改从其姓。"胡注引洪迈（容斋三笔王）曰："西魏以中原故家易赐番姓，如李弼为徒河氏，赵肃赵贵为乙弗氏，刘亮为侯莫陈氏，杨忠为普六茹氏，李虎为大野氏，窦炽为纥豆陵氏"等。至周末杨坚专政，大象二年（五八○）十二月，乃改胡姓复为汉姓，又尽复其旧。前后凡三十七年。

[36] 语本《北周书》卷二十三《苏绰传》。

[37] 见同上书卷二十四《卢辩传》。

[38] 见《北周书》卷二《太祖纪下》。

[39] 拙著《纲要》第二册页二三六至二六○论诸族之华化颇详，本节即系节录彼书，可参阅。

[40] 见倭人某《中日交通史》（陈建译本，商务印书馆出版）第三章《日本与中国南朝之交涉》。至倭人古代与中国之关系，及其开化之经过，拙著《日本古代开化论》（载南京钟山书局出版之拙编《日本论丛》第一册）论述颇详、可参阅。

[41] 见卷三及卷四。

[42] 语本《北史·西域传》。麴氏王高昌，凡九代，一百四十四年，（魏孝文二十一年至唐太宗贞观十四年，四九七至六四○）详见罗振玉辑《高昌麴氏年表》。

[43] 参黄文弼著《高昌》（第一分本）内载《吐鲁蕃发现墓砖记》与《墓砖目录》，及罗振玉著《西陲石刻后录》（雪堂丛刻本，录倭人橘瑞超西陲访古所得高昌墓砖，与"高昌砖录"。辽居杂著本录黄君所得墓砖）。

[44]、[46] 皆见《周书》卷五十《异域传下》。

[45] 语本《北史》卷九十七《突厥传》。

[47] 参阅《廿二史札记》卷七"禅代"与"晋魏禅代不同"两节，拙著《纲要》第二册页三五四至三六一曾备录之。

[48] 参阅《廿二史札记》卷十一"宋齐多荒主""宋世闺门无礼""宋子孙屠戮之惨"，卷十二，"齐明帝杀高武子孙"，卷十五"魏多家庭之变""北齐宫闱之丑""隋文帝杀宇文氏子孙"诸节，拙著《纲要》第二册一○四节"南北朝之诸帝"（页三六九至四○○）既尽录之，复补其遗缺，可参阅。

[49] 拙著《纲要》第二册页二七五至二八○，于汉季以降拥兵之权臣，论述较详，本节即就彼书节录，可参阅。

· 151 ·

[50] 见《魏志》卷十五《司马朗传》。

[51]《宋书》卷五十四《羊元保传》语。

[52]《隋书》卷二十四《食货志》称自东晋寓居江左,"历宋、齐、梁、陈,军国所须杂物,随土所出,临时折课市取,乃无恒法定命。列州郡县,制其仟土所出,以为征赋。其无贯之人,不乐州县编户者,谓之浮浪人,乐输亦无定数任量"。

[53]、[54] 皆《魏书》卷一一〇《食货志》文。按时对富户之奴婢及牛,亦皆可依律受田,(奴婢依良,丁牛一头,受田三十亩,限四牛,)盖用意在绝其荫冒,使租收略归公上,初不在求田之绝对均给也。

[55]《通鉴》卷一五七"梁武帝大同三年。高欢每号令军士,常令丞相属代郡张华原宣旨,其语鲜卑,则曰汉民是汝奴,夫为汝耕,妇为汝织,输汝粟帛,令汝温饱,汝何为陵之。其语华人,则曰:鲜卑是汝作客,得汝一斛粟,一匹绢,为汝击贼,令汝安宁,汝何为疾之"。

[56]《通鉴》卷一三五语。

[57]《通典》卷二百边防典十六引传奕语。

[58]《北齐书·高昂传》语。

[59] 时训练胡兵,"每一人必当百人,任其临阵必死,然后取之,谓之百保鲜卑",见《隋书·食货志》。

[60] 见《通考》卷一百五十一《兵考三》。

[61]《隋书·食货志》语。

[62] 见《魏志》卷十三《王肃传》注引。

[63] 语本王国维《汉魏博士考》,见《观堂集林》卷四。

[64] 魏正始石经亦称三体石经,王国维《魏石经考》五篇,言之最详核,(见《观堂集林》卷二十),共四十石,所刊者为《古文尚书》及《春秋》两经,《左氏传》则刊至庄公中叶而止。至出土残石之文字,则章炳麟氏《新出三体石经考》(章氏遗书续编本)论之最精密。又本节及下节论经学除上注六十三所引及论石经外,略据刘师培《国学发微》,(载乙巳年《国粹学报》第七期第八期)及皮锡瑞《经学历史》,五、"经学中衰时代",与六、"经学分立时代"。

[65] 见《魏志》卷十六《杜恕传》。

[66] 见《晋书》卷四三《王衍传》。

[67] 见同上书卷三十五《裴頠传》。

[68] 见《晋书》卷四十一《刘实传》,卷五十六《江惇传》。

[69] 见洪著《抱朴子·外篇》第四十八。按鲍生无君论及反复论辩,均详见该篇。

[70] 见《晋书》卷九十四《鲁胜传》。按胜为惠帝时人。

[71] 本节参阅《廿二史札记》卷八"六朝清谈之习"节,刘师培《国学发微》(载乙巳年《国粹学报》第七期及第十期),及柳先生《中国文化史》二编第五章《清谈与讲学》。(上册页四六〇至四七一)。

[72] 郑鹤声《汉隋间之史学》(登《学术杂志》三十三、三十四、三十五及三十六期),据刘知几《史通》及章宗源《隋书·经籍志·史部考证》,论述此时代史学颇详,可参阅。

[73] 参阅刘师培《南北文学不同论》(载乙巳年《国粹学报》第九期),及柳先生《中国文化史》上册页四九一至四九二。

[74] 本节多据柳先生《中国文化史》第二编第七章《三国以降文物之进步》(上册页四七九至四九四)。

[75] 见《魏志》卷二九《杜夔传》注引。

[76] 本藏清内府,庚子之乱,西人掠夺而去,今藏英伦博物馆。旧皆以此画为现存中国画之最古者。然今日汉画已有三种发现:其一为洛阳出土之墓砖,上绘男女人物及动物像;其二为汉乐浪郡故址(朝鲜平壤大同江郡)后汉王盱墓中所得之漆盘,上绘神仙及龙虎等像;其三为辽东营城子汉墓中之墓壁,上亦绘人物及动物像;惟画法皆甚疏简耳。至石刻画则传者尤多,参朱杰勤《秦汉美术史》(商务印书馆二十五年出版)第二篇第四章《绘术》。

[77] 阮元《揅经室三集》卷一有《南北书派论》与《北碑南帖论》,直论至唐宋以后,可参阅。

[78] 见叶昌炽《语石》卷七总论南北朝人书一则。

[79] 参阅《隋书·经籍志》道书部及刘师培《国学发微》(载乙巳年《国粹学报》第九期)。

[80] 梁僧祐《出三藏记集》卷十载严浮调沙弥十慧章句序,题曰"严阿祇梨浮调所造",是浮调实为汉地沙门之第一人,所撰沙弥十慧章句,交中国撰述之最早者。费长房《历代三宝记》著录浮调译经,虽多至七部,然其出家事则全不之知,卷三年表中于魏甘露五年条下注曰,"朱士行出家。汉地沙门之始"。

[81] 参阅梁任公近著第一辑中卷《千五百年前之中国留学生》篇。

[82] 同上书《佛典之翻译》篇。

[83] 参汤用彤《汉魏两晋南北朝佛教史》第二册第七章至二十章。

[84] 本节及下节论述佛教,除随文别注者外,大抵取材柳先生《中国文化史》第二编第九章、第十章(上册页五〇五至五二八),及拙著旧稿《中国人之佛教耶教观》

（载《学衡》杂志第十四、十五、二十一、二十三、诸期，十一年至十二年出版）。

[85] 按吾国石窟佛像之开凿，始于敦煌之莫高窟，时在苻秦建元二年，（东晋废帝奕太和元年、三六六），主持开窟者为乐傅。"凉州自张轨后，世信佛教，敦煌地接西域，道俗交得，其旧式村坞相属，多有塔寺；"（《魏书·释老志》语）象教艺术自西而东，宜首行于敦煌也。"太延中，凉州平徙其国人于京邑，沙门佛事，皆俱东，象教弥增矣；"（亦《释老志》文）自魏太武灭北凉（四三九），凉州沙门，多徙至平城，其中当不乏善工艺者，佛教艺术，由是随以俱东，文成时建议于云岗开窟之昙曜，即太延中来自凉土者，则武州造像，亦源出于凉州矣。至伊阙石窟，虽云以代京为准，然云岗造像，以显示像体静态美为主，纯属犍陀罗派作风，龙门造像，则兼显示像体之动态美，已多鞠多王朝时代作风，与犍陀罗派有异矣。（吾国六朝与隋唐绘事，亦有此二派，可以曹仲达与吴道玄为代表。晋人于曹画曰"曹衣出水"，于吴画曰"吴带当风"；前者谓衣附于体，可从衣服见其骨格，即表示静态美也；后者谓衣带飘飘，栩然生动，即表示动态美也。友人向达云。）至国人记述云岗石窟较详者，为史岩著《中国美术史》（商务出版），及自志谦编《大同云岗石窟寺记》（中华出版）。龙门石窟，可参阅关百益编之《伊阙石刻图表》（河南博物馆出版）。

[86] 《五横论》见《弘明集》卷六道恒释驳论引，夷夏论见《齐书》及《南史·顾欢传》，《三破论》为道士假张融作，见《弘明集》卷八，刘勰《灭惑论》引，《神灭论》见《梁书》及《南史·范缜传》。

[87] 具见僧祐所集《弘明集》及道宣所集《广弘明集》中。

[88] 拙著《纲要》第二册页三〇〇至三一九论魏晋风俗颇详，本节多就彼书节录，可参阅。

[89] 《晋纪》已佚，此据文选卷四十九；《晋书·帝纪五》录此论，有删节。

[90] 略本刘师培《中国美术学变迁论》（载丁未年《国粹学报》第三十期）。

[91] 拙著《纲要》第二册页二八〇至三〇〇及页三二〇至三二六论南北朝重氏族尚门第颇详，本节多就彼书节录，可参阅。

[92] 《魏书》卷四七《卢玄传》论曰："卢玄绪业著闻，首应旌命，子孙继迹，为世盛门，其文武功业，殆无足纪，可见卢于时，声高冠带，盖德业儒素有过人者"，此言最可代表。

[93] 见《文选》卷四十。

[94] 见《治家》篇。

[95] 见《涉务》篇。

[96] 见《教子》篇。

# 第七章

# 统一时代与割据时代（隋唐五代）

自隋文帝开皇九年至后周恭帝显德六年（五八九至九五九），都三百七十有一年。以政治分合之大势言之，略可区为二期。自开皇九年至唐玄宗天宝十四年，为统一之时；（五八九至七五五，凡一百六十有七年，中间尚须除去隋末唐初群雄之乱约八年。）自肃宗至德以后，讫后周之亡，则为藩镇割据之时。（七五六至九五九，凡二百零四年）然至德而降，唐祚仍延至一百五十余年，政治社会，学术风尚，不能与前期斩截画分；五代十国，又皆唐世藩镇之支与流裔，故今以隋唐五代合论焉。

自杨坚篡周为隋，改元开皇（五八一），节以制度，不伤财，不害民，北朝人庶日殷，帑藏日充。七年（五八七），灭后梁，九年，灭陈。于是"职方所载，并入疆理，禹贡所图，咸受正朔；"[1]汉季以来混乱分裂之局，复归一统，区宇之内，复臻汉室治世之盛；而仓库盈溢，国计之富尤过之。炀帝承其全盛，土地益辟，户口益多，人俗康阜，资储遍于天下。[2]遂恣荒淫，兴营造，巡游征伐不息。史册所载，如大业元年（六〇五）之营建东京（洛阳），每月役丁二百万人也。发河南淮北诸郡民百余万开通济渠，发淮南民十余万开邗沟也。自长安至江都置离宫四十余所也。筑西苑于洛阳西，周二百里，台观宫殿，皆穷极华丽也。行幸江都，舳舻相接二百余里，自兵士外，共用挽船士八万余人也。二年（六〇六）之置洛口仓于巩东南原上，筑仓城周围二十余里，穿三千窖，置回洛仓于洛阳北，仓城周围十里，穿三百窖，窖皆容八千石也。三年（六〇七）之发河北十余郡丁男凿太行山，达于并州，以通驰道也。发丁男百余万以筑长城也。北巡榆林，历云中，诉金河，甲士五十余万，马十万匹，旌旗辎重，千里不绝也。四年（六〇八）之发河北诸郡百余万众穿永济渠，引沁水南达于河，北通涿郡也。六年（六一〇）之于洛阳端门街盛陈百戏，执丝竹者万八千人，以款待西域诸番酋长也。敕穿江南河，自京口至余杭八百余里，广十余丈也。七年八年之大发兵伐高丽，凡一百一十三万三千八百人，其馈运者倍之，旌旗亘千余里也。[3]其时宫室之盛，役民之繁，赏赐之费，师兵之盛，几驾秦皇汉武而上之。虽十数年间，终至"社稷颠陨，宇宙崩离，生灵涂炭，丧身灭国。"[4]然百役繁兴，皆出于人民之负担，帝王之糜费，足以反映社会之富力，非其时民生富庶，物力充盛，炀帝固未易逞此无厌之欲也。厥后洛口诸仓，为李密等所因，犹足以致百万之众；而长安府库为李唐所用者，至贞观中犹未尽。[5]隋世一统之盛，盖前此所未有矣。唐初承隋末群雄争乱之后，户口凋零，城邑萧条，远非有隋之比，而国威之隆，则尤过之。当高祖武德之世，暨太宗贞观之初，四夷已多遣使入朝。自"贞观四年（六三〇），李靖俘突厥颉利可汗以献，西北君长请上号为天可汗，"[6]于是唐之君主，不仅为中国之天子，兼为塞外诸族西域各国共戴之天帝。声威所及，绝域四裔，东自日本流鬼，西至波斯拂菻（东罗马），南至盘盘（在今马来半岛中），诃陵（今爪哇）咸遣使贡献。及贞观二十年（六四六）二十一年（六四七）平定铁勒、回纥诸部，帝幸灵州，诸部所遣使踵及帝行在，凡数千人，上言天至尊为可汗，世世以奴事，死不恨，帝剖其地为州县，北荒遂平。诸姓有来朝者，帝劳曰："尔来，若鼠得穴，鱼得泉，我为尔深广之。"又曰："我在，天下四夷，有不安，安之，不乐，乐之，如骥尾受苍蝇，可使日千里也。"[7]敬播序僧玄奘《西域记》曰："我大唐之有天下也，辟寰宇而创帝图，扫搀枪而清天步，功侔造化，明等照临，人荷再生，骨肉豺狼之吻，家蒙锡寿，还魂鬼域之墟。总异类于藳街，掩遐荒于舆地，苑十洲而池环海，小五帝而鄙上皇。"[8]诚哉非虚言矣。高宗竟太宗未尽之绪，拓地益广。麟德二年(六六五),行幸东岳,史称"从驾文武兵士及仪仗法物,相继数百里,列营置幕,弥亘郊原,突厥、于阗、波斯、天竺国、罽宾、乌苌、昆仑、倭国、及新罗、百济、高丽等诸蕃酋长,各率其属扈从,穹庐毡帐及牛羊驼马,填候道路。是时频岁丰稔,斗米至五钱,豆麦不列于市,议者以为古来帝王封禅,未有若斯之盛者也。"[9]初太宗之葬昭陵也(六四九),山陵既毕,高宗欲阐扬先帝徽烈,乃令匠人琢石,写诸蕃君长,贞观中擒伏归化者突厥颉利可汗等十四人形状,而刻其官名。及高宗之崩也(六八三),"乾陵(今陕西乾县梁山)之葬,诸蕃来助者众,武后欲张大夸示来世,于是录其酋长六十一人,各肖其形。"[10]据十八世纪中叶辽海杨应琚游昭陵所记,"贞观中擒服诸蕃君长颉利等十四人石像,尚在陵北司马门内。"[11]至乾陵前诸蕃酋石像,今千二百数十年矣,存者犹不下五十。"天可汗"与"天皇大帝"(高宗谥)之威风,亦世界史乘中所仅见已。高宗后虽经武氏之祸,而国力益增,故武曌拜洛受图时(六八八),文物卤簿之盛,及"明堂""天堂""大像""天枢""九鼎"等营建,所耗费之巨,皆为唐兴以来所未有。[12]其所制新字,如天为而,地为埊,日为◎,月为⊕,星为○等,以石刻证之,传世"武周碑不下数百通,穷乡僻壤,缁黄工匠,无不奉行惟谨。尤可异者,巴里坤有万岁通天造像,敦煌有柱国李公旧龛碑,在莫高窟,廖州刺史韦敬辩智城碑;在广西龙州关外,河东州刺史王仁求碑,在云南昆阳县,龙龛道场铭,在广东罗定州,皆唐时边远之地,文教隔绝,乃纪元年月,亦皆用新制字,点画不差累黍。虽秦汉之强,声灵远讫,何以加焉。"[13]降至玄宗,开元天宝四十余载(七一三至七五五),遂为有唐极盛时代,《旧书·玄宗纪》称"于斯时也,烽燧不惊,华戎同轨,西蕃君长,越绳桥而竞款玉关,北狄渠酋,捐毳幕而争趋雁塞,象郡炎州之玩,鸡林鲲海之珍,莫不结辙于象胥,骈罗于典属,膜拜丹墀之下,夷歌立仗之前,可谓冠带百蛮,车书万里。天子乃览云台之义,草泥金之札,然后封日观,禅云亭,访道于穆清,怡神于玄牝,与民休息,比屋可封。于是垂髫之倪,皆知礼让,戴白之老,不识兵戈,虏不敢乘月犯边:士不敢弯弓报怨,康哉之颂,溢于八纮,所谓世而复仁,见于开元者矣。年逾三纪,可谓太平。"《新书·食货志》于天宝五载(七四六)下,言"是时海内富实,米斗之价钱十三,青齐间斗才三钱。绢一匹,钱二百,道路列市,具酒食以待行人,店有驿驴,行千里不持尺兵。"杜甫《忆昔》诗则云:"忆昔开元全盛日,小邑犹藏万家室。稻米流脂粟米白,公私仓廪俱丰实。九州道路无豺虎,远行不劳吉日出。齐纨鲁缟车班班,男耕女桑不相失。宫中圣人奏云门,天下朋友皆胶漆。百余年间未灾变,叔孙礼乐萧何律。"[14]可谓盛矣。自天宝十四载(七五五)安禄山反,陷东京。明年(七五六),陷京师。玄宗入蜀,肃宗即位灵武,于是开皇九年以来之一统,才经一百六十余年,又因夷奴之祸而分崩离析。然禄山与子庆绪及史思明之乱,北则回纥,南则南蛮,西则中亚各国,远至大食,皆撄发赴难,助天子以讨贼,海东日本,亦令东海等六道集牛角七千八百,以备贡献。是唐室犹为亚洲之宗主也。特自安史乱后,"中原封裂,讫二百年,不得复完,而至陵夷。"[15]则一统之盛,固衰自天宝乱后矣。

吾国疆域,秦汉时已极廓大。三国两晋以降,虽时混乱分裂,亦仍继续开拓。如吴平山越,蜀定南蛮,氐族杨氏之辟仇池,鲜卑、吐谷浑之开青海,以及麴氏之王高昌,爨氏之居曲靖龙和,皆前代所未尽经营,或昔时未隶疆索者,由华人或他族分途竞进,以为后来一统之预备。于是隋若唐袭累世之成劳,集合其地,又加之以恢廓,而造成空前之版图焉。[16]隋代国祚虽短,与四夷交通颇盛。自齐周以还,突厥世雄北边。隋初,突厥东西分地而治,东突厥"厥徒孔炽,负其众力,将蹈秦郊。"[17]文帝用长孙晟计,离合操纵,构诸突厥可汗使相攻,连兵不已,东突厥沙钵略可汗遂上表称臣,岁时贡献不绝。沙钵略卒,帝又以宗女义成公主妻启民可汗,炀帝北幸榆林,启民及公主来朝行宫,后又入朝东都。西突厥亦纳贡焉。西域诸国之通,亦盛于炀帝。帝初令裴矩于武威、张掖间往来,引致西蕃,至者十余国,"矩因其使者入朝,益啗以厚利,令其转相讽谕,大业年中,相率而来朝者三十余国,帝因置西域校尉以应接之。"[18]帝又南平林邑,招赤士,[19]东通使倭国,发见琉球,[20]西破吐谷浑,辟地数千里。惟朝鲜半岛、高丽、百济、新罗三国,虽自文帝以还,屡奉表遣使,而文帝、炀帝高丽之伐,四出师皆无功,群盗乘之,隋亦因是乱亡。然当其盛时,隋之声威,亦几与汉比隆矣。唐室初兴,四夷虽多遣使入朝,然自隋末乱离,华人归突厥者众,突厥遂大炽强。中原群盗若薛举、窦建德、王世充、刘武周、梁师都、李轨、高开道之徒,虽僭尊号,皆称臣突厥,受其可汗之号,使者往来,相望于道。高祖起太原,亦遣刘文静往聘,"诡而臣之"。武德三年(六二〇),突厥颉利可汗立,"益视中国为不足与,书辞悖慢,多须求,高祖虽屈礼多所舍贷,赠赍不赀,然而不厌无厓之求也。"[21]自后频岁入寇,"屡隳亭障,残败我云代,摇荡我太原,肆掠于泾阳,饮马于渭汭,"猖獗甚于汉世之匈奴,唐至欲徙都樊邓,以避其害。赖太宗英武,即位四年,命将遣师,一举而擒之。于是"瀚海龙庭之地,尽为九州,幽为穷发之乡,隶于编户。"[22]四夷望风归附,"有弗率者,皆利兵移之,蹶其牙犁其庭而后已。"[23]贞观九年(六三五),平吐谷浑,十四年(六四〇)灭高昌,二十一年平铁勒诸部,二十二年(六四八)平龟兹;又遣右卫率府长史王玄策使印度,值其王"尸罗逸多死,国人乱,其臣阿罗那顺自立,发兵拒玄策,玄策奔吐蕃西鄙,檄召邻国兵,部分进战,破之,执阿罗那顺献阙下。"[24]惟高丽盖苏文杀其王建武,自为莫离支(犹唐兵部尚书兼中书令职)专国,又与百济联和,数侵暴新罗;贞观十八年(六四四)、二十一年、二十二年、三出师伐之,卒不能殄其祚。高宗袭太宗之余威,以西突厥沙钵罗可汗贺鲁数寇西边,显庆二年(六五七),命苏定方,萧嗣业等击擒之。五年(六六〇),复命苏定方击降百济,以孤高丽之势。嗣以百济余众引倭兵以拒唐,龙朔三年(六六三),唐将"刘仁轨遇倭兵于白江口,四战皆捷,焚其舟四百艘,烟焰灼天,海水皆赤。"[25]为中日战史中最有荣誉之一事。倭人自是敛迹而穴处,不敢复问半岛事,而转修好于唐。至总章元年(六六八),李勣等遂灭高丽。唐之拓地海东,视汉武之灭朝鲜,置四郡,益恢广矣。西南声威,亦视前有加。初"永徽二年(六五一),大食王徼蜜莫末腻始遣使者朝贡，自言王大食氏，有国三十四年，传三世。"[26]龙朔元年（六六一），唐遣使者到西域分置州县，吐火罗、波斯等十六国，并隶版图。[27]适大食击波斯，波斯王"卑路斯诉为大食所侵，使者即拜卑路斯为都督，俄为大食所灭，虽不能国，咸亨中（元年、六七〇）犹入朝，授右武卫将军。"[28]南诏王蒙氏，亦于高宗时始遣使入朝。渤海大祚荣于武后圣历中（元年、六九八）建国东北，尽得扶余、沃沮、弁韩、朝鲜、海北诸国，中宗时亦遣子入侍。睿宗先天元年（七一二），遣使"拜祚荣为左骁骑大将军渤海郡王，以所统为忽汗州，领忽汗州都督。"[29]自余西南绝域殊邦，西如中亚昭武九姓，（康、安、曹、石、米、何、火寻、戊地、史、凡九国，当今俄属土耳其斯坦，费尔干省，及布哈尔、基发等地。皆故大月氏族所建。以其先世常居祁连山昭武城，故支庶分王，并以昭武为姓，示不忘本。）及五天竺诸国，南如占城（今中国交趾），真腊（今柬埔寨）、扶南（今暹罗）、婆利（婆罗州）、阇婆（今爪哇）、室利佛逝（今苏门答腊）诸国，以及东谢（今四川涪陵县）、西赵（今云南凤仪县）、牂牁（今贵州思南县）诸蛮，亦皆于高宗至玄宗世来庭。有唐拓土之广与声教之远，诚不独前古所未有，亦明清所不能逮矣。至统理此广土之法：唐初于禹域之地，析为十道。曰关内、曰河南、曰河东、曰河北、曰山南、曰陇右、曰淮南、曰江南、曰剑南、曰岭南。道有大将，曰大都督。文臣曰按察使。道之下复分州（或府）县两级，州设刺史，县置令。开元中，又分山南，江南为东西道，增置黔中道及京畿都畿，共为十五道。改按察使为采访使，检察如汉刺史之职。诸州之长，尽为所属。是时天下声教所被之州，三百二十一。自余降服蕃夷，皆"即其部落，列置州县，其大者为都督府，以其首领为都督刺史，皆得世袭。虽贡赋版图，多不上户部，然声教所暨，皆边州都督都护所领，著于令式。其突厥、回纥、党项、吐谷浑隶关内道者，为府二十九，州九十。突厥之别部及奚、契丹、靺鞨降胡，高丽隶河北者，为府十四，州四十六。突厥、回纥、党项、吐谷浑之别部及龟兹、于阗、焉耆、疏勒、河西内属诸胡，西域十六国隶陇右者，为府五十一，州百九十八。羌蛮隶剑南者，为州二百六十。蛮隶江南者，为州五十一。隶岭南者，州九十二。又有党项州二十四，不知其隶属，大凡府州八百五十六，号为羁縻云。"[30]此羁縻府州，《新书·地理志》——备列其名，并及每府所领之州，与府州所隶属之边州都督府都护府。当时边州大都护府，最著者六：曰单于，统阴山之阳，黄河之北，治振武军（今绥远托克托县西北）。曰安北，统漠南，治云中（今山西大同县）。曰安东，统高丽百济降户，初治平壤，后徙辽东辽西。曰北庭，统金山以西及天山北路，治庭州（今新疆迪化县）。曰安西，统西域天山南路至波斯以东，治西州（今新疆吐鲁番）。曰安南，统诸蛮，治交州（今安南东京）。缘边戍兵，自唐初陆续建置，至玄宗世，《旧书·地理志》称"于边境置十节度经略使，（安西节度，治龟兹城，兵二万四千。北庭节度，治北庭都护府，兵二万。河西节度，治凉州，兵七万三千。朔方节度，治灵州。兵六万四千七百。河东节度，治太原府，兵五万五千。范阳节度，治幽州，兵九万一千四百。平卢节度，治营州，兵三万七千五百。陇右节度，治鄯州，兵七万五千。剑南节度，治益州，兵三万九百。岭南五府经略，治广州，兵万五千四百。）式遏四夷，大凡镇兵四十九万人，戎马八万余匹。每岁经费，衣赐则千二十万匹段，军食则百九十万石，大凡千二百一十万。"[31]温公《通鉴考异》则云："镇兵四十九万，此兵数唐历所载也，旧纪是岁天下健儿团结彍骑等，总五十七万四千七百三十三。此盖止言边兵，彼并京畿诸州彍骑数之耳。"是当时镇边兵数，占全国兵额十分之八而强。《新书·食货志》又称，"是时天下岁入之物，租钱二百余缗，粟千九百八十余万斛，庸调绢七百四十万匹，绵百八十余万屯，布千三十五万余端。"（绢绝为匹，长四丈，布为端，长五丈，皆阔尺八寸，绵六两为屯，详见《通典》卷六《食货典六》）[32]边兵每岁所用钱绵，虽不可考，而用粮百九十万斛，当岁入粟额之十一，用衣千二十万匹，数逾岁入绢布之半，有唐盛世驭夷防边之宏规，概可见矣。[33]至诸蕃酋渠首领朝贡之仪，享燕之数，高下之等，往来之命，乃至大酋渠之封建册立，君长之子之应袭官爵与否，来朝使主副疾病丧葬等事之料理，据《唐六典》所载，盖皆掌于主客郎中员外郎、鸿胪卿及典客令诸职焉。[34]

自隋文代周，中原神器，复归汉族。至唐李氏，遂纂汉业。王夫之《读通鉴论》有言，"宇文氏之亡，虏运之衰已讫也。"[35]然隋唐二代之祖，与北周皆出于武川。[36]杨李虽为汉姓，其初血统，亦本属华夏，然坚渊父祖，世仕北朝，西魏时皆赐虏姓，（杨坚父忠为普六茹氏，李渊祖虎为大野氏，）自杨坚、李昞以降，累与北族通婚媾，故隋唐诸帝，血统上多混合夏夷。杨坚娶独孤信第七女，其母崔氏，是为隋文献皇后。后生勇、广，是太子勇与炀帝之母，为汉胡之混合种，而太子勇与炀帝，则汉人与混合种配合之后裔也。李昞娶独孤信第四女（号元贞后），生李渊，是高祖为汉胡之混合种也。渊娶窦毅之女，是为太穆皇后，生建成、世民、玄霸、元吉四人。窦氏虽为汉姓，然自汉末已为部落大人，种系混杂，可不待言，而太穆皇后之母，又为宇文氏，（宇文泰第五女）是太宗与其同母兄弟，皆汉胡与汉胡配合之混种。其异母兄弟，亦混合种与汉人（？）配合之后裔也。太宗娶长孙晟之女，是为文德长孙皇后，生承乾、治（高宗）、泰三人。晟妻为高劢之女，劢父岳为高欢从弟，亦汉人而化于鲜卑者，是高宗与其同母兄弟，又混合种之混合种矣。高宗子睿宗娶窦孝谌女，是为昭成皇后，生玄宗，孝谌为毅之三从祖孙，亦混合种之后，是玄宗又混合种与混合种配合之后矣。唐沙门法琳对太宗言："拓拔达阇，唐言李氏，陛下之李，斯即其苗。"以李唐为鲜卑苗裔。史称"元吉小字三胡"，王世充将单雄信谓元吉为胡儿。太宗子承乾，亦好胡乐、胡言、胡服、胡俗，[37]世因有以李唐为蕃姓者，[38]其说虽属虚妄，然唐室诸帝，高祖、太宗、高宗、玄宗为著，而其母氏，皆为鲜卑或鲜卑与他族之混合种，史有明证，他帝母氏多属汉姓，是否汉胡之混合种，姑不具论；然诸帝多一祖三宗之后，固杂有北族之血统矣。隋季群雄纷起，以李密、王世充为强，世充祖西域胡。密先为襄平人，曾祖亦冠虏姓。（密曾祖弼为徒何氏）至唐初功臣有封户者，若长孙无忌、尉迟敬德（户皆千三百）、长孙顺德（户千二百），安兴贵、安修仁、屈突通（户皆六百）等，虽属代北西胡后裔，[39]亦久同化于汉人。盖自魏晋以降，杂居与入侵之诸族，多与北方之汉族混合，已非纯粹之外族。隋唐以汉族而杂诸族之血统，亦非纯粹之汉族也。南朝之汉族，血统上虽比较纯正，而自陈之亡，南人于北。故吾论隋唐之历史，以为属于汉胡混合之北方之统系也。[40]

种族之强弱，恒视其血胤气脉之繁杂与单简。隋唐民族承魏晋以来汉胡混合之果，视春秋战国民族大混合后之秦汉为复杂，故国威之发扬，逾于秦汉。唐太宗之英武，亦可谓汉胡民族精英之结晶。[41]然隋唐历史，不独前所述统一之盛与疆土之开拓，基于汉胡混合之北统也，其治道文教，政制风俗，亦多渊源北朝。元魏齐周，皆行授田之制。（见上章）隋初男丁给永业露田，一遵后齐之法，赋调则依周制。丁男一床，租粟三石，桑土调以绢绝，麻土调以布，绢绝以匹，加绵三两，布以端，加麻二斤，嗣减调绢一匹为二丈。唐制一夫受田百亩，亦以二十亩为永业，余为口分，赋役之制，曰租、曰庸、曰调，租"每丁岁输粟二石，调则绢绝布，并随乡土所出，绢绝各二丈，布则二丈五尺，输绢绝者绵三两，输布者麻三斤。"[42]庸役两旬，不役则输绢六丈。此田制赋役之因袭北朝也。西魏行府兵制，隋仍其旧，置十二卫，（曰翊卫、曰骁骑卫、曰武卫、曰屯卫、曰御卫、曰侯卫，各分左右，皆置将军。）以分统诸府之兵。"唐兴因之，诸府总曰折冲府。凡天下十道，置府六百三十四。"（"凡府三等，兵千二百人为上，千人为中，八百人为下，凡当宿卫者番上，兵部以远近给番，五百里焉五番，千里七番，一千五百里八番，二千里十番，外为十二番，皆以月上，若简留直卫者，五百里为七番，千里八番，二千里十番，外为十二番，亦月上。皆见《新书·兵志》。"）而关内道之旧为北周地者，独有府二百六十有一，此兵制之因袭北朝也。他若言治道文章，则自宇文泰召苏绰参典机密，绰奏六条诏书为治之要领，（见上章）泰又以"自有晋之季，文章竞为浮华，遂成风俗，泰欲革其弊，因魏主祭庙，命绰（仿《尚书》）为大诰，奏行之，自后文笔皆依此体。"[43]"宇文氏灭高齐而以行于山东，隋平陈而以行于江左，唐因之而治术文

· 163 ·

章咸近于道"焉。[44]言望族门第,则北朝之"七姓十家",(魏太和中,定四海望族,以陇西李宝、太原王琼、荥阳郑温、范阳卢子迁、卢泽、卢辅、清河崔宗伯、崔元孙、前燕博陵崔懿、晋赵郡李楷,凡七姓十家为冠。)唐世仍为盛门,唐太宗尝诏高士廉、韦挺、岑文本、令狐德棻等刊正姓氏,类其等第,为氏族志。崔幹仍居第一。(太宗抑为第三),[45]文宗欲以真源临真二公主降士族,亦有"民间修婚姻,上阀阅,我家二百年天子,顾不及崔卢"[46]之叹。唐百官内官以宰相为最重。据《新书·宰相世系表》,"唐宰相三百六十九人,凡九十八族,"而清河博陵崔氏凡十房有三十二人,赵郡李氏十七人,荥阳郑氏九人,陇西李氏与范阳卢氏亦各有八人焉。言法律则"魏太和中置律博士,诏但用郑氏(玄)章句,唐律本隋。由魏而周而隋,渊源具在。"[47]言仪卫,则"唐之车辂,因周隋遗法,损益可知。而祭服皆青,朝服皆绛,常服用宇文制,以紫绯绿碧分品秩,"[48]以及百官乘马,靴为朝服,及佛教造像刻经等,[49]殆无一不沿自北朝。南朝政学,如唐制州县有畿赤望紧雄上中下之别,本于梁朱异之分诸州为五品,以大小为守牧高下之差,定升降之等,唐人《五经疏》,《易》、《书》、《左传》皆从南学等,虽间有一二承用,[50]然撫略言之,六朝之政教风俗,盖自陈亡而几几乎绝矣。

隋唐之一统,自种族言之,不徒上承汉魏以来诸族混合之果也,亦容纳当时无数之四夷,加入无数之外族血统。隋代享国虽短,四夷之入中国者则甚众,《隋书·音乐志》称,"高祖受命惟新,八州同贯,制氏全出于胡人,迎神犹带于边曲。开皇初,置七部乐,日国伎、清商伎、高丽伎、天竺伎、安国伎、龟兹伎、文康伎,又杂有疏勒、扶南、康国、百济、突厥、新罗、倭国等伎。"当时异域音乐师之入中国,概可想见。《党项传》又言"开皇四年(五八四),有千余家归化。"而《新唐书·诸夷蕃将列传》所载唐初蕃将,如史大奈(西突厥特勒)、冯盎(高州土酋)、李谨行(靺鞨人)等与所领之部众,亦皆自隋世内附者。《通鉴》载"恭帝义宁元年(六一七),西域商胡何潘仁入司竹园为盗,有众数万。"[51]以京兆一商胡,乘隋之乱,能拥众至数万,可见隋时西胡在长安之势力。其所拥之众,亦必有不少胡人在内。故《隋书·地理志》言"京兆人物混淆,华戎杂错"也。至唐则各方面皆臻极盛,唐初突厥、高昌、薛延陀、龟兹、百济、高丽、吐蕃、党项、奚、契丹等部入降入徒者,加太宗贞观四年李靖破突厥,俘男女十余万。李世勣虏五万余口。突厥诸部降唐者十万口。入居长安者近万家。十四年(六四〇),侯君集讨高昌虏七千余口。十九年,李世勣等征高丽,前后获口十八万。高丽惠真帅其众三万八千六百人来降。二十年,李世勣追击薛延陀,前后虏三万余人。二十二年,阿史那社尔攻龟兹,虏男女数万口。高宗永淳元年(六八二),薛仁贵将兵击突厥余党阿史德元珍,捕虏二万余人。则天皇后天授元年,(六九〇),西突厥斛瑟罗收十姓余众六七万人入居内地。长寿元年(六九二),吐蕃党项部落万余人内附。别部酋长昝插率羌蛮八千余人内附。圣历二年(六九九),吐蕃论赞婆帅所部千余人来降。论弓仁以所统吐谷浑七千帐来降。玄宗开元四年(七一六),奚契丹拔曳固等诸部内附。二十年(七三二),奚酋李诗琐高帅五千余帐来降。天宝四载(七四五),突厥毗伽可敦帅众来降之类。[52]多至百十万,合之兵将私人之虏获,盖难悉计。此可证者一也。唐初征伐攻取,每用蕃将,如阿史那社尔、阿史那忠(皆突厥)、契苾何力(铁勒)、黑齿常之(百济西部人)、泉男生(高丽盖苏文子)、李多祚(靺鞨)、论弓仁(吐蕃)、尉迟胜(于阗国王)、尚可孤(鲜卑别种)等,多以功勋著。[53]其所将者,亦多系蕃兵。自开元末李林甫请颛用蕃将为边帅,至天宝中,诸道节度使尽属胡人,营州杂胡安禄山卒以平卢兼河东范阳节度使乱天下。逆党以丑类为主,而官军亦以"碛西突厥骑西北诸戎"为主力。[54]肃代以后,河北三镇,犹为安史余孽,自余藩镇,亦多降夷后裔。[55]《新书·宰相世系表》载唐三公三师以军功进者二十人,而蕃胡适居其半,(李光弼、李抱玉、李正己、李宝臣、李光颜、李克用、王思礼、王镕、乌重胤、仆固怀恩。)唐中叶后汉将将蕃兵者,如范希朝将沙陀众万余,刘沔将吐浑契苾沙陀部万人,石雄将沙陀契苾拓跋杂虏三千骑之类,[56]亦史不绝书。此可证者二也。自贞观以来，每元正朝贺，四夷酋长使者，常数百千人。故《旧书·西戎传》赞有"大蒙之人，西方之国，与时盛衰，随世通塞，勿谓戎心，不怀我德，贞观开元，藁街充塞"之言，而武后定都洛阳，亦置来庭县廨于从善坊，以领四方蕃客。安史乱后，唐盛远不如昔，然代宗世"回纥负功，使者相蹑，复常参以九姓胡，往往留京师至千人。"[57]德宗即位，命使者董突尽率其徒归国，至振武，为张光晟击杀九百余人，而西胡留长安仰给于鸿胪者，王以下犹多至四千人。[58]此可证者三也。唐世盛行夷乐，《新书·礼乐志》载"唐东夷乐有高丽、百济，北狄有鲜卑、吐谷浑、部落稽，南蛮有扶南、天竺、南诏、骠国，西戎有高昌、龟兹、疏勒、康国、安国。凡十四国之乐。""唐之盛时，凡乐人音声人太常杂户子弟隶太常及鼓吹者，皆番上，总号音声人，至数万人。"虽乐舞夷夏杂用，夷乐亦多夏人传习，然北齐周隋，夷乐多用西胡。唐世西胡，如白明达、米嘉荣、米和郎、米禾稼、米万槌、曹保、曹善才、曹纲、康昆仑、康迺、安叱奴、安万善、安辔新等，亦多以音乐著称，此可证者四也。唐时外教，有佛教、火祆教、景教、摩尼教等，以佛教为最盛。释道宣《续高僧传》，与释赞宁《宋·高僧传》中异国名僧有专传者，都四十余人。观《宋·高僧传·义净传》所载助译之人，如达磨末磨、拔弩、达磨头陀、伊舍罗；李释迦度颇多、瞿昙金刚、阿顺等，皆无专传，则立专传者，亦不过占名僧之极少数。此外来唐僧俗，不知凡几矣。武宗会昌五年（八四五），用道士赵归真议，罢黜佛法，并毁外来他教，"勒大秦（景教徒）、穆护（摩尼教徒）、祆（火祆教徒）三千余人还俗，不杂中华之风。"[59]大秦摩尼火祆，多为流寓中国之西域人、回纥人所崇奉，一时还俗者至三千余人，异域僧徒之众可知。此可证者五也。唐人笔记常言长安商胡胡店及广州、洪州、扬州诸地，波斯、大食等胡贾事，[60]唐人之视西胡商贾，殆无异今人之视沪港洋行巨商。洪州胡贾，今不知其多寡，长安商胡，代宗时多至数千人。[61]扬州则肃宗时刘展之叛，商胡波斯为田神功所杀者，亦数千人。而广州尤众。《新书·卢钧传》称其地"蕃华错居，相婚嫁，"《本纪》亦载昆仑、波斯、大食、杀都督路元叡及寇广州事,[62]外史则谓黄巢破广府之际,回教徒、犹太人、基督教徒、火教徒被杀者,达十二万至二十万之数。[63]此可证者六也。唐时俘虏外夷,多以充奴隶,今关洛所发唐墓,男女蕃俑至伙。以送死者之众,其养生者可知,故李庚《西都赋》有"室有蕃儿"之言,[64]而诱掠贩卖者亦多。《新书·新罗传》载张保皋自中国归,谒其王,至谓"遍中国以新罗人为奴婢"。此外又有昆仑奴,大抵为南海黑人及由大食贾人输入中国之非洲黑奴。亦时见唐人著述中。(今发掘蕃俑亦多昆仑奴像)而海贼冯若芳掠波斯人为奴婢,其居处至南北三日行,东西五日行。[65]此可证者七也。诸族杂居中土,多与汉人通婚媾,吾华民族,遂加入无数之外族血统。而各族才智之士,垂名青史者,如新罗之金仁问,"多读儒家之书,兼涉老庄浮屠之说,七入大唐,在朝宿卫,计月日凡二十二年。"崔致远为高骈从事,"表状书启,传之至今。"(名桂苑笔耕集)日本之阿倍仲麻吕,在唐五十四年,多所该识。藤原清河"为遣唐大使,趋揖有异。"契丹之李光弼,"与郭子仪齐名,而战功推为中兴第一。"铁勒之浑瑊,"通春秋汉书,天性忠谨。"阿铁(铁勒部落)之李光进光颜兄弟,"禀气阴山,率多令范。"于阗之尉迟乙僧,"善画佛像,精妙之状,不可名焉。"疏勒之慧琳,"撰大藏音义一百卷,京邑之间,一皆宗仰。"康居之法藏,"利智绝伦,为华严宗第三祖。"印度之瞿昙悉达,撰《开元占经》,"征引古籍,极为浩博。"安息之李元谅,"节度陇右,西戎惮之。"波斯之李珣及其弟妹,雅有诗名。大食之李彦昇,大中初以进士第名显等。[66]其文章事功气节,多卓然可称。唐太宗尝谓侍臣曰,"自古帝王虽平定中夏,不能服戎狄,朕才不逮古人,而成功过之,所以能及此者,自古皆贵中华,贱夷狄,朕独爱之如一,故其种落皆依朕如父母。"[67]观诸人之多折心于吾华文教,虽非全属帝王抚绥怀柔之效,然中国民族,实随唐室国威之发扬而益大,华夏文化,亦因以益增其光荣焉。

　　隋自杨坚代周,至恭帝侑禅于唐,凡三主,三十七年。(五八一至六一七)。开皇九年以前,与陈南北对峙,自灭陈统一后计之,都二十九年（五八九至六一七），而越王侗称帝于东都者复二年。[68]

```
          ┌─(一)文帝杨坚（在位二十四年统一后在位十六年）─┐
          ├─勇
          ├─(二)炀帝广（十三年）──昭──┬─(三)恭帝侑（二年）
          │                              └─(四)恭帝侗（二年）
          └─秦王俊──浩（宇文化及弑帝立浩火帝寻复杀之）
```

隋之乱亡，皆炀帝广肆志荒淫之咎。文帝平一四海，内修制度，外抚戎夷，自强不息，朝夕孜孜，虽未能臻于至治，考之前王，足以参踪盛烈。及杨广外勤征讨，内极奢淫，重以官吏贪残，因缘侵渔，百姓困穷，财力俱竭，始相聚为群盗。广虽严刑峻法以临之，而群盗起者益众，广奢虐是矜，毫不知恤。大业十二年（六一六），南游江都，时群雄竞起，贼遍天下，犹复讳亡憎谏，上下相蒙，振蜉蝣之羽，穷长夜之乐，隋虽不二年而亡，广亦被弑江都，而生灵屠割之惨，远烈于秦楚之际焉。李渊以隋太原留守，大业十三年（六一七）七月起兵，十一月入长安，奉代王侑为帝，逾年五月，受侑禅即帝位，改元武德（六一八），是为唐高祖。当渊初起兵时，群雄割据者，都四十有余人，其别号诸盗，往往屯聚山泽。渊遣次子世民驰驱扫荡，初平陇右，定关西，次东向定河南北地，寻遣将平定东南，僭伪诸国，以次翦灭，（除据朔方之梁师都至太宗贞观二年始平外，余悉于武德世或降或灭。）海内复一统矣。武德元年，世民平陇右归也，史称"高祖令李密（初据洛口，略河南诸郡，致众百万，后为王世充所败，乃降唐），驰传迎太宗于豳州，密见太宗天姿神武，军威严肃，惊悚叹服。私谓殷开山曰：真英主也，不如此，何以定祸乱乎。"[69] 是知李世民之英武，实足以折服当时群雄，有唐之廓清天下，亦几全赖世民之力。其后世民杀兄太子建成，与弟齐王元吉，高祖乃以世民为太子，未几受内禅，即帝位，亦皆导源于此焉。

唐自李渊受隋禅称帝，传至昭宣帝，为朱温所篡，凡二十主，二百八十九年（六一八至九〇六）。

```
                                  则天皇后武氏（十六年）[70]
                                         ‖
(一) 高祖李渊（九年）——(二) 太宗世民（二十三年）——(三) 高宗治（三十四年）┐
┌─────────────────────────────────────────────────────────────────────┘
├(四) 中宗显（六年）
└(五) 睿宗旦（七年）——(六) 玄宗隆基（四十三年）——(七) 肃宗亨（七年）┐
┌─────────────────────────────────────────────────────────────────────┘
├(八) 代宗豫（十七年）——(九) 德宗适（二十五年）——(十) 顺宗诵（八月）┐
│                                                    ┌(十三) 敬宗湛（二年）
│                      ┌(十二) 穆宗恒（四年）────────┼(十四) 文宗昂（十四年）
└(十一) 宪宗纯（十五年）┤                            └(十五) 武宗炎（六年）
                       └(十六) 宣宗忱（十三年）——(十七) 懿宗漼（十四年）┐
┌─────────────────────────────────────────────────────────────────────┘
├(十八) 僖宗儇（十五年）
└(十九) 昭宗晔（十五年）——(二十) 昭宣帝祝（三年）
```

史称唐有天下，其可称者三君曰太宗、玄宗、宪宗，而太宗尤著。"其除隋之乱，比迹汤武，政治之美，庶致成康，自古功德兼隆，由汉以来未之有也。"[71]虽其内臻上理，外詟国威，亦多房玄龄、杜如晦、王珪、魏徵、李勣、李靖诸臣夹辅之力，然观吴兢编《贞观政要》所载太宗与群臣论治之言，通达治体，实秦汉以来所仅见。魏徵、王珪、温彦博、虞世南等直谏时政得失，帝亦悉听纳之。君臣之间，亦直追都俞吁咈之盛矣。[72]高宗永徽初政，有贞观遗风，及五年（六五四），纳太宗才人武氏于后宫，明年，立为皇后。后初与李义府、许敬宗等相济为奸，高宗内牵嬖阴，外劫诐言，于是元老大臣，相次屠覆，后得肆志攘取威柄。自显庆元年（六五六）后，高宗苦风疾，百司奏事，时时令后决之，常称制，后遂专宠与政，而唐政一出于后。弘道元年（六八三），高宗崩，中宗立，后自临朝称制，旋废帝立豫王旦，既乃改国号曰"周"，称皇帝。以豫王旦为皇嗣，改姓武。立武氏七庙。史称"武氏之乱，唐之宗室，戕杀殆尽，其贤士大夫不免者十八九。以太宗之治，其遗德余烈在人者未远，而几于遂绝。"[73]其为恶盖逾于褒氏之灭宗周，而其忍亦千古所未有。然后有权略，能用贤才，若娄师德、狄仁杰、张柬之辈，咸集于朝，即开元名臣如姚崇、宋璟等，且多出其选焉。[74]及后老且病，张柬之、崔玄晖等举兵斩后诸嬖幸，迫后禅位，中宗复辟，复国号唐。而皇后韦氏复干预朝政。如武后在高宗时。中宗女安乐公主等，亦皆依势用事，失政不可胜纪。韦后寻与安乐公主毒弑中宗，而立温王重茂，后自摄政，临淄王隆基起兵讨韦氏，并其党皆伏诛，迎其父相王旦复位，寻受内禅，是为玄宗。玄宗即位之初，姚崇、宋璟相继入相，"崇善应变，以成天下之务，璟善守文，以持天下之正，"[75] 二人协心辅佐，使赋役宽平，刑罚清省，百姓富庶。帝又内奖文学，外宣国威，唐室遂臻于极盛。然御宇既久，侈心渐动，开元二十二年（七三四），相李林甫，天宝元年（七四二），以安禄山为平卢节度使，三载（七四四），兼范阳节度使，十载（七五一），兼河东节度使，"总三道以节制，刑赏在己。"[76] 寿王妃杨氏于开元末入宫，天宝四载（七四五），亦进册贵妃。禄山专兵于外，杨氏蛊惑于内，而林甫固宠持权，蔽欺天子耳目。及林甫死（七五二），贵妃从祖兄国忠继相，妒贤害功，一如林甫。朝野怨咨，政刑纰缪，而帝方色荒志怠，"穷天下之欲，不足为其乐，而溺其所甚爱，忘其所可戒，至于窜身失国而不悔。"[77] 读杜甫《哀江头》诗，白居易《长恨歌》，不胜一代盛衰之感焉。肃代中材之主，赖中外同心，安史之乱虽平，然自是祸乱纷起，一统之盛，不可复睹。初唐以来之制度，亦皆百弊丛生，寖失初意，或迭经变革，名存实亡焉。

　　唐代制度，最著者曰田制赋役，曰府兵，说已见前。自余与后世关系较巨者，曰职官制与选举制。自魏晋以来，以尚书令、中书令、侍中诸职分理国家政务。后周建六官之职，隋文践极，复废周官，还依汉魏。炀帝大业中，行新令，遂以尚书、门下、内史三省为中央政府最高机关。唐亦因之（惟改内史省复为中书省），然其设官之意义有与魏晋迥不相侔者，魏晋之世，尚书令等不过帝皇之私属，唐则侍中中书令暨尚书左右仆射等，皆是"真宰相"。[78]"其余以他官参掌者，但加同中书门下三品，及平章事，知政事，参知机务，参与政事，及平章军国重事之名者，并为宰相。"[79] 与汉之丞相及行丞相事者同其职权是也，考唐制，"中书省（其长为中书令，下有侍郎舍人等），以献纳制册，敷扬宣劳，"取旨议决机关也。"门下省（其长为侍中，下有侍郎，给事中等），以侍从献替，规驳非宜，"审覆监督机关也。"尚书省（其长初为尚书令，后为左右二仆射，下设左右丞），以统会众务，举持绳目，"奉行执行机关也。（此外尚有秘书省以监录图书，殿中省以供修膳服，内侍省以承旨奉引，御史台以肃清庶僚，九寺五监以分理群司，六军十六卫以严其禁御，及东宫诸府以俾乂储宫，牧守督护以分临畿服，详见《通典》卷十九至三十四，《职官典》一至十六。）凡军国大事，中书舍人各书所见，（谓之五花判事）[80]中书侍郎中书令省审之。敕旨既下，皆先经门下省，由给事中侍郎侍中等审署，事或不便与旨有违失，并得驳正封还。[81]而尚书省奉行政令，分立吏、户、礼、兵、刑、工六部，（六部奉于隋，迄清末始改，部有尚书、侍郎、郎中、员外郎等，亦沿用至清季）[82]举天下之事毕隶焉。观开元中所修《六典》，设官分职，备极详密，弘纲巨旨，粲然明备，实足与周官颉颃。就其总者言之，如官司之奏报，文牍之施行，皆有定式，[83]吾人今日尚远逊其完密焉。然自太宗时"大省内官，凡文武定员六百四十有二而已。"[84]高宗武后世，仕进之门日广，擢拜多不以次，人皆弃农、桑、工、商而身趋之。《通典》所载"内外文武官员凡万八千八百五，（内二、六二〇，外一六、一八五）"诸色胥吏，"总三十四万九千八百六十三，（内三五、一七七，外三一四、六八六。）都计三十六万八千六百六十八人。""当开元天宝之中，四方无虞，百姓全实，大凡编户九百余万，吏员虽众，经用虽繁，人有力余，帑藏丰溢，纵或枉费，不足为忧。"[85]安史乱后，黎庶凋瘵，出租赋者锐减，而食租赋者额则依旧，俸复倍增。且方镇外叛，宦官内横，朝廷百司，多不能举其职。冗官厚禄，遂为大病。朝廷以府库无蓄积，不足以供赏赉，复专以官爵赏功，名器亦由是而日滥焉。隋鉴九品中正制之弊，改荐举为考试，文帝始建秀才科，炀帝更建进士科，以策问及诗赋取士，至唐而科举之制益备。"大要有三：由学馆者曰生徒，由州县者曰乡贡，皆升于有司而进退之。其科之目，有秀才、有明经、有进士、有俊士、有明法、有明字、有明算、有一史、有三史、有开元礼、有道举、有童子。而明经之别，有五经、有三经、有二经、有学究一经、有三礼、有三传、有史科,此岁举之常选也。其天子自诏者,曰制举。所以待非常之才焉。"[86]著于令者大略如此,而有司选士之法,则因时损益不同。初以秀才科为最高,"贞观中,有举而不第者,坐其州长,由是废绝。自是士族所趋向,唯明经、进士二科而已。"[87]明经先试帖文,(以所习经掩其两端,中间开唯一行,裁纸为帖)后试经义及对策。进士则试帖文对策外,兼试诗赋,故难易迥殊。(因帖经仅资记诵,对策多可抄袭,诗赋则非可强为),其进士大抵得第者百一二,明经倍之,得第者十一二。开元以后,四海晏清,士耻不以文章达,故进士为尤贵,终唐之世,"得人亦最为盛。岁贡常不减八九百人。缙绅虽位极人臣,而不由进士者终不为美。"[88]九品中正之弊致成贵族政治,矫之以科举,而后贡选考试机会均等,不特泯贵族平民之阶级,庶民之优秀者,亦得与贵族均享政权。是即《礼运》所谓"选贤与能,天下为公"也。然自科举侧重文辞,"进士以声韵为学,多昧古今,明经以帖诵为功,罕穷旨趣。"[89]故当开元盛世,杜佑已有"选贤授任,多在艺文,才与职乖,法因事弊,隳循名责实之义,阙考言询事之道。崇侈之所至,美价之所归,不无轻薄之曹,浮笔之伍,习程典,亲簿领,谓之浅俗,务根本,去枝叶,目以迂阔。风流相尚,奔竞相趋,职事委于郡胥,货贿行于公府"之叹。[90]尚浮华而不务实际,遂为唐以下士子之通病矣。又自魏晋以来,多沿汉制设立国学,而唐制最备。自"国子"、"太学"、"四门"外,复有"律学"、"书学"、"算学",其学生以阶级定之,[91]皆隶于国子监。(其地方亦各有学校,设博士助教等教之,)当太宗世,学风最盛,增筑学舍至千二百区,学生多至八千余人。为汉后未有之盛事。高宗龙朔中,东都亦置国子监。于时场籍率先两监而后乡贡,诸以文儒亨达,鲜不由两监者。天宝中,且尝令举人专由国学及郡县学。(越二载,又复乡贡,)盖唐制学校亦科举之一法,固与汉以国学为讲学地者异也。然自天宝后,学校遂衰,生徒流散,不逮盛时什一。且或"堕窳败业而利口舌",或"崇饰恶言而肆斗讼",或"凌傲长上而诟骂有司",[92]学风之坏,亦颇为时人所讥焉。

天下大政，曰财曰兵，唐代田赋兵制之变迁为古今大判之枢纽者，亦悉导源于玄宗世。自开天以来，因承平日久，户口岁增，授田之制，久成具文。庶民死徙及贫无力者，田亩随以换易，国有土地复为民有，官吏豪富兼并之风亦日甚。又"租庸调法，以人丁为本。开元后，久不为版籍，法度废弊，至德后，天下兵起，人口凋耗，版图空虚，赋敛之司，莫相统摄，纪纲大坏，王赋所入无几，科敛凡数百品。吏因其苛，蚕食于人，富人丁多者以宦学释老得免，贫人无所入，则丁存，天下残瘁，荡为浮人，乡居土著者，百不四五。""德宗时，杨炎为相，遂作两税法。夏输无过六月，秋输无过十一月，置两税使以总之。凡百役之费，先度其数，而赋于人，量出制入。户无主客，以见居为簿，人无丁中，以贫富为差，不居处而行商者，在所州县，税三十之一，度所取与居者均，使无侥利。其租庸杂徭悉省，而丁额不废。其田亩之税，以大历十四年垦田之数为定，而均收之，岁敛钱二千五十余万缗，米四百万斛以供外，钱九百五十余万缗，米千六百余万斛以供京师。天下便之。"[93]后世田赋分为夏秋两税，又不计土壤高下，沿各地旧数而均收之，皆本杨炎之法。而古者均地均赋之义亡矣。"自高宗武后时，天下久不用兵，府兵之法寖坏，番役更代，多不以时，卫士稍稍亡匿。"至开元时，"益耗散，宿卫不能给，宰相张说乃请一切募士宿卫，共十二万，号长从宿卫。"后"更号曰彍骑。然自是诸府士益多不补，折冲将又积岁不得迁，士人皆耻为之。""天宝以后，彍骑之法，又稍变废，士皆失拊循，八载，折冲诸府至无兵可交。"时李林甫为相，遂请停上下鱼书，林甫已先奏诸军皆募人为兵，宋后普遍之募兵制，又自此昉也。安史乱后，藩镇势盛，方镇之兵，复纷纷并起。"盖唐有天下二百余年，而兵之大势三变，其始盛时有府兵，府兵后废而为彍骑，彍骑又废而方镇之兵盛矣。及其末也，强臣悍将兵布天下，而天子亦自置兵于京师，曰禁军。其后天子弱，方镇强，而唐遂以亡"焉。[94]

\* \* \*

唐中叶后之祸乱，大者凡三：曰方镇、曰外夷、曰宦官。其端多由玄宗启之，而方镇之影响尤大。"方镇者，节度使之兵也，原其始，起于边帅之屯防者。唐初，兵之戍边者，大曰军，小曰守捉，曰城、曰镇，而总之者曰道。道有大将一人，曰大总管，已而更曰大都督。太宗时，行军征讨曰大总管，在其本道曰大都督。自高宗永徽以后，都督带使持者，始谓之节度使，然犹未以名官，（睿宗）景云二年（七一一），以贺拔延嗣为凉州都督河西节度使。"[95]节度使之官由此始。然犹第统兵，而州郡自有按察等使司其殿最。至开元中，朔方、陇右、河东、河西诸镇，皆置节度使，每以数州为一镇，节度使即统此数州，州刺史尽为其所属，故节度使多有兼按察使、安抚使、支度使者。既有其土地，又有其人民，又有其甲兵，又有其财赋，于是方镇之势日强。又"自唐兴以来。边帅皆用忠厚名臣，功名著者。往往入为宰相，其四夷之将，虽才略如阿史那社尔、契苾何力，犹不专大将之任，皆以大臣为使以节之。及开元末，李林甫欲杜边帅入相之路（以久己权），以胡人不知书，乃奏言文臣为将，怯当矢石，不若用寒畯胡人，胡人则勇决习战，寒族则孤立无党，陛下诚以恩洽其心，彼必能为朝廷尽死。玄宗悦其言，始用安禄山，"[96]初为营州都督充平卢军使，寻兼范阳节度使，后又兼河东节度使，专三镇劲兵，积十四年不徙，卒称兵"陷南京。肃宗起灵武，而诸镇之兵共起诛贼，其后禄山子庆绪及史思明父子继起，中国大乱，肃宗命李光弼等讨之，号九节度之师，"[97]卒倚镇兵及回纥等外兵之力，代宗初元，乱事弭平，而方镇之割据，则较前益甚。《新唐书·藩镇传》称"安史乱天下，至肃宗大难略平，君臣皆幸安，故瓜分河北地付授叛将，（魏博田承嗣、成德李宝臣、卢龙李怀仙，是谓河北三镇，皆史思明余党也。）护养孽萌，以成祸根，乱人乘之，遂擅署吏以赋税自私，不朝献于廷，效战国肱髀相依，以土地传子孙，胁百姓，加锯其颈，利怵逆污，遂使其人，自视犹羌狄然。一寇死，一贼生，讫唐亡百余年，卒不为王土。当其盛时，蔡附齐连，内裂河南地，为台从以抗天子。杜牧至以山东，王不得不王，霸不得不霸，贼得之，故天下不安（按此引牧罪言）。又曰：大历贞元之间，有城数十，千百卒夫，则朝廷贷以法故，于是阔视大言，自树一家，破制削法，角为尊奢，天子不问，有司不呵，王侯通爵，越禄受之，觐聘不来，几杖扶之，逆息虏胤，皇子嫔之。地益广，兵益强，僭拟益甚，侈心益昌，土田名器，分划大尽，而贼夫贪心，未及畔岸。淫名越号，走兵四略，以饱其志，赵、魏、燕、齐，同日而起，梁、蔡、吴、蜀，蹑而和之，其余混顽轩嚣欲相效者，往往而是。（按此本牧守论）"兵志则曰，"大盗既灭，而武夫战卒以功起行阵列为侯王者，皆除节度使，由是方镇相望于内地，大者连州十余，小者犹兼三四。故兵骄则逐帅，帅强则叛上，或父死子握其兵而不肯代，或取舍由于士卒，往往自择将吏，号为留后，以邀命于朝，天子顾力不能制，则忍耻含垢，因而抚之，谓之姑息之政。盖姑息起于兵骄，兵骄由于方镇，姑息愈甚，而兵将愈俱骄，由是号令自出，以相侵击，虏其将帅，并其土地，天子熟视，不知所为，反为和解之，莫肯听命。"盖自肃代姑息为政，养痈以遗患，德宗继之，始以强明自任，然有求治之志，而不知任贤，李泌、陆贽诸名臣，类委任不终，而信奸臣卢杞、裴延龄等，赋敛繁重，果于诛杀，以致藩镇之乱屡见，奔走不遑。逮其晚节，偷懦之政，甚于祖考。宪宗刚明果断，任贤相名将，若杜黄裳、李绛、武元衡、裴度、李愬、高崇文辈，内修政事，外勤强藩，首平夏蜀，继平淮西淄青，河北诸镇，亦先后归命，尽遵朝廷约束，唐室号称中兴。惜末年意寝骄侈，好进奉，惑异端，任宦官，卒身陷大祸。崩后未几，穆宗怠荒厥政，河北复叛，迄于唐亡，不能复取。《旧书·地理志》备志肃宗至德后要冲大郡之节度观察等使，凡四十有余镇，《新书》（卷六十四至六十九）则别立"方镇表"，总表一代方镇，又取魏博、成德、卢龙、淄青、淮西等镇擅兴若世嗣者，为"藩镇传"。（卷二一〇至二一四）自汉季以来，镇帅之权渐重，封建之势益轻，至唐中叶。皇子弟之封王者不出阁，诸臣之封公侯者不世袭，封建之制，几尽废矣。而强藩乃私其土地甲兵人民而世守之，同于列国。马端临封建考本《新书·藩镇传》，述诸镇传授之次第，以继唐室诸王之后，下及五代之十国，与凤翔李茂贞等，亦皆列诸封建。[98]盖方镇之世袭，亦无异古之异姓诸侯也。然"方镇始也各专其地以自世,既则迫于利害之谋,故其喜则连衡而叛上,怒则以力而相并,及其甚则起而弱王室,"[99]其祸且视封建为尤烈。"僖昭之代,汴、晋、岐、蜀,狼据虎吞,卒裂三百年之唐而沼之"焉。[100]

唐当开天极盛之世,四夷已多逞其野心,及安禄山以北边诸镇兵内犯两京,肃宗招西北诸镇兵以讨贼,边镇之兵,相斫于腹里,而"诸郡当贼冲者,皆置防御守捉使,""要冲大郡,皆有节度之类。"[101]于是强臣悍将,兵布天下,而边备益虚。四夷遂益不可制。东则新罗,东北则渤海。玄宗世,朝鲜半岛土地,已多为新罗所占领,高丽北境,则多入于渤海。唐惟日益退让。禄山乱起,肃宗并退徙辽西之安东都护府亦废之。自汉季高丽、百济、新罗三国鼎立半岛之局,至是又由百济高丽之灭亡,变成新罗之统一。而渤海又称雄于东北,当唐中叶后,"讨伐海北诸部,开大境宇,""地有五京、十五府、六十二州,""为海东盛国"。[102]唐仅能以新罗、渤海为外臣。北则回纥,天宝初,击灭突厥余孽,(突厥至是亡)"斥地愈广,东极室韦,四金山,南控大汉,尽得古匈奴地。"唐安北大都护府亦一再内徙。及安史之乱,肃宗资其兵以复京畿,代宗资以平河朔,回纥遂掠东京,"略华人,辱太子,笞杀近臣,(右羽林卫将军魏琚与中书舍人韦少华)求索无倪。"[103]又时寇唐边,唐室为之虚耗。河北诸镇为乱,亦多厚与回纥相结约。至武宗世,回鹘(德宗时,回纥毗伽可汗请易回纥曰回鹘,言捷鸷犹鹘然。)南窥幽州,为卢龙节度使张仲武所破,回鹘始衰焉。远西则大食,唐初勃兴于西亚,以阿拉伯半岛为根据地,挟其刚强勇敢之回教徒,执可兰刀剑以侵四境。高宗世灭波斯,更次第东向,蚕食乌浒河以北地,又南向屡侵天竺。开元初,征服西部土耳其斯坦、安国、俱密、康国、吐火罗等国,诸国虽赤心向唐,上表乞援,玄宗亦不能救也。天宝六载(七四七),唐安西副都护高仙芝讨小勃律,平其国,史称"于是拂林大食诸胡七十二国,皆震恐归附。"[104]十载,仙芝又将兵袭破石国,虏其王献阙下,闻大食将兴师,仙芝领兵深入,"及大食战于恒逻斯城,败绩,"[105]仙芝逃归,大食自是领有中亚势力直扩张至葱岭以东。禄山乱起,唐天子且借大食之兵收复两京矣。西则吐蕃,吐蕃今西藏也,唐初始与中国通。太宗以宗女文成公主妻吐蕃赞普弄赞,吐蕃自是袭华风,势日张雄。安史乱起,"边侯空虚,吐蕃乘隙暴掠,""赞普遂尽盗河湟,薄王畿为东境,犯京师[代宗广德元年(七六三)十月,吐蕃入长安,衣冠皆南奔荆襄,或逋栖山谷,凡留京师十五日,乃走]掠近辅,残蹴华人,谋夫虓帅,圜视共计,卒不得要领。"[106]其为患视回纥尤烈矣。吐蕃既侵河陇,北庭、安西两大都护府与唐隔绝,以李元忠郭昕坚守,不下,阎朝亦固守沙州,然至德宗世卒尽亡。惟宣宗时,沙州义民张义潮乘房运中衰,崛起与蕃寇竞,经营十数年,卒复河陇,提挈开天之旧疆而归之天子,吐蕃亦因之衰绝焉。[107]西南则南诏,自玄宗初寖骄大,天宝中以边吏失抚驭,忿怨反,唐再讨之皆大败,会禄山反,益乘衅攻陷唐剑南道西南二徼地,破降诸蛮国。至文宗世,复"大入成都,自越巂以北八百里,民畜为空。"[108]还,掠子女工技数万而去。懿宗初,王酋龙遂僭称皇帝,建元建极,号大礼国。后虽为高骈所破,国势寖衰,然唐室之亡,卒以防诏戍兵之变导其祸焉。[109]

唐室宦官之祸,亦始于玄宗。玄宗晚年,耽晏游,渐使宦者省决奏请。时高力士辈,势倾内外,肃宗在东宫,尝兄事之,将相大臣,多由之进。肃代庸弱,倚宦者为捍卫,故李辅国以尚父显,程元振以援立奋,鱼朝恩以军容重;然犹未得常主兵,但假宠窃灵,挟主势以制下。自德宗惩藩镇之乱,以宦官窦文场、霍仙鸣等掌禁兵,管枢密,倒持太阿而授之以柄,于是揽权树威,挟制中外,居肘腋之地,为腹心之大患。宪宗既及身为陈宏志所杀,穆宗至昭宗八君,自敬宗外,皆为宦官所立,而敬宗复为宦官所弑。史称穆、敬、懿、僖皆昏主,宦官挠权,固已若文宗恭俭儒雅,锐意于治,太和二年(八二八),帝亲策举人,刘蕡极言宦官专恣之害,帝不敢用,后欲倚李训、郑注诛宦官,甘露之事,祸及忠良,不胜冤愤饮恨而已。武宗能用李德裕,宣宗性明察沈断,虽皆稍黜宦官之权,而祸胎愈煽。杨复恭之拥立昭宗也,既自称"定策国老",而目昭宗为"门生天子";及刘季述幽昭宗,至以杖画地责帝曰,某日某事,尔不从我,罪一也,至数十不止。唐室近侍之凶悖,盖视汉明为尤烈。中官出使及监军之患,亦莫有如唐之甚者焉。[110]

方镇叛于外，阉寺横于内，回鹘、吐蕃、南诏继为边害，区夏瘁破，百姓愁苦。及宣宗崩，懿、僖复以昏庸相继，日事奢侈佚游，属连岁旱蝗，耕桑半废，斗米至钱三十千。而赋敛急迫，人民无可告者，诸盗遂相因而起。大中十三年（八五九，时懿宗初立），裘甫乱于浙东，咸通九年（八六八），庞勋反于桂林，虽旋告敉平，而乾符之际，濮州人王仙芝、冤句人黄巢之乱，则河济江淮间，所过无孑遗。及仙芝伏诛，巢复南陷粤桂，北破两京，株乱十年，荼毒几遍中国。唐借沙陀部兵力，仅乃克之。巢党秦宗权鸱张者复数岁，至昭宗立始伏诛。黄巢之败也，其将朱温先降唐，赐名全忠，为宣武军（开封）节度使，而沙陀部酋李克用则以平巢功为河东（太原）节度使。昭宗为人明隽，初亦有志于兴复，然当时国门以外，皆分裂于节镇，"而所谓节镇者，非士卒杀主帅，则盗贼逐牧守，朝廷不能讨，因而命之。大概皆欲互相噬吞，广自封殖，以为子孙传袭之计。江淮以南之蜂起者，其地非英雄所必争，又值中州多故，无暇远略，故皆传世。而北方节镇，其骤兴忽败，不能以一世，多为宣武河东所并。"[111]及昭宗因刘季述之乱，与宰相崔胤谋，召朱全忠入杀宦官，全忠率兵入长安，诛中人无遗类。既又迫帝迁洛阳，弑之而立昭宣帝。又三年弑之而自立，国号梁。其他唐末大镇，亦多先后僭号自立。北则燕王刘仁恭（本卢龙军节度使），晋王李克用（本河东军节度使），西则岐王李茂贞（本凤翔陇右节度使），蜀王王建（本西川节度使），南则吴王杨行密（本淮南节度使），吴越王钱镠（本镇海镇东军节度使），楚王马殷（本武安军节度使），南汉王刘隐（本广州节度使），闽王王审知（本威武军节度使），纷纷并起。其后李克用子存勖，复以晋兵灭梁而为后唐，李嗣源，王从珂，石敬瑭，刘知远，郭威等，又皆以前朝拥兵之镇帅，篡夺而主中原（宋太祖赵匡胤亦然）。唐之方镇，遂蝉蜕而为五代十国。唐固以方镇而亡灭，而方镇之祸，唐亡后犹方兴未艾焉。

自朱温篡唐为梁，盗据中原，后唐与晋、汉、周继之，史称五代。与之并峙者，有吴、南唐、前蜀、后蜀、南汉、楚、吴、越、闽、南平、东汉等十国。五代凡十三君，终始五十三年（九〇七至九五九）。

唐一号而三姓，周一号而二姓，故"天下五代，而实八姓，其三出于丐养。"[112] 十国虽强弱各异，然传世历年，皆永于五代。南汉（六七）、楚（五七）、吴越（八四）、南平（五七）、及闽（五五）五国，其享国且较五代合计为久焉。兹据欧史表五代帝系及诸国兴亡年世如次。

（见下表）

五代十国，皆唐世方镇之支与流裔而并合者，五代土地虽互有大小，其境内莫不多设节度，方镇之祸，亦愈演而愈烈，当时藩郡皆用武人，诸镇贡奉，多用鞍马器械，或以进献而免祸得官。藩帅之劫财，甚于盗贼，幕僚之生命，视同草芥。自余横征无艺，酷刑滥杀，既多前世所无，朝廷之姑息与兵将之骄纵，亦皆视唐有加。唐世军士已废立镇帅，至五代其风益甚，往往害一帅，立一帅，有同儿戏。唐明宗李嗣源，废帝王从珂，周太祖郭威，亦皆由军士策立。盖拥立藩镇，则主帅德之畏之，旬犒月宴，若奉骄子，虽有犯法，亦不敢问，拥立天子，则将校皆得超迁，军士又得赏赐剽掠，藩镇既由兵士拥立，其势遂及于帝王，亦风会所必至矣。下凌上替，祸乱相寻，古来僭乱之极，未有如五代者；武人专横之罪恶与流毒，亦至五代而造其极焉。[113] 其次则外族陵轹中夏，祸亦烈于唐世。自唐中叶后，汉族势力日衰，回鹘、吐蕃、南诏，唐季亦俱式微。其新兴者，东北有契丹，西北有西突厥别种沙陀，及西羌遗裔党项。党项之祸，虽至宋始显，后唐、晋、汉、三朝，则皆以沙陀入主中国。然沙陀自唐季"仰哺于边，喋血助征讨，"其灭朱梁而有天下，亦为唐涤耻。[114] 石敬瑭与刘知远，皆已同化华族。（其以前朝之镇帅，乘机攘窃，与郭威，赵匡胤亦无以异，）李嗣源虽自号蕃人，欧史且称其"宽仁爱人，有意于治，在位十年，于五代之君为长世。兵革粗息，年屡丰登，民生实赖以休息。"[115] 惟契丹之南侵则为刘石乱华后仅有之祸。契丹当唐末，乘中原多故，时入侵边，及耶律阿保机为部落大人，尤雄勇，既并诸部为一，又北伐室韦女真，西取突厥故地，击奚灭之。东北诸夷，皆畏服之。吾北方军民苦镇帅暴虐，亦多亡归契丹；契丹日益强大。阿保机旋自称帝，（后梁开平元年，九〇七，是为辽太祖，）亲征突厥、吐浑、党项、小蕃、沙陀诸部，皆平之。嗣复攻拔渤

梁—朱诚—（一）太祖晃（本名温即位前更名在位六的）—（二）末帝瑱（十年）
唐—沙陀朱邪尽忠（德宗时）—执宜—赤心（李国昌）（懿宗时）—（太祖）李克用
┌—（一）庄宗存勖（三年）
└—（二）养子明宗嗣源（八年）（本夷狄无姓氏）┬—（三）愍帝从厚（四月）
　　　　　　　　　　　　　　　　　　　　　　└—（四）养子废帝从珂（本姓王氏）（二年）
晋—西夷臬捩鸡┬—石敬儒—（二）出帝重贵（四年）
　　　　　　 └—（一）高祖石敬瑭（七年）

汉—（一）高祖刘知远（其先沙陀部人在位二年）—（二）隐帝承祐（二年）
　　　　　　柴某┬—柴守礼—（二）柴世宗荣（六年）—（三）恭帝承训（六月）
　　　　　　　　└—柴用
　　　　　　　  ‖
周—郭简—（一）太祖郭威（三年）

北　契丹 ·············································· 【辽】
　　燕　刘守光
（　　幽州
方　晋　李克用
　　　　太原
）　　　朱温（汴）　李存勖（洛阳）　石敬瑭（汴）　刘知远（汴）
中后梁 ─────── 后唐 ─────── 后晋 ─────── 后汉
原　　二世，十六年　四，十三　　二，十一　　二，四
（　　李茂贞　　　王建（成都）　　　　　郭威（汴）【宋】东汉 刘崇（太原）
西　岐 ─────────────────────── 后周 ────────
方　　凤翔　　　　二世，三五 蜀　　　　三，九　　　　四世，二八年
）
　　　　高季兴（荆州）后唐封南平王，亦称南平　　孟知祥（成都）
　　荆南 ─────────────────────── 后蜀 ──────
（　　　五世，五七　　　　　　　　　　　　　　　 二世，四一
南
　　　马殷（长沙）
　　楚 ──────
　　　　五世，五七　　　　　　　　　　　周行逢
　　　　　　　　　　　　　　　　　　武平 ──
　　　杨行密（杨州）　李昇（金陵）　　　　二世，九
　　吴 ─────── 南唐 ──────
兴　　四世，四六　　二世，三九
　　　王审知（福州）　　　　　　　　　留从效等
　　闽 ──────────────────闽海 ──────
　　　　四世，五五　　　　　　　　　　　三世，三〇
　　　钱镠（杭州）
　　吴越 ──────
　　　　五世，八四
方　　　刘隐（广州）
）　南汉 ──────
　　　　五世，六七

海，（后唐同光四年，九二六，）更名东丹国，命长子突欲镇之。于是契丹有城邑之居百有三，"东自海，西至于流沙，北绝大漠，信威万里。"[116]然迄不能大得志于中国，阿保机亦旋殂。次子德光代立（是为辽太宗）。后唐废帝清泰三年（九三四），河东节度使石敬瑭反，唐命张敬达、杨光远等率众讨之，敬瑭从桑维翰计，称臣契丹，引契丹之师以灭唐，契丹主德光立敬瑭为晋皇帝，敬瑭割幽、蓟、瀛、莫、涿、檀、顺、新、妫、儒、武、云、应、寰、朔、蔚十六州以与契丹。今河北山西北部之地，遂长沦异域。（明太祖起，始完全光复。）而石晋率汉族以臣事契丹，奉契丹主为父皇帝，尤开国史未有之先例。敬瑭卒，兄子重贵立，奉表契丹，称孙而不称臣。于是契丹南侵不已，开运三年（九四六），卒大举入汴，执重贵，迁之于黄龙府，[117]分遣使者以诏书赐晋之藩镇，晋之藩镇，争上表称臣，被召者多奔驰而至。明年，德光遂即帝位于汴。既时"纵胡骑四出，以牧马为名，分番剽掠，谓之打草谷。丁壮毙于锋刃，老弱委于沟壑，自东西两畿及郑、滑、曹、濮数百里间，财畜殆尽，""又多以其子弟及亲信左右为节度使刺史，不通政事，华人之狡狯者，多往依其麾下，教之妄作威福，掊敛货财，民不堪命。"[118]于是所在大起，杀契丹守兵，晋北平王刘知远亦称帝晋阳。三月，德光北归，尽载府库之宝以行，道卒。兄子阮立（是为辽世宗）。知远遂南收汴洛，改国号曰汉，明年卒，子承祐继之，不三年，邺都留守郭威复废汉为周。自李存勖灭梁，沙陀种人窃据中国帝位者，凡二十有八年（九二三至九五〇），至是乃复归汉族之手。五季之世运，亦否极而渐泰。当郭威之代汉也，刘知远之弟崇方镇晋阳，遂以河东十二州之地自称皇帝，而称侄于契丹。（欧史称东汉，以其为河东之汉也，《通鉴》则称北汉，所以别于岭南之汉也，）及周太祖崩（九五四），世宗初立，崇引契丹兵大举入寇，世宗亲征，与战于高平，大败之。显德六年（九五九），世宗复大兴师北伐契丹，下三关（益津、瓦桥、淤口）瀛漠，兵不血刃，方下令进攻幽州，不幸遇疾，功志不就而还。然其挞伐有功，虽当北宋全盛之世，未有及此者矣。[119]

世宗不独北复瀛漠三关也，亦西取秦陇，南平淮右，寖寖有一中国之势。自后梁以还，割据诸国治乱强弱兴衰，各有不同，[120]自楚与荆南外，多称帝改元。（惟吴越则仅建年号而未称帝）其主既奸豪窃攘，其臣属亦间抗命争权。然节镇之祸，视中州为稍纾矣。若吴、南唐、前后蜀、南汉、及闽诸国，多为中原人士托庇之所，或休兵息民，境内丰乐，务为奢侈以自娱，吴越钱氏，兵革之祸尤鲜，即南平土狭兵弱，地当冲要，高季兴子从海所向称臣，利其赐予，诸国皆目为赖子，其苟得无愧耻极矣，然犹有招辑绥抚之功，故虽"黩髡盗贩，衮冕峨巍"而各国之秩序，实较中朝之安定，南唐与蜀之文学，既非五代所及（见下），闽粤之开化，且有过唐代焉。周世宗时，在者南唐、后蜀、吴越、南汉、东汉、南平六国，及武平闽海两镇，"帝常愤广明以来（广明唐僖宗年号），中国日蹙，及高平既捷，慨然有削平天下之志，""乃命大简诸军，精锐者升之上军，羸者斥去之，又以骁勇之士，多为藩镇所蓄，诏募天下壮士，咸遣诣阙，命太祖皇帝（赵匡胤）选其尤者，为殿前诸班，其步骑诸军，各命将帅选之。由是士卒精强，近代无比，征伐四方，所向皆捷。"[121]初命将出师伐蜀，取秦、成、阶、凤四州，又自将伐南唐，尽取唐江北地。虽契丹之征方捷，中道崩殂，功志不就，然五六年间，外事征伐，内修制度，卓然可称，帝固五季贤主矣。自陈桥兵变，宋祖受命，因世宗之成势，命将出师，荆楚、巴蜀、南汉、南唐，以次削平，至于太宗，遂一海内。然佐命元勋，若范质、王溥、石守信、王审琦等。皆周显德旧臣，世宗之所拔擢，盖宋之机运，已开于周世矣。

\* \* \*

《北史·儒林传》序言，"自正朔不一，将三百年，师训纷纶，无所取正，隋文统一寰宇，振天网以掩之，于是四海九州强学待问之士，靡不毕集，齐、鲁、赵、魏，学者尤多。负笈从师，不远千里，讲诵之声，道路不绝，自汉魏以来，一时而已。及帝暮年，不悦儒术，专尚刑名，暨仁寿间，遂废天下之学，惟存国子一所，弟子七十二人。炀帝即位，复开庠序，国子郡县之学，盛于开皇之初，征辟儒生，远近毕至，相与讲论东都之下，纳言定其差次，一以奏闻焉。"隋代数十年中，实为吾国学术统一之期。盖自隋文荡定南朝，屏革清谈之习，建立黉序，征辟儒生，承其风者，莫不尚儒术而轻玄理，南朝玄学，遂一蹶而不可复振。当时信都刘焯、河间刘炫，并以经术深湛，被用为大学博士，为世宗仰；而文中子（王通字仲淹）讲学河汾之间，述作亦多依经典，唐初诸儒名贤，多出二刘仲淹之门，唐代学派，亦于隋代开其端。然自是而后，学术之途日狭，而好学深思之士，不可复睹矣。[122]

汉立经学于学官，为经学统一之始。唐为五经撰正义，又为注疏统一之始。太宗以儒学多门，章句繁杂，诏国子祭酒孔颖达与诸儒撰定《五经正义》，凡一百七十卷。颖达既卒，高宗诏诸臣复考证之，就加增损，永徽四年（六五三），颁于天下，每年明经，依此考试。自唐至宋，明经考试，皆遵此本。其书并主南学，于郑注《易》书，服注《左氏》，皆置不取，又专守一家，故多曲狥注文，有引申而无驳诘。其后贾公彦疏《仪礼》、《周礼》，杨士勋疏《穀梁》，徐彦疏《公羊》，咸用其例。（与《五经正义》合称《九经正义》，今传《十三经疏》，尚有孙奭《孟子疏》，邢昺尔雅论语孝经疏，皆宋人作，）经注虽由是而统一，而南北诸儒之经义及古说之存于六朝旧疏者，自正义所征引驳斥者外，亦随之而湮没不彰矣。与颖达同时者，有吴县陆德明撰《经典释文》三十卷，自九经外，兼及《孝经》、《论语》、《尔雅》、《老子》、《庄子》，汉魏六朝音切，凡二百二十余家，斟酌折衷，务使得宜；又博存众训，汉儒古义，或赖以仅传。此外若李鼎祚《周易集解》，汇集群言，发明汉学，亦有存古之功。而啖助作《春秋集传》，考核三传，自成一家，李元植作《三礼音义》，王恭作《三礼义证》，并详于制度典章。皆唐代经生之翘楚也。文宗太和世，尝于国子监讲论堂两廊立石刻九经并《孝经》、《论语》、《尔雅》，至开成二年（八三七）毕工，五季后蜀孟昶时，亦取《易》、《书》、《诗》、《春秋》、《礼记》、《周礼》，刻石于成都学宫，今孟蜀石经传世者，已仅存宋拓残本数卷，字体精谨，为书家所宝赏。开成石经，犹幸存西安碑林中。虽后者讹误甚多，当世名儒已不窥之，然自汉立石经后，曹魏、西晋皆尝刻石经，传世者惟此为完璧。不可谓非文化上之巨制也。[123]

唐代史学，尤盛于经学。今传正史，唐人著者凡八书。虽自南北史外，皆由太宗令学士设局修撰，大开吾国官修正史之风，然若姚思廉之《梁书》、《陈书》，并承其父察之业，李百药之《北齐书》，亦缵其父德林之绪，而李延寿之《南》、《北》二史，一百八十卷，越时一十六年，凡所猎略，千有余卷，连缀改定，止资一手，文省前人，事详往牒，尤为陈范以后所仅见；自余史学名著，若刘知几《史通》，辨诸史之指归，殚其体统，而详其得失，为论史第一名著；若杜佑《通典》，为卷二百，分食货、选举、职官、礼、乐、兵刑、州郡、边防八门，"采五经群史，上自黄帝，至于唐天宝之末。每事以类相从，举其始终，历代沿革废置及当时群士论议得失，靡不条载，"李翰尝叹为"至粹至精"，[124]不特体制宏巨，象征唐代之伟大已也。他如言史注，则有司马贞《史记索隐》，张守节《史记正义》，颜师古《汉书注》，章怀太子贤《后汉书注》等；言偏记小录，则有吴兢《贞观政要》；李吉甫《元和会计录》，韦执谊《翰林故事》等；言佚事传记，则有刘肃《大唐新语》，徐坚《大隐传》等；推之谱牒之学，地志之书（见后），亦以唐代为详，今传《唐六典》之修于开元世者，弘纲细目，秩然不紊，即各朝撰述之实录国史，虽经安、史及黄巢、朱温等之乱，颇多散失，而五代时刻昫、张昭远辈搜辑残余，纂修唐书，犹能成卷二百，武宗后无实录可征，贾纬采次传闻，亦能为唐年补录六十五卷，[125]苏冕、杨绍复所撰《会要》、《续会要》缺宣宗以后事，[126]宋初王溥为《新编唐会要》一百卷，不独于唐代沿革损益之制，极其详核，且能采宣宗至唐末事续之，皆唐代史学昌明纪载详备之征矣。

唐人学艺，有远较经史诸学为发达，而雅足表见一代之特色者，曰文学与美术。隋承南北朝之后，徐（陵）、庾（信）、邢（劭）、魏（收）流风未沬，虽文帝不好淫靡之文，炀帝亦雅尚典制，然其见于文字者，大抵不古不今，而有不醇之色。唐代名家，更番迭起，由模仿而创造，自开风气，遂备极文章之能事。《新书·文艺传》言，"唐有天下三百年，文章无虑三变，高祖太宗，大难始夷，沿江左余风，绪句绘章，揣合低卬，故王（勃）杨（炯）为之伯；玄宗好经术，群臣稍厌雕琢，索理致，崇雅黜浮，气益雄浑，则燕（张说封燕国公）许（苏颋封许国公）擅其宗；大历贞元间，美才辈出，擩哜道真，涵泳圣涯，于是韩愈倡之，柳宗元、李翱、皇甫湜等和之，排逐百家，法度森严，抵轹晋魏，上轧汉周，唐之文完然为一王法，此其极也。若侍从酬奉，则李峤、宋之问、沈佺期、王维，制册则常衮、杨炎、陆贽、权德舆、王仲舒、李德裕，皆卓然以所长为一世冠，其可尚已。"而唐诗尤盛于文，以体言，则五七杂言、以至乐府歌行律绝，无一不备；以格言，则圣神仙凡、妖艳鬼怪各品，无所不有；以调言，则飘逸雄浑，精深博大，绮丽繁缛，幽邃清奇，纤冶奥峭，无一不至；其人则帝王将相学士大夫，以至樵牧妇孺，缁流道士，无有不能。盖唐代人主，靡不能诗，庙堂之上，雍容揄扬，侍从游宴之作，奉诏应制之篇，不一而足，人情喜仕宦，而唐制最重进士，以诗赋选录；即社会交际，诗酒唱和，献酬赠答，亦莫不以是相高，故其发达有如此也。[127]明高棅《唐诗品汇》，尝本宋严羽《沧浪诗话》，元杨士宏《唐音》之说，区唐诗为初唐（高祖至睿宗时）、盛唐（玄宗肃宗时）、中唐（代宗至文宗）、晚唐（宣宗至唐亡）四期，若初唐之四杰（王、杨与卢照邻、骆宾王），伯玉（陈子昂），盛唐之李白、杜甫、王（维）、孟（浩然）、高（适）、岑（参），中唐之韦（应物）、钱（起）、韩（愈）、白（居易），晚唐之温（庭筠）、李（商隐）、杜牧，皆诗坛百世师也。清乾隆时，敕撰《全唐诗》，凡九百卷，二千三百余家，四万八千九百余首。自唐至清，千余年间，湮没不传者何限，而其存者犹若是。自余辞赋四六，律体骈文，亦百体争开，总八朝之众轨，启后代之支流，有唐韵文，诚可谓是极其盛者矣。诗文而外，又有小说。六朝时，干宝、任昉、刘义庆辈，于小说咸有著述，至唐而大盛。或叙历史，或记社会，或述鬼怪，或谈义侠，或资谐笑，或言爱情，今《太平广记》所载，尚无意数百种焉。盛唐之际，李白、张子和始为倚声，李有《忆秦娥》、《菩萨蛮》，张有《渔歌子》，世称为词之滥觞，亦唐代文学上一大创制也。中晚而降，作者辈起，韦应物、温庭筠等多创调填词。五季文运萎蔽，诗文皆无甚可称，[128]蜀与南唐之词，独精巧高丽，浓艳稳秀，蜀若韦庄、牛峤等，南唐若二主（中主李璟，后主李煜），及冯延己，其尤著者也。

唐代美术，最著者曰书画，而书法则本之隋。传世隋碑，论书者称其"上承六代，下启三唐，由小篆八分趋于隶楷。为古今书学一大关键。"[129]唐初书家，首推欧阳询、虞世南、与褚遂良，欧、虞固尝仕隋，褚亦生于隋世，隋唐书法，固难画分界域矣。抑隋始置书学博士，唐代因之，以书为教，故善书者独多，近世发见高昌砖志及敦煌石室经卷，多隋唐人书，书者无赫赫名，（经卷多"经生"所写，称"经生书"，盖以此为专业，）而笔致特雅健深厚，后人鲜能企及焉。欧、褚书碑多本隶法，磨崖巨石，照耀区夏，洵得北碑正传。自太宗笃好义之书帖，所书晋祠铭，以帖意施之巨碑，纵横自如，是为以行书写碑之始。此后李邕、苏灵芝，皆以此体擅长，至张旭、怀素出，并称草圣，草书亦由是而盛，颜真卿传旭笔法，真书行草，集篆籀分隶之大成。自宋及清，学书者无不师颜。亦可证张旭之所诣矣。自唐以前，绘画率以线条为主，梁张僧繇画一乘寺，许嵩《建康实录》虽谓其为天竺法，然其传不广，至唐吴道玄人物画，始广用天竺凹凸法，所图佛像，今犹有传世者，笔意超妙，世共推画圣，亦如诗之有李杜，文之有韩柳也。时王维绘水墨山水，注重晕染，与李思训道昭父子之金碧山水特重着色者异趣，后人以思训为北派之祖，王维为南派之祖。道玄虽亦兼善山水，而不专以山水驰名，故南北宗之殊，道玄无所系属焉。近年敦煌石室及新疆各地，发见唐绢画壁画甚夥，多极工细之人物，且无论神佛士女，形态皆极壮美，线条皆极雄健，毫无纤弱气息，是亦足征唐人风度之宏伟，与其国势若相应和；（顾炎武曰："予见天下州之为唐旧治者，其城郭必皆宽广。街道必皆正直，廨舍之为唐旧创者，其基址必皆宏敞。宋以下所置，时弥近者制弥陋矣。"见《日知录》卷十二《馆舍》篇，唐人之宏大，随处可证如此。）艺术之神妙，犹其余事矣。五代时，有荆（浩）、关（仝）、董（源）、巨（然）四大家，北宋名家，多由之而出，今故宫博物院尚各藏其巨幅山水，[130]允推南宗无上杰作。是唐虽亡，艺术固未中断也。传世唐代艺术遗迹，若陕西乾陵之石马，邠州之巨佛，河南龙门宾阳洞之大像，（按龙门造像，魏造者约十之三，唐造者约十之七,）四川广元之千佛岩，江苏用直杨惠子之塑像等，今并为言美术者所宝爱。山西五台县豆村佛光寺之正殿（建于宣宗大中十一年，八五七），敦煌千佛洞索勋洞之窟檐（建于昭宗乾宁中），则为国内现存最古之木构。佛光寺殿内又有佛像三十余尊，为中原仅存之唐代塑像。梁下有唐代墨迹题名，拱眼壁上有唐代壁画（又有宋宣和壁画），一殿之中，四绝共藏，较之西安碑林（现分七室：第一室为石台孝经，第二室为开成石经，第三室尤为唐碑精华所在），醴泉昭陵（尚存二十八碑），与三原献陵（尚存八碑）之赑屃相望，仅以碑碣著称者，其性质又不同也。自余艺事，若音乐、歌舞等，唐世亦皆饶有进步，开天之世，尤称极盛。盖时当承平，物力滋殖，长安繁华；前后无比，建筑雕造之美，既夥颐莫殚，即歌舞优伶之伎，亦罗列杂陈，逞丰厚博大之观。如贺老（怀智）琵琶、公孙剑器、下及李暮、李龟年、黄幡绰之属，均以曲技之微，备承恩宠。乐器乐歌，亦备极一时。至若骚人墨客，宅心艺事，神情夷旷，超然于声利之外。如颖师之琴，阳冰之篆刻，以艺自娱，标举胸臆，犹有南朝之遗风焉。（张旭之书，王维之画，亦同此类，）然自李邕以鹭碑版文字著闻，厄穷之士，于卖文之外，兼以书法自炫，八分一字，其值千金，画师伶工，亦恃设色倚声之技，游食贵显之门。以艺术为糊口殖产之资，其风又盛于唐世矣。[131]

　　唐世学艺制作，犹言可述者数事。一曰天文历算：隋世历天文漏刻视寝，各有博士及生员，唐因其制，设官益多（如天文观生九十人，天文生六十人等）。又以算为京师六学之一，故精于推步测算制作者，不乏其人。唐初王孝通为算术博士，著《缉古算经》。算理甚深，实为后世立天元术（今称借根方代数）所本。太宗世，太史李淳风承其父播之学，尝制浑仪，又著《法象志》，详论前代浑仪得失之差。玄宗世，则浮图一行与梁令瓒复更铸浑仪，并制黄道游仪等，令瓒又别造水运浑天，上具列宿，注水激轮，每昼夜自转一周，半入木匮，以准地平，另立二木人，每刻击鼓，每辰击钟，机械即藏匮内。其制精巧，议者以为张衡灵宪，不能逾也。至唐世历法。前后凡十数作，亦以开元中一行所制《大衍历》最为精密。时各地测影，已立里差之法（开元十二年测各地晷影以校其差，而定各地纬度，南至交州，北及铁勒，中为浚仪之岳台）。一行又始测见恒星之移动，由是而得岁差之实。亦足证天文学之进步矣。[132] 二曰音韵学：隋陆法言撰定《切韵》五卷，集南北韵学之大成，（其书佚千余岁，清季敦煌石室发现唐写残本，今藏巴黎国民图书馆），至于唐代，有长孙讷言之笺，有郭知玄、王仁煦等之附益，而孙愐复广加增补刊正，名曰《唐韵》。唐人盛为诗赋，其所循用者，即此陆孙两家韵书。当时写本盛行，几于家置一编，（宋欧阳修曾见女道士吴彩鸾书叶子本，见《归田录》。黄山谷所见凡六本，见《山谷题跋》。）唐诗律绝诸体，极声调之美，其以谐协音律见长者，虽齐梁人亦不之逮，有自来矣。中唐时，李舟又撰《切韵》十卷，其书使各部皆以声类相从，四声之次，亦相配不紊，然唐时不显，至宋初而始见重。有宋一代韵书部次，皆自李舟出焉。[133] 三曰地理学：最有贡献者，曰贾耽与李吉甫。耽画《陇右山南图》，又撰《古今郡国县道四夷述》四十卷，其古郡国题以墨，今州县题以朱，为后世图书分别朱墨之滥觞。德宗贞元十七年（八〇一），耽表献海内华夷图，"广三丈，从三丈三尺，率以一寸折成百里，别章甫左衽，奠高山大川，"[134] 图虽不传，今西安碑林所存伪齐阜昌间之禹迹图，华夷图，实为耽图之橅本。据西人研究，其精致尚远过于欧西后出之图焉。吉甫撰《元和郡县图志》四十卷，于九州土宇，考其沿革，明晰辨章，并旁及山川物产，后世地志多祖之，亦今存古代地志之巨制也。四曰瓷器：古用陶器，笾豆则用竹木，其采石制泥埏埴煅炼而成之瓷器，约始晋初，"瓷"字亦始见晋吕忱《字林》。《隋书·何稠传》称稠以绿瓷作器物，与琉璃不异，是为瓷字见于史策之始。至唐代乃大盛行，当时制瓷之地，遍于南北，而越窑为最，其昌南镇之瓷，则今江西景德镇瓷器之祖也。五代时之柴窑，"其瓷青如天，明如镜，薄如纸，声如磬，滋润细媚，制精色异，"所谓"雨过天青云破处，这般颜色作将来"者，[135] 尤为古来诸窑之冠焉。五曰雕板印书之术：唐时始有墨板，是为世界印刷术发明之权舆，今存文献，以文宗太和九年（八三五），东川节度使冯宿禁版印历日奏为最早，观奏称"准敕禁断印历日版，剑南两川及淮南道皆以版印历日鬻于市，每岁司天台未奏颁下新历，其印历已满天下，有乖敬授之道"云云，[136]当时版印区域已传播甚广，发明必远在其前。然其时雕板者，似多为通俗习用之薄物小篇，如历日、字书、小学、术数、佛经之类，[137]现存唐代印刷品。若敦煌发现"咸通九年（八六八）四月十五日王玠为二亲敬造普施之《金刚般若波罗密经》及《一切如来尊胜佛顶随罗尼》"，亦悉属释典。意经史文集，唐人尚多写为卷轴，不付诸墨印也。五代后唐长兴三年（九三二），宰相冯道请令制国子监田敏校正九经，刻板印行，至后周广顺三年（九五三），历四朝七主二十二年乃成，共一百三十册，是为吾国有印板经书之始，亦五季朝廷提倡文化之伟业也。时后蜀相母昭裔复以私家之力，广刻经史，印行流通，今蜀刻史记，犹有传于世者。

唐代各宗教之传布，亦有视前世为盛者。唐姓李氏，道士谓与教主老子同宗，故唐帝多盛倡道教，高祖追尊老子为太上玄元皇帝，以道士隶宗正寺，班在诸王之次，中宗诏诸州各治道观，睿宗至以二公主为女冠，玄宗复制令士庶家藏《道德经》，两京诸州，各置玄元庙，并置崇玄学，令生徒习《道德经》及庄文列子，以应贡举，嗣又追号庄文列庚桑子皆为真人，尊其书为真经，以《道德经》为群经首，其两京崇玄学各置博士助教，又置学生一百员。时公卿吏民，争奏符瑞神异之事。李林甫等亦多舍宅为观。据《唐六典》所载，祠部所掌之道观，至一千六百八十七所。[138]其后武宗宠道士赵归真，亲受法箓，至尽黜他教，唐帝之饵丹药者，太宗、宪宗、穆宗、敬宗、武宗、宣宗凡六帝，除宪敬外，四帝皆以丹丧身而不悟。[139]诗人如李白、李贺尤盛称仙道，极虚无飘渺之致。然唐代道教，其宏布实不及佛教。自隋文重隆三宝，普诏天下，任听出家，仍令计口出钱，营造经像，佛经流布，多于儒经数十百倍。炀帝向天台宗智者大师受菩萨戒，复置翻经馆及翻经学士。爰及唐初，西来大德，中土僧俗，赍经译梵，飙起云兴。僧玄奘自隋末出家，贞观初西行求法，历十七年，将梵本六百五十余部返唐，太宗诏就弘福寺翻译，为特制三藏圣教序，高宗时在东宫，复制述圣记，广度僧尼，上下风靡，玄奘网罗贤哲，十九年间，共出重要经论七十四部，一千三百三十五卷,为吾国佛教史上第一伟人。义净继之,游西域二十五年,亦于天后至睿宗世翻出三百余卷,译事称极盛矣。唐初高僧杜顺倡华严宗,玄奘创俱舍,法相,唯识诸宗,玄宗世,善无畏,金刚智,不空等,先后东来,复大阐密宗、净土、三论诸宗之沿自南北朝者,亦颇后著于前,律宗以得释道宣之显扬,禅宗以得释惠能之传布,尤称宏盛,唐帝之兴佛寺,问佛道,供浮图,迎佛骨者,不可殚述。惟玄宗曾检责天下僧尼,然《唐六典》所载,天下寺总五千三百五十余所,[140]私庙兰若不与焉。武宗大毁佛寺,复僧尼为民,然未几宣宗立又悉复原状矣。特自中唐而后,天竺佛教日以陵夷,僧徒之东来与邦人士之西游,皆绝无仅有,佛教在吾国,亦仅由邦人士因袭演绎,与前之为中印两方之共业者异矣。唐末,舍禅、律、净土三宗外,余皆衰落。然禅宗初开南岳、青原两派,又由两派开为五宗,(南岳分为沩仰、临济。青原分为曹洞、云门、法眼)宋后之佛教,又于此植其基焉。[141]

　　佛道而外,唐世又有火祆教、景教、摩尼教及回教。火祆教亦名拜火教,祆教,波斯之国教也。当前六世纪中叶,创于哲人苏鲁支(Zoroaster,俗译琐罗斯脱,此据姚宽《西溪丛话》),其教以火为光明之原,又崇信天神,教人拜火拜神,故名(祆即天神之简写)。其传入中国,始北魏孝明主时(六世纪初),齐周及隋,并加崇祀,唐承周隋之旧,长安置有祆祠及官。贞观中,有传法穆护何禄,诣阙奏闻,太宗又敕令于长安置寺。据近人考证,唐世长安有祆祠四所,洛阳亦有三所,祠内有祆正萨宝府官等,率以胡祝充之。景教为基督教之别派,当五世纪中著,倡于东罗马教徒乃司脱尔氏(Nestor)。初行于西亚,后得波斯王尊信,盛行于中亚,贞观九年(六三五),有大秦国上德阿罗本(Alopen)将经像来长安,太宗诏于义宁坊造大秦寺一所,度僧二十一人,高宗时,崇阿罗本为镇国大法王,仍令诸州各置景寺,谓之景教者,取炳曜教旨之义也。(李渊父名昞,唐讳丙,代以景,)德宗世,大秦寺僧景净建景教流行中国碑,其碑久湮,至明季始发现,今存西安碑林中。摩尼教当三世纪末,创于波斯人摩尼(Mani),盖本祆教旧说,参以佛教基督教义者。唐武后延载元年(六九四),波斯人佛多诞(Fursta-dan 义云知教义者）将其教入中国，开元七年（七一九），吐火罗支汗那王帝赊上表献解天文人大慕阇，并请置法堂，至二十九年（七三二），即加禁止，然西胡自行，则不科罪。天宝以后，回纥在中国势盛，回纥人多笃信摩尼教，遂大行于中国。回教本名伊斯兰教（Islanism），亦号天方教，宋以后奉其教者多自号回回，故今普称回教，实严肃之一神教也。传入中国，约始于唐中叶。观武宗之罢黜诸教，有大秦、摩尼、火祆，独无回教，明其时唐廷尚未知有此教矣。大食东南境传海，唐中叶后，商贾航海来华者众，故广州颇有教徒，又自大食东渐，教益广衍，渐流入天山南路，旋乘其地佛教之衰，取而代之。唐末，回纥一部以西域为退避所，生齿蕃息，至宋后（称畏吾儿）多奉其教。今新省之维吾尔族（俗称缠回），大抵皆回纥后裔也。[142]

唐代文化上尚有一盛事，即华化之广播各地是也。当时域外文物，自音乐宗教，以及艺术珍异，虽盛行中国，外族之衣服饮食游戏习俗，唐人亦时时仿效，《旧书·舆服志》至谓"开元末，太常乐尚胡曲，贵人御馔，尽供胡食，士女皆竟衣胡服，故有范阳羯胡之乱，"然论传播之广溥与影响之深至，则远不足与华夏文物比。自太宗尊崇儒术，广筑国学学舍，四夷若高丽、百济、新罗、高昌、吐蕃，相继遣子弟入学，而日本学生及学问僧之随遣唐使来华留学者，尤相踵而至，姓名事迹今可考见者，尚不下百数十人。[143]渤海亦屡遣学生。唐代文人学士，名播戎夷者，史册所载，如《旧书·欧阳询传》称"高丽甚重其书，尝遣使求之，"《柳公权传》称"外夷入贡，皆别署货贝，曰此购柳书，"《萧颖士传》称"新罗使入朝，言国人愿得萧夫子为师，"《冯定传》称"源寂使新罗，见其国人传写讽念定所为黑水碑，画鹤记，韦林符使西蕃，见其国人写定商山记于屏障"之类，实未易更仆数。石刻碑版，远至吐火罗及拂菻西界，[144]今虽湮没无闻，而近世金石家著录者，朝鲜则有平百济碑，刘仁愿记功碑，新疆则有姜行本碑，济木萨残碑，敦煌有索勋残碑，汉北则有苾伽可汗碑、阙特勤碑、九姓回鹘可汗碑，西藏则有盟吐蕃碑，书法多妙入能品。[145]倭人之"那须直韦提碑"，首书"永昌元年己丑四月"。亦用武后纪元焉。[146]各国之典章制度，若新罗之宗庙祭祀，职方选举，渤海之职官地理，皆壹本于唐。吐蕃、南诏亦袭华风。[147]而倭人之中古文化，自儒书、佛典、史籍、文章、历算、美术、下至方技工艺、音读、仪服以及一切学校、贡举、法令、律例、户籍、计帐、赋役、田调等等，尤无不自唐移植而去；即远至大食，自阿拔斯朝之摩哈美德立（九世纪初），亦仿吾华建立年号。[148]自余西域诸地，据近世探险家发现之唐代遗物，有高昌交河县及柳中县署调查之户籍帐，有代宗大历中傑谢（于阗附近）唐官与于阗王之公文，及人民上唐官之诉状，其时葱岭以东与唐室之关系，殆无异内地。经籍遗文、释典而外，四部要籍之残轴零章亦不鲜。倭人某（橘瑞超氏）《西域考古图谱》载论语郑氏子路篇残卷，得于中亚细亚，《汉书·张良传》及《史记·仲尼弟子传》残文，得于龟兹附近，皆唐人写本也。高昌发见之壁画砖志，其为唐代遗物者，尤多精美可观。即敦煌鸣沙山之千佛洞石室，虽在今甘肃境内。唐时亦为边陲之区，徒以地当东西交通孔道，往来行人及住民，时将儒释典籍图像，供奉神前，以祈福佑，降至清季，残余汉文卷轴，犹数盈巨万，欧陆名都中古遗存之图籍，未能或之先也。华夏文物之传播，至唐可谓极盛矣。特新罗、日本、渤海诸国，与唐交通，多始于唐初，而其大用中国文化，反多在李唐中衰之后，是知华夏文物，虽随唐室之声威而益增其光荣，而诸国之用夏变夷，初非詟服于唐之国威，或唐之政治金钱势力逼之使然，此尤言唐代华化者所当知也。

\* \* \*

隋唐混一区宇，各地谣俗，大抵沿自古昔，间有稍变旧风者，学者取《史记·货殖传》，《汉书·地理志》与《隋书·地理志》、《通典·州郡典比观》，即可明古代谣俗同异变迁之概略。自晋后诸族入主北方，至隋唐而中原民俗，仍多与古不殊，亦可见诸族之侵入，不特未能变革华夏之旧习，且多为吾民所同化矣。至唐世盛行之特殊风尚，多渊源北朝，说已见前。崇尚门第之习，太宗高宗世曾力矫之，太宗尝敕撰《氏族志》，以当日冠冕为姓氏高下，抑崔幹为第三姓。高宗世，李义府等复刊定《姓氏录》，各以品位高下为叙。[149]然甲姓族望，曾不稍减。观袁谊言"门户须历代人贤名节风教为衣冠顾瞩,始可称举。"[150]柳玭述家训以戒子孙,称"昭国里崔山南琯,子孙之盛,仕族罕比。山南曾祖母长孙夫人,年高无齿,祖母唐夫人事姑孝,每旦栉縰笄,拜阶下,升堂乳姑,长孙不粒食者数年。一日,病,言无以报吾妇,冀子孙皆得如妇孝,然则崔之门安得不大乎。东都仁和里裴尚书宽,子孙众盛,实为名阀,天后时,宰相魏玄同选尚书之先为婿,未成婚而魏陷罗织狱,家徙岭表,及北还,女已逾笄,其家议无以为衣食资,愿下发为尼,及荆门,则裴赍装以迎矣。余旧府高公先君兄弟三人,俱居清列,非速客不二羹胾,夕食龁卜瓠而已,皆保重名于世。夫名门右族,莫不由祖考忠孝勤俭以成立之,莫不由子孙顽率奢傲以覆坠之,成立之难如升天,覆坠之易如燎毛。"[151]则以一姓门户,绵历昌大至数世若数十世,视帝王朝代尤为久长者,其事实至不易,且亦皆有所本也。自唐末乱离,朱温肆清流之毒,名族亦多遭乱丧亡,而沙陀起伐北,入主中夏,义儿养子,胡汉杂糅,于是其风始隳焉。信崇佛教,唐世益变本加厉,自天子逮庶人,皆震动而奉之。今之持斋蔬食,行香散斋,中元道场,盂兰盆会,及焚纸钱等,大抵皆唐俗也。宫闱之淫乱,至北朝而极矣,而隋炀帝自高祖大渐暨谅闇之中,即烝淫无度;唐世武韦之祸,且视北魏胡后为烈。《新书·列女传》序言"唐兴,风化陶渲,且数百年,而闻家令姓,窈窕淑女,至临大难,守礼节,白刃不能移,与哲人烈士争不朽名,寒如霜雪,亦可贵矣。"史臣采获尤显行者著之篇,自李德武妻裴淑英以下,都数十人;而诸公主列传,则载高祖至肃宗诸帝公主,再嫁者凡二十七人,甚有三嫁者,安乐公主之再嫁,且至大赦赐酺赐勋。宣宗以夫妇教化之端,诏公主县主有子而寡,不得复嫁,无子者亦不禁也。延及五季,周太祖四娶皆再醮妇焉。[152]

自隋炀穷极侈靡,至太宗一矫之以俭约。然马周于贞观十一年上疏,犹言"今京师及益州诸处,营造供奉器物,并诸王妃主服饰,议者皆不以为俭。"[153]高宗而降,多奢侈逾恒,至玄宗初政,虽刻厉节俭,及"侈心一动",遂"穷天下之欲不足为其乐,"又以"国用丰衍,视金帛如粪壤,赏赐贵宠之家,无有限极。"[154]史载杨氏一门之骄侈,既为古今所仅见,而长安富豪侠少,如王元宝、杨崇义、郭万金等之奢逸,见于王仁裕《开元天宝遗事》者,亦与杨氏一门相应和。世族高门虽家法修整,以累代仕宦,履丰席厚,如韦安石子陟"侍儿阉童列左右常数十,佯于王宫主第,穷治馔羞,择膏腴地艺谷麦,以鸟羽择来,每食视庖中所弃,其直犹不减万钱,宴公侯家,虽极水陆,曾不下筯",[155]其生活亦极豪华。然帝室巨族,竞恣奢欲,多自剥割萌黎而来,故天宝十四载十一月,杜甫自京赴奉先县咏怀诗,有"朱门酒肉臭,路有冻死骨,荣枯咫尺异,惆怅难再述"之句。安禄山反,陷河北诸郡,亦以是月。后虽大难削平,朝廷将相,犹习于泰侈。郭子仪"再造王室,勋高一代,"大历中入朝,群臣宴于其第,一宴之费,至三十万。史臣纪子仪之富贵,至谓"侈穷人欲",不独元载裴冕等侈偕无度已也。[156]惟其时商业经济之发展,实度越汉世。汉季以降,虽丧乱频仍,商业经济,仍时有进步。晋初,左思赋魏、蜀、吴三都,称述洛阳、成都、姑苏、建业各地之繁荣,洛阳虽未复东京旧观,成都、姑苏、建业则多迈往昔。自五胡之乱,河洛丘虚,函夏萧条,以人文论。洛阳亦有"荒土"之目,[157]及拓跋宏迁都,人物日趋殷阜,继以宣武孝明,再世经营,繁华遂有逾魏晋。杨衒之记当时"洛阳大市,周回八里,市东有通商,达货二里,市南有调音,协律二里,市西有退酤治觞二里,市北有慈孝奉终二里;别有准财金肆二里。凡此十里,多诸工商货殖之民,千金比屋,层楼对出,重门启扇,阁道交通,迭相临望,金银锦绣,奴婢缇衣,五味八珍,仆隶毕口。"[158]金陵当梁武御宇时。其盛亦为魏晋以来所未有,而武陵王纪都督益州,在蜀十七年,南开宁州,越嶲,西通资陵,吐谷浑,殖其财用,黄金一斤为饼,百饼为簉,至有百簉,银五倍之,其他锦罽缯采称是。[159]隋文统一区夏,炀帝时内则广开运河,交通便捷,外则缘边州郡,与诸蕃皆有互市。史载炀帝之侈靡,亦社会富厚与物力充初之反映也。唐室继兴,内外商货流通之种类与数量,视隋益增,《旧书》(卷九十四)《崔融传》载融言"天下诸津,舟航所聚,旁通巴汉,前指闽越,七泽十薮,三江五湖,控引河洛,兼包淮海,弘舸巨舰,千轴万艘,交贸往还,昧旦永日。"元稹《长庆集》

（卷二三）亦有"求珠驾沧海，采玉上荆衡，北买党项马，西擒吐蕃鹰，炎州布火浣，蜀地锦织成，越婢脂肉净，奚童眉眼明"之句。商业之盛，概可想见。当时长安表里雄富，实为世界最大都会，世界各种珍异，几无不可于长安得之。"京城"之名，道远传至东罗马（译音为Khonbdan），东都洛阳，亦与长安相伯仲，丹阳之市廛列肆，又"埒于二京"。至与海外诸蕃贸易之商港，据九世纪中阿剌伯人之记载，最著者为"交"、"广"、"泉"、"扬"四州，而广州"有婆罗门、波斯、昆仑等船，不知其数；并载香药珍宝，积载如山。"[160]凡知蕃船税事者，咸财蓄不赀。扬州以兼为盐铁转运使所在地，尽斡利权，判官多至数十人，商贾如织，诵张祜"十里长街市井连，人生只合扬州死"之句，其盛可想。抑唐世盐铁使兼榷盐茶诸税，代宗世，刘晏改汉以来之盐专卖法为就场征税法，视盐与其他商货相等，粜之商人，听其所之，由是天下之赋，盐利居半，岁至六百余万缗。茶茗之见于史者，始于《三国吴志》，[161]晋时饮之者犹少，南朝颇行，至唐乃大盛。而茶遂为重要商品，德宗世，茶税亦岁至四十余万缗。唐之商税，盖重于田赋矣。而商人以赍钱贸易之不便，宪宗世，复发明飞钱之法，今世银行汇兑，号称商业金融之神经枢纽者，实肇端于唐人焉。

唐代极重科目，而进士尤为士林华选，其事盖与武后之称制及开天之郅治有关。（沈既济言"国家自显庆以来，武太后任事，参决大政，太后颇涉文史，好雕虫之艺，永隆中，始以文章进士，及永淳之后，太后君临天下，二十余年，当时公卿百辟，无不以文章达，因循日久，寖以成风。至于开元天宝之中，上承高祖太宗之遗烈，下继四圣治平之化，贤人在朝，良将在边，家给户足，人无苦窳，四夷来同，海内宴然，虽有宏猷上略无所措，奇谋雄武无所奋，百余年间，生育长养，不知金鼓之声，烽燧之光，以至于老，故太平君子，唯门调户选，征文射策，以取禄位，此行已立身之美者也。父教其子，兄教其弟，无所易业，大者登台阁，小者任郡县，资身奉家，各得其足，五尺童子耻不言文墨焉。是以进士为士林华选，四方观听希其风采，每岁得第之人，不浃辰而周闻天下。"见《通典》卷十五《选举典三》，）影响于士风者亦极巨,盖其以官阶诱人,使应试者止知尚利禄而不尚道义,士子投牒自进,不特不知气节为何物,苟可以得选,亦无所不用其极,武后时左补阙薛登《论举人疏》,已言"今之举人,有乖事实,乡议决小人之笔,行修无长者之论,策第喧竞于州府,祈恩不胜于拜伏,或明制才出,试遣搜敭,驱驰府寺之门,出入王公之第,上启陈诗,唯希欨唾之泽,摩顶至足,冀荷提携之恩,故俗号举人,皆称觅举,觅为自求之称,未是人知之辞,察其行而度其材,则人品于兹见矣。狥己之心切,则至公之理乖,贪仕之性彰,则廉洁之风薄。故选司补署,喧然于礼闱,州贡宾王,争讼于阶闼,谤议纷合,浸以成风。"[162]德宗时,礼部员外郎沈既济亦言"是非相陵,歈称相腾,或扇结钩党,私为盟毁,以取科第,而声名动天下;或钩摭隐匿,嘲为篇咏,以列于道路,迭为谈訾,无所不至。"(见同前)宪宗世,中书舍人李肇撰《国史补》,则言"进士为时所尚,故争名常为时所弊。其都会谓之举场,通称谓之秀才,投刺谓之乡贡,得第谓之进士,互相推敬谓之先辈,俱捷谓之同年,有司谓之座主,京兆府考而升之者谓之等第,外府不试而贡者谓之拔解,将试各相保谓之合保,群居而赋谓之私试,造请权要谓之关节,激扬声价谓之还往,既捷列名于慈恩寺塔谓之题名,大燕于曲江亭子谓之曲江会,籍而入选谓之春关,不籍而醉饱谓之打毷氉,匿名造谤谓之无名子,退而肄业谓之过夏,执业以出谓之夏课,挟藏入试谓之书策,此其大略也。"抑唐代进士及第,仍未释褐,士子为求禄仕与得衣食,多不耻干谒,宋姚铉《唐文粹选录》自荐书至两卷,即贤如昌黎,亦拜北平王于马前,其三上宰相书,尤为世所习知。[163]诸科第出身者,每以先辈、同年、门生、座主之关系,互相援引,重家法崇门第者,恶其浮薄,不根艺实,则又痛抑之以为快,穆宗以后,遂启朋党之争。(所谓牛李党争是,牛党如牛僧孺、李宗闵,皆重科举,李党如李德裕、郑覃,皆重门第)宋项安世家说言"风俗之弊,至唐极矣,"盖犹仅就干谒一端言之耳。[164]至若托名隐逸者,"唐世亦多假隐自名,以诡禄仕,肩相摩于道,至号终南嵩少为仕途捷径。"[165]观安禄山之变,唐臣贵如宰相陈希烈,亲如驸马张垍,皆甘心从贼,靦颜为之臣,如颜常山(杲卿)、卢中丞

(奕)、张睢阳（巡）辈，忠义奋发者，不数数觏。及朱温之篡，张文蔚、苏循、杨涉、张策、薛贻矩、赵光逢等，亦率文武百官，北面拜贺于殿廷。[166]其视魏晋以降胜国之臣即为兴朝佐命者，亦无以异也。五代之乱极矣。当时搢绅，偷生朝位，廉耻荡然，武夫肆意妄行，无复人理，甚至李彦殉发矢毙母，已非人类，石敬瑭于其降也，仍拜为房州刺史而不之罪。欧阳修《五代史》，以表彰节义自任，虽时君旌表细民，备书于纪，忠臣义士，一篇之中，三致意焉。然自开平讫于显德，终始五十三年，仅得全节之士三（王彦章、裴约、刘仁赡），死事之人十五（张源德、夏鲁奇、姚洪、王思同、张敬达、翟进宗、沈斌、王清、史彦超、孙晟、马彦超、宋令询、李遇、张彦卿、郑昭业）一行之士五（郑遨、张荐明、程福赟、李自伦、石昂），及王凝妻李氏守节断臂一事足以风世而已。[167]张全义媚事朱温，温幸全义会节园避暑，留旬日，全义妻女皆逼幸之，全义不以为愧，冯道历事四姓十君，视丧君亡国未尝屑意，老而自乐。然因全义治洛有功，道亦能以救济为心，当时异口同声，皆以二人为名臣。[168]杜荀鹤诗曰："举世尽从愁里老，谁人肯向死前闲，"丧乱之世，小民救死无方，全义与道之得誉，容何足怪，然如欧阳氏之言，忠义之节，既出于武夫战卒。而高节之士，亦"往往抱经伏农野，守死善道，盖五十年不改。"[169]自余建学院书楼，聚书延四方学者，使得肄业于其间，其事亦数数见。[170]宋初儒者，如聂崇义、王昭素、尹拙、田敏等，亦多五季经师，[171]是则圣贤彝教，虽当极乱之际，固犹绵绵不至于亡也。

# 注　释

[1] 语本《隋书》卷二《高祖纪下》。

[2]《隋书·食货志》记载隋氏之富实极详，可参阅。马端临言"古今称国计之富者莫如隋"，推其致富之原，由于文帝之"恭履朴俭"。（《通考》卷二十三《国用考一》）；杜氏《通典》则谓由于高颎建输籍之法。"炀帝即位，户口益多，男子以二十二成丁，（文帝初以十八岁以上为丁，后以二十一成丁），高颎以人间课税，虽有定分，年常征纳，除注恒多，长吏肆情，文帐出没，既无定簿，难以推校，乃为输籍之样，请偏下诸州，每年正月五日县令巡人各随近五党三党，共为一团，依样定户

上下，帝从之，自是奸无所容。"佑论之曰，"隋受周禅，得户三百六十万，开皇九年平陈，又收户五十万，洎于大业二年，干戈不用，惟十八载，有户八百九十万矣。其时承西魏丧乱，周齐分据，暴君慢吏，赋重役勤，人不堪命，多依豪室，禁网隳紊，奸伪尤滋。高颎睹流冗之病，建输籍之法，于是定其名，轻其数，使人知为浮客，被强家，收大半之赋，为编甿，奉公上，蒙轻减之征，先敷其信，后行其令，蒸庶怀惠，奸无所容，隋氏资储，遍于天下，人俗康阜，颎之力焉，功规萧葛、道亚伊吕，近代以来，未之有也。"（皆见《通典》卷七《食货典七》）。

[3] 详见《通鉴·隋纪》四至五，拙著《纲要》第三册一〇五节"统一之盛"页三至六及页二三曾节引之。

[4] 语本《隋书》卷四《炀帝纪下》。

[5]《旧唐书》卷七十四《马周传》"贞观十一年（六三七），周上疏曰，隋家贮洛口仓，而李密因之。东都积布帛，而世充据之，西京府库，亦为国家之用，至今未尽。"

[6] 见《新唐书·太宗本纪》。又王溥《唐会要》载"贞观四年，诸蕃君长诣阙请太宗为天可汗，上曰，我为大唐天子，又行天可汗事，于是后降玺书赐西域北荒君长皆称为皇帝天可汗，诸蕃酋帅有死亡者，必下诏册立其后嗣焉。统制四夷，自此始也。"（卷七十三及一百合文）。

[7] 见《新唐书》卷一二七下《薛延陀传》。

[8]《西域记》成于贞观二十年，此序载高丽藏本他本无。

[9] 见《唐会要》卷七。

[10] 见王昶《金石萃编》卷六十引宋赵楷记。

[11] 见杨氏著《据鞍录》。（藕香零拾本）杨氏于清高宗乾隆四年（一七三九）六月二十日，自西宁监司述职入都，其游昭陵在七月十七日。据《唐会要》卷二十，此十四番酋，为"突厥颉利可汗右卫大将军阿史那咄苾，突厥突利可汗右卫大将军阿史那什钵苾，突厥乙弥泥孰俟利苾可汗右武卫大将军阿史那李思摩，突厥都布可汗右卫大将军阿史那社尔，薛延陀真珠昆伽可汗，吐蕃赞普，新罗乐浪郡王金贞德，吐谷浑阿源郡王乌地也拔勒豆可汗慕容诺曷钵，龟兹王诃黎布失毕，于阗王伏阇信，焉耆王龙突骑支，高昌王左武卫将军麴智盛，林邑王范头黎，帝那伏帝国王阿罗那顺。"

[12] 按武氏自高宗末，已屡奉帝如东都（洛阳），高宗崩，既自为太后，临朝称制，嗣改元光宅，复改东都为神都，武氏遂居洛阳矣。垂拱四年（六八八）四月，唐同泰献伪石，称获之于洛水，太后命曰宝图，十二月，"太后拜洛受图，皇帝皇太

子皆从，内外文武百官蛮夷，各依方叙立，珍禽奇兽杂宝，列于坛前，文物卤簿之盛，唐兴以来，未之有也。"是年毁乾天殿，作明堂，"高二百九十四尺，方三百尺，凡三层，号曰万象神宫。又于明堂北起天堂五级，以贮大像，（大像，其小指中犹容数十人），至三级，则俯视明堂矣。""延载元年（六九四）八月，武三思帅四夷酋长请铸铜铁为天枢，立于端门之外，铭纪功德，黜唐颂周。"天册万岁元年（六九五）四月，天枢成，高一百五尺，径十二尺，八面，各径五尺，下为铁山，周百七十尺，以铜为蟠龙麒麟萦绕之，上为腾云承露盘，径三丈，四龙人立捧火珠，高一丈，工人毛婆罗造模，武三思为文，刻百官及四夷酋长名，太后自书其榜曰大周万国颂德天枢。"先是，天堂火，延及明堂，"太后命更造明堂天堂，又铸铜为九州鼎，各置其方。""万岁通天元年（六九六）三月，新明堂成，号曰通天宫。""神功元年（六九七）四月，铸九鼎成，徙置通天宫。豫州鼎高丈八尺，受千八百石。余州高丈四尺，受千二百石，各图山川物产于其上，共用铜五十六万七百余斤。自玄武门曳入，令宰相诸王帅南北牙宿卫兵十余万人并仗内大牛白象共曳之。"详见《通鉴·唐纪》卷二十至二十二。

［13］见叶昌炽《语石》卷一。

［14］见《杜少陵集》卷十三。

［15］《新唐书》卷二二六下《吐蕃传》赞语。又按拙著《纲要》第三册页一至二九论隋唐统一之盛颇详，以上皆系就彼书节录，可参阅。

［16］录柳先生《中国文化史》下册页一至二。

［17］《隋书》卷八十四《突厥传》语。

［18］同上书卷八十三《西域传》语。

［19］同上书卷八十二《赤土传》，"炀帝大业三年，屯田主事常骏，虞部主事王君政等请使赤土，帝……遣赍物五千段以赐赤土王。其年十月，骏等自南海郡乘舟……至赤土界，其王利富多塞以舶三十艘夹迎，月余至其都。至王宫，骏等宣诏讫，因谓骏曰，今是大国中人，非复赤土国矣，寻遣其子那邪迦随骏贡方物。"按《明史》卷三二四《暹罗传》谓暹罗即隋唐赤土国，清丁谦非之，谓赤土当在今马来半岛巴大年，吉兰丹，丁加奴等部地。详丁氏《隋书·四夷传·地理考证》。

［20］同上书卷八十一《琉球传》"大业三年，炀帝令羽骑尉朱宽入海，访求异俗，到琉求国。明年，帝遣武贲郎将陈稜，朝请大夫张镇州率兵自义安浮海击之，进至其都，焚其宫室，虏其男女数千人，载军实而还。"

［21］《新唐书》卷一二五上《突厥传》语。

［22］同上注［17］。

[23] 同上注[15]。

[24]《新唐书》卷二二一上《天竺传》语。按玄策曾三至印度,说详柳先生《王玄策事辑》,载《学衡》杂志第三十九期。

[25]《通鉴·唐纪十六》语。

[26]《新唐书》卷二二一下《大食传》作二世,《旧唐书》卷一九八《大食传》则作三世,与大食史合,兹从之,惟回历以摩诃末迁都默地那之岁(唐武德五年,六二二),为元年,至永徽二年,以回历计之,首尾仅三十一年(以中历西历计之,仅三十年),据《旧书》卷四《高宗本纪》"永徽六年六月,大食国遣使朝贡"有国三十四年之言,或系此年使者所言欤?

[27]《唐会要》卷七十三"龙朔元年六月十七日,吐火罗道置州县使,王名远进西域图记,并请于阗以西波斯以东十六国,分置都督府及州八十、县一百一十、军府一百二十六,仍以吐火罗国立碑以记圣德。诏从之。以吐火罗国叶护居遏换城,置月氏都督府,嚈哒部落居活路城,置大汗都督府,诃达罗支国居伏宝瑟颠城,置条支都督府,解苏王居数瞒城,置天马都督府,骨咄施国王居沃沙城,置高附都督府,罽宾国王居遏纥城,置修鲜都督府,失范延国王居伏戾城,置写凤都督府,石汗那国王居艳城,置悦般州都督府,护特健国王居遏密城,置奇沙州都督府,怛没国王居怛没城,置姑墨州都督府,乌拉喝国王居摩喝城,置旅獒州都督府,多勒建国王居低保那城,置昆墟州都督府,俱密国王居褚瑟城,置至拔州都督府,护密多国王居模达城,置鸟飞州都督府,久越得健国王居步师城,置王庭州都督府,波斯国王居疾凌城,置波斯都督府。各置县及折冲府,并隶安西都督府。"

[28]《新唐书》卷二二一下《波斯传》语。

[29] 见同上书卷二一九《渤海传》。

[30] 见同上书卷四十三下《地理志七下》。

[31] 按《通典》卷六《食货典六》云,"自开元中及于天宝,开拓边境,多立功勋,每岁军用,日增其费,籴米粟则三百六十万匹段,给衣则五百三十万,别支计则二百一十万,馈军食则百九十万石,大凡一千二百六十万而赐赉之费此不与焉。"较旧志所载其数略增。

[32] 按《通典》云:"天宝中,天下计帐户约有八百九十余万,其税钱约得二百余万贯,其地税约得千二百四十余万石,课丁八百二十余万,其庸调租等,约出丝绵郡县,计三百七十余万丁,庸调输绢约七百四十余万匹,绵则百八十五万余屯,租粟则七百四十余万石;约出布郡县计四百五十余万丁,庸调输布约千三十五万余端,其租约百九十余万丁,江南郡县,折纳布约五百七十余万端,二百六十余万丁,

江北郡县，纳粟约五百二十余万石。大凡都计租税庸调，每岁钱粟绢绵布，约得五千二百二十余万端匹屯贯石。诸色资课及句剥所获，不在其中。（据天宝中度支，每岁所入端匹贯石都五千七百余万，计税钱地税庸调折租得五千三百四十余万端匹屯，其资课及句剥等当合得四百七千余万），"所载数亦较新志为增。见同上注。

[33] 本节系节录拙著《纲要》第三册一〇六节"疆域之开拓与四夷之关系"（页二九至四七）。可参阅。

[34]《唐六典》卷四"主客郎中、员外郎、掌诸蕃朝聘之事。凡四蕃之国，经朝贡以后，自相诛绝，及有罪见灭者，盖三百余国，今所在者，有七十余蕃。其朝贡之仪，享燕之数，高下之等，往来之命，皆载于鸿胪之职。"卷十八"鸿胪卿之职，凡四方夷狄君长朝见者，辨其等位，以宾待之，凡夷狄君长之子袭官爵者，皆辨其嫡庶，详其可否，以上尚书。若诸蕃大酋渠有封建礼命，则受册而往其国。典客令掌东夷西戎南蛮北狄归化在蕃者之名数，丞为之贰。凡朝贡宴享送迎预焉，皆辨其等位而供其职事。凡酋渠首领朝见者，则馆而以礼供之，若疾病，所司遣医人给以汤药；若身亡，使主副及第三等以上官，奏闻。其丧事所须，所司量给，欲还蕃者，则给舆递至境。（首领第四等已下不奏闻，但差车牛送至墓所，）诸蕃使主副五品以上，给帐毡席，六品以下，给幕及食料丞一人判厨事。季终则会之，若还蕃，其赐各有差给于朝堂；典客佐其受领，教其拜谢之节焉。"

[35] 见卷九。

[36] 参《廿二史札记》卷十五"周、隋、唐皆出自武川"节。

[37] 法琳言见藏经护法部《法琳别传》。元吉小字三胡，见《新书》七十九《本传》。单雄信言见刘餗《隋唐佳话》。承乾事详《新书》八十《太宗诸子传》。

[38] 近人刘盼遂尝著《李唐为蕃姓考》（登《北平女师大学术季刊》一卷四期），陈寅恪著《李唐氏族之推测》，（登《中央研究院历史语言研究所集刊》第三本第一分）亦言"李唐先世，疑出边荒杂类，必非华夏世家。"惟陈君近著《唐代政治史述论稿》（三十二年五月商务印书馆出版）上篇"统治阶级之氏族及其升降"，则已舍弃旧说，而主李唐先世出于赵郡李氏，谓"李唐血统，其初本是华夏，其与胡夷混杂，乃一较晚之事。"陈君又引《隋书·经籍志》史部谱序篇序"后魏迁洛，……中国人士，第其门阀，有四海大姓、郡姓、州姓、县姓，及周太祖入关，诸姓子孙有功者，并令为其宗长，仍撰谱录，纪其所承，又以关内诸州为其本望"之文，谓李唐之称西凉嫡裔，改赵郡郡望为陇西郡望，即在是时，所论颇新颖可喜。

[39] 据《新唐书·宰相世系表》，长孙氏出自拓跋，安兴贵、安修仁，为安息国王子世高后，又据《魏书·官氏志》，尉迟屈突皆代北部族姓。

[40] 拙著《纲要》第三册一〇七节"汉胡混合之北统"（页六〇至八一）论述此问题颇详，本节及下节多就彼书节录，可参阅。

[41] 王国维《咏史诗》云："塞北引弓士，塞南冠带民，耕牧既殊俗，言语亦异伦。三王大一统，乃以禹迹言，大漠空度汉，长城已筑秦。古来制漠北，独有唐与元。元氏储祥地，唐家累叶婚，神尧出独孤，官氏北地尊。英英文皇帝，母后黑獭孙。用兹代北武，纬以江左文。婉娈服弓马，潇洒出经纶。蕃将在阃外，公主过河源。所以天可汗，古今惟一人。"见《观堂集林》卷二十四。

[42] 并据《通典》卷六《食货典六》。

[43] 语本《北周书》卷二十三《苏绰传》。

[44] 王夫之《读通鉴论》卷九语。

[45] 详见《新唐书》卷九十五《高俭传》。

[46] 见同上书卷一七二《杜兼传》。

[47] 沈家本《重刻唐律疏议》序语，序见《寄簃文存》（《寄簃丛书》本）卷六。

[48] 《辽史》卷五十五《仪卫志一》语。

[49] 王昶《金石萃编》卷三十九北朝造像诸碑总论言"造像立碑，始于北魏，迄于唐之中叶。"（参上章注八十三）叶昌炽《语石》卷四曰："佛经之有石刻也，其在高齐宇文周时乎？阳曲一石（天保二年）齐刻之最先者也；邹峄四石（大象元年），周刻之最先者也。""刻经有三：其一摩厓，其一经碑，其一即经幢也。隋以前无经幢，宋以后无摩厓（惟元居庸关一刻），唐一代，刻经建幢者十之七，建碑者十之三，刻之厓壁者，所见不过三四通耳。"又按唐僧《神清北山录》卷四有曰："宋人魏人，南北两都，宋风尚华，魏风犹淳，淳则寡不据道，华则多游于艺。夫何以知？观乎北则枝叶生于德教，南则枝叶生于辞行。"盖南北朝时，佛教亦各异其趣，"南方偏向玄学义理，上承魏晋以来之系统，北方重在宗教行为，下接隋唐以后之宗派，故唐世有分佛教为南北二系之论也。"（语本汤用彤《汉魏两晋南北朝佛教史》第十四章）。

[50] 按唐人《五经疏》虽从南学，然唐疏亦兼采南北诸儒说也。又唐修《开元礼》，虽系赓续梁修《天监礼》，然《开元礼》多采北朝诸儒之说，亦兼承南北也。又如音乐，《新书·礼乐志》言"自汉魏之乱，晋迁江南，中国遂没于夷狄，至隋灭陈，始得其乐器，稍欲因而有作，郑译牛弘等相与撰定，唐兴即用隋乐。"此特指名存实亡之古乐言耳。隋唐时最盛行中国者为龟兹乐，又自北朝传入者也。又如法书，唐太宗最善王羲之书，尝躬撰《晋书·王羲之传》论，推其"尽善尽美"，临终且以

《兰亭序》殉葬,智永虞世南亦以南派名家,然南派不显于隋。(叶昌炽《语石》四曰"前人谓北书方严道劲,南书疏放妍妙,囿于风气,未可强合,至隋则混一区宇,天下同文,并无南北之限。乃审其字体,上而庙堂之制作,下而闾巷之镌题,其石具在,未有如世所传法帖者。岂平陈之后,江左书派,亦与国步具迁乎?")贞观时虽大显,欧阳询、褚遂良等,亦皆出北派。洎永徽以后,直至开成,碑版石经,尚沿北派余风焉。(语本阮元《揅经室三集》南北书派论)

[51] 见《隋纪八》。

[52] 详见《唐纪》九至三十一,拙著《纲要》第三册页八四至八六曾略引之。《纲要》三册一〇八节"外族之归化"(页八二至一一二)论述唐代外族之归化颇详,本节全文,即系就彼书节录,可参阅。

[53] 诸人皆见《新唐书》卷一一〇《诸夷蕃将列传》。

[54] 肃宗尝忧贼强,以问李泌,泌言"今独虏将或为之用,中国之人,惟高尚等数人,自余皆胁从耳。"然泌又曰,"我所恃者,矿西突骑,西北诸戎耳。"见《通鉴·唐纪》三十五及《新书·泌本传》。

[55] 说详刘掞藜《唐代藩镇之祸可谓为第三次异族乱华》。载《武汉大学文哲季刊》一卷四号。

[56] 见《新唐书》卷一七〇《范希朝传》,卷一七一《刘沔传》及《石雄传》。

[57]《新唐书》卷二一七上《回鹘传上》。

[58] 详见《新唐书》卷一七〇《王锷传》及《通鉴·唐纪》四十八"贞元三年"下。

[59] 见《唐会要》卷四十七。

[60] 详见宋李昉纂集之《太平广记》神仙类、妖怪类、宝类等中。张星烺氏《中西交通史料汇篇》第三册曾汇录之,可参阅。

[61] 见《通鉴·唐纪》四十一"大历十四年"下及《新唐书》卷一四一《邓景山传》及卷一四四《田神功传》。

[62]《新唐书》卷四《则天后纪》"文明元年七月,广州昆仑杀其都督路元叡。"又卷六《肃宗纪》"乾元元年九月癸巳,大食波斯寇广州"。

[63] 据张星烺《中西交通史料汇篇》第三册译法人莱奴德(M Reinaud)阿剌伯人及波斯人印度中国纪程。

[64] 见姚铉辑《唐文粹》卷二。

[65] 见故倭人某(元开)著《唐大和尚东征传》(续群书类从本)。

[66] 金仁问、崔致远、见故高丽金富试《三国史记》卷四十四及四十六。阿倍

仲麻吕、藤原清河、见故倭人某（源光国）《大日本史》卷一一六。李光弼、浑瑊、李光进、李元谅等，皆见《新书·本传》。尉迟乙僧见朱景玄《唐朝名画录》。慧琳、法藏，见《宋高僧传》卷六卷五。瞿昙悉达见《四库总目提要》。李珣见黄休复《茅亭客话》。李彦昇见《全唐文》卷七六七《陈黯华心说》。拙著《纲要》第三册页一〇四至一一二曾备录之，可参阅。

[67] 见《通鉴·唐纪十四》贞观廿一年下。

[68] 大业十二年，炀帝之江都，代王侑留守西京，越王侗留守东都。十三年，李渊起兵太原，入长安，奉侑为帝，遥尊炀帝为上皇。翌年三月，宇文化及杀炀帝于江都，五月，渊受侑禅即帝位，西都亡。东都留守官元文都等得炀帝凶闻，奉越王侗即位。嗣王世充又杀文都等执其权，翌年，世充废侗，自称郑帝，隋亡。

[69] 见《旧唐书》卷二《太宗本纪上》。又本节多据拙著《纲要》第三册一一二节"隋之乱亡与唐之兴"（页二一五至二二七），可参阅。

[70] 按宏道元年（六八三）十二月，高宗崩，中宗即位，尊武后为皇太后，临朝称制。明年（六八四），改元嗣圣，二月，太后废中宗为庐陵王，立豫王旦为皇帝，改元文明。天授元年（六九〇），太后改国号曰周，称皇帝，降睿宗为皇嗣。圣历元年（六九八），以庐陵王为太子，豫王旦为相王。神龙元年（七〇五），中宗复辟，复国号唐，景龙四年（七一〇），皇后韦氏（中宗后）弑中宗，相王旦复位，改元景云。太极元年（七一二），睿宗传位太子（即玄宗），自尊为太上皇，改元先天。自嗣圣至先天，都计二十九年。

[71]《新唐书》卷二《太宗本纪》赞语。

[72] 详《廿二史札记》卷十九"贞观中直谏者不止魏徵"节。

[73]《新唐书》卷三《高宗本纪》赞语。

[74] 详《廿二史札记》卷十九"武后之忍"与"武后纳谏知人"二节。

[75]《新唐书》卷四九《姚崇宋璟传》赞语。

[76] 见姚汝能《安禄山事迹》卷上（藕香零拾本）。

[77]《新唐书》卷五《玄宗本纪》赞语。拙著《纲要》第三册一一二节（页二二七至二四七）论述唐初诸帝及治乱较详，赵翼说亦多备录，可参阅。

[78] 按侍中为门下省长官，中书令为尚书省长官，《通典》卷十九《职官典一》及卷二十一"职官典……"总叙宰相沿革时，两言"大唐侍中中书令为真宰相。"至尚书省长官为尚书令，武德初，太宗为秦王时，尝居之，其后人臣莫敢当，遂废此官，而以左右二仆射为尚书省长官。《通典·职官典三》曰，"尚书左右仆射，亦尝为宰相"。又卷二十二《职官典四》曰，"大唐左右二仆射，因前代本副尚书令，

自尚书令废阙,二仆射则为宰相。故太宗谓房玄龄、杜如晦曰,公为仆射,当洞开耳目,访求才贤,是为宰相弘益之道,今以决辞听讼不暇,岂助朕求贤之意。乃令尚书细务为悉委于两丞,其冤滥大故当奏闻者,则关于仆射。及贞观末,除拜仆射,必加同中书门下平章事,及参知机务等名,方为宰相,不然则否,然为仆射者亦无不加焉。自开元以来,始有单为仆射,不兼宰相者。"

[79] 见《通典·职官典三》。

[80] "中书舍人六员专掌诏诰,侍从署敕,宣旨劳问,授纳诉讼,敷奏文表,分判省事。自永淳以来,天下文章道盛,台阁髦彦,无不以文章达,故中书舍人为文士之极任,朝廷之盛选,诸官莫比焉。"见同上注。

[81] 《日知录》卷九有《封驳》篇,论唐代给事中掌封驳之制颇详,可参阅。当时因避免中书门下之纷争,两省长官每先共同议定,然后奏闻。《通典·职官典三》云:"旧制,宰相常于门下省议事,谓之政事堂,至永淳三年七月,中书令裴炎以中书执政事笔,其政事堂令在中书,遂移在中书省。开元十一年,张说奏改政事堂为中书门下,其政事印亦改为中书门下之印。"

[82] "尚书省、都堂(大厅)居中,左右分司,都堂之东,有吏部、户部、礼部三行,每行四司,左司统之;都堂之西,有兵部、刑部、工部三行,每行四司,右司统之,凡二十四司,分曹共理,而天下之事毕矣。""开元以前,诸司之官兼知政事者,午前议政于朝堂,午后理务于本司。自开元以来,宰相员少,资地崇高,又以兵吏尚书权位尤美,而宰臣多兼领之,但从衡轴,下自铨综,其选试之任,皆侍郎专之,尚书通署而已。"见《通典·职官典四》及《五》。

[83] 《唐六典》卷一"尚书都省掌举诸司之纲纪,与其百僚之程式,以正邦理,……凡内外百司所受之事,皆印其发日,为之程限,一日受,二日报,小事五日,中事十日,大事二十日,狱案三十日,其急务者不与焉。小事判句经三人已下者给一日,四人以上给二日,中事每经一人给二日,大事各加一日,内外诸司咸率此。……若诸州计奏达于京师,量事之大小多少以为之节,二十条以上,二日。倍之,三日。又倍之,四日。又倍之,五日。虽多不是过焉。凡制敕施行,京师诸司有符移关牒,诸下州者,必由于都省以遣之,凡文案既成,句司行朱讫,皆书其上端,记年月日,纳诸库。凡施行公文应印者,监印之官考其事目,无或差谬,而后印之,必书于历,每月终,纳诸库,凡内外百僚,日出而视事,既午而退。有事则直官省之,其务繁不在此例。"

[84] 《通典·职官典一》文。《新唐书》卷一八一《曹确传》亦云:"太宗著令,文武官六百四十三。"又卷四十六《百官志一》则云:"太宗省内外官,定制为

七百三十员。"

[85] 见卷四十《职官典二十二》。按末段为杜佑德宗建中中并省官吏议文。

[86] 见《新唐书》卷四十四《选举志一》,各科试法不同,志文甚详,不备录。

[87] 《通典》卷十五《选举典三》语。

[88] 《通考》卷二十九《选举考二》语。下文又曰,"其推重谓之白衣公卿,又曰一品白衫,其艰难谓之三十老明经,五十少进士。"

[89] 开元二十五年敕语,见同上注。

[90] 见《通典》卷七《食货典七》。佑以玄宗世编户名籍,数皆不实,谓此病由是。

[91] 《唐六典》卷二十一"国子博士掌教文武官三品以上及国公子孙从二品以上曾孙之为生者。太学博士掌教文武官五品以上及郡县公子孙三品曾孙之为生者。四门博士掌教文武官七品以上及侯伯子男子之为生者。若庶人子为俊士生者。律学博士书学博士算学博士掌教文武官八品以下及庶人子之为生者。"

[92] 见柳宗元与太学诸生喜诣阙留阳城司业书。《唐柳先生集》卷三十四。

[93] 《语本通考》卷三《田赋考三》。

[94] 语皆本《新唐书》卷五十《兵志》。志又曰:"夫置兵所以止乱,及其弊也,适足为乱,又其甚也,至困天下以养乱,而遂至于亡焉。"

[95] 见同上注。

[96] 见《通鉴·唐纪三十二》天宝六载下。

[97] 同上注 [94]。

[98] 见《文献通考》卷二七六。

[99] 《新唐书》卷六十四《方镇表》序语。

[100] 明张大龄《唐藩镇指掌》语。按拙著《纲要》第三册一〇一节"方镇之割据"(页一三七至一六三)述唐代之方镇较详,本节多就彼书节录,可参阅。

[101] 《新唐书》卷四十九下《百官志四下》及《旧唐书》卷三十八《地理志》语。

[102] 皆见《新唐书》卷二一九《渤海传》。

[103] 皆见《新唐书》卷二一七《回鹘传》。

[104] 见《新唐书》卷二一一下《西域传》下。

[105] 语本《新唐书》卷五《玄宗本纪》。《旧唐书》卷一〇九《李嗣业传》载其事,可参阅。

[106] 皆见《新唐书》卷二一六《吐蕃传》。

[107] 见罗振玉《补唐书张义潮传》（丙寅稿本）。

[108] 语本《新唐书》卷二一五上《突厥传》序。

[109] 懿宗世，南诏复盗边，武宁兵七百戍桂林，六岁不得代，粮料判官庞勋率以反。勋后为康承训所诛，虽未为大患，然实黄巢之乱之先道。《新书·突厥传》序言"唐兴，蛮夷更盛衰，尝与中国亢衡者有四：突厥、吐蕃、回鹘、云南是也。""凡突厥、吐蕃、回鹘、以盛衰先后为次，终之以南蛮，记唐所繇亡云。"本节所述，皆系节录拙著《纲要》第三册页五〇至六〇，可参阅。

[110] 参阅《廿二史札记》卷二十"唐代宦官之祸"及"中官出使及监军之弊"二节。拙著《纲要》第三册页二五三至二六二论述唐代宦官，既备录赵翼说，复略加补苴，可参阅。

[111]《文献通考》卷二七六《封建考》中语。

[112] 欧阳修《新五代史》卷三十六《义儿传》语。

[113] 参阅《廿二史札记》卷二十一"五代诸帝多由军士拥立"，及卷二十二"五代姑息藩镇"，"五代藩郡皆用武人"、"五代藩帅劫财之习"、"五代幕僚之祸"、"五代诸侯贡奉多用鞍马器械"、"魏博牙兵凡两次诛戮"、"一军中有五帝"诸节。（拙著《纲要》第三册页一六九至一八一备录之）

[114] 据《新唐书》卷二一八《沙陀传》赞。

[115]《新五代史》卷六《明宗本纪》语。按明宗在位八年，史赞称十年，疑误。

[116]《辽史》卷二《太祖纪》赞语。

[117] 详《新五代史》卷十七《晋家人传》。

[118] 皆见《通鉴·后汉纪一》"天福十二年"下。

[119] 拙著《纲要》第三册页二七五至三〇七论列五代十国较详。本节及下节多就彼书节录，可参阅。

[120] 后唐庄宗同光三年（九二五），郭崇韬帅师灭蜀，以孟知祥帅蜀，知祥遂续据其地，是为后蜀。晋高祖天福二年（九三七）。吴杨氏为其臣徐知诰所篡，是为南唐。出帝开运二年（九四五），南唐灭闽王氏，而留从效据漳泉，号闽海。周太祖广顺元年（九五一），南唐灭楚马氏，而刘言王逵及周行逢承之，号武平（欧史附楚世家后）。刘知远弟崇小于是年称帝晋阳，是为东汉。

[121]《通鉴·后周纪二》语。

[122] 本节及下节所述，略本刘师培《国学发微》，登乙巳年《国粹学报》第十期及十一期。

[123] 孟蜀石经残帙，庐江刘氏有影印本。张国淦《历代石经考》（燕京大学印本），于各代石经记述，捃摭颇备，可参阅。

[124] 《通典·李翰序》语。

[125] 见《新五代史》卷五十七《贾纬传》。

[126] "苏冕尝次高祖至德宗九朝之事，为《会要》四十卷，宣宗大中七年，又诏杨绍复等次德宗以来事，为《续会要》四十卷，以崔铉监修，段公路北户录所称《会要》，即冕等之书也。"（《四库总目》卷八十一《政书类一》）。

[127] 语本坊行本曾毅《中国文学史》。

[128] 五代时诗文最著称者，为和凝与王仁裕，皆以多为富者也。欧史卷五十六云："和凝，幼聪敏，形神秀发，为文章，以多为富，有集百余卷，尝自镂版以行于世。"又卷五十七云："王仁裕，为人俊秀，以文辞知名，喜为诗，其少也，尝梦剖其肠胃，以西江水涤之，顾见江中沙石，皆为篆籀之文，由是文思益进，乃集其平生所作诗万余首，为百卷，号《西江集》。仁裕与和凝，于五代时皆以文章知名。又尝知贡举。仁裕门生王溥，凝门生范质，皆至宰相，时称其得人。"

[129] 见叶昌炽《语石》卷一。

[130] 二十六年四月，南京开第二次全国美术展览会时，四家山水各陈列一巨幅。为荆浩《匡庐图》，董源《洞天山堂》，巨然《秋山图》，至关仝所作，今已不能忆矣。

[131] 末段略本刘师培《中国美术学变迁论》。（载丁未年《国粹学报》第三十一期），按"八分一字值千金"，系杜甫"李潮八分小篆歌"语。潮，子美甥也。《旧书》卷一九〇《文苑传》称"李邕长碑颂，中朝衣冠及天下寺观多赍持金帛往求其文，前后所制凡数百首，受纳馈遗亦至巨万，时议以为自古鬻文获财，未有如邕者。"子美八哀诗《赠秘书监江夏李公邕》云："干谒走其门，碑版照四裔，各满深望还，森然起凡例。萧萧白杨路，洞澈宝珠惠。龙宫塔庙涌，浩劫浮云卫。宗儒俎豆事，故吏去思计。眄睐已皆虚，跋涉会不泥。向来映当时，岂独劝后世。丰屋珊瑚钩，骐驎织成罽。紫骝随剑凡，义取无虚岁。……鸣乎江夏姿，竟掩宣尼袂。"

[132] 本节多据朱文鑫《天文考古录》（商务印书馆二十一年出版）。

[133] 参阅王国维《书巴黎国民图书馆所藏唐写本切韵后》，《书吴县蒋氏藏唐写本唐韵后》，《唐诸家切韵考》，及《李舟切韵考》（皆见《观堂集林》卷八）。

[134] 见《旧唐书》卷一三八《贾耽传》。

[135] 见蓝浦《景德镇陶录》。

[136] 原奏见《全唐文》卷六二四，友人钱穆读书记曾引之，惟未能得其年代

(见齐鲁大学《责善半月刊》第二卷第十八期),今按册府元龟卷一百六十已引宿奏,系于太和九年,兹从之。

[137] 孙毓修《中国雕板原流考》,引《柳玭训序》,称"中和三年(八八三),在蜀阅书肆所鬻字书,率雕本",又引《国史志》称"唐末始有墨板,多术数小学字书"。至时贤论唐代印刷者,以友人向达《唐代刊书考》为最详,载《南京国学图书馆第一年刊》,可参阅。

[138]、[140] 皆见《唐六典》卷四。

[139] 参《廿二史札记》卷十九"唐诸帝多饵丹药"节。

[141] 参阅《中国文化史》第二编第十五章《隋唐之佛教》(下册页五九至七三)。

[142] 关于四种宗教在中国流行之研究资料,时贤颇多有价值译著。火祆教有陈垣《火祆教入中国考》(载北大《国学季刊》一卷一期)。摩尼教有陈垣《摩尼教入中国考》(载同上书二期三期),沙畹著《摩尼教流行中国考》(冯承钧译商务印本),及王国维《摩尼教流行中国考》(载《观堂别集》后编)。景教有冯承钧《景教传行中国考》(商务出版)。回教有陈垣《回回教入中国史略》(载《东方》杂志二十五卷一号)及陈汉章《中国回教史》(载《史学》与《地学》第一期)。

[143] 参陈捷译本《中日交通史》第六章、第八章。

[144] 吐火罗立碑,见上注二十七。佛菻西界立碑,见端方《陶斋藏石记》卷二十一"大唐故波斯国大酋长右屯卫将军上柱国金城郡开国公波斯君丘之铭,"称"君讳阿罗憾,显庆年中,差充佛菻国诸蕃招慰大使,并于佛菻西界立碑,峨峨尚在。宣传圣教,实称蕃心。"

[145] 见《语石》卷二。

[146] 见傅云龙《日本金石志》卷一(载氏著《游历日本图经》中)。

[147] 新罗之华化,详金富轼《三国史记》。渤海详《新书·渤海传》、唐宴《渤海国志》、及金毓黻《渤海国志长编》。吐蕃南诏亦皆见《新书·本传》。拙著《纲要》第三册页一二三至一三七论述唐代华化之传播较详,本节多就彼书节录,可参阅。

[148] 据张星烺《中西交通史料汇篇》第三册。

[149] 同前注 [45]。

[150] 见《旧唐书》卷一九〇上《袁朗传》。按谊为朗孙。

[151] 详见《新唐书》卷八十八《柳公绰》传。按玭仲郢,祖公绰,皆以行谊敦笃著。《新书》、《旧书》(卷一六五)《本传》皆详载之。《旧书》又云:"初公

绰理家甚严，子弟克禀诫训，言家法者，世称柳氏云。"

[152] 参阅《廿二史札记》卷二十二"周祖四妻皆再醮妇"节。

[153] 见《旧唐书》卷七十四《马周传》。

[154] 见《新唐书》卷五《玄宗本纪》及《通鉴·唐纪》卷三十一《天宝八载下》。

[155] 见《新唐书》卷一二二《韦安石传》。

[156] 详见《旧唐书》卷一二〇《郭子仪传》卷一一八《元载传》及卷一一三《裴冕传》。

[157] 《洛阳伽蓝记》卷二载陈庆之语朱异曰："自晋宋以来，号洛阳为荒土"。

[158] 见同上书卷四。原书又云："时有刘贵者，最为富室，舟车所通，足迹所履，莫不商贩，是以海内之货，咸萃其庭，产匹铜山，家藏金穴，宅宇逾制，楼观出云，车马服饰，拟于王者。"自退酤里以西，有王子坊，并皇宗所居，"河间王琛最为豪首，琛常会宗室，陈诸宝器，金瓶银瓮百余口，瓯檠盘盒称是。自余酒器，有水晶钵、玛瑙杯、玻璃碗、赤王巵数十板，作工奇妙，中土所无，皆从西域而来。又陈女乐及诸名马。复引诸王按行府库，锦罽珠玑，冰罗雾縠，充积其内，绣缬紬绫丝彩越葛钱绢等，不可数计。"当时工商业之发达，可推见其梗概。

[159] 《隋书》卷七十五《何妥传》称："父细脚胡，通商入蜀，遂家邹县。事梁武陵王纪，主知金帛，因致巨富，号为西州大贾。"是萧纪之财富，大抵为与外夷通商所得之盈余也。

[160] 《隋书》卷三十一《地理志下》言"丹阳旧京所在，市廛列肆，埒于二京。"交、广、扬、泉四州之记载，见阿拉伯人伊宾考尔大贝（Ibnkhodadbeh）道程及《郡国志》，广州多外舶，据倭人《唐大和尚东征传》。

[161] 《吴志》卷二十，《韦昭传》（今本避司马昭讳，作曜），孙皓每飨宴，席无能否，率以七升为限，昭素饮酒不过三升，初见礼异时，当可裁减，或密赐茶荈以当酒。"

[162] 见《旧唐书》卷一〇一《薛登传》。

[163] 友人钱穆《记唐人干谒之风》述此事颇详，见《责善半月刊》第二卷第十九期，可参阅。

[164] 项氏曰，"风俗之弊，至唐极矣，王公大人巍然于上，以先达自居，不复求士，天下之士，什什伍伍，戴破帽、骑蹇驴，未到门百步，辄下马奉币刺，再拜以谒于典客者，投其所为之文，名之曰求知己；如是而不问，则再如前所为者，名之曰温卷；如是而又不问，则有执贽于马前，自赞曰某人上谒者。嗟乎，风俗之弊，至

此极矣，此不独为士者可鄙，其时之治乱盖可知矣。"见《文献通考》卷二十九《选举考二》。

［165］语本《新唐书》卷一九六《隐逸传》序。

［166］见《新五代史》卷三十五《唐六臣传》。

［167］详见《新五代史》卷三十二《死节传》，卷三十三《死事传》，卷三十四《一行传》及卷五十四《杂传第四十二》。

［168］《廿二史札记》卷二十二"张全义冯道"节言之颇详，可参阅。

［169］语本晁归来子序张穆之《触鳞集》，见《文献通考》卷三十《选举考三》。

［170］说详钱穆《五代时之书院》，见《责善半月刊》第二卷第十八期。

［171］详见《宋史》卷四三《儒林传》。拙著《纲要》第三册页一八二至二一五述隋唐五代之风俗颇详，本章论风俗，多就彼书节录，可参阅。

# 第三篇

# 第八章
# 汉族式微与北方诸族崛兴时代（宋元）

自后梁开平元年，辽太祖阿保机称帝，而契丹立国于吾国之东北，传九世，二百一十九年（九〇七至一一二五）。宋仁宗宝元元年，夏景宗元昊称帝，而西夏立国于吾国之西北，传十世，百九十年（一〇三八至一二二七）。宋徽宗政和五年，金太祖阿骨打称帝，而女真遂灭辽而与宋平分中夏，传九世，百二十年（一一一五至一二三四）。宋宁宗开禧二年，蒙古太祖铁木真称成吉思汗，而其后遂灭夏、金、南宋，入主中国，国号曰元，传十四世，一百六十三年（一二〇六至一三六八）。宋介其间，初困于辽夏，继亡于金，终灭于元，虽延至十八帝，三百二十年（九六〇至一二七九），而积弱已甚。故自五代迄元末，实为汉族式微北方诸族崛兴时代。（自阿保机称帝迄元之亡，凡四百六十二年，九〇七至一三六八，自宋祖称帝迄元亡，则凡四百有九年，九六〇至一三六八），治国史者，多以两晋、南北朝为外族第一次入侵华夏时期，而自宋迄元，则为第二次入侵时期，然比而观之，前后史实，有未可一概论者，其大者计有三端。

一则当时汉族之式微，远甚于晋隋之际，外族之祸，亦烈于刘石、拓拔、宇文。且契丹、党项、女真、蒙古，各有国书，（后详）虽自蒙文外，亦皆出于华文，然与五胡之仅各有语言，而文字一同华夏者固异。辽、金、元三朝皆以国制与汉制并用，著名三史者，种人亦视汉人倍蓰，与胡羯、氐羌、鲜卑之一切师法中土，而文职十九任用华人者亦殊。盖五胡自汉魏以来，杂居边陲，久习吾国之政教，契丹、党项，虽兴唐世，而渐染华化之程度甚浅，女真、蒙古，则在宋世尚僻处穷荒，与中土相隔绝也。特诸族之以武力兴者，仍多歆羡华夏之文教，用汉人以启其政学，比之五胡，开化虽有先后，而其同化于汉族及其与汉族之混合，亦无大异耳。

二则自典午南渡，华夏文物中心，虽渐自北而南，及鲜卑革夷从夏。洛邑犹视江左为盛。隋唐之世以北统南，五季沙陀入主，契丹南牧，北方亦为正统，宋因后周之成势，仍都于汴，南服虽继续开辟，文化中枢，犹在中原。至女真入侵，宋室南迁，巨室世家，多随以俱行，南渡名将，自张浚、韩世忠、岳飞、刘光世、刘锜、吴玠、吴璘、杨存中以下，尤无一非出自山陕，故虽南宋之偏安，犹是北宋之余力。[1]然淮河以北之文物，既饱受外族之摧残，汉民或死于锋镝沟壑，或被驱掠转徙，罹祸尤深，女真、契丹之入宅中原者，又皆游牧蛮民，由是文化陵夷，人材湮没。而南方为汉族正统所在，各地优秀分子，麕聚杂居，人文之盛，既远迈往昔。朝廷欲增库入，复招徕远人，阜通货贿，商业之发达，经济之繁荣，尤凌驾北方而上之。故南宋以降南方之开化，实远非东晋后之南朝可及；大江以南，亦自南宋后始为吾华文明中心焉。

三则魏晋以降，篡乱相仍，丑秽之史，充塞弥漫，易代之际，士大夫亦莫不传舍其朝，忠义之气，变化殆尽。自宋祖受命，崇重儒学，表彰节义，行事一以忠厚施之，其宽仁待士，尤累世奉为典则，宋代政治，亦多出于士大夫之手，历代女主外戚宗王强藩之祸，宋皆无之，宦寺虽为祸，亦视汉唐为不侔。[2]故吾国之君主政体，实以宋世最为纯洁，与两晋南北朝之黑暗，迥不相同。对外虽力多不竞，而文治之隆，则度越前世远甚。中外荐绅，亦率以"名节相高，廉耻相尚。故靖康之变，志士投袂，起而勤王，临难不屈，所在有之，及宋之亡，忠节相望，班班可书。"[3]流风余沫之所钟，虽金元以外族入主，其亡也，殉节殉难者，亦史不绝书焉。

宋太祖起介胄之中，践九五之位，惧将帅效五季之习，即位之第二年（建隆二年，九六一），即用赵普之言，以从容杯酒之间，罢石守信、高怀德、王审琦等典禁兵。复以后苑之宴，罢王彦超等节镇；既又以文臣知州事，诸镇长吏或死或迁或致仕或遥领者，皆以文臣代之；设通判于诸州，统治军兵之政，事皆专达，与长吏均礼。又令节镇所领支郡，皆直隶京师，得自奏事，不属诸藩。又选常参官知县事。置诸路运转使，专掌各路赋税，虽节使及刺史，皆不预金书金谷之籍，诸州除度支经费外，凡金帛悉送汴都，无得占留。命诸州长吏选本道兵骁勇者，送都下，补禁卫，复立更戍法，分遣禁旅戍守边城，使往来道路，以习勤苦均劳逸，而将不得专其兵。令诸州大辟不得专决，皆录案奏闻，付刑部详复之。方镇世袭专地、专政、专利、专兵、专杀之积弊，由是尽革，唐中叶以来外重之局，复变而为内重之局。[4]节度使本唐藩镇官名，宋虽犹存此官，亦无所职掌，或以待勋贤故老矣。[5]然帝虽厉行中央集权政策，尽收节镇兵柄，亦常注意于谋帅，分部守边，具得要领。故终帝世"无西北之忧，以至命将出师，平西蜀，拓湖湘，下岭表，克江南，所向遂志。"[6]继以太宗"沈谋英断"，[7]"吴越请吏，漳泉来归，薄伐太原，遂偾北汉，而海内一矣。"[8]又自太祖以降，"远人慕义，东若高丽、渤海，虽阻隔辽壤，而航海远来，不惮跋涉；西若天竺、于阗、回鹘、大食、高昌、龟兹、拂菻等国，虽介辽夏之间，筐篚亦至，屡勤馆人，党项、吐蕃、唃厮啰、董毡、瞎征诸部，宋之威德，亦暨其地，交趾、占城、真腊、蒲耳、大理、滨海诸蕃，接踵修贡。"[9]太祖又"务农兴学，制礼作乐"，[10]太宗亦"勤以自励，讲学以求多闻"，[11]真仁继之，名世之臣辈出，海内乂安，文治洽和，宋室承平且百年；论者谓"三代而降，考论声名文物之治，道德仁义之原，宋于汉唐，盖无让焉。"[12]然内治虽隆，而对外力颇不竞，盖太祖务强主势，矫枉过直，兵财多聚京师，藩篱日削，卒至主势强而国势反弱，太宗而后，遂深受其祸焉。

宋当建国之初，契丹国势方盛。太宗既灭北汉（太平兴国四年，九七九）。欲乘势恢复幽蓟，遂移师伐辽，围幽州，辽主贤（景宗）遣耶律休哥将军赴援，"休哥智略宏远，料敌如神，"[13]大败宋师于高梁河（北平西直门外），太宗脱身走免。明年，复伐之，莫州一役，宋兵又败,及贤卒(九八二),圣宗隆绪立,年甫十二,母后萧氏摄政,复国号曰契丹,萧后"闻善必从,群臣咸竭其忠。"[14]太宗信边臣谝言,谋乘契丹衅:雍熙三年(九八六),命曹彬、潘美、杨业等率军分道北伐,宋师再败,业被禽死。自是宋惟聊固吾圉,不敢复言进取,而契丹益悬师深入为边患,十余年间,两国构兵不已,宋师屡北,河朔山后,长为战冲。真宗景德元年(一〇〇四),契丹主隆绪大举入寇,"直犯贝魏,中外震骇。"帝问群臣方略,"参知政事王钦若,江南人也,请幸金陵,陈尧叟,蜀人也,请幸成都,"[15]赖宰相寇准固请亲征,奉帝幸澶州,契丹气稍沮,宋亦苦兵,遂定和议:契丹主以兄礼事宋,而宋岁输契丹银十万两,绢二十万匹;宋北边之祸稍纾矣。而党项复强于西北。党项为西羌别种,本处西川边境,服属唐廷,以苦吐蕃侵暴,徙居灵夏。唐季部族渐蕃,其酋拓跋思恭以破黄巢功,赐姓李氏。思恭据夏、银、绥、宥、静、五州之地(今陕北及绥远伊克昭盟地),称夏州节度使,后嗣历五季世有其地。宋太宗世,李继捧举族入朝纳土,族弟继迁不服叛归,嗣受契丹封为夏国王,乘宋与契丹方构兵,屡扰宋边,宋亦纵继捧还故镇。继迁子德明两臣辽宋,不窥宋边,宋赐赉亦甚厚。仁宗世,元昊嗣立,"雄毅多大略,以兵法勒诸部,"[16]蚕食宋疆,又城兴州(今宁夏)而都之,西击回纥、吐蕃、唃厮啰等部,取武威、张掖、酒泉、敦煌地;于是今陕甘北境绥远、宁夏、河西之地,多为所有,俨然为宋西北一大强敌,与占据东北之契丹,遥若相对。宝元元年,元昊自称大夏皇帝。明年,上表于宋,且求册命,[17]仁宗诏削其官爵,绝互市。自是连岁构兵,宋师屡败,西边骚然。乃分陕西为泾原、秦凤、鄜延、环庆四路,命韩琦、范仲淹御之,抚熟蕃,筑城砦,少遏其锋,然四路恒为兵冲。时契丹主宗真(兴宗)乘宋有事于西,聚兵燕蓟,声言南下,庆历二年(一〇四二),遣使索关南地,仁宗遣富弼报之,往复辨喻,再与定盟,加岁币银绢各十万两匹,定名曰纳。[18]元昊亦以国中困敝,上书乞款,四年(一〇四四)上誓表,宋册元昊为夏国王,岁赐银、绮、绢、茶共二十五万五千,[19]"约称臣奉正朔,而元昊帝其国中自若也。"[20]仁宗之世，于宋室为至平极盛之时，然兵弱财匮，积弊已深，置西北之狡寇，若天建地设而不可犯，惟岁赂巨币，以图苟安，赖非夷狄昌炽之时，庆历后边境无事者二十余年，亦云幸矣。

自唐中叶以降，变乱迭兴，政法大弊，宋之改制，仅能谋中央之集权，图皇位之暂安，若仪卫礼文，选举科目，既多因袭唐旧，即于设官治兵理财之大，亦因循苟且，而鲜经久之方。五代之世，尚书各部渐成闲曹。宋初"尚书门下并列于外，又别置中书禁中，是为政事堂，与枢密对掌大政。（一主民政、一主军政、合称二府，当时仍以同中书门下平章事为正相，参知政事副之，枢密院则以枢密使为正官，副使副之，又有知院事比使，同知院事比副使。）天下财赋，内庭诸司，中外莞库，悉隶三司（盐铁、度支、户部三职，合称三司，有三司使及副使）。……台省寺监官无定员，无专职，悉皆出入分莅庶务。故三省六曹二十四司（吏部有吏部、司封、司勋、考功四司，户部有户部、度支、金部、仓部四司，礼部有礼部、主客、祠部、膳部四司，兵部有兵部、职方、驾部、库部四司，刑部有刑部、都官、比部、司门四司，工部有工部、屯田、虞部、水部四司），类以他官主判，虽有正官，非别敕不治本司事。事之所寄，十亡二三，……居其官不知其职者，十常八九。其官人受授之别，则有官，有职，有差遣；官以寓禄秩，叙位著，职以待文学之选，而别为差遣以治内外之事。其次又有阶，有勋，有爵。故仕人以登台阁升禁从为显宦，而不以官之迟速为荣滞；以差遣要剧为贵途，而不以阶勋爵邑有无为轻重。"[21]吾国官制名实之乖迕，未有甚于宋者。盖太祖惩五代藩镇专态，每留节度等使于京师，而任朝官为知州，为通判，或州镇有缺，即令朝官权知，稍后则州县守令多带中朝职事官外补，致有官者不复能尽莅本司治事，其势不能不以他官权代，于是以他官主判遂成通例，而名实大淆。至若尚书省六部职掌，与中书枢密三司使及寺监等，类多重复，而二十四司废为闲所，更不待言矣。"自真宗、仁宗以来，议者多以正名为请，然朝论异同，未遑釐正"[22]也。宋初兵制，虽有禁军厢军及乡兵之分，（《宋史》卷一八七《兵志》序云："天子之卫兵，以守京师备征戍,曰禁军。诸州之镇兵,以分给役使,曰厢军。选于户籍或应募,使之团结训练,以为在所防守,则曰乡兵。又有蕃兵,其法始于国初,具籍塞下,团结以为藩篱之兵,其后分队伍,给旗帜,缮营堡,备器械,一律以乡兵之制。")然惟禁军为主要,厢军特禁军之备补,乡兵又以佐禁军之不足者也。"太祖起戎行有天下,收四方劲兵,列营京畿,以备宿卫,分番屯戍,以捍边圉,于时将帅之臣,入奉朝请,犷暴之民,收隶尺籍,虽有桀惊恣肆,而无所施于其间,"[23]颇能矫累朝藩镇之积弊。当时禁军之数,不足二十万,并厢军等合计,亦才三十七万八千,其兵亦多精练。自后每乘凶岁,辄增募饥民以增其额,太宗、真宗、仁宗之世,遂递增至六十六万六千,九十一万二千,一百二十五万九千。[24]兵既日增,因所募多市井选懦,且累岁不亲兵革,多偷惰而不可用,惟竭民脂膏以优廪之,岁岁戍更就粮,供亿无艺。初太祖太宗因"吴、蜀、江南、荆湖、南粤之蓄藏,守以恭俭简易,天下生齿尚寡,而养兵未甚蕃,仕官未甚冗,佛老之徒未甚炽,外无金缯之遗,百姓亦各安其生,不为巧伪放侈,故上下给足,府库羡溢。承平既久,户口岁增,兵籍益广,吏员益众,佛老外国,耗蠹中土,县官之费,数倍于昔,百姓亦稍纵侈,上下始困于财。"[25]宋制待士又极宽仁,官吏自俸钱禄米外,内官则有职钱及兼人衣粮餐钱,乃至茶酒厨料,薪蒿炭盐,饲马刍粟,米面羊口之给,靡不毕具。外官则有职田及公用钱茶汤钱,其优厚既为历代所仅见。而荫补赏赉,尤极猥滥,一人入仕,子孙亲族俱可得官,大者并可及于门客医士。[26]"宗室疏属,皆有禄秩,所寓州县,月有廪饩,至于宗女适人,亦有恩数。"[27]宗室吏员受禄者,真宗时,计九千七百八十五员,仁宗皇祐时,增至万五千四百四十三,英宗时,视皇祐又增十之三,[28]禄廪奉赐,因是岁有增益。每三岁郊祀,赏赉之费,"太宗至道末,计缗钱常五百余万,真宗景德郊祀七万余万、东封八万余万,祀汾上宝册又增百二十万,至皇祐飨明堂,增至一千二百余万。"国家岁计,"至道末,总入缗钱二千二百二十四万五千八百";不二十年,至真宗天禧末,已增至"一万五千八十五万一百,出一万二千六百七十七万五千二百，"虽尚有羡余，然至"皇祐元年，入一亿二千六百二十五万一千九百六十四，而所出无余；英宗治平二年，入一亿一千六百十三万八千四百五，出一亿二千三十四万三千一百七十四，非常出者又一千一百五十二万一千二百七十八，"[29]不足之数至千五百余万焉。

宋初冗兵冗官冗费之结果，徒令"财不足用于上，而下已敝，兵不足威于外，而敢骄于内，制度日益丛杂，一切苟且，不异五代之时。"[30]此种现象，仁宗世已极显著，朝野改革之议，亦即盛于是时。庆历三年（一〇四三），元昊乞款，西事暂平，帝数以当世急务问宰执，枢密副使韩琦富弼先后陈世务及捄弊若干条。[31]吴人范仲淹（生太宗端拱二年，九八九），自入仕途，即"矫厉尚风节"，"初在制中（母丧去官，晏殊知应天府，召真府学），遗宰相书极论天下事，""请择郡守，举县令，斥游惰，去冗僭，慎选举，抚将帅，凡万余言；"嗣受命"安抚江淮"，复"条上捄弊十事"。是年，除枢密副使，继自枢密副使除参知政事，（按琦弼除枢密副使，亦在是年，见《宋史》卷二一一《宰辅表二》，）仲淹感仁宗知遇，适会帝手诏督问，"退而上十事：一曰明黜陟（二府非有大功大善者不迁，内外须在职满三年，在京百司非迁举而授，须通满五年，乃得磨勘，庶几考绩之法矣）；二曰抑侥幸（罢少卿监以上乾元节恩泽，正郎以下若监司边任，须在职满三年始得荫子，大臣不得荐子弟任馆阁职，任子之法无冗滥矣）；三曰精贡举（诸路州郡有学校处，奏举通经有道之人，专于教授，务在兴行，进士诸科请罢糊名法，参考履行无阙者以名闻，进士先策论，后诗赋，诸科取兼通经义者，赐第以上皆取诏裁，余优等免选注官，次第人守本科，选进士之法，可以循名而责实矣）；四曰择长官（委中书枢密院先选转运使提点刑狱大藩知州，次委两制三司御史台开封府官诸路监司举知州通判，知州通判举知县令，限其人数，以举主多者从中书选除，刺史县令可以得人矣）；五曰均公田（外官廪给不均，何以求其为善，请均其入第给之，使有以自养，然后可以责廉节，而不法者可诛废矣）；六曰厚农桑（每岁预下诸路，风吏民言农田利害堤堰渠塘，州县选官治之，定劝课之法，以兴农利，减漕运，江南之圩田，浙西之河塘，隳废者可兴矣）；七曰修武备（约府兵法，募畿辅强壮为卫士，以助正兵，三时务农，一时教战，省给赡之费，畿辅有成法，则诸道皆可举行矣）；八曰推恩信（赦令有所施行，主司稽违者，重寘于法，别遣使按视其所当行者，所在无废格上恩者矣）；九曰重命令（法度所以示信也，行之未几，旋即釐改，请政事之臣参议可以久行者，删去烦冗，裁为制敕，行下命令，不至于数变更矣）；十曰减徭役（户口耗少，而供亿滋多，省县邑户少者为镇，并司州两院为一，职官白直，给以州兵。其不应受役者悉归之农，民无重困之忧矣）。"[32] 盖以吏治选举为主，兼及农田兵事。时欧阳修（生景德四年，一○○七）撰本论，言"均财而节兵，立法以制之，任贤以守法，尊名以厉贤，此五者相为用"[33]，所论亦与仲淹相表里。史称"天子方信向仲淹，悉采用之，宜著令者，旨以诏书画一颁下，独府兵法众以为不可而止。"仲淹又请釐正辅臣执掌，兼判一切政刑兵赋。[34] 时"中外想望其功业，仲淹亦以天下为己任，裁削幸滥，考核官吏，日夜谋虑兴致太平，然更张无渐，规模阔大，论者以为不可行；"且"自任子之恩薄，磨勘之法密，侥幸者不便，于是谤毁稍行，而朋党之论浸闻上矣。"四年（一○四四），仲淹出为陕西河东宣抚使，"其在中书所施为，亦稍稍沮罢。"比仲淹卒（皇祐四年、一○五二，年六十四），庆历之改革，遂消逝于无形。嘉祐三年（一○五八），临川人王安石（生天禧五年，一○二一）自提点江东刑狱入为度支判官，慨然上万言书，请法先王之政，以合当世之变。[35] 仁宗耋而不能用。八年（一○六三）帝崩，英宗亦享国日浅，"以疾疢不克大有所为"。[36] 神宗自命大有为之才，尝欲克复燕云，恢张先烈，以成盖世之功，即位之初，即谓文彦博曰："养兵备边，府库不可不丰。"而环顾廷臣，皆习故守常，莫有能任其事者。安石以学者见信于神宗，君臣遂如鱼水之相投，[37] 熙宁二年（一○六九）二月，以安石参知政事，并置"制置三司条例司"，以安石与知枢密院陈升之领之，"经画邦计，议变旧法，以通天下之利，"[38] 此后五年之间，农田水利（分遣诸路常平官使专领农田水利，吏民能知土地种植之法，陂塘圩埠堤堰沟洫利害者，皆得自言行之有效，随功利大小酬赏，起熙宁三年至九年，开封府界及诸路兴修水利田凡一万七百九十三处，为田三十六万一千一百七十八顷有奇），青苗（初，陕西转运使李参贷民以钱，俟谷熟还官，号青苗钱，至是依其例，以常平籴本作青苗钱，散与人户，令出息二分，春散秋敛），均输（以发运之职，改为均输，假以钱货，凡上供之物，皆得徙贵就贱，用近易远，预知在京仓库所当办者，得以便宜蓄买），保甲（十家为一保，选主户有干力者一人为保长，五十家为一大保，选一人为大保长，十大保为一都保，选为众所服者为都保正，又以一人为之副，户两丁以上选一人为保丁，授弓弩、教战阵、警盗贼、纠奸慝、置牌以书其户数姓名），免役（据家赀高下，各令出钱顾人充役，下至单丁女户本来无役者，亦一概输钱，谓之助役钱），三舍（釐大学生员为三等，始入者为外舍，初七百人，后增至二千，外舍升内舍，员三百，内舍升上舍，员一百，各执一经，从所讲官受学，初月一试，优等以次升舍，后改为岁一试，与今学校年级制略类），市易（出内帑钱帛，置市易务于京师，凡货之可市及滞于民而不售者，平其价市之，愿以易官物者听，若欲市于官，则度其抵而贷之钱，责期使偿，半岁输息十一，及岁倍之），保马（凡五路义保愿养马者，户一匹，以监牧见马给之，或官与其直，使自市，岁一阅其肥瘠，死病者补偿），方田均税（以东西南北各千步当四十一顷六十六亩一百六十步为一方，岁以九月，令佐分地计量，验地土肥瘠，定其色号，分为五等，以地之等均定税数）诸法。相继并兴。[39]安石之学不用于嘉祐者，盖尽用于熙宁，而前之万言书谓"愿明诏大臣为之以渐，法先王之政意，则吾所改易更革，不至乎倾骇天下之耳目，嚣天下之口"者，今以主上信任，政权在手，锐意革新，肆无顾忌，真至乎"倾骇天下之耳目，嚣天下之口"矣。

安石新法，以富国强兵为鹄，欲强兵，必先富国，故于理财足用之法，设施尤多，其性质多略当于近世之国家社会经济政策。青苗法因经手官吏以多借为能，不顾民之愿否，任意分配，不肖者又藉以行其头会箕敛之术，病民最甚，当时攻击者亦最众，然其初意实略同今日之农贷事业。免役法改差役制为募役制，令民出代役之税以充募资，釐革当世之弊政，收效亦宏。余如保甲法欲改宋之募兵为民兵，三舍法欲修学校以代科举，以及所颁农田水利约束与方田均税法等，亦皆饶有改革精神。[40]然数年之间，粗有图议，尚未能大树规模，而当时旧臣若韩琦、富弼、文彦博、范镇、司马光、吕公弼、吕公著，暨范纯仁、程颢、程颐、苏轼、苏辙等，群起反对。安石既"性强忮，自信所见，执意不回，"[41]神宗亦"断然废逐元老，摈斥谏士，行之不疑，"[42]于是"忠正之士，相继远引。"[43]安石所任章惇、蔡確、韩绛、吕惠卿辈，复皆功利之士，罔识大体，遂致各走极端，由政党之争议，羼杂私人意气之攻讦。又以新法"施行太骤，陈义太高，蚩蚩之氓，相率咨怨，而奉行之官吏，尤不能尽如立法者之意，益以坚反对者之口实。"[44]熙宁七年（一〇七四），安石累疏乞解机务，四月，罢知江宁府，以吕惠卿、韩绛继其任。八年二月，安石再执政，仅颁行《三经新义》（《周官》、及《诗》、《书》）及罢手实法（法为吕惠卿所立，官为定立物价，使民各以田亩室宅资货畜产，随价自占，凡居钱五当蕃息之钱一，而定所当输钱。盖以免役法所定人民出钱率或未均，故以此法济之，且可赅见各地人民之物产钱数也）。九年十月，再罢知江宁府，元丰元年（一〇七八）正月，安石三执政，惟改定官制，釐正有名无实之本官与差遣，使尚书六部暨他省台寺监各还其职，余多循熙宁之法行之，盖以反对者之烈，不能举旧制一一研索，扫地而更张，而安石之气，亦稍稍馁矣。

熙宁元年，有王韶者诣阙上《平戎策》三篇，谓"欲取西夏，当先复河湟，"以恩信招抚沿边诸种为助，神宗方欲用兵以威四夷，奇其方略，安石亦力赞之，遂遣韶至边，韶"用兵有机略"，[45]擘画经营，数败吐蕃羌酋，前后辟地二千余里，招抚大小蕃族三十余万，宋之力大伸于西番矣。安石又遣章惇、熊本等经略湖川夷蛮。交趾主李乾德入寇。（按交趾唐以前皆隶中国，五代时始为土人曲承美所据，宋初封丁部领为交趾郡王，始有独立之势，丁氏三传，为大臣黎桓所篡，黎氏亦三传，为大臣李公蕴所篡，公蕴孙日尊始建元称帝，国号大越，

· 223 ·

日尊卒，子乾德嗣，）安石亦命郭逵、赵髙等发兵进讨。（以上皆熙宁间事）交趾之役，逵高大捷于富良江（安南北境），以冒暑涉瘴地，官兵死者过半。得乾德表降即归。熊本察访梓夔，亦讨降泸夷及渝州獠。而章惇察访荆湖北路，经制蛮事，所招降武陵蛮、五溪蛮巨酋以十数，辟地数十州，同化湖南苗蛮之功尤伟。然辽、夏，宋之大敌，熙宁七年，辽主（英宗治平四年，契丹复改国号曰辽，）以宋河东路沿边增修戍垒，起铺舍，侵入蔚、应、朔三州界内，使人来议疆事，宋亦报使，往复者再，辽使坚持另定新界，宋不能拒，安石亦谓帝"吾将取之，宁姑与之，"[46]八年，卒徇辽请，割河东新疆与之，凡东西失地七百里。神宗初立，即对夏用兵，宋亦时有小捷，元丰四年（一〇八一），以夏主秉常（惠宗）为其母梁氏所囚，有机可乘，诏熙河经制李宪等会陕西河东五路之师，大举伐夏，以诸将逗挠，师溃于灵州，五年再举，复败于永乐，综"灵州永乐之役，官军熟羌义保死者六十万人，钱粟银绢以万数者不可胜计，"[47]天下困弊。史称帝"中夜得报，起环榻行，彻旦不能寐，"[48]安石时位特进，封荆国公，未闻有以慰帝，变法强兵之效，亦云仅矣。八年（一〇八五）三月，神宗赍志以崩，哲宗继位，明年（元祐元年）四月，安石亦薨。然自哲宗即位，太皇太后高氏听政，召用司马光、吕公著等，于是守旧党得势，凡王吕等所建新法，"不数月之间。划革殆尽，"[49]特旧党虽偏重守成，而于学校贡举等，亦思另立新制，以祛旧弊。[50]观新旧两派之起伏，宛如近世各国政党之朝野交替，而各自奉行其政策者。惜司马光执政，仅及岁余而薨，[51]未能多所建树，旧派寻复分洛党（程颐为首、朱光庭、贾易为辅），蜀党（苏轼为首、吕陶等为辅），朔党（刘挚、梁焘、王岩叟、刘安世为首、辅之者尤众）等互讧。[52]八年（一〇九四），高后崩，哲宗亲政，明年改元绍圣，章惇等复起得势，再行新法，立异者悉坐贬窜。及哲宗崩（一一〇〇），徽宗立，向太后听政，复用旧派韩忠彦等，而斥新党。未几徽宗亲政，改元崇宁（一一〇二），又舍旧而相新党蔡京等。纷纭反覆，互争政权，讫北宋被灭于金始已。盖自王安石、司马光卒后，新旧两方，已渐不以政策为重，日事争夺权位，至蔡京虽托名绍述，而倒行逆施，流毒四海。崇宁元年，京立元祐党籍碑，籍司马光以下百二十人，诬加罪名，目为奸党，刻石示众，三年（一一〇四）复重定一籍，通三百九人，刊石朝堂，并令郡国仿刻，[53]为吾国政党史上永留一污点，亦安石始议变法时所不及料也。

自徽宗世蔡京当国，内则事聚敛，以奉一人之欲，穷极土木，搜集珍奇，复崇道教，宠方士，"铸九鼎，建明堂，修方泽，立道观，作大晟乐，制定命宝。"[54] "君臣逸豫，相为诞谩，怠弃国政，日行无稽。"[55]外则欲立边功以自重，讽边吏招诱辰溪、王江诸蛮，使纳土内附；又遣童贯、王厚等击西羌吐蕃，复湟、廓、鄯三州，寻复平晏州夷，拓地千里，贯既得志于西，颇轻边事，遂谓辽亦可图，政和元年（一一一一），自请使辽以觇之，辽自圣宗隆绪世全盛，兴宗宗真时，余威犹赫，道宗洪基时，〔仁宗至和二年（一〇五五）立〕耶律乙辛用事，"群邪并兴，谗巧竞进，众正沦胥，诸部反侧，甲兵之用，无复宁岁。"[56]国势遽衰，天祚主延禧〔徽宗建中靖国元年（一一〇一）立〕继以骄肆废弛，昔时劲悍之气，销亡殆尽。而女真完颜部崛起东北白山黑水间，其酋阿骨打乘辽之敝，累破辽师。贯与辽人马植俱归，谋约女真夹攻辽。及阿骨打称帝（政和五年），国号金，势益张雄，宋乃遣赵良嗣（宋赐马植姓名）与金主订约，金取辽中京（今热河），宋取辽燕京，事定后，宋取燕云故地，而以致辽岁币输金。宣和四年（一一二二）金克辽中京，继克西京（云州，今大同）。宋亦遣童贯、蔡攸等进兵，一再攻燕，俱败绩，金人得贯约，复引兵南克燕京。宋遣使如金求地，金以下燕非宋力，且责宋出兵失期，宋许益燕京代税钱百万缗，并置榷场互市，金始以燕及涿、易、檀、顺、景、蓟诸州之地归宋，尽掠其吏民金帛而东，宋所得唯空城而已。七年（一一二五），徽宗以燕京克复，勒碑延寿寺纪其功，宰执皆进位，童贯且封广阳郡王。[57]而金人以宋渝盟纳降，是年灭辽，即大举入寇，北宋以亡。论者或归咎马植之首谋图燕，然宋人积弱，本无图辽之力，贪功轻敌，妄欲因金以复故地、辽亡而宋亦受其祸矣。

## 辽世系表

```
（一）太祖 耶律阿保机 二〇 ─┬─（2）太宗 德光 二一 ─（4）穆宗 璟 一八
                         └─ 东丹王 突欲 ─（3）世宗 阮 四年 ─（5）景宗 贤 一四
─（6）圣宗 隆绪 四八 ─（7）兴宗 宗真 二四 ─（8）道宗 洪基 四六 ─ 太子濬 ─（9）天祚帝 延禧 二四
```

（辽亡后，阿保机九世孙耶律大石西走，建"西辽"于中亚，称强国，南宋末为乃蛮部所灭，传国凡五主，八十八年）。

女真之初兴也，族小人寡，徽宗初举兵抗辽，众才满千。自政和四年（一一一四），阿骨打叛辽，至宣和七年，太宗吴乞买灭辽而获天祚，十一岁耳；内收辽汉之降卒，外籍部落之健士，遣粘罕（宗翰）斡离不（宗望）分道南侵，悬军深入。宋上闇下炀，文恬武嬉，政事不修，兵备全弛，及闻金师日迫，徽宗亟下罪己诏，传位钦宗。明年（靖康元年一一二六），金兵渡河围汴，廷臣自李纲、何桌、张叔夜、聂昌等数人外，多迫欲和，无斗志，一再遣亲王宰相如金军以求成。金索中山（河北定县）、太原、河间三镇，及金五百万两，银五千万两，表缎百万匹，牛马万头，及宋纳质称侄，归燕云之人在汉者。宋相李邦彦等力劝钦宗从金议，括借都城金银，得金二十万两，银四百万两，寻四方勤王兵稍集，遂不俟金币数足，金兵北去。宋又密诏三镇使固守不下，复招诱辽将之降金者使为应援，而又不为备，于是金二将复分道南侵，会趣汴，围京城。宋用郭京辈选六甲以御金，京众败逃，城遂破。金人以二帝后妃宗戚北去，"凡法驾卤簿，皇后以下车辂卤簿，冠服礼器法物，大乐教坊乐器、祭器、八宝、九鼎、圭璧、浑天仪、铜人刻漏古器、景灵宫供器、大清楼秘阁三馆书、天下州府图，及官吏内人内侍技艺工匠倡优，府库蓄积为之一空。"[58]时靖康二年（一一二七）四月，上距宣和七年十月女真入寇，为时仅一年有六月耳。高宗即位南京（河南归德），改元建炎（即靖康二年）。时两河州郡犹多为宋守，帝内相李纲，外用宗泽，协谋恢复，人望中兴，乃未几即惑于黄潜善、汪伯彦辈而罢纲，南幸扬州。金将兀朮（宗弼）

等复分道南侵，破河南州郡，长趋入淮泗；群盗亦所在蜂起，建炎三年（一一二九），帝渡江南奔，金人尾追之，入建康，破临安，陷越州，四年，金人陷明州，帝走温州，宋室至此，几不国矣。幸女真之兴也骤，得地而不欲守，饱掠北归，不复南牧。建炎绍兴（建炎五年改元绍兴，一一三一）之间，韩世忠、岳飞、张浚、刘光世诸将，因得以剿抚寇贼，措设军府，淮汉以南，粗可自立。金则谋以中国制中国，初于山东立刘豫为齐帝，（建炎四年；豫本知济南府，建炎二年降金。）命世修子礼，奉金正朔，继复以陕西地予之。高宗亦名豫为大齐，凡伪仕于豫而其家属之在东南者，悉厚加抚恤。刘长孺劝豫反正，邢希载劝豫通宋，豫诛囚不顾。盖豫甘为夷狄作虎伥，宋亦礼之若敌国矣。然自绍兴四年（一一三四），豫欲为金人前驱，兴师入寇，高宗决意亲征，"十月发临安，十一月下诏讨豫，始暴豫罪恶，士气大振，"伪军来犯者，宋韩、岳诸将屡败诸江淮间。"七年（一一三七）三月，帝进驻建康。"[59]十一月，金人亦执豫废之，与家属俱徙临潢，而置行台尚书省于汴。明年，宋亦定都临安，名曰行在，官司曰行在某司，以示不忘恢复；虽中原迄不可复，而与金交兵，则互有胜负，与前之遇敌辄败遁者，稍稍异矣。[60]然与敌讲和及称臣纳币之议，亦即盛于是时。

宋自高宗南渡，以屡败积弱之余，兵将骄惰，盗贼满野，高宗又父母皆在虏廷，建炎以来，已屡遣王伦等奉使如金，及秦桧自金归（建炎四年），遂专意与敌解仇息兵，帝亦专用之，俾成和议。绍兴七年，徽宗与郑后讣至（五年崩），"帝号恸发衷，即日授桧枢密使，恩数视宰臣，"[61]复遣王伦使金，奉迎梓宫，因及和议。会金主合剌（熙宗、汉名亶）废刘豫，因要宋称臣，而以陕西、河南地归宋，并归梓宫及高宗生母韦太后，岁币等徐议。八年（一一三八），金人遣使张通古偕伦还报，以诏谕江南为名，所过州郡，迎以臣礼，高宗一屈已受之，虽胡铨抗疏极谏，高宗亦置不顾。[62]论史者每谓时女真宗室挞懒、宗盘等当国，思结宋以为外援，故许割河南地与宋。然史载当时虏谋臣杨克弼、杨慥，献书论和议三策，已以还宋梓宫、归亲族、以全宋之地责其岁贡而封之,为上策,守两河(河东、河北)还梓宫,为中策,以议和款兵缴岁币,出其不意举兵攻之,侥幸一旦之胜,为下策。[63]盖河南之地,本非女真所欲得,故初以赐刘豫,豫既被废,则弃以予宋,而责称臣纳币之实利,于计亦未为失也。九年(一一三九),宋大赦河南新复州军,(赦文略曰,上穹开悔祸之期,大金报许和之约,割河南之境土,归我舆图,戢宇内之干戈,用全民命云云,)遣王伦往金受地,金主亦下诏河南,以陕西、河南故地归宋。而金兀朮以割地非计,挞懒、宗盘适以谋叛诛,兀朮遂毁成约,执宋使,复分道南侵。十年(一一四〇),金人再取河南、陕西州郡。宋亦出兵与争,刘锜有顺昌之捷,岳飞有郾城之捷,韩世忠有淮阳之捷,张浚有水城、亳州之捷。《宋史》(卷三六五)《岳飞传》又言"飞遣王贵等分布经略西京,汝、郑、颍、昌、陈、曹、光、蔡诸郡。又命梁兴渡河,纠合忠义社,取河东北州县,自以其军长驱,以瞰中原。未几,所遣诸将相继奏捷。飞自以轻骑驻郾城,兀朮合军进逼,飞大败之。梁兴会太行忠义及两河豪杰等,累战皆捷,中原大震。飞进军朱仙镇,距汴京四十五里,与兀朮对垒而阵奋击大破之,兀朮遁还汴京。飞檄陵台令行视诸陵,葺治之。指日渡河。"[64]自女真入寇,抗虏有功,未有能如飞者!宋亦已有恢复河南之机矣,而高宗秦桧以急于求和,遽令诸将班师,新复河南州郡复陷。十一年(一一四一),虏使来议,尽翻王伦成约;前之以黄河为界,金归陕西、河南地与宋者,今则以淮水为界,命宋割唐、邓二州及陕西县地;前之归地时犹未议及岁币者,今则岁贡银绢各二十五万两匹,高宗悉从其命,定议和盟誓;十二年(一一四二,金熙宗皇统二年),命何铸奉誓表往,虏亦遣刘筈来致册命。此表文与册命,同为吾民族有史以来最屈辱之外交文书,虽五季沙陀石敬瑭、重贵父子之于契丹,盖未尝有是也!

"绍兴十二年二月,签书枢密院何铸,知阁门事曹勋,进誓表于金;表曰:臣构言:今来画疆,合以淮水中流为界,西有唐邓州,割属上国。自邓州西四十里,并南四十里为界,属邓州,其四十里外，并西南，尽属光化军，为敝邑沿边州城。既蒙恩造，许备藩方，世世子孙，谨守臣节。每年皇帝生日并正旦，遣使称贺不绝。岁贡银绢二十五万两匹，自壬戌年（绍兴十二年）为始，每春季差人搬送至泗州交纳。有渝此盟，明神是殛，坠命亡氏，踣其国家。臣今既进誓表，伏望上国早降誓诏，庶使敝邑永有凭焉。"

"三月，金遣左宣徽使刘筈以衮冕圭宝佩璲玉册来致册命，其册曰：皇帝若曰：咨尔宋康王赵构不吊，天降丧于尔邦，亟渎齐盟，自贻颠覆，俾尔越在江表。用勤我师旅，盖十八年于兹。朕用震悼，斯民其何罪。今天其悔祸，诞诱尔衷，封奏押至，愿身列于藩辅，今遣光禄大夫左宣徽使刘筈持节册命尔为帝，国号宋。世服臣职，永为屏翰，呜呼，钦哉，其恭听朕命"[65]

宋所得者，惟一母后与三旅柩（徽宗与郑后及高宗后邢氏）而已。寻和议之成，秦桧实主之，然高宗非闇主，其所以不辨是非，不计利害，甘从桧言，而忍辱蒙羞一至于此，盖亦有故。史称绍兴八年王伦与金之定和约也，"时刘豫既废，传言金人欲立渊圣（高宗即位，遥尊钦宗为孝慈渊圣皇帝）于南京，以和定而止。"[66]是金人本有以钦宗劫制宋帝之计，意秦桧揣知高宗之忌兄而不欲其归，遂造为不和则太后不归而金且拥立钦宗之说，终乃教帝以拒兄之实，而使之不得不和。故和议既定，钦宗独留而不遣。"韦后将南旋，渊圣卧车前泣曰，归语九哥（按高宗为徽宗第九子）与丞相（指秦桧），我得太乙宫使足矣，他不敢望也。后许之，且与誓而别。及归，帝至临平奉迎，见后喜极而泣，后至临安，入居慈宁宫，始知朝议（指不许钦宗南归），遂不敢述渊圣车前之语。"[67]其后"金人来取赵彬辈三十人家属，洪皓请俟渊圣皇帝及皇族归乃遣，秦桧大怒。"[68]"张邵亦坐与桧言金人有归钦宗意，斥为外祠。"[69]则桧之主持对金和议，以女真羁留钦宗为宋室一切让步主要之代价，其事盖彰彰明甚。高宗既以是遂固位之私愿，"桧亦因是藉外权以专宠利，窃主柄以遂奸谋。"[70]此其所以定和约于郾城胜后，宋犹称臣割地而贡币，而以岳武穆之尽忠报国，为女真所仅畏，高宗本赐札"设施之方一以委卿"者，亦不惜因和议故，特令班师，且恐其梗和议而诬杀之也（飞下狱在绍兴十一年十月，杀飞在十二月）。和议既定，桧以功加太师，封魏国公。桧又使其党程克俊为赦文曰：

"上穹悔祸，副生灵愿治之心。大国行仁，遂子道事亲之孝。可谓非常之盛事，敢忘莫报之深思。而况中遣使绍，许敦盟好。来存没者万余里，慰契阔者十六年，礼备送终，天启固陵之吉壤。志伸就养，日承长乐之慈颜。"[71]

其所以媚虏者，无所不用其极！而窃据相位，收揽威柄，诛赏予夺惟所欲，"察事之卒，满布京城，小涉讥议，即捕治中以深文，"[72]又起文字之狱，以倾陷善类，诸以语言文字稍触其忌而横遭诬害者，不可胜计。[73]及桧死，帝谓杨存中曰："朕今日始免靴中置刀矣"[74]朱子言"桧之罪，万死而不足以赎；"[75]君子曰：高宗亦有罪焉。

自绍兴和约，金始置屯田军于中原，凡女真、奚、契丹人多内徙，与汉人杂处，自燕南至淮陇北，皆有之，筑垒于村落间，以防汉人之反抗。宋则偷安江左，粉饰太平，修举弥文，殆无虚日；士大夫又从而治园囿台榭，以乐其生于干戈之余，上下晏安，而钱塘为乐国矣。绍兴十九年（一一四九），金主亮弑熙宗亶自立，内则淫虐肆威，外则欲混一中国，二十三年（一一五三），自会宁迁都于燕。三十一年（一一六一），又自燕迁都于汴。遂大括兵马，自将六十万众南侵，宋金和议才二十载而复破。金人以亮淫暴无人理，亦另立亮从弟雍于辽阳（是为金世宗）。亮攻陷江淮数州，宋虞允文大败之于采石；亮限诸将克期渡江，至瓜州，金人杀之北还。明年，金主雍定都于燕，下令散南征之众，遣使聘宋。高宗亦禅位于太子昚，是为孝宗。时宋已复海、泗、唐、邓诸州，孝宗锐意恢复，更遣张浚进规淮北，卒以将帅不和，师溃宿州。金以重兵胁宋，乾道元年（一一六五），卒复定和约：宋割海、泗、唐、邓四州，地界如绍兴时；易旧约君臣之称为叔侄之称，书称侄大宋皇帝再拜奉于叔大金皇帝，改诏表为国书；易旧约岁贡为岁币，减银绢五万两匹。史称"孝宗聪明英毅，卓然为南渡诸帝之称首。"[76]而金世宗亦"孳孳为治，得为君之道。"[77]乾道和后，南北无事者垂四十年，宋虽有陈亮等屡陈恢复之议，[78]孝宗亦塞耳无闻也。淳熙十六年（一一八九），金世宗雍卒，章宗璟立。孝宗亦传位于太子惇，是为光宗；五年（一一九四）又以疾禅位其子宁宗，韩侂胄当国。侂胄内蓄群奸，外欲立不世功以自固。会金北边诸属部叛，连岁用兵，议者谓金势已弱，必乱亡，侂胄信之。开禧二年（一二〇六），宋下诏伐金，分遣诸将进兵，然金师一出，迭破淮南诸州。宋不能支，吴曦复以蜀叛。宋乃诛侂胄，嘉定元年（一二〇八），函其首畀金以乞和，且赎淮南地。金乃还宋新失地，再定和约：疆域如故；依靖康故事，易旧约叔侄之称，世称伯侄之国；增岁币为银绢三十万两匹；别畀金犒师银三百万两。侂胄用兵之结果如是。然是时蒙古已勃然兴起，金虽先宋而亡，宋亦继受其祸，国史又由宋金之对峙，转入蒙古一统之机运矣。

蒙古部落为室韦别种，其先出于东胡，各有君长。不受一共主约束，自五季以来，世贡辽金，至南宋高宗季年，也速该并合诸部，势始盛大。生子铁木真，（绍兴二十五年生，一一五五,）深沉有大度，用兵如神，光宗宁宗之世，以次吞灭汉南北诸部，于是东起黑水，西抵西域，尽合为一；开禧二年，称尊号于斡难河，曰成吉思汗（年五十二）。宋金嘉定和后，汗兴师侵金，先后略取辽海、河朔、山东及关右地。复遣将西征，灭乃蛮部及其所袭据之西辽，降天山南北之畏吾儿；葱岭东两各地，尽为蒙古有。寻自将灭花剌子模（今阿母河西），遣哲别、速不台袭钦察部，破阿罗斯联军于阿速海旁；自今锡尔河流域至高加索山附近，尽皆陷落，远至俄罗斯边境。遂定四子分地，以今西伯利亚西部，俄罗斯东部，封长子朮赤，以今新疆省及俄属中央亚细亚，封次子察合台，以乃蛮西境及吉利吉斯故地，封三子窝阔台，以蒙古故地及乃蛮东境封四子拖雷。及旋军，复灭西夏，窝阔台汗

· 231 ·

（太宗）之世，灭金，据有中夏，蚕食宋郊。复遣尤赤子拔都率大军西征俄罗斯，陷莫斯科，取几辅，遂戡定俄罗斯全境，建钦察汗国。分军趋马札儿（今匈牙利），孛烈儿（今波兰），败日耳曼联军于利固尼资，尽占多瑙河以北地，西抵威尼斯，欧人震骇。蒙古军滞留东欧者凡数年，会窝阔台讣至军，乃全师东返。蒙哥汗（宪宗）世，灭大理，定吐蕃，残交趾；遣弟旭烈兀西征木剌夷（里海南），尽灭报达，阿拉伯诸回教国，遂戡定波斯，建伊儿汗国，复举兵蹙宋。自铁木真称大汗以来，至是五十余年矣。军锋所至，屠剟生民如羊豕，部族国家被灭者盈数百，宋虽未亡，而蒙古帝国之版图，已奄有今之内外蒙古天山南北路及夏金旧壤与中亚西亚东欧诸地；至忽必烈汗（元世祖）兴，乃灭宋而一华夏。关于蒙古初兴吞灭诸部及西征三大役，兹不叙，[79]惟略述夏、金、南宋、与蒙古之关系及其灭亡之经过。

金灭辽时，夏主乾顺即称藩于金，自后与宋隔绝，与金亦未尝交兵。及成吉思汗兴，屡出兵攻夏，夏主安全求救于金，金主永济新立，不能出师，夏人怨之。及遵顼立，遂侵金取其西边地，复贻书于宋，请会师伐金，不报。夏金构难十年，两国皆弊。会成吉思汗西征归，复伐夏，取河西及灵州诸城邑。夏主德旺忧悸卒，国人立睍。汗留兵围夏都，而自引兵略夏地；蒙兵尽克夏城邑，夏民穿凿土石，以避锋镝，免者百无一二，白骨蔽野，睍力屈而降。时汗已前卒矣，蒙古将遵汗遗命，杀睍而屠其城民。夏自元昊称帝，凡十主百九十年而亡。

**西夏世系表**

```
(一)景宗 元昊 — (二)毅宗 谅祚 — (三)惠宗 秉常 — (四)崇宗 乾顺
                一九           一九           五二
 ┌— (五)仁宗 仁孝 — (六)桓宗 纯佑
 │        五五           一二
 ├越王 仁友 — (七)襄宗 安全
 │                     五年
 └某—彦宗—(八)神宗 遵顼 ┬— (九)献宗 德旺
                一二    │          四年
                        └清平郡王—(十)末帝 睍
                                         一年
```

金自熙宗亶世与宋和议，全盛之期已过。世宗雍章宗璟之世，文治较隆，而兵力渐衰。嘉定和后，章宗璟旋卒，卫王永济立；时西夏侵金取西边地，金不能胜，蒙古兵继至，尽陷两京诸地。永济兵败于外，政乱于内，嘉定六年（一二一三），金人弑之而立宣宗珣。蒙古兵益分路进逼，以重师围燕，别分兵掠城邑，"凡破金九十余郡，两河山东数千里，人民杀戮几尽，屋庐焚毁，城郭邱墟，"[80]金不得已与蒙古平。旋惧其逼，去燕京而南迁于汴。宋宁宗从真德秀之议，亦罢金岁币。蒙古复以金既和徙汴而入侵，取燕京，逼潼关。金势日蹙，谋取偿于宋，遂以嘉定十年（一二一七），分道南侵，宋亦下诏伐金，传檄诏谕中原官吏军民：虽两军互有胜败，而金则兵财大竭。蒙古又继取河东、河北、山东州郡。嘉定十六年（一二二三），哀宗守绪嗣立，金并力守河南，图存于亡，力尽卒毙；盖自蒙古兵起，金兵望风奔溃，[81]与辽宋之末季，如出一辙，而蒙古屠戮之惨，尤驾女真而上之焉。理宗绍定五年（一二三二）窝阔台汗遣将速不台围汴，寻遣王檝来宋，议夹攻金，时宋相史弥远擅权，以为可遂复仇之举，与定议，约事成以河南地归宋。明年，守绪走归德，金崔立以汴降蒙古，金宗室完颜氏一族，蒙古诛之无噍类。金主寻出守蔡州，乞粮于宋，不与。蒙古围蔡，宋将孟珙以兵会之。端平元年（一二三四），"蔡州城中绝粮，鞍靴败鼓皆糜煮，且听以老弱互食，诸军日以人畜和芹泥食之，又往往斩败军全队，拘其肉以食。"[82]守绪传位于宗室承麟，两国兵遂入蔡，守绪自经，承麟亦死于乱兵。金凡九主一百二十年而亡。

宋与蒙古之合师入蔡也，自蔡西北，时已属蒙古，宋不于军前求复河南地，闻蒙古师退，宋将赵范、赵葵等忽欲乘时抚定中原，建"守河据关收复三京"之议，遣兵恢复汴洛，蒙古回师南下，宋师遂皆溃归。[83]自是以后，兵连祸结，迄宋亡始已。论者每谓会女真以灭契丹，会蒙古以灭女真，旋以自灭，若合符契。然蒙古虽与宋启衅，犹侧重西域，金亡之明年，即遣拔都西征，又建都城于漠北和林，以为会同之所，不以全力侵宋也。蒙兵之入侵楚、蜀、江、淮者，孟珙、杜杲等皆力战御之，蒙兵引去，失地寖复，宋遣余玠守蜀，建城筑关，

**金世系表**

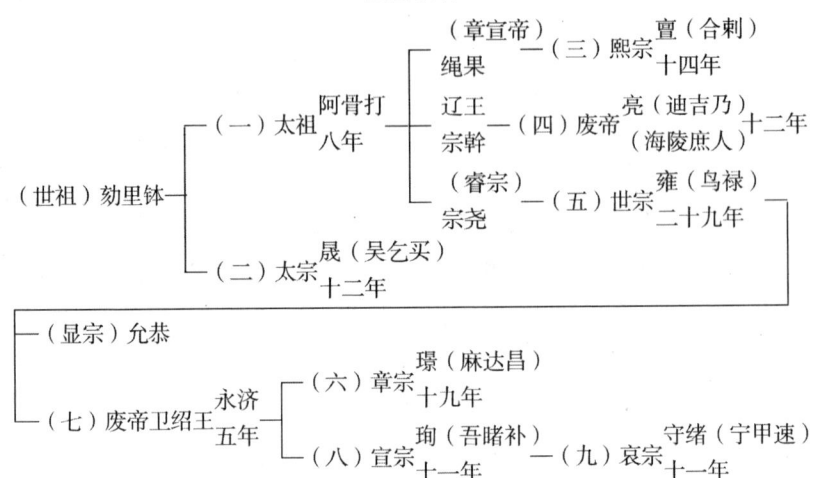

```
                                      ┌ （章宣帝）      ┌ 亶（合剌）
                                      │  绳果   ─（三）熙宗
                                      │                十四年
          ┌（一）太祖 阿骨打 ─┤ 辽王            ┌ 亮（迪吉乃）
          │         八年      │ 宗幹 ─（四）废帝
（世祖）劼里钵 ┤                      │                （海陵庶人）十二年
          │                      │ （睿宗）        ┌ 雍（乌禄）
          │                      └  宗尧 ─（五）世宗
          │                                          二十九年
          └（二）太宗 晟（吴乞买）
                  十二年
```

```
         ┌（显宗）允恭
         │                      ┌（六）章宗 璟（麻达昌）
         │                      │           十九年
         └（七）废帝卫绍王 ─┤（八）宣宗 珣（吾睹补）─（九）哀宗 守绪（宁甲速）
                永济                        十一年              十一年
                五年
```

边形完固，尤有贤名，当时宋之兵将，战守犹皆有所恃，不似北宋末之闻声而慄，望影而奔也。理宗淳祐元年（一二四一），窝阔台汗卒，皇后乃马真氏临朝称制者四年，及贵由汗（定宗）立，不二岁而殂〔淳祐六年（一二四六）七月即位，八年春卒，在位三载，实不足二年，〕皇后斡兀立氏临朝，复逾三年，（蒙哥汗淳祐十一年夏始立，）史称"当时前后七年，漠北无君，二后称制，崇信奸回，疏斥亲旧，政无统纪，内外离心，"[84] 宋苟搜其甲兵，观衅而动，即以此时渡淮绝汉，中原亦非必不可复也。乃宋坐失机宜，至蒙哥汗立，既命弟忽必烈经营中夏，又遣旭烈兀西征，西域大定，思缵祖宗未竟之绪。宝祐五年（一二五七），命将分道南侵，蒙哥自将入蜀，围合州，宋守将王坚坚守不下，开庆元年（一二五九）蒙哥中矢殂于城下，卒不能克而去。然时蒙古别将已自南而北，由广西进掠湖南，忽必烈一军则渡江围鄂，宋中外大震。贾似道时以右相兼枢密，率师援鄂，密遣使诣蒙古营乞和，忽必烈亦闻蒙哥汗之丧，许之。蒙兵北返，忽必烈即帝位于开平。似道则以功入专国政，招摭诸闱将罪，死废者比比，又因铺张鄂功，讳言和议，蒙古使郝经至，则拘之，而边事悉听诸将自为，坐视不救。度宗咸淳四年（一二六八），蒙古阿朮围襄阳，继围樊城，九年（一二七三），樊城陷，襄阳继降。明年，度宗卒，次子㬎立（是为恭帝），年仅四岁。元（咸淳七年蒙古改国号曰元），伯颜率师大举南下，势如破竹，宋事遂不可为。帝㬎德祐元年（一二七五），张世杰与元兵战于焦山，败绩，宋不能军。翌年，伯颜军至皋亭山（今杭县东北），宋奉表乞降，伯颜引三宫（理宗后谢氏、度宗后金氏、及帝）北声，宋已亡矣。而李庭芝、姜才力守江北，犹支撑半年。[85]㬎兄益王昰以判福州，弟广王昺以判泉州故，不及于难，陆秀夫、张世杰等复相与立昰于福州（是为端宗），改元景炎（即德祐二年）。文天祥先以议和使见执于元军，至是脱归入觐，亦开府南剑州，经略江西。及元兵日逼，浙东、闽、广相继失，端宗崎岖海上，三年（一二七八），崩于碙州。秀夫、天祥等复称帝遗志，立其弟昺，改元祥兴（即景炎三年），迁于厓山。六合全覆，而争之一隅，城守不可，而争之海岛，三尺之童知其不可为者，犹尽吾心焉以冀兴复，"难回者天，不负者心！"[86]诵秀夫拟景炎皇帝遗诏："海桴浮避，澳岸栖存。虽国步之如斯，意时机之有待；"及拟祥兴皇帝登宝位诏："以赵孤犹幸仅存，盍使为宗祧之主。以汉贼不容两立，庶将复君父之仇"等语，[87]孰不悲壮其志事哉！十一月，元张宏范袭执天祥，祥兴二年（一二七九，忽必烈汗至元十六年），进攻厓山，世杰军溃，秀夫将负帝蹈海，恐遗体辱于异类，用黄金碓腰间，君臣赴水而死。宋祚始绝；上距宋祖受命，已三百二十岁矣。世杰寻坠海死。天祥则至燕京，居狱四年，从容就义。天祥在狱中既作正气歌以见志，临死衣带中复有赞曰："孔曰成仁，孟曰取义；惟其义尽，所以仁至。读圣贤书，所学何事，而今而后，庶几无愧。"[88]斯人浩气，虽与日月争光可也！

自铁木真称大汗，至忽必烈汗灭宋而入主中国，甫七十四年（一二○六至一二七九），竟缔造一旷世之蒙古大帝国，辖境横绝亚洲大陆而跨欧洲。汗复频频宣威南东，以丕张先烈。当成吉思汗窝阔台汗之世，经略首重西北，蒙哥汗时，忽必烈始引兵南略，自甘肃、临洮经山谷二千里（即今西康至云南道），至金沙江济，降摩莎蛮（今云南丽江），取大理（大理段氏，于石晋时建国，南诏故地亦属之，至是亡，前后凡二十传，三百五十年，）诸蛮部，遂略定吐蕃。分遣其将兀

## 宋世系表[89]

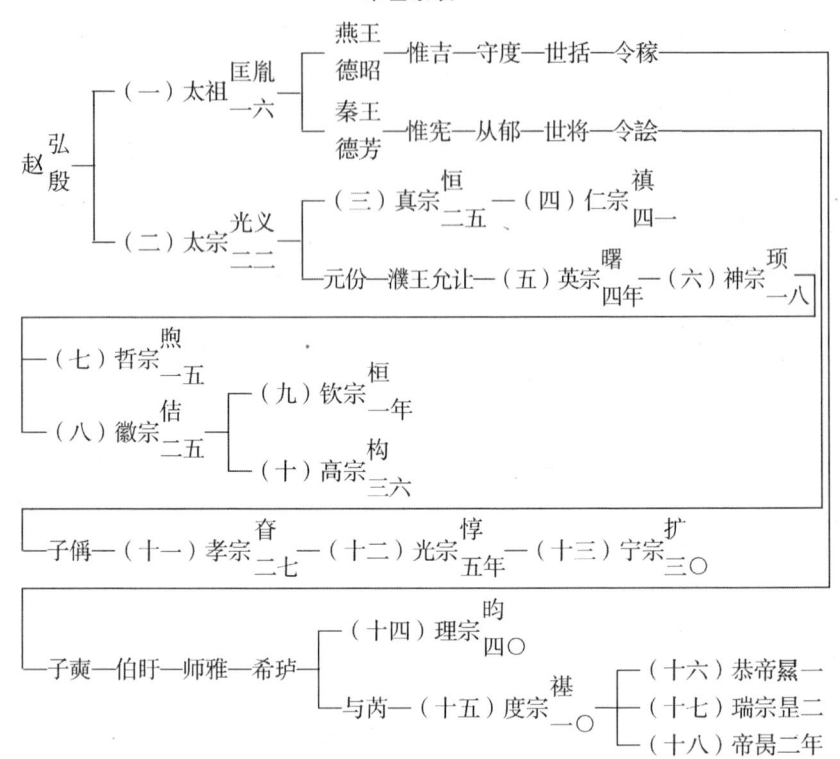

```
赵弘殷 ─┬─（一）太祖 匡胤 一六 ─┬─ 燕王德昭 ─── 惟吉 ─ 守度 ─ 世括 ─ 令稼
        │                        └─ 秦王德芳 ─── 惟宪 ─ 从郁 ─ 世将 ─ 令訸
        └─（二）太宗 光义 二二 ─┬─（三）真宗 恒 二五 ─（四）仁宗 祯 四一
                                └─ 元份 ─ 濮王允让 ─（五）英宗 曙 四年 ─（六）神宗 顼 一八

─┬─（七）哲宗 煦 一五
 └─（八）徽宗 佶 二五 ─┬─（九）钦宗 桓 一年
                       └─（十）高宗 构 三六

─ 子偁 ─（十一）孝宗 昚 二七 ─（十二）光宗 惇 五年 ─（十三）宁宗 扩 三〇

─ 子奭 ─ 伯旿 ─ 师雅 ─ 希瓐 ─┬─（十四）理宗 昀 四〇
                              └─ 与芮 ─（十五）度宗 禥 一〇 ─┬─（十六）恭帝 㬎 一
                                                              ├─（十七）瑞宗 昰 二
                                                              └─（十八）帝昺 二年
```

良合台攻诸夷未附者，合台尽平西南夷，得五城、八府、四郡，蛮部三十七；复入交趾（交趾李氏，至南宋孝宗时，始正式赐以安南国名，李氏八传至昊旵，无子，以女主国事，遂为其婿陈日煚所有，是曰陈氏安南，此即日煚时），败交人于洮江，屠其城而班师。及忽必烈即汗位，灭宋后，数兴南征之师。一曰缅国，在大理西南，宋时始直接通中国。（汉通西南夷时，称曰掸，唐时曰骠国，尝因南诏贡乐人，）时威振后印度，汗遣使促贡，不应，再出师伐之，缅主请降。西藏东南诸蛮部及暹国，（暹之名始见《元史》，《明史》以地望推之，谓即隋时赤土国，见第七章注十九，）均相继内附。二曰占城，即今安南中南圻。汗以其叛服不常，安南亦时与通谋，一再兴海陆军两攻之，二国乃降。三曰爪哇。汗初遣杨廷璧奉诏招谕海外诸番国，来降者凡十：

曰马八儿（在印度东岸）、曰须门那、曰僧急里、曰南无力、曰马兰丹、曰那旺、曰丁呵儿、曰来来、曰急兰亦觥、曰苏木都剌（多今南洋群岛地），皆遣使贡方物。[90]独爪哇不服，黥元使之面，汗遣史弼率水师击降之。虽不久仍叛，然元威播南洋矣。至东方之征讨，则为高丽与日本。自唐世新罗统一半岛，五代时，汉州人王建继兴，奄有半岛全境，建国号曰高丽（是谓王氏高丽）。宋世尝受册封。嗣因受契丹女真兵祸，故亦兼臣辽金。蒙古初兴，高丽叛服不恒，窝阔台汗尝一再遣将讨之，卒入贡纳质。忽必烈汗时，屡以兵力扶植其王禃，助之复国。自是高丽事元，世用藩臣礼，元目之为内属国，常干预其内政焉。日本自唐季停派遣唐使，五代两宋，缁流估客，来者仍众，华化之移植，南宋时尤称极盛。[91]忽必烈汗初立，以高丽人言日本国可通，爰贻书遣使，谕之称臣，时日本北条时宗执权，拒不纳。至元十一年（一二七四），遣蒙汉高丽军万五千人往征，拔对马壹岐，至肥前沿海郡邑，以遭飓还师。寻复两遣使，日人皆杀之。十八年（一二八一），又以江南水军十万会蒙古高丽兵往征，至九州筑肥间，以军舰为飓风所坏，江南军几尽没。[92]吾国历代征倭者，惟此两役，因当时航海之术不精，倭地又孤悬海外，遂皆未达其的；然日人震蒙古兵威，嗣后禳祀无虚岁云。

忽必烈汗时，为蒙古极盛之世，《马可•波罗行记》尝誉汗"为人类元祖阿聃以来迄于今日世上从来未见广有人民土地财货之强大君主；"[93]然蒙古大帝国之分裂，亦肇端于是时。成吉思汗广封宗藩，其诸弟多封于东，子孙则多封于西（《元史》称东诸侯西诸侯），诸将有功者，亦各有分地。及卒，继位大汗，即由诸宗王群藩集一大会号称"库鲁泰"者合议推举；无一定传统序次，故每逢绝续之交，恒启争夺之隙。蒙哥汗之立，窝阔台汗子孙已颇怀怨望。蒙哥汗卒，忽必烈恐其少弟阿里不哥（时居守和林）袭据汗位，遽先自立于开平，阿里不哥亦称帝于和林，汗亲征败之，阿里不哥穷蹙来降。窝阔台汗孙海都复继之创乱，诸宗藩亦奉海都为大汗，嗣后东西诸王，叛者相续，或与大汗战，或自相构兵，同室操戈，纷争者垂四十年（铁木耳汗末始已)。盖忽必烈汗未卒,大帝国已寖解纽矣。抑汗黩武嗜利,既拓地南东,复筹防西北,干戈岁月不休,国用既匮,则急于求利。阿合马、卢世荣、桑哥三巨奸,先后柄政,皆挟宰相权以纲天下大利,凡钞法盐铁榷酤商税田赋等,无不尽情搜括,复以刑爵为贩卖。汗在位三十余年,几与此三人者相为终始。[94]而蒙人之为封君及路府州县官吏者,尤贪暴性成,视编户齐民若鱼肉,由是民不聊生,聚众反抗者数十起;虽维时名都大邑,驻兵棋布,遍置邮传,无间水陆,一方小蠢,军书夕至,大军朝发,终能以次平定,而元室衰乱之源,实始于此。铁穆耳汗继立,史或称为"守成令主"[95]。然当时法令杂乱,政出多门,实极无法之弊,即以赃官污吏论,其发觉者多至万八千余人,其未发觉者尚不在内也。海山汗信用托克托,踵行忽必烈汗苛敛之政,流毒百姓,而西僧之淫暴,尤无复纪极。自忽必烈汗尊吐蕃僧八思巴为帝师,终元之世,师位传授不绝,朝廷所以隆重而供亿之者,无所不至,其弟子拜三公封大国者,前后相望,其徒散布中国者,多怙势恣睢,肆为奸利,每岁兴佛事,必奏释天下轻重囚徒,以为福利,凶憝多夤缘幸免。海山汗佞之尤深,于西僧之侵虐百姓,陵犯法纪者,皆释不问。且下旨宣政院,殴西僧者截其手,詈之者断其舌,其骄纵喇嘛极矣。又铁穆耳汗以后,汗位时启纷争,铁穆耳、海山、爱育黎拔力八达、也孙铁木耳、和世㻋、图帖睦尔六汗,皆为权臣所拥立,也孙铁木耳汗与图帖睦尔汗之立,且由铁失弑硕德八剌汗,与燕铁木儿弑和世㻋汗之故;权臣负拥戴功,擅威福者三十余年,吏治阘茸,武备废弛,统治实力,日即削弱,朝廷亦有如虚君,不独汗统凌乱已极已也。妥懽贴睦尔汗立,复呢比群小,信奉淫僧,惟耽乐之从,政事怠废。时各地水旱蝗疫之灾,纷至迭见,益以贾鲁治河之役,工巨民劳,于是近自畿辅,远暨岭海,先后起兵者以百数,江淮以南,汉民尤蜂屯潮沸,耰锄棘矜,相挺而起。明太祖洪武元年(一三六九),徐达、常遇春率师北伐,妥懽贴睦尔卒狼狈失据,窜归旧巢。自忽必烈汗至是,凡百有九年(一二六〇至一三六八,自宋亡至是凡八十九年);并漠北四君数之,亦才百六十有三年,而元亡矣。

## 蒙古及元世系表⑩

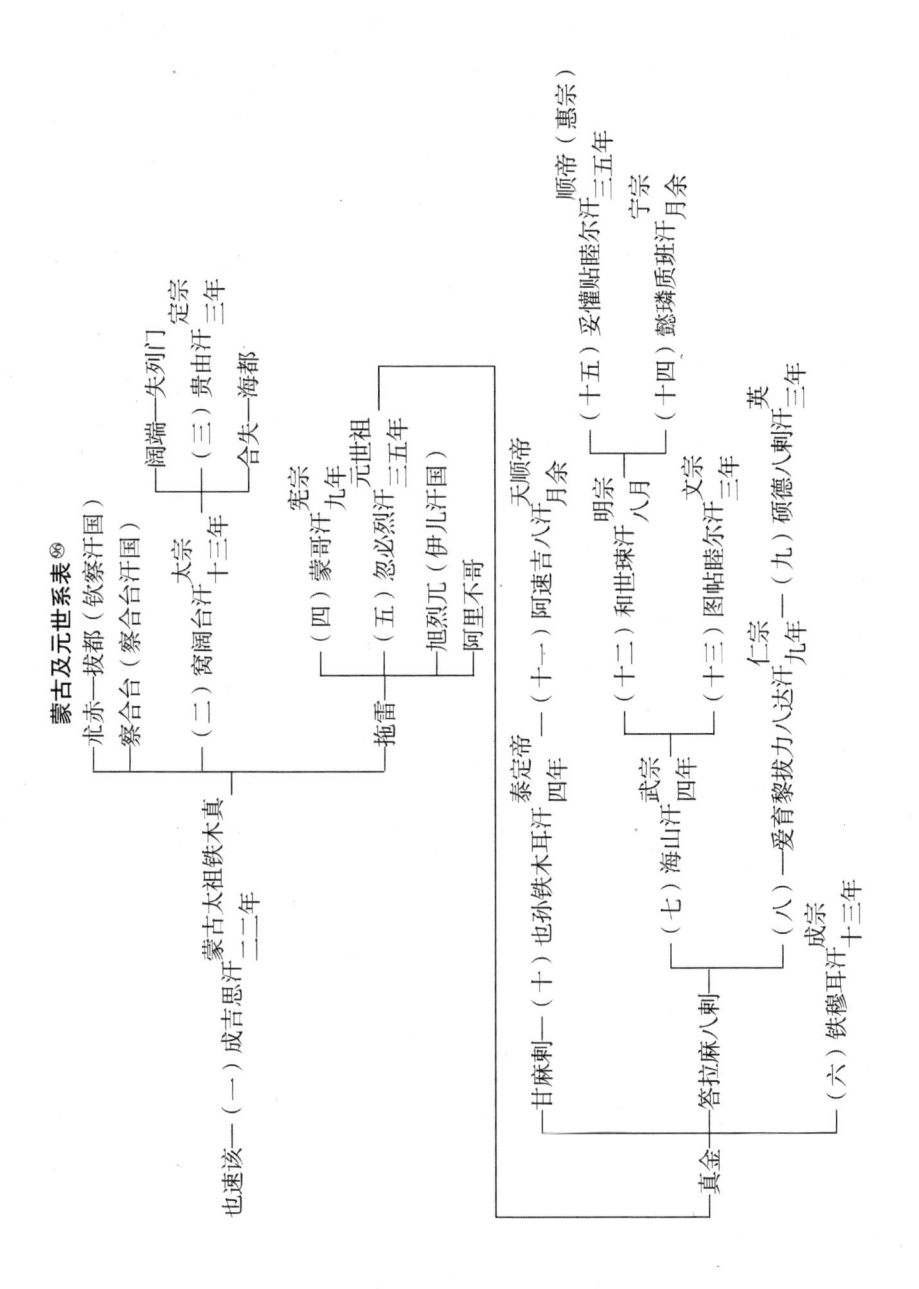

```
                                   ┌─ 朮赤 ─ 拔都（钦察汗国）
                                   ├─ 察合台（察合台汗国）
                                   │                    ┌─ 阔端 ─ 失列门
                                   │                    │       定宗
                                   ├─（二）窝阔台汗 十三年 ┼─（三）贵由汗 三年
                                   │   太宗              │       合失 ─ 海都
                                   │                    │
                                   │                    │       宪宗
                                   │                    ├─（四）蒙哥汗 九年
                                   │                    │       元世祖
也速该─（一）成吉思汗 二二年 ─┤      拖雷 ──────────┼─（五）忽必烈汗 三五年 ── 真金 ─┬─ 甘麻剌─（十）也孙铁木耳汗 四年
         蒙古太祖铁木真       │                    │       （伊儿汗国）              │                   泰定帝              ┌─（十一）阿速吉八汗 八月
                                                          └─ 旭烈兀 阿里不哥                                 └─（十一）阿速吉八汗 八月
                                                                                                                           天顺帝
                                                                                    ├─ 答拉麻八剌┬─（七）海山汗 四年
                                                                                    │           │       武宗                  ┌─（十二）和世瓎汗 八月
                                                                                    │           │                              │        明宗
                                                                                    │           │                              │
                                                                                    │           └─（八）爱育黎拔力八达汗 九年 ──┤        文宗
                                                                                    │                    仁宗                  └─（十三）图帖睦尔汗 三年
                                                                                    │
                                                                                    └─（六）铁穆耳汗 十三年 ─（九）硕德八剌汗 三年
                                                                                              成宗                  英宗
                                                                                                                           ┌─（十五）妥懽帖睦尔汗 三五年
                                                                                                                           │         顺帝（惠宗）
                                                                                                                           │
                                                                                                                           └─（十四）懿璘质班汗 月余
                                                                                                                                     宁宗
```

第三篇·第八章 汉族式微与北方诸族崛兴时代

·239·

宋与辽、夏、金、元和战兴亡外之重要史实，有宜特加汇叙者：

**其一则各国之京邑州域也。**北宋都汴，实有四京。（初因周旧，以大梁为东京、洛阳为西京、真宗建宋州为南京、仁宗又建大名府为北京，）初法唐制，分天下为十道，（河南、河东、河北、关西、剑南、淮南、峡西、江南东西、浙东西、广南）继分为十五路（京东、京西、河北、河东、陕西、淮南、江南、湖南、湖北、两浙、福建、西川、峡西、广东、广西），凡府州军监三百二十有一，县一千一百六十二。东南皆至海，西尽巴僰，北极三关。自王安石柄用，颇多纷更，元丰世，定制为二十三路。及徽宗建燕山（山前诸州），云中（山后诸州）两路，而宋旋亡矣。南宋初以临安府为行都，后定都焉。舆地登于职方者，东尽明越，西抵岷嶓，南斥琼崖，北至淮汉，补短截长，分路十六（浙西、浙东、江东、江西、淮东、淮西、湖南、湖北、京西、成都、潼川、利州、夔州、福建、广东、广西）。辽起自临潢，与宋以白沟河为界，西至金山，迄于流沙，北至胪朐河，东至海，延袤万里。建五京。（临潢曰上京、辽阳曰南京、辽西曰中京、幽州曰南京亦曰燕京、云州曰西京），有府六，州军城百五十有六，县二百有九，部族五十有二，属国六十。夏当元昊世，有州十四（夏、银、绥、宥、静、灵、盐、会、胜、甘、凉、瓜、沙、肃），而洪、定、威、龙，即堡镇号州者，尚不在内。元昊仍居兴州（本灵州怀远镇建），阻河依贺兰山为固。后复陷丰州，于是东据河，西至玉门，南临萧关（今镇原县北），北控大漠，延袤万里。金起自海滨，灭辽南侵，与宋分疆。袭辽制，建五京，（上京会宁府、北京临潢府、南京辽阳府、中京大定府、西京大同府，京亦称路，）置十四总管府，是为十九路，闲散府九，节镇、防御郡、刺史郡、军、一百四十有七，县六百三十二。东极海，西逾积石，北过阴山，南抵淮汉，地方一万余里。蒙古自成吉思汗以下五世，皆都和林，至忽必烈汗，乃以开平为上都，燕为大都。及摧灭南宋，自察合台、窝阔台、钦察、及伊儿四大汗国外，（察合台汗国统今新疆及俄属中央亚细亚，都阿力麻里，遗址在今伊犁城西霍尔果斯；窝阔台汗国统今贝加尔湖以西至阿尔泰山及吉利吉斯草原，都也米里，在今新疆塔城额米尔河上；钦察汗国统有今俄罗斯至西伯利亚西部，都沙来，在窝瓦河下游今苏联战时首都古比雪夫附近；伊儿汗国统有波斯及叙利亚全境，都玛拉加，在波斯西北）。立中书省一，统河北、山东、山西地，谓之腹里，又立行中书省十有一，（岭北、辽阳、河南、陕西、四川、甘肃、云南、江浙、江西、湖广、征东），分镇藩服，路一百八十五，府三十一，州三百五十九，军四，安抚司十五，县一千一百二十七。东尽辽左，西极流沙，南越海表，北逾阴山，东西万余里，南北几二万里焉。[97]

**其二则诸族强盛之由也**。自阿保机、元昊、阿骨打、吴乞买，及成吉思汗以次诸蒙古大汗，皆智勇兼备，故能统率部曲，并合诸种，恢张土宇，建立国家；而甲兵之强，尤为诸族兴盛之主要原因。契丹初兴，以部族军为基本队伍；凡部人及俘降诸众，胜兵甲者（十五以上三十以下），即著军籍，"每正军一名，马三匹，打草谷、守营铺、家丁各一人"，戎备整完。自余属国助军从征，则为属国军。亲王大臣征伐之际，往往各置私甲，以从王事，则为大首领部族军。而御帐亲军为太祖述律后及太宗德光所置者，合骑五十万，皆"摘蕃汉精锐，选天下精甲"，宫卫骑兵，合十万余骑，每契丹主"入则居守，出则扈从，葬则因以守陵，有兵事则传檄而集，"尤"兵甲犀利，教练完习。"至行军之法，"鼓三伐，不问昼夜，大众齐发，未遇大敌，不乘战马，侯近敌师，乘新羁马，蹄有余力，成列不战，退则乘之，多伏兵，断粮道，冒夜举火，上风曳柴，馈饷自赍，散而复聚，善战能寒，此兵之所以强也。"[98]西夏之制，史称"其民一家号一帐，男年登十五为丁，率一丁取正军一人，每负担（随军杂役）一人，为一抄，四丁为两抄，余号空丁，愿隶正军者，得射他丁为负担，无则许射正军之疲弱者为之，故壮者皆习战斗，而得正军为多。""诸军兵总计五十余万，别有擒生十万，兴灵之兵精练者又二万五千，别副以兵七万当资赡。""用兵多立虚砦，设伏兵包敌，以铁骑为前军，乘善马，重甲刺斫不入，用钩索绞联，虽死马上不坠，遇战则先出铁骑突阵，阵乱则冲击之，步兵挟骑以进。"[99]夏兵之众强如是，故得屡败宋师，辽金盛时，亦莫敢轻侮焉。《金史·兵志》言"金兴，用兵如神，战胜攻取，无敌当世，曾未十年，遂定大业。原其成功之速，俗本鸷劲，人多沈雄，兄弟子侄，才皆良将，部落保伍，技皆锐兵。加之地狭产薄，无事苦耕可给衣食，有事苦战可致俘获，劳其筋骨，以能寒暑，征良调遣，事同一家。是故将勇而志一，兵精而力齐，一旦奋起，变弱为强，以寡制众，用是道也。"宇文懋昭《大金国志》又云："金国凡用师征伐，上自大元帅，中自万户，下至百户，饮酒会食，略不间别，与父子兄弟等，所以上下情通，无闭塞之患。国有大事，适野环坐，画灰而议，自卑者始，议毕即谩灭之，不闻人声。军将大行，会而饮，使人献策，主帅听而择焉，其合者即为特将，任其事。暨师还战胜，又大会，问有功者，随功高下支赏，举以示众，薄则增之。"故女真初起，天下莫强焉。《元史·兵志》言："元肇基朔漠，兵力雄劲。典兵之官，视兵数之多寡为爵秩崇卑，长万夫者为万户，千夫者为千户，百夫者为百户，军士则有蒙古军（皆蒙人）、探马赤军（诸部族人）。其法，家有男子十五以上七十以下，无众寡尽佥为兵，十人为一牌，设牌头，上马则备战斗，下马则备牧养。孩幼稍长，又籍之，曰渐丁军。"诸领兵者，皆直隶大汗，选其中尤忠勇者约万人，为大汗"怯薛"，番直宿卫，禁军之中坚也。蒙古骑兵，最称精锐，盖其沙漠万里，牧养蕃息，俗善骑射，兵各伴乘马三四匹以上，可番替，终日驰骋而不顿，遇急行军时，饥餐马乳，渴不得水，则破马脉而饮其血，如是者能捱旬日，行不赍粮，战不反斾，故能霆轰风飞，所至如摧枯拉朽焉。[100]返观宋人，则籍兵以募，又时沿朱梁盗贼之陋习，黥之使不得齿于齐民，故乡党自好之良，咸以执兵为耻，其愿应募者，非游手无籍之徒，则负罪亡命之辈耳；与诸族之尊兵贵兵，丁壮皆尚战斗，且人以战斗为荣者，适相反对。开国之初，因周世宗之遗规，严简诸军升为宿卫，太祖太宗又皆久历戎行，习知兵事利弊，拣选训练，皆有成法，故至至道世，禁军犹称精锐。[101]自"咸平（真宗年号）以后，承平既久，武备渐宽。"[102]仁宗神宗世与西夏构兵，屡战屡败。"崇宁大观（皆徽宗年号）以来，兵弊日滋，至于受逃亡，收配隶，犹恐不足；政和之后，久废搜补，军士死亡之余，老疾者徒费廪给，少健者又多冗占，阶级既坏，纪律遂亡。"[103] 故自女真入寇以讫蒙古南牧，我华夏广土众民，徒为北族扬武呈威之资，读史者所为郁悒愤慨不能自己者也。[104] 然彼诸族武力，虽强极一时，数世而后，因军政颓弛，种人或渐染文弱，或习于奢纵，昔年勇健质实之风，变革殆尽，卒亦不能抵抗他族之侵陵，身膏敌人之斧钺，今自蒙族外，皆澌灭无存者矣。是知欲国族长保其独立，必赖有恒久强大之武力，宋与诸族往事，可永为吾人殷鉴也。

**其三则诸族创制之文字也**。《五代史》称"阿保机多用汉人，汉人教以隶书之半增损之，作文字数千，以代刻木之约。"[105] 据《辽史》纪传，则契丹文字之制成与颁行，皆在神册五年（梁贞明六年，九二〇），契丹人突吕不实赞其事。[106]《辽史》又载阿保机子突欲工辽汉文章，尝译阴符经，耶律庶成则译方脉书，萧韩家奴又译《通历》、《贞观政要》及《五代史》，[107] 是字虽不多，已敷翻译汉籍之用，且自成其为辽文矣。金世通契丹字者犹众，蒙古初兴，突欲八世孙耶律楚材尚能以契丹文作诗歌，今传湛然居士集中之《醉义歌》，为长篇七言古风，[108] 即译自契丹文者也。然辽与宋通使，严禁文籍出境，故宋人通契丹文者甚鲜，仅王易《燕北录》略载数字而已。[109] 民国十九、二十年间，热河发掘辽陵，得辽圣宗道宗帝后石刻哀册，圣宗帝后哀册皆汉文，道宗帝后哀册则汉文辽文两种皆有，[110] 学者取汉辽文比读研索，不特明契丹文之形体，即造字行文之旨，亦略可通晓矣。[111]《宋史·夏国传》称"元昊自制蕃书，命野利仁荣演绎之，成十二卷，字形体方整类八分，而书颇重复，教国人纪事用蕃书，而译《孝经》、《尔雅》、《四言杂字》为蕃语。"其后译出释典甚夥，行布亦广，元时河西犹有新刻本。[112] 元末主顺帝至正八年（一三四八）立之莫高窟造像记，（在甘肃敦煌千佛洞，以汉文西夏蒙古畏吾儿梵藏六体书唵嘛呢叭咪吽六字）及元代所刻"居庸关六体刻经"（在居庸关阙内，俗称过街塔，以汉文及西夏蒙古畏吾儿梵藏六体书之），亦皆列西夏文于汉字之次，蒙文之上。然曩时传世者，仅有金石刻数事，自西历千九百十年，俄大佐柯智洛夫氏（Kozlov）于河西甘州（张掖）古塔内，掘得西夏国书刻本经册十数箱，有行楷篆各体，载归俄都，（藏俄都大学附属人种博物馆）嗣是西夏遗书，时有出现，而元刻河西字藏经，近年为北平图书馆所购藏者尤多。[113]俄人所得典籍中，有字书一册，曰番汉合时掌中珠者，并列中夏两文，各注音于旁，（夏国书旁皆注汉字音，汉语傍亦注西夏字音，每字均两对译语及两国字音，四言骈列，）中西学者以是津梁，研究考索，尘蕴七百年之文字，今已能通其形义及音读矣。[114]《金史》称"金人初无文字，与邻国交好，乃用契丹字。太祖命完颜希尹撰本国字，备制度，希尹乃依仿汉人楷字，因契丹字制度，合本国语，制女真字。天辅三年（宋宣和元年，一一一九）八月，字书成，太祖命颁行之。其后熙宗亦制女真字，与希尹制字俱行用。希尹所撰，谓之女真大字。熙宗所撰，谓之小字。"[115]熙宗世宗时，温迪罕缔达、徒单镒等，尝以女真字译书教学。世宗大定十三年（宋孝宗乾道九年，一一七三），置女真国子学，专授翻译经籍，其教学选举之法，略与用汉文者相等。复设译经所，广译汉籍。据《金史》纪传所载，当时译出者，经部有《易》、《书》、《论语》、《孟子》等，史部有《史记》、《汉书》、《新唐书》、《贞观政要》等，子部有《老子》、《扬子》、《文中子》、《刘子》、《白氏策林》等，[116]其行用盛于契丹西夏国书矣。今传世女真字，自明四夷馆华夷译语中之女真译语残帙外，约有石刻十数；[117]因女真译语骈列汉文音义，石刻如皇弟都统郎君行纪、宴台碑，及金太祖誓师碑等，亦皆汉文与女真国书并刻，故学者尚能略识其大凡；然其译书则不可见矣。蒙古初兴，亦无文字。成吉思汗灭乃蛮后，始用畏吾儿字教授子弟，并以记言。及南侵金夏，乃兼用汉楷。蒙古文字之制作，实始于忽必烈汗。[118]《元史》（卷二〇二）《释老传》称"八思巴者，吐蕃萨斯嘉人，中统元年（一二六〇）世祖即位，尊为国师，命制蒙古新字，字成上之。其字仅千余，其母凡四十有一，其相关纽而成字者，则有韵关之法，其以二合三合四合而成字者，则有语韵之法，而大要则以谐声为宗也。至元六年（一二六九），诏颁行于天下，"译书一切文字。

嗣后凡降玺书，并用此新制字，（通称八思巴蒙古字）仍各以其国字副之。至元八年（一二七一），立京师蒙古国子学，十四年（一二七七）又立蒙古国子监，并专授蒙文，生员多百官子弟，蒙人外，色目汉人皆有。终元世，流行颇广，传世莫高窟造像记上所刻蒙文，即此种八思巴文字也。沿至明清，颇多改变，今日通行之蒙字，则与满洲文字体属同一系统，盖明清以后所改作者。惟与八思巴字要皆原本蕃书（藏文），属梵文一支系，与辽、夏、金文字之属汉文统系者异耳。

**其四则民族之迁徙混合与汉族在诸族统治下之地位也** 唐季北方俶扰，边人多亡入契丹，及阿保机兴，复时入塞俘掳汉民，故能兴筑汉城，以汉人自为一部，与诸部大人别居。自五季至北宋，河朔之民，被驱掠入契丹者尤众。然观后唐明宗与契丹争战，俘其壮健者五千余人为契丹直，阿保机子突欲以不容于弟德光，亦率其部曲自东丹越海奔唐，[119]则契丹人之入中国者，数亦众矣。《辽史》称"自太祖以来，攻掠五代宋境，得其人则就用东北二鄙，以农以工，有事则从军政。"[120]然契丹制官皆世选，统辽一代任国事者，唯耶律氏与后族萧氏，[121]自阿保机以下，虽皆尊用汉士，其地位实远不能与契丹人比。宋田况《儒林公议》言"始石晋时，关南山后初荐虏，民既不乐附，又为虏所侵辱日久，企思中国声教，常若偷息苟生。周世宗止平关南，功不克就。岁月既久，汉民宿齿尽逝，新少者渐便习不怪，然居常右虏下汉，其间士人及有识者，亦尝怅然，无可奈何。太宗既夷并垒，乘锐直压其境，然未能攘奸扫秽，料取全胜。尔后河朔之民，数被其毒，驱掠善良入国中，分诸路落，鞭笞凌辱，酷不可闻。汉人每被分时，夫妻母子各随房居而去，号哭之声，震动天地，风云多为之变色，闻者无不伤心。"此又汉民所受惨祸之记录也。《宋史·夏国传》载宋夏对峙时，尝各招纳逃亡，藏匿隐蔽，故缘边之地，蕃汉杂户甚多。又言"夏得汉人勇者为前军，号撞令郎，若脆怯无他伎者，迁河外耕作，或以守肃州。"是其待汉人，亦与契丹略同矣。金初灭辽，以辽地人为汉人。继取宋河南、山东，复以宋地人为南人。[122]汉族之遭遇，以靖康之祸为最惨酷，诸"陷于金虏者，帝子王孙，宦门仕族之家，尽没为奴婢，使供作务。每人一月支稗子五斗，令自舂为米，得一斗八升，用为餱粮，岁支麻五把，令绩为裘，此外更无一钱一帛之入。男子不能绩者，则终岁裸体，庑或哀之，则使执爨，虽时负火得暖气，然才出外取柴归，再坐火边，皮肉脱落，不日辄死。惟喜有手艺如医人绣工之类，寻常只团坐地上，以败席或芦藉衬之。遇客至开筵，引能乐者使奏技，酒阑客散，各复其初，依旧环坐刺绣，任其生死，视如草芥焉。[123]自绍兴和后，金人虑中原士民怀贰，创置屯田军，凡女真奚契丹之人，多自本部徙居中州，与百姓杂处，计户授田，以"猛安"（百夫长）"谋克"（千夫长）分统之，一切以军法为治，世袭其职，不隶州县。时又行"推排物力"（分按民之贫富而籍之以应科差之谓）之制，猾吏亦肆意侵渔，不独种人之为屯田军者，骄纵暴横，多倚势不法已也。蒙古兵起，女真人往战辄败，主兵者请括民田之冒税者给之，以励士气，于是武夫悍卒，惟良田是择，虽耕之数世者，亦以冒占夺之。及宣宗南迁，汉人群起，向之恃势夺田者，皆视为血仇骨怨，期必杀而后已，元遗山纪其事，至谓"寻踪捕影，屠戮尽净"，"虽赤子亦不免"。[124]然观明《章丘志》称此邑尤姓有三四百丁，自云金丞相尤虎高琪之后，则今代山东氏族，其出于女真之裔者多矣。[125]元代种族最繁，大别为四：一曰蒙古，有本为蒙古部族（称黑塔塔儿）及本非蒙古而归于蒙古者（称白塔塔儿及野塔塔儿）之分。二曰色目人，凡西征戡定各种族皆属之。三曰汉人，亡金中原之遗民与夫契丹、女真、渤海、高丽之不通蒙语者是。四曰南人，即亡宋遗民是。当时以蒙古军探马赤军戍守中原，蒙人色目人之仕宦营商者，多散处内地，其任地方掌印办事官及录事司者，尤遍于中国，且与汉南人互通婚媾。[126]故自种族之迁徙混合言之，实为诸族大迁徙及与汉族大混合之时期。而种族之界亦綦严。蒙人最贵，固已。色目人之东徙者，因言语风习类似蒙古，且降服在前，待遇仅亚蒙人一等。若汉人南人，则疏贱而奴畜之。窝阔台汗尝括汉户分赐诸王贵戚，其视无罪之民，与俘奴奚择。忽必烈汗号称以汉法治汉民，然时阿里海涯行省荆湖，恣行俘掠，其后经朝廷核赦为民户者，数盈巨万，[127]其未籍免者，不知有几何也。至中外百官，偏重国姓，为一代定制。时"汉人惟史天泽耶律铸尝为中书丞相，天泽仅以通译自命，铸亦委蛇伴食，无所建白。汉人平章，王文统稍有权，不久以嫌疑诛。南人唯叶李一为丞相。外此即不再见。铁穆耳汗以后，内而省院台部，外而宣慰廉防路府州县，其长非蒙人不居，后且限及郡府幕官之长，亦必用本种人焉。蒙人亦知汉南人之非心服也，则禁不得执弓矢行猎，（汉人满百执弓矢猎者死，不满百者流），汉人南人非官台察，不得挟弓矢，不得私藏军器，虽铁尺手挝及杖之藏刃者，必输之官，不得乘马，有马者拘入官，不得聚众与蒙人相殴。且不得学习蒙文畏吾儿文，既缚其手足，又锢其心思，更以不中之刑罚随其后，由是孱懦者垂首屏息，输租纳税应役外，毋敢有它觊。文弱者蕲得科举吏员进身，用文章刀笔，博升斗之禄，往往遭忌引去。桀黠者窜名怯薛人匠，或投身诸王驸马功臣位下，冒充军站鹰坊控鹤等户，隐蔽差繇，藉庇门户。"[128]然诸炎黄子孙不甘受他族统治者，则时时聚众反抗，此扑彼起，终元世曾无休止。宋亡后才八十余年，明太祖卒驱胡元于漠北焉。

**其五则诸族之华化也**　契丹当唐季，已置城邑，教民种桑麻，习织组。阿保机之立，亦本汉人之教。又用汉人韩延徽、韩知古等为谋主，城郭宫殿，礼仪法度，井井有则。《辽史·太祖纪》称其用兵四方，恒用汉字刻石纪功，又尝自矜其能汉语。则契丹立国之规模，与其所以能弹压诸部者，固有吾国文教之关系矣。阿保机尝于上京置国子监，设祭酒司业监丞主簿等官，（其后太宗德光置南京大学，道宗洪基置中京国子监）又建孔子庙，命子突欲春秋释奠。史称突欲工画知书，其立国东丹，建元设官，一用汉法，藏书于医巫闾山绝顶，及航海归唐，载图籍数千卷。其后辽室诸主如圣宗兴宗道宗等，史皆美其通晓汉学。[129]抑辽自耶律德光兼制中国，于是官分南北，北面用国制，治契丹部族属国之政，南面用汉制，治汉人州县租赋军马之事，亦以招徕中国之人。《辽史》礼乐仪卫诸志，备载华夏之制及其渊源所自，《仪卫志》言之尤详。一则曰"太宗尽致周秦两汉隋唐文物之遗余而居有之，路车法物，以隆等威，金符玉玺，以布号令，文谓之仪，武谓之卫，足以成一代之规模。"再则曰"金吾黄麾六军之仗，辽受之晋，晋受之后唐，后唐受之梁唐，其来也有自。"三则曰"太宗立晋以要册礼，入汴而收法物，于是秦汉以来帝王文物，尽入于辽，周宋按图更制，乃非故物，辽之所重，此其大端。"中原文物，为榛狉陋族所歆羡如此，不特觇辽国之汉化，且可以见元代修辽史者之心理焉。西夏诸酋，世仕唐宋，故亦通汉文。元昊之兴，尤以兼通内外典籍，故能创制物始。[130]又以张（元）吴（昊）二人为谋主，[131]立国遂有规模，《宋史·夏国传》称"其设官之制，多与宋同，朝贺之仪，杂用唐宋，而乐之器与曲则唐也。"又载"谅祚上书自言慕中国衣冠，表求太宗御制草诗隶书石本，且进马五十匹，求《九经》、《唐史》、《册府元龟》及宋正至朝贺仪。""乾顺建国学，设弟子员三百，立养贤务，仁孝增三千，尊孔子为帝，设科取士，又置官学，自为训导。"是夏虽以武力背宋，其于文化，固未尝背宋也。惟传世西夏文书籍，十九为释典译本，劫余之西陲石刻，多记释氏故实，其画像雕刻，亦多属佛教艺术，则夏人所取诸华夏者，印土文物之影响，尤为深至矣。金之先，出于靺鞨。当唐时，粟末、靺鞨尝建渤海国，有文字礼乐官府制度。五代时，渤海亡，而黑水靺鞨之生女真代之而兴。观其初起之情状，若未受渤海文化之影响，自黑水粟末，实同一种，粟末先进，既能吸收中国之文教，则女真后起者，虽专以武力胜，故亦易于濡染华风。阿骨打之兴，吴乞买等劝称帝，不从，杨朴献策，即称皇帝，建国号焉。及灭辽而悉有其文物，又用辽地汉人时立爱、刘彦宗、韩企先等为宰相，中国文献，遂假契丹之手而输入女真。逮破宋入汴，举北宋之典章礼乐，悉收而北。于是辽所得者，止于石晋及唐之遗，而金所得者，兼有辽宋南北两方之积。北宋文物，经八帝百六十余年之储蓄创造，迥非石晋可比，虽以女真之虓暴，未必能一一研索而得其用，然其所承受之丰，自必影响于民族。且契丹未尝南下，国都僻在东北，金则自燕而汴，都邑屡迁，兵力所及，远至江浙，其为宋患者滋深，即其受宋教者亦滋巨。《金史·文艺传》谓"金用武得国，无以异于辽，而一代制作能自立于唐宋之间，有非辽世所及"，宜矣。

抑金之暴主，首推海陵庶人亮，然金之国学，实始于海陵之时，世宗章宗，迭加增益，京府节镇，各处设学，学生盛时至千八百人，所传习者，皆华夏经籍也。史称"熙宗款谒先圣，北面如弟子礼"，"颇读《尚书》《论语》及《五代史》《辽史》诸书，或以夜继日，"[132]又用汉礼，颁官制。世宗嗜读史传，尤尚儒风，欲以五经译本，遍化女真种人，猛安谋克，皆须通知古今。毡裘毳幕之俗，至是盖丕变矣。然世宗虽慕华夏文教，仍欲保其种族旧风。谆谆训诫，屡见于史，尝禁女真人毋得译为汉姓，不得学南人衣装，命歌者时歌女真词，使诸王宗室等知女真纯实之风，又以女真语名诸王小字。然观当时诸王，多不熟习国语，[133]保存旧习之效，亦云仅矣。章宗继立，"正礼乐，修刑法，定官制，典章文物，粲然为一代治规。"[134]元遗山诗曰："神功圣德三千牍，大定（世宗年号）明昌（章宗年号）五十年，"[135]世宗章宗为金室文治极隆之世，实亦华化最盛之时代；而女真武力之不竞，亦始于此时矣。[136]蒙古初起，专尚武功，俗朴事简，固游牧人种性也。窝阔台汗之世，亲贵犹有言汉人无补于国，不若尽杀之，空为草地，以广畜牧者，赖耶律楚材之谏而止。汗寻立中书省，拜楚材为令，始有官制，别军民，籍户口，定税课，设科举，译经籍，立国渐具规模矣。忽必烈虽生长漠北，中年分藩用兵，多在汉地，又召用刘秉忠、张文谦、窦默、姚枢、许衡等，俾与谋议。及即汗位，深知非汉法不足治汉民，乃引用儒臣，参决大政，诸所设施，如官制（总政务者曰中书省、秉兵柄者曰枢密院、司黜陟者曰御史台，其次内有寺监卫府，外有行省行台宣慰廉访司、其牧民者则曰路府州县），赋税（取于内郡者，曰丁税、曰地税；取于江南者，曰秋税、曰夏税）等，多取法中夏，一变祖宗诸兄武断之风，渐开文明之治。嗣后诸主，或兴庙学，或行科举取士之法。图帖睦尔汗尤性爱典礼，欲革腥膻本俗。虽元代诸汗多以国语徽称为尊，又不习汉文，进呈文字，必译以国书，一代职官，如达鲁花赤（掌印办事官）、札鲁忽赤（断事官）、火儿赤（侍左右者）等，多沿用蒙名，[137]蒙人之为官吏者，尤多不识汉字，率以木印签押，其国学亦以蒙古国子学（授蒙文）、回回国子学（授回文）

与京师国子学（授汉文）并立，而汉人之学蒙语或效慕蒙名以为荣施者，亦史不绝书。[138]然当时汉化洪流，实随处呈现其势力，故当易代之际，诸眷恋中夏者，宁舍其旧习，同为编户，不愿遄返北土。而色目人当蒙古未下西域之先，已杂受印度、犹太、波斯、希腊、亚拉伯诸国之文明者，自入中国，一传再传，尤多敦诗书而悦礼乐。[139]王士祯曰："元名臣文士如廉希宪、贯云石、畏吾人也，赵世延、马祖常、雍古部人也，乃贤、葛逻禄人也，萨都剌、色目人也，郝天挺、朵鲁别族也，余阙、唐兀氏也，颜宗道、哈剌鲁氏也，赡思、大食国人也，辛文房、西域人也，事功节义文章，彬彬极盛，虽齐鲁吴越衣冠士胄，何以过之。"[140]是亦足证中国文明之威力矣。

\* \* \*

有宋一代，为百学昌明之世，上承汉唐，下启明清，绍述创造，靡所不备。然经学则颇变于古。王应麟云："自汉儒至于庆历间，谈经者守故训而不凿；《七经小传》（刘敞作）出，而稍尚新奇矣；至《三经义》（即王安石《三经新义》）行，视汉儒之学若土梗。"[141]观庆历及庆历稍后儒者，欧阳修《易童子问》，排击系辞；李觏《常语》，司马光《疑孟》，深议孟子；苏轼《书传》则讥顾命；晁说之《诗序论》又黜诗序；即伊川（程颐）《易传》世所称粹然为儒家言者，亦一扫汉魏古说。盖毁弃传注，独标己见，甚或议经疑经，实为当时一般风气，不独刘敞、王安石然矣。自后如陈祥《道礼书》，掊击郑学。胡安国《春秋传》，错综三传，自求奥旨。即朱子集宋学之大成，其通博为康成以后所未有，所著《周易本义》，则冠以河洛九图，《大学》《中庸》章句，论《孟集注》、《诗集传》，及弟子蔡沈所作《书集传》等，莫不思以其说加之汉唐诸儒之上。今存宋人说经之书，多于唐者，奚啻十倍，虽其发明经旨，或非前人所及，要多自矜新义，不免空疏之弊。然若李如圭《仪礼释宫》与朱子仪《礼经传通解》（弟子黄榦续成），皆贯通经传，考订详悉；卫湜《礼记集说》，采摭赅博，不啻礼学渊海；是宋学亦未可一概论矣。元仁宗世定科举法，以《四书》《五经》试士，自《礼记》用郑注外，余皆遵宋人说解，（《四书》用朱子《章句集注》，《易》用《程传》《朱子本义》，《书》用《蔡传》，《诗》用《朱传》，《春秋》用《胡传》）宋儒之说，由是夺汉唐诸儒之席而代之，学者亦因之鲜习注疏，遂为经学积衰时代焉。[142]

《宋史·儒林传》外，于讲求修身为人之道之学者，特立"道学传"（后世则称之为理学），是实宋儒之学之主体，不能以经学概之；且远视经学为盛者也。道学传以周敦颐、程颢、程颐、张载、邵雍、朱熹、张栻诸人为主，程朱门人亦以类从。若欧阳修、司马光、陆九龄、陆九渊等，则或立专传，或列儒林，其意盖严于统系，而未能备见宋儒之学派。近代黄宗羲、全祖望编《宋元学案》百卷，[143]自安定（胡瑗）、泰山（孙复）、高平（范仲淹）、庐陵（欧阳修）、涑水（司马光）、东莱（吕祖谦）、艮斋（薛季宣）、止斋（陈傅良）、水心（叶适）、龙川（陈亮）、象山（陆九渊）、西山（蔡元定）诸儒，以至王安石、苏轼，下及元之鲁斋（许衡）、静修（刘因）、草庐（吴澄）等，皆分立学案，标举其学术宗旨，冯梓材复为《补遗》百卷，"于是宋儒之学，囊括无遗。盖周程诸儒，固擅道学之正统，而自安定泰山以下，乃至荆蜀之学，虽有浅深纯驳之差，而其讲求修身为人之道，则同一鹄的也。隋唐之世，外竞虽力，而风俗日即于奢淫，士习日趋于卑陋，皇纲一坠，藩镇朋兴，悍将骄兵，宦官盗贼，充塞于唐季五代之史籍，人群棼乱极矣。物极则反，有宋诸帝，崇尚文治，而研究心性笃于践履之诸儒，乃勃兴于是时。推诸儒所以勃兴之原，约有数端：一则鉴于已往社会之堕落，而思以道义矫之也；一则鉴于从来之学者专治训诂词章，不足以淑人群也；一则韩李之学，已开其绪，至宋而盛行古文，遂因文而见道也；（唐韩愈作《原道》，排佛老，李翱作《复性书》，述《大学》《中庸》之旨）一则书籍之流通，盛于前代，其传授鼓吹，极易广被也。而其尤大之原因，则沟通佛老，以治儒书，发前人之所未发，遂别成为一时代之学术；虽其中有力求与佛说异者，要皆先尝涉猎，而后专治儒书，是固不必为之讳也。"

"宋儒之学，派衍支分，不可殚述。有讲术数者，（如邵康节之《皇极经世》、司马光之《潜虚》）有务事功者，（如薛季宣、陈傅良、叶适、陈亮之类，世所称永康、永嘉学派者是）有以礼制为主者，（如张载）有兼治乐律者，（如蔡元定）而朱陆之分，尤为灼然共见。兹择其可以表示文化之进步，轶于前代，而为后人所祖述者，大要有四：

"**一则修养之法之毕备也**　躬行实践，不专事空谈，此宋儒共同之点。虽其途术各有不同，要皆以实行有得，人人能确指修养之法，以示学者，如周子之主一，张子之变化气质，明道之识仁，伊川之用敬致知，上蔡（谢良佐）之去矜，豫章（罗从彦）、延平（李侗）之观喜怒哀乐未发前气象，南轩（张栻）之辨义利，朱子之格物致知，象山之先立乎大等，皆诸儒以其生平得力之处，示学者以正鹄，学者可由之以证入之法也。

"**二则教育之复兴也**　自汉以后，学校教育，皆利禄之途，无所谓人格教育也。宋仁宗时，胡瑗倡教于苏州、湖州及太学，以经义治事分斋，而以身教人之风始盛。周张二程，皆于私家讲学，而师道大兴；濂洛之学，遂成统系。朱陆诸子，亦随在讲学。虽为世所诋毁，而师生相从，讲习不倦。其所感化，自门弟子以至乡人异端，皆有征验。第取《朱子语类》观之，当时学子对于其师之一话一言，皆谨录之，以为世法，录者九十九人，成书至一百四十卷，亦自古所未有也。

"**三则哲学之大昌也**　自宋以前，儒者之学，仅注重于人伦日用之间，而不甚讲求玄远高深之道。宋儒则不囿于人生观，而必欲穷宇宙之原理。如司马光《潜虚》，立原、荧、木、廿、基之名象。邵雍《皇极经世》，则言太阴、太阳、少阴、少阳、太刚、太柔、少刚、少柔。而周敦颐作《太极图》及《说》，首曰无极而太极，尤穷极万化之根本。其后朱陆诸儒，于无极之有无，争辩至烈，诸不言无极太极者，张子则推本太和，谓中涵浮沉升降动静相感之性，明道谓凡人类禽兽草木，莫非乾元一气所生，伊川谓冲穆无朕，万象森然已具，名义尽自分立，其于万物一体之理，无不透辟发挥焉。

"**四则本末之一贯也**　宋儒言心言性，务极其精微，而于人事复各求其至当，所谓明体达用，本末兼赅，此尤宋儒之特色也。程朱诸子，其学固皆一天人,合内外,而无所不备。即象山之学,亦以宇宙内事为己分内事,故其服官治政,治效卓然。至若张子西铭谓乾坤为父母,民物为胞与,以参天地之化育,使天下民物尽得其所,为生人之鹄的;论语说又言"为天地立心,为生民立命,为往圣继绝学,为万世开太平,"其心量之广远,迥非区区囿于一个人一家族一社会一国家一时代者所可及也。"[144]

宋元之世,书院讲学之风,亦与儒学至有关系。宋初国学,范围甚小,自王安石立太学三舍法,规制始宏。时又有"律""算""书""画""医"诸学及"武学"。州郡地方,亦无不有学。南宋建太学于临安,亦用三舍法,学规尤称严峻。然时重科举,禄利之途既开,奔竞之心日甚,学者既悉萃精力于考试,学校亦多近于科举,且因学校进身不如科举之捷,故学校之盛,反不迨科举。吾元代京师国子学及蒙古国子学、回回国子学,仅为科举变相者,更不足论。其时与儒学教育关系较巨者,则曰书院。书院之名,昉于唐之"集贤殿书院",盖汇萃学士,以备朝廷之顾问应对,犹后世之翰林院也。宪宗元和间,衡州李宽尝建石鼓书院(宋初赐额)。五代石晋初,南唐主李昇复就庐山南麓白鹿洞建学馆,置田以给诸生,学者大集,以李善道为洞主,掌教授。是为吾国有讲学书院之始(当时谓之白鹿洞国庠)。沿及宋兴,儒生往往依山林即闲旷以教授,学徒少者数十百人,多者数千百人,嵩阳(河南登封太室山下)、岳麓(湖南长沙岳麓山)、睢阳(亦称应天府即宋南京)及白鹿洞尤著,天下所谓四书院者也。[145]自后书院之建,日增月益,南宋时尤盛;盖北宋诸儒讲学尚多在私家,南宋诸儒则多讲学于书院,官立私立,所在有之。其规模小者,不过小屋四五间,大者则有礼殿讲堂。学生膏火,或取之田租,或取之官费。讲学之法,或官吏延师,或主者自教,或别请大儒,或代以高第弟子。虽无一定之规制,要之经济独立,讲学自由,异于国学及府县之学。故当时各地虽皆有学校。士大夫仍于学校之外,增设书院,不以并行为病。诸淡于荣利志在讲求修身治人之法者,且多乐趋于书院。其学术上之成就与教育上之影响,亦远非学校所及。若朱子所定白鹿洞书院教条，取圣贤所以教人为学之大端，条列而揭之楣间，〔曰五教之目，（父子有亲，君臣有义，夫妇有别，长幼有序，朋友有信），曰为学之序，（博学之、审问之、慎思之、明辨之、笃行之），曰修身之要，（言忠信、行笃敬、惩忿窒欲、迁善改过），曰处事之要，（正其谊不谋其利、明其道不计其功），曰接物之要，（己所不欲，勿施于人，行有不得，反求诸己）〕，其最可称诵者矣。元代书院，据《元史·选举志》，凡"先儒过化之地，名贤经行之所，与好事之家出钱粟赡学者，并立为书院"，故其数视宋更增。书院山长，亦为定员。是元虽以蒙古入主中国，而教育之权，仍操之汉族儒者之手；而宋儒讲学之风，虽易代不衰，亦可见矣。[146]

宋代史学之撰作，亦极为繁富。宋太祖命薛居正等修《五代史》，逾年书成（凡百五十卷）。仁宗以刘昫等所撰《唐书》多漏缺，命宋祁、欧阳修等重删撰之，历十七年始成（共二百二十五卷，世称《新唐书》）。修又别撰《五代史记》七十五卷，博采群言，旁参互证，卷帙虽仅及薛史之半，而订正之功倍之；文直事核，与《新书》同称良史。余如司马光之《资治通鉴》（二九四卷、又目录三十卷、考异三十卷），郑樵之《通志》（二百卷），袁枢之《通鉴纪事本末》（四二卷），马端临之《文献通考》（三四八卷），并为乙部名著。官修类书，若《太平御览》（一千卷），《册府元龟》（一千卷）等，征引浩博，亦为后世考史者之所宝爱，而宋人自记当代之书，若实录国史，若杂记小录，尤称详备。今后者见存者无虑数百种。前者虽仅存残帙，然传世之李焘《续资治通鉴长编》（记北宋九朝，据《宋史》卷三八八《本传》，凡九七八卷，卷第总目五卷，今本缺徽钦二朝，凡五二〇卷），王偁《东都事略》（一三〇卷），李心传《建炎以来系年要录》（记高宗一朝，二〇〇卷），与《朝野杂记》（四〇卷），徐梦莘《三朝北盟会编》（起政和七年，止绍兴三十一年，为徽、钦、高三朝，二五〇卷），及《宋会要》（二百册，约可五百卷）等，卷盈千百，大抵多据实录国史，即元修《宋史》，亦皆袭宋国史底本，故四百九十六卷之巨编，曾不二载而成书也。[147]余如年谱、目录、地志、金石之类，宋人考订述作者并众；而地志与金石二者之贡献尤大。传世宋代志书，"如乐史《太平寰宇记》、王存《元丰九域志》、欧阳忞《舆地广记》等，固为总志之要籍。而郡邑地志，赓续修葺，冠以年号，前后相踵，如周淙乾道（孝宗年号）《临安志》，潜说友咸淳（度宗年号）《临安志》之类，亦始于宋。后世志乘之广，远轶前代，以备史料，以觇文化，信而有征，不得谓非宋人启之也。"[148] 自唐世有拓石，宋人转以此法施于拓存彝器文字，时高原古冢，重器展出，秘阁太常，既多搜藏，士大夫辈，亦几家有其器，人识其文，金石之学，一时称盛。考订之书，自欧阳修《集古录跋尾》、吕大临《考古图》、赵明诚《金石录》、薛尚功《钟鼎款识法帖》以下，著称者无虑数十家。金石之学，"礼家明其制度，小学正其文字，谱谍次其世谥"，[149] 范围又出史学外矣。辽金元之世，国史记载，远不如宋，然亦并有实录，故元人修辽金史，明人修元史，皆能本末完具，今亦并称"正史"。元世又尝修《大一统志》千三百卷，《经世大典》八百八十卷，实政典地志之巨制；惜今仅《经世大典叙录》尚首尾完具而已。[150]

宋元之世，文学美术之进步，亦随在可见。宋之文家如欧阳修、王安石、苏氏父子（苏洵及子轼、辙）、曾巩，诗家和苏轼、黄庭坚、陆游，其作品多别开户牖，为奕世著作家所宗仰。即若司马光，朱熹等以学问发为文章，虽袭前人之遗轨，而平正明畅，务以理胜，非后世号为古文专家所能企及。下及金之元好问，元之姚燧、虞集、杨维桢辈，诗文亦多佳妙可诵。然宋元文学之特产，尤有三焉，曰词、曰小说、曰曲。词起于唐，渐盛于五代，时仅有小令中调。宋熙宁中立大晟府，为雅乐寮，选用词人及音律家，日制新曲，谓之大晟词；于是小令中调之外，复增长调，词调成于此际居多。工词者亦先后辈出，若北宋之晏殊、晏几道、欧阳修、柳永、张先、苏轼、秦观、贺铸、周邦彦、李清照，南宋之辛弃疾、陆游、王沂孙、姜夔、吴文英、张炎，或婉约蕴藉，或秾丽豪放，无不备极其致，实为倚声极盛时代。论者谓宋之于词，犹唐之于诗，然"词尚协律，便于弦歌，由诗而进于词，其体愈美，而其用亦愈普焉。"小说唐时已称盛，然皆文人著述之余事。北宋时始有演述故事之小说（称诨词小说），南渡后益盛。吴自牧《梦粱录》分为小说、谈经（演说佛书），及讲史书诸家，总称曰说话人，[151]今世所传之宋人平话（如《宣和遗事》、《五代史平话》、《京本通俗小说》及《大唐三藏取经诗话》等），皆当时说话人之底本也。"由其以说为主，故多用当时语言，与文人著述之用古文纪事者有别。又其述说不限时日，故必多分章回，以便使人听而忘倦。"吾国之小说，至是始专以对于一般社会传播灌输为事，为纯粹之平民文学焉。"合词与小说而为戏曲，亦始于宋时。然宋时剧本，今多不传，传世者惟元人之杂剧。其体系代剧中人立言，或用俗语演述，或用韵文申叙，俗语谓之科白，韵文则谓之曲，曲出于词而较长，各按宫商而为调。元时又有南曲北曲之分，北曲字多而声调缓，南曲字少而声调繁，盖因南北习尚而各为风气者也。元剧至多，今传者尚有百数十种。[152]其著名之作者，有关汉卿、马致远、郑至、白朴、王实甫等。其词多杂俚语，而表情述事，真挚秀杰，实为一代之绝作。近世英法诸国有译本者，亦不下三十种焉。"

宋之书家以苏（轼）、黄（庭坚）、米（芾）、蔡（襄）为著，[153]元则赵孟頫最负盛名，然多由唐人变化而出，未足为一代之特色。宋世与书学最有关系者，曰法帖。五季南唐时，尝集古今名人书札摹勒上石，是为法帖之始。宋太宗淳化中，出御府所藏翰墨，命侍书王著以枣木仿刻，共十卷，即后世著称之淳化阁帖也。仁宗徽宗世，复继续摹刻。自是学书者取法于帖，法帖亦孳乳浸多。降至元明，其风不衰，考证批评，蔚为专门之学焉。"唐代绘事，已甚发达，宋元则尤为进步。宋初若黄筌之花卉，李成、范宽之山水，李公麟之人物，皆卓绝于世。徽宗酷嗜书画，尝设书画学及书艺画图等局，有书画学博士，故绘事几成专门之学。传世《宣和画谱》，其所谱录者，皆御前书画所诸名家（若宋乔年、米芾等）所审定。提倡美术，殆莫盛于宣和。降及南渡，仍置御前画院，当时待诏有李（唐）、刘（松年）、马（远）、夏（珪）等四大家，其余知名者尤众。"近世论画者，至谓"大地万国之画，当西元十五世纪前，无有我中国，中国之画，亦至宋而后变化至极。"[154]元承宋绪,画学蝉嫣不绝,画手著名者亦多。黄(公望)、倪(瓒)、王(蒙)、吴(镇)四家,以写胸中丘壑为尚,尤为后世所宗仰。盖我国画学,以宋代为转变期,六朝隋唐皆以人物画为中心,崇尚写实,宋以后则以山水画为主体,人物画退居附庸,尚写意而不重形似,元四家其代表也。说者谓吾国画学之衰,亦始于是焉。

宋人之精于天算者,以沈括(一○三○至一○九四),苏颂(一○二○至一一○一)为最。"括博学善文,于天文、方志、律历、音乐、医药、卜算、无所不通。"[155]熙宁七年,上浑仪、浮漏、景表三议,[156]其景表一议,尤有特见。颂"邃于律历",著《新仪象法要》三卷,绘图极精,元祐中,颂与韩公廉别制浑仪,"为台三层,上设浑仪,中设浑象,下设司辰,贯以一机,激水转轮,不假人力,时至刻临,则司辰出告星辰躔度所次,占侯测验,不差暑刻,昼夜晦明,皆可推见,前此未有也。"[157]而秦九韶于南宋末,著《数学九章》,发明立天元一法,元初李冶著《测圆海镜》,言之益精,为今西人代数学之权舆,(代数学 Algebra 义云东来法),尤为有功于算术。至元时集天历之大成者,曰郭守敬(一二三一至一三一六)。《元史·本传》载守敬制简仪、高表、候极仪、浑天仪、玲珑仪、仰仪、立运仪、证理仪、景符、窥几、日月食仪、星晷、定时仪等器,种类之繁,为前此言测验者所未有。[158]守敬又奏请忽必烈汗广设测验所,于是元主"遂设监候官一十四员,分道而出,东至高丽,西极滇池,南逾珠崖,北尽铁勒,四海测验凡二十七所。"[159]至元十六年(一二七九),守敬建观星台于河南登封县告成镇周公庙,创四丈长表及景符,今遗址尚在,吾国现存之天文台,以是为最古矣。及十七年(一二八○),守敬所撰新历告成(名《授时历》),"行世垂四百年。自三统以来为术者七十余家,莫之伦比也。"[160]

宋元时代工艺制造之进步,犹有可述者数事。一曰营造。哲宗世,"李诫奉敕撰《营造法式》三十六卷,详载当时宫殿户牖柱阶檐井建筑雕刻彩画涂墍之法,集吾国营造学之大成,元明及清,宫殿之建筑,多取法于是书。而元世阿尔尼格及弟子刘元之塑像,亦称绝艺,今北平寺刹,尚有二人所塑像焉。二曰印刷。自五季广刊经籍,至两宋而公私印刷,遂臻大盛。其刊于国子监者(世称监本),字体古雅,雕镂极工,校勒尤称精审。仁宗庆历(元年,一〇四一)中,布衣毕昇复发明活字排印之法,[161]时为西元第十一世纪中叶,距德人葛登堡(Gutenburg 一三九七至一四六八)之发明活字版,盖先约四百年。辽世刊本,自释典外,无传世者。金则其国学印行书籍,殆不下于宋监。元世官私刻版,尤盛于宋。世传金刊经籍,其佳者足与宋刊媲美,而元人椠本,亦与宋刻同珍焉。三曰瓷器。陶瓷之业,唐五代已称盛。宋世士大夫盛倡品茶绘画诸事,帝室复多精研美术,瓷窑咸受国家之保护,若著名之"定""汝""官""哥"诸窑,皆在敕命下制造经营。陶工既为社会所崇敬,"陶瓷工艺,因之尽美极妍。世称宋世为瓷业完成而大放光彩之时代,非虚誉矣。元有浮梁瓷局,专掌景德镇瓷器,(镇以宋真宗景德年间进御瓷器底书;"景德年制"而著称,然宋世之名,尚不及定、汝、官、哥四窑)世称为枢府窑,然其成绩亦不能及宋也。"四曰火器。吾国自隋唐时已有火药。南宋初,虞允文与金人采石之战,以纸为霹雳炮,中实以石灰硫磺,投水中,而火自水跳出,纸裂而石灰散为烟雾,眯其人马,遂大败之,此盖略如今日爆竹之类。孝宗时,魏胜又创制炮车,施火石,可二百步,其火药用硝石、硫磺、柳灰为之,是为近代用火具之始。"其后蒙古得回回人阿喇卜丹、伊斯玛音等制造大炮,其制益精。元代与欧洲交通频繁,其法遂流传彼土,而开后来世界火器大兴之局焉。"五曰指南针。我国自古已知有磁针。汉魏以降,张衡、马钧、祖冲之等,皆尝造指南车。其用磁针以航海,则始于宋时。朱彧萍洲可谈称"海舶舟师识地理,夜则观星,昼则观日,阴晦观指南针,"可为明证。西人之制航海磁针盘,始于十四世纪初叶,盖亦元世由东方传入者也。六曰棉布。我国古无木棉,织物率用麻丝。(麻织者曰布,丝织者曰帛,《说文解字》无棉字,凡云絮纩等,皆以丝为之,或杂以麻)六朝时,木棉始由西南夷入贡中国,犹未有其种。宋时始稍稍自种之,(棉字亦宋人所增)民亦渐以为服；至元而其植始广。《元史·世祖纪》称"至元二十六年，置浙东、江东、江西、湖广、福建木棉提举司，责民岁输木棉十万匹，以都提举司总之，"足征浙东等地产棉之盛。降及明世，木棉之利，乃普及海内焉。

宋元之世，宗教之传布，亦有可注意者。道教在唐世虽颇流行，然道藏之编订，教会之分立，与教权之确定，则皆在此时代。北宋真宗徽宗诸帝，甚尊道教。真宗自澶渊盟后，天书封祀，几无宁岁，[162]皆假道祖之命以行之。又赐信州道士张正随（汉张道陵后人世居信州龙虎山）为虚静先生，立授箓院及上清观，蠲其田租，自是凡嗣世者皆赐号，即后世张天师之始也。时京师建玉清昭应宫，会灵观，管以宰相职，各路亦遍置宫观，以侍从诸臣退职者领之，号为祠禄，迄南宋未改。而道教学者姚若谷、张君房等，亦努力编定道藏（名《宝文统录》），以与佛藏对立焉。徽宗信用方士魏汉津、王老志、王仔昔、林灵素等，立道学，置道经博士。尝行千道会，费帑无数。又欲尽毁释氏，改天下佛寺为宫观。自称教主道君皇帝，未几而父子悉为金虏矣。金世道士萧抱珍倡大乙教，传太一三元法箓之术。王喆倡全真教（道士出家不娶者为全真），其徒丘处机自号长春子，尝应成吉思汗召，西行至雪山，汗尊礼之，称为神仙，处机徒尹志平等，在元代世奉玺书，袭掌其教。（今北平白云观，即尹志平兴建以祀其师者）又有真大道教者，亦始金季道士刘德仁，以苦节危行为要，五传至郦希诚，见知蒙哥汗，始名其教曰真大道，授希诚太玄真人，领教事。及忽必烈汗平定江南，又召信州道士张宗演，待以客礼，号正一天师；子孙袭领江南道教，主领三山符箓。[163]盖道教宗派，滋多于是矣。宋世佛教，以禅宗为最盛，虽鲜空前盛迹之可纪，然宋儒理学，乃至诗文书画，多受禅之影响，佛教亦自是流为纯粹中国化之宗教。太祖开宝四年（九七一），敕高品、张从信、往益州雕大藏经板，至太宗太平兴国六年（九八一），竣工，凡四百八十一函，五千四十八卷，是又中土佛藏刻板印行之始也。契丹诸主，多崇信佛教，而道宗尤甚，《辽史》至称其"一岁而饭僧三十六万，一日而祝发三千。"[164]辽时佛教遗址，今存者犹夥。如辽宁义县之奉国寺，山西大同之华严寺，并为辽代旧刹。其正殿犹留当年形制。[165]河北蓟县独乐寺观音洞，建于圣宗隆绪统和二年（九八四）者，今犹完好，为吾国现存古代之第三木构（第一第二见上章）；菩萨像高约十五公尺，亦属辽物。山西应县佛宫寺之木塔，建于道宗洪基清宁二年（一〇五六），斗拱梯栏塑像，均辽代物。吾国佛寺木塔之遗存，又以此为最古矣。金自海陵以降，诸主亦多佞佛，特不如辽之甚，惟所刻汉字藏经，传世者卷盈千百，较辽刻者尤夥焉。[166]西夏文物，以佛教为主体，说已见前。然自夏据河西，隔绝西域，不使与中国通，又因兵乱频仍，敦煌石室之封闭，亦在是时，[167]中世以降之佛教圣地，至是日趋于荒废，可见也。蒙古成吉思汗起朔方时，已崇尚释教。忽必烈汗设宣政院，专掌释教僧徒。然终元世所崇信者，实为西藏之喇嘛教，与唐以来相沿之佛教迥异；其徒众之害民病国，亦无所不至其极。中土僧徒，惟"抠衣接足，丐其按颅摩顶"，[168]官私虽各刻佛藏，亦无若何影响可言，实为吾华佛教积衰时代。自道释外，元世盛行之宗教，又有回教与基督教。宋世与大食交通颇盛，回教传布渐广。元则入据中夏之先，已尽灭中亚、西亚诸回教国，回教徒入中国者，泛称色目人，与蒙人皆随便居住，其教遂遍传中夏。元世基督教徒，景教派、希腊派、罗马派皆有；盖自蒙兵历次西征，各派教徒之被掳及随节至和林者，不可胜计。罗马教宗之使命，如柏朗嘉宾（Joan De Piano Carpini）、罗柏鲁（Gulielmus de Rubrupuis）诸教士，亦先后至和林。金宋既灭，塞外之教徒，遂随军旗浙蔓内地。《元史》中每以"也里可温""答失蛮"与"僧""道"并称。也里可温为基督教之总称，答失蛮为天方教，明其时诸教皆并立矣。[169]抑自蒙古西征，凡唐中叶以降，西北各地区割裂分离之局，经五代宋、辽、金、夏而不能合者，尽混而为一，且又并中亚西亚东欧诸地，联合欧亚。虽分封四大汗国，诸汗王各君其土，然皆受节制于蒙古大汗，故威令行而道路不梗。当时东西陆道交通频繁。蒙古诸大汗对于各国人士，又一视同仁。因是欧洲客商，联袂偕来，或谋什百之利，或图仕禄于王朝，如意大利人马非倭（Maffeo）、尼古罗（Nicolo）兄弟及尼古罗子马可·波罗（Marco-Polo）三人，留仕元庭至十七年，其最著者也。马可·波罗之归也，尝著《东方见闻录》（今称《行纪》或《游记》），其肃州章下云："前此所言之三州，（沙州、哈密州、欣斤塔剌思州）并属一大州，即唐古忒州（西夏）也，如是诸州之山中，并产大黄甚富，商人来此购买，贩售世界"；[170]可见其时商业之兴盛矣。商旅之外，阿剌伯、波斯、印度学者，及法兰西、意大利艺术家，多偕传道僧侣及教宗使节等东来，欧西美术及西亚之文字天算医方工匠武术，遂多输入我国；固不独也里可温与答失蛮之宗教，流行于我朝野而已。吾华之印刷术、火药与罗盘针等基本发明，亦传入西方。东西文物经济传输之盛，盖前史所未有矣。特自忽必烈汗以后，蒙古帝国，不久瓦解，中西交通，日以衰息，基督教亦随元亡而绝迹于中夏，明初宋濂辈纂修《元史》，遂不知也里可温为一种宗教。而其影响及于欧人者，则历久而长存，法人莱弥塞（Abel Remusat）曰："此交通，乃将中古之黑云，一扫而净，屠杀之祸虽惨，殊可以警奋数世纪来衰颓之人心，而为今日全欧复兴之代价也"。[171]

\* \* \*

宋世风俗，有能起唐五季之衰弊者，则士大夫之尚忠义是也。《宋史》言"士大夫忠义之气，至于五季，变化殆尽。宋之初兴，范质、王溥，犹有余憾，艺祖首褒韩通，次表卫融，足示意向。厥后西北疆场之臣，勇于死敌，往往无惧。真仁之世，田锡、王禹偁、范仲淹、欧阳修、唐介诸贤，以直言谠论倡于朝。于是中外缙绅，知以名节相高，廉耻相尚，尽去五季之陋矣"。[172]史册所载当时士大夫之家法家学，师友昆弟间之乐善友爱，如"景德中，陈尧叟掌枢密，弟尧佐直史馆，尧咨知制诰，与（父）省华同在北省，宾客至，尧叟兄弟侍立省华侧，客不自安，多引去"。宋庠与弟祁俱以文名擅天下，而友爱至笃。[173]"赵忭庐墓三年，县榜其里曰孝弟，及子屼执父丧，而甘露降墓木，屼卒，子云又以毁死，人称其世孝"。"唐介敢言声动天下，子淑问难进，义问强敏，孙恕高行，不陨家声。"[174]"范仲淹泛爱乐善，胡瑗、孙复、石介、李觏之徒，多出其门下；子纯仁，仲淹没始出仕，以兄纯祐有心疾，奉之如父，药膳居服，皆躬亲时节之"[175]。欧阳修"奖引后进，如恐不及，曾巩、王安石、苏洵、洵子轼、辙，布衣屏处，未为人知，修即游其声誉，谓必显于世"。"刘敞博学雄文"，"弟攽，子奉世，世称三刘"；与曾巩、曾肇兄弟皆以家学称。[176]吕夷简诸父蒙正，子公弼、公著，"更执国政，三世四人"；"公著子希哲、希纯，世济其美"。（希哲子好问，好问孙祖谦，吕氏自夷简祖龟祥知寿州，遂为寿州人，好问始居婺府，史称祖谦之学，本之家庭，有中原文献之传，吕氏实为宋代第一世家，祖谦弟祖俭、从弟祖泰，皆别见《忠义传》），[177]邵雍"清而不激，和而不流"，"司马光、韩维、吕公著、程颐兄弟，皆交其门"；子伯温"入闻父教，出则事司马光等，而光等亦屈名位辈行，与伯温为再世交"；"雍疾，光、张载、颐兄弟晨夕候之"。[178]司马光"在洛时，每往夏县展墓，必过其兄旦，旦年将八十，奉之如严父，保之如婴儿"；子康亦"济美象贤"。"范镇清白坦夷，遇人必以诚"；从子百禄受学于镇，议论操修，粹然一出于正"；"从孙祖禹平居恂恂，口不言人过，至遇事，则别白是非，不少借隐"；"自镇至祖禹，比三世居禁中，士论荣慕"。[179]"吕大防自少持重，燕居如对宾客，与兄大忠、弟大钧、大临，同居相切磋，论道考礼，冠昏丧祭，一本于古，关中言礼学者推吕氏"。[180]"苏轼器识闳伟，一时文人如黄庭坚、晁补之、秦观、张耒、陈师道，举世未之识，轼待之如朋友，未尝以师资自予"；"苏辙与兄进退出处，无不相同，患难之中，友爱弥笃，无少怨尤"。[181]皆至足称美，固不特濂洛诸儒研穷心性，笃于践履，门弟子渊源所渐，班班可考，以及南北宋亡时忠节相望已也。

《日知录》言"宋自仁宗在位，四十余年，虽所用或非其人，而风俗醇厚，好尚端方，论世之士，谓之君子道长。[182]及神宗朝，荆公秉政，骤奖趋媚之徒，深鉏异己之辈，邓绾、李定、舒亶、蹇序辰、王子韶诸奸，一时擢用，而士大夫有十钻之目（原注·钻者取必入之义，邓绾传以颂王安石得官，谓其乡人曰，笑骂从汝，好官须我为之），干进之流，乘机抵隙。驯至绍圣崇宁，而党祸大起，国事日非，膏肓之疾，遂不可治"。[183]降至南宋，此风未已。绍兴六年（一一三六），右司谏陈公辅以不悦尹焞、杨时（皆程门高弟），痛诋程学，疏请禁止。及秦桧和金，宗程氏者皆斥和议，程学遂遭罢黜。孝宗世，攻洛学与朱熹者纷纷，赖帝两左右之，未显禁绝。及宁宗立，韩侂胄与赵汝愚争权，侂胄以汝愚挟熹等以自重，且憾熹尝上疏斥己也，唆使其徒何澹、刘德秀等目道学为伪学，肆志排击，举海内知名士，贬窜殆尽，复令省部籍记伪学姓名，自汝愚熹以下，凡五十九人，是为庆元（宁宗年号）党案；[184]论史者至与元祐党案并称。然观淳熙（孝宗年号）十五年（一一八八），熹入奏事，（时以周必大荐为江西提刑）"有要之于路，以为正心诚意之论，上所厌闻，戒勿以为言，熹曰，吾平生所学，惟此四字，岂可隐默以欺吾君乎"。庆元中，刘德秀、姚愈等"攻伪学日急，而熹日与诸生讲学不休，或劝其谢遣生徒者，笑而不答"。[185]陆游"才气超逸，晚年再出，为侂胄撰《南园阅古泉记》，即见讥清议"。[186]是知信道笃而自知明者。初不以外界之毁誉为从违，是非曲直之在人心者，亦终不可得而掩也。特当时"浅陋之士，自视无堪以为进取之地，辄亦自附于道学之名，褒衣博带，危坐阔步，或抄节语录，以资高谈，或闭眉合眼，号为默识"；[187]"凡治财赋者，则目为聚敛，开阃捍边者，则目为粗材，读书作文者，则目为玩物丧志，留心政事者，则目为俗吏；自诡其学为正心修身齐家治国平天下，夷考其所行，则言行了不相顾，率皆不近人情之事"；[188]然洛闽之徒无是也。又宋世学校大兴，自徽宗时太学生陈东率诸生伏阙上书，请诛蔡京、王黼、童贯、梁师成、李彦、朱勔等六贼，用李纲，至南宋而太学生言事者益多。其初虽奋不顾身，欲为国家社会定大计，抗外祸，辨贤奸，明邪正，及号召徒众，寖成风气，亦多挟势以利私图。周密谓"三学之横，盛于淳祐景定（理宗年号）之际。凡其所欲出者，虽宰相台谏，亦直攻之使必去，权乃与人主抗衡。其所以招权受赂，豪夺庇奸，动摇国法，作为无名之谤，扣阍上书，经台投卷，人畏之如狼虎。若市井商贾，无不被害，而无所赴愬；

非京尹不敢过问"。及贾似道当国，于学生则"以术笼络，每重其恩数，丰其馈给，增拨学田，种种加厚，于是诸生啖其利而畏其威，虽目击似道之罪，而噤不敢发一语。"于道学则专用假名冬烘之流，"列之要路，名为尊崇，其实幸其不才愦愦，不致掣其肘耳，以至万事不理"。[189]及恭帝立，似道虽窜死，而宋亦不久亡矣。

两宋之世，对外虽力多不竞，繁绮之风，则视唐有加。北宋以徽宗时为极盛。孟元老《东京梦华录》序所谓"太平日久，人物繁阜，垂髫之童，但习鼓舞，斑白之老，不识干戈；时节相次，各有观赏，灯宵月夕，雪际花时，乞巧登高，教池游苑；举目则青楼画阁，绣户珠帘；雕车竞驻于天街，宝马争驰于御路；金翠耀目，罗绮飘香；新声巧笑于柳陌花衢，按管调弦于茶坊酒肆；集四海之珍奇，皆归市易；会寰区之异味，悉在庖厨；花光满路，何限春游；箫鼓喧空，几家夜宴；伎巧则惊人耳目，侈奢则长人精神"者，当年汴京之节物风流，概可想见。及偏安杭州，因河山清谧，半壁堪怀，北狩之奇辱，日远日忘；和议之足贪，相引相蔽，无复雪耻之志，共耽处堂之安；升平自庆，朝野恬嬉；读吴自牧《梦粱录》所纪临安之承平气象，与城池苑囿之富，风俗人物之盛，尤驾《东京梦华录》而上之。至其俗尚之异于前代者，则为工农商贾等市民之团体组织与娱乐集会，及政府对社会救济事业之设施。《梦粱录》有"团行"一则，历举临安市肆之团行。（名为团者，如花团、青果团、柑子团、鳌团，名为行者，如方梳行、销金行、冠子行、鱼行、蟹行、姜行、菱行、北猪行、南猪行、南土北土行、菜行、鲜鱼行、布行、鸡鹅行；更有名为市者，如药市、花市、珠子市、肉市、米市）又有"社会"一则，历举临安之娱乐等集会，自文士之西湖诗社，武士之射弓踏弩社，及蹴鞠打球射水弩社外，"诸寨建立圣殿者，俱有社会，诸行亦有献贡之社，每遇神圣诞日，诸行市户，俱有会迎献不一"。（如府第内官以马为社，七宝行献七宝玩具为社，又有锦绣社，台阁社，穷富赌钱社、遏云社、女童清音社、苏家巷傀儡社、青果行献时果社、东西马塍献异松怪桧奇花社、鱼儿活行以异样龟鱼呈献，豪富子弟绯绿清音社、十闲等社）盖宋世商业甚盛，团行之组织，所以保障同团同行间之利益，避免行团内之无谓竞争，并抗拒官吏及团行外之不法侵犯，实为都市商业发达后之自然现象。至每遇神圣诞日，集会迎献，即后世因事酬神演剧醵饮之俗，盖以是联同行朋曹之欢，自娱兼以娱人者也。《梦粱录》又有"恩需军民"一则，于当时之社会救济事业，如米场（年岁荒歉，官司置立米场，以官米赈济，或量收价钱，务在实惠及民）火灾赈济（因荧惑为灾，延烧民屋，官司差官吏于火场上具抄被灾之家，各家老小，随口数分，大小给散钱米）柴场（官置柴场，城内共设二十一场，许百司官厅及百姓从便收买，价钱官司量收，与市价大有饶润）、药局（州府置施药局，来者诊视，详其病源，给药医治，朝家拨钱一十万贯下局，或民以病状投局，则畀之药）、慈幼局（官给钱典雇乳妇，养在局中，如陋巷贫穷之家，或男女幼而失母，或无力抚养，抛弃于街坊，官收归局养之，若民间之人愿收养者听，官仍月给钱一贯，米三升，以三年住支）、养济院（老疾孤寡贫乏不能自存及丐者等人，官籍家姓名，每名官给钱衣赡之）之类，详纪其施行之法。[190]世益降而民之贫富区别益深，遭际不幸者，需公众之救济亦愈亟，政府之设施，因亦日趋完备，后世相承，自政府及平民，靡不认救济穷困扶助贫弱为公共事业之最要者，其风实自宋启之矣。

宋世不独国内商业发达也，对外之海上贸易，亦视唐为盛。《宋史·食货志》称"开宝四年，置市舶司于广州，后又于杭明州置司。凡大食、古逻、阇婆、占城、勃泥、麻逸、三佛齐诸蕃，并通货易，以金、银、缗钱、铅、锡、杂色帛、瓷器、市香药、犀象、珊瑚、琥珀、珠琲、镔铁、鼉皮、玳瑁、玛瑙、车渠、水精、蕃布、乌樠、苏木等物"。其时对外贸易，盖以国营为主，广、杭、明三州，则为国家指定之贸易港，市舶司即为收买蕃货之主持人，凡与对外贸易有关诸事，如征税稽察招徕等"，亦均由其掌管。"大抵海船至，十先征其一，价直酌蕃货轻重而差给之，岁约获五十余万斤条株颗。"[191]然时虽令禁私与蕃商贸易，利之所在，人多趋之，哲宗世，泉州与密州板桥之开港，继置市舶司，亦以其地为"商贾所聚，海舶之利，颛于富家大姓"故耳。[192]南渡后,政府欲增库入,以市舶利大,遂盛奖劝外蕃通商。"绍兴六年,知泉州连南夫奏请诸市舶纲首能招诱舶舟,抽解物货,累价及五万贯十万贯者,补官有差,大食蕃客啰辛贩乳香直三十万缗,纲首蔡景芳招诱舶货,收息钱九十八万缗,各补承信郎。闽广舶务监官抽买乳香,每及一百万两,转一官。又招商入蕃兴贩,舟还在罢任后,亦依此推赏。海商入蕃,以兴贩为招诱。侥幸者甚众。"[193]观史载"皇祐中,总岁入象犀珠玉香药之类,其数五十三万有余,至治平中,又增十万",[194]比"中兴,岁入二百万缗",[195]是南宋初期,较北宋中叶所增已至三倍有奇,商人贪利而私自贸迁者,其数更不知几何。《梦粱录》谓"杭城富室,多是外郡寄寓人,其寄寓人,多为江商海贾,穹桅巨舶,安行于烟涛渺莽之中,四方百货,不趾而集,自此成家立业者众",[196]皆可推见对外通商之盛也。时泉州以近临安,得地利,贸易尤年盛一年。自唐以来,与蕃夷互市,均以广州为第一,至是泉州乃与广州颉颃,不相上下。及宋元之交,竟凌驾广州而上之,凡海舶出入,均辐辏于是。元初海外通商者,不下二十余国,虽庆元上海澉浦,亦置市舶使,与泉州同为通商口岸,然仍以泉州为最繁荣。西人东来至其地者,若马可·波罗及伊本巴都他(Ibn Batuta),皆称之为当时世界无二之大贸易港焉。[197]至其时金融设施对人民影响最巨者,则为纸币与银锭之制。唐人之创飞钱,虽为纸币之权舆,然其性质实为汇划之票据。宋初行铁钱,"真宗时,张咏镇蜀,患蜀人铁钱重,不便贸易,设质剂之法,一交一缗,以三年为一界而换之,谓之交子,富民十六户主之",是为吾国真正有纸币之始。"后富民赀稍衰,不能偿所负,争讼不息。"[198]仁宗世,官为置益州交子务,收其发行之权而专之,禁民造。后更渐自益州推行于他地,而纸币之用始广。徽宗时曰钱引,高宗孝宗时,又有会子、公据、关子等名,皆纸币也。金海陵世,亦于汴京设印造钞引库及交钞库,印造大钞(一贯、二贯、三贯、五贯、十贯五等)小钞,(一百、二百、三百、五百、七百五等)与钱并行。章宗璟时,自印钞外,又以生银铸造银锭;元初复广铸之,每锭重五十两,名为"元宝";明清两代,公私皆沿用之。然蒙古当窝阔台汗世，已造交钞，忽必烈汗中统至元中，又造中统钞、至元钞，武宗至大中，则造至大钞，终元之世，银货与钞币并用焉。自钞币发明后，有司只知钞可代钱，而不知储积准备及操纵维持之法，每以出钞为利，收钞为讳，故行之不久，其法即敝，虽别定价值，改立名目，而其敝益甚。如宋宁宗嘉定初，诏以旧券之二易新券之一，真德秀已奏言"远近之人，赍持旧券，徬徨四顾，无所用之，弃掷燔烧，不复爱惜，岂不逆料它时之必至此乎。"马氏《通考》至谓"自是籴本以楮，盐本以楮，百官之俸给以楮，军士支犒以楮，州县支吾，无一而非楮。"[199] 金则宣宗珣南迁后，先造贞祐宝券，未几又制贞祐通宝，凡一贯当宝券千贯，嗣作兴定宝泉，一贯又当通宝四百贯。元光二年（一二二三），复限银一两不得过宝泉三百贯，盖宝券之行，未逾十年，已十有二千万贯才贸银一两矣。元则造至元钞时，即五倍于中统，及造至大钞，又五倍于至元，至妥懽贴睦尔复更钞法，京师料钞十锭，至易斗粟不可得，所在郡县，皆以物货相贸易，公私所积钞俱不行，人视之若敝楮。是皆读史者所宜知也。

契丹女真诸族，皆游牧种人也。《辽史》所谓"生生之资，仰给畜牧，绩毛饮湩，以为衣食"，[200]"其富以马，其强以兵，纵马于野，弛兵于民，有事而战，骥骑介夫，卯命辰集，马逐水草，人仰湩酪，挽强射生，以给日用，糗粮刍茭，道在是矣"[201] 者；凡北族大抵皆然，无足深论。及渐染华夏文教，则又多革其故习，说已见前。惟蒙古风俗见于郑所南《心史》者，颇足补他书所未详。《心史·大义略序》曰："旧鞑靼所居，并无屋宇，毡帐为家，得水草处即住。兽皮为衣，无号令，以合同出入。不识四时节候，以见草青为一年，人问岁数，但以几度青草为答。鞑人甚耐寒暑雨雪饥渴，深雪中可张幕露宿。高山穷谷，马皆可到。裹粮以肉为麨，干贮为备，饥则水和而食，甚涨。饱可一二日。搅马乳为酒，味腥酸，饮亦醉。群虏会饮，杀牛马曰大茶饭，但饮酒曰把盏。杂坐喧涽，上下同食，举杯互饮，不耻残秽。饮酒必因首。毡籍地坐。以小刀刺肉授人，人即开口接食为相爱，卑者跪受赐。行坐尚右为尊。久不相见，彼此两手相抱肩背，交颈摇首啮肉跪膝摩臁为极殷勤。鞑主剃三搭辫发（三搭者，环剃去顶上一弯头发，留当前发剪短散垂，却析两旁发，垂绾两髻，悬加左右肩衣袄上，曰不狼儿）顶笠穿靴。衣以出袖海青衣为至礼。（其衣于前臂肩间开缝，却于缝间出内两手衣裳袖，然后虚出海青两袖，反双悬纽背缝间，俨如四袖）房主、房吏、房民、僧道、男女、上下尊卑礼节服色，一体无别。男子俱戴耳坠"。[202]其野陋亦云至矣。而《马可·波罗行纪》述元代都城之雄伟，宫廷之壮丽，则极口称叹，誉为并世无两。[203]"盖郑氏所讥者，蒙古草昧之风，而欧人所睹者，元代极盛之世，当时汉族文教制度，远轶鞑靼，故深恶其野蛮，欧洲文教制度，不及中国，故大惊其宏伟也。"[204]抑元世风习尚有可称述者。宋儒吕大防、大钧兄弟尝于关中创为乡约，纠集本乡同志之人，以德业相劝，过失相规，礼俗相交，患难相恤为约，有善则书于籍，有过若违约者亦书之，三犯而行罚，不悛者绝之；[205]其后朱子又增损之，别为月旦集会读约之礼；未能推行全国也。元则有劝农立社之制，县邑所属村僮，凡五十家，立一社，择高年晓农事者一人为之长，以教督农桑为事。观《元典章》、《元史》所载条例，有吕朱乡约之意，而以农民全体行之，又举农田水利树艺渔畜教育劝惩，一寓于立社之中，此实吾先哲研求民治培植国本之法，而元世乃能普遍施行，是亦一奇事也。[206]《梦粱录》尝称临安文士有西湖诗社，"乃行都搢绅之士及四方流寓儒人，寄兴适情，吟咏脍炙人口，流传四方"。至元则搢绅之徒，益以风流相尚。如"贯酸斋工诗文，所至士大夫从之。浦江吴氏结月泉社，聘谢皋羽为考官。松江吕璜溪尝走金帛聘四方能诗之士，请杨铁崖为主考，第其甲乙，厚有赠遗，一时文人毕至，倾动三吴。"又顾仲瑛玉山草堂，杨廉夫、柯九思、倪元镇、张伯雨、于彦成诸人，尝寓其家，流连觞咏，声光映蔽江表。其他以名园别墅书画古玩相尚者，如倪元镇之清閟阁、杨竹西之不碍云山楼之类，更不一而足。《明史·张简传》称"当元季，浙东西士大夫，以文墨相尚，每岁必联诗社，聘一二文章巨公主之。四方名士毕集，谯赏穷日夜，诗胜者辄有厚赠"。是其风至元季而益盛。盖自宋之亡，遗民故老，相与唱叹于荒江寂寞之滨，文士则以诗文集社，寄其亡国之感，流风余韵，久而弗替，遂成风会欤"。[207]

## 注　释

[1]《廿二史札记》卷二十六"宋南渡诸将皆北人"节曰："宋南渡诸将立功虽在江南，而其人皆北人也。张俊，凤翔府成纪人；韩世忠、张宗颜，皆延安人；岳飞，汤阴人；刘光世，保安军人；刘锜，德顺军人；吴玠、吴璘、郭浩，皆德顺军陇干人；杨存忠，代州崞县人；王德，通远军熟羊砦人；王彦，上党人；杨政，原州临泾人；牛皋，汝州鲁山人；曲端，镇戎人；成闵，邢州人；解元，保安军德清砦人；王渊，熙河人；赵密，太原清河人；李宝，河北人；魏胜，宿迁人；王友直，博州高平人；李显忠，绥德青涧人。统计诸名将，无一非出自山陕者；是南宋之偏安，犹是北宋之余力也。"

[2]《宋史》卷二四二《后妃传》序云："宋三百余年，外无汉王氏之患，内无唐武韦之祸。"又卷四六三《外戚传》序云："仁、英、哲三朝，母后临朝听政，而终无外家干政之患。"又卷四六六《宦者传》序云："宋世待宦者甚严。……中更幼主，母后听政者凡三朝，在于前代，岂非宦者用事之秋乎？祖宗之法严，宰相之权重，貂珰有怀奸慝，旋踵屏除，君臣相与防微杜渐之虑深矣。然而宣政间童贯、梁师成之祸，亦岂细哉。南渡苗（傅）刘（正彦）之逆，亦宦者所激也。"

[3] 语本《宋史》卷四四六《忠义传》序。

[4] 详陈邦瞻辑《宋史纪事本末》卷二《收兵权》篇。

[5]《宋史》卷一六六《职官志六》："节度使，宋初无所掌，其事务悉归本州知州通判兼总之。亦无定员，恩数与执政同。……又遵唐制，以节度使兼中书令或侍中或中书门下平章事，皆谓之使相，以待勋贤故老。"

[6]《宋史》卷二七三李进卿等传论语。论又曰："太祖常注意于谋帅，命李汉超屯关西、马仁禹守瀛州，韩令坤领常州，贺惟忠守易州，何继勋领隶州，以拒北敌。又以郭进控西山，武守琪戍晋州，李谦溥守隰州，李继勋领昭义，以御太原。赵赞屯延州，姚内斌守庆州，董遵海屯环州，王彦升守原州，冯继业镇灵武，以备西夏。其族在京师者，抚之甚厚，郡中筦榷之利，悉以与之，恣其贸易，免其所过征税，许其召募亡命以为爪牙。凡军中事皆得便宜。每来朝，必召对命坐，厚为饮食锡赉以遣之。由是边臣富赡，能养死士使为间谍，洞知敌情，及其入侵，设伏掩击，多致克捷。"

[7]、[11]《宋史》卷五《太宗本纪》赞语。

[8]《宋史》卷四七八列国《世家》序语。

[9]《宋史》卷四八五《外国传》序语。

[10]、[12]《宋史》卷三《太祖本纪》赞语。

[13]《辽史》卷八三《耶律休哥传》语。

[14]《辽史》卷七一《后妃传》语。

[15]《宋史》卷二八一《寇准传》语。

[16]、[20]《宋史》卷四八五《夏国传上》语。

[17] 表文见同上注，略云："以十一月十一日郊坛备礼，为世祖始文本武兴法建礼仁孝皇帝，国号大夏，年号天授。伏望皇帝陛下许以西郊之地，册为南面之君"云云。

[18] 详见《宋史》卷三一三《富弼传》。

[19] 宋岁赐西夏银绮绢茶。《宋史·夏国传》仅列总数，李焘《续资治通鉴长编》则备载之，计岁赐数银五万两，绢十三万匹，茶二万斤；乾元节回赐银一万两，绢一万匹，茶五千斤；贺正回赐银五千两，绢五千匹，茶五千斤；仲冬赐银五千两，绢五千匹；生日赐银器二千两，绢衣一千匹，杂帛二千匹；总计银七万二千两，绢帛十五万三千匹，茶三万斤，三者合计共二十五万五千。

[21]、[22]《宋史》卷一六一《职官志》序语。《文献通考》卷四七《职官考一》略同，盖皆本诸宋旧史者。至官职差遣之分，官如各部尚书侍郎员外郎等，职则翰林学士院诸学士（《宋史》卷一六二《职官志二》"翰林学士院"详载诸学士职掌，盖皆文学侍从之臣，最为清要，而诸寺监则多为冷曹，故时人语曰宁登瀛，不为卿，宁抱椠，不为监也）。皆属之，差遣则凡云判某某或知某某者皆是。《金石萃编》卷一三〇赐陈尧咨敕云"龙图阁直学士尚书工部郎中知永兴军府陈尧咨"，龙图阁直学士，职也，尚书工部郎中，官也，知永兴军府，则差遣也。阶勋爵之等，详见《宋史》卷一六九《职官志九》；阶分文官，文阶一称文散官，自开府仪同三司至将仕郎，凡二十九，武阶一称武散官，自骠骑大将军至陪戎副尉，凡三十一；勋自上柱国至武骑尉，凡一十二；爵自王至开国男，亦一十二。此外尚有"赐""食邑""食实封"（见职官十）等。《金石萃编》卷一三一增修中岳庙碑云"朝散大夫行尚书比部员外郎知制诰判大理寺轻车都尉赐紫金鱼袋陈知微"，朝散大夫，阶也，行尚书比部员外郎，官也，知制诰及判大理寺，皆差遣也，轻车都尉，勋也，赐紫金鱼袋，则赐也。近人金毓黻《宋代官制与行政制度》，（登《文史杂志》二卷四期）剖析宋代官制颇细，可参阅。

[23]《宋史》卷一八七《兵志》序语。

[24] 据《宋史·兵志一》所载兵数，"（太祖）开宝之籍，总三十七万八千，而禁军马步十九万三千。（太宗）至道之籍，总六十六万六千，而禁军马步三十五万八千。（真宗）天禧之籍，总九十一万二千，而禁军马步四十三万二千。（仁宗）庆历之籍，总一百二十五万九千，而禁军马步八十二万六千。英宗治平之兵，一百十六万二千，而禁军马步六十六万三千。神宗熙宁之籍，禁军凡五十六万八千六百八十八人，元丰之籍，六十一万二千二百四十三人。"

[25]《宋史》卷一七九《食货志七》"会计"语。

[26] 详《宋史》卷一七〇至一七二《职官志十》《杂制》，及《十一》《十二》《俸禄制》。《廿二史札记》卷二十五"宋郊祀之费""宋制禄之厚""宋祠禄之制""宋恩荫之滥""宋恩赏之厚"及"宋冗官冗费"诸节，可参阅。

[27]《宋史》卷二四四《宗室传》序语。

[28] 见同上注[25]。《文献通考》卷四七《职官考一》记宋内外官员数，引元丰间南丰曾巩议经费，言"景德官一万余员，皇祐二万余员，治平总二万四千余员"，较《宋史》所记为多。

[29] 见同上注[25]。

[30] 欧阳修《本论》语，见《欧阳文忠公文集》（四部丛刊影印元刊本）卷五十九。

[31]《宋史》卷三一二《韩琦传》："庆历三年，召为枢密副使。元昊要索无厌，宰相晏殊等厌兵，将一切从之，琦陈其不便，条所宜先行者七事：一曰清政本，二曰念边计，三曰擢材贤，四曰备河北，五曰固河东，六曰收民心，七曰营洛邑。（按全文见《宋文鉴》卷四十四）继又陈救弊八事，欲选将帅，明按察，丰财利，遏侥幸，进能吏，退不才，谨入官，去冗食，谓数者之举，谤必随之，愿委计辅臣，听其注措。"又卷三一三《富弼传》，庆历三年，拜枢密副使。帝锐以太平责成宰辅。数下诏督弼等，又开天章阁给笔札，使书其所欲为者。弼上当世之务十余条，及安边十三策，大略以进贤退不肖止侥幸去宿弊为本，"欲渐易监司之不才者，使澄汰所部吏，于是小人始不悦矣。"又同卷《文彦博传》"庆历八年，拜同中书门下平章事，与枢密使庞籍议省兵，凡汰为民及给半廪者合八万，论者纷然，谓必聚为盗，帝亦疑焉。彦博曰，今公私困竭，正坐兵冗，脱有难，臣请死之。其策讫行，归兵亦无事。"潞公在当时最称老成持重，主张裁兵坚决如此，亦足见当日改革之确不容缓矣。又按《宋史》卷一七九《食货志七》载韩琦议省冗费（全文见《宋文鉴》卷四十四），卷一七八《兵志一》载韩琦议定兵额，可参阅。

[32] 全疏见《宋文鉴》四十三。兹据《宋史》卷三一四《范仲淹本传》录存

大要,仅三曰精贡举,下据文鉴略加三语耳。仲淹在条奏之前,有"我国家革五代之乱,富有四海,垂八十年,纲纪制度,日削月侵,官壅于下,民困于外,夷狄强盛,盗贼横炽,不可不更张以救之,然则欲正其末,必端其本,欲清其流,必澄其源"云云,盖以吏治选举为一切改革之张本,亦与王安石之变法偏重财利者有别。

[33] 见同上注 [30],按本论有"今宋之为宋,八十年矣"之言,知亦撰于此时。

[34] 同上。《宋史·本传》称"仲淹建言周制三公分兼六官之职,汉以三公分部六卿,唐以宰相分判六曹。今中书古天官冢宰也,枢密院古夏官司马也,四官散于群有司,无三公兼领之重,而二府惟进擢差除,循资级、议赏罚、检用条例而已,上非三公论道之任,下无六卿佐王之职,非治法也。臣请仿前代以三司司农审官流内铨三班院国子监太常刑部审刑大理群牧殿前马兵军司,各委辅臣兼判其事,凡官吏黜陟,刑赏重轻,事有利害者,并从辅臣予夺,其体大者,二府佥议奏裁。"按本节下文有括弧处,亦皆用本传文。

[35] 见《王临川先生文集》(四部丛刊影印明嘉靖抚州刊本)第三十九卷"上仁宗皇帝万言书"。《宋史》卷三二七《王安石传》言"嘉祐三年,安石上万言书,以为今天下之财力日以困穷,风俗日以衰坏,患不知法度,不法先王之政故也。法先王之政者,法其意而已。法其意,则无所改易更革,不至乎倾骇天下之耳目,嚣天下之口,而固已合先王之政矣。因天下之力,以生天下之财,取天下之财,以供天下之费,自古治世未尝以财不足为公患也,患在治财无其道尔。在位之人才既不足,而闾巷草野之间亦少可用之才,社稷之托,封疆之守,陛下其能久以天幸为常,而无一旦之忧乎。愿监苟且因循之弊,明诏大臣为之以渐,期合于当世之变。臣之所称,流俗之所不讲,而议者以为迂阔而熟烂者也。"后安石当国,其所注措,大抵皆祖此书。

[36]《宋史》卷十三《英宗本纪》赞语。

[37] 参《廿二史札记》卷二十六"王安石之得君"节。

[38]《宋史》卷一六一《职官志一》语。

[39] 安石新法,《宋史·本传》仅略记农田水利、青苗、均输、保甲、免役、市易、保马、方田等八法,《选举志》、《职官志》、《食货志》、《兵志》则纪录极详,(三舍法见卷一五七《选举志三》,熙宁元丰新官制备见卷一六一至一七二《职官志》各卷,农田水利见卷一七三《食货志一》,方田均税见卷一七四《食货志二》,青苗法见卷一七六《食货志四》,免役法见卷一七七至一七八《食货志五》至《六》,市易法与均输法皆见卷一八六《食货志十四》,保甲法见卷一九二《兵志六》,保马法

见卷一九八《兵志十二》），《神宗本纪》亦备载各法创立之岁月。此外则《文献通考》田赋职役征榷市籴学校兵考等所记，与宋志多同，《宋史纪事本末》卷三十七《王安石变法》篇亦颇具概要。近人梁启超《王荆公传》（商务、中华两书馆皆有印本），于诸法颇多论评，初学者阅之，最易领悟。本书因篇幅所限，括弧所附说明农田、水利、保甲、三舍、市易四法，略据宋志，余皆本《安石本传》。

[40] 参梁启超《王荆公传》第九至第十二章。

[41]《宋史·安石本传》论语。

[42]《宋史》卷十六《神宗本纪》赞语。

[43]《宋史》卷三七七《范祖禹传》载祖禹对哲宗语。

[44] 语本柳先生《中国文化史》第二编第十九章《政党政治》下册一一三。

[45] 有括弧处，皆本《宋史》卷三二九《王韶本传》。

[46]《宋史》卷八五《地理志》序语。

[47]《宋史》卷四八六《夏国传下》语。

[48]《宋史》卷二四二《英宗宣仁高皇后传》语。

[49]《宋史》卷三三六司《马光传》论语。

[50]《宋史纪事本末》卷三八《学校科举之制》篇云："元祐元年四月，司马光请立经明行修科。五月，命程颐等修定学制。……颐以为学校礼义相先之地，而月使之争，殊非教养之道，请改试为课，有所未至，则学官召而教之，更不考定高下，置尊贤堂以延天下道德之士，镌解额以去利诱，省繁文以专任委，励行检以厚风教，及置待宾吏师斋，立观光法，如是者亦数十条。七月，立十科取士法：一曰行义纯固可为师表科，二曰节操方正可备献纳科，三曰智勇过人可备将帅科，四曰公正聪明可备监司科，五曰经术精通可备讲读科，六曰学问该博可备顾问科，七曰文章典丽可备著述科，八曰善听狱讼尽公得实科，九曰善治财赋公私俱便科，十曰练习法令能断请谳科。"

[51] 按司马光生于真宗天禧三年（一〇一九），王安石生于天禧五年（一〇二一），二人同卒于元祐元年（一〇八六，安石卒于四月，光卒九月），光长于安石凡二岁（光年六十八，安石六十六），清顾栋高著《司马温公年谱》及《王荆公年谱》，（皆见南浔刘氏求恕斋丛书）备详二人生卒，可参阅。

[52] 本《宋史纪事本末》卷四十五《洛蜀党议》篇。

[53] 参《宋史纪事本末》卷四十九《蔡京擅国》篇，及黄宗羲、全祖望《宋元学案》九十六"元祐党案表"。

[54]《宋史》卷四七二《蔡京传》语。至穷极土木搜集珍奇事，参《京传》与

卷四七〇《朱动传》,及《宋史纪事本末》卷五十《花石纲之役》篇。

[55]《宋史》卷二二《徽宗本纪》赞语。

[56]《辽史》卷二六《道宗本纪》赞语。

[57]《宋史》卷四六八《童贯传》"宣和七年,诏用神宗遗训,能复全燕之境者,胙土锡以王爵,遂封广阳郡王"。

[58] 语本《宋史》卷二三《钦宗本纪》。

[59] 语本《宋史》卷四七五叛臣《刘豫传》。

[60] 自女真入寇,宋军望风奔溃,至建炎绍兴之际,始渐有转机。建炎四年,兀朮之饱掠北归也,韩世忠扼之于镇江江上,凡四十八日,是为宋人第一次荣誉战役,(江苏吴县灵岩山韩蕲王碑言"是举也,兀朮仅以身免,俘获杀伤者不可胜计,所遗辎重山积,所掠男女获免者不知数,又获龙虎大王舟千余艘",固稍涉夸大,然兀朮之败,则确为实事,即《金史》卷三《太宗本纪》亦言"天会八年三月,宗弼及韩世忠战于镇江不利"也)。金人亦自是不敢再窥江南。兀朮归而攻陕,张浚与战于富平,大败,陕西之地亡失大半。明年(绍兴元年),兀朮自宝鸡渡渭攻和尚原,吴璘、吴阶督军与战,大败之,(李心传《建炎以来系年要录》卷四十八详载之)是为宋人第二次荣誉战役,及四年,复大败之于仙人关,金人自是不敢再图陕南,荆襄四川诸地乃得保全。及刘豫与金人入寇,宋诸将复败之于襄阳,败之于淮上,败之于涡口,败之于淮阴,高宗中兴之成功,即基于诸将之能战也。参金毓黻《南宋中兴之基运》,见《责善半月刊》第二卷第一,二期合刊。至绍兴十年以后之战役,见下正文中。

[61] 语本《宋史》卷四七三奸臣《秦桧传》。

[62] 原疏见《宋史》卷三七四《胡铨传》及《宋史纪事本末》卷七《秦桧主和》篇。

[63] 见毕沅《续资治通鉴》卷一二〇。时宋王庶亦言"金人自破大辽及长驱中原,几十三年,所得土地,数倍汉唐,所得子女玉帛,莫知纪极,地广而无法以经理,财丰而持势以相图,又老师宿将,死亡殆尽,幼主权分,有患失之虑。……所用之人,非若昔日之勇锐,所签之军,非若昔日之强悍。又淮上虚荒,地无所掠,大江浩渺,未可易渡,诸将兵势,不同曩时。""以日今金人利害言之,讲和为上,用兵为下。"又言"若以河为界,则东西四千里,兵火之余,白骨未敛,几无人迹,财赋既无所从出,所责岁赂无虑数百万,若欲重敛,诸路困弊已极,安可取以充壑之,彼之为计,可谓尽善。"可与二杨之论参证,见同书卷一二一。

[64] 按《宋史·岳飞传》所载,多本诸飞孙珂之金陀粹编,近人以孝子慈孙称

述祖德,或非尽合事实,进军朱仙镇云云,南宋熊克撰《中兴小纪》,李心传撰《建炎以来系年要录》,及徐梦莘撰《三朝北盟会编》皆无纪录,颇有疑为虚构者。实则熊、李、徐三家之书,多本诸官修《实录》及《正史》(总称《宋国史》),《实录》《正史》又多依据日历及时政记,秦桧为相既自撰时政记,又命子熺以秘书少监领国史,进建炎元年绍兴十二年日历五百九十卷,其于岳飞战功,自多湮没,三家之书不言飞进军朱仙镇,乃间接本诸桧熺书所撰之史故耳。又《考系年要录》卷一三六绍兴十年六月己亥下及卷一四三绍兴十一年十一月癸巳下两引吕中大事记,亦皆言飞进军朱仙镇,惟以出自私家所记,列入附注,《宋史・本传》所言在粹编外,固另有旁证,其为实事,盖无可疑。(至郾城之捷,则诸书皆载之),又《金史》卷七七《宗弼传》言"宋岳飞、韩世忠分据河南州郡要害,复出兵涉河东,驻岚石保德之境,以相牵制。"又卷六八《阿鲁补传》言"宋将岳飞刘光世等袭取许、颍、陈三州,旁郡皆响应"云云。则《宋史》称飞克复京西州郡,并遣梁兴会太行忠义及两河豪杰累战皆捷者,亦必非虚语也。说详金毓黻《宋国史所载岳飞战功辨证》)。

[65] 见《续资治通鉴》卷一二五。

[66]、[67]、[71]、[74] 皆本《宋史纪事本末・秦桧主和》篇。

[68] 见《续资治通鉴》卷一二六。

[69]、[72] 皆《宋史》奸臣《秦桧传》语。

[70]、[75] 皆朱子《戊午谠议序》语,见《朱文公文集》卷七十五。戊午为绍兴八年,胡铨于是年上疏。谠议为魏元履所编次。

[73] 详见《廿二史札记》卷二十六"秦桧文字之祸"节。

[76] 见《宋史》卷三五《孝宗本纪》赞。

[77]《金史》卷十一《世宗本纪》赞语。

[78] 参阅《宋史纪事本末》卷七十九《陈亮恢复之议》篇。

[79] 参屠寄《蒙兀儿史记》卷二至五,卷二七至二九,卷三二至三五,卷一四三至一四七,及冯承钧译本《多桑蒙古史》(商务印书馆出版)第一卷、第二卷。

[80] 见《宋史纪事本末》卷八五《蒙古侵金》篇。

[81] 参阅《廿二史札记》卷二十八"金用兵先后强弱不同"节。

[82] 见《宋史纪事本末》卷九十《蒙古取汴》篇。

[83] 见同上书卷九二《三京之复》篇。

[84] 语本《蒙兀儿史记》卷五《古余克(贵由)汗本纪》论。

[85] 见《廿二史札记》卷二十六"张世杰、李庭芝、姜才"节。

[86] 王炎午《望祭文丞相文》语,见程敏政《宋遗民录》卷一。

[87] 皆见顾沅辑《乾坤正气集》卷九七《陆忠烈公集》。

[88] 见《宋史》卷四一八《文天祥传》。

[89] 自太祖至钦宗九帝，一六七年，史称北宋。高宗至帝昺九帝，一五三年，史称南宋。初太祖以其母杜太后遗命，舍子德昭不立，而立弟光义，然太宗则不传幼弟光美及侄德昭，而立子恒。《续资治通鉴长编》尝据吴僧文莹湘山野录载斧声烛影之说，谓太祖不豫时，夜召光义，属以后事，左右皆不得闻，但遥见烛影下，光义时或避席，若有所逊避状，既而帝引柱斧戳地，大声谓光义曰：好为之，已而帝崩，中外多疑之云。靖康之乱，太宗裔孙屠戮几尽，高宗复因太子夭亡，感上虞县丞娄寅亮之言，乃访求太祖后人鞠养宫中，后立为皇太子，复禅之焉。故北宋真宗以下诸帝，虽皆太宗子孙，而南宋自孝宗以下，则皆太祖后裔，亦一异也。参《宋史》卷三九九《娄寅亮传》及《宋史纪事本末》卷七十六《孝宗之立》篇。

[90] 语本《元史》卷二百十《马八儿等国》传。

[91] 详陈捷译倭人某著《中日交通史》下卷第二章。

[92] 黄遵宪《日本国志》卷五《邻交志上二》叙蒙古征倭两役，较《元史》卷二〇八《日本传》为详，可参阅。

[93] 语本冯承钧译本（商务印书馆出版）第二卷第七十五章。同章又云："忽必烈汗，犹言君主之太君主或皇帝，彼实有权彼此名号云。"

[94] 参阅《元史》卷二〇五奸臣《阿合马卢世荣桑哥传》，及《廿二史札记》卷三十"元世祖嗜利黩武"节。

[95] 《蒙兀儿史记》卷九《铁木耳汗本纪》论语。

[96] 成吉思汗卒后，四子拖雷监国一年，窝阔台汗立。至窝阔台汗卒后，皇后乃马真氏斡兀立氏临朝称制者六年（实七年余），说已见正文。蒙古俗不讳名，"窝阔台汗""贵由汗"等皆诸主生时通称，本书于忽必烈汗以前，皆称汗号，不称太宗定宗等庙号，忽必烈汗以后，虽因行文之便，间用庙号，亦以汗号为主，从其俗也。又自忽必烈汗以下诸主卒后，除"世祖""成宗"等庙号外，又别有蒙语尊号，如世祖曰"薛禅可汗"，（亦称薛禅皇帝下同），成宗曰"先泽笃可汗"，武宗曰"曲律可汗"，仁宗曰"普颜笃可汗"，英宗曰"格坚可汗"，明宗曰"忽都笃可汗"，文宗曰"扎牙笃可汗"，惠宗曰"乌哈客图可汗"是，见《元史》卷二十九《泰定帝登极诏》及《蒙兀儿史记》卷七至卷十七诸主本纪。

[97] 详顾祖禹《读史方舆纪要》卷七卷八《历代州域形势七》及《八》。

[98] 皆本《辽史》卷三十一至三十六《营卫志》及《兵卫志》。

[99] 皆见《宋史》卷四八六《夏国传下》。

［100］见冯译本《马可·波罗行纪》第一卷第六十九章及《多桑蒙古史》第一卷第十章。

［101］《宋史》卷一八七《兵志一》"（太宗）至道元年（九九五），帝阅禁兵，有挽强弩至一石五斗，连二十发而有余力者，谓左右曰，今宇内阜安，材武间出，弧矢之妙，亦近代罕有也。又令骑步兵各数百，东西列阵，挽强彀弩，视其进退发矢如一，容止中节，因曰此殿庭间数百人尔，犹兵威可观，况堂堂之阵，数万成列者乎。"

［102］见同上注。

［103］见同上注。接下又云"童贯握兵，势倾内外，凡遇阵败，耻于人言，第申逃窜，河北将兵，十无二三，往往多住招阙额，以其封椿为上供之用，陕右诸路，兵亦无几，种师道将兵入援，止得万五千人，故靖康之变，虽画一之诏哀痛激切，而事已无及矣。"

［104］马端临曰："自募兵之法行，愿应募者，非游手无籍之徒，则负罪亡命之辈耳，良民不为兵也。故世之詈人者，曰黥卒，曰老兵，盖言其贱而可羞。然则募兵所得者，皆不肖之人也。夫兵所以捍国，而得皆不肖之小人也，则国之所存幸也。"（《文献通考》卷一五四）贵与亲见南宋之亡，故其言之痛切如此。

［105］见《新五代史》卷七十二《四夷附录第一》。

［106］见《辽史》卷一《太祖本纪》及卷七十五《突吕不传》。

［107］皆见《辽史·本传》（《列传第一》、《第十九》、《第二十六》）。

［108］见《湛然居士集》（四部丛刊影印本）卷八。

［109］见商务印书馆涵芬楼排印本说郛。

［110］见金毓黻《辽宁石刻集录》。

［111］参阅厉鼎煃著《契丹国书要略说》。

［112］、［113］河西字藏经，在甘肃宁夏废址出土，现藏北平图书馆者共一百册。元世祖西路尚盛行西夏国书；此河西藏经之刻始于世祖世，成宗时中断，后仍续刊，至大德六年告成。参王静如《河西字藏经雕版考》。

［114］参罗福苌《西夏国书略说》（东方学会写印本），俄人伊凤阁《西夏国书说》（北大《国学季刊》一卷四号），及《北平图书馆馆刊》西夏文专号。至《番汉合时掌中珠》，参东方学会影印本及王静如写印本《西夏番汉合时掌中珠补》（国立中央研究院出版）。

［115］见《金史》卷七十三《完颜希尹传》。

［116］见《金史》卷八《世宗本纪下》及卷九十九《徒单镒传》。

[117] 女真译书残帙，东方学会有写印本。此外女真字资料，有"大金皇弟都统经略郎君行记碑"，（在陕西乾县），"晏台碑"，（一名女真进士题名碑，在开封）"金太祖誓师碑"，（一名大金得陀颂，在吉林石碑崴子）"金太祖收国二年碑"，（在辽宁海龙）。"金太祖大破辽军息马立石碑"，（在辽宁柳河界）"永宁寺碑"碑阴，（明永乐中立，在黑龙江北）及朝鲜庆源之"女真字碑"，与北青之"女真字碑"等。又朝鲜京城李王家博物馆及总督府博物馆，各藏女真字镜一面。

[118] 据法国天主教士 Buleruck 游记，在八思巴创制文字前，蒙人尝因景教教士之助，用叙利亚字体记蒙古音，是为最初之蒙古字，今南北诸地，尚多见之，友人向达云。

[119] 同上注［105］。

[120]《辽史》卷四十八《百官志四》语。

[121] 参《廿二史札记》卷二十七"辽后族皆姓萧氏"及"辽官世选之制"节。萧氏，其先本乙室拔里氏，阿保机书比之为萧相国，遂赐姓萧氏，非汉族也。

[122] 参《廿二史札记》卷二十八"金元俱有汉人南人之名"节。

[123] 洪迈《容斋三笔》卷三语。

[124] 参《廿二史札记》卷二十八"金推排物力之制""明安穆昆散处中原"及"金末种人被害之惨"诸节。

[125] 见《日知录》卷二十三"二字姓改一字"节。

[126] 参《陔余丛考》卷十八"元制蒙古色目人随便居住"节及《廿二史札记》卷三十"色目人随便居住"节。

[127] 参《廿二史札记》卷三十"元初诸将多掠人为私户"节。

[128] 据《蒙兀儿史记》卷十七《妥懽帖睦尔汗本纪》论。不得学习蒙文云云，皆指平民言，至百官子弟，仍许就学于蒙古国子学及回回国子学；见《续文献通考学校考一》。《廿二史札记》卷三十"元制百官皆蒙古人为之长"节，陈捷、陈清泉译倭人某《元代蒙古汉色目待遇考》（商务印书馆出版），及蒙思明《元代社会阶级制度》（燕京大学出版），言元代社会阶级差别问题并详，可参阅。

[129] 见《辽史》卷七十二《义宗传》及神宗兴宗道宗等本纪。

[130]《宋史·夏国传》上称"元昊善绘画，能制物始，晓浮图学，通蕃汉文字，案上置法律，常携野战歌。太乙金鉴诀"。

[131] 参张鉴《西夏纪事本末》卷九《华州二憾》篇。

[132] 见《金史》卷一二五《文艺传序》及卷四《熙宗纪》。

[133]《金史》卷九《章宗本纪》"大定二十五年十二月，进封原王，别大兴府

事，入以国语谢，世宗喜，且为之感动，谓宰臣曰：朕尝命诸王习本朝语，惟原王语甚习，朕甚嘉之。"是当时诸王多不熟习国语也。

[134]《金史》卷十二《章宗本纪》赞语。

[135]《遗山先生文集》卷八《甲午除夜》。

[136] 以上论契丹西夏女真之华化，系节录柳先生《中国文化史》第二编第二十章《辽夏金之文化》（下册页一二三至一四二），惟略增数行。

[137] 参《廿二史札记》卷二十九"蒙古官名"及卷三十"元诸帝多不习汉文"节。

[138] 参同上书卷三十"元汉人多作蒙古名"节。

[139] 说详陈垣《元西域人华化考》，刊于北大《国学季刊》第一卷第四号及《燕京学报》第二期。

[140] 见《池北偶谈》卷七"元人"节。

[141] 见《困学纪闻》卷八《经说》。

[142] 参皮锡瑞《经学历史》"八、经学复古时代"，及"九、经学积衰时代"。

[143]《四明丛书》刊本。

[144] 以上系节录《中国文化史》第二编第十八章《宋儒之学》，下册页九六至一〇八。

[145] 略据吕祖谦《白鹿洞书院记》。

[146] 此节系节录《中国文化史》第二编第二十二章《宋元之学校及书院》，下册页一六一至一八一。

[147] 宋室于每帝崩后，即纂修编年体之《实录》，经数帝后，复纂修《纪传》表志体之正史，是为国史正本，国史外又有会要，为国史之别体。李氏《长编》与《系年要录》。多据《实录》国史。（《北盟会编》则汇集公私记载而成）《通考》纪宋事，则多据《会要》。今本《宋史》，纪传据国史正本，各志据会要及通考，一经比勘，痕迹具在焉。又按宋代史学，较唐代尤为发达，上文所举诸家外，《宋史》卷三三一《吕夏卿传》云："夏卿学长于史。贯穿唐事，博采传记杂说数百家，折衷整比，又通谱学，创为世系诸表，于《新唐书》最有功"，则欧宋新书，得力夏卿者不鲜也。温公通鉴，修书分属。汉则刘攽，三国讫于南北朝则刘恕，唐则范祖禹，三人皆名史家也。（《刘攽传》见《宋史》卷三一九，《范祖禹》见卷三三七，《刘恕》见卷四四四）恕尤"笃好史学，自太史公所记，下至周显德末纪传之外，至私记杂说，无所不览。上下数千载间巨细之事，如指诸掌。司马光编次《通鉴》，遇史事纷错难治处，辄以委恕，恕于魏晋以后事，考证差谬，最为精详。"（皆本传语）又以通鉴

始周威烈王二十三年，乃"采太古以来至周威烈王时事，《史记》《左氏传》所不载者，为《通鉴外纪》，"宋时古史者，未能或之先也。攽著东汉刊误，攽兄敞，敞子奉世，亦皆精汉书学，世以三刘并称。祖禹哲宗世为翰林学士，"尝进《唐鉴》十二卷，……深明唐三百年治乱，学者尊之，目为《唐鉴》公云"。祖禹子冲，高宗世主修神哲两朝《实录》，史称"冲修《神宗实录》也，为考异一书，明示去取，旧文以墨书，删去者以黄书，新修者以朱书，世号朱墨史，及修《哲宗实录》，别为一书，名辨诬录。"(《宋史》卷四三五《本传》语）其史学素养，概可想见。他如徐梦莘弟得之及从子天麟，亦皆以史名家，史称"得之著《左氏国纪史记年》，天麟著《西汉会要》七十卷，《东汉会要》四十卷，《汉兵本末》一卷，《西汉·地理疏》六卷，《山经》三十卷。"(《宋史》卷四三八《梦莘传》语），宋人之邃于史学者，盖未易偻计也。

[148] 见《中国文化史》第二编第二十三章《宋元间之文物》下册页一九七。自此以下论文学美术及工艺制造，多就《宋元间之文物》章（页一八一至二一〇）节录，凡用括弧标明而不注明出处者，大抵系节录原文，阅者须详参该书。

[149] 刘敞《先秦古器记》自序语。

[150] 苏天爵《元文类》卷四十至四十三载《经世大典序录》全文。元大一统志据元《秘书监志》为一千三百卷，《四库全书总目提要》引明焦竑《国史经籍志》，则作一千卷。

[151] 见《梦粱录》（学津探原本）卷二十"小说讲经史"节。

[152] 据王国维《宋元戏曲史》称"今日确存之元剧，为吾辈所能见者，实得一百十六种"，以臧晋叔元曲选百种，除明人所作，实得九十四种，加西厢五剧及元刻古今杂剧中为元曲选所无者十七种，合计而得。王氏卒后，南京国学图书馆又影印所藏明刊本《元明杂剧》六册，中有五种为他选本所无。前岁沪上所发现《元明杂剧》六十四册，内元人著而世无传本者，复不下三十余种。则今存元剧，实得百五十余种矣。

[153]《宋史·苏轼本传》（卷三三八）不称其善书，盖为文章政事所掩；于黄庭坚则称"善行草书，楷法亦自成一家"；于米芾则称"特妙于翰墨，沈著飞翥，得王献之笔意"（皆见卷四四四《文苑传六》）；于蔡襄则称"工于书，为当时第一"（卷三二〇）。

[154] 语本康有为《万木草堂书目序》。

[155]《宋史》卷三三一《沈括传》语。

[156]《宋史》卷四八《天文志一》备载之。

第三篇·第八章　汉族式微与北方诸族崛兴时代

[157] 见同上书卷三四〇《苏颂传》。自苏颂后、宣和中，又设玑衡所，王黼造玑衡小样，亦颇精审。《宋史》卷六十八《律历志》序云："仪象推测之具，虽亦数改，若熙宁沈括之议，宣和玑衡之制，其详密精致，有出于（李）淳风（梁）令瓒之表者，盖亦未始乏人也。"

[158] 见《元史》卷一六四《郭守敬传》。自上所举十三器外，守敬尚作正方案等九种，共二十二器。同书卷四八《天文志一》详载守敬所制简仪仰仪等制度，惜不全耳。

[159] 见同上注。《天文志一》详载二十七地测验之差度。

[160] 阮元《畴人传》卷二十五《郭守敬传》语。

[161] 江少虞《皇朝事实类苑》："庆历中，有布衣毕昇为活板。其法用胶泥制字，薄如线唇，每字为一印。火烧令坚。先设一铁板，其上以松脂蜡和纸灰之类冒之。欲印，则以一模范置铁板上，乃密布字印满铁范为一板，持就火炀之，药循镕，则以一平板按其面，则字平如砥。若止印二三本，未为简易，若印数十百千本，则极为神速。常作二铁板，一板印刷，一板已用布字。此印者才毕，则第二板已具，更互用之，瞬息可就。每一字皆有数印，如之也等字，每字有十余印，以备一板内有重复者。不用则以纸贴之，每韵为一贴，木格贮之。有奇字素无备者，旋刻之，以草火烧，瞬息可成。"

[162] 参《宋史纪事本末》卷二十二《天书封祀》篇。

[163]《元史》卷二〇二《释老传》略述金元道教各宗派，惟不及全真教，《金史》王喆亦无传，近人张鹏一在石山房文稿有《补金史王喆传》，可参阅。至丘处机西游记，王国维有校注本，见蒙古史料四种。

[164] 见《辽史》卷二十六《道宗本纪》赞。

[165] 华严寺建筑，北平营造学社曾出专册介绍，予昔有其书，今并为倭人劫夺以去矣。下文所述辽代寺塔，亦多据该学社所摄照片及说明。

[166] 见蒋唯心《云中访经礼佛记》，南京内学院刊本。

[167] 清季敦煌石室发见者，有五代宋初由西域传入之文物，盖其时敦煌与西域之交通，犹未断绝也，及夏占河西，典藏僧人惧因兵乱而丧失石室之文物，乃封闭以图保全，及僧人避乱死亡，后来者乃不知封存物之所在，后石洞沦为道观，清季道观壁坏，封物始出焉。

[168] 释如惺《高僧传》四集卷二语。至元时西僧横暴，详见《元史·释老传》，陈邦瞻《元史纪事本末》卷十八《佛教之崇》篇，及陔余丛考卷十八"元时崇奉释教之滥"节。

· 281 ·

[169] 洪钧《元史译文证补》附《元世各教名考》，述元时崇奉各宗教颇详。至也里可温，则详见陈垣《元也里可温考》，商务印书馆东方文库本及陈氏自印本。

[170] 见冯译本第一卷第六十章。按冯译本称《马可·波罗行记》，此外张星烺君亦有译本，称《马哥孛罗游记》。（共两种，一为玉尔氏英文本，燕京大学印行，仅出版一册，一为拜内戴拖发现之新本，商务印书馆二十六年出版，则为全书），关于马可生平，参《蒙兀儿史记》卷一百一十七《马可保罗传》及张星烺著《马哥孛罗游记导言》。

[171] 见李思纯《元史学》（中华书局出版）页一○至一一。

[172]《宋史》卷四四六《忠义传序》语。下文已引见二页，参（注三）。田锡王禹偁传见《宋史》卷二九三，欧阳修见卷三一九，唐介见卷三一六。史称"锡耿介寡合，未尝趋权贵之门，居公庭危坐终日无懈容。慕魏徵李绛之为人，以尽献替为己任"；"禹偁词学瞻敏，遇事敢言，以直躬行道为己任"；（《宋史》以张咏与锡禹偁同传，论曰，"传云、邦有道，危言危行，三人者，躬骨鲠謇谔之节，蔚为名臣，所遇之时然也"），"介为人简伉，以敢育见惮"；"修天资刚劲，见义勇为，虽机阱在前，触发之不顾，放逐流离，至于再三，志气自若"；而"仲淹每感激论天下事，奋不顾身，一时士大夫矫厉尚风节，自仲淹倡之"云。（皆本传语）

[173] 皆见《宋史》卷二八四《本传》。同卷论曰："咸平天圣间，父子兄弟以功名著闻于时者，于陈尧佐宋庠见之，……君子以为陈之家法，宋之友爱，有宋以来不多见也。"

[174] 语皆本《宋史》卷三一六《本传》。

[175] 语皆本《宋史》卷三一四《本传》。

[176] 语皆本《宋史》卷三一九《本传》。同卷论曰："宋之中叶，文学法理，咸精其能；若刘氏曾氏之家学，盖有两汉之风焉。"

[177] 参《宋史》卷二六五《吕蒙正传》，卷三一一《吕夷简传》，卷三三六《吕公著传》，卷二六二《吕好问传》，卷三七六《吕本中传》，卷四三四《吕祖谦传》，及卷四五五《吕祖俭祖泰传》。

[178] 语本《宋史》卷四二七《邵雍传》及卷四三三《邵伯温传》。又卷三一三《文彦博传》称"彦博逮事四朝，任将相五十年，穷贵极富，而平居接物谦下，尊德乐善如恐不及。其在洛也，洛人邵雍程颢兄弟皆以道自重，宾接之如布衣交。与富弼司马光等十三人，用白居易九老会故事，置酒赋诗相乐，序齿不序官，为堂绘像其中，谓之洛阳耆英会，好事者莫不慕之"云。

[179] 语皆本《宋史》卷三三六《司马光传》及卷三三七《范镇传》。祖禹子

冲见前注一七四。

[180] 语本《宋史》卷三四〇《吕大防传》。按"大钧从张载学,能守其师说而践履之。""大临学于程颐,与谢良佐、游酢、杨时,在程门号四先生"。皆附大防传。

[181] 分见《宋史》卷三三八《苏轼传》及卷三三九《苏辙传》。按东坡集中和寄子由诗极多,狱中遗诗有"是处青山可埋骨,他年夜雨独伤神,与君世世为兄弟,又结来生未了因"之句,可证史传"患难之中友爱弥笃"语。

[182] 按《宋史》卷十二《仁宗本纪》赞云:"仁宗在位四十二年之间,吏治偷惰,而任事蓦残刻之人,刑法似纵弛,而决狱多平允之士,国未尝无弊幸,而不足以累治世之体,朝未尝无小人,而不足以胜善类之气,君臣上下恻怛之心,忠厚之政,有以培壅宋三百余年之基。"

[183] 见《日知录》卷十三"宋世风俗"节。

[184] 参《宋元学案》卷九七《庆元党案表》。至陈公辅以下攻击道学事,详《宋史纪事本末》卷八十《道学崇黜》篇。

[185] 语皆本《宋史》卷四二九《熹本传》。按熹生于建炎四年,卒于庆元六年,年七十一,一一三〇至一二〇〇。

[186] 语本《宋史》卷三九五《陆游传》。

[187] 周密《齐东野语》卷二语。

[188] 周密《癸辛杂识》下引沈仲固语。

[189] 皆见《癸辛杂识》后集。

[190] "团行"见《梦粱录》卷十三,"社会"见卷十九,"恩霈军民"见卷十八。(学津讨原本)

[191] 皆见《宋史》卷一八六《食货志十四》。

[192] 同上注称"太宗时置榷署于京师,讯诸蕃香药宝货,至广州、交趾、两浙、泉州,非出官库者,无得私相贸易。雍熙中,遣内侍八人赍敕书金帛分四路招致海南诸蕃,商人出海外蕃国贩易者,令并诣两浙司市舶司请给官券,违者没入其宝货。太平兴国初,私与蕃国贸易者,计直满百钱以上论罪,十五贯以上黥面流海岛,过此送阙下。淳化五年,申其禁,至四贯以上徒一年,稍加至二十贯以上黥面配本州为役兵,天圣以来,象犀珠玉香药宝货,充牣府库,尝斥其余以易金帛刍粟,县官用度。实有助焉。熙宁五年,诏发运使薛向曰:东南之利,舶商居其一,比青者请置司泉州,其创法讲求之。元丰五年,知密州范锷言板桥濒海,东则二广、福建、淮、浙,西则京东、河北、河东三路,商贾所聚,海舶之利,颛于富家大姓,宜即本

州置市舶司，板桥镇置抽解务。……元祐三年，乃置密州板桥市舶司，而前一年亦增置市舶司于泉州。"

[193] 见《宋史》卷一八五《食货志十三》。其前言"建炎四年，泉州抽买乳香一十三等，八万六千七百八十斤有奇。诏取赴榷货务打套给卖，陆路以三千斤，水路以一万斤为一纲。绍兴元年，诏广南市舶司抽买到香，依在品答成套，召人算请，其所售之价，每五万贯，易以轻货输行在。"

[194] 见同上注[191]。

[195] 按《宋史·食货志》无此条，此据王应麟《玉海》卷一八六。

[196] 见卷十八"恤老济贫"节。

[197] 说详陈裕菁译倭人某著《蒲寿庚考》（中华书局出版）第一章《蕃汉通商大势》。

[198] 《宋史》卷一八一《食货志九》语。

[199] 见《真德秀集》卷二及《文献通考》钱币考二。张荫麟《南宋亡国史补》（载《燕京学报》第二十期）曾论及宋季楮币之滥发与抵折，又据静斋《至正杂记》，言"宋亡十余年后，楮币有观音钞、画钞、折腰钞、波巨、煨不烂之说，观音钞，描不成，画不就，如观音貌美也，画者，如画也，折腰者，折半用也，波者，俗育急走，谓不乐受即走去也，煨不烂者，如碎絮筋查也，南宋理度时之情形，当去此不远"可参阅。下文论金元交钞，略据《廿二史札记》卷三十《元代专用交钞》节及罗振玉影印《四朝钞币图录序》。

[200] 《辽史》卷三十二《营卫志中》语。

[201] 同上书卷五十九《食货志》语。

[202] 南京内学院刊本，丁未年《国粹学报》附录亦备载之。

[203] 见冯译本第二卷第八十三章八十四章。

[204] 见《中国文化史》第二编第二十一章《蒙古之文化》页一五二。

[205] 《宋史》卷三四〇《吕大防传》称"大防书为乡约"云云，《宋元学案》卷三十一《吕范诸儒学案》则言"大钧条为乡约"云云，兹特兄弟两列之。

[206] 见同上注二〇四页一五六至一五八。又柳先生常撰《中国乡治之尚德主义》，论述更详，元典章文亦皆备录，登《学衡》杂志十七、二一、三六诸期。兹录《元史》卷九十三《食货志一》文如次："至元七年（宋度宗咸淳六年，一二七〇），颁农商之制一十四条（元典章户部立社门作劝农立社事理十五款），条多不能尽载，载其可法者。县邑所属村疃，凡五十家立一社，择高年晓农事者一人为之长，增至百家者，别设长一员，不及五十家者，与近村合为一社，地远人稀不能相合各自为

社者听，其合为社者，仍择数村之中立社长，官司长以教督农桑为事。凡种田者，立牌橛于田侧，书某社某人于其上，社长以时点视劝诫，不率教者，籍其姓名。以授提点官责之。其有不敬父兄及凶恶者，亦然。仍大书其所犯于门，俟其改过自新，乃毁。如终岁不改，罚其代充本社夫役。社中有急病凶丧之家，不能耕种者，众为合力助之，一社之中灾病多者，两社助之。凡为长者复其身，郡县官不得以社长与科差事。农桑之术，以备旱暵为先，凡河渠之利，委本处正官一员以时浚治。或民力不足者，提举河渝官相其轻重，官为导之。地高水不能上者，命造水车，贫不能造者，官具材木给之，俟秋成之后，验使水之家俾均输其直。田无水者凿井，井深不能得水者，听种区田，其有水田者，不必区种，仍以区田之法散诸农民。种植之制，每丁岁种桑枣二十株，土质不宜者听种榆柳等，其数亦如之。种杂果者，每丁十株，皆以生成为数，愿多种者听，其无地及有疾者不与，所在官司申报，不实者罪之。仍令各社布种苜蓿，以防饥年。近水之家、又许凿池养鱼并鹅鸭之属，及种莳莲藕鸡头菱芡蒲苇等，以助衣食。凡荒闲之地，悉以付民，先给贫者，次及余户。每年十月，令州县正官一员巡视境内，有虫蝗遗子之地，多方设法除之。其用心周悉若此。亦仁矣哉。"

[207] 据《廿二史札记》卷三十"元季风雅相尚"节。张简见《明史》卷二八五《文苑传一·赵壎传》内。玉山草堂云云，赵氏系据顾嗣立元诗选，据《明史·本传》（仲瑛名德辉、明史附文苑传一陶宗仪传）。"仲瑛，昆山人，购古书名画彝鼎秘玩，筑别业于茜泾西。曰玉山佳处。晨夕与客置酒赋诗其中，四方文学士，河东张翥、会稽杨维桢、天台柯九思、永嘉李孝光、方外士张雨、于彦成、琦元璞辈，咸主其家，园池亭榭之盛，图史之富，暨伎馆声伎，并冠绝一时。"倪元镇（瓒）清閟阁，据《明史》卷二九八《本传》"元镇，无锡人，工诗，善书画，四方名士日至其门，所居有阁曰清閟，幽迥绝尘，藏书数千卷，皆手自勘定，古鼎法书，名琴奇画，陈列左右，四时卉木，萦绕其外，高木修篁。蔚然深秀，故自号云林居士，时与客舣咏其中。"又杨维桢传（亦见《文苑传一》）称"维桢，山阴人，少时日记书数千言，父宏筑楼铁崖山中，绕楼植梅百株，聚书数万卷，去其梯，俾诵读楼上者五年，因自号铁崖。元泰定四年，成进士。……忾达识丞相，徙居松江之上海内，荐绅大夫与东南才俊之士，造门纳履无虚日，酒酣以往，笔墨横飞。或戴华阳巾，披羽衣，坐船屋上，抱铁笛作梅花弄，或呼侍儿歌白雪之辞，自倚凤琶和之，宾客皆跋蹰起舞，以为神仙中人，"皆元季事也。

# 第九章
# 汉族复盛时代（明）

自明太祖洪武元年，至庄烈帝崇祯十七年，（一三六八至一六四四）共十六帝，二百七十七年，为吾汉族继蒙族后君临中夏之世。庄烈以后，弘光、隆武、永历三帝，虽仍延明祚十有七年，台湾郑氏，复续延明历二十二年。然弘光南都之立，才一岁而败灭，隆武永历，崎岖山海之间，播迁流离，明室至此，已名存而实亡矣。以国族盛衰及政治文化之变迁言之，此时代之特征，大者计有三端。五季以降，北方诸族崛兴，汉族衰弱已甚。明祖奋起淮甸，兴师北伐，驱逐胡元，奄奠海宇。成祖六师屡出，漠北尘清，威德遐被，四方宾服。吾汉族既一洗四百数十年来积弱之风，中国亦重睹汉唐之盛，一也。明初礼乐兵刑学校荐举诸政，多卓然立一代之制，非汉唐二祖之世所能及；沿及清世，职官职方科举等制，仍皆袭用。自余理学文物，亦多上承宋而下启清。故近古国史，实以明代为之枢纽，二也。明初屡遣使海外，闽广各省滨海居民，亦多望海谋生，东南海岛，皆有明人之足迹。同时欧人亦航海东来。亚欧人士遂以海洋之媒介而加增其接触。及明季西教东渐，西洋之学术文化，复随以传入。吾国由是植身世界各国之列，大陆之历史亦渐变而为海洋之历史，三也。三者之中，第一点尤为重要，故今称曰："汉族复盛时代"焉。

自元政不纲，群雄蜂起，海内分裂；方国珍首兴师浙东，韩林儿继称帝于亳，徐寿辉称帝于蕲，陈友谅称帝于九江，张士诚称王于姑苏，明玉珍称帝于西蜀。明祖初依郭子兴起兵于濠州，寻离子兴自立，取滁州，渡江据金陵，力征经营，戡乱摧强，十有五载（一三五三至一三六八）而成帝业。史称"帝天授智勇。当其肇造之初，能沉机观变，次第经略，绰有成算。尝与诸臣论取天下之略曰：朕遭时丧乱，初起乡土，本图自全。及渡江以来，观群雄所为，徒为生民之患，而张士诚陈友谅尤为巨蠹。士诚恃富，友谅恃强；朕独无所恃，唯不嗜杀人，布信义，行节俭。初与二寇相持，士诚尤逼近，或谓宜先击之。朕以友谅志骄，士诚器小，志骄则好生事，器小则无远图，故先攻友谅。鄱阳之役，士诚卒不能出姑苏一步，以为之援。向使先攻士诚，浙西负固坚守，友谅必空国而来，吾腹背受敌矣。二寇既除，北定中原。所以先山东，次河洛，止潼关之兵不遽取秦陇者，盖扩廓帖木儿、李思齐、张思道，皆百战之余，未肯遽下，急之则并力一隅，猝未易定。故出其不意，反斾而北，燕都既举，然后西征，张李望绝势穷，不战而克，然扩廓犹力战不屈。向令未下燕都，骤与角力，胜负未可知也。帝之雄才大略，料敌制胜，率类此。"[1]观自燕都既下，元主北出渔阳，旋舆大漠，整复改土，不失旧物。于是忽答一军驻云州，王保保［即扩廓帖木儿］一军驻沈儿峪，纳哈出一军驻金山，失喇罕一军驻西凉；引弓之士，不下数十万众。太祖复命徐达、李文忠、冯胜、蓝玉诸将，分道出师，追奔逐北，东北自鸭绿江至混同江，西北自青海至库伦，战区之长，几达七千余里，悉获其渠帅，降其部曲，"长策风行，已振金徽之表，扬威电发，远詟沙场之外，"[2]不特尽复五季两宋四百数十年来沦丧之版图已也。推明祖所以成功之故，固由其本身之聪明神武，抑亦左右丞弼多国士之助。史称"太祖既下集庆，所至收揽豪隽，征聘名贤，一时韬光韫德之士，幡然就道。[3]《明史》所载，若刘基、宋濂（卷一二八），若王祎（卷二八九），若陈遇、秦从龙、叶兑等（卷一三五），类宏才大节，建竖伟然。而基"博通经史，于书无不窥，尤精象数之学，佐定天下，料事如神。"（上引明祖自述取天下之略，皆出基谋，）濂"自少至老，未尝一日去书卷，于学无所不通，""从容辅导"，"一代礼乐制作，濂所裁定者居多。"[4]尤卓然为一代佐命臣首。又当时所统率指挥者，将多才勇，士皆精练，而又兵食具足，亦成功之一因。史载帝自渡江，即简拔民兵，编组为伍，以旷野沃壤，多为荒芜，悉命诸将屯田，凡驻军所在之地，及时开垦，以收地利。天下既定，则师唐府兵遗意，立军卫法："度要害，自京师达于郡县，皆立卫所，地系一郡者设所，连郡者设卫，大率五千六百人为卫，千一百二十人为千户所，百十有二人为百户所，所设总旗二，小旗十，大小联比以成军；（其取兵有从征，有归附，有谪发，从征者，诸将所部兵，既定其地，因以留戍，归附则胜国及僭伪诸降卒，谪发以罪迁隶为兵者，）洪武二十六年，（一三九三），定天下卫所，凡内外卫三百二十九，守御千户所六十五，"[5]都计一百九十余万人，多屯田自为耕种。[6]帝又随时随地，检练军马，尚虑其屯军久而弛武事，自洪武四年（一三七一），命徐达往北平，冯胜往陕西，邓愈往襄阳，操练军马，至二十四年（一三九一），命汉、卫、谷、庆、宁、岷六王练兵临清，其中屡命元勋宿将，分道练兵，终帝世训练未尝稍息。传世岐阳王（李文忠）平番图（国立北平图书馆影印本）所写明初骑兵体魄之雄伟，盖驾北族而上之焉。史称"明兴诸将，以六王为称首，"而"徐达言简虑精，在军令出不二，诸将奉持凛凛，严戢部伍，与下同甘苦，士无不感恩效死，""常遇春沉鸷果敢，善抚士卒，摧锋陷阵，所向必克，"[7]尤称名将。明初将士之精良如竟是，故在胡元君临中夏之后，吾汉族仍能发挥其强大战斗力，而其成就，且非汉唐开创之君所及也，降及成祖、宣宗，或"雄武之略，同符高祖，"或"英姿睿略，克绳祖武，"[8]竟太祖未竟之绪，而益恢宏焉。征伐四克，远夷宾服，遂为明室极盛时代。兹分方述之如下。

一、东北之开拓及与东夷之关系　明初，元辽阳参政籍所部来降，明设辽东都指挥使司，遣将镇之。及纳哈出据金山（今辽宁开原西北），数侵辽东，太祖命冯胜率师击降之。于是辽河流域，悉入明之版图。太祖又于今热河东部中部置大宁都司营州诸卫，封子权为宁王，使镇焉。嗣因兀良哈诸部来降，太祖复于其地置朵颜（今嫩江一带）、福余（今农安附近）、泰宁（今洮南一带）三卫指挥使司，俾其头目各自领其众，以为声援，于是今东蒙附近黑龙江南洮南一带之地，亦受明羁縻。自靖难兵起，成祖以三卫众诱执宁王权，又选兀良哈部为奇兵从战。天下既定，尽割大宁地界三卫以偿前劳，明遂于东北失一重镇，然帝创置建州（本建州女真部地）、海西（本海西女真部地）诸卫，今吉林松花江东西地，皆为明所统治。嗣又于黑龙江北岸奴儿干地方，置奴儿干都司，遣行人邢枢太监亦失哈等率官军战船数至其地，招抚诸部。永乐十一年（一四一三）九月，枢建永宁寺碑于今黑龙江北岸之特林观音堂，碑称"永乐九年春，亦失哈等率官军一千余人，巨船二十五艘，至其国，十年冬，亦失哈等复至其国，自海西抵奴儿干及海外苦夷（今库页岛）诸民男妇，赐以衣服器用，给以谷米。宴以酒食，□□□欢忻，无一人梗化不率者。"至宣宗世，犹频频遣使至其地抚恤军民，并任命都指挥，命诸部皆受节制。观重建永宁寺碑，上镌"宣德八年"字，称"宣德初，复遣亦失哈部众再至，七年，亦失哈同都指挥康政率官军二千，巨舡五十□至，"[9]是至宣宗时，今黑龙江北及库页岛诸部，犹悉受明之统管矣。至明与东夷诸国之关系，一曰琉球。居东南大海中，隋时始通中国。"洪武初，其国有中山山南山北三王，屡遣使入贡。"永乐中，山北为中山山南所并，宣德世，"山南亦为中山所并。自是惟中山一国，朝贡不绝，其虔事天朝，为外藩最。"云[10]二曰朝鲜。明初，高丽王颛及伪主辛禑屡遣使贡方物。洪武二十五年（一三九二），"大将李成桂自立，遂有其国。王氏自五代传国数百年，至是绝。帝命仍古号曰朝鲜（是为李氏朝鲜）。自后贡献，岁辄四五至。"及成祖"迁北部，朝鲜益近，而事大之礼益恭，朝廷亦待以加礼，他国不敢望。"史称"朝鲜在明，虽称属国，而无异域内，故朝贡络绎，锡赉便蕃，殆不胜书；"[11]明史亦止著其有关治乱者于篇焉。三曰日本。洪武二年（一三六九），帝尝遣行人杨载诏谕其国，命其主入朝，日人拒不奉命，诸岛夷且时入寇沿海州县，帝屡遣将巡海，并海筑城，置卫所，选近海壮丁充戍卒以备之。建文帝三年（一四○一），日足利将军义满遣使贡献，书称"日本准三后道义（时义满已让职其子义持，削发称道义，）上书大明皇帝陛下，诚惶诚恐顿首顿首谨言，"自后屡称臣入贡。永乐四年（一四○六），帝封其国肥后阿苏山为日本之镇山,号寿安镇国之山,御制碑文立其上。及义满薨,日主诏赠太上天皇号,子义持不受,明赐谥恭献,义持受之。明又敕封义持为日本国王。其后义教、义胜、义政诸将军,咸臣于明。宣宗世,颁赐义教银绮缎匹等,极称丰厚。而义政于英宗景帝宪宗世,表乞书籍铜钱,屡求无厌,明室概允所请,颁赐不绝焉。[12]

**二、北边之攻守** 自太祖一再命将深入漠北,元裔益衰。"太祖亦封燕晋诸王为边藩镇,更岁遣大将巡行塞下,督诸卫卒屯田,戒以持重,寇来辄败之。"[13]洪武末,蒙族遂去元国号,称鞑靼,仍居北徼,其地东至兀良哈。而别部瓦剌,在鞑靼西,居今绥宁北境以至新疆一带。成祖世,鞑靼瓦剌常互相仇杀,叛服靡常。永乐七年(一四〇九),帝命邱福等五将将兵北讨鞑靼,败没。明年,帝自将亲征,败之于斡难河。瓦剌复侵袭之,鞑靼穷蹙内附,思假息塞外,帝纳而封之。十二年(一四一四),帝以瓦剌骄蹇,将入犯,复亲征之,败之于土剌河。既,鞑靼以数年生聚畜牧,日以蕃盛,时入窥塞,兀良哈亦叛附。二十年(一四二二),帝再率师亲征,鞑靼远遁。还击兀良哈,败之。明年,帝复亲征,师次西阳河,闻鞑靼为瓦剌所败,部落溃散,遂驻师不进。及二十二年(一四二四),帝再出师北征,不见敌,有疾,还至榆木川而崩。终帝世,凡"五驾北征",北徼诸部,皆破败乞降。帝又以北平三面近塞,特迁都之,以京师为攻守边疆之重镇,雄图武略,实唐太宗以后所仅见矣。宣宗世,兀良哈跳梁塞下为边患,宣德三年(一四二八),帝亲征败之,嗣复再次巡边,北虏皆颇受戎索矣。[14]至北边之防守,史称"东起鸭绿,西抵嘉峪,绵亘万里,分地守御,初设辽东、宣府、大同、延绥四镇,继设宁夏、甘肃、蓟州三镇,而太原总兵治偏头,三边制府驻固原,是为九边。"[15]太祖世,经营规画,最称闳远,凡今长城内外诸要隘,皆置戍守御,参用南北军士,既屡遣诸公侯校沿边士马,以籍上,又诏诸王近塞者,每岁秋勒兵巡边,北边万里,声势联络。[16]成祖"于边备甚谨,自宣府迤西迄山西,缘边皆峻垣深濠,烽堠相接,隘口通车骑者,百户守之,通樵牧者,甲士十人守之。"[17]史称"明初边政严明,官军皆有定职,总兵官总镇军为正兵,副总兵分领三千为奇兵,游击分领三千往来防御为游兵,参将分守各路东西策应为援兵,营堡墩台,分极冲次冲;为设军多寡,平时走阵哨探守瞭焚荒诸事,无敢惰,稍违制,辄按军法。"[18]此又有明盛世北边防守之规制也。

**三、西域之制驭** 自太祖命冯胜戡定河西,抵瓜沙州,分布戍守陇塞关隘而还。及成祖西建哈密等卫,于是今新疆一部,亦入明之版图。至青海西藏及西域等地,明世制驭之方不一。史称"太祖甫定关中,即法汉武创河西四郡,隔绝羌胡之意,建重镇于甘肃,以北扼蒙古,南捍诸番,俾不得相合。又遣西宁等四卫士官与汉官参治,令之世守。且多置茶课司,番人得以马易茶。而部落之长,亦许其岁时朝贡,自通名号于天子。彼势既分,又动于利,不敢为恶。即小有蠢动,边将以偏师制之,靡不应时底定。""永乐时,诸卫土官辐辏京师。其他族种,如西宁十三族、岷州十八族、洮州十八族之属,大者数千人,小者数百,亦许岁一奉贡,优以宴赉。西番之势益分,其力益弱,西陲之患亦益寡。"[19]此言制驭青海及邻近诸番族也。西藏诸地,太祖初置朵甘乌斯藏两行都指挥使司,自是至永乐世,时有增置,皆以番人官之。成祖又"以番俗惟僧言是听,乃宠以国师诸美号,赐诰印,令岁朝,由是诸番僧来者日多。迄宣德朝,礼之益厚。"史称"太祖以西番地广人犷悍,欲分其势而杀其力,使不为边患,故来者辄授官,又以其地皆食肉,倚中国茶为命,故设茶课司于天全六番,令以马市。而入贡者,又优以茶布。诸番恋贡市之利,且欲保世官,不敢为变。迨成祖,益封法王及大国师西天佛子等,俾转相化导,以共尊中国。以故西陲宴然,终明世无番寇之患。"[20]此言制驭西藏诸番族也。《明史》称"元太祖尽平西域,封子弟为王镇之,其小者则设官置戍,同于内地,元亡,各自割据,不相统属,洪武永乐间,数遣人招谕,稍稍来贡,地大者称国,小者止称地面,迄宣德朝,效臣职奉表笺稽首阙下者,多至七八十部。"[21]又曰:"自成祖以武定天下,欲威制万方,遣使四出招徕,由是西域大小诸国,莫不稽颡称臣,献琛恐后,余威及于后嗣，宣德正统朝，犹多重译而至。"[22]此言招徕西域大小诸国诸部也。《明史》于西域诸国部，备列撒马儿罕以下三十余国、及哈三等数十余部；[23]最有关系者，曰撒马儿罕国，即西史之《帖木儿帝国》也。当元纲解纽于东，察合台伊儿钦察三汗国，亦寖失势于西。帖木儿（屠寄《蒙兀儿史记》称生元末主妥懽贴睦尔汗元统元年、卒明永乐三年、年七十二、一三三三至一四〇五），以蒙古疏族，起家列将，雄勇善战，征伐四克。明洪武初，已悉定察合台汗国，据锡尔阿母两河间地，遂建帝国，定都撒马儿罕（《明史》称撒马儿罕国以此）。嗣复灭伊儿汗，平钦察汗，东出天山，西抵地中海，北侵俄罗斯，南服五印度，声威所播，几执世界坛坫之牛耳。自比蒙古太祖铁木真，号成吉思大汗，无愧色焉。[24]太祖世，帖木儿尝遣使通好于明，帝命傅安郭骥等往聘，帖木儿留不遣。成祖既立，帖木儿遂决策侵明。永乐二年，亲率军二十余万东侵，明年春，将假道别失八里，向中国北边进发，帝敕甘肃总兵官宋晟儆备。帖木儿忽罹寒疾，道卒。身既不获与我文皇相见于疆场，明兵亦未能与西夷交绥。帖木儿既卒，诸子相争，国复分裂，曩所平定地，纷纷独立，复成群雄割据之局；《明史》于《撒马儿罕传》后以次所载之诸国诸部，皆异时帝国境内诸城名也。帖木儿裔孙虽仍拥虚号，然无统治实权，诸国诸部，多相率朝贡于明。《明史》且称"永乐中，西域惮天子威灵，咸修贡职，不敢擅相攻"焉。特当时诸国之臣服，实歆于经济之利益，故《史》又曰："成祖欲远方万国，无不臣服，故西域之使，岁岁不绝，诸番贪中国财帛，且利市易，络绎道途。商人率伪称贡使，多携马驼玉石，声言进献。既入关，则一切舟车水陆晨昏饮馔之费，悉取之有司，邮传困供亿，军民疲转输。比西归，辄缘道迟留，多市货物，东西数千里间，骚然繁费，公私上下，罔不怨咨，廷臣莫为言，天子亦莫之恤也。"[25]

**四、南服之经营**　洪武中，平定云南贵州诸地。置云南等处承宣布政使司，及贵州都指挥使司。永乐中，又增设贵州等处承宣布政使司。云贵与中朝关系，视前世益密切矣；其地遂亦日趋开化。至后印度半岛诸国，如安南、占城、真腊、暹罗等，太祖世皆遣使朝贡不绝。

"洪武二十六年,置缅中宣慰使司,永乐元年,设缅甸宣慰使司,以土酋卜剌浪,那罗塔为使。"而麓川、平缅、木邦、孟养、车里、老挝、八百等地,亦皆于洪永间先后置宣慰使。[26]今云南西边至缅甸诸地,悉属羁縻。洪永间,安南臣黎氏(季犛)窃柄,迭行废立,篡陈氏之位,僭国号大虞,又侵暴诸国。成祖遣沐晟、张辅等讨平之,"遂设交趾布政司,以其地内属。自唐之亡,交趾沦于蛮服者,四百余年,至是复入版图。"[27]交人寻复叛,辅再往讨平之。自此乍服乍叛,辅前后凡四往,规画甚备,交人所畏惟辅云。宣宗时,交趾又叛,帝命将往讨,败绩。廷议弃交趾,遂悉召官吏军民北还,命黎氏世为安南王。明置交趾布政司凡二十一年而罢(永乐五年至宣德二年、一四〇七至一四二七。)安南虽贡献不绝,如常制,然西南夷朝贡者,稍稍少至矣。惟明在南洋之国威,宣德世仍维持不坠。初"成祖疑惠帝亡海外,欲踪迹之,且欲耀兵异域,示中国富强。"[28]由是遣使屡出,最著者为郑和。史称"永乐三年六月,命和及其侪王景弘等通使西洋,将士卒二万七千八百余人,多赍金币,造大舶,修四十四丈、广十八丈者、六十二,自苏州刘家河泛海,至福建,复自福建五虎门扬帆,首达占城,以次遍历诸番国,宣天子诏,因给赐其君长,不服则以武慑之。""和先后七奉使,(自永乐三年至宣德七年、一四〇五至一四三二。)[29]所历占城、爪哇、真腊、旧港、暹罗、古里、满剌加、浡泥、苏门答腊、阿鲁、柯枝、大葛兰、小葛兰、西洋琐里、琐里、加异勒、阿拨、把丹、南巫里、甘把里、锡兰山、喃渤利、彭亨、急兰丹、忽鲁谟斯、比剌、溜山、孙剌、木骨都束、麻林、剌撒祖法儿、沙里湾泥、竹步、榜葛剌、天方、黎伐那孤儿,凡三十余国。"[30]航程所至,自今南洋群岛外,西至红海,南达非洲东岸。以同时期西人航行远洋者较之,蔑如是之众且数矣!不特当时南海各国,悉属于明,古麻剌朗、冯嘉施兰、浡泥、满剌加、苏禄诸国,其王酋并率妻子陪臣来朝,[31]为历代所未有也。又据《明史》所载,当时国人移植南洋者甚众,如梁道明之王三佛齐,"闽粤军民泛海从之者数千家","爪哇国有新村,最号饶富,中华及诸番商舶辐辏,其村主即广东人,"以及陈祖义之为旧港头目，[32]皆洪永宣间事也。明初沿海人民之拓殖，盖与政府之经营，相得益彰焉。

洪永宣之世，不独外张国威也，内治亦颇有可纪。史称太祖"惩元政废弛，治尚严峻，而能礼致耆儒，考礼定乐，昭揭经义，尊崇正学，加恩胜国，澄清吏治，修人纪，崇风教，正后宫名义，内治肃清，禁宫竖不得干政，五府六部，官职相维，置卫屯田，兵食俱足，武定祸乱，文致太平，太祖实身兼之。"[33]实则帝始建国，首以人才为务，征辟四方宿儒，群集阙下，随其所长而用之，诸儒亦各展所蕴，以润色鸿猷黼黻文治，故内治非汉唐二祖之世所及耳。抑太祖天性猜忍，借诸功臣以取天下，及天下既定，几欲尽举取天下之人而尽杀之。臣下稍有触犯，刀锯随之，胡惟庸之狱，放诛至三万余人。蓝玉之狱，族诛至万五千余人。刑戮之惨，古所未见！[34]览天下章奏，动生疑忌，往往以文字疑误杀人，[35]实为盛德之玷。又广封诸子于各省各府，虽参酌古制，"分封而不锡土，列爵而不临民，食禄而不治事，"[36]外以壮藩卫，而实无事权。然亦惩宋削藩镇权，致沦积弱，故如燕晋诸王，统兵镇边塞者，皆连城数十，得专征伐，卒酿异时尾大不掉之弊，晏驾未几，靖难变起。虽以建文帝"天资仁厚，践阼之初，亲贤好学，召用方孝孺等，典章制度，锐意复古"者，卒亦"不知所终"。[37]未始非太祖贻谋之不善也。"文皇少长习兵，据幽燕形胜之地，乘建文孱弱，长驱内向，奄有四海。即位以后，躬行节俭，水旱朝告夕振，无有壅蔽，知人善任，表里洞达，成功骏烈，卓乎盛矣！"[38]史称"永乐中，天下本色税粮三千万石，丝钞等二千余万计；是时宇内富庶，赋入盈羡，米粟自输京师数百万石外，府县仓廪蓄积甚丰，至红腐不可食，岁歉，有司往往先发粟振贷，然后以闻。"[39]然帝政术鲜可考见，惟墨守太祖旧章而已。仁宗专务以德化民，惜在位甫一年，遽崩。宣宗继立，"史称其职，政得其平，纲纪修明，仓庾充羡，闾阎乐业，岁不能灾，盖明兴至是，历年六十，民气渐舒，蒸然有治平之象矣。"[40]抑自"永乐以后，大臣多久于其位；杨士奇在内阁四十三年，金幼孜三十年，杨荣二十八年，杨溥二十二年，六卿中蹇义为吏部尚书三十四年,夏原吉为户部尚书二十九年,当时朝廷之上,优老养贤,固可想见。而诸臣庞眉白首,辉映朝列,中外翕然称名臣无异词,其必有以孚众望矣。"[41]至论明一代政制,大抵洪武中所定;兹言其与清世最有关系者。曰职方。"洪武初,建都江表,(元年八月,以应天为南京,开封为北京,)革元中书省,以京畿应天诸府直隶京师,后乃尽革行中书省,置十二布政使司,分领天下府州县及羁縻诸司。成祖定都北京(今北平),乃以北平为直隶,又增设贵州交趾二布政使司。仁宣之际,南交屡叛,旋复弃之外徼。终明之世,为直隶者二(京师、南京),为布政使司者十三(山东、山西、河南、陕西、四川、湖广、浙江、江西、福建、广东、广西、云南、贵州),其分统之府百有四十,州百九十有三,县千一百三十有八,羁縻之府十有九,州四十有七,县六,编里六万九千五百五十有六。"极盛时版图,"东起朝鲜,西据土番,南包安南,北距大碛,东西一万一千七百五十里,南北一万零九百四里;其声教所讫,岁时纳赟,而非命吏置籍,侯尉羁属者,不在此数。"[42]曰职官。明初仍元制,设中书省,置左右丞相,"综理机务,而吏户礼兵刑工六尚书为曹官。"洪武十三年(一三八〇),丞相胡惟庸以事诛,遂罢中书省,废丞相官,析其政归六部,"以尚书任天下事,侍郎贰之,其纠劾则责之都察院,章奏则达之通政司,平反则参之大理寺。"帝方自操威柄,虽仿宋制置殿阁大学士,只备顾问,鲜所参决。至"成祖简解缙、胡广、杨荣等直文渊阁,参预机务,"有历升至大学士者。迨仁宣朝,"诸大学士历晋尚书保傅,品位尊崇,""而宣宗丙柄无大小,悉下大学士杨士奇等参可否,阁权之重,偃然汉唐宰辅,特不居丞相名耳。"[43]其地方官则设布政按察两司,分掌钱谷刑名,其下有府州县官等,皆亲民之官。其巡按总督巡抚诸官,皆属朝官之出使者,非地方之长官也。其掌兵者,外有都指挥使,(与布按并称三司,为封疆大吏,)以领卫所番汉诸军;而于京师建五军都督府(左右前后中),俾外都指挥使司各以其方附焉;而征调则隶于兵部。(有征伐,则兵部命将充总兵官,调卫所军领之,既旋,则将上所佩印,兵亦各归卫所,兵部有出兵之令,而无掌兵之权,五军有统兵之权,而无出兵之令,)成祖时,内外卫四百九十三,守御屯田群牧千户所三百五十九,亲军卫二十二,合计军额三百二十八万有奇;而番边卫所不与焉。曰科举。其定式颁于洪武十七年(一三八四),盖"沿唐宋之旧,而稍变其试士之法。专取四子书及《易》、《书》、《诗》、《春秋》、《礼记》五经命题试士,其文略仿宋经义,然代古人语气为之,体用排偶,谓之八股,通谓之制义。三年大比,以诸生试之直省,曰乡试,中式者为举人;次年以举人试之京师,曰会试;中式者天子廷试,分一二三甲以为名第之次。"[44]除兵制外,是皆为清世所袭用者,而科目制义,沿至清季,(自洪武十七年至清光绪三十年始停,凡五百二十一年,一三八四至一九〇四,)尤为世所诟病。然明世选举之法,科目之外,犹有学校与荐举。明初"中外大小臣工,皆得推举贤才,(其目曰聪明正直、贤良方正、孝弟力田、儒士、孝廉、秀才、人才及耆民等,)下至仓库司局诸杂流,亦令举文学才干之士,其被荐而至者,又令转荐;以故山林岩穴,草茅穷居,无不获自达于上;由布衣而登大僚者,不可胜数。"[45]而学校之制尤善。太祖称吴王时,即设国子学。[46]洪武中,于南京鸡鸣山创建新舍,东为文庙,中为国学,西为官署,总名曰国子监。永乐中,复设北京国子监。而南监(明时称南雍)规制,一仍太祖时之旧。学生盛时,永乐二十年,多至九千九百七十余人。据嘉靖世黄佐所撰《南雍志》,[47]其时学舍讲院占地之广,职官学生之众,规制之宏,实远轶唐宋。在世界教育史上,亦为五百年前第一之大学校。其学制之最可称诵者,即学生于读书之外,复有历事之法。洪武中,如清理田赋,编绘鱼鳞图册,修治水利,及清查黄册,稽核案牍等事,均随时随地,分遣学生担任。又令国子生于诸司实习吏事,是为历事生。盖期学生于力学敦品之余,复能周知世务。学生亦无毕业年分,随能任使,力能胜任,从而任之,才力不及,回监读书,此实明祖办学之精意,为历代国学所无者也。[48]《明史》称"洪武二十六年,尽擢监生刘政龙镡等六十四人为行省布政按察两使及参政参议副使佥事等官,其时布列中外者,大学生最盛。"[49]明祖之重用学生,实亘古无与伦比。且学校起家者,可不由科举，而科举出身者，必由学校，学校尤为科举之本矣。此外直省府州县卫，无不有学，教养之法亦甚备。特其后偏重科举，学生亦仅务考试，而埋首于时文；迨开纳粟之例，学生流品亦日杂，乃始不为世重耳。

（见下页表）

《明史·英宗纪》称帝"承仁宣之业，海内庶富，朝野清晏，大臣如三杨、胡濙、张辅，皆累朝勋旧，受遗辅政，纲纪未弛。以王振擅权开衅，遂至乘舆播迁。"后虽还京，而明室之衰，实始于是。自后祸乱纷起，其大者，曰外夷，曰宦官，曰权奸，曰朋党。而宦官之为害尤烈；外夷之患，初即由宦官引发；巨奸大恶，自严嵩父子外，多出于寺人内竖；朋党门户之争，亦因廷臣附阉宦以相倾轧，而祸胎愈煽；余如厂卫之酷刑，矿税之秕政，皆宦官之凶焰与流毒也。初太祖鉴历代覆辙，著令内侍不得干预政事。"及燕师迫江北，内臣多逃入其军，漏朝廷虚实，文皇以为忠于己，即位后，遂多所委任；明世宦官出使专征监军分镇刺臣民隐事诸大权，皆自永乐间始"。[51]英宗朝，诸财利官及边防要职，多以中人为之，而王振尤跋扈。正统十四年（一四四九），瓦剌酋也先入寇，振挟帝亲征，至土木，大败，帝陷于寇，振亦为乱兵所杀。于谦等拥立景帝，尊英宗为太上皇。瓦剌兵直逼北京，谦等固守击却之；也先奉还上皇以请和。史称"景帝笃任贤能，励精政治，强寇深入，而宗社乂安。"[52]然自上皇之归，帝颇猜防之。景泰八年（一四五七），帝疾，宦官曹吉祥与武臣石亨结，迎上皇复辟。吉祥怙功，"门下厮养冒官者，多至千百人，"[53]嗣以谋反诛死。及宪宗立，又惑于太监汪直，"盗窃威柄，稔恶弄兵，"[54]威势倾天下。后虽废黜，又宠任梁方与方士李孜省僧继晓等，暴敛苛征，以从事奇巧奢侈，"孝宗恭俭有制，勤政爱民，"[55]史称"是时中官多守法奉诏"；[56]然帝宠任李广，文武大臣赂广黄白者相继也。武宗即位，又任宦者八虎（刘瑾、马永成等，）正人尽斥，朝政日敝。而刘瑾尤狡狠。初成祖迁都北平后，立东厂，令宦者刺外事，又幸纪纲，令治锦衣卫诏狱。[57]宪宗时，又别设西厂刺事，以汪直督之，所领缇骑倍东厂，

## 明帝系表 ⑤

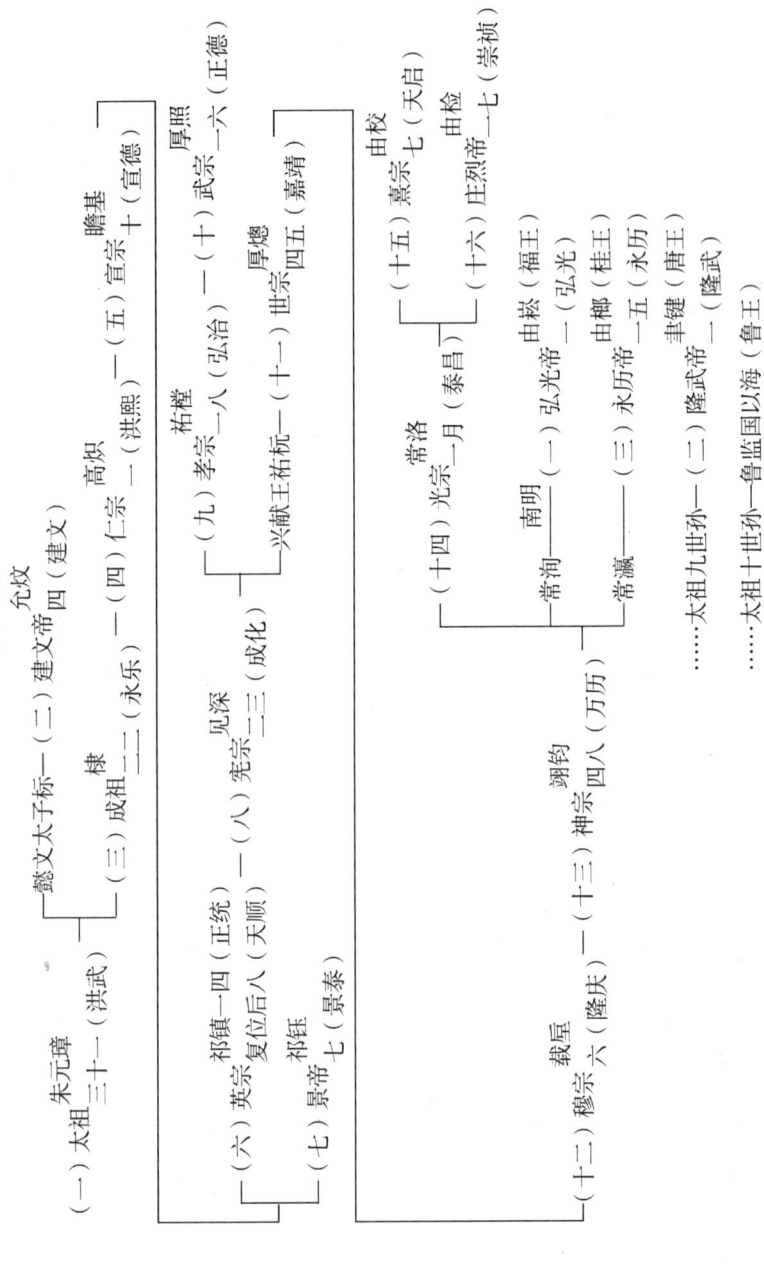

```
                     ┌ 懿文太子标 ─ (二) 建文帝 允炆 (建文)
(一) 大祖 朱元璋 三十一 (洪武) ┤
                     │           ┌ 高炽 ─ (四) 仁宗 一 (洪熙) ─ 瞻基 ─ (五) 宣宗 十 (宣德)
                     └ 棣 ─ (三) 成祖 二二 (永乐) ┤
                                             │           ┌ 祁镇 一四 (正统)
                                             │           │ (六) 英宗 复位后八 (天顺)
                                             └ 见深 ─ (八) 宪宗 二三 (成化) ┤
                                                                       └ 祁钰
                                                                         (七) 景帝 七 (景泰)

         ┌ 厚照
         │ (十) 武宗 一六 (正德)
 祐樘 ─ (九) 孝宗 一八 (弘治) ┤
                        │         厚熜
                        └ 兴献王祐杬 ─ (十一) 世宗 四五 (嘉靖)

 ─ 载垕 ─ (十二) 穆宗 六 (隆庆) ─ 翊钧 ─ (十三) 神宗 四八 (万历)

                     ┌ 常洛 ─ (十四) 光宗 一月 (泰昌) ┬ 由校
                     │                          │ (十五) 熹宗 七 (天启)
                     │                          │ 由检
                     │                          └ (十六) 庄烈帝 一七 (崇祯)
                     │         南明 ┌ 由崧 (福王)
                     │            │      (一) 弘光帝 一 (弘光)
                     │            │ 由榔 (桂王)
                     ├ 常洵 ─────── ┤ (三) 永历帝 一五 (永历)
                     │            │ 聿键 (唐王)
                     └ 常瀛 ─────── ┤ (二) 隆武帝 一 (隆武)
                                   │ ……太祖九世孙
                                   └ ……太祖十世孙 鲁监国以海 (鲁王)
```

自京师及天下，旁午侦事，冤死者相属。至是瑾令其党分领东西厂，复立内厂，自领之，虽东西厂皆在伺察中，加酷烈焉。及瑾伏诛，帝复任江彬，"耽乐嬉游，昵近群小，"[58]卒崩于豹房。"世宗崇尚道教，享祀弗经，营建繁兴，府藏告匮。"[59]时虽"阉宦敛迹，而严嵩父子（世蕃）济恶，贪饕无厌。"[60]嵩又务为蒙蔽，杀直臣杨继盛沈炼等，毒流天下。帝后虽诛世蕃而斥嵩，独任徐阶，然嵩窃政已二十年矣。穆宗时，高拱与阶倾轧。神宗初，张居正复轧去拱，独专大政者十年。史称"居正为政，以尊主权课吏职信赏罚一号令为主，虽万里外，朝下而夕奉行，"[61]其综核名实为明代冠。然威柄之操，亦几于震主。自居正卒，帝始亲政。未几，即荒于酒色，"因循牵制，晏处深宫，纲纪废弛，君臣否隔。"[62]因宁夏朝鲜播州用兵，"三大征踵接，国用大匮，"兼宫殿屡灾，"营建乏资，计臣束手，""始开矿增税。"开矿遣官，自二十四年始。"其后言矿者争走阙下，帝即命中官与其人偕往，天下所在有之。"多假开采之名，横索民财，或资产稍丰，则诬以盗矿，良田美宅，则指为下有矿脉，其开采者，矿脉微细无所得，又勒民偿之。嗣又于通都大邑增设税监，"两淮则有盐监，广东则有珠监，或专遣，或兼摄，大珰小监，纵横绎骚，吸髓饮血，以供进奉；大率入公帑者，不及什一，而天下萧然，生灵涂炭矣。"帝"宠爱诸税监，自大学士赵志皋、沈一贯而下，廷臣谏者不下百余疏，悉寝不报，而诸税监有所纠劾，朝上夕下，辄加重谴，以故诸税监益骄。""当是时，帝所遣中官，无不播虐逞凶者。"[63]迨帝崩，始用遗诏罢之，而毒痡已遍天下矣。

自阉寺窃权，内外臣僚竞掊克百姓，以厚贿奥援，民咨胥怨，所在盗起。武宗世，安化王寘镭反于宁夏，传檄以诛刘瑾为名，幸旋即平定。嗣宁王宸濠反于南昌，亦借王守仁力，克讨诛之。然明之国势，已薾不复振，外夷迭侵边塞，不能复制。北则瓦剌，酋脱欢自宣宗世破鞑靼而降其部属，雄视漠北。英宗世，脱欢子也先东降兀良哈，西制哈密，遂大举入寇，英宗北狩，非于谦之忠勤，明祚几于不保。及也先为所部袭杀，鞑靼复炽。"天顺间，有阿罗出者，率众入河套居之，掳中国人为向导，抄掠延绥无虚时，而边事以棘。"成化中为王越所破，"自是不复居河套，边患稍弭，间盗边，弗敢大入，亦数遣使朝贡，"然"迄成化末无宁岁"。孝宗世，鞑靼之达延汗，尽平大漠南北，统一诸部，称大元大可汗，（号小王子）分封诸子。（清初之内外蒙古诸部，多其苗裔，）其孙俺答，据阴山附近，尤称强盛。嘉靖中，屡攻明北边，两及青海，再围京师。穆宗时，始受抚不为寇，"西塞以宁，而东部土蛮犹数拥众寇辽塞。"史称自"正统后，边备废弛，声灵不振，诸部长多以雄杰之姿，恃其暴强，迭出与中夏抗，边境之祸，遂与明终始。"[64] 观王越之袭河套，时称西北武功第一，然红盐池之捷，禽斩仅三百五十，威宁海之捷，斩首亦仅四百三十有奇，明室兵威之不振，于兹可见矣。[65] 西则畏兀儿土鲁番诸族。景帝而后，更盛迭衰。宪宗世，哈密为土鲁番残破，至世宗乃徙其部落于肃州近境，而弃其地于土鲁番，有明西界，自是极于酒泉外之嘉峪关，汉武四郡，仅有其三，嘉峪以西，天方撒马儿罕诸国，虽仍多入贡，然皆番商"贪中华互市者，据敕往来，费供亿，殚府库，以实溪壑"[66] 者也。至青海诸番，自正德以降，鞑靼时入侵其地，"番不堪剽敚，私馈皮币，曰手信，岁时加馈，曰添巴，或反为向导，交通无忌，而中国市马亦鲜至。"其熟番本颇柔服者，亦"寖通生番为内地患。"盖"自边臣失防。北寇得越境阑入，与番族交通，西陲遂多事；然究其时之所患，终在寇而不在番"[67] 云。南则平缅麓川蛮，自英宗世窃发，侵据孟养木邦缅甸诸地。王骥率众往讨，破之，师逾伊洛瓦底江（《明史》称金沙江）西之孟养，至孟那（今密芝那），诸部皆震慴。师还，骥立石江岸为界，誓部酋曰："石烂江枯，尔乃得渡。"然至宪宗世，孟养兵即犯约渡江。嘉靖中，孟养木邦诸酋击破缅，分据其地。缅之遗族复兴于南部，既复故地，又兼并邻近诸部，大发兵破暹罗，遂崛强于西南。万历中，渐侵入云南边内诸土司。嗣为暹罗所败，势顿衰。然近缅诸部，仍服属之，终明世不能复，缅亦于天启后绝贡赋。南洋群岛诸地，宣德后，朝贡多不至。及嘉靖以降，西力东渐，各岛多被葡萄牙、西班牙、荷兰诸国所并吞，吾华民骤见侵逼，势日陵夷。然人民之前往开发谋生者,《明史》所载,如《吕宋传》称"闽人以其地近且饶富,商贩多者至数万人"之类,犹踵相接也。《明史·婆罗传》又称"万历时,为王者闽人也。"《三佛齐传》则称"万历五年,商人诣旧港者,见广东大盗张琏列肆为蕃舶长,漳泉人多附之,犹中国市舶官。"乃如美洛居国,因荷兰(《明史》称红毛番)西班牙(《明史》称佛郎机)"构兵,人不堪命,"亦由"华人游说两国,令各罢兵。"[68]是我民之侨居南域者,犹时能崭然露其头角。然因无政府之保护,与国族为之后盾,遂时受欧人之凌侮屠戮;而吕宋之祸尤惨。《明史·吕宋传》称"佛郎机既夺其国,其王遣一酋来镇,虑华人为变,多逐之归,留者悉被其侵辱;"嗣复一再驱逐。"然华商嗜利,趋死不顾,久之复成聚。"万历中之开矿也,王时和、张嶷等至吕宋勘察,西人"谓天朝将袭取其国,诸流寓者为内应,"计尽歼之,"先后死者二万五千人"。明廷虽敕闽抚徐学聚"移檄吕宋,数以擅杀罪,竟不能讨也。"东则倭寇。自足利氏臣明,倭人已敛迹不敢为大患,然沿海稍稍侵盗,亦不能竟绝。嘉靖世,足利氏中衰,倭寇复出没黄海东海间。明廷又因夏言言罢市舶,(明初设市舶司于宁波泉州广州,宁波通日本,泉州广州通琉球占城暹罗西洋诸国,)严通番之禁,海盗遂导倭入寇。时承平久,船敝伍虚,贼帆所指,无不残破,分掠内地,纵横往来,若入无人之境。嘉靖四十二年(一五六三),俞大猷、戚继光大破之于平海卫,患始寝息。然东南涂炭者,将二十年矣。[69]万历初,足利氏亡,倭国群雄割据,丰臣秀吉起而定之。统一既成,猛将谋夫雄杰之士,桀骜巧狙喜事好功之心犹未已也,则用兵朝鲜。自二十年(一五九二)五月出兵,至七月,朝鲜八道几尽没,且暮且渡鸭绿江。明以朝鲜为国藩属,倾国与争,初以宋应昌,继以顾养谦、杨镐等为经略,史称"前后七载,丧师数十万,糜饷数百万,迄无胜算。至秀吉死,(二十六年卒,一五九八,)兵祸始休,诸倭亦皆退守岛巢。"[70]朝鲜乃复国。是役也,明以宗主国尽字小之责,殚力七年,朝鲜已失土地,举尺寸还之故主。倭既未能得志,且内外困敝,然秀吉承足利氏历世臣明之后,竟欲灭明藩属,复拒受明廷册封,[71]倭人之实行海外侵略，图与上国抗衡，实肇端于是焉。东北则建夷。自正统初，撤退奴儿干都司同知官，退守辽东之铁岭卫，东北边塞，遂尽于铁岭开原。而建州女真诸部族，势日张雄，明廷时与攻战，亦互有胜负。[72]嘉隆之际，建州悍酋王杲，屡寇辽边，为患滋甚。万历初，张居正柄政，名将李成梁任辽东军事，攻杲斩之；嗣又平杲子阿台。史称"成梁镇辽二十二年，先后奏大捷者十，威振绝域，边帅武功之盛，二百年来未有。"然成梁晚年，贵极而骄，部下健儿，"皆富贵拥专城，暮气难振，又转相掊克，士马萧耗。迨成梁去辽，十年之间，更易八帅，边备益弛。"[73]杲外孙努尔哈赤（生嘉靖三十八年，一五五九，）适于是时崛起东嵎，以次并建州及海西女真诸部，复通好鞑靼，恩结三卫，旁啗朝鲜及黑龙江上诸夷。万历四十四年（一六一六），称汗号于部内，建国号曰金（纪元天命）。越二年，起兵叛明，破抚顺，陷清河。明遣杨镐率师二十万会朝鲜兵往讨，明年，大败于萨尔浒。努尔哈赤遂屠铁岭，陷开原，尽一女真诸部，俨然与明为敌国。加以三卫及蒙古，非受役属，即与联合，明之边氛，混成一片，更不能偷旦夕之安矣。[74]

宦寺横于内，建夷叛于外，而朋党门户之争，亦烈于是时。明制，百僚布衣，皆得上书言事。台谏之以言为职者，据《明史·职官志》所载，都察院有"左右都御史、副都御史、佥都御史，"及"十三道监察御史一百十人，""都御史职专纠劾百司，为天子耳目风纪之司；凡大臣奸邪小人构党者劾；凡百官猥茸贪冒者劾；遇朝觐考察，同吏部司贤否陟黜；大狱重囚会鞫于外朝，偕刑部大理谳平之。十三道监察御史主察纠内外百司之官邪，或露章面劾，或封章奏劾；凡政事得失，军民利病，皆得直言无避；有大政，集阙廷预议。"又"吏户礼兵刑工六科各都给事中一人，左右给事中各一人，给事中若干人，掌侍从规谏，补阙拾遗，稽察六部百司之事；凡制敕宣行，大事覆奏，小事署而颁之，有失，封还执奏；凡大事廷议，大臣廷推，大狱廷鞫，六掌科皆预。"其职既专，其权尤重。（明以左右都御史与六部尚书合称七卿，明史特创七卿年表纪其除罢。）故主威虽震，士气弥盛。然自中叶以降，建言者已渐以矫激相尚，意气用事，其甚者多结墨求胜，任情恣横，然清心忌恶，秉正嫉邪者亦不鲜。万历中，吏部郎无锡顾宪成削藉里居，偕同志高攀龙、钱一本等讲学东林书院，"当是时，士大夫抱道忤时者，率退处林野，闻风响附，讲习之余，往往讽议朝政，裁量人物，朝士慕其风者，多遥相应和；由是东林名大著，而忌者亦多。"[75] 既而淮抚李三才被言官劾论，宪成贻书廷臣叶向高、孙丕扬讼其贤；攻三才者大哗，群指目宪成等为东林党。时帝在位久，怠于政事，章奏多不省，"朝事废弛，大寮或空署，士大夫推择迁转之命，往往不下，上下乖隔甚，廷臣部党势渐成。"[76] "祭酒汤宾尹，谕德顾天竣，各收召朋徒，干预时政，谓之宣党昆党。"[77] 言路又有齐楚浙三党；"而宾尹辈阴为之主，其党赵兴邦、张延登辈与相倡和，务以攻东林排异己为事。"[78] "正类不胜忿激，交相攻讦。"于是"门户纷然角立"矣。自万历末至天启初，朝臣复有梃击（万历四十三年，男子张差持梃入太子宫，迹似行刺，被执，问官定为疯癫，旋会鞫，则为郑贵妃宫监所主使），红丸（光宗有疾，辅臣方从哲进李可灼红丸，帝再服而崩），移宫〔光宗既崩，宠姬李选侍挟皇长子（即熹宗）踞乾清宫，谋专权，杨涟、左光斗等逼而迁之〕，三案之争，盈廷互讼。时以争三案者为东林党，谓梃击为贵妃主谋，进红丸为方从哲罪，不移宫为李选侍罪。以三案为不足争者为非东林党，谓张差为疯癫，红丸为有效，移宫为薄待先朝嫔御。万历季年，三党势盛，东林被斥一空。光宗之崩，"宫府危疑，人情危惧，赖给事中杨涟，御史左光斗，协心建议，排阉奴，扶冲主，宸极获正，两人力为多。"[79] 熹宗既立，叶向高复为首辅，周嘉谟、赵南星先后为吏部，大起用东林之在废籍者，诸与东林忤者，废黜殆尽。三案之争，亦皆东林之议获伸。无何，"魏阉（忠贤）用事，群小附之；涟（时已进左副都御史）益与南星、光斗（时拜左佥都御史）、魏大中（给事中）辈激扬讽议，务植善类，抑憸邪，魏阉及其党衔次骨。"[80] 诸东林党既先后抗疏论魏阉不法，涟至劾列其二十四大罪，言"寸脔不足尽其辜"。魏阉则逮涟、光斗、大中等，同夕毙之狱中。向之三案被劾，京察（明制，京官六年一察，吏部主之,)被谪者,亦咸欲倚阉以图报复,如蛾赴火,如蚁集膻,甘为虎狗儿孙不辞。[81]魏广微顾秉谦既点缙绅便览,以诸东林为邪党,附魏阉者为正人,俾阉据是为黜陟。秉谦嗣又修三朝要典,极意诋诸党人恶,尽翻三案。于是诸缙绅以次斥逐,曩为东林摈弃者,无不拔擢。魏阉益广用群小为爪牙,"淫刑痡毒,快其恶正丑直之私,衣冠填于狴犴,善类殒于刀锯。"[82]史称当魏阉"横时,宵小希进干宠,皆陷善类以自媒,始所系者,皆东林也,其后凡所欲去者,悉诬以东林而逐之;自(天启)四年十月,迄熹宗崩(一六二四至一六二七),毙诏狱者十余人,下狱谪戍者数十人,削夺者三百余人,他革职贬斥者,不可胜计。"[83]明代宦官之毒焰,与衣冠之祸,盖至魏阉而极矣!虽庄烈帝立,即正魏阉罪,旋毁要典,定逆案,凡附魏阉者,悉诛谴有差。[84]然渠恺虽除,而各立门户互攻争胜之习,仍牢不可破;是非蜂起,叫呶嚌呰,其祸不徒内中于朝廷,且外及于边事。方杨镐之丧师也,廷议以熊廷弼代为经略;廷弼"有胆知兵",在辽年余,"所至招流移,缮守具,分置士马,""为守御计,令严法行,守备大固。""时熹宗初立,朝端方多事,而封疆议起,"[85]诸言官交疏劾之,廷弼再疏抗辩,[86]且求罢。朝议允廷弼去,代以袁应泰。而潘阳辽阳随陷,应泰亦死,朝廷复思廷弼,诸前劾廷弼者贬谪有差,诏加廷弼兵部尚书,经略辽东;又擢王化贞巡抚广宁。廷弼建三方布置策,(广宁用马步兵,天津登莱各置舟师,而山海关特设经略,节制三方,)[87]化贞厄之,廷弼意在慎重,化贞颇主乘机,战守二意,经抚互各有主,势成水火。中朝右化贞者,多诋廷弼,令化贞毋受廷弼节制,或言廷弼不宜驻关内。廷弼抗疏谓"臣以东西南北所欲杀之人,而适遘事机难处之会,诸臣能为封疆容则容之,不能为门户容则去之,"[88]其言亦良痛矣!天启二年(一六二二),化贞果败,廷弼护众入关。廷议论二人罪未定,前之以劾廷弼贬降者,悉复原官。及二人并论死,廷弼以兼忤魏阉,先弃市,传首九边,而"化贞稽诛者且数年",(崇祯五年始伏诛)王在晋、孙承宗继任东事;承宗命袁崇焕城宁远,外饬边备,内抚军民,宁远遂为关外重镇,六年(一六二六),努尔哈赤兴兵围宁远,崇焕以西夷巨炮击却之,努酋亦受创,不久卒。史称自建夷"举兵，所向无不摧破，诸将罔敢议战守，议战守自崇焕始。"然崇焕虽叙功，魏阉亦因崇焕功受上赏，皇太极之世，崇焕再捷锦州，宁远战守之功益著。而魏阉卒排去之；崇焕虽为魏阉建生祠，终不为所喜也。洎魏阉伏诛，廷臣争请召崇焕，庄烈帝因命崇焕督师蓟辽。崇焕则曰："以臣之力，制全辽有余，调众口不足，一出国门，便成万里，忌能妒功，夫岂无人，即不能以权力掣臣肘，亦能以意见乱臣谋。"建夷以崇焕之在锦宁也，崇祯二年（一六二九），自蒙古直薄京师，"崇焕千里赴救，自谓有功无罪。然都人骤遭兵，怨谤纷起，谓崇焕纵敌拥兵；朝士因前通和议，（皇太极初立，崇焕曾再遣使与往还，）诬其引敌胁和，将为城下之盟。"[89]建夷因纵反间；帝下崇焕诏狱。魏宦遗党复诬毁之，崇焕遂磔死。边事益无人矣。九年（一六三六）皇太极改国号曰清，（建元崇德。）自后一再出入塞垣，自河北直趋山东，远者乃至海州。洪承畴率师援松山，亦为皇太极所败降。建夷至此，势如日中天矣。

东祸之烈如是，而流贼之乱，复与之相表里。流贼兴自陕西，其近因为水旱饥荒，为政府暴敛，为官吏贪黩，为裁山陕驿站；其远因则在神熹之世。神宗怠荒弃政，好货畜财，充其意殆欲不理一事，不设一官，但取民之脂膏，积之内库，矿税四出，中涓群小，侵渔百端；末年兵事愈急，益加赋重征，[90]丧师蹙地，朝廷反因以为利；纲纪废坏，海内困敝，不问也。熹宗昵近阉人，滥赏淫刑，"元气尽澌，国脉垂绝。"及庄烈继统，陕西连岁大饥，陕北诸贼，因饥煽乱，一时并兴。"是时秦地所征，曰新饷，曰均输，曰间架，共目日增，吏因缘为奸，民大困。以给事刘懋议，裁驿站，山陕游民仰驿粮者，无所得食，俱从贼，贼转盛。"时安塞贼高迎祥称闯王，米脂贼李自成属之，称闯将，延安贼张献忠，则据十八寨称八大王，自余名号繁多，"所在蜂起，或掠秦，或东入晋，屠陷城堡，旋灭旋炽。"初"贼渠率众，无专主，遇官军，人自为斗，胜则争进，败则窜山谷不相顾，或分或合，东西奔突。"[91]崇祯九年，迎祥伏诛，诸贼惟自成献忠为大，贼党共推自成为闯王，献忠亦已别为一军。献忠既自秦寇晋豫，又由豫入楚蜀，转掠江右，旋犯粤西。自成则自陕入豫，由蜀躏楚，转寇关东，僭号襄邓。其时中朝执政柄者，如周延儒、温体仁、薛国观等，或"庸懦无材略"，"务为柔佞"，或"蔽贤植党"，"日与善类为仇"。[92]魏阉遗党，与诸假名东林者，尤时相水火。阃帅如杨鹤、陈奇瑜、熊文灿、丁启睿等，皆"剿抚乖方"，"偾师玩寇"。[93]建夷复时时出入塞垣，与流贼遥若应和，明竭全力以防御，犹苦不给。诸剿贼有功者，卢象升则战死贾庄，洪承畴则败降松山。由是贼氛益张，而益不可制。观左懋第十四年（一六四一）疏云："臣自静海抵临清，见人民饥死者三，疫死者三，为盗者四，米石银二十四两，人死取以食，"又言"臣自鱼台至南阳，流寇杀戮，村市为墟，其他饥疫死者，尸积水涯，河为不流，"[94]及他《明史·流贼传》所载诸惨象，历代"盗贼之祸，未有若斯之酷者也！"[95]帝虽"忧勤惕励，殚心治理，临朝浩叹，慨然思得非常之材，"[96]前后任用阁臣，至五十人。又以"廷臣竞门户，兵败饷绌，不能赞一策，乃复委寄内侍，曲兵监镇，"[97]布列要地，而用非其人，益以偾事，卒至溃烂而莫可救。[98]十七年，献忠西据两川，自成复自陕而晋，略定三边，东取居庸，长驱京邑，禁军溃于城下，宦竖降于关门；城既陷，帝自缢崩，时甲申三月十九日也。《明史·流贼传》综论之曰："庄烈之继统也，臣寮之党局已成，草野之物力已耗，国家之法令已坏，边疆之抢攘已甚。庄烈虽锐意更始，治核名实，而人才之贤否，议论之是非，政事之得失，军机之成败，未能灼见于中，不摇于外也。且性多疑而任察，好刚而尚气，任察则苛刻寡恩，尚气则急遽失措。加以天灾流行，饥馑洊臻，政繁赋重，外讧内叛。譬一人之身，元气羸然，疽毒并发，厥症固已甚危，而医则良否错进，剂则寒热互投，病入膏肓，而无可救，不亡何待哉。是故明之亡，亡于流贼，而其致亡之本，不在于流贼也。"

方流寇内逼，明廷议尽撤山海关外城戍，召宁远总兵吴三桂统边兵入援。比三桂至丰润，闻京师陷，庄烈帝死，爱姬陈沅亦为自成所掠，遽回军遣使乞降于清，且请师。时皇太极已前卒，（崇祯十六年秋八月卒）九子福临嗣（是为清世祖），叔父多尔衮摄政，改元顺治。（元年即崇祯十七年）得三桂书，疾引军入关，与三桂夹击自成军，大破之；

自成还京西走，多尔衮遂入燕京。时明南都诸臣方拥立神宗孙福王由崧，（明年，建元弘光，是为弘光帝，）多尔衮则遣将分定畿辅及山东、河南、山西郡县，福临亦自辽至燕，即帝位。既命将追击自成，（明年，自成走死湖北通城，又明年，献忠始被杀于四川，）弘光元年，（一六四五，顺治二年，）复集各路兵南下。南都福王之立也，马士英以翼戴功专政；"士英为人，贪鄙无远略。"[99]又引用魏阉遗党阮大铖，日事报复，至翻逆案，重颁三朝要典，追恤逆案诸臣，"置国恤于罔闻，逞私图而得志，黄白充庭，青紫塞路"。[100] "武臣亦各占分地，赋入不以上供，恣其所用，置封疆兵事一切不问，与廷臣互分党援，干预朝政，排挤异己，奏牍纷如，纪纲尽裂"。[101]虽得一史可法，忠义奋发，开府扬州，提督诸镇之师；而"权臣掣肘于内，悍将跋扈于外，兵顿饷竭，疆圉日蹙"。[102]四月，清兵陷扬州，可法死之。五月，清兵渡江，陷南京，追执弘光帝于芜湖（寻殂），欲遂戡定南土，所至屠杀立威。于是明宗室故臣，纷自树立。鲁王以海称监国于绍兴，唐王聿键即帝位于福州（明年，改元隆武，是为隆武帝），益王由本起兵于江西。及隆武败亡，〔隆武元年（顺治三年，一六四六），八月，帝被执，不食死，时益王在福州，亦被执见杀〕，桂王由榔复即帝位于肇庆〔明年，改元永历，（顺治四年，一六四七），是为永历帝，〕而江南州县，起兵自保，及聚众城守者。赣州则杨廷麟、万元吉、郭维经，嘉定则黄淳耀、侯峒曾，江阴则阎应元、陈明遇，松江则沈犹龙，绩溪则金声，吴江则吴易，宜兴则卢象观，太湖则葛麟，崇明则荆本彻，昆山则朱集璜、王佐才，嘉兴则徐石麟，或通表隆武，受其封拜，或近隶鲁监国，受其节制；虽皆不久败灭，然致命遂志，义声震天地矣！[103]永历帝支柱西南，何腾蛟、瞿式耜等"崎岖危难之中，介然以艰贞自守"。[104]其间因得流寇余党及降将金（声桓）李（成栋）等之反正，声势盛时，奄有云贵两广湘赣四川七省。然帝"仁慈有余，英断不足"。[105]朝臣复各树党相攻，吴楚分立，朝端水火，帝虽"令盟于太庙，然党益固不能解"。[106]及清兵分途进犯，腾蛟式耜先后死，诸省以次沦亡。十三年，（顺治十六年，一六五九），帝走缅甸，托绝域为禁籞。越二年，缅人卒执以献清，（明年，为吴三桂所弑)，明祚灭矣。而隆武遗臣郑成功，自隆武覆亡，即据金门厦门两岛谋兴复，嗣受帝封为延平王。三年，(一六四九，顺治六年)，鲁监国臣张煌言以舟山不守，亦奉监国往依之。帝入缅之岁，成功偕煌言北征，直抵江宁。及败还，复退据台湾，任贤修政，招民垦荒，遗老来归，污莱日辟，清廷至令福建沿海居民迁徙界内，(时以距海三十里为界)，禁渔舟商船出海，绝闽台交通之路以困之。及帝殂，成功亦卒。(鲁王亦薨于台湾，煌言则后二年被执不屈死)，而成功子经、孙克塽，奉永历年号者，犹二十有二年。至克塽降清(永历三十七年，清康熙二十二年，一六八三)，明之正朔始绝；[107]上距洪武纪元，已三百十六岁矣。

\* \* \*

《明史·儒林传》序称"太祖起布衣，定天下，当干戈抢攘之时，所至征召诸儒，讲论道德，修明治术，兴起教化，焕乎成一代之宏规；嗣世承平，文教特盛，大臣以文学登用者，林立朝右"。然明儒经学，实不逮宋人远甚。自元人以宋儒经注试士，学者已鲜习注疏。至明永乐十二年，敕翰林学士胡广等修《五经大全》及《四书大全》，逾年成书，颁行天下，[108]二百余年，以此取士，有明一代士大夫学问根柢，其在于斯。而其书皆就先儒成编，杂为抄录，由汉至宋之经术，于是尽变。明人之经学，较之元人，亦遂不及，盖元人犹株守宋人之说，明人则仅抄袭元人之说，即宋注亦鲜研究。"至专门经训授受源流，则二百七十余年，未闻以此名家者"。[109]诚每况而益下矣。惟洪武中刘三吾等奉敕修《书传会选》六卷，顾炎武尝称其"有功后学"，"宋元以来诸儒之规模犹在"。[110]而梅鷟(正德举人)之《尚书考异》五卷，辨古文之伪，多中肯綮；陈第以时名将，(出戚继光麾下)著《毛诗古音考》，立本证旁证之法，钩稽参验，本末秩然；皆开清代考证学派之先河。且清初诸大经师，多为明季遗老，积水坚冰，其来有渐。是亦不得谓明无人也。

《宋史》有儒林道学二传，《明史》虽仅有儒林而无道学，而列名儒林者，多衍伊雒之绪言，采性命之奥旨，实皆以道学或理学著称。黄宗羲著《明儒学案》六十二卷,分立十七学案,就学者派别言,明儒似远逊宋儒;(《宋元学案》共有学案八十七,及荆公新学,苏氏蜀学等),然明儒实有其独特之贡献,且有为宋儒所不及者。明初儒者,以方孝孺(生元至正十七年,卒建文四年,一三五七至一四〇二),曹端(生洪武九年,卒宣德九年,一三七六至一四三四),吴与弼(号康斋)(生洪武二四年,卒成化五年,一三九一至一四六九),薛瑄(号敬轩)(生洪武二二年,卒天顺八年,一三八九至一四六四),等为最。梨洲于康斋立崇仁学案,曰:"一禀宋人成说"。于敬轩立河东学案,曰"恪守宋人矩矱"。于方曹等则汇立为诸儒学案,曰"宋人规范犹在"。[112] 盖"皆朱子门人之支流余裔,师承有自,笃践履,谨绳墨,守儒先之正传,无敢改错"[113]者也。然自新会陈献章(生宣德三年,卒弘治十三年,一四二八至一五〇〇),受业于康斋,别开白沙学派。康斋传娄谅,谅传王守仁(生成化八年,卒嘉靖七年,一四七二至一五二八),别开姚江学派。皆与朱子不同,于是学术始分。宗献章者,曰江门之学,孤行独诣,其传不远。惟增城湛若水(生成化二年,卒嘉靖三九年,一四六六至一五六〇),从之受学,别为甘泉学派。宗守仁者,则曰姚江学、阳明学或王学,传者极广。以明儒学案考之,有浙中王门(徐爱、钱德洪、王畿等),江右王门(邹守益、聂豹、罗洪先等),南中王门(黄省曾、朱得之等),楚中王门(蒋信、冀元亨),北方王门(张后觉、孟秋等),粤闽王门(薛侃、周坦)之分。其别出者,又有止修(李材、邹守益弟子)、泰州(王艮、王襞、王樾等)诸派。最后之东林(见前)蕺山(刘宗周),亦皆出于王学,而求济其末流之弊者。故明儒之学,一姚江之学而已。[114]

  明儒之大异于宋儒者。宋儒立言垂教,多务阐明大义,不专提倡数字以为讲学宗旨也。明儒自白沙姚江,自开门户,则一家有一家之宗旨,各标数字以为的,如白沙之学,以静为主,其教学者,但令端坐澄心,于静中养出端倪,阳明以致良知及知行合一为宗,甘泉则以随处体验天理为宗。王门后学及其别派,于致良知之功,若绪山(钱德洪)主于事物上实心磨练,龙溪(王畿)主见成良知,不假工夫修整,东廓

（邹守益）以独知为良知，主戒惧慎独，双江（聂豹）主归寂以通感，执体以应用，念庵（罗洪先）主主静无欲，特拈"收摄保聚"四字，心斋（王艮）标不学不虑，特主自然与学乐等，既多不同。而见罗（李材）又自出手眼，谆谆以止修两字，压倒良知。余若高景逸（攀龙）之主静坐，刘念台（宗周）之主慎独，皆纷然如禅宗之传授衣钵，标举宗风者然。亦梨洲所谓"有明理学，前代之所不及，牛毛茧丝，无不辨晰，真能发先儒之所未发"[115]者也。然阳明良知之学，本自困心衡虑动心忍性中得来，高明踔绝之见，皆可征诸身与庶民。阳明又病世以知识为知，则轻浮而不实，故必以力行为工夫，因倡知行合一之教，劝人即知即行，使知不但徒腾口说无益，及冥心妙悟而不验之实事亦无益。尤吾国从古以来圣哲真传，亦当时科举中人口孔孟而心跖蹻之对证良药。史称"守仁始以直节著；比任疆事，提弱卒，从诸书生，扫积年逋寇，平定孽藩，终明之世，文臣用兵制胜，未有如守仁者；当危疑之际，神明愈定，智虑无遗"[116]。以一身兼立德言功业，实为周孔以后所仅见。殁后绍述师说者遍中国，皆盛言良知，而鲜及知行合一。言良知者，亦惟江右为得其传。自余门徒之广，首推泰州与龙溪。"泰州之学。一传而为颜山农（均），再传而为罗近溪（汝芳），赵大洲（贞吉）。龙溪之学，一传而为何心隐（本名梁汝元），再传而为李卓吾（贽）、陶石篑（望龄）。"[117]末流衍蔓，大抵凭虚见而忽躬行，以揣摩为妙悟，纵恣为自然，浮诞不逞，不仅非名教之所能羁络，且多越绳墨以自放，浸为小人之无忌惮。王世贞谓"今之学者，偶有所窥，则欲尽废先儒之说而出其上，不学，则借一贯之言以文其陋，无行，则逃之性命之乡以使人不可诘"[118]。其流弊亦云至矣！自顾宪成（生嘉靖二九年，卒万历四〇年，一五五〇至一六一二），讲学东林，尝言"官辇毂，念头不在君父上，官封疆，念头不在百姓上，至于水间林下，三三两两，相与讲求性命，切磨德义，念头不在世道上，即有他美，君子不齿也"[119]。于当时政治，既力持清议，而于王学末流之乐趋便易冒认自然者，抨击尤不遗余力。及刘宗周（生万历六年，卒弘光元年，一五七八至一六四五），讲学山阴，独标慎独宗旨，亦颇有自王反朱之倾向。明清之际诸大儒，若亭林船山等，皆排斥姚江，若放淫辞。故至清初而王学复衰焉。

明儒与书院讲学之风，亦有可言者。"宋元之间，书院最盛，至明而寖衰。盖国学网罗人才，士之散处书院者，皆聚之于两雍，虽有书院，其风不盛。及国学之制渐隳，科举之弊孔炽，士大夫复倡讲学之法，而书院又因之以兴"。[120]阳明所在讲学，据钱德洪《王文成年谱》所载，在龙场则构龙冈书院，在贵阳则主贵阳书院，在赣则修濂溪书院，在越则辟稽山书院，及巡抚两广，又有敷文书院，盖"随处经营，隐然以复古学校为己任"矣。时湛若水与阳明平分讲席，"生平所至，必建书院以祀（其师陈）献章"。而阳明弟子邹守益，"谪广德州判官，亦建复初书院，与学者讲授其间"。[121]比阳明殁，而四方建书院以祀之者尤夥。嘉靖十六七年，世宗尝因游居敬、许赞等言，诏毁书院，然毁者自毁，建者自建。万历初，张居正当国，痛恨讲学，立意蓟抑，欲遍撤天下书院，然亦不能尽毁。及居正败，书院之风复起，顾宪成、高攀龙等讲学之无锡东林书院，邹元标、冯从吾等在京师所建之首善书院，其最著者。万历三十二年（一六○四），东林书院之成也，宪成"大会四方之士，一依白鹿洞规，其他闻风而起者，毗陵有经正堂，金沙有志矩堂，荆溪有明道书院，虞山有文学书院"，[122]一时之盛，概可想见。至魏阉窃政，以讲学者忤阉，遂矫旨尽毁天下书院。魏阉败，儒者虽仍立书院，浙东如刘宗周之证人，沈国模之姚江。沿及清初，讲学不绝，东林顾高子弟顾培高世泰等，亦衍东林之遗绪，然其风已日趋衰熄矣。书院之外，明儒讲学之所，又有寺观祠宇之集会。嘉靖初，阳明归姚江，尝定会于龙泉寺之中天阁，每月以朔望初八二十三为期。其后阳明门人方献夫、欧阳德等，每集会同志于京师南畿。徐阶京师灵济宫之会，"集四方名士，与论良知之学，赴者至五千人。"[123]诸王门高弟以讲学名者，如钱德洪、王畿等，所至立讲舍开讲，垂老不衰。而樵夫陶匠农工商贾，亦皆可听讲讲学，[124]斯实前世之所未有也。

自汉书以降，历代正史所志艺文经籍，大抵兼举前代及当时所有之书籍，惟《明史》不志前代之书，第述有明一代之著作。四部著录者，总计四千六百三十三部，十万零五千九百七十四卷，（经部九四九部、八七四六卷，史部一三一六部、二八〇五一卷，子部九七〇部、三九二一一卷，集部一三九八部、二九九六六卷），卷帙之富，为唐宋所不及。虽明人经子著作，多抄袭前人成编，故昔人有"得明人书百卷，不若得宋人书一卷"之言。[125]史部之纂述前代事者，自宋濂、王袆等纂修之《元史》（二一〇卷）外，以改编《宋史》之著作为较可称诵；最著者三家，曰王洙《宋史质》（一〇〇卷），曰柯维骐《宋史新编》（二〇〇卷），曰王惟俭《宋史记》（二五〇卷）；大抵皆尊宋统，抑辽金，以元人宋辽金三史并列为非。而柯著会三史为一，以宋为正，辽金列于外国，与西夏同，又叙宋亡讫于祥兴，而为卫益二王作本纪，褒贬去取，义例谨严，阅二十年而始成，功力尤胜诸书。他如冯琦《原编》、陈邦瞻纂补之《宋史纪事本末》，凡立一百九目，兼详辽金，亦条分缕晰，眉目井然。然要皆"见闻未广，有史才而无史学。"[126]惟明人喜谈本朝掌故，私家作史之风颇盛；传世者如陈建之《皇明通纪》（二七卷，又《续纪》十卷），邓元锡之《明书》（四五卷），何乔远之《名山藏》（三七卷），朱国祯之《史概》（一二〇卷），陈仁锡之《皇明世法录》（九二卷），王世贞之《弇州史料》（一〇〇卷），及徐学聚之《国朝典汇》（二〇〇卷）等，[127]皆撰于明亡之前，为今征明事者所宝爱。而自太祖以下之累朝官修实录，存者几三千卷，[128]诸清修明史所不详者，多可于实录考得其始末，尤研《明史》者之无尽宝藏。其余儒臣奉敕编辑之书，卷册最富者，无过于子部类书类之《永乐大典》；自永乐元年七月修撰，至五年十一月告成，与其事者，初仅一百余人，后增至二千余人，共二万二千九百三十七卷。[129]其书以洪武正韵为纲，排列古书字句于下，而体例不一，或以一字一句分韵，或析取一篇，以篇名分韵，亦有举全部大书悉纳于一韵之一字中者。虽"割裂庞杂，漫无条理，然元以前佚文秘典，世所不传者，转赖其全部全篇收入，得以排纂校订，复见于世。"清世修《四库全书》，"裒辑成编者，凡经部六十六种，史部四十一种，子部一百三种，集部一百七十五种，共四千九百二十六卷"，[130]明人保存古籍之功，亦云伟矣。

明代文学著作，亦名家辈出。《明史·文苑传》序称"明初文学之士，承元季虞（集）、柳（贯）、黄（潛）、吴（莱）之后，师友讲贯，学有本原，宋濂、王祎、方孝孺以文雄，高（启）、杨（基）、张（羽）、徐（贲）刘基、袁凯以诗著，其他胜代遗逸，风流标映，不可指数，盖蔚然称盛矣。永宣以还，作者递兴，皆冲融演迤，不事钩棘，而气体渐弱。弘正之间，李东阳（生正统十二年，卒正德十一年，一四四七至一五一六）出入宋元，溯流唐代，擅声馆阁；而李梦阳（生成化八年，卒嘉靖八年，一四七二至一五二九）、何景明（生成化十九年，卒正德十六年，一四八三至一五二一）倡言复古，文自西京，诗自中唐而下，一切吐弃，操觚谈艺之士，翕然宗之；明之诗文，于斯一变。迨嘉靖时，王慎中（生正德四年，卒嘉靖三八年；一五〇九至一五五九）、唐顺之（生正德二年，卒嘉靖三九年，一五〇七至一五六〇）辈，文宗欧曾，诗仿初唐；李攀龙（生正德九年，卒隆庆四年，一五一四至一五七〇）、王世贞（生嘉靖五年，卒万历一八年，一五二六至一五九〇）辈，文主秦汉，诗规盛唐；王李之持论，大率与梦阳景明相倡和也。归有光（生正德元年，卒隆庆五年，一五〇六至一五七一）颇后出，以司马、欧阳自命，力排李、何、王、李；而徐渭、汤显祖、袁宏道、钟惺之属，亦各争鸣一时；于是宗李、何、王、李者稍衰。至启祯时，钱谦益、艾南英，准北宋之矩矱；张溥、陈子龙，撷东汉之芳华；又一变矣。有明一代文士，卓卓表见者，其源流大抵如此。"明代文学，一开一阖，一诡一正，俨有纵横驰骋之观，而要其归，则专于沿袭，无特创之可称。"其特创者，惟八股文，最擅名者，前则王鏊、唐顺之，后则归有光、胡友信；顺之有光皆能为古文，然其古文亦有八股文气息，八股文既盛行，于是有汇选评点之本。而学者治古书，往往亦用此法，故明代批评经史子集之书最多，是亦一时之风气也。时文之外，小说戏曲，亦颇有创制。今世所传《三国演义》（罗贯中作）《水浒传》（传罗贯中作）《西游记》（吴承恩作）及《金瓶梅》（传王世贞作）号称小说界四大奇书者，皆明人所著。明代小说之盛，当轶于古文之价值矣。元代戏曲多以质朴胜，至明之汤显祖、阮大铖等所编传奇，（汤有《玉茗堂四梦》，阮有《春灯谜》、《燕子笺》等）则综各种文体，皆入于词曲中。"又昆山魏良辅造曲律，以歌里人梁辰鱼之词曲，后世目为昆腔，则又因传奇之盛兴，而自制新调。是皆明世文艺之可称者也。[131]

明代文士兼擅书画者甚多，而东南尤盛。若长洲之沈周（号石田，生宣德二年，卒正德四年，一四二七至一五〇九）及徐（祯卿）、祝（允明）、唐（寅）、文（徵明）等吴中四才子，皆能诗善文，兼长书画。周画尤工，"评者谓为明世第一"。[132] 而"徵明（生成化六年，卒嘉靖三八年，一四七〇至一五五九）主风雅数十年，与之游者，王宠、陆师道、陈道复、王谷祥、彭年、周天球、钱谷之属，皆表表吴中。徵明长子彭、次子嘉，复并能诗，工书画篆刻，世其家。"[133] "华亭自沈度、沈粲以后，张弼、陆深、莫如忠及子是龙，皆以善书称。董其昌（生嘉靖三四年，卒崇祯九年。一五五五至一六三六）后出，超越诸家，始以宋米芾为宗，后自成一家，其画集宋元诸家之长，行以己意，潇洒生动，非人力所及。"[134] 同时陈继儒（亦华亭人，生嘉靖三七年，卒崇祯一二年，一五五八至一六三九）亦"与其昌齐名"，"工诗善文，兼能绘事。"[135] 然概未能度越唐宋名家也。惟明世工艺美术，有轶于前代者数事—日瓷陶器。江西景德镇之瓷器，莫盛于明，以诸帝之年号名其窑，而一朝有一朝之特色，（如永乐尚厚、成化尚薄、宣德青尚淡、嘉靖青尚浓、宣德祭红，则以西红宝石末入泑，凸起莹厚如堆脂）宣德窑选料置料，画器题款，无一不精，尤为明窑极盛时代。宜兴陶器，至万历世亦著称于世，雅淡质素，又与景德瓷以浓彩胜者不同焉。二曰漆器。以永乐果园厂制最精，有剔红填漆戗金倭漆螺钿诸种。明季徽州吴氏漆绢胎鹿角灰磨者，螺钿用金银粒杂蚌片成花者，皆绝，古未有此也。三曰铜器。宣德中，以铜铸鼎彝炉鬲等，是为宣德炉；其材料多选各国各地绝精之物为之，（如暹罗国风磨铜、天方国碙砂、三佛齐国紫石、渤泥国臙脂石、琉球国安澜砂及辰州朱砂、云南棋子等）每铜一斤，炼十二次，仅存铜精四两，光色焕发又以赤金水银等物涂而熏之，故与寻常铜器迥异，是皆明代工艺美术之特色也。至若南京报恩寺塔，自永乐十年至宣德六年（一四一二至一四三一），建筑经二十九年始成，九级八面，咸覆以五色琉璃瓦。塔上下金刚佛像，千百亿金身，一金身琉璃砖十数块凑成之，其衣折面目须眉，不爽分毫。时海外夷蛮重驿至者百有余国，见是塔，必顶礼赞叹，谓为四大部州所无；盖与永宣国势相应和矣。而北京宫殿，如天安门太和殿等，与昌平明陵，曲阜孔颜诸庙，雕刻石柱，咸精深华美，至今犹存。皆可以想见明之注意工艺美术焉。[136]

世讥明人之学多空疏，然当时缙绅儒流，以藏书著称者甚夥，官私刻书，其风极盛，诸研性理诗文者，亦多博洽之士。[137]至以实学显者，首推李时珍（万历中卒）之《本草纲目》。《明史·本传》称"医家本草，自神农所传，止三百六十五种，梁陶弘景所增亦如之，唐苏恭增一百一十四种，宋刘翰又增一百二十种，至掌禹锡唐慎微辈，先后增补，合一千五百五十八种，时称大备。然品类既繁，名称多杂，或一物而析为二三，或二物而混为一品，时珍病之。乃穷搜博采，芟烦补阙，历三十年，阅书八百余家，藁三易而成书，曰《本草纲目》，增药三百七十四种，釐为一十六部，合成五十二卷。首标正名为纲，余各附释为目，次以集解详其出产形色，又次以气味主治附方。"至今医家奉为典型。他如徐宏祖（生万历十四年，卒崇祯十三年，一五八六至一六四〇）之《霞客游记》二十卷（丁文江编辑本），潘耒序称其"闽粤楚蜀滇黔，百蛮荒徼之区，皆往返再四，先审视山脉如何去来，水脉如何分合，既得大势后，一丘一壑支搜节讨。沿溯澜沧金沙，穷南北盘江之源，实中土人创辟之事，山川条理，胪列目前，土俗人情，关梁陀塞，时时著见。向来山经地志之误，釐正无遗，然未尝有怪迂侈大之语，欺人以所不知。"为我国以科学精神揽胜探险研治地理惟一之专籍。宋应星之《天工开物》十八卷，〔崇祯十年（一六三七）刊行〕凡食物被服用器以及冶金制器丹青珠玉之原料工作，无不具备，说明之外，各附以图；三百年前言工业天产之书，如此其详且明者，世界之中，无与伦比。方以智之《物理小识》六卷，〔崇祯十六年（一六四三）刊行〕大别为天历风雷雨旸地占候人身医药饮食衣服金石器用草木鸟兽鬼神方术异事等十五类，搜罗綦广，时有精义；今之讲物理者，犹盛称其书。正不得以空疏二字概明之学者也。抑明之儒者，多究心于武事。若阳明之凡兵家秘书，莫不精究，固已。《明史》称："唐顺之于学，无所不窥，自天文乐律、地理兵法、弧矢勾股、壬奇禽乙、莫不究极原委。""罗洪先跃马挽强，考图观史，自天文地志、礼乐典章、河渠边塞、战阵攻守，下逮阴阳算数，靡不精究。"[138]顺之为龙溪弟子，洪先则江右王门巨擘，皆资兼文武如此，是又与宋儒之重文轻武者异矣。

明世文化上尚有一盛事，堪与李唐媲美者，则华化之广播各地是也。《明史·土司传》称"西南诸蛮，自巴夔以东及湖湘岭峤，盘踞数千里，种类殊别，历代以来，自相君长。迨有明踵元故事，大为恢拓，分别司郡州县，额以赋役，而法始备。考洪武初西南夷来归者，即用原官授之，其土官衔号，曰宣慰司，曰宣抚司，曰招讨司，曰安抚司，曰长官司，以劳绩之多寡，分尊卑之等级；而府州县之名，亦往往有之。袭替必奉朝命，虽在万里外，皆赴阙受职，文武相维，比于中土。"[139]吾国散居西南川、滇、黔、桂及湖广诸省之苗蛮，至明始遍置郡县土司。虽其间叛服不常，诛赏互见，然中夏文物之渐次渗入诸族，与诸族之渐沐华化，实以明代为一大关键。洪武中国子监之建也，史称"直省诸士子云集辇下，云南四川，皆有土官生，日本、琉球、暹罗诸国，亦皆有官生入监读书，辄加厚赐，并给其从人，永宣间先后络绎，至成化正德时，琉球生犹有至者，"[140]而高丽及交趾，亦先后遣生徒入学。当时因各国及土官生入监者众，至于监前别造房百间居之，名曰"王子书房"，[141]其规制逾于唐之国学矣。《明史》又称"自成祖遣使四出招徕，北穷沙漠，南极溟海，东西抵日出没之处，凡舟车可至者，无所不届，自是殊方异域鸟言侏㒧之使，辐辏阙廷，岁时颁赐，库藏为虚。"[142]其时锡赍赂遗，万里相奉，百工所作，无一不具。重以商旅往来，懋迁有无，吾国文物之广播亚洲海陆，概可想见。观永宁寺碑屹立黑龙江北，封山贞珉，远届日本、浡泥、满剌加、柯枝诸国。[143]而鄙僿如瓦剌，酋也先自立为"大元田盛（犹言天圣）大可汗"，亦仿吾华建立年号，上书末署"添元元年"。[144]则明世文物之传播，固不仅冠服币帛而已。学士文人名播戎夷者，《明史》所载，如《宋濂传》称"外国贡使亦知其名,数问宋先生起居无恙否;高丽、安南、日本至出兼金购文集;"《马理传》称"名震都下,高丽使者慕之,录其文以去,安南使者至,问马先生安在",《张弼传》称"善诗文,工草书,自号东海,张东海之名,流播外裔",《文徵明传》称"外国使者道吴门,望里肃拜,以不获见为恨",《董其昌传》称"名闻外国"之类,与唐贤亦不相上下。[145]至各国受华化影响最深者,则为安南、琉球、朝鲜及日本。明太祖尝颁科举诏于安南。张辅之平交趾也,成祖"诏访求山林隐逸、明经博学、贤良方正、孝弟力田、聪明正直、廉能干济、练达吏事、精通书算、明习兵法及容貌魁岸便利、膂力勇敢、阴阳术数、医药方脉诸人,悉以礼敦致,送京录用,于是辅等先后奏举九千余人。"及黎利复国,复"建东西二都,分十三道,各设承政司、宪察司、总兵使司,拟中国三司,置百官,设学校,以经义诗赋二科取士,彬彬有华风焉。"[146]《明史·琉球传》记琉球遣官生入监读书最详,迄万历世犹不绝。虽国小政简,然如法司、察度及大夫、长史等官,并仿中华,"无历官,亦谙汉字而知正朔。"至"陪臣子弟与凡民之俊秀,皆令习读中国书。""可谓守王章重文教者矣。"[147]朝鲜自李成桂得国,子孙承业,励精文治,奖崇学术,科举考试学校书院之制,皆同中国,挟册读书者,四方竞起,博古通经文学优赡之士,先后辈出。天顺成化中,王瑈及晓命诸臣纂修《经国大典》,嗣王娎复命诸学士编纂《东国舆地胜览》及《东国通鉴》等书,于是政制职方及编年史册,粲然明备;盖"外国之有文献者,以朝鲜为称首。"[148]观明初《会典》载成桂宗系不核,朝鲜累遣使奏请更正,不果,至万历中,明廷谕将重修会典已改正朝鲜之条,颁赐朝鲜,王昖亲告宗庙社稷及文庙,又下令谓变禽兽之域,为礼义之邦,是东方再造箕畴复叙之日,亦可见其华化之程度矣。日本自足利氏臣明,明廷颁赐铜钱书物,累代不绝。而贾舶往返,典籍名画织物及什器等,输去亦多。由是"直接间接促进日本学问美术工艺之发达,使贵族社会文化生活之内容,益行丰富;东山时代(足利义满于东山造银阁,自号东山殿故名)之特异文化,即对于此等输入品加以精细之研究而能正当理解之之效果也。"时禅僧入明求法请益者,后先相望,多好究儒学,苦心学习中国诗文，今倭人犹自诩其时僧徒文学，与中古及德川时代不同，"完全脱去倭臭，为纯粹之中国文学"焉。[149]明代华化之渐被各国若是。至由各国输入者，悉属贸易商品及贡献方物。虽多奇珍异宝，名禽殊兽，而影响于中国文化者至鲜，其影响较深关系较巨者，首推明季自欧西传入之耶教及学术。

明世佛道诸教，传布颇广。京师置"僧录司、道录司，掌天下僧道，在外府州县有僧纲、道纪等司，分掌其事。僧凡三等，曰禅、曰讲、曰教。道凡二等，曰全真、曰正一。"[150]明诸帝多奉道教，世宗尤躬亲斋醮，不理朝政，信道士邵元节、张彦頨、陶仲文等，封祀无虚日，既上皇考皇妣道号，（皇考为大帝，皇妣为元君），复自号为"真君""帝君"。然时道士除炼丹服食外，他所称灵异，皆少翁帛书饭牛类也。惟万历世，北平全真白云观重编道藏，都五千四百八十五卷，刊行宏布；今日传世之道藏，以是编为最古最备焉。"太祖以僧为帝，故立国极重释教。明儒讲心学者，尤多出入于释氏。然禅门如沩仰、云门、法眼三宗，俱已失传，存者惟临济、曹洞，而隋唐诸宗更无论矣。明僧之著者，仅万历间紫柏（真可）、雪浪（洪恩）、莲池（株宏）、憨山（德清）诸师，大抵以禅门参净土，未能特创一宗也。"惟佛藏自北宋以来，虽有官私诸刻本，而明代所刻最多。官刻者，既有南北两藏及石藏，私刻者，又有《武林》、《径山》二本。且后者皆改梵夹为方册，以普及流通为的，定价发售，无论僧俗，皆可按价购买，与宋元刻藏之以藏诸名山大刹为鹄者迥异。明世释典之宏布，盖轶于前世矣。[151]佛道而外，以耶教为最可称尚。自元之亡，耶教已绝迹于中夏。及十六世纪初叶，北欧新教革命运动起，南欧西欧之旧教徒，亦组织耶稣会，自教会内部改良旧教。除在欧陆奋斗外，复积极努力于海外之传教事业，值欧亚交通，明代大启，其徒遂涉海东来中土。嘉靖三十一年（一五五二），罗马教士方济各（Francis Xavier）首抵中国，不幸死于广东之三灶岛（在澳门西南三十里）。及万历九年（一五八一），意大利亚教士利玛窦（Matteo Ricci）泛海九万里，时越三载，抵广州之香三澳，矢志学习中华言文，宣传教义，二十九年（一六○一），偕伴入京，设立会堂，遂树耶教不拔之基；利氏亦"为我中国首开天主教之元勋。"[152]时则耶稣会士络绎来华。《明史》称"自玛窦入中国后，其徒来益众。……其国人东来者，大部聪明特达之士，专意行教，不求禄利，其所著书，多华人所未道，故一时好异者咸尚之。而士大夫如徐光启、李之藻辈，首好其说，且为润色其文词。故其教骤兴。时著声中土者，更有龙华民（Nicolons Longobardi）、毕方济（Franciscus Sambaiaso）、艾儒略（Julius Aleni）、邓玉函（Joannes Terrens）诸人。华民、方济、儒略及熊三拔（Sabbathinus de Unsis），皆意大利亚国人；玉函、热而玛尼国（今译日耳曼）人；宠迪我（Didacusde Pantoja），依西把尼亚国（今译西班牙）人；阳玛诺（Emmanuel Dias），波而都瓦尔国（今译葡萄牙，《明史》又称为佛郎机及蒲都丽家）人；皆欧罗巴州之国也。"[153]及明之季年，奉教者达数千人，永历崎岖岭表，其太妃及皇太子等，亦皆领洗，耶教之势力可睹矣。[154]

利玛窦之东来也，原以传教为职志，然同时亦挟有超越中土之科学技艺。吾国学人于彼教本格不相入，徒以感科学技艺之不如，遂从而受业，重其学，重其艺，非重其教也。利子在端州时，尝画《坤舆图》（世界全图），制地图浑仪天地球考时晷报时具，以赠于当道，人多奇而喜之，从学天学历数。及利子入京，首贡万国图志时钟，兼自述制器观象之能，其与名公论学，尤时旁及度数，其实心实行实学，既为士大夫所钦服，以是因缘，徐光启李之藻等名士，卒信教受洗。[155]万历三十八年，（一六一〇）利子殁，南都旋起激烈之反对。神宗纳礼部郎中徐如珂等奏，令禁耶教，耶稣会士悉放逐澳门，圣堂邸第，悉被封禁；是为耶教入中国后之一厄。然天启崇祯间，明廷因建夷患亟，需造铳炮，以资戎行。又因旧历疏舛，交食不验，议开局纂修。诸教士遂以制炮明历之能，复见召用。布教既得自由，圣堂邸第，又次第修复矣。综观当日教士输入之学艺，足补吾华文化所不逮者，白阳玛诺等所译耶教经典外，〔万历三十年印行之圣教日课，集阳玛诺、伏若望（Joannes Forez）、费奇规（Gaspend Ferreira）、费乐德（Rode Figueredo）、郭居静（Lagarus Callaneo）诸人所译者为一篇，流传至今〕。一曰天文历算。利玛窦尝与徐光启译〔希腊欧几里得（Euclidis）著十三卷之前六卷〕几何原本、测量法义等书，与李之藻译《圜容较义》、《同文算指》、《浑盖通宪》等书，是为泰西天文数学传入中国之始。及崇祯世开历局，徐光启李天经先后董其事，复征龙华民、邓玉函、汤若望（Johannes Adam Schall Vou Bell）罗雅各（Giacomo Rho）等，用西洋新法釐正旧历，成历书一百三十六卷，（总名《崇祯历书》）制有日晷星晷窥筒（即望远镜）定时考验诸器，远视明代沿用之元郭守敬授时历及观象台诸仪器为精密。《明史·天文志》云："玛窦等精于天文历算之学，发微阐奥，运算制器，前此未尝有也。"二曰地理学。自利子赍进万国图志，言天下有亚细亚、欧罗巴、利未亚（非洲）、亚墨利加、墨瓦腊泥加（泛指南极地方）等五大洲，又著乾坤体义，介绍泰西地圆新说，又屡绘"坤舆万国全图"，刊印传布，[156]是为吾国知有世界五洲及地为球形之始。及艾儒略取西来所携手辑《方域梗概》，增补以成职方外纪五卷，前冠以万国全图，中述五大洲，后附以四海总说，所纪皆绝域风土，为自古图经所不载。不特利子等所绘舆图，先测量各地之经纬度，以经纬线表示弧形之地面，为中国地理学上空前之作也。（国人一般观念，皆以地为平面，地图之传统绘法，亦只知用计里开方之法）。三曰哲学。庞迪我萃西哲格言，著"七克"七篇（伏傲、解贪、防淫、熄忿、释饕、平妒、策怠），词旨渊粹，与高一志（P. Alphonrus Vagnoni）所译之《西学修身》，实同为伦理学名著。毕方济口授徐光启笔录之《灵言蠡勺》，则经院哲学之心理学也。傅泛济（Francisco Furtado）与李之藻合译之《名理采》与《寰有诠》，前者为希腊大哲亚里士大德所著辩证法大全之疏解，后者译自亚氏之形而上学释本。虽皆非亚书全帙；然西哲微言，翻以华文，实以此为嚆矢。〔按自西学修身以下四书，皆十七世纪初年葡萄牙高因勃耳（Coimbre）大学讲义，为亚氏伦理学、心理学、论理学及形而上学作诠释者，原书在当时俱脍炙人口，推为杰作。〕至利子之《天主实义》；与宠迪我之《天主实义续编》，汤若望之《主制群征》等，则又入神学范围矣。四曰物理工艺。自制造铳炮外，（《明史·兵志》仅言"万历后，大西洋船至，得巨炮，长二丈余，重者至三千斤，能洞裂石域，震数十里。天启中，锡以大将军号，遣官祀之。崇祯时，大学士徐光启请令西洋人制造，发各镇。"清季广伯禄撰《正教奉褒》，又载"天启二年，上依部议，敕罗如望、阳玛诺、龙华民等制造铳炮，以资戎行。崇祯十三年，兵部传旨，著汤若望指样监造战炮。若望先铸钢炮二十位，帝派大臣验收，精坚利用，诏再铸五百位"。）以邓玉函口授王征译绘之"奇器图说"为最著。玉函在泰西时，为近代物理学之祖伽利略（Galilei Galilco）知友，其书分重解、器解、力解、动解诸篇，凡伽氏在物理学上之发明，为玉函所及知者，如杠杆、滑车、螺旋及其用法与比例规等，无不采入，实为当时世界最新之物理学书。[157]次则熊三拔之泰西水法，专记取水蓄水之方，亦为讲水利者所必资：徐光启之《农政全书》，后六卷即全录熊子书。欲因其法以兴农田水利者也。（又汤若望之远镜说，详言远镜之用法原理及制造，亦为西洋光学入中国之权舆。）余如拉丁文注音（利子之《西字奇迹》及金尼阁（Nicolas Triganlt）之《西儒耳目资》，皆以拉丁音注汉字，即以西洋之音通中国之音也）、西乐（利子尝赍来西琴，并著《西琴曲意》；西琴即今钢琴）、西画（利子尝进呈天主图像，又以宗教画四幅赠程大约，大约刊入《墨苑》中）、暨西式建筑（澳门、肇庆、南京、北京、上海、杭州所建之教堂，皆属西式。）等，亦无不于明季传入。所可惜者，当时西士来华，每赍带典籍，万历末，比利时教士金尼阁赍来图书，且达七千余部之多，[158]然译出者不逮百一。士大夫受西学薰陶者，自与西士共同译著之徐光启、李之藻、王徵、李天经等外，亦仅徐宏祖、方以智辈数人。[159]丁明之乱，名理哲学以至物理工艺，皆未生实际普遍之影响。制造火器一事，虽小小试用，而用之不得其人，转以资敌。（《明史·兵志》言"光启请令西洋人制大炮，发各镇，然将帅多不得人，城守不固，有委而去之者。及流寇犯阙，三大营兵不战而溃，枪炮皆为贼有，反用以攻城，城上亦发炮击贼，时中官已多异志，皆空器贮药，取声震而已。"至孔有德等挟西炮降建夷事，别见下章。）历书虽成，亦因明亡而未及施行；天文仪器，且尽毁于流贼。亦可慨矣。

＊　＊　＊

明初社会，有与胡元迥异者。其一则衣冠悉复唐制也。自蒙古入主中夏，其冠服车舆，虽杂用宋金之制，亦并存其族之旧俗。故天子有冕服，儒士有唐巾，皆沿中夏之法；而常服之"质孙"，[160]则为胡服。明祖驱逐胡元，洪武元年二月，即诏衣冠悉如唐制，此实汉族战胜外族之标识。而《明史·舆服志》仅称"太祖甫有天下，考定邦礼，车服尚质，酌古通今，合乎礼意"，不言其取别胡元之意，盖讳之也。明之服制，虽与古礼不尽同。然观《明史》所载，上自皇帝冕服，下至士庶冠服，大抵皆周汉以来相承之式。自满清入关，辫发胡服，而明人多抵死不从者，实亦文野之教殊也。[161]其二则泯灭种族之界限也。自妥欢贴睦尔窜归旧巢，诸蒙古色目人淹留中夏者，实繁有徒，明祖概一视同仁。洪武元年大赦天下诏有曰："蒙古色目人既居我土，即我赤子。有才能者，一体擢用。鳏寡孤独废疾不能自养者，官为存恤。朕既为天下主，华夷无间，姓氏虽异，抚字如一。"又诏胡服胡语胡姓，一切禁止。于是蒙古色目人多改为汉姓，与华人无异。其后频年征伐，塞外之俘累累，皆使之杂入各卫，分居内地，编置勘合，给赐姓氏，至成祖世遂沿为例。据《明会典》所载："洪武五年，令蒙古色目人氏既居中国，许与中国人家结婚姻，不许与本类自相嫁娶，违者男女两家抄没入官为奴婢。"[162]明祖实欲以政治之力，融合华夷之血统，以泯灭种族之界限。虽华宗上姓，由是与旃裘之种相乱。然吾中华民族，实因是而得平和之扩大。而禹域之内，终明世亦无汉胡屠杀之惨祸焉。

《明史》称"太祖惩元季吏治纵弛，民生凋敝，重绳贪吏，置之严典，……洪武五年，下诏有司考课，首学校农桑诸实政，日照知县马亮善督运，无课农兴士效，立命黜之，一时守令畏法，洁己爱民，以当上指，吏治焕然丕变矣。下逮仁宣，抚循休息，民人安乐，吏治澄清者百余年。英武之际，内外多故，而民心无土崩瓦解之虞者，亦由吏鲜贪残，故祸乱易弭也。"[163]明初县令及州县佐贰，每因部民乞留而久任，且有超迁加擢者，[164]朝廷旌举贤能，以示劝勉，所以风厉激劝者甚至。故吏治度越唐宋，几有两汉之风。又明初甚重绅士耆民。"以大户为粮长，掌其乡之赋税，多或至十余万石，运粮至京，得朝见天子，洪武中或以人材授官。""太祖令天下州县设立老人，选年高有德众所信服者，使劝民为善，乡间争讼，亦使理断；""若户婚田宅斗殴者，则会里胥决之，事涉重者，始自于官，若不由里老处分，而径诉县官，谓之越诉。（答五十）"[165]故终明世绅权亦极重。然自"嘉隆以后，资格既重甲科，县令多以廉卓被征，梯取台省，而龚黄之治，或未之觏焉。神宗末年，征发频仍，矿税四出，海内骚然烦费，郡县不克修举厥职；而庙堂考课，一切以虚文从事，不复加意循良之选。吏治既以日偷，民生由之益蹙，仁宣之盛，邈乎不可复追，而太祖之法蔑如矣。"[166]因重绅权，"而缙绅居乡者，亦多倚势恃强，视细民为弱肉，上下相护，民无所控诉。观宜兴周延儒方为相，陈于泰方为翰林，二家子弟暴邑中，宜兴民至发延儒祖墓，又焚于泰于鼎庐，王应熊方为相，其弟应熙横于乡，乡人诣阙击登闻鼓，列状至四百八十余条，赃一百七十余万，其肆毒积怨于民可知矣。"[167]且当时江南仕宦之家，畜奴之风颇盛。士大夫一登仕籍，臧获尽来门下，谓之投靠，多者或至千人。其豪悍者，率假借主势专恣横暴，里党不能安居。然主势一衰，则跋扈而去。甚有反占主田产，坑主资财，转献新贵有势，因而投牒兴讼者，有司亦惟力自视而已。及明之季年，纲纪废弛，吴中豪奴，尤所在报怨逞威，揭竿为乱，手刃其主。故至清初畜奴之风遂渺焉。

自宋以前，西北各地农田水利，尚多修举，故富力不偏于南方。南渡以降，河淮区域，叠受女真蒙古诸族之摧残，黄河又南徙入淮，[168]纵横糜烂，北方元气大耗。农田水利，尤多失修，故旱则赤地千里，潦则洪流万顷。而东南水利大兴，圩田围田阪塘堰闸之制毕设，有丰年而鲜水患。于是南北之饶瘠迥殊。元明都燕，由政治地理言，以北方控制东南。由经济财政言，则皆聚南方之金帛粟米，以供给北方之政府，而漕运乃为国之大事。元世祖至元中，开会通河及通惠河，江淮之粟，遂可直达燕都。然元世又盛行海漕，（初由海门县开洋，后由上海等处开洋，）江南之粟，分为春夏三运，每岁至京师者，多者至三百数十万石。[169]明初犹踵行海运；洪永之世，大开会通旧河，运道通利，始罢海漕。"正统初,运粮四百五十万石,成化八年,始定四百万石;自后以为常。(清代定额亦同此)北粮七十五万五千六百石,南粮三百二十四万四千四百石";当时南粮视北粮四倍有几。"而南直隶正粮独百八十万,苏州一府七十万,浙赋视苏减数万,江西湖广又杀焉。"[170]粮赋之多寡,实为各地物力盈绌之标识也。《明史》又称"宣德四年,始设钞关,于是有漷县、济宁、徐州、淮安、扬州、上新河、许墅、九江、金沙洲、临清、北新诸钞关。量舟大小修广,而差其额,谓之船料。(每船百料,纳钞百贯,后减至六十贯,正统初,复减为二十贯),不税其货,惟临清北新则兼收货税。各差御史及户部主事监收。"[171]盖漕运之道,即通商之道,运河通利,商旅因之辐辏,国家乃设关讥征。然商货既因捐税而增值,运漕之卒,遂多附载私货,以其无捐税之累,价廉而利厚。执政者初虽以为私弊,后亦姑息而不问。[172]然其所夹带者,大抵皆南产之物货也。南方经济力之度越北方如是。以人文言,南亦远优于北。《明史·选举志》称"初礼闱取士,不分南北。洪熙元年,仁宗命杨士奇等定取士之额,南人十六,北人十四。宣德正统间,分为南北中卷,以百人为率,则南取五十五名,北取三十五名,中取十名;南卷:应天及苏松诸府,浙江、江西、福建、湖广、广东,北卷:顺天、山东、山西、河南、陕西,中卷:四川、广西、云南、贵州及凤阳、庐州二府,滁、徐、和三州也。"所谓中卷,实亦南卷。而北卷中之顺天,复多南人。则明世进士,南人殆逾十七。"景泰二年会试,礼部奏准取士不分南北,户科给事中李侃等谓北人拙于文词,向日定为南北之分不可改。"[173]则分卷正为北士而设,苟自由竞争,北卷尚不能得此比率矣。观陈建皇明统纪载自洪武四年至万历四十四年,总二百四十五年间,会试第一及廷试一甲及第者,凡二百四十四人;北直隶(七人)山东(七人)山西(四人)河南(二人)陕西(九人)仅二十九人;而南直隶独有六十六人,浙江江西各四十四人,福建亦有三十一人。[174]明时北方人文之衰落,殆与经济力之衰落相表里;此顾炎武所以兴"今日北方有二患,一曰地荒,二曰人荒"之叹也。[175]

明代士习受科举影响,其弊极矣。然事有未可概论者,则翰林院与庶吉士之选是也。明制，翰林院有学士、侍读学士、侍讲学士及史官修撰、编修、检讨、庶吉士等，实为中央政府最高顾问及学术机关。（永乐后之内阁，亦由翰林院分出，）诸由科举出身者，一甲进士，每授修撰编修检讨。其二三甲进士文学优等及善书者，别选为庶吉士，"以翰詹（詹事掌辅导太子）官高资深者一人课之，谓之教习。三年学成，优者留翰林为编修检讨，次者出为给事御史，谓之散馆；与常调官待选者，体格殊异。"[176] 盖翰林院本为国家储才士子养望之地，而庶吉士之制，则又所以教育英俊启迪后进者也。《明史》称"自天顺二年，李贤奏定翰林纂修专选进士，由是非进士不入翰林，非翰林不入内阁，南北礼部尚书侍郎及吏部右侍郎，非翰林不任；而庶吉士始进之时，已群目为储相。通计明一代宰辅一百七十余人，由翰林者十九。盖科举视前代为盛，翰林之盛，则前代所绝无也。"[177] 然自选人偏重科举，科举偏重时文，流毒所届，至明季遂不可胜言；而以炎武之论为最痛切。曰："杨子常曰：十八房（明制会试用考试官二员总裁，同考试官十八员分阅五经，谓之十八房，《诗》、《易》各五房，《书》四房，《春秋》、《礼记》各二房，）之刻，自万历壬辰（二十年）钩玄录始；旁有批点，自王房仲选程墨始。一科房稿之刻，有数百部，皆出于苏杭，而中原北方之贾人市买以去。天下之人，惟知此物可以取科名，享富贵，此之谓学问，此之谓士人，而他书一切不观。昔邱文庄（濬）当天顺成化之盛，去宋元未远，已谓士子有登名前列，不知史册名目，朝代先后，字书偏旁者。举天下而惟十八房之读，读之三年五年，而一幸登第，则无知之童子，俨然与公卿相揖让，而文武之道，弃如弁髦，嗟乎！八股盛而六经微！十八房兴而二十一史废！"曰："今之所谓时文，既非经传，复非子史，展转相承，皆杜撰无根之语。以是科名所得，十八之中，其八九皆为白徒。而一举于乡，即以营求关说为治生之计。于是在州里则无人非势豪，适四方则无地非游客。"曰："今日科场之病，莫甚乎拟题，且以经文言之，初场试所习本经义四道，而本经之中，场屋可出之题，不过数十。富家巨族，延请名士馆于家塾，将此数十题各撰一篇，计篇酬值，令其子弟及僮奴之俊慧者，记诵熟习。入场命题，十符八九，即以所记之文抄誊上卷。四书亦然，发榜之后，此曹便为贵人，年少貌美者，多得馆选，天下之士，靡然成风，而本经亦可以不读矣。因陋就寡，赴速邀时，成于剽袭，得于假倩，卒而问其所未续之经，有茫然不知为何书者。故愚以为八股之害，等于焚书！为败坏人才，有甚于咸阳之郊所坑者但四百六十余人也！"[178]

明代门户朋党之争最烈，其事亦有与科举为因缘者。盖自"荐辟之法既废，而科举尤重进士，神宗以来，遂有定例，州县印官，以上中为进士缺，中下为举人缺，最下乃为贡生缺；举贡历官，虽至方面，非广西云贵不以处之；以此为铨曹一定之格。间有一二举贡受知于上，拔为卿贰大僚，则必尽力攻之，使至于得罪遣逐且杀之而后已。于是不由进士出身之人，遂不得不投门户以自庇。"所谓"科第不与资格期，而资格之局成；资格不与朋党期，而朋党之形立"也。[179]又明自中叶以后，士大夫趋权附势，已相习成风。严嵩当国，朝士为干儿义子者，至三十余辈，次亦多"日夕策马候权者之门"。[180]张居正辅政，"苍头游七入赀为官，勋戚文武之臣，多与往还通姻好，七具衣冠报谒，列于士大夫。""居正病，四阅月不愈，百官并斋醮为祈祷，南都秦晋楚豫诸大吏，亡不建醮。"[181]及魏阉擅权，颂德建生祠者，遍于天下。"监生陆万龄至请以魏阉配孔子，以魏阉父配启圣公。"阉每出，"所过士大夫遮道拜伏，至呼九千岁，阉顾盼未尝及。"[182]曹钦程以附阉擢太仆少卿，后阉"削其籍，濒行，犹顿首阉前曰，君臣之义已绝，父子之恩难忘，絮泣而去。"[183]顾炎武曰："自万历季年，搢绅之士，不知以礼饬躬，而声气及于宵人，诗字颁于舆皂，至于公卿上寿，宰执称儿，而神州陆沈，中原涂炭，夫亦有以致之矣！"[184]痛哉言乎！虽然，明之末造，朝野亦颇有气节可言，人物可数。当居正病，百官斋醮为祈祷也，顾宪成时以进士为户部主事，独持不可，同官代之署名，宪成手削去之。后与弟允成、钱一本、史孟麟、薛敷教、叶茂才等讲学东林，既"清节姱修，为士林标准。"[185]若赵南星、邹元标、孙慎行、高攀龙、冯从吾诸人，咸"持名检，励风节，严气正性，侃侃立朝，天下望之如泰山乔狱。"[186]"熹宗之时，龟鼎将移，其以血肉撑拒，没虞渊而取坠日者，东林也。毅宗之变，攀龙髯而蓐蝼蚁者，东林也。"比明之亡，"勇者燔妻子，弱者埋土室，忠义之盛，度越前代，犹是东林之流风余韵也。一堂师友，冷风热血，洗涤乾坤。"[187]明儒讲学之效，亦云伟矣！

## 注　释

[1]《明史》卷三《太祖本纪》语。至明祖奠定禹域之经过，则以《明史》卷四十《地理志一》之言，最为简核。曰："明太祖奋起淮右，首定金陵，西克湖湘，东兼吴会；然后遣将北伐，并山东，收河南，进取幽燕；分军四出，芟除秦晋，讫于岭表；最后削平巴蜀，收复滇南，禹迹所奄，尽入版图，近古以来所未有也。"至其详可参阅谷应泰《明史纪事本末》卷一至卷十二。

[2]此为唐太宗贞观二十年平北荒诏语；原文见《旧唐书·北狄传》。上文有数行，略据《明史纪事本末》卷十《故元遗兵》篇。

[3]《明史》卷一二八刘基等传赞语。

[4]皆《明史》卷一二八《本传》语。

[5]皆见《明史》卷八十九及九十《兵志一》至《二》。

[6]《明史》卷七七《食货志》称洪武中，"天下卫所州县军民，皆专垦辟。其制移民就宽乡，或召募，或罪徙者，为民屯，皆领之有司；而军屯则领之卫所。边地三分守城，七分屯种。内地二分守城，八分屯种。每军受田五十亩为一分，给耕牛农具，教树植，复租赋，遣官劝谕，诛侵暴之吏"。

[7]六王为中山王徐达、开平王常遇春、岐阳王李文忠、宁河王邓愈、东瓯王汤和、黔宁王沐英，见《明史》卷一二五至一二六。此所引为卷一二六赞语，及卷一二五常遇春本传语。

[8]《明史》卷七《成祖本纪》赞。及卷九《宣宗本纪》赞语。

[9]奴儿干永宁寺碑凡二：一题"永宁寺记"，永乐十一年立；一题"重建永宁寺记"，宣德八年立；为清季曹廷杰所发现，今藏海参威博物馆。曹君著《西伯利东偏纪要》，于此碑粗有纪述，魏声龢之《鸡林旧闻录》，则于纪录此碑形式及末泐原文外，并附甘鹏云之跋语。故倭人某《读史丛录》内有《明东北疆域辨误附奴儿干永宁寺碑记》及《奴儿干永宁寺二碑补考》，并附二碑影片，与杨成能史训选合译倭人某《东北开发史》（辛未编译社发行）第三章《明代之满洲经营》，论列此碑史实皆详，可参阅。

[10]皆本《明史》卷三二三《琉球传》。

[11]皆本《明史》卷三二〇《朝鲜传》。

[12]《明史》卷三二二《日本传》，于日人表文皆不载。日释周凤著《善邻国宾记》，则于足利氏屡次表文及明室颁赐之数，记录甚详。《日本国志》卷五《邻交志二》备载足利氏臣明事，即据周凤书，可参阅。又按《明史》卷三二五《浡泥传》称永乐中，浡泥王上言"臣蒙恩赐爵，臣境土悉属职方，乞封国之后山为一方镇；乃封为长宁镇国之山，御制碑文，令中官张谦等勒碑其上"。《满剌加传》称永乐中，其酋遣使入朝："其使者言王慕义，愿同中国列郡，岁效职贡，请封其山为一国之镇，帝从之，制碑文勒山上"。卷三二六《柯枝传》称永乐中，"其国人贡，其使者请赐印诰，封其国中之山，帝遣郑和赍印赐其王，因撰碑文，命勒石山上"云云。成祖之封肥后阿苏山，事亦同此，皆仿唐虞时对诸侯所行封山之典也。《明史·日本传》不载寿安镇国山碑，（明人严从简《殊域周咨录》，故宫博物院图书馆排印本卷二《日本》，及《日本国志·邻交志二》，皆载之。）而《浡泥传》《柯枝传》则备录两镇国山碑文，《满剌加传》亦录碑末缀诗。又《琉球传》称宪宗时，"贡使至，会册立东宫，请如朝鲜安南赐诏赍回，礼官议琉球与日本占城，并居海外，例不颁诏，乃降敕"云云。皆可考见明时日本之国际地位。

[13]《明史》卷三二七《鞑靼传》语。

[14] 参《明史》卷六卷七《成祖本纪》及《鞑靼传》、《瓦剌传》（卷三二八）。至《五驾北征》语，见卷九二《兵志四》。

[15]、[17]、[18] 皆见《明史》卷九一《兵志三》。

[16]《明史》载"洪武二年，命大将军徐达等备山西北平边，谕令各上方略。从淮安侯华云龙言，自永平蓟州密云迤西二千余里，关隘百二十有九，皆置戍守，于紫荆关及芦花岭设千户所守御。又诏山西都卫于雁门关太和岭并武朔诸山谷间，凡七十三隘，俱设戍兵。九年，设燕山前后等十一卫，分兵守古北口、居庸关、喜峰口、松亭关，烽堠百九十六处，参用南北军士。十五年，又于北平都司所辖关隘二百，以各卫卒守戍。诏诸王近塞者，每岁秋勒兵巡边。十七年，命徐达籍上北平将校士卒，复命将核辽东定辽等九卫官军。是后，每遣诸公侯校沿边士马，以籍上。二十年，置北平行都司于大宁，而封皇子权为宁王，调各卫兵往守。先是李文忠等取元上都，设开平卫及兴和等千户所，东西各四驿，东接大宁。西接独石。二十五年，又筑东胜城于河州东受降城之东，设十六卫。与大同相望。自辽以西数千里，声势联络。"见同上注。

[19]《明史》卷三三〇《西域传二》语。"西宁等四卫"指"西宁河州洮州岷州等番族诸卫。"

[20] 皆见《明史》卷三三一《西域传三》。

[21]、[22]、[23]、[25] 皆见《明史》卷三二二《西域传四》。

[24] 略据《蒙兀儿史记》卷一四一（帖木儿传论）。至帖木儿帝国略史，除此传外，可参阅布哇（L. Bowvat）著《帖木儿帝国》。（冯承钧译本商务印书馆出版）

[26] 麓川平缅见《明史》卷三一四《云南土司传二》。余皆见卷三一五《云南土司传三》。

[27]《明史》卷一五四《张辅传》语。又卷三二一《安南传》称"永乐五年五月，安南尽平。六月朔，诏告天下，改安南为交趾，设三司。……设十五府，分辖三十六州，一百八十一县。又设五州，直辖布政司，分辖二十九县。其他要害，咸设卫所控制之。六年六月，辅等振旅还京，上交趾地图，东西一千七百六十里，南北二千八百里，安抚人民三百二十一万有奇，获蛮人二百八万七千五百有奇，象马牛二十三万五千八百有奇，米粟一千三百六十万石，船八千六百七十余艘，军器二百五十三万九千八百。"

[28]、[30] 皆见《明史》卷三〇四《郑和传》。时随和往者，有会稽人马欢、太仓人费信、应天人巩珍，归志其事，各撰一书。珍撰《西洋番国志》，已佚而不传。欢撰《瀛涯胜览》，信撰《星槎胜览》，今皆存。（二书版本甚多，《瀛涯胜览》以商务印书馆排印之冯承钧校注本为善，《星槎胜览》则以罗振玉影印之天一阁藏旧钞本为较佳,）自余关于郑和纪载尚多，参向觉明（达）《关于三宝太监下西洋的几种资料》（见商务出版《小说月报》二十卷一号）及伯希和《郑和下西洋考》（冯承钧译商务印本），郑鹤声编《郑和传》（胜利出版社出版）。奎和所经历各国今地所在，以冯承钧著《中国南洋交通史》（商务出版中国文化史丛书本）考论为最核，可参阅。

[29] 关于郑和七次下西洋年月，《明史纪传》所载多误。娄东刘家港天妃宫石刻通番事迹记（载钱谷《吴都文粹续集》卷二十，首由友人郑鹤声君检出，）及《长乐三峰塔寺石刻天妃灵应记》,（冯著《中国南洋交通史》备录之）所记最为详确。冯君《中国南洋交通史》第十章《郑和之下西洋》据之，重为考订，历历如数家珍矣。

[31]《明史》卷三二三《外国传四》载"古麻剌朗，永乐十八年八月，其王斡剌义亦奔敦率妻子陪臣来朝。""冯嘉施兰，永乐四年八月，其酋嘉马银等来朝，贡方物。六年四月，其酋玳瑁里欲二人各率其属朝贡。"又卷三二五《外国传六》载"浡泥，永乐六年八月，其王麻那惹加那率妃及弟妹子女陪臣泛海来朝。十年九月，王遐旺偕其母来朝。""满剌加，永乐九年，其王拜里迷苏剌率妻子陪臣五百四十余人来朝。十二年，王子母斡撒于的儿沙来朝，告其父讣，即命袭封。十七年，王率妻

子陪臣来朝谢恩。二十二年，西里麻哈剌以父殁嗣位，率妻子陪臣来朝。宣德八年，王率妻子陪臣来朝。""苏禄，永乐十五年，其国东王巴都葛叭哈喇，西王麻哈剌叱葛剌麻丁，峒王妻叭都葛巴剌卜，并率其家属头目，凡三百四十余人，浮海朝贡。"

［32］见《明史》卷三二四《爪哇传》及《三佛齐传》。

［33］同上注［1］。

［34］参《明史》卷一三二《蓝玉传》，卷三〇八《胡惟庸传》，《明史纪事本末》卷十三《胡蓝之狱》篇，及《廿二史札记》卷三十二"胡蓝之狱"节。

［35］详《廿二史札记》卷三十二"明初文字之祸"节。又同卷"明祖行事多仿汉高"、"明祖文义"、"明初文人多不仕"、"明祖晚年去严刑"、及"明初徙民之令"诸节，多综述明祖时事，可参阅。

［36］《明史》卷一二〇《诸王传》赞语。又明室封建，尚有积弊。一在以王府之尊，而居于外郡，则势力足以病民。一在支庶蕃衍，皆仰给县官，不使之出仕及别营生理，以至宗藩既困，而国力亦不支。说详《廿二史杞记》卷三十二"明分封宗藩之制"节。

［37］皆见《明史》卷四《惠帝本纪》。本书以惠帝系清乾隆世追谥，仍称建文帝，详下注［50］。

［38］同上注［7］。

［39］语本《明史》卷七十八《食货志二》。

［40］同上注［8］。《明史·食货志》序又曰："洪永熙宣之际，百姓充实，府藏衍溢，盖是时劝农务垦辟，土无莱芜，人敦本业，又开屯田中盐以给边军，（时召商输粮边境而与之盐，谓之开中，为有明盐法之最善者，）粮饷不仰借于县官，故上下交足，军民胥裕。"

［41］据《明史》卷一〇九《宰辅年表一》，杨士奇自洪武三十五年（建文四年秋七月，燕王即位，仍称洪武三十五年，）至正统九年（一四〇二至一四四四），金幼孜自洪武三十五年至宣德六年（一四〇二至一四三一），杨荣自永乐元年至宣德五年（一四〇三至一四三〇），杨溥自洪熙元年至正统十一年（一四二五至一四四六）。又据卷一一一《七卿年表一》，蹇义自洪武三十五年至宣德十年（一四〇二至一四三五），夏原吉自洪武三十五年至宣德五年（一四〇二至一四三〇）。至此处所引，语本《廿二史札记》卷三十三《明大臣久任者》节。参《明史》卷一四七至一四九诸人《本传》。史以房杜姚宋比三杨，言"明称贤相，必首三杨，均能原本儒术，通达事几，协力相资，靖共匪懈。"于蹇夏亦美其"能通达政体，谙练章程，使吏治修明，民风和乐，成绩懋著，蔚为宗臣"云。

[42] 皆见《明史》卷四十《地理志一》。

[43] 据《明史》卷七十二《职官志一》及卷一〇九《宰辅年表序》。自秦汉始设丞相，以为人君之副贰，历魏晋至隋唐，而变为尚书中书门下之三省。宋承唐制，时有变革，北宋初以中书侍郎为宰相本官，南宋孝宗又废门下省合中书省。元亦罢门下省，以御史台司监察。嗣复废尚书省，并其职于中书，六部俱隶入焉，三省遂变而为一省。至明中书省而废之，而以前尚书省之僚属任天下事矣。黄宗羲《明夷待访录·置相篇》曰："有明之无善治，自高皇帝罢丞相始也。……宰相既罢，天子更无与为礼者矣。遂谓百官之设，所以事我；能事我者，我贤之，不能事我者，我否之。设官之意既讹，尚能得作君之意乎？入阁办事者，职在批答，犹府之书记也。其事既轻，而批答之意，又必自内授之，而后拟之，可谓有宰相之实乎？"清因明制，故自洪武十三年迄清亡，凡五百三十一年（一三八〇至一九一一），吾国无真宰相焉。

[44] 见《明史》卷七十《选举志二》。一甲止三人，曰状元、榜眼、探花，赐进士及第。二甲若干人，赐进士出身。三甲若干人，赐同进士出身。状元榜眼探花之名，制所定也。而士大夫又通以乡试第一为解元，会试第一为会元，二三甲第一为传胪云。皆见同卷。

[45] 见《明史》卷七一《选举志三》。

[46] 见《明史》卷一《太祖本纪》及卷六十九《选举志一》皆称设于乙巳年。即元末主至元二十五年（一三六五），太祖称吴王之第二年也。

[47] 南京国学图书馆有影印本。

[48] 说详柳先生《五百年前南京之国立大学》。（载《学衡》杂志第十三十四期）

[49] 见《明史》卷六十九《选举志一》。

[50] 按建文帝旧无谥，弘光帝时追谥惠宗，清乾隆元年，又追谥恭闵惠皇帝。（《明史》据以题署，王鸿绪《明史稿》则仍称"建文帝"，）成祖文皇帝崩后，本以太宗为庙号，所修《实录》，今犹以太宗名之，世宗时始改号成祖。景帝之谥，乃成化中所上，弘光帝复追谥代宗。崇祯帝殉国后，南都初上谥曰烈皇帝，庙号思宗，明年，又改号毅宗；至《明史》所题之"庄烈愍皇帝"，乃清人入京师后所加谥也。弘光帝殂后，初称圣安皇帝，后谥安宗。隆武帝遇害后，初称思文皇帝，后谥绍宗。永历帝被弑后，郑成功曾谥为昭宗。《明史》稿于《南明三帝》，称曰"福王唐王永明王"，然犹立专传（卷一一一《列传第六下》），《明史》则仅附由崧事于《福王常洵传》（卷一二〇），聿键事于《唐王桱传》（卷一一八），由榔事于桂王常瀛传（卷

一二〇），且所叙极简略焉。清初查伊璜撰《罪惟录》，（原百余卷，今商务印书馆四部丛刊三编影印稿本，凡存八十四卷，）《本纪》中称建文帝为惠宗，成祖为太宗，景帝为代宗，崇祯帝为毅宗，弘光帝为安宗，隆武帝为绍宗，附以桂王鲁监国，其题署实远胜《明史》。今以行文及通俗之故，除建文弘光隆武永历皆以年号为帝称，鲁王称鲁监国外，余悉仍《明史》之旧云。

[51]、[53]、[56] 皆《明史》卷三〇四《宦官传一》语。

[52]《明史》卷十一《景帝本纪》赞语。

[54]《明史》卷十四《宪宗本纪》赞语。

[55]《明史》卷十五《孝宗本纪》赞语。

[57] 厂与卫每相倚，言者因并称厂卫。《明史》卷九五《刑法志三》略言其概，可参阅。至其幽縶惨酷，今惟德苏之秘密警察类之。

[58]《明史》卷十六《武宗本纪》赞语。

[59]《明史》卷十八《世宗本纪》赞语。

[60]《明史》卷三〇八《奸臣传》语。

[61]《明史》卷二一三《张居正传》语。

[62]《明史》卷二一《神宗本纪》赞语。

[63] 除"始开矿增税"一语据《明史》卷八十一《食货志五》，余皆见卷三〇五《宦官传二》。时最横者为陈增、陈奉、高淮等，传详载之；而志则分言"矿"（坑冶）"税"（商税）尤备。《明史纪事本末》卷六十五《矿税之弊》篇，及《廿二史札记》卷三十五"万历中矿税之害"节，亦可参阅。

[64] 同上注[13]。

[65] 参《廿二史札记》卷三十四"明中叶南北用兵强弱不同"节。

[66] 同上注[21]。

[67] 同上注[19]。

[68] 皆见《明史》卷三二三及三二四《本传》。

[69] 参《明史纪事本末》卷五十五《沿海倭乱》篇。明人纪载倭寇书至夥，以胡宗宪幕客郑若曾纂辑之《筹海图编》较为详备。近人述明时倭寇者，亦有数小册，不备列。

[70]《明史》卷三二二《日本传》语。至秀吉侵朝鲜事，《明史》载卷三二〇《朝鲜传》中。宋应昌《经略复国要编》十六卷，（南京国学图书馆影印明万历刊本）纪其在经略任内及事后疏奏文牍等，拙撰该书提要（附影印本首及拙著《日本论丛》中）论述朝鲜之役颇备，可参阅。

[71] 自明与师援鲜讨倭，倭将小西行长欲与明和，沈维敬与倭交通，因以封贡饵之，行长亦为秀吉乞封。及倭使藤原如安抵京，明遂封秀吉为日本国王。(其册书今犹藏倭人石川氏家，文曰："奉天承运皇帝制曰：圣仁广运、凡天覆地载、莫不尊亲、帝命溥将、暨海隅日出、罔不率俾、昔我圣祖、诞育多方、龟纽龙章、远锡扶桑之域、贞珉大篆、荣施镇国之山、嗣以海波之扬、偶致风云之隔、当兹盛际、宜缵彝章、咨尔丰臣平秀吉、崛起海邦、知尊中国、西驰一介之使、欣慕来同、北叩万里之关、恳求内附、情既坚于恭顺、恩可靳于怀柔、兹特封尔为日本国王、锡之诰命、于戏、宠贲芝函、袭冠裳于海表、风行卉服、固藩卫于天朝、尔其念臣职之当修、恪循要束、感皇恩之已渥、无替款诚、祗服纶言、永遵声教、钦哉、万历二十三年正月二十一日")盖行长意秀吉必以受封为荣，明廷亦循封足利氏之例而封之也。二十四年，册使至，伏见晤秀吉，秀吉已服明所锡冠服矣，忽以册文不当意，毁冠服，逐明使者，下令复发兵，和议乃绝。

[72] 参孟森《清朝前纪》(十九年商务印书馆出版)第四篇《建州纪》。孟氏此书，系抚述明人纪载清黄台吉(后改皇太极)以前事。孟氏嗣又据《明实录》及《朝鲜李朝实录》，著《明元清系通纪》，则远较此书为详赡。惟行世者仅有北京大学铅印本，讲义十数册，盖未完成也。

[73] 皆见《明史》卷二三八《李成梁传》。

[74] 参《清朝前纪》第十二篇《太祖纪》。

[75] 见《明史》卷二三一《顾宪成传》。

[76] 见《明史》卷二四〇《叶向高传》。时向高为阁臣。《传》载向高疏，言"自阁臣至九卿台省曹署皆空"，又言"今六卿止赵焕一人，而都御史十年不补。"又《赵焕传》(卷二二五)称"万历四十年二月，焕改署吏部。(本刑部尚书兼署兵部)时神宗怠于政事，曹署皆空。内阁惟叶向高，杜门者已三月。六卿止一焕在，又兼署吏部，吏部无复堂上官。兵部尚书李化龙卒，召王象乾未至，亦不除侍郎。户礼工三部各止一侍郎而已。都察院自温纯罢去，八年无正官。故事给事中五十人，御史一百十人，至是皆不过十人。焕累疏乞除补，帝皆不报。"此足征"大僚或空署"之言矣。参阅《廿二史札记》卷三十五"万历中缺官不补"节。

[77] 见《明史》卷二二四《孙丕扬传》，"以宾尹宣城人，天竣昆山人也。"

[78] 见《明史》卷二三六《夏嘉遇传》。传又云："帝(神宗)久倦勤，方从哲独柄国，碌碌充位，中外章奏悉留中，惟言路一攻，则其人自去，不待诏旨。台谏之势，积重不返，有齐楚浙三方鼎峙之名。齐则给事中行诗教、周永春、御史韩浚；楚则给事中官应震、吴亮嗣；浙则给事中姚宗文、御史刘廷元。"

[79]《明史》卷二四四《左光斗传》语。

[80] 同上卷《杨涟传》语。

[81] 时交结魏阉者："外廷文臣，则崔呈秀、田吉、吴淳夫、李龙、倪文焕，主谋议，号五虎；武臣则田尔耕、许显纯、孙云鹤、杨寰、崔应元，主杀僇，号五彪；又吏部尚书周应秋、太仆少卿曹钦程等，号十狗；又有十孩儿四十孙之号。"见《明史》卷三〇五《宦官传二》。

[82]、[83] 皆见《明史》卷三〇六《阉党传》。当时死诏狱者，自涟光斗大中外，尚有周朝端、袁化中、周起元、缪昌期、周顺昌、周宗建、黄尊素、李应昇等，未死前皆受酷刑，五毒备具。涟光斗昌期死尤惨，以涟疏劾魏阉二十四大罪，光斗与其谋，而涟疏有言系昌期代草也。其详《明史》卷二四四与二四五各《本传》及卷九十五《刑法志三》。梨洲《置相》篇尝曰："吾以谓有宰相之实者，今之宫奴也。有明之阁下，贤者货其残膏剩馥，不贤者假其喜笑怒骂。"《明史·职官志》序亦曰"内阁之拟票，不得不决于内监之批红，而相权转归之寺人。于是朝廷之纪纲，贤士大夫之进退，悉颠倒于其手，伴食者承意志之不暇。间有贤辅，卒蒿目而不能救。"观熹宗立，叶向高为首辅，向高尝右东林，朝士指目为党魁，海内正人亦倚以为重。然魏阉擅权，"卒不能有所匡救。盖政柄内移，非一日之积势，固无如何也。"（《明史·本传》语）天启四年七月，向高以时事不可为罢去，魏阉遂次第戮辱贬削朝士之异己者。明世厂卫诏狱，杀人至惨，而不丽于法，是数者多奄寺掌之，遂举朝野命一听之宦竖之手；捂绅之祸烈于汉唐之季，此又一因矣。

[84] 详《明史》卷三〇六阉党《崔呈秀传》。

[85]、[87]、[88] 皆《明史》卷二五九《熊廷弼传》语。

[86]《明史·本传》所载，有一疏略云："今庙堂议论，全不知兵。冬春之际，敌以冰雪稍缓，哄然言师老财匮，马上促战。及军败，始愀然不敢复言。比臣收拾甫定，而愀然者又复哄然于责战矣。自有辽难以来，用武将，用文吏，何非台省所建白，何尝有一效。疆场事，常听疆吏自为之，何用拾括帖语，徒乱人意，一不从辄怫然怒哉。"明人程开祜辑《筹辽硕画》四十六卷，（商务印书馆影印北平图书馆善本丛书本）备载万历四十六年夏迄四十八年秋筹辽疏奏方略，中载廷弼奏疏最多，可参阅。

[89]《明史》卷二五九《袁崇焕传》语。

[90]《明史》卷七八《食货志二》"万历四十六年，骤增辽饷三百万，时内帑充积，帝靳不肯发。户部乃援征倭播例，亩加三厘五毫，天下之赋增二百万有奇。明年，复加三厘五毫。明年，以兵工二部请，复加二厘。通前后九厘，增赋五百二十

万，遂为岁额。"时御史张铨疏言"陛下内廷积金如山，以有用之物，置无用之地，与瓦砾粪土何异。乃发帑之请，叫阍不应，加派之议，朝奏夕可"云云。神宗好货畜财如此。及"崇祯三年，军兴，乃于九厘外亩复增三厘，……共增赋百六十五万四千有奇。后五年，……概征每两一钱，名曰剿饷。越二年，又亩加征一分四厘九毫。越二年，亩加练饷银一分。"综计至崇祯末，凡"加派辽饷至九百万，剿饷三百三十万，练饷七百三十余万。"（皆见《食货志》）而明亦旋亡矣。

[91]、[95] 皆《明史》卷三〇九《流贼传》语。

[92]、[99] 语皆本《明史》卷三〇八《奸臣传》。传又称"士英招权罔利，诸白丁隶役输重赂，立跻大帅，都人为语曰，职方贱如狗，都督满街走，其刑赏倒乱如此。"

[93] 语本《明史》卷二六〇杨陈等传。

[94] 见《明史》二七五《本传》。

[96] 语本《明史》卷二四《庄烈本纪》赞。

[97] 同上注[51]。

[98]《明史》载诸臣育帝时积弊者颇众，兹略录一二〇如路振飞"陈时事十大弊：曰务苛细而忘政体；丧廉耻而坏官方；民愈穷而赋愈亟；有事急而无事缓；知显患而忘隐忧；求治事而鲜治人；责外重而责内轻；严于小而宽于大；臣日偷而主日疑；有诏旨而无奉行。"熊汝霖言"将不任战，敌南北往返，谨随其后，如厮隶之于贵官，负弩前驱，望尘靡及"云。（皆见卷二七六《本传》）

[100] 此熊汝霖对弘光帝语，见同上注。

[101] 语本《明史》卷二七三《刘泽清传》。

[102]《明史》卷二七四《本传》赞语。

[103]《明史》于赣州城守事，记载较详，见卷二七八。金声等则见卷二七七，（黄淳耀则见《文苑传》）多缺略不具。参温睿临《南疆逸史》士义兵等传。

[104]《明史》卷二八〇《本传》赞语。

[105]《南疆逸史》序语。

[106]《明史》卷二七九《朱天麟传》语。传称当是时朝臣各树党。从李成栋至者，曹晔、耿献忠等，自夸反正功，气凌朝士。从广西扈行至者，天麟及严起恒等，自恃旧臣，诋曹耿等尝事异姓。（倪在田续《明史纪事本末》卷十四《永历党祸》篇，述此两党外，尚有吴爆、陆世廉等皆自诸路赴行在，为一党，陈世杰、杨邦瀚等皆广东人官本州，为一党，）久之，复分吴楚两党，主吴者，天麟、张孝起、吴贞毓、李用楫、褚允锡、王化澄、万翔、程源、郭之奇，皆内结马吉翔，外结程邦传。

主楚者，袁彭年、丁时魁、蒙正发、刘湘客、金堡，皆外结瞿式耜，内结李元允。同卷赞曰："明白神宗而后，寝微寝灭，不可复振。揆厥所由，国是纷呶，朝端水火，宁坐视社稷之沦胥，而不能破除门户之角立，故至桂林播越，旦夕不支，而吴楚之树党相倾，犹仍南都翻case之故态也。颠覆之端，有自来矣。"又按永历帝立后，隆武旧臣苏观生本欲事永历，丁魁楚等拒之，观生遂别立隆武帝弟聿锷于广州，改元绍武，仅月余，即为清兵所执而死。见《明史》卷二七八《苏观生传》。

[107]《明史》于南明诸帝，皆附列诸王传。其臣下及有关人物，虽散见《列传》卷一六一至一六八，（卷二七三至二八〇，他卷尚有，兹不举）而所遗者亦甚多。清人取南明三朝及鲁监国事别撰一书者，以温睿临之《南疆逸史》四十四卷，徐鼒之《小腆纪年附考》二十卷，及《小腆纪传》六十五卷，《补遗》五卷，为最详。至明季野史，全祖望曾谓不下千家，今传者犹夥，参近人谢国桢撰《晚明史籍考》（国立北平图书馆出版）。

[108]《五经大全》，计《周易传义大全》二十四卷，《义例》一卷，《书传大全》十卷，《诗集传大全》二十卷，《礼记大全》三十卷，《春秋集传大全》三十七卷，共一二二卷。《四书大全》三十六卷。时又有《性理大全》七十卷，亦广等奉敕修撰。合称三大全。

[109]、[113] 皆《明史》卷二八二《儒林传》序语。

[110] 详《日知录》卷十八"书传会选"条。

[112] 见《明儒学案》卷一、卷七、及卷四三、三学案叙录。

[114]《明儒学案》共立十七学案，自上所举崇仁至蕺山十六学案外，尚有三原学案（王恕王承裕等），亦河东之别派也。

[115]《明儒学案》凡例语。至上论各家宗旨，皆据学案及《明史》卷二八三《儒林传二》。参《中国文化史》第二编第二十五章《明儒之学》。（页二二三至二三一）

[116]《明史》卷一九五《本传》赞语。

[117]、[118] 皆本《日知录》卷十八"朱子晚年定论"节。亭林深恶王学末流，至曰："昔范武子论王弼何晏二人之罪，深于桀纣，以为一世之患轻，历代之害重，自丧之恶小，迷众之罪大；而苏子瞻谓李斯乱天下，至于焚书坑儒，皆出于其师荀卿高谈异论而不顾者也。"又曰："以一人而易天下，其流风至于百有余年之久者，古有之也，王夷甫之清谈，王介甫之新说；其在于今，则王伯安之良知是也。"

[119]、[122] 皆见《明儒学案》卷五十八。

[120] 本节论书院讲学，多本《中国文化史》第二编第二十五章《明之文物》，

页二四九至二二五五。

[121]、[123] 皆见《明史》卷二八三《儒林传二》。

[124]《明儒学案》卷三十二《泰州学案》："樵夫朱恕，泰州草偃场人。樵薪养母。一日过心斋讲堂，听心斋语，浸浸有味。于是每樵必造阶下听之，饥则向都养乞浆解里饭以食，听毕则浩歌负薪而去。""陶匠韩乐吾，兴化人。以陶瓦为业。慕朱樵而从之学，后乃卒业于东崖。（心斋仲子襞）粗识文字，久之觉有所得，遂以化俗为任，随机指点，农工商贾从之游者千余。秋成农隙，则聚徒谈学，一村既毕，又之一村，前歌后答，弦诵之声，洋洋然也。"

[125]《亭林文集》卷二《钞书自序》语。

[126] 钱大昕跋《宋史新编》，（见《潜研堂文集》二十八）曰："柯氏新编用功已深，义例亦有胜于旧史者，惜其见闻未广，有史才而无史学耳。"余谓冯陈书亦然。

[127] 诸书《明史》卷九七《艺文志二》皆著录，（自通纪至世法缘皆见正史类，《弇州史料》系董复表汇纂《世贞弇山堂别集》、《识小录》、《少阳丛谈》及明野史汇等而成，见杂史类，典汇见故事类，）今皆有明刊本传世。艺文志正史类又有《谈迁国榷》一百卷，系汰明列朝实录并补崇祯朝缺文而成书，前南京国学图书馆藏有抄本。故事类又有王圻《续文献通考》二五四卷，辑明事甚备，流传尤广。兹因国榷撰于清世，《续通考》兼及元代事，姑不论。至正史类著录之王大纲《皇明朝野纪》略一千二百卷，实为《明史》之巨著，惜今已无传本矣。

[128]《明史·艺文志》正史类载明太祖实录二五七卷，成祖实录一三〇卷，仁宗实录十卷，宣宗实录一一五卷，英宗实录三六一卷，（内附景泰帝事迹凡八七卷）宪宗实录二九三卷，孝宗实录二二四卷，武宗实录一九七卷，世宗实录五六六卷，（又世宗父睿宗实录五〇卷）穆宗实录七〇卷，神宗实录五九四卷，光宗实录八卷，熹宗实录八四卷，都计二千九百〇九卷。（并睿宗实录合计则为二九五九卷）今惟熹宗实录缺天启四年十二卷，及六年六月一卷，余并有传抄本。（明代惟建文庄烈两帝无实录，然万历中已附建文事于太祖实录，南京国学图书馆有抄本，崇祯实录十七卷，则为后人所补辑。）

[129]、[130] 皆本《四库全书》总目卷一三七子部类书类存目一"永乐大典"条。明世永乐大典共有写本三部，一藏南京，余二分藏北京文渊阁及皇史宬。明祚既倾，南京本与皇史宬本并毁。清修四库书时，文渊阁本亦已残阙二千余卷，至庚子之乱，毁于兵燹。今尚存百数十册。《北平图书馆月刊》（第三卷三四号）永乐大典专号，有袁同礼"永乐大典考"述大典零册散藏中外各地者颇详，及赵万里："永

乐大典内辑出之佚书目"，凡经部书六九种，附录四种，史部一〇三种，附录五种，子部一三三种，附录二九种，集部一八二种，附录六种，共四百八十七种，附录四十四种，又校补书二七种，附录三种。

[131] 同上注［120］，页二五六至二五八。

[132]《明史》卷二九八隐逸传沈周传语。

[133] 语本《明史》卷二八七《文苑传三·文徵明传》。史称"徵明四绝，不减赵孟頫，而陆师道并传之，其风尚亦略相似"云。至徐祝唐三人皆见卷二八六《文苑传二》。

[134] 语本《明史》卷二八八《文苑传四·董其昌传》。自沈度至陆深，皆见《文苑传二》。（莫如忠是龙则附其昌传）史称"度粲兄弟皆善书，度以婉丽胜，粲以遒逸胜；""张弼公草书怪伟跌宕，震撼一世；""陆深工书，仿李邕赵孟頫。"

[135]《明史》卷二九八隐逸传陈继儒传语。

[136] 本节论工艺美术，皆见同上注［120］，页二六一至二六三。

[137] 明代藏书家掌故，叶昌炽《藏书纪事诗》二三卷征录最详，《中国文化史》下册页二三二至二三四亦略引十数人。《明史·文苑传三》载"华亭何良俊有清森阁藏书万卷"；"章邱李开先性好蓄书，名闻天下；""兰溪胡应鳞筑室山中，构书四万余卷。"至明世博洽之士，首推新都杨慎，详《明史》卷一九二本传。又《文苑传》所载，如陶宗仪（卷二八五）、程敏政（卷二八六）、田汝成、王世贞（卷二八七）、焦竑、陈仁锡、董其昌、王惟俭、张溥（卷二八八）等，皆闳雅博物君子也。

[138] 唐顺之见《明史》卷二〇五。罗洪先见《儒林传二》。（本节多据同上注［120］，页二五九至二六一。）洪先又尝本元朱思本"舆地图"，增广为"广舆图四卷"。（前南京龙蟠里国学图书馆藏有嘉靖刊本）朱氏原图注意于方位分率之真确，罗氏因其图，更以当代之省府州县，增以卫所，注以前代郡县之名，盖视朱图尤为详备矣。

[139]《明史》卷三一〇至三一九皆《土司传》，此为卷三一〇《土司传》总序语。

[140] 语本《明史》卷六九《选举志一》。

[141] 据清修《续文献通考》卷四七《学校考》。

[142] 同上注［21］。

[143] 详上注［12］。

[14] 见《明史》卷三二八《瓦剌传》。

[145] 参本书第七章"唐代华化之广播"节。自宋濂外，马理见《儒林传》，余

皆见《文苑传》。

［146］皆本《明史》卷三二一《安南传》。

［147］语皆本《殊域周咨录》卷四《琉球》。

［148］《殊域周咨录》卷一《朝鲜》引祁顺语。上文及下文叙朝鲜，多据陈清泉译故倭人某《朝鲜通史》。（商务印书馆出版）

［149］详陈捷译本《中日交通史》下卷第八章至第十章，有括号处，见二六八页至二九八页。

［150］本《明史》卷七四《职官志三》。

［151］同上注［120］，页二五八至二五九。

［152］马良跋艾儒略《大西利先生行迹》（新会陈氏排印本）语。

［153］《明史》卷三二六《外国传七·意大里亚传》语。

［154］据黄伯禄《正教奉褒》卷一称"明季各教士得随处建堂敷教，不被阻挠，统计奉教者有数千人。其中宗室百有十四，内官四十，显宦十四，贡士十，举子十一，秀士三百有奇。其文定公徐光启、少京兆杨廷筠、太仆卿李之藻、大学士叶益蕃、左参让瞿汝说、忠宣公瞿式耜，为奉教中尤著者。"至永历太妃等奉教事，详高劳"永历太妃遣使于罗马教皇考"。（见商务印书馆《东方》杂志八卷五号）参柳先生《中国文化史》第三编第二章《西教之东来》（下册页二七六至二八六）及拙著《中国人之佛教耶教观》。（载中华书局十二年出版《学衡》杂志第十四、十六期）

［155］按徐光启入教在万历三十一年；李之藻入教在三十八年，利子亦于是年卒矣。光启《泰西水法》序曰："泰西诸君子，以茂德上才，利宾于国。其始至也，人人共叹异之；及骤与之言，久与之处，无不意消而心悦服者；其实心实行实学，诚信于士大夫也。……其绪余更有一种格物穷理之学。凡世间世外万事万物之理，叩之无不河悬响答，丝分理解，退而思之，穷年累月，愈见其说之必然而不可易也。格物穷理之中，又复旁出一称象数之学。象数之学，大者为历法、为律吕。至其有形有质之物，有度有数之事，无不赖以为用，而用之无不尽巧极妙者。"之藻刻圣水纪言序曰："西贤入中国三十余年，吾中国人利名婚宦事，一尘不染，三十余年如一日，其侪十许人，学问品格如一人。譬则仪凤游麟，不必产自花圃，偶尔来宾，斯亦圣朝之瑞也。"又刻天学初函题辞曰："天学者，唐称景教，自贞观九年入中国，历千载矣。皇朝有利玛窦者，九万里抱道来宾，重演斯义，迄今又五十年。多口似续，翻译渐广，显自法象名理，微及性命根宗，义畅旨玄，得未曾有。"二子于西士钦佩至此，其入教非偶然也。

［156］说详《禹贡半月刊》第五卷第三、四期"利玛窦世界地图专号"。

[157] 说详方豪《伽利略与科学输入我国之关系》，载《中外文化交通史论丛》第一辑。《奇器图说》作于天启七年，去伽氏之卒（一六四二）尚十有五年，是在伽氏生时，其学说与发明已输入吾国矣。

[158] 说详方豪《明季西书七千部流入中国考》见同上书。

[159] 按方以智所著《物理小识》及《通雅》皆言及西学器艺，徐霞客亦与西洋教士有间接之关系（说详方豪徐霞客与西洋教士关系之初步研究，见同上注）。至徐李王等，可参阅《明史历志》及刘师培《徐光启传》（载《国粹学报》十九期）陈垣《李之藻传》（附辅仁社影印"名理探"末，又陈氏排印本。）黄节《王徵传》（载《国粹学报》第六期）。

[160]《元史》卷七八《舆服志一》"质孙，汉言一色服也。天子质孙，冬服凡十有一等，夏服凡十有五等。百官质孙，冬服凡九等，夏服凡十四等。至于乐工卫士，皆有其服，精粗之制上下之别虽不同，总谓之质孙云。"按其制有暖帽钑笠比肩等；暖帽钑笠，大致如清世之暖帽凉帽；比肩蒙俗称曰襻子答忽，则今所谓背心也。

[161] 同上注[120]，页二六三至二六四。

[162] 见《明会典》卷二十户口二"婚姻"节。

[163]、[166] 皆见《明史》卷二八一《循吏传》序。

[164] 详见《明史·循吏传》，及《廿二史札记》卷三十三"明初吏治""因部氏乞留而留任且加擢者"诸节。

[165] 皆本《日知录》卷八"乡亭之职"节。

[167] 语本《廿二史札记》卷三十四"明乡官虐民之害"节。

[168] 自大禹导河后，黄河溃决迁徙，最大者六。一在周定王五年（前六〇二）。二在王莽始建国三年（一一）。三在宋仁宗庆历八年（一〇四八）。四在金章宗明昌五年（一一九四），河决阳武，南北分流入海，河水大半入淮，而北清河之流犹未绝。五在元世祖至元二十六年（一二八九），会通河成，于是始以一淮受全河之水，及明弘治中，筑断黄陵冈支渠，而北流于是永绝矣。（清胡渭《禹贡锥指》撮述颇详，可参阅，）六在清咸丰五年（一八五五）河决铜瓦厢，再改道北徙，由大清河入海。

[169]《元史》卷九三《食货志一》及《元史纪事本末》卷十二《运漕》篇，备载元世海漕岁运之数，以"泰定三年三百三十七万五千七百八十四石，至者三百三十五万一千三百六十二石，天历二年，三百五十二万二千一百六十三石，至者三百三十四万三百六石"为最多。

[170] 皆本《明史》卷七九《食货志三》。

[171] 见《明史》卷八一《食货志五》。

[172] 本节以上所述，多本《中国文化史》第二编第二十四章《河流漕运及水利》。（下册页二——至二二二）

[173]、[175] 皆见《日知录》卷十七"北卷"条，同条又曰："北人自宋时，即云京东西河北河东陕西五路举人拙于文辞声律，况又更金元之乱，文章一事，不及南人久矣。今南人教小学，先令属对，犹是唐宋以来相传旧法。北人全不为此，故求其习比偶调平仄者，千室之邑，几无一二人；而八股之外，一无所通者，比比也。愚幼时，四书本经俱读全注。而北方则有全不读者，欲令如前代之人，参互诸家之注疏而通其得失，固数百年不得一人，且不知十三经注疏为何物也。间有一二五经刻本，亦多脱文误字，而人亦不能辨。此古书善本，绝不至于北方；而蔡虚斋林次崖诸经学训诂之儒，皆出于南方也。"（按虚斋名清次崖名希元皆见《明史·儒林传一》）

[174] 见《皇明统纪》卷十三。此外湖广八人，广东四川各六人，广西二人。

[176]、[177] 皆见《明史》卷七十《选举志二》。

[178] 见《日知录》卷十六"十八房""经义论策""拟题"诸节。

[179] 见同上书卷十七"进士得人"节。

[180] 宗臣《报刘一丈书》语。

[181]《明史》卷二一三《张居正传》语。《廿二史札记》卷三五"张居正久病百官斋祷之多"节。称《明朝小史》所载更详。万历十年，居正病久，帝大出金帛为医药资。六部大臣九卿五府公侯伯俱为设醮，已而翰林科道继之，部属中行又继之，诸杂职又继之。仲夏赤日中，舍职业而奔走焉。其同乡门生故吏，有再举三举者。司香大僚，执炉日中，当拜表章，则长跪弗起，至有贿道士数十端以息膝力者。所拜章必书副本，赂其家人达之相公，或见而颔之，取笔点其一二丽语，自是争募词客为之，冀其一启颜。不旬日而南京仿之。山陕楚闽淮漕抚按藩臬，无不醮者。于慎行笔尘又记建醮时，有朱御史于马上首顶香盒诣醮所，已而奉使出都，畿辅官例致牢饩，则大骂曰，尔不知吾为相公斋耶，奈何以肉食馈我。"

[182] 皆见《明史》卷三〇五《魏阉传》，至为魏阉建生祠事，详见《明史》卷三〇六阉党《阎鸣泰传》，《廿二史札记》卷三五"魏阉生祠"节，即录阎传文。

[183] 语本《明史》卷三〇六阉党《曹钦程传》。

[184] 语本《日知录》卷十三"流品"节。

[185]《明史》卷二三一顾宪成等传赞语。

[186]《明史》卷二四三赵南星等传赞语。

[187]《明儒学案》卷五十八《东林学案》语。

# 第十章
# 满族入主时代（清）

自清世祖福临顺治元年，至末主溥仪宣统三年（一六四四至一九一一），共十主，二百六十八年，为满族入主中夏之世。以满族统治力之盛衰而言之，略可区为四期：自顺治元年至康熙二十二年延平郑氏之亡（一六四四至一六八三，共四十年，），为明人图谋恢复失败时期；自康熙二十三年讫乾隆之世（一六八四至一七九五，共一百十有二年，），为清室鼎盛时期；自嘉庆元年至光绪二十年中日之战（一七九六至一八九四，共九十九年，），为清室中衰时期；自是以后（一八九五至一九一一，共十七年，），则为清室日趋灭亡时期。满族势力之伸缩，在各期虽颇有不同，而其政治设施，则前后相承，不能斩截画分。一代学术社会风尚以及国际关系之转变，亦在在与政治有关。略言其要，计有三端。清世政制，一切沿袭朱明之旧，其因事补苴者，惟以箝束汉人扩张君权为宗旨；故吾国历代独夫专制之淫威，惟清为甚，一也。清初诸儒，多不忘种姓，有志经世。及满洲酋豪横肆摧抑，于是士气燔然，雍乾以降之学者，惟自限其心思于文字训诂考订之间。虽百学昌明，远轶元明，而学术既与政治脱节，亦遂与世运无关，二也。满族以猜防劫制愚弄为统治之心法，虽曾博一时之荣华，而我民族国家之元气命脉，则斫丧殆尽。及统治力既衰，内乱迭起，政治社会之积弊，亦全体呈露。值西力东渐，我遂无术与抗，外祸之烈，迄清亡而未已，三也。

满清之兴，一以兵强；一以得明降人之力；而又适值明室朝野腐败，流贼孔炽，遂得乘明之弊，力征经营，盗窃神器焉。考明世女真，共分三部：曰野人，曰海西，曰建州。建州又分三卫：曰建州卫，曰建州左卫，曰建州右卫；左卫即清之所自出也。建州左卫之建，始于永乐十年，明以猛哥帖木儿（清初追称肇祖原皇帝）为都指挥；其后嗣叛服不常。至努尔哈赤生时，其祖觉昌安（明纪载作叫场，清初追号景祖翼皇帝，）正就款于明，故努酋幼而出入辽东镇臣李成梁家如童奴然，成梁亦抚之如子。读书识字，好看《三国》、《水浒》二传。稍长，乃归建州（古城在今辽宁兴京稍东，时称赫图阿喇。）成梁之攻王杲与阿台也，觉昌安及子塔克世（明纪载作他失，即努尔哈赤父，清初追称显祖宣皇帝，）皆阴为之导；然阿台既灭，觉昌安塔克世父子亦共死兵火。努酋以祖父之罹难，为别部酋尼堪外兰所构，[1]万历十一年，（一五八五，努酋时年二十五，）兴师复仇；时仅有其父遗甲十三副，胜兵百数人耳。十四年，执斩尼堪外兰。继复以次翦建州及他女真诸部，以自附益。对明廷初颇效顺，故有都督与龙虎将军之命。然自兼并日大，虽请款弥数，修贡弥勤，窥边亦弥急，因贡市而索扰明边，盖无宁岁。储积既充，能以利诱远人，归者亦日众。[2]二十九年（一六〇一），初以牛录额真分统部众，编三百人为一"牛录"，设"额真"一。（初女真凡出兵校猎，不计人之多寡，各随族党屯寨而行。猎时，每人各取一矢，凡十人，设长一领之，令毋离队越次，是为"牛录额真"，至是遂以名官，汉语犹言"守备"也。顺治十七年改称佐领。雍正元年，额真又改称章京。）嗣乃以五牛录设一"甲喇额真"，（汉语犹言游击参将，后改称参领，）五甲喇设一"固山额真"，（汉语犹言总兵官，后改称都统，）每固山额真左右设两"梅勒额真"；（汉语犹言副将，后改称副都统，）一固山额真所统，是为一旗，旗七千五百人。初有四旗，旗以纯色为别，曰黄，曰红，曰蓝，曰白。四十三年，（一六一六，努酋年五十七，）复添设四旗，参用其色以镶之（幅之黄白蓝者缘以红，幅之红者缘以白，）共为八旗。六万人。[3]旗为行军用兵之标帜，八旗之制，即以军之区分为部族之区分，为人民之所隶属。循至设官分职，听讼理政，亦悉视旗为分画。

盖通国皆兵，合部族与国家为一，而举以兵法部勒之也。八旗既建之明年，努酋遂黄衣称汗，国号金，建元天命。（万历四十四年，一六一六，）自后牛录额真之设及其所领丁壮，日有增益，而八旗之制依旧。努酋实录称"行军时，地广则八旗并列，分八路，地狭则八旗合一路而行，队伍整肃，节制严明，军士禁喧嚣，行伍禁搀越。当兵刃相接时，被坚甲执长矛大刀者为前锋，被轻甲善射者从后冲击，俾精兵立他处，勿下马，相机接应。每预筹方略，了如指掌，战则必胜。克城破敌之后，察核将士战功必以实，用兵如神。将士各欲建功立名，每闻征伐，靡不欢忻效命，攻则争先，战则奋勇，威如雷霆，捷如风雨。"皇太极实录载其训言，亦曰："我国士卒，初有几何。因娴于骑射，所以野战则克，攻城则取。天下称我兵曰：立则不动摇，进则不回顾。威名震慑，莫与争锋。"观万历四十七年萨尔浒之战，五日之间，努酋以八旗兵破杨镐四路二十万众，崇祯十四年松山之战，皇太极破洪承畴等所领兵十三万，如摧枯拉朽，指顾而定，有以知其言之非虚矣。建夷之兵威如是，明廷所以御之者则如何。自杨镐丧师，明以熊廷弼为经略，廷弼疏陈辽情，称现有残兵额兵募兵援兵，战守皆不足恃，辽人亦多倾心向敌。[4] 及廷弼经营岁余，严固守备，幸能阻努酋之前进，卒为党论反复攻讦而首领不保。袁崇焕踵之，恃西夷火器以却敌，努酋亦以攻宁远受创卒。然自皇太极之立，（天启六年，一六二六，）厚招明工匠仿制大炮，至崇祯四年（皇太极天聪五年，一六三一）炮成（共四十位）；是年金兵围拔大凌河城，又以炮击明兵取胜矣。[5] 六年，（天聪七年，一六三三，）明登州叛将孔有德、耿仲明率兵丁万数千人，挟新制西洋巨炮，航海降金，广鹿岛副将尚可喜率众继之，[6] 金号其兵为天祐军天助军，是后攻略中国，遂以彼等为前导，又借降人以习洋炮，金军兵器，乃不复居劣势。汉族臣仕虏廷者，或奏兵机，或陈事宜，或献取明方策，或请乘时进取，先后相踵，今传天聪朝臣工奏议，[7] 可证也。八年，（天聪九年，一六三五，）金收内蒙察哈尔部；皇太极以诸降附从军者众，遂分蒙古为八旗，兵额万六千八百四十。明年，即帝位，改国号曰清，建元崇德。十五年，（崇德七年，一六四二，）又分汉军为八旗，兵额二万四千五十。[8]及洪承畴降松山，锦州继降，（皆在崇祯十五年，）吴三桂守宁远，复因流寇入京师，遣使请附，于是明御外精卒尽为清有，多尔衮悉驱以入关。既据北平，遣阿济格（时号英王）攻陕西，都统塔准攻山东，多铎（时号豫王）攻江淮，兵锋所至，悉以汉军为前临。而明将左良玉、高杰等所统兵，先后降阿济格、多铎军前，为清人效力者，复数十万。时江南义师，暨闽粤监国，纷纷谋兴复。清廷初以洪承畴招抚南方总督军务（顺治二年，一六四五，）继复命承畴经略湖广、广东、广西、云南、贵州，（顺治十年，一六五三，）诸降将孔耿尚等率师攻两广，三桂率师攻川滇，亦所至有功；南明之覆败，皆此诸人力矣。当孔耿之航海至也，皇太极尝行满洲抱见礼。及洪承畴请降，五日陈百戏作贺。诸虏将不悦，则喻之曰："譬之行者，君等皆瞽目，今得一引路者，吾焉得不乐。"[9]盖皇太极深知女真族小人寡，非借明人之力，决不足覆明而有中国。而汉族不能协力自卫其国族，甘为虎作伥，中原神器，遂为建夷所僭窃，亦可痛矣！

自蒙古灭金，女真遗族，散居东北者，因受蒙人统治，曩时盛行之女真文字，亦日以澌灭，惟语言犹仍旧习而已。当努尔哈赤并合诸部，凡文移记录，初皆沿用蒙文。万历二十七年（一五九九），努酋始命巴克什（初意为文人学者，后译为笔帖式，即录事，）额尔德尼、噶盖等，假蒙古字编写女真语，颁行通用，是为建夷自有文字之始。（后称满文，说见下，）然时仅以蒙文缀合女真语成句，尚未别为书体也。至皇太极命巴克什达海细加正订，以十二字头贯一切音，因音立字，合字成语；继复增加圈点，切字谐声，音义益趋详密。达海并译出《明会典》、《素书》、《三略》诸书，巴克什库尔缠又用以记注政事，是为建夷有图籍记载之始。然翻译记述，皆因汉籍陈规，非能于学术有何创造也。抑努酋初兴，首重攻战，每兴师，与部众适野而谋，画地而议，上马而传令，无上下等威可言，固纯然打牲部落习性也。嗣因禁悖乱，戢盗贼，始稍立法制，置理政听讼大臣五人，札尔固齐（蒙古语理事官）十人，佐理国事。凡听断之事，先经札尔固齐十人审问，然后言于五大臣，五大臣再加审问，然后言于诸贝勒（建夷以夷语定爵号，其最尊重者称贝勒，次称贝子，）众议既定，犹恐有冤抑，则努酋自加详问；盖部族褊小，故政令之简如此。史亦美其"无留狱，无壅情，令简而速，故事无不举；"[10]与明人之上下隔阂，树党相攻，纷呶水火者，正相反也。然时初立旗制，诸理政大臣及札尔固齐，往往即以各旗之固山额真梅勒额真等兼任，不皆分授，则犹纯以军治为治矣。努酋既卒，皇太极以四贝勒继立。即位之初，即集诸贝勒定议；每旗仍各设总管大臣一，是为八大臣，凡议国政，与诸贝勒偕坐共议，出师行猎，各领本旗兵行；佐管大臣每旗各二，（是为十六大臣）赞理本旗事务，不令出征；又每旗各设调遣大臣二，（亦称十六大臣）出兵驻防，以时调遣，所属词讼，仍令审理；是军民之政仍未划分。而朝会行礼，代善（努酋子）、阿敏（努酋弟子）莽古尔泰（努酋子）等三大贝勒，俱以兄行与皇太极并坐，同受朝拜，当时实为四大贝勒合议制，亦部族宗酋分权制；不知汉族君臣之礼也。（崇祯三年，阿敏以罪被幽禁，代善与莽古尔泰仍与皇太极同列而坐，称三佛尊，）然自对明连岁用兵，交通频繁，时受诸降人之指导，知汉族文化影响于国家社会者至深，始欲振兴文教，仿明制设诸职官。崇祯二年，（天聪三年，一六二九，）设文馆，考生员。[11]四年，初设六部，部以一贝勒主之，各有承政、参政、启心郎（翻译员）等官，以满洲蒙古汉人兼授，（时吏部有李廷庚，户部有吴守进，礼部有金玉和，兵部有金砺，刑部有高鸿中、孟乔芳，工部有祝世荫等，均为汉承政。）又令贝勒大臣子弟十五岁以下，八岁以上，俱就学读，不愿者启奏。[12]又"用礼部参政李伯龙言，更定元旦朝贺行礼班次；"[13]明年，行新定朝仪，代善与莽古尔泰侍坐于侧，皇太极俨然南面称尊矣。（满族窃用汉人朝仪及君臣礼法自此始。）初努酋建元称汗，不过由一部落之酋长，进而为较大之酋长，国号曰金，第欲承袭女真，雄长东北而已。皇太极天聪之世，犹不敢自居帝称。故臣工奏议，多称曰汗；与朝鲜使命往还，则曰"金国汗致书朝鲜国王"；与明将毛文龙、祖大寿等通书，则曰"金国汗致书毛大将军"，"金国汗致书祖大将军麾下";[14]其攻永平,以明七大罪誓师,则曰"金国汗谕官军人等知悉";共追称努酋,则皆曰"先汗"。及更定朝仪后四年,(崇祯九年,一六三六,)皇太极始即帝位,改元崇德,既以金号之陋,改金为"清",又以女真建夷名不雅驯,爰借酋长之令名,自称其部族曰"满洲";诸清修官书称清初为满洲,暨满文、满语、满俗、满制等,以及崇德以前之称清称帝,皆崇德以后所追改者也。[15]然皇太极虽窃号自尊,及命诸贝勒致书朝鲜,乞鲜王共进尊号,朝鲜君臣拒不承认,[16]皇太极出师夷其国都,王综乃称臣乞降。(朝鲜自是属清,时崇德九年,)皇太极后增设都察院,奏劾宗室百官旷职不敬者。嗣又设理藩院,专治蒙古诸部事。两院官制与六部同,并称八衙门。至是行政设施,亦日趋完备矣。而其与明议和,犹仅欲以锦州为界,互市赠金而止,[17]明廷则以礼同敌国拒之。崇祯十五年,皇太极以媾和不成,命将大举入塞,残破明州县数十以息愤。明年,清师北还。未几,皇太极亦卒。后日嗣子福临入关称帝,固非皇太极其始意及料也。

清之窃主中夏,始于福临,而福临实为其叔多尔衮所拥立。当皇太极卒,多尔衮实力在握,舍皇太极长子豪格不立,立年仅六龄之三子福临,而自与济尔哈朗(努酋弟子,号郑亲王,)共辅政,罢诸王贝勒贝子兼管部务,以集中治权。入关之役,多尔衮自居首功,及迎福临都燕,遂自号"皇叔父摄政王";寻又号"皇父摄政王",福临母亦下嫁焉。[18]既以疑忌逼死豪格,而夺其妃,降济尔哈朗为郡王,兵事则委之同母弟多铎。时朝臣启奏,皆先上副本于多尔衮,批答章疏,咸用其旨,即内库信符与赏功册,亦藏其第。盖自顺治元年至七年,实为多尔衮专横时代,朝野上下,知有多尔衮,不知有福临也。方多尔衮之入关也,用汉臣范文程、洪承畴等议,不戮降人,不焚庐舍。洎抵北京,又令罢明季额赋外一切加派。然旗兵所至,宛如蜂虿毒螫,皆肆意圈占居民田庐以为己业。多尔衮复借口清釐无主荒田庄田,谕令户部将近京州县田地,分给东来诸王勋臣兵丁人等;尔后凡旗下退出荒地与游牧投来人丁皆复行圈补以为例,亘顺治至康熙初犹未已。各省驻防兵士之圈占民屋者,且令被逐之屋主代为修葺。[19]其肆毒盖

中国通史要略

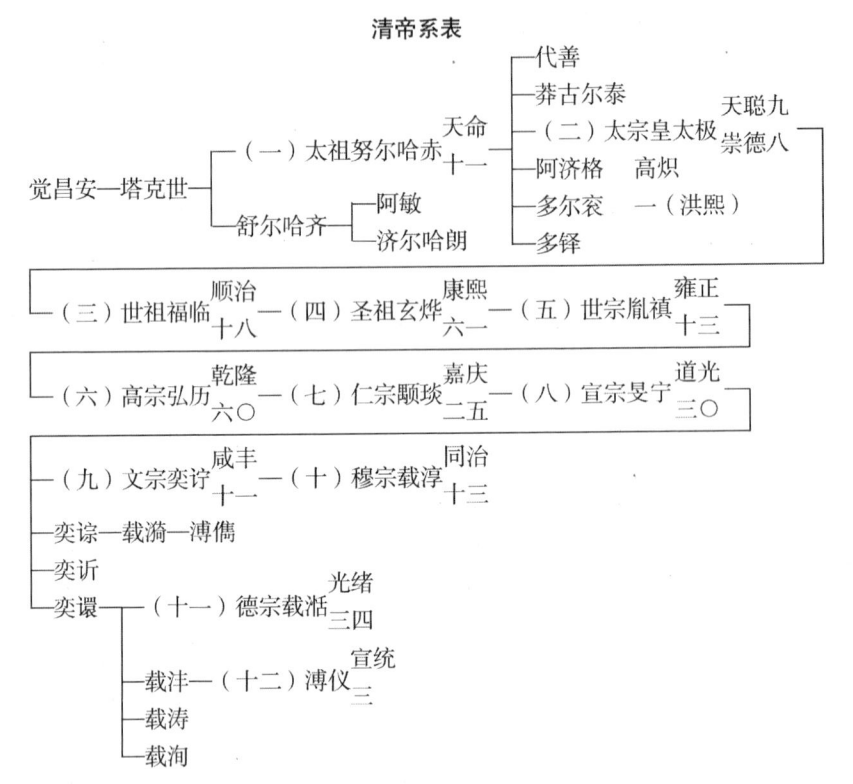

**清帝系表**

觉昌安—塔克世─┬─（一）太祖努尔哈赤 天命十一 ┬─代善
　　　　　　　│　　　　　　　　　　　　　　　├─莽古尔泰
　　　　　　　│　　　　　　　　　　　　　　　├─（二）太宗皇太极 天聪九 崇德八
　　　　　　　│　　　　　　　　　　　　　　　├─阿济格　高炽
　　　　　　　│　　　　　　　　　　　　　　　├─多尔衮　一（洪熙）
　　　　　　　│　　　　　　　　　　　　　　　└─多铎
　　　　　　　└─舒尔哈齐─┬─阿敏
　　　　　　　　　　　　　└─济尔哈朗

├─（三）世祖福临 顺治十八─（四）圣祖玄烨 康熙六一─（五）世宗胤禛 雍正十三
├─（六）高宗弘历 乾隆六〇─（七）仁宗颙琰 嘉庆二五─（八）宣宗旻宁 道光三〇
├─（九）文宗奕詝 咸丰十一─（十）穆宗载淳 同治十三
├─奕誴—载漪—溥儁
├─奕䜣
└─奕譞─┬─（十一）德宗载湉 光绪三四
　　　　├─载沣—（十二）溥仪 宣统三
　　　　├─载涛
　　　　└─载洵

逾于女真之屯田军矣。又自以族小人寡，恐明军降者，或多乘机反正，特严薙发之令。二年六月，谕礼部"自今布告之后，京城内外限旬日，直隶各省地方，自部文到日，亦限旬日，尽行薙发，遵依者为我国之民，迟疑者同逆命之寇；该地方文武各官皆当严行察验，若有复为此事渎进章奏，欲将已定地方人民，仍存明制，不随本朝制度者，杀无赦！"[20]其檄下各县，并有"留头不留发，留发不留头"之语。令至江南，诸不忍上国衣冠沦于夷狄者，纷起义师，以图抗拒。清兵一以屠杀立威，南畿有嘉定之屠，江阴之屠，浙江有嘉兴之屠，金华之屠，自余丁壮诛戮，妇女毁节者，难可悉数。明季流寇之乱，遗黎凋丧，东南一隅，犹自完具，至是遂悉残破，虽蒙兀之下江南，无若斯之惨毒也。虽连年开科以耸动迷信科举之汉士，一面又谕户部"将前代乡宦监生名色尽行革去，一应地丁钱粮杂泛差役，与民一体均当，蒙混

· 348 ·

冒免老，治以重罪。"[21]满朝自后遂以摧抑缙绅学士为家法。七年（一六五〇）十二月，多尔衮以贪淫致疾卒，清廷追尊为"义皇帝"。庙号成宗。明年，福临亲政，曩为多尔衮排斥之济尔哈朗等，纷起追论多尔衮罪状，诛党与、夺封典、籍家产，朝廷政权，一转而为济尔哈朗一派所占有。然其施政方针，仍一本多尔衮成规，既委任洪承畴等平定南服，任法严峻，汉官如陈名夏、谭泰、陈之遴、刘正宗辈，稍有差失，无不立予诛黜。而惩压士子尤严。十四年丁酉（一六五七）乡闱大狱，顺天江南两闱，以沿明季积习，交通关节，贿赂者众，事发，主司房考及中式之士子，诛戮及遣戍者无数，甚至弟兄叔侄，连坐同科，妻子家产，皆籍没入官；科场惨祸，为亘古所未闻！[22]十八年（一六六一），以直隶各省钱粮多沿明世旧例，士绅拖欠者多，饬有司尽力督催，定巡抚以下州县以上催征钱粮未完数分处分例。时各省皆严厉催征，苏抚朱国治造欠册，悉列江南绅衿一万三千余人，号曰抗粮。此呈报到部，凡列名逋粮册者，虽欠仅分厘，见任官则降调，在籍官与士流，无不黜革比追，甚或发本处枷责，或鎯铛起解，探花叶方蔼以欠一钱亦被黜。[23]时福临已卒，玄烨以八龄稚子即位，则主持其事者，必为满族之宗党，盖亦假是以涂毒汉族绅士而已。综福临之世，亲贵招权纳贿，朝廷棼如乱丝，给事中魏裔介应诏陈言，所谓"上下之情未通，满汉之气中阏，大臣阘茸以保富贵，小臣钳结而惜功名，纪纲日弛，法度日坏，贪官暴吏，转相吞噬，以鸣得意"者，[24]实可为当时写照。不特了无盛德大功之可言，即开国规模，亦讫无足纪。徒因张李诸贼杀掠过甚，民生无聊，乱极思治，满族又以兵力刑杀劫制汉人，使之强就衔勒，乃得幸成一统之业焉。

玄烨之初立也，满族索尼、苏克萨哈、遏必隆、鳌拜等四人辅政。索尼年耋，务姑息。鳌拜藐玄烨冲幼，恣意专擅，遏必隆亦与之比奸。以苏克萨哈不附己，杀之。鳌拜专政凡八年，始为玄烨所罢黜，虽种种恶迹，难以枚举，以其为满洲勋旧，亦特宥一死焉。时故明宗室已荡焉无存，台湾郑氏亦不足为大患，惟明降将吴三桂王滇，尚可喜王粤，耿仲明子继茂及孙精忠王闽，皆分藩开府，握兵马财赋之大权；

三桂专制云南，兵众饷足，尤隐如敌国。康熙十二年（一六七三），清廷下令撤藩，三桂首起兵反抗，遣将攻黔蜀湖南，军锋所至，满兵多退避；精忠与尚之信（可喜子）相继应之。玄烨虽命宗室勒尔锦等率众往攻，率师数载，毫无尺寸之功。奈三桂自首兴戎，趋重保守，得岳州后，扼守不进，满廷因得从容布置，[25]绿营汉将又各出死力以助，[26]扰攘八载，三藩之变，卒告敉平。二十二年，施琅率师攻台湾，郑克塽出降，于是克塽之祖若父两世经营二十年，且为明人图谋恢复之最后根据地者，亦入清之版图。明季遗民匡复之业，至是结局，满清统一之功，乃大告成，时玄烨年甫三十，上距福临入关，已四十岁矣。族史所载，于玄烨一生，最多褒美，如任贤、蠲租、勤政、好学、崇俭诸端，谀者直者，皆雷同无异词。然夷考其实，玄烨罢斥鳌拜以后，即任用满族索额图、明珠等，索等之树党营私，小民之愁苦无告，且有甚于曩时者。十八年（一六七九）七月，京师连地震，左都御史魏象枢入对，极言系时相索额图明珠植党市权以剥蒸黎之应。出语副都御史施维翰曰："今民生困苦已极，而大臣之家，日益富饶，皆地方官吏谄媚上司，朘削百姓，督抚司道转馈送在京大臣，以天地有限物力，民生易竭脂膏，尽归贪吏私囊，小民愁苦之气，上干天和，致召水旱日食星变地震泉涌之异。又会推选择，徇私不公，行间将帅，复无纪律，蠲免钱粮，灾黎不沾实惠，刑官鬻狱，豪右罔利，等威荡然，贵贱倒置，皆为可忧。"[27]时顾炎武客居关中，亦曰："以今所睹，国维人表，视昔（指崇祯末）十不得二三。而民穷财尽，又倍蓰而无算。关辅荒凉，非复十年以前风景，而鸡肋蚕丛，尚烦戎略，飞刍挽粟，岂顾民生。至有六旬老妇，七岁孤儿，挈米入升，赴营千里。于是强者鹿铤，弱者雉经，阖门而聚哭投河，并村而张旗抗令。"[28]较象枢所陈，尤远过之矣。玄烨因索额图贪黩成性，虽旋解其大学士职，然犹任为议政大臣暨内大臣。（至四十二年，始因罪拘禁于宗人府，寻死于禁所，）于明珠则因其首议撤藩有功，一任贪婪不法，尊信逾恒；至二十七年（一六八八），始以御史郭琇之劾而黜免。噶礼又继以树党擅威福贪赀巨万闻矣。唐甄有云："清兴五十余年，四海之内，日益困穷。中产之家,尝旬月下睹一金,不见缗钱,无以通之。故农民冻馁,丰年如凶;良贾行于都市,列肆焜耀,冠服华朊,入其家室,朝则卤无烟,寒则蜎体不申。吴中之民,多鬻男女于远方,遍满海内。"[29]康熙中祀,号为家给人足,甄言发其覆蒙矣。观郭琇疏劾明珠"督抚藩臬缺出,无不展转贩鬻,必索及满欲而后止;是以督抚等官遇事朘削,小民重困。""学道报满之后,应升学道之人,率往论价,缺皆豫定;由是学道皆多端取贿,士风文教因之大坏。"[30]明珠虽罢大学士职,然后亦任用至内大臣。四十七年(一七〇八),明珠以内大臣卒,玄烨犹"命三子胤祉奠茶酒,赐马四匹。"[31]玄烨之护奸恤恶如是,故贪墨成风,黎民重困,宽假之令,免赋之诏,虽数数降,其惠不及下,又可知也。自二十三年以后,玄烨欲对汉民示威市德,尝以临阅黄淮为名,六次南巡。(二十三年,南巡至苏州还。二十八年,三十八年,四十二年,四十四年,四十六年,皆至杭州还。)史称其勤劬,且云往返供亿,悉发内帑,沿途行宫,不施采馈。然左右侍卫,下及阉寺牧圉,所至例有需索,有司一意奉承,流弊遂深及于百姓。五次南巡之役,两江总督阿山于四十三年(一七〇四)即议增赋供应,因江宁知府陈鹏年力争而罢;然明年鹏年即以主办龙谭行宫不谨获罪矣。玄烨尝自言年十七八时,读书过劳,至于咯血,而不肯少休,老耄而手不释卷。谀之者至谓"临摹名家手卷,多至万余,写寺庙匾榜,多至千余,虽寒畯不能方其专,而天象、地舆、历算、音乐、考礼、行师、刑律、农政,下至射御、医药、奇门、壬遁、满蒙西域外洋之文书字母,殆无一而不通。"[32]今考故宫发现之玄烨朱笔批件,少或数言,多则数行,皆俚辞不文,字类童蒙,颇杂谐音别体,所习算草,亦不出初阶加减乘除诸法。乃知史册所载,悉属虚诞,所谓御笔,无一非南书房翰林代笔,所谓圣学,实皆徐乾学、高士奇、李光地、梅毂成等之学,而御纂钦定诸书,亦徒盗名欺世而已。惟当时宫中服用,较之明季,实多减省,崇尚节俭,似可征信。然玄烨尝封福临乳母朴氏为奉圣夫人,又纳姑为妃,则其淫乐是尚,依然建夷本色。有子三十五人,率暴戾自恣。初立胤礽为太子(十四年),诸子胤禔、胤禛、胤䄉、胤禵、胤䄊、胤祥、胤禑等，亦多结党引类，自立门户。及胤礽以狂易废（四十七年），诸子益各树党援，竞觊君位。嗣胤礽再立（四十八年），再废（五十一年），玄烨乃不复言建储事。而诸子争竞剧烈，互相倾陷，汉满诸臣，纷纷钻营交结，玄烨虽幽胤禔，黜胤禩，屡罪疏言建储诸臣，而卒不能制。六十一年（一七二二），遂愤懑而死。[33] 四子胤禛继立，自以得位不正，不为诸昆弟所服。甫即位，即解胤禵大将军职，（时胤禵以抚远大将军征策旺阿喇布坦，驻师西宁，）谪守陵寝。雍正二年（一七二四），废太子胤礽死于幽所。"三年，召廷臣宣示胤禩罪状，并及胤禩、胤䄊、胤禵。"[34] 四年（一七二六），削胤禩、胤禩之宗籍，改胤禩名为"阿其那"（满语犬也），胤禩名为"塞思黑"（满语豕也），皆加幽禁；并拘胤禔、胤䄊、胤禵等。寻又命宗室群臣广宣阿其那、塞思黑及胤禵等罪状，曲加丑诋。阿其那、塞思黑先后以暴卒闻，胤禔、胤䄊、胤禵，后亦锢死，胤祉后亦卒于禁所。盖玄烨身死未几，诸子惟胤祥以与胤禛同母，犹得保全禄位，诸与胤禛异母者，非斥为异类，亦视若寇仇，或杀或锢，惟意所欲，自余党附诸臣，或死或遣戍，或降革有差，不知凡几，阿其那等之子孙亲戚，亦皆伏辜。胤禛下独酷待诸昆弟及其党与也，自初即位，即"谕宗室及觉罗人等（清制，塔克世本支为宗室，伯叔兄弟之支为觉罗，）当念宗室觉罗须闭户家居，安分静守，慎毋怙过不改，再罹重罪。"并"禁止八旗官员诟骂属下人等父母，违者交各管官惩治。"[35] 又"勒八旗人员有为本旗都统本管王公刁难苛索者，许其控诉。"[36] 又以清初八旗之制，上三旗（镶黄、正黄、正白，）为大酋所亲将，下五旗（正红、镶白、镶红、正蓝、镶蓝，）为诸王所分将，五旗户籍皆为王公僚属，其关系若奴隶之于主人，承平日久，诸王习于骄汰，御属下多不法，特严禁宗藩与外吏之交通，非廷见不得私谒；其王府属下，惟护卫诸官得由本王迁擢，余悉改隶有司；以所属值宿护军，撤归营伍，宫廷禁地，另代以内府护军。诸满族亲贵，自是皆懔然奉法。自皇太极南面称尊以还，经福临玄烨诸酋，专制威仪，虽以时增益，而部族宗酋分权制之意味，犹极浓厚，至胤禛惟朕独尊，一切政制之损革，尤悉以集权为鹄的（见下），清室乃进而为一大酋专制之政治焉。胤禛之初立也，隆科多以元舅为顾命大臣，年羹尧（父遐龄，为镶蓝旗汉军人，）以藩邸旧人，命率师平青海有功，并喧赫一时。胤禛阳为宠信，而阴怀疑忌，卒亦两兴大狱，羹尧赐死（雍正三年），隆科多则禁锢终身（雍正五年）。羹尧记室汪景祺，隆科多门客查嗣庭，复各以文字疑忌，罪极刑。[37]侍讲钱名世因曾投诗羹尧颂其功，"事发，革去职衔，上亲书名教罪人四字悬其门，并令文臣作为文诗刺恶之。[38]胤禛既治尚严酷，所以防制臣下者无不至，密设缇骑，四出侦事，凡闾阎细故，内外百官之私生活，极至起居饮食之琐末，无不上闻。各省督抚幕客姓名，皆须造册呈报。所宠眷如田文镜、李卫，并以琐核苛细著称。鄂尔泰、张廷玉号称股肱。亦皆谨慎自将，倚办成事。胤禛又刚戾自用，好以苛察为明，臣僚疏奏，动加批斥，盈章累牍，诰诫谆谆，万里外俨若觌面，坊刻朱批谕旨，多至三百六十卷，尚不过十之三四。[39]故当时大臣咸持禄而阿谀，小臣则畏罪而将顺，独夫专制之淫威如是，胤禛顾犹以为未足也。既创储位密建法，[40]以一人之爱憎，定君位之继承。复希冀不死，永专之于一己之身；于是招方士娄近垣、贾士芳等入内供奉，学仙术，求长生，十余年中，祷祠林立，封神殆遍。及贾士芳诛死，[41]张太虚、王定乾之徒，复联翩继入。时钦天监及封疆奏报，皆侈言符瑞，休征毕至。胤禛亦自以为神仙可致矣。然在位才十有三年，忽一日以暴崩闻矣。弘历继立。即位之初，即以玄烨治颇纵弛，胤禛治太严核，佯言欲去烦苛，与民休息。而诸臣习于揣摩迎合，一时条奏，务主于宽，弘历乃严厉诫饬，屡申执两用中之意。[42]史因美乾隆朝政治能宽猛互济，得文武张弛之道，然当时所谓宽大诸政，如蠲免租赋，豁除赔累，增广赦条，起用废员等，特阳示宽仁，以为愚弄汉民之地。弘历既深恶群臣揣测己意，妄事迎合。又深虑其营私植党窃弄威柄，故事无大小，悉由独断。于玩愒诸臣，既尽法惩治，不少宽假。如鄂尔泰、张廷玉等顾命大臣，亦止于"侍直枢廷，承旨书谕，"[43]轻不畀以实权。而猜防之周至，用心之深刻，较诸乃祖乃父，尤过之而无不及。雍正世，有吕留良、严鸿逵、曾静、张熙等之狱，吕严虽戮尸，并诛其族，而静熙则邀赦免。胤禛又将吕严等学说，与己之辩驳，合刊为大义觉迷录，[44]颁行天下，各省特设观风整俗使一官，广事宣传讲解。（曾静即任此职）弘历则以书中所论满清建国华夷一家诸说，不特愈辩而愈歧，且徒使汉人资为口舌，即位后，即命尽毁此书，入诸禁书目录，静熙等亦皆杀戮。[45]此其一也。胤禛虽乾纲独断，然于朱批谕旨，亦乐由臣僚刊刻流布。弘历则因习见胤禛时"每召九卿等进见，训诲开导反复数千言，诸臣退出，惟窃语跪聆逾晷，形体疲劳，从无言及圣训之当深体者，足见众情非可口舌化导，故不欲以批答之词，宣布之旨，付之剞劂。"以黄检刊其祖廷桂奏本，载胤禛及弘历朱批，特将检交部严加议处，并"谕令将所有板片及刷存之本，或已经分送者，查明解京销毁。并通谕各督抚详悉晓谕确查，如大臣家有似此曾经镌刻者，即令其子孙将板片书本一并缴出，奏闻，送京销毁。"[46]此其二也。清世历朝实录。雍正以前，本已任意撰造，然至乾隆世，则天命至雍正六朝实录，凡弘历认为事涉忌讳者，悉加删改。国史宗室王公列传，亦多重作。[47]乾隆三十年（一七六五），且谕"将国初以来满汉大臣已有列传者，通行检阅核实，增删改正；其未经列入之文武大臣，并综其生平，均照实录所载及内阁红本所藏，据事排纂；"悉呈弘历"亲加核定"。[48]乃至如谷应泰《明史纪事本末》记吴三桂败李自成军事，五十一年（一七八六），亦谕军机大臣据开国方略修改。[49]务期关于清初史实之是非曲直，皆已经弘历最后论定，他人不得再行论议；关于清室纪载，亦不令有一字供后世之姗笑。此其三也。康熙时，始有庄廷鑨《明史狱》，戴名世《南山集狱》，雍正世，则有汪查吕严及陆生楠（著《封建论》）徐骏（诗集有讥讪语）等狱，文字之祸，已极惨酷。乾隆时，海内清谧，人民已无复有系恋旧君之思，而弘历毛举周纳，诛求益深。如胡中藻（著《坚磨生诗钞》）、王锡侯（著《字贯》）、徐述夔（著《一柱楼诗》）诸狱，皆指摘篇章，比附妖言，处以极刑。其狱兴而灭迹者尤多。故宫博物院排印之清代文字狱档，仅出八册，已有六十四案，自屈大均案（雍正时）外，皆悉属乾隆世；且自四十年至四十八年，九年间多至三十七案；大抵不见他书之记载。档案之未发现，与虽发现而未编印者，尚不知凡几！[50]虽就文字狱档观之，其中多出于有司之吹求，实则希冀迎合风旨及为事发避祸计耳。窥弘历之意，殆不愿任何人敢对清室有一字之讥讪，乃至可能作讥讪之解释与比附。此其四也。玄烨胤禛之世，不闻大举销毁前代图籍也。弘历则借开四库馆之美名，乾隆三十九年（一七七四），下诏求书，命有触忌讳者毁之。四十一年（一七七六），江西巡抚海成献应毁禁书八千余通，传旨褒美，督他省摧烧益急。五十七年（一七九二），《四库全书》告成已十载，尚严谕遵行。初所切齿者，犹仅限于明季野史，继则虽宋人言辽金元，明人言元，及明隆庆以后诸将相宪臣所著奏议文录，四裔载纪，丝袟寸札，靡不烧灭。[51]传世"销毁抽毁书目"、"禁书总目"、"违碍书目"及"奏缴咨禁书目"等所载，总计将三千种。而官吏妄揣意旨，额外搜诛，小民惧祸，私自焚弃者，尚不知几何！其不销毁者，则虽业已行世久远之正史，亦辄令刊落"胡""虏"等字，务使记述或论议建夷远祖，乃至可以影射或比附讥斥建虏者，不令有一字之存留。此其五也。玄烨尝以朱子之学为帝王之家学，特表章程朱，以自掩饰。既命李光地等编纂《朱子全书》，又诏朱子配享孔庙在十哲之次。雍正时，谢济世注大学，且以谤毁程朱获咎戾。弘历于朱子虽亦阳示尊崇，然于程颐论经筵札子所称"天下治乱系宰相"一语，则深致诋諆。[52]时尹嘉铨师朱子宋名臣言行录体例，辑录康雍以来名臣言行。弘历谕谓"朱子当宋朝南渡式微，今尹嘉铨乃欲于国家全盛之时，逞其私臆，妄生议论，实为莠言乱政。""名臣之录，必其勋业能安社稷，方为无愧，然社稷待名臣而安之，已非国家之福。本朝纪纲整肃，无名臣，亦无奸臣；何则，乾纲在上，不致朝廷有名臣奸臣，亦社稷之福耳。"嘉铨遂奉旨处绞立决。[53]此其六也。汉满畛域之见，玄烨胤禛尚意图调和。即以用人论，康雍时疆臣，汉人尚多于满人，特汉人多属汉军而已。弘历则歧视特甚。杭世骏时务策尝言"天下巡抚，尚满汉参半，总督则汉人无一焉，何内满而外汉也。三江两浙，天下人才渊薮。边隅之士，间出者无几。今则果于用边省之人，不计其才，不计其操履，不计其资俸。而十年不调者，皆江浙之人。岂非有意见畛域。"弘历则谓"此中裁成进退，权衡皆出自朕心，即左右大臣，亦不得参与，况微末无知之小臣。且国家教养百年，满洲人才辈出，何事不及汉人。"世骏遂以是革职。[54]及弘历季年，则不惟总督，即各省巡抚，亦满多于汉焉。[55]此其七也。弘历吟诗习字，一切汉化，且常自夸其博雅，而于满人，则极力禁止。胡中藻之狱，以鄂昌（鄂尔泰侄）与中藻往复唱和，认为"丧心已极"，既赐令自尽，复严谕八旗，"务崇敦朴旧规，毋失先民矩镬，傥有托名读书，无知妄作。哆口吟咏，自蹈嚚凌恶习者，朕必重治其罪。""嗣后八旗满洲，须以清语骑射为务，如能学习精娴，朕自加录用，初不在其学文否也。如有与汉人互相唱和，较论同年行辈往来者，一经发觉，决不宽贷。"[56]此其八也。弘历所以统治与夫劫制猜防汉族，并为满族计虑久长者若此，清室专制集权，至是盖造其极矣！弘历又性习汰侈，好夸饰，事事欲追踪玄烨而突过之。以玄烨尝开科制，诏举博学弘儒也，（十七年下诏，十八年集被举者百四十三人，试以诗赋，取五十人。）乾隆元二年，弘历亦两开博学鸿词科。（元年试被荐者百七十六人，取十五人，逾年补试，又取四人。）[57]以玄烨尝六次南巡也，终乾隆世，弘历亦六度南巡，[58]而供驿繁奢，劳民伤财，视康熙世不止倍蓰焉。（玄烨又时西至五台，东往关东，北出塞外，弘历亦循其例也。）以玄烨南巡时，尝召试诸生特予出身也，弘历车驾所至，亦辄召诸生试诗赋，汉儿与试就羁络者，视康熙时又或过之焉。以玄烨尝普免天下钱粮二次，漕粮一次也，弘历五十六年，已普免钱粮四次，漕粮二次，及六十年，复将各省漕粮普免一次，又命将嘉庆元年各省钱粮通行蠲免焉。以玄烨胤禛世尝经营图书集成（见下），而玄烨又假名御纂经籍若干种也，弘历则开设四库馆，编订《四库全书》（见下），其命臣工纂辑撰述者，又多至数倍焉。以玄烨胤禛世尝奠定台湾经营准部青海及西藏也，乾隆世，亦两平准噶尔，一定回部，两扫金川，一靖台湾，一入缅甸，一复安南，两胜廓尔喀，弘历且以"十全大武扬"（五十七年，廓尔喀归降命凯旋班师诗，）自诩，特制"十全记"，以志武成，而自号为"十全老人"焉。乃至玄烨胤禛尝御乾清宫召宴内阁翰詹等官，君臣赋诗唱和，（玄烨在二十一年，胤禛在四年，玄烨制首句"丽日和风被万方"，诸臣以次赓续成章，）乾隆四年（一七三九），亦踵行其事，及九年（一七四四），甲子，翰林院重修工竣，弘历复仿行焉。（弘历制首句"重开甲子文治昌"，诸臣亦以次赓续成章，）玄烨尝举行"千叟宴"，（六十一年，集在职及致仕八旗文武大臣年六十五以上者百八十人，宴于乾清宫，越三日，宴汉官年六十五以上者三百四十人，亦如之，）弘历则于五十年征年六十以上者三千人赐筵，（弘历诗有云："祖孙两举千叟宴，史册饶他莫并肩，"）及嘉庆元年，复集年七十以上者三千人赐宴焉。玄烨在位六十一载，弘历虽自谓不敢上同其数，践阼之初，尝告天默祷，在位六十年，即当归政嗣子。及六十一年元旦，传位颙琰，改元嘉庆，自为太上皇帝，然仍自擅大权，且不时南面受朝，或赐宴自作主人，命颙琰陪侍其侧。至嘉庆四年（一七九九），正月，弘历始卒，寿八十有九，上及祖父，下逮元孙，五世一堂，亲见七代，则又玄烨所未有矣。（玄烨寿六十九岁，子孙百五十余人，）综弘历一生，处高履厚，未尝艰苦。然当时文教无论矣，即武事亦多粉饰张皇，苟且葳事，暮年志得意满，怡情声色，委政和珅，纪纲废弛，教匪因以窃发。盖清世一切衰象，又皆于乾隆中叶后伏之。然比而观之，由康熙中台湾郑氏乞降，以至弘历之世，实为清室鼎盛时期。各种政制及对外之开拓与四裔之关系，兹复分端汇述如次。

清自福临入关，一切因明遗制，然或闲事立法，或随时损益，制度精神，乃多与明制迥不相同。就中特异之点，莫甚于杂用满蒙之人而定其额。据《清会典》所载，内阁六部之首领，内阁大学士，满洲二人，汉二人，六部尚书暨左右侍郎，均满洲一人，汉一人。自余内外百官，咸定若者为宗室与满洲缺，若者为蒙古与汉军缺，若者为内务府包衣缺及汉缺。[59] 其不定额者，亦时时用满人为之焉。明废宰相而提高六部实权，蹇义（吏部尚书）、夏原吉（户部尚书）、胡濙（礼部尚书）、马文升（历各部尚书）等，皆以尚书而卓著政绩。及阁职既崇，亦靡所不领，百官任用，由部院属官府县正佐，皆由吏部择人注授，大僚由廷议会推（名曰廷推）。清初机务出纳，名义上亦悉关内阁。然军国重务，皆付议政五大臣（皆满人）议奏，故内阁大学士止于传写谕旨。六部长官，一部六人，各无专事，且一人每兼数职，既不得对督抚直接发布命令，侍郎又与尚书皆为敌体，[60]且皆得单独上奏。故各部尚书不特非总辖全国行政之长官，亦并非统率各该部之唯一长官，曲承禀仰，几与具员无异。[61]而内外大员，皆由特旨简授，既无廷推之制，吏部亦无铨衡之权，即一命以上，由部按例注阙者，亦必经引见，然后给凭赴职。盖用人行政，事事悉仰独夫之专断矣。雍正十年（一七三二），用兵西北，胤禛以议政诸臣皆贵族世爵，不谙国务，而内阁在太和门外，虑傥直者泄机密，始设军需局于隆宗门内，后名军机处，简阁臣及部院卿贰兼摄其职，曰军机大臣。（又选部曹及内阁侍读中书等为僚属，曰军机章京。据《清会典》称满汉各十六人，《清史稿·职官志》则称满洲十有六人，汉十二人，）其职掌初亦以书谕旨为主，而会典所釐定者，则曰："综军国之要，以赞上治机务，议大臣，谳大狱，得旨则与，军旅则考其山川道里与兵马钱粮之数，以备顾问。"[62]盖自军机处设立，而议政之制革，[63]内阁之权，皆移于军机处，而一国之政皆名曰军机矣。[64]明制，通政司受内外本章，有敷奏封驳之权；其监察官吏，各道监察御史虽隶于都察院，而稽察六部百司掌侍从规谏补阙拾遗并得封驳制敕之吏户礼兵刑工六科给事中，则自为一曹，无所隶属，科道用人，其途亦广，三年考满之推官知县，亦可入任，谓之"行取"。清初皆沿其旧。胤禛以通政司职权太重，始命内外诸臣有紧密事，改用折奏，专设奏事人员以受之，使得立达御前，自是通政司为闲曹。又以明世言路纷争，实为群臣朋党之代表，故言官有所陈白，必多方驳斥；且命六科给事中改隶都察院以抑之，由是台谏合一，给事中转为御史官之一部，非复如明世之为谏官言官矣。抑自军机设，惟明降谕旨与例行本章，始归内阁，其重要折奏，皆入于军机处，谕旨之谕军机大臣行者，概归军机大臣直接封发，名曰廷寄，[65]外廷无术预闻，任何专断失政，无人亦无法能监督纠正，六科给事中虽有封驳之名，亦无所用之焉。（至行取之制，乾隆十六年行停止，由是内外官之制始严，地方亲民官，甚少升迁之望矣。）明代地方官，以布政使为主，其总督巡抚诸官，皆属朝官之出使者，因事而设，事毕覆命，职亦消灭。清则以军职陵驾民政之上，总督巡抚为地方常设之长官，布按两司不啻其属吏。[66]而"国家兴大兵役，特简经略大臣参赞大臣，亲寄军要，吏部助之用人，户部协以巨饷，督抚仪品，虽与相埒，亦不过承号令，备策应而已。"[67]当满族盛时，经略督抚等多其族人。乾隆朝，汉人仕外官者，能跻至两司，已为极品。弘历且尝欲用笔帖式等官为知县，赖刘统勋"州县治百姓当使身为百姓者为之"之对而止；否则民事之受满人荼毒者，更不知若何矣。综清之官制，惟以箝束汉人扩张君权为宗旨。其视前代为愈者；惟裁抑宦官，不使预政；又自三藩平后，不复以兵柄土地世予臣下，宗室功臣之封爵，率优以虚荣而无实权，亦无封建之祸。而官府奔走服役与夫守簿书定期会之胥吏，在明世已成极弊者，清则一仍旧贯。盖阉寺封建与一大酋之集权专制有碍，故清廷特加裁抑，胥吏与长官朋比为奸，有害于汉人，而无损于满族，故一任其攘臂纵横，弄法舞文也。他如言职方，清初划土分疆，多沿明制，但改南直隶为江南。玄烨世，分陕西为甘肃，分江南为江苏安徽。湖广为湖北湖南；又置奉天宁古塔（后移吉林）黑龙江将军，台湾亦设府治。延及胤禛，喀尔喀青海诸部，及贺兰山厄鲁特，迄于西藏四译之国，稽颡内乡。弘历定大小金川，收准噶尔回部，设伊犁总统将军。其时本部有省十八，奉吉黑伊将军四，凡府一百八十四，州六十四，厅十六，属州一百五十，属厅十，属县一千三百有一，[68]羁縻土府州县司等，不在其内；蒙古、青海、西藏，并隶版图。"东极三姓所属库页岛，西极新疆疏勒，至于葱岭，北极外兴安岭，南极广东琼州之崖山，[69]幅员之广，轶于明世。自余称蕃内附，来享来王者，尚十数国。可谓盛矣。言兵制，满蒙汉军，入关前皆称八旗，说已见上。入关后，则以在京师者为禁旅，分镇各省者为驻防；初定兵额约二十万，居京师者约半数，仍一号八旗。其后佐领丁壮，时有增益，佐领多时，数将二千，[70]因兵额不增，故实际兵数，亦无人能言之。至入关后专以汉人编成之兵，则仍前明规制，名曰绿营，统以提镇镇抚，分列各省，共有制兵六十六万余人。[71]满酋以任其窳败难免叛乱为得计，故训练名额，类有名无实。然玄烨、胤禛、弘历世，平三藩，征青海，定西疆，虽以旗兵为主，绿营亦咸有勋绩。此外又有出于召募之防军，于绿旗外别自成营，其初虽无若何编制可纪，兵数多寡亦不定，然后日之练勇练军，又皆自此昉也。[72]言科举，则以制义取士，"一沿明制。二百余年，虽有以他途进者，终不得与科第出身者相比。康乾两朝，特开制科博学鸿词，号称得人，然所试者亦仅诗赋策论而已。"[73]科场弊端，虽惩治綦严。康熙世，玄烨尝以徐乾学中表扬某主顺天乡试，关节贿赂，已降旨亲审矣，乾学令人传语称贺曰："国初以美官授汉儿，汉儿且不肯受，今汉儿营求科目，足觇人心归附，"玄烨遂置不问。[74]则清世特重科第，特以是笼络中国秀民而已。抑明世选举，科目外，以学校之制为最善。"有清学校，向沿明制，京师曰国学，直省曰府州县学。"[75]府州县学之生员，曰廪膳生，曰增广生，曰附生。国学之生员，曰贡生，曰监生，曰学生。[76]其所谓学校，实即科举之初基，与明初国学以养成人材为鹄的者，性质迥异焉。言赋役，明初征赋于夏秋两季，与唐之两税略同。嗣因额外附加繁杂，不胜其弊，嘉靖间，总无名之暴赋，行一条鞭法。[77]然自后加派之事，仍因外患而时时加立名目，[78]吏缘为奸，民不堪命，流贼乘之，而明以亡。清初首颁豁除加派之令，定赋役全书，悉沿万历条鞭旧制。五年一编审，丁增而赋随之。顺治十八年编审，直省人丁二千一百六万有奇。至康熙五十年（一七一一）编审，二千四百六十二万有奇。玄烨以承平已久，滋生日繁，而有司编审时，因恐增加钱粮，不将所增实数开明具报。爰谕将现今丁数，弗增弗减，永为定额，由后所生人丁，不必征收钱粮，编审时止将实数察明造报。廷议五十年以后，谓之盛世滋生人丁，永不加赋。雍正初，复定丁随地起之法，直省丁赋，以次摊入地粮。乾隆五年（一七四〇），遂并停编审，以保甲丁额造报；及季年各省奏报民数，增至三万万有奇。[79]其盛为自古所未有。然丁徭口赋，取之田亩，无地之丁，不纳国赋，遂不复知人民对于国家之义务焉。

康雍乾之世，不独内治称盛也，经略边境及与四裔关系，亦颇有可纪：

**其一则西北诸蕃部之戡抚也** 明中叶以降，蒙古部落，大别为四；自瀚海以北，为漠北蒙古，亦语之喀尔喀；喀尔喀东南，为科尔沁；科尔沁西南，为漠南蒙古。部落不一，而以察哈尔为大宗。其喀尔喀以西，天山以北，则为厄鲁特蒙古（明时谓之瓦剌，瓦剌酋也先卒而中衰，其地复分为和硕特、准噶尔、杜尔伯特及土尔扈特四部。）自建夷勃兴，皇太极之世，"科尔沁部首内附。既灭察哈尔，诸部踵降。正其疆界，悉遵约束，有大征伐，并帅师以从。"[80]然喀尔喀仅遣使贡献，厄鲁特则以荒远弗能致。洎福临入关，喀尔喀贡使中绝。厄鲁特之和硕特部，自明季已据有青海（是为青海蒙古），时则以青海为根据，兼控御西藏。准噶尔部尤张雄，康熙初，酋噶尔丹尽一厄鲁特诸部，南攻天山南路回部，皆下之，威令行至青海卫藏，终乃东并喀尔喀。喀尔喀款塞内附，清廷遣官发粟赡之，且假科尔沁水草地，俾游牧。康熙二十九年（一六九〇），噶酋窥伺漠南，势且深入与中国争衡，玄烨率师亲征，败之于乌兰布通（今热河赤峰县境）。嗣后复再临朔漠征之"噶尔丹窜死，朔漠平，喀尔喀诸部复还旧牧。"[81]漠北蒙古，自是与漠南蒙古同永为中国外藩。然准部聘使往来，犹用钧礼。噶酋兄子策妄阿拉布坦，及策妄子噶尔丹策零，世济其恶。雍乾世一再抗衡狂突。胤禛弘历复再出师征之，扫穴犁庭，夷其疆域，厄鲁特人多剿绝。时回酋霍集占兄弟煽众为乱，移师南向，南疆亦归平靖。青海和硕特部，自玄烨征准部时已来庭。雍正初，部酋罗卜藏丹津叛，旋为年羹尧、岳钟琪所平服。西藏迭遭和准部蹂躏，至康熙末，清兵入藏抚绥，卫藏亦遂为我属领。[82]综自清初至是，所收蒙古、青海、西藏、新疆之地，周可数万余里。清室统治之法，除乌鲁木齐以东地改置州县，隶于甘肃省，天山南北路各回城，治以参赞办事领队各大臣，统于伊犁将军，青海之番众，设置土司，设西宁办事大臣以统辖之外，自余概名为"外藩"或"藩部"。[83]蒙古诸部及回部之哈密吐鲁番，各区为旗。据会典所载，都百九十有九旗。[84]"旗各建其长曰札萨克，而治其事，无札萨克，则系于将军若都统若大臣而辖之。"其蒙古之有喇嘛庙，以及前藏后藏，则又辖以喇嘛，"凡喇嘛之辖众者，令治其事如札萨克。"[85]而西藏复"置驻藏大臣，以统前藏后藏，而理喇嘛之事。"[86]皆悉统于理藩院。"理藩院掌外藩之政令，制其爵禄，定其朝会，正其刑罚，以布国之威德，"[87]其则例釐订，极为详备。史亦美其"抚驭宾贡，敻越汉唐，屏翰之重，所以宠之，甥舅之朕，所以戚之，锐刘之卫，所以怀之，教政之修，所以宣之，"以视"元之戍垣自为风气，明之蕃卫虚有名字者，盖未可以同年而语。"[88]然清于蒙古，纯取闭塞主义。因其游牧之俗，而以喇嘛教愚之，惟欲其蒙昧无知，便中朝之笼络；凡蒙人耕种居室，学习汉文，乃至研读蒙文，皆干禁令。尤禁汉人前往蒙地，任其地广人稀，绝不轻议开发。其于青海西藏，亦皆以旧俗羁縻。流毒所至，各地虽受清室之统治，而卒不获于统治过程中同化于华夏之文教焉。

**其二则东南西极诸国之臣属也**　清自入关前，已夷朝鲜为臣仆。洎福临入主中夏，"顺治三年，琉球闻声，首先请封。九年，暹罗，十七年，安南，相继归附。雍正四年，苏禄，七年，南掌，先后入贡，"弘历"荡平回疆，而浩罕、布鲁特、哈萨克、安集延、玛尔噶朗、那木干、塔什干、巴达克山、博罗尔、阿富汗、坎巨提、相率款塞。"[89]于是葱岭以西诸国，兵不血刃，而就我衔勒，附我藩墉。惟缅甸、安南、廓尔喀三国，乾隆世尝以力征。缅甸自顺治末执送明永历帝后，绝不与中国通。至乾隆十八年，始入贡。三十一年，缅甸攻破暹罗。"恃强侵云南边，"弘历"叠遣将军明瑞、大学士傅恒、将军阿桂、阿里衮等征之。"[90]三十四年（一七六九），缅惧乞降。时"暹罗守长郑昭，以缅甸困于中国，率众乘其疲敝，击破之，国复。昭，中国广东人也，父贾于暹罗，生昭，仕暹罗。既破缅军，国人推昭为王。四十六年，昭遣使入贡。明年，昭卒，子华嗣立。五十一年，华遣使入贡，并请封，十二月，封郑华为暹罗国王。"[91]于是缅益惧，五十三年（一七八八），乃遣使入贡，清廷亦封缅酋孟云为缅甸国王。安南于明季分为大越（在北，属黎氏，）、广南（在南，属阮氏，）二国。康熙初，大越黎氏受封为安南国王。乾隆末，广南阮文岳引兵入大越，大越王黎维祁请救于中国。弘历命两广总督孙士毅率师讨阮氏，初败之于富良江、后以疏备为所乘。清兵虽败，阮氏亦惧而乞降。清遂封阮光平（文岳弟文惠更名）为安南王，故王维祁则安置于北京焉。廓尔喀在卫藏西南，乾隆末尝兴师寇藏，弘历初发偏师问罪，以敷衍受降了事。嗣以廓人大举入寇，乃命福康安率兵往征，五十七年（一七九二），廓人稽首称藩。弘历好勤远略，以十全武功自夸，其关涉外夷者，惟此四役，且皆苟且蒇事，虽视明之征交趾缅甸为逊，然亦康雍世所未有也。自廓人入贡，史称"于是环列中土诸邦，悉为属国，版图式廓，边备积完，"[92]清室于斯为极盛矣。观史载"乾隆十九年，苏禄国王麻喊味安柔律邻遣使贡方物，并贡国土一包，请以户口人丁，编入中国图籍。帝喻苏禄国倾心向化，其国之土地人民，即在统御照临之内，毋庸复行赍送图册。""苏禄本巫来由番族，悍勇善斗。西班牙既据吕宋，欲以苏禄为属国，苏禄不从，西人以兵攻之，为所败。独慕义中国，累世朝贡不绝。"[93]清世各国之臣属，多纯任自然，慕义归化，依然一秉吾国汉唐以来之王道字小主义，与西人之力征经营以拓殖为国策者，实迥不相侔。故虽郑昭以华人而入主暹罗，亦仅纳其朝贡而止也。史又载"康熙五十八年，琉球国建明伦堂于文庙南，谓之府学。择久米大夫通事一人为讲解师。月吉，读圣谕衍义。三六九日，紫金大夫诣讲堂，理中国往来贡典，察诸生勤惰，籍其能者备保举。八岁入学者，择通事一人为训诂师教之。文庙在久米村泉崎桥北，创始于康熙十二年，庙中制度，俎豆礼仪，悉遵会典。"[94]其效慕华风，亦与明世如出一辙。惟南洋群岛诸地，自明季为西、葡、荷兰等国所吞噬，清代除苏禄外，无一称臣纳贡者，较之明初，实远不逮。又以惩台湾郑氏之祸，康熙五十六年（一七一七）尝令禁"汉人南洋往来，其在外人民，不得归化故土。"嗣虽改为"凡五十六年以前出洋民人，限三年回籍"然自后私出者，仍一概不准归国。又凡出洋商船，除篙枪木棍外，炮械军器，概禁携带，否则一经查出，即视同贼艘。于是我民之前往南洋各岛开辟经营生息者，一行放洋，即丧失国籍，不惟不得国家之保护，且剥夺其自卫之权利，遂令海外侨民，死亡无日。乾隆六年（一七四一），爪哇红河之役，我丁壮多被斩戮，老幼妇女，咸膏荷人斧钺。署福建总督满人策楞奏称"被害汉人，久居番地，自弃王化，按之国法，皆干严谴，今被戕杀，孽由自作。"[95] 吁，可痛已！

**其三则欧亚列邦之交通朝聘也** 明季欧人始来华贸易，最早而最占势力者，为葡萄牙人。嘉靖世，葡人借濠镜（澳门）为居留地，锐意经营，据若己有，地位益固。西班牙荷兰及英吉利诸国商人，虽继有至者，然不能与葡人敌也。清初，沿明例，许澳门葡人至广东市易。时荷人方经营台湾；顺治十年，首"因广东巡抚请于朝，愿称外藩，修职贡。十三年，赍表请朝贡，部议五年一贡，诏改八年一贡，以示柔远。"及"郑成功攻台湾，逐荷人，而取其地，诏徙沿海居民，严海禁。"[96]康熙初，荷人虽遣使入贡，[97]然不能互市也。二十二年，台湾平，"荷人以曾助攻郑氏，首请通市，许之。而大西洋诸国，因荷兰得请，于是凡明以前未通中国，勤贸易，而操海舶为生涯者，皆争趋疆臣；因请开海禁，设粤海闽海浙海江海榷关四，于广州之澳门，福建之漳州，浙江之宁波，江南之云台山（海州），署吏以莅之。"然时虽"与大西洋互市，尚严南洋诸国商贩之禁，自安南外，并禁止内地人民往贩。""雍正七年，因粤闽浙各疆臣以弛禁奏请，遂大开洋禁。凡南洋之广南、港口、柬埔寨及西南之𠀤仔六坤、大呢、吉兰丹、丁噶奴、单咀、彭亨诸国，咸来通市。"[98] "日本德川幕府，虽厉行镇国政策，严通海之禁，然其国人亦潜来各口贸易。两洋诸国，远至瑞典、丹墨，亦咸来互市。"[99]乾隆四十八年（一七八三），美利坚甫建新国，明年，即遣船来我国购茶，亦事之至可纪念者也。至当时与各国关系最复杂，及对后日影响最深者，首推俄罗斯与英吉利。当明季建夷遣兵定黑龙江畔索伦诸部也，俄罗斯远征军，亦越外兴安岭，以达西伯利亚极东之鄂霍海岸。顺治世，清廷不暇注意东北，俄人益乘间侵略黑龙江境，筑城雅克萨河口，游骑抄掠至松花江流域，数与中国戍兵相冲突。及玄烨平三藩，乃命将率水陆大军北征。会俄主彼得新立，亟欲与中国和。二十八年（一六八九），与俄立约尼布楚，议定两国疆界："自黑龙江支流格尔必齐河，沿外兴安岭以至于海，凡岭南诸川注入黑龙江者属中国，岭北属俄；西以额尔古纳河为界，河南属中国，河北属俄。"书以汉、满、蒙古、拉丁、及俄罗斯五体文字，勒碑格尔必齐河东及额尔古纳河南为界标。是为清代与外国立约之始。未几，喀尔喀诸部内附，俄人故与喀尔喀为邻，且与土谢图部贸迁有无，于是中俄互市问题起，中国北境与俄领西伯利亚之交涉亦益繁。至雍正五年（一七二八），复与俄人缔结《恰克图条约》："以恰克图为两国通商之地；自领尔古纳河岸至齐克达奇兰，以楚库河为界，自此以西，以博木沙奈岭为界，各立界标志之；以乌特河地方为两国中立地，彼此不得侵占；俄国商人得三年一至北京贸易，（但员数以二百人为限，留京不得过八十日，）京师俄罗斯馆，听嗣后俄人来京者居住。"又定俄人来京就学额数。[100]乾隆中，因俄人渝约收税，其边界头目又时拦人劫掠，尝数次停止贸易，至五十七年，复立恰克图市约五款，首款谓"恰克图互市，于中国初无利益因尔萨那特[101]衙门吁请，是以允行；若复失和，罔再希冀开市。"清室是时国威，概可想见焉。英吉利虽自康熙间通市，其商船初未尝每岁来华，至雍正七年（一七二九）后，始互市不绝，英人亦不久即取得欧洲各国在中国贸易之领袖地位。时广州固邻近外商南洋根据地，华商组织之公行亦颇完备，故中西贸易，渐趋集中。然粤关关吏于正税外，多索取规礼，外商行动，限制尤严。英人欲在广州外另增商港，且改良广州方面之待遇也，乾隆二十年（一七五五）后，初则数以贾舶试航浙江宁波等地贸易，继则直航天津，投递禀帖，痛评粤关积弊。清廷虽下令撤查，粤关监督李永标且因是革职。[102]然要求条款，不特未达目的，清室疆吏，惩前毖后，益厉行以官制商以商制夷政策。既将外商贸易专限于广州，在广经商之西人，则悉受中国行商之控御，并由行商负西人行动越轨之责任。[103]英人亦遂进一步怂恿其政府采取正式交涉之行动。五十八年（一七九三），英廷遣正使马忧尔尼（George Lord Macartney）副使斯当东（Sir George L. Staunton）来华，奉表献物；是为英吉利与吾国正式通聘之始。然其动机，则纯系借名进贡，提出各种要求，以图解决英商在华贸易所遭遇之困难，并谋此后之发展。故译出表文，有派人留京照料买卖学习教化之请，有宁波天津收泊码头之请，有照俄罗斯在京设立货行之请，有给舟山相近小海岛居住之请，有给广东省城小地方一处，或准澳门居住英人出入自便之请，有广东下澳门，由内河，且减税之请；且漫言请准英人传教。时清廷仅认英吉利为海外朝贡国之一，以为此特荒远不识天朝体制，妄行乞请。一方虽赐使臣筵宴，优加赏赉，以尽怀柔之意。一方则敕谕英王，盛称天朝盛德。而于英人所要求者，则驳斥无遗。故英使所得者除颁赐礼物外，仅三道敕谕而已。[104]然英使之企求虽失败，而问题之症结仍存，即后日之割地租地增辟口岸减轻关税自由传教，以及最惠国条例利益均沾等要求，均萌芽于此时矣。

\* \* \*

清代极盛于乾隆之六十年，嘉道以降，则为中衰之世。然一切衰象，如军备之废弛，财用之耗软，下情之壅遏，海内之困穷，实皆伏于乾隆中叶以后。而弘历于四十年后专宠和珅，致官吏贪黩成风，纪纲败坏，尤为嘉庆世白莲教徒等变乱之主因之所在。和珅，籍满洲正红旗，以一官学生充銮仪卫校尉，偶以奏对称旨，弘历折充总管，累迁至户部侍郎。乾隆四十一年，命在军机处行走，旋由尚书授大学士。[105]向用之专，一时无两。珅既得志，唯以聚敛自丰为务，鬻爵卖官，招权纳贿，无所不为。疆吏畏其倾陷，皆辇货事之，及赃状败露，弘历虽事诛殛，（时督抚如国泰、王亶望、陈辉祖、福崧伍拉纳浦霖等，皆以赃伏法。）而贪风自若；或且惴惴焉惧罹法网，益务攘夺刻剥，多方设法以相馈结，隐为自全之地，虽明知其不可，而群趋于不得不然之势。章学诚上执政论时务书谓"自和珅用事，上下相蒙，惟事婪赃黩货，始则蚕食，渐至鲸吞。初以千百计，俄而非万不交注矣，俄而万且以数计矣，俄以数十万计百万计矣。一时不能猝办，由藩库代支，州县徐括民财归款。贪墨大吏，胸臆习为宽侈，视万金呈纳，不过同于壶簟馈问。属吏迎合，非倍往日之搜罗剔括，不能博其一欢。""情知亏空为患，而上下相与讲求弥补，谓之设法；设法者，巧取于民之别名耳。……既讲设法，上下不能不讲通融。州县有千金之通融，则胥吏得乘而牟万金之利。督抚有万金之通融，州县得乘而牟十万之利。种种意料难测笔墨难罄之弊。皆由设法而生"[106]者，殆可为当日官场写照。观嘉庆四年颙琰宣布和珅罪状称"所藏珍珠宝石，不计其数，家内银两数逾千万，夹墙藏金二万六千余两。私库藏金六千余两，地窖埋藏银两百余万。"[107]私家所纪，且有谓当时抄没赃贿凡百有九号，已估值者二十六号，共计银二亿二千三百八十九万两有奇，未估者尚有八十三号，未知其值又若干。[108]珅以二十年之宰相，而所蓄至此，官吏层层中饱与夫展转藉以牟利者，当更倍蓰而无算。此所以白莲教徒初起，皆以官逼民反铤而走险为辞也。

白莲教始于宋亡后栾城韩山重，假治病持斋，号召徒众，实为具有政治性质之民间秘密宗教集社。明季尝一度盛行北方诸省。乾隆中，安徽刘松及其党刘之协、宋之清等传教授徒，遍川陕湖北。松等先后以谋举兵被捕，惟之协远扬。嘉庆元年，清廷有旨大索，自豫而皖而楚，三省大吏展转根究，不肖州县，变本加厉，"逐户搜缉，胥吏乘虐，而武昌同知常丹葵奉檄荆州宜昌，株连罗织数千人，富破家贫陷死无算。时川湖粤贵民方以苗事困军兴，（乾隆六十年，湖南贵州有红苗之乱，清廷发川湖粤贵诸省兵会剿，至嘉庆四年始大定，）而无赖之徒，亦以禁私盐私铸失业，至是益仇官思乱。于是发难于荆襄达州，骎淫于陕西而乱作。"[109]清廷又大发兵征剿，然诸满将领军者，率尾追不迎击。[110]又广募乡勇，每"临阵，辄令乡勇居前，绿营兵次之，满兵又次之。而贼营亦先驱难民抗我颜行，其真贼皆在后观望。故乡勇日与难民交锋，而兵贼常不相值。及战胜，则后队弁兵又攘以为功，而冲锋陷阵之乡勇，反不得与。"[111]和珅时居枢府，复任意压阁军报，并令各路统军将帅虚张功级，滥叨封爵，且于核算报销时，勒索重贿。将帅遂肆意侵克军饷，且恃有和珅蒙庇，多"奏报粉饰，掩败为功。其在京谙达侍卫章京，亦无不营求赴军，其归自军中者，无不营置田产，顿成殷富。故将吏日以玩兵养寇为事。"[112]颙琰尸居帝位。明知珅与教匪表里相呼应，徒以上皇宠任，亦隐忍而不敢发。匪徒遂愈剿愈多，自川湖蔓延河南、陕西、甘肃，而益不可制。及弘历卒，珅始夺职赐死。颙琰既罢逮诸将之尤不称职者，复委任勒保、额勒登保等，以专责成，行坚壁清野之策，定优恤乡勇之制，以五省环攻之兵力，且抚且剿，汉将杨遇春、杨芳、罗思举、桂涵等又每战必致其死力，[113]至七年（一八〇二），乃告敉平。嗣以宁陕新兵之变，又二年而再报戡定。"计先后用兵九载，费帑银计二万万两，所奏杀贼数十万计，而官兵乡勇之阵亡，与五省良民之罹毒者，无得而稽焉。"[114]时闽粤海贼蔡牵、朱濆等，亦乘间大起，赖李长庚（初为定海总兵，后为浙江提督，）及部将邱良功、王得禄等先后奋击，至十四年（一八〇九）而始靖。十八年（一八一三）九月，白莲教余党天理教魁滑县李文成、大兴林清等，复举事于京南及北京宫廷，虽至十九年（一八一四）正月即告平定，然亦骚动四省（直鲁豫陕）。[115]综计二十年间，群盗如毛，此仆彼兴，迄无宁岁。满廷之无能，与中外官吏之泄沓尸素，盖至嘉庆朝而呈露无隐矣。抑自和珅诛后，颙琰虽极意整饬吏治，如绞杀广兴、胡齐仑，褫革汪志伊、王绍兰等案，而锢习已成，不可挽救。二十五年（一八二〇），颙琰卒，次子旻宁立，明年更元道光。旻宁初信任曹振镛。振镛庸碌无能，唯伺人主意旨以窃位固宠；又复拘牵文义，好毛举臣工瑕疵，以相箝制，衡文校阅，尤严于疵累忌讳，士习益以阘茸，恹恹无生气。及晚年，又偏任穆彰阿；闇庸无识，怙势揽权，论者至谓不减和珅。故道光朝吏治之腐坏，贿赂之公行，有更甚于嘉庆世者。湘乡刘蓉于辛丑（道光二十一年，一二八一，）壬寅（二十二年，一二八二，）间，尝有致某官书云："今天下之吏亦众矣，未闻有以安民为事者。而赋敛之横，刑罚之滥，朘民膏而殃民命者，天下皆是！……又有甚者。府史胥徒之属，不名一艺，而坐食于州县之间者以千计，而各家之中，不耕织而享鲜羹者，不下万焉。乡里小民，偶有睚眦之故，相与把持愚弄，不破其家不止。""今之大吏，以苞苴之多寡，为课绩之轻重，而黜陟之典乱。今之小吏，以货贿之盈虚，决讼事之曲直，而刑赏之权乖。""民之黠者，既巧为规避，而非法律所得制，富者又得以献纳鬻免，虽罹罪网而不刑。是以法之所及止于愚鲁贫民，而豪猾者流，日寝馈于法禁之中，而常逍遥于文网之外。于是法律之施，不惟不足以整齐夫风俗，又且驱天下之风俗而益败坏之"[116]者，其所言亦可痛矣！当时内外兵祸，纷至沓出。其大者，若天山之回部，乱事先后凡三起，扰攘二十余年，几与旻宁一代相终始；若湖广之瑶乱，竭三省之兵力以兴剿，亦旋平旋起，前后经二十年而始获底定；而中英鸦片之战，割地偿金，乞盟城下，尤为前史未有之奇变。（见下）自余各地时有叛乱，[117]虽皆不旋踵而即平，然国家元气，损伤已多。且兵机大起，不可遏抑。及末年而东南数省盗贼蝟兴，广西以连岁大饥，聚众揭竿者，尤所在皆是。三十年（一八五〇）正月，旻宁卒。四子奕詝继立；斥穆彰阿，累诏求直言，通民隐，朝野方延颈举踵以望治，而太平军首领洪秀全已于是年六月起兵桂平县金田村矣。

因政治之不良，假宗教迷信之力，藉秘密结集，号召民众，组织民众，以反抗满清，太平军之起，其性质与白莲天理诸教徒，曾无以异；惟白莲天理诸教所凭借者，大抵为佛道之支流下乘，其构成原质，不出释道二宗，而太平军所依据之教理，则为变相之远西耶教，非中国民间固有之信仰耳。洪秀全故广东花县诸生，初与同县冯云山师事白莲教余裔粤人朱九涛。九涛卒，乃与云山取耶教教义自树一帜，谓之上帝教，名其教会曰三点会，秀全自为之长。道光中叶，与云山至广西浔州一带，阴事布教，信者寖众，诸豪杰不逞之徒，尤争相依附，秀全更自为教主，以耶稣为耶和华长子，而己为其弟，称耶和华曰天父，耶稣曰天兄，命其党造真言宝诰诸书，以实其说。及是，乘机起事，有众二千人。时桂省额兵二万三千，士卒一万四千，然皆失机偾事，一任外溃。秀全遂以咸丰元年（一八五一）闰八月，破永安，建国号曰太平天国，自号天王。北趋湖南，陷岳州，顺流东下，以得舟师之利，二年（一八五二）十二月，据有武汉。自是而九江，而安庆，而金陵，仅三阅月，而江南数千里要害之地，尽为所有；乃建金陵为天京。分军北伐，由安徽、河南、山西而至直隶，虽为清将僧格林沁歼于山东，然江南北地盘踞如故，清廷亦无如之何也。徒以太平军初起，虽明揭种族革命之帜，[118]以推翻满清为号召，及既都金陵，自秀全以下，咸志得意满，日唯争夺权位，甚且自相残杀，北伐偏师既歼，即不再度兴兵，作撼摇满朝根本之计。又其人政治思想既幼稚，道德观念尤薄弱。在金陵时，虽颁行《天朝田亩制度》，试行均产主义，然理想简单，务破坏吾国从来一切法制，而又未能得他国完美之法以为之导，惟知标榜变相之耶教教义以愚民，而于吾国历世相承之名教，则一取仇视态度，不惜彻底毁灭。师行所至，尤多裹胁良民，采用流寇恐怖政策，有破坏而无建树，与白莲天理诸教徒所为，亦无以异。由是汉族士夫，对太平军，亦皆深恶痛绝，认为公敌。咸丰二年（一八五二）十一月，太平军方陷岳州汉阳，清廷已命在籍侍郎曾国藩督办湘省团练，国藩遂以儒生创练湘军。既深鉴额军之弊，[119]奋然以召募易行伍，尽废官兵，使儒生领农民，各自成营，勤训练，励忠诚，重赴援，荣战死。[120]四年（一八五四）一月，湘军水陆发自衡州，国藩移檄远近，既以"殄此凶逆，拔出被胁民人，慰孔孟人伦之隐痛，为百万生灵报柱杀之仇，为上下神祇雪被辱之憾"[121]自誓。一代人物如胡林翼、江忠源、罗泽南、郭嵩焘、李续宾、续宜兄弟、彭玉麟、杨岳斌，以及左宗棠、李鸿章等，先后从国藩者甚众。国藩又务规全局，不急近功。虽兵事利钝，瞬息千变，而进退计画，前后一贯。知人将将之明，幕府宾僚之盛，[122]尤冠绝一世。清廷初虽不欲专任汉人，徒以满族无可倚恃，乃用以汉攻汉之策；然于国藩，亦第责其率军驰驱，不付以方面实权。洎咸丰八年（一八五八）后，事势益急，英法联军亦数度北犯，（见下）十年（一八六〇）四月，始命国藩署两江总督，六月实授以钦差大臣督办江南军务，有统筹全局之旨，七月，命皖南军务统归国藩督办。十一年（一八六一）七月，奕詝卒，子载淳（同治）以冲龄践祚，满族载垣、端华、肃顺等谋擅权。母后那拉氏结奕䜣，戮载垣等，而垂帘听政，而于汉人则倚任弥专。是年十月，命国藩统辖江苏、安徽、江西、浙江四省军务，巡抚提镇以下，悉归节制。嗣以浙省破，又命左宗棠任浙抚,自皖南进师。苏事急,又命李鸿章任苏抚,自沪北进师。国藩弟国荃,则于复安庆后,率军进围金陵。多方并进,卒之苏先下,浙继之,至同治三年(一八六四)六月,湘军克金陵。太平军始成为一历史名词,然上距秀全金田起事,已"十有五年,窃据金陵者亦十有二年,其蹂躏竟及十六省,沦陷至六百余城之多"[123]焉。当太平军之据江南也,淮北复有捻党之乱,[124]与太平军互为声援,流窜鲁冀豫皖诸省。及太平军败,余党多加入,捻匪势益蔓延。至同治七年(一八六八),始为李鸿章率领之淮军所剿平。而云南陕甘新疆之回民,复先后乘粤捻之患而变作。滇回之变,起于咸丰五年(一八五五),至同治十一年(一八七二)始为岑毓英所底定。陕甘新疆回变,始于同治元年(一八六二),天山南北之地尽失,关陇亦多糜烂,赖左宗棠、刘松山及子锦棠募湘军西征,平关陇,定塞外,至光绪四年(一八七八),始全告肃清。综道光末至是,前后几三十年(一八五〇至一八七八),自直省一部外,乱事遍中国,其削平皆赖汉人之力,满族之兵权,亦由是全归汉人之手。国藩撰湘乡昭忠祠记,既自谓"一县之人,征伐遍于十八行省,近古未尝有。"[125]郭嵩焘论湘军人才,则言"苟能军,无不将帅者,苟能事,无不轩冕者。"[126]史亦称是时"湘淮楚营士卒,徒步起家,多擢提镇,参游以下官益累累。"[127]即以外官最高之督抚论,自弘历以下,不轻易授予汉人者,而湘军中先后任总督者凡十四人,任巡抚者十有三人;[128]当同治己巳(八年,一八六九)庚午(九年,一八七〇)间,各省督抚,湘淮军功臣占其大半。满汉势力之消长,此又一大关键矣。

嘉道以降之外患,亦与内乱相表里;而其爆发,则始于道光二十年(一八四〇)中英之鸦片战争。自马戛尔尼来华后,乾隆六十年及嘉庆十年(一八〇五),英廷复两次恭备表文贡物,由在粤英商赍呈,[129]嘉庆二十一年(一八一六),又遣故印度总督罗耳阿罗士德(William Pitt Lord Amlerst)使华,冀于商业利益有所裨补;然英使至京后,未及觐见,清帝即以不合礼制遣归。[130]清廷又以教徒海寇,骚乱十余载,以为宗教迷信与海上贸易,为致乱召寇之媒,由是对于欧人布教收徒,固严厉禁止,即粤海通商,亦益采严格防范政策,防夷则例,层出不穷。[131]

英人既习知清廷上下虚诞之习，益启轻视中国朝野之念，英廷固不再派遣使节，英商态度亦日趋强硬，道光朝，曾屡次故违禁例，甚或以兵船要挟，于官吏宪令，视之蔑如。时英商贸易，以贩卖鸦片烟为大宗，道光三年（一八二三）以前，每岁已达银数百万两，自后年有增益，道光十四年（一八三四）以后，仅粤关一口，每岁几达银三千万两。黄爵滋所谓"以中土有用之财，填海外无穷之壑，易此害人之物，渐成病国之忧"者，[132]其祸真烈于洪水猛兽矣！时中外臣工，纷请禁烟；湖广总督林则徐疏云："鸦片不禁绝，则国日贫，民日弱，十余年后，岂唯无可筹之饷，尽且无可用之兵，"[133]言之尤极剀切。旻宁以则徐深识远虑，十九年（一八三九），特派至粤查禁。则徐饬令英商尽出所蓄鸦片二万二百八十三箱，就虎门焚毁。英人不自省其售贩鸦片之有背人道，辄建自政府兴师以雪焚烟之耻，中英第一次不名誉之鸦片战争，于焉开始。二十年，英人犯广州，明年，复沿海北侵闽浙，继复溯江陷镇江，犯江宁。清廷以力不敌，先遣成则徐，复与英订立《南京条约》，割香港，赔烟款军费等二千一百万圆，开广州、厦门、福州、宁波、上海五港，许英国商民通商居住。而鸦片则公然开禁，一任国民吸食，英人贩卖焉。

《南京条约》订立之明年，中英复订《五口通商章程》，许英人以关税协定权。于是美利坚法兰西诸国，纷纷援例与我国订约；道光二十四年（一八四四），先后在澳门黄埔缔结中美中法条约。清廷至是，遂确认诸国为平等敌体之列邦，公文照会，俱禁用夷字。嗣以粤民禁阻英人入广州城，广西又有杀害法教士案，英法协力谋我，咸丰七年（一八五七），有英法联军之役。联军初陷广州，劫粤督叶名琛以去。继复乘清室有发捻之乱，北陷大沽。八年，遂订中英中法《天津条约》。十年，英人坚持率军入北京面请帝换约，清廷拒之，联军进陷京师，尽劫圆明园珍物，复纵火焚园。奕詝逃避热河，由奕䜣等与西人续订中英中法《北京条约》，自增开牛庄、登州、台湾、潮州、琼州、天津、汉口、九江诸商埠，割九龙半岛予英，偿英法军费银各八百万两，准洋人内地自由设堂传教，及互派公使，此后两国官吏办公交涉，按品位准用平等礼式。外若领事裁判权与观审会审权,关税协定与海关税务管理权,沿海贸易军舰行驶停泊及内河航行权,以及画定租界及最惠条款等等主要不平等条约,凡外人思虑所及,认为与己国有利者,无不于此诸约中一一规定焉。英法之迫害如是,而俄人乘间侵略,其阴鸷险狠,尤远过英法。自尼布楚明订界约后,道光末季,俄人已乘中国多事,侵占黑龙江北岸地,置兵屯守。咸丰五年,俄西伯利亚总督木喇福岳福率舰队下黑龙江,要我更订界约,未遂。及英法衅起,俄人移兵黑龙江口,肆意要胁,清廷遂命黑龙江将军奕山与俄督订《瑷珲条约》:"黑龙江松花江左岸,由额尔古纳河至松花江海口,为俄国属地,右岸顺江流至乌苏里河,为中国属地,由乌苏里河至东海岸之地,为两国共管地。"于是《尼布楚条约》所定属我之大兴安岭以南迄黑龙江北之广大领土,割为俄有,而雍正朝恰克图约明定两国共有之乌特河流域,更无论矣。英法《天津条约》成,俄亦要我订《天津条约》,自恰克图约所定陆路通商仍旧外,并得在上海等五口及台湾琼州二处通商设领,停舶兵船,"若别国再有在沿海增添口岸,准俄国一例照办,""日后中国若有优待他国通商等事,俄国一律享有。"及联军陷京师,俄人以斡旋和议有功,复乘机要索瑷珲条约所定乌苏里河以东至海两国共管地为报偿,清廷不能拒,遂继英法《北京条约》后,与俄续订《北京续约》:"自乌苏里河口而南,上至兴凯湖,两国以乌苏里及松阿察二河为界,其二河东之地属俄国,二河西属中国;自松阿察河之源,两国交界逾兴凯湖,直至白稜河;自白稜河口顺山岭至瑚布图河口,再由瑚布图河口顺珲春河及海,中间之岭至图门江口,其东皆属俄国,其西皆属中国,两国交界与图门江之会处,及该江口相距不过二十里。"(意谓南境尽处,距图门江海口尚有二十里,此二十里乃俄国与朝鲜交界,)自《瑷珲条约》举黑龙江以北大兴安岭以南之广大区域割让俄人之后,不三年,复依此约举乌苏里河东九十万三千方里之地,悉割隶于俄,计我所割让者,东西广及二十余经度,南北长及于十余纬度。俄人不损一兵一卒,期满人之懦弱,肆其鲸吞;复于此新获地区建阿穆尔州及沿海州,殚力经营,蔚为东方重镇。其中俄《天津条约》之援最惠国条例,悉得享受英法《天津条约》中所获之各项权利,更无论矣。然俄人之野心与凶狠,犹不止此。自道咸以还,向属中国之葱岭以西中亚细亚各回部,若浩罕、布鲁特、哈萨克、布哈尔诸邦,俄人既先后以兵力吞噬,置费干、锡尔达利亚诸省。(惟阿富汗未为俄人所并,巴达克山与博洛尔亦皆为阿所并占,)同治中,新疆回乱起,俄人复乘机入据伊犁。光绪初,回乱平,俄人不欲返我侵地,交涉再四,至七年(一八八一),订还付《伊犁条约》,除许俄人蒙古新疆商务利益外,复偿俄卢布九百万,"自伊犁西部别珍岛山,顺霍尔果斯河过伊犁河,南至乌宗岛山廓里札特村,沿此等地画一线,其以西之地割让俄国。"盖所返还者,仅伊犁及其南部地,而霍尔果斯西二千方里之地,则俄人已攫夺以去,隶于七河省矣。[134]

清代中叶后之外患若是,其反应则何如。自鸦片战争后,朝野上下,一切如故,初未因外患而有所变革。虽间有一二卓见之士,研索列国国情,海防险要,如魏源之撰《海国图志》,徐继畬之著《瀛寰志略》,然亦鲜为世所注意。清廷因外患而有所变革,自咸丰十年庚申始。"时英法互起要求,当事诸臣不敢易其一字,讲成增约,其患日深。"[135]满人工部右侍郎文祥偕恭亲王奕訢等通筹洋务全局,奏拟善后章程六条:一、京师立总理各国事务衙门;二、分设南北口岸大臣;三、新立税关,派员专理;四、各省办理外国事件,将军督抚互相知照;五、广东上海各择通外国语言文字二人来京,仿俄罗斯馆教习例,选八旗子弟年十三四以下者学习;六、各海口内外商情,并外国新闻纸,按月咨报总理各国事务衙门。[136]清廷从之。是年"十二月,始置总理各国事务衙门,会奕訢、桂良(大学士)、文祥管理;以崇厚充三口(牛庄、天津、登州)通商大臣,薛焕(江苏巡抚)兼办上海等处通商事务;准旗人学习外国语言文字。十一年二月,敕直省遇有交涉,即行酌办请旨,勿许推诿。"[137]同治元年,京师复设同文馆。[138]苏抚李鸿章亦在上海立广方言馆,并召集士子学习泰西语言文字及学术,而雇西人教习。时曾国藩总制两江,深惟"自强之道,贵于铢积寸累,一步不可躐空,一语不可矜张。"[139]因廷臣有采买外洋船炮之议,谓不如购其机器,自行制造,经费较省,新旧悬殊;三年,遂遣粤人容闳出洋采办机器。[140]是年，洪杨之乱亦平，国藩益致思于洋务，以力求自强为己任，兢兢于绸缪未雨之谋。四年（一八六五），清廷以两江总督兼理南洋大臣，管五口通商暨条约交涉诸事。国藩首设江南制造总局于上海。五年（一八六六），清廷又以闽浙总督左宗棠之请，在闽建船政局，试造轮船；嗣宗棠移督陕甘，因以沈葆桢总理船政。容闳所购机器百数十种，于是年至沪，即并入制造总局。南京天津亦先后设立机器局。六年（一八六七），江南制造局设翻译馆，搜罗西学象纬舆图格致器艺兵法医术诸科要籍，一一由西士口译，华士笔受。时各国遣公使领事先后来，而我未报聘。七年（一八六八），总署请派志刚、孙家穀偕美人蒲安臣等充办理中外交涉事务大臣，历聘欧美各国；至美京，并与美国议定续增条约。[141]九年，罢三口通商大臣，以直隶总督李鸿章兼理北洋大臣，管理三口通商暨交涉事宜。十年（一八七一），以国藩鸿章议，遣幼童出洋留学，由刑部主事陈兰彬、江苏同知容闳率领赴美。十一年，设招商局，购置轮船。是年，国藩卒，此后洋务，遂多由鸿章负责筹办。十三年（一八七四），日本兴师犯台湾番社，海防议起，廷议兴海军，筹沿海防务。未几，载淳卒，母后那拉氏以奕譞子载湉为己妹所出，且年甫四龄，利其冲幼，立为奕詝嗣子，入承大统，仍自为皇太后听政。虽于海陆防务及练兵购械诸端，仍一委鸿章；鸿章亦倾心考求西法，日事仿效，如派遣武弁往德国学习水陆军械技艺也，购买新式后膛枪炮，使淮练各营学习洋操也，奏设南北两洋并接办苏浙闽粤，与添设津通暨山海关等处电线也[142]，创设天津水师学堂暨武备学堂也，奏办上海织布局暨开平煤矿也，修筑沿海要隘、如旅顺威海等处炮垒也，在在以一身负统筹全局之责，其于购买铁甲兵船，建立北洋海军，尤几竭全力以赴。自余疆臣，如沈葆桢、丁宝桢、左宗棠、丁日昌、刘坤一、张之洞等，亦多喜谈洋务，言富强；"之洞尤莅官所至，必有兴作，务宏大，不问费多寡。"[143]然外患之来，相续不绝，朝野仍无术与抗。光绪五年（一八七九），日本入琉球，夷为冲绳县，虏其王及世子而去；我五百余年之藩属，卒坐视为倭人所灭而不能救。时左宗棠复新疆，清廷以俄人久据伊犁不归，命侍郎崇厚赴俄交涉，订丧权辱国之约以归。及再命出使大臣曾纪泽赴俄力争,亦仍割地偿金(见前),宗棠虽席西征全胜之兵威,清廷不敢命移师以夺失地也。九年(一八八三),法人侵我越南,清廷命鸿章与法交涉,初议分界保护。十年(一八八四),我滇桂军援越者,为法人所败,鸿章与法人再定和议,委曲求全,诏越南全归法保护。四月,鸿章已遵旨筹办法越交涉画押定约事宜矣,而法人复借端废约,分途进犯,陷台北基隆,毁福州船厂,歼我海军于马江。十一年(一八八五),复由越南攻我广西镇南关,提督冯子材率军力战败之,乘胜复谅山,而清廷仍依鸿章以定和议;虽关外大捷,而越南之自秦世已隶中国者,卒拱手让诸法人,一任宰割。英人亦乘机取我缅甸,以为印度之属地。南掌自咸丰世已"兼贡越南之顺化,法人得越南全境,南掌又折入于法。"[144]暹罗虽以英法交争得幸存,朝贡亦不入于中国。我中南半岛诸藩邦,至是尽脱羁绊矣。盖自载湉立,那拉氏再听政,日肆荒淫,中朝初仍用奕䜣。十年,以诉"委靡因循"[145],罢之,改任奕譞,委蛇保荣,因循壅蔽,更甚于䜣。领总署为奕劻。大臣自满人福锟昆冈以下,众至十余,然多不达外事。朝野举倚恃鸿章。鸿章亦知有兵事,不知有民政,知有外交,不知有内政,知有朝廷,不知有国民,知有洋务,不知有国务,且于中西立国根本,初未了了,亦不能举国中积弊,一一更张,徒袭西政绪余,以涂饰耳目。而上下所重,仍别有在。凡所兴创,遂皆淮橘为枳,若存若亡,不能实收其效。[146]诸满族于西法既聩聩无所知。即以国防言,亦从未视为首图,宽筹经费,一任鸿章放手经营。光绪初"户部指拨南北洋海防经费,每岁共四百万两,而各省关实际所解者,约仅及原拨四分之一,"[147]致大宗船械,皆无法购买。六年(一八八〇),致仕台湾巡抚刘铭传入觐,力陈铁路之利,奏请兴筑,以图自强,鸿章亦力赞之,[148]而廷议以费巨置之。九年,鸿章疏请展接山海关等处电线,谓"津沽北塘至山海关,经营口,直达旅顺,俱系北洋沿海扼要之区,非有电报,无以速传递而赴事机。但陆路二千余里,设线经费约需银十万两,北洋难筹巨款,只可择北塘至山海关四百余里,暂设单线一条,估银三万余两,克期蒇事。"[149]及法越事起,廷议始决建海军,立海军衙门于京师,以奕譞督办,李鸿章为会办,向英法诸厂定购之铁甲船快船，先后至者七艘，[150]北洋海军，规模粗具。然诸满族亲贵，初不知海军为何物。十二年（一八八六），鸿章请奕𫍽巡阅北洋水陆军操演，奕𫍽至请那拉氏宠阉李莲英偕行，于是北洋海陆诸将，自丁汝昌、卫汝贵、叶志超、龚照玙以下，皆对李阉奉厚贽，称受业。十四年（一八八八），定海军经制，北洋海军，由是正式成军。适会清廷诏修葺颐和园，以为那拉氏归政后（载湉十五年行，婚礼，那拉氏始归政，）颐养之所，"水衡钱不供，奕𫍽乃移海军费奉之，"[151]北洋自是年后，遂未能增购一船。户部犹不时奏请南北洋购买外洋枪炮机器，暂行停购。虽随时添配零件，亦议任其缺损。[152]十七年（一八九一），海军第一次校阅，时奕𫍽已前卒（十六年卒），满族亲贵惕于海上风波，皆不敢参与，仅令鸿章及山东巡抚张曜会校。"甲午中倭衅起，鸿章知海军窳弱不可恃，力主和，顾无如枢府何，不得已而战。"[153]倭海陆军先发制人，船械亦较清军犀利，[154]我陆军既连失利，由鲜境退至辽宁，大东沟一战，海舰亦几尽燔，循至旅顺大连威海卫诸要塞，倭人上陆攻取，易如拾芥。鸿章二十年经营之淮练各营与海军海防，一战而尽。清廷以沈阳为陵寝重地，京师则宗社攸关，而倭势逼辽沈，"犯畿疆"，遂"幡然定计"，命鸿章赴倭行成，甘割地偿银，以为苟安之计。[155]二十一年（一八九五）三月，定《马关条约》，既将箕子旧封之朝鲜，画为倭人保护国，复割我辽东半岛及台湾澎湖岛，偿军费二百兆两，开沙市、重庆、苏州、杭州为通商口岸，并一任内江自由通航，内地从事制造。倭寇之祸，盖前史所未有也！

自光绪二十一年乙未马关订约以后，为清室日趋灭亡时期，虽历年不满两纪，其间时势推演，若外患与变法，若反动与维新，若立宪与革命，实极古今之巨变。甲午之战，清室陆海军之无能，我国政治社会之积弊，全体呈露，有如纸虎之被戳破者然。朝野上下，既感受非常之痛苦，而病旧制之不适，旧中国欲竞存于此新世界，非变从西法不可。时顺天府尹胡燏棻条陈变法自强事宜，言"今日即孔孟复生，舍富强外，亦无治国之道，而舍仿行西法一途，更无致富强之术。"实可代表一般士夫之见解。燏棻爰条陈十事：曰开铁路以利转输，曰铸钞币银币以裕财源,曰开民厂以造机器,曰开矿产以资利用,曰折南漕以节经费,曰减兵额以归实际,曰创邮政以删驿递,曰创练陆兵以资控御,曰重整海军以图恢复,曰设立学校以储人才。清廷虽认为"皆应及时举办,着各省将军督抚将以上诸条,各就本省情形,与藩臬两司暨各地方悉心筹划,酌度办法,限文到一月内分晰复奏。"[156]然要仅一纸空令;此后数年,仅练兵开矿铁路邮政及学堂诸事,粗有图议,其他实际改革,初未能急遽推进。而外患已纷至沓来,有不可终夕之势。初马关约成,俄人以倭占辽东,嫉之,纠合德法,胁倭人还我辽东。我既增付赔款三千万两,俄人复索厚酬于清,清廷不能拒。二十二年(一八九六),俄王尼哥拉斯行加冕礼,清廷遣鸿章使俄,与订密约,许俄以东三省筑路权。二十三年(一八九七),德人借口山东巨野二教士被戕,强占我胶州湾,以山东省为其势力范围。俄人亦强占我旅顺大连湾,以东三省为其势力范围。明年,英人亦结扬子江沿岸不割让他国之约;继复占我威海卫,并索香港对岸地,拓其旧占九龙界。法则初约海南岛不割让于他国;继续占我广州湾,约两广云南三省不割让于他国。日本亦约福建不割让于他国。乃至意大利亦欲援均势主义,索我三门湾,其驻使且提最后通牒,清廷拒之,并掷还哀的美敦书,其事始已。乃自开秦皇岛吴淞三都澳(属闽)等地为商埠,以杜各国之要求。然海疆要隘,顷刻殆尽,失地失权之事,纪不胜纪,[157]其势正如风扫残叶,不可收拾。时载湉亲政已数年,那拉氏移住颐和园,仍隐握大权,不稍宽假;载湉间日往请安,每日章疏,阅后皆封送园中。自辽东丧师,载湉愤国势阽危,颇欲革新庶政,特畏那拉氏意不欲,迟迟不敢发。至是,各国皆相逼而来,瓜分之说,腾于全球。遂决意为发愤自强之计。"环顾枢辅大臣,皆选耎玩愒,无动为大,无足与谋天下大计者。"[158]南海康有为,乙未公车一再上书,载湉固心识之。二十四年戊戌(一八九八)正月,有为再请誓群臣以定国是,开制度局以议新制,别设法律等局以行新政。[159]尚书李端棻、学士徐致靖、张百熙等,先后疏荐之。载湉遂欲倚有为行新政。四月,"诏定国是,谕中外大小诸臣,自王公至于士庶,宜各发愤为雄,以圣贤义理之学植其根本,兼博采西学之切时势者,实力讲求,以成通达济变之才。"[160] "时大员黜陟，皆须诣颐和园取进止，载湉不得自专，故有为仅以工部主事命在总理事务衙门行走，其门人举人梁启超仅领译书局。"[161] 有为亦告载湉："大臣守旧，当广召小臣，破格擢用。"遂"召侍读杨锐、中书林旭、主事刘光第、知府谭嗣同，参与新政。有为连条议以进。于是诏定科举新章，罢四书文，改试策论；立京师大学堂译书局；兴农学；奖新书新器；改各省书院为学校；许士民上书言事。谕变法，裁詹事府通政司大理光禄太仆鸿胪诸寺及各省与总督同城之巡抚、河道总督、粮道、盐道。并议开勤懋殿，定制度，改元易服，南巡迁都。"[162] 然时满族亲贵，既惧以变法而削弱其政治地位；老耄旧臣，尤多"痼习空文，于中外时局，素未讲求，而迂谈谬论，成见塞胸，不惟西法之长，不能采取学步，即中法之弊，亦不肯锐意扫除，"[163] 视日影朝暮，假息图存。载湉虽抱大有为之志，而上有揽权猜忌之母后，一切请命而不行，下有顽固庸俗之大臣，屡经严责而不恤，有为等又皆新进小臣，无权无位，徒知锐意更张，而"险躁自矜，忘投鼠之忌，而弗恤其罔济。"[164] 故自四月至七月，除旧布新之诏虽数数下，行者犹未及百一。诸虑因改革而受淘汰，及希冀依附满族以维持或升迁其他位者，群起指责，蜚语中伤，谓将不利于母后。于是那拉氏自园还宫，以载湉病为辞，复垂帘训政。诏捕康有为等，有为与启超走免，谭嗣同、杨锐、刘光第、林旭、杨深秀及有为弟广仁，俱捕斩于市；[165] 其余汉大臣自李端棻、徐致靖以下，禁锢谪戍降革者凡数十人。所施新政，悉反其旧。自诏定国是至是，才百有三日，（四月二十三日乙巳至八月初六日丁亥）以"维新"始者，卒以"政变"终；而"百日维新"与"戊戌政变"，成为历史上两名词焉。

那拉氏之再训政也，初犹与载湉并坐，若二君焉，既乃幽载湉于瀛台。二十五年己亥（一八九九），立载漪子溥儁为大阿哥（满人呼皇子为阿哥，大阿哥义云皇长子或太子）以嗣载淳，时时思废载湉而立之；特忌各国驻使责言，未敢仓卒行。载漪又急欲其子得天位，计非藉兵力慑使臣，固难得志也。二十六年庚子（一九〇〇），白莲教余裔义和团起山东，初以仇耶教为名，劫杀相寻，蔓延滋害；既乃以扶清灭洋为号。东抚毓贤养痈于先，直督裕禄礼迎于后，载漪及宗室载勋、载澜及大学士徐桐、军机大臣刚毅、启秀、赵舒翘等，复导之入都，那拉氏亦信其术，思倚以锄敌而立威。吏部左侍郎许景澄、太常卿袁昶、连疏极谏，皆不报，且借端杀之。"盈廷惘惘，如醉如痴。"[166]拳匪击杀德意志公使克林德及日本使馆书记，围各国使馆，日日毁教堂，杀教民，株连无辜。曩之因甲午丧师演为戊戌政变者，至是复因己亥之建储，酿成庚子之拳乱，[167]卒召各国联军入京之祸。（时两江总督刘坤一、两湖总督张之洞、两广总督李鸿章相约对外宣言保境安民，故各国联军未扰及东南沿海各省。）那拉氏偕载湉西遁，由宣化大同，经太原，而至西安。仍赖李鸿章与各国折冲。[168]二十七年辛丑（一九〇一）正月，成和议。除赔款四万五千万两，遣专使至德日谢罪，停仇教地方考试五年，开复冤杀各员许景澄袁昶等原官外，毁大沽炮台及天津城，并撤京津间军备，拓京城各国使馆界，界内驻戍兵，不准华人杂居，改总理各国事务衙门为外务部，班六部上。其首祸诸臣，除徐桐、刚毅先死者外，载漪、载澜、发极边永禁，载勋、英年、赵舒翘赐死，毓贤、启秀、徐承毓并论斩；大阿哥溥儁以载漪子，亦遭废黜。于是守旧者夺气。那拉氏且先于二十六年十二月行在西安时诏议变法，"饬军机大臣大学士六部九卿出使各国，大臣各省督抚各就现在情形，参酌中西政要，举凡朝章国故，吏治民生，学校科举，军政财政，各抒所见，详表条议以闻。"二十七年三月，仿宋熙宁制置三司条例司遗意，"诏立督办政务处；奕劻、李鸿章、荣禄、昆冈、王文韶、鹿传霖并为督理大臣，刘坤一、张之洞遥为参赞，"[169]"各官章奏，均交政务处审别可行与不可行。"时中外臣工条奏变法者纷如，总其要归，大抵不外"育才兴学"、"整顿中法"及"采用西法"等三大端。两江总督刘坤一，湖广总督张之洞，先后合上三疏：第一疏建议与育才兴学有关者四事，"一曰设文武学堂，二曰酌改文科，三曰停罢武科，四曰奖励游学；"第二疏"将中法之必应整顿者，酌拟十二条：一曰崇节俭，二曰破常格，三曰停捐纳，四曰课官重禄，五曰去书吏，六曰去差役，七曰恤刑狱，八曰改选法，九曰筹八旗生计，十曰裁屯卫，十一曰裁绿营，十二曰简文法；"第三疏

"就应采西法之切要易行者,胪举十一条:一曰广派游历,二曰练外国操,三曰广军实,四曰修农政,五曰劝工艺,六曰定矿律路律商律交涉刑律,七曰用银圆,八曰行印花税,九曰推行邮政,十曰官收洋药,十一曰多译东西各国书;"洋洋数万言,可谓集变法章奏之大成。[170]然所陈虽极剀切,而所筹议各条,实皆卑卑无甚高论。盖当时执政者,犹以康梁与义和团为维新与守旧之两极端,[171]所谓变法,务求折衷于其间。故应诏陈言者,于中法但论其弊去太甚,于西政亦不过就三十年来陆续议办者,求其推广施行。张刘负一时人望,而如鸦片之病国害民,亦因税收关系,未敢遽议禁绝,至以官收洋药为变法之一要目,则其识见与魄力,固犹远在戊戌诸臣下矣。惟自经庚子之变,朝野痛定思痛,于我国积弊及西人之优长,既昌言不讳,[172]即在极端守旧及对西法素未讲求者,亦从此不敢訾议新政;自咸丰季年以来,变法之局,经数十年之张弛起伏,由是始臻稳定。自后如废八股时文,停科举,办学堂,奖游学,考试出洋学生予以出身,训练新军,停止武科,裁屯卫,汰绿营,去书吏差役,修正法律,停止刑讯,定矿律商律路律交涉律,以及改官制,立农工商部,行银圆,取印花税,扩邮政等事,皆逐渐施行;挽近旧制之日趋消灭,新法之日有增益,实基于此。然满族徒因畏中外訾论,标榜变法,初非真欲藉是措国家于富强。西政之效,既难骤见。中法之弊,尤非短时所能廓清。故辛丑以还,外观虽极纷更,实际亦无若何效果。此后"风气之开辟日新,人心之趋向各异,"[173]益以国际形势于国民思想之演变,满廷之政治改革,表面上似渐趋积极,满族之统治力,实际上则日益削弱。及立宪革命之说盛,爱新觉罗氏之部族政权,遂岌岌不可终日矣。

庚子之乱,俄人除参与联军进占平津外,复大兴师据东北三省。辛丑和议成,各国遵约撤兵,而俄人之据关东者,借口与中国有特别关系,独迁延不撤;并以海陆军向朝鲜侵略。日本以俄人剑及履及,既与英国缔结同盟以为声援,复与俄议分割我东北三省利益,俄人则将我东北全然画出日本势力圈外,且图染指朝鲜。光绪二十九年(一九〇三)十二月,日遂与俄开战,以我辽东为战场,清廷不敢致一词,惟仅守所谓"局外中立"。及俄人败北，三十一年（一九〇五）九月，日俄朴资茅斯条约成，我人民生命财产之损失与毁伤者，胥置不论，且强画我东北三省为南北两部，由两国分区经营。此后日人侵暴，层出不穷，清廷虽在关东各地设官，推行新政，亦形同守府。又以日俄之战，日以立宪而胜，俄以专制而败，我全国士大夫之思想言论，为之一变，前之守旧或主张变法者，至是多盛唱立宪之论。时袁世凯镇北洋，参与朝政，锐意图改革，颇迎合其说。清廷亦迫于众议，不得不为涂民耳目之计。三十一年，命载泽等五人为考察政治大臣，[174] 出洋考求日本、英、美、法、德诸国宪法；置考察政治馆，择各国政法宜于中国者，纂订成书，取旨裁定。明年正月，载泽等奏请宣布立宪，言"宪法者，所以安国内，御外侮，固邦基，保人民，滥觞英伦，踵行法美，近百年间，环球诸君主国，无不次第举行。……立宪政体，利于民而独不便于庶官，"[175] 七月，泽等回国，清廷遂宣布预备立宪事宜，"仿行宪政，大权统于朝廷，庶政公诸舆论，预备立宪基础，内外臣工切实振兴，俟数年后规模粗具，参用各国成法，再定期限实行。"[176] 九月，诏更定官制，自内阁军机处外，设部十一，（外部、民政、陆军、度支、吏、礼、学、法、农工商、邮传及理藩，）由内阁总理大臣统属各部尚书。又改大理寺为大理院，专司审判。（法部则专掌司法行政）改督办政务处为会议政务处。三十三年（一九〇七），各省官制亦次第编订，于布政使外，设提法（按察使改）提学（学政改）等使，劝业巡警等道。提法使下有各级审判厅，以为司法独立之始基。寻下各省督抚实行预备立宪政治诏，饬条举立宪办法。改考察政治馆为宪政编查馆，归并会议政务处于内阁，以专责成。诏设资政院及各省咨议局，以立议院及各省议会之基础。三十四年（一九〇八），资政院王大臣拟定资政院院章。宪政编查馆亦订立各省咨议局并各议员选举章程，寻复拟定宪法大纲及议院法选举法要领，及议院未开以前逐年应行筹备事宜。令刊刻誊黄，分发在京各衙门在外各督抚府尹司道，悬挂大堂，责成依限举办，每届六个月，将举办成绩胪列上闻；限定九年，"将各项筹备事宜一律办齐，届时即行颁布钦定宪法，并召集议员之诏。"[177] 时清廷于预备立宪等事，极意铺张，说者谓那拉氏"自顾倦勤，畏后世议己，姑以涂饰耳目，幸免及耳。"[178]实则当时满族心理，徒以此粉饰视听，迁延岁月。且满人领袖者为奕劻，以贪庸著闻于天下，[179]自余宗室亲贵，亦无一人能足当军国之重者，[180]犹惧以立宪故渐失权势，阳借化除满汉畛域之名，阴则仍谋以满人把持一切。若宪政编查馆，若资政院，既皆以奕劻为主持人；所订宪法，皆由劻等拟定，借"皇帝钦定"名义，不许士子论议，人民干预，有"钦赐宪法"之称。及载湉病、那拉氏亦不豫，诏授载湉弟载沣为摄政王。十月二十一日，载湉卒，那拉氏诏以载沣子溥仪即皇帝位，嗣载淳后，兼承载湉之祧。载沣以摄政王监国，尊那拉氏为太皇太后，载湉后为隆裕皇太后，颁诏明年改元宣统。翌日那拉氏亦卒。自宣布预备立宪以来，筹备之事，大率有名无实。及宣统改元，载沣尝再下诏申明实行预备立宪，降革各省官吏玩误宪政者若干员，颁行府厅州县及城镇乡地方自治章程，并以九月一日为各省谘议局开会之期。二年（一九〇〇）九月，资政院亦举行开院礼。十月，并缩短预备立宪年限为七年。然载沣之徒具文饰，了无立宪诚意，与那拉氏如出一辙。资政院之开会也，议员大半由朝廷指派，既有钦赐议员之称，而中枢部臣，仍多任用满族。当光绪三十二年初更内阁部院官制，除奕劻为内阁总理大臣，余十一部尚书，满人竟占其七，有满族内阁之号。[181]及载沣监国，以直隶总督兼北洋大臣袁世凯为汉大臣魁率，旨罢其职；载沣自统禁卫军，而以其弟载洵载涛分主军政。三年颁布内阁官制，改立责任内阁，罢旧内阁办理军机处及会议政务处，设部十，（较光绪三十二年裁吏礼两部，增海军部,）仍以奕劻为总理大臣，以世续徐世昌为协理大臣，余十部国务大臣，满人又居其七，[182]而军谘大臣（犹今参谋总长）仍属之载涛。时各省谘议局议员以阁员多为皇族，谓皇族内阁，列国所无，不特无补国家，且非皇族之福，要求改组。载沣则严旨申斥，谓"用人为君主大权，议员不得干涉。"盖时虽假名预备立宪政，而其以一国之政权，私诸一家之亲贵，犹是满朝家法，载沣之用心，固与多尔衮福临以下诸满酋无以异也。然武昌革命，亦卒于是年爆发焉。

自太平军覆败以还，革命之秘密组织，未尝绝迹，满人之无能力，既为汉族所共喻,而欧美之新思想,又渐次输入。于是官僚学者,思以新法扶翼清室,而反之者,则以推翻满朝恢复中华为职志。然因鉴于太平军之败亡,亦颇有以惩艾其缺失,既不假借耶教,定一尊于天主,亦不采流寇恐怖政策,务破坏社会一切秩序,惟求实现其崇高之民族愿望与政治理想,以建设真正之民主国家。代表是种潮流者,今国民党故总理孙文其首也。文字逸仙,广东香山人。(同治五年生)幼从英人某业医,长习经世之学;愤清政不纲,外侮频仍,慨然以救中国为己任。"自己酉(光绪十一年,一八八五)中法战败之年,始决倾覆清廷,创建民国之志。"[183]甲午中倭战起,文感外患日急,乃赴檀岛创立兴中会。嗣又回香港广州,扩大会务,以"扫除鞑虏,恢复中华"为宗旨,鼓吹革命,号召党徒。乙未马关约成,举国愁怨,文遂纠合同志,谋起兵于广州。事败,陆皓东等死之。文走日本,游美英,定三民主义五权宪法为革命建设之准则。庚子拳乱起,文复命郑弼成起事于惠州;浏阳唐才常亦谋举兵于汉口。革命运动,自是日演日广,甲辰日俄战后,国人留学日本者,一时骤逾万人,文特至日本讲演宣传,学生服膺其说者,亦月异而岁不同。于是与黄兴宋教仁等设同盟会于日本东京,渐扩充及于内地各省。时研求国故之士,如章炳麟、邹容、刘师培、黄节等,时时剌举宋明遗老之言论行谊,以鼓吹革命。光复之义,如日中天。而革命行动,亦先后飙起,或以个人行暗杀之策,或以团体为起义之举。乙巳(三十一年、一九〇五)九月,吴樾图炸毙出洋考察宪政之五大臣,未中。丁未(三十三年、一九〇七)五月,徐锡麟杀安徽巡抚恩铭。辛亥(宣统三年、一九一一)三月,温生才杀广州将军孚琦。而起兵者亦相踵。丁未七月,黄兴起于广州。十月,孙文起于镇南关。戊申(三十四年、一九〇八)三月,黄兴又起于河口。七月,熊成基起于安庆。庚戌(宣统二年、一九一〇)正月,倪映典起于广州。辛亥三月,黄兴、赵声等复起于广州。虽事皆不成,然党人既不以挫折灰其志,革命之机,遂愈转而愈急。时国际形势,十分紧迫,日俄英法诸国,对我均缔结秘密协定,预事处置。日人又并朝鲜(宣统二年、一九一〇),俄则增兵蒙古,英法亦各窥伺西藏滇边,清廷胥置不问,惟以伪立宪涂民耳目,其官吏复日以制造革命为事。奕劻既以老奸窃位，多引匪人。载泽因其妻与隆裕为姊妹，篆握度支，其势与奕劻抗。载洵、载涛皆以兄载沣监国故，分掌枢府重权，藉以殖其私财，卖官鬻缺，苞苴竞进。劻又引头会箕敛之盛宣怀长邮传部，上铁路国有策，欲因是以大借外债。川鄂人士，群起反对。清廷既命赵尔丰入川，肆意诛屠，鄂督瑞澂又大搜捕革命机关。辛亥八月十九日，民军遂起于武昌，拥黎元洪为都督。各省闻风响应。清廷初起用袁世凯为湖广总督，督兵攻民军。继复任世凯为内阁总理大臣，组织责任内阁，满族自载沣以下，皆退归藩邸。而世凯亦不慊于清廷，阴持两端。十月，遂停战议和。十一月，十七省代表开选举临时大总统选举会于上海，公举孙文为临时大总统，立政府于南京，定号曰中华民国；为南北对峙之局。世凯命唐绍仪为代表，与南军代表伍廷芳议开国会，易专制为共和。满人良弼、铁良等，与诸亲贵结宗社党，以良弼为党魁，犹欲顽抗。党人彭家珍以一弹毙弼，诸亲贵皆胆落，纷走天津、青岛、大连，托庇外人宇下，虽隆裕召集王公会议，亦鲜有至者。世凯遂一面与南军讨论优待清室条件，一面阴迫清主退位。是年十二月二十五日（中华民国元年二月十二日），清隆裕太后颁退位诏，清祚由是告终，民国统一于焉肇始。四千余年帝制之国，遂一变而为民主之国。我国家历史之新叶，由是开端。此后我国族之命运，亦直接由我全民族自身负其全责矣。

\* \* \*

明代学术之陋极矣，而其亡也，通儒辈出。若余姚黄宗羲，（生明万历三八年，卒清康熙三四年，一六一〇至一六九五。）"上下古今，穿穴群言，自天官地志九流百家之教，无不精研。"[184]若昆山顾炎武，（生万历四一年，卒康熙二一年，一六一三至一六八二。）"凡国家典制，郡邑掌故，天文仪象河漕兵农之属，莫不穷究原委，改正得失。"[185]若衡阳王夫之，（生万历四七年，卒康熙三一年，一六一九至一六九二。）窜身瑶峒，声影不出林莽，"著书凡四十年，其学深博无涯涘。"[186]以及容城孙奇逢，（生万历一二年，卒康熙一四年，一五八四至一六七五。）太仓陆世仪、（生万历三九年，卒康熙一一年，一六一一至一六七二。)陈瑚,(生万历四一年,卒康熙一四年,一六一三至一六七五。)桐乡张履祥,(生万历三九年,卒康熙一三年,一六一一至一六七四。)济阳张尔岐,(生万历四十年,卒康熙一六年,一六一二至一六七七。)盩厔李颙、(生天启七年,卒康熙四四年,一六二七至一七〇五。)博野颜元,(生崇祯八年,卒康熙四三年,一六三五至一七〇四。)等,莫不以明之遗民,为清之名儒。其造诣虽不尽同,要皆以博学笃志,矫明人之空疏。不仅此也,诸儒又皆以苦节茕遁者自处,而以读书讲学为立身行己之基;一面蕲求博学,而学必见之躬行,徒以满族在位,既不欲出而佐寇,又无力与寇相竞,犹时思立一王之法,以待后世之兴。若宗羲之《明夷待访录》,炎武之《日知录》与《郡县论》,夫之之《黄书》,皆极注意于法制,颜元、李颙、世仪、陈瑚亦皆欲以其学大有造于世,其思想议论,皆有影响于后世。与明儒之专讲良知心性者固异,与清代诸考证学者只讲读书之法者亦不同。"世之论者,或多其反对明儒,或矜其昌明古学,且若其所就不迨乾嘉诸子之盛者,实则清初诸儒之所诣,远非乾嘉间人所可及,乾嘉间人仅得其考据之一部分,而于躬行及用世之术,皆远不迨,其风气实截然为二,不可并为一谈也。"[187]

清初诸儒,于经学咸有述作。顾炎武之《音学五书》(一音论、二诗本音、三易音、四广韵音、五古音表)于古音尤有发明。此外如毛奇龄(生天启三年,卒康熙五五年,一六二三至一七一六。)朱彝尊(生崇祯二年,卒康熙四八年,一六二九至一七〇九。)胡渭(生崇祯六年,卒康熙五三年,一六三三至一七一四。)阎若璩(生崇祯九年,卒康熙四三年,一六三六至一七〇四。)等,亦多能自成一家言。然自炎武外,多草创未精博,未能深入汉儒之堂奥也。清儒经学之著系统者,"自乾隆朝始,一自吴,一自皖南。"[188]吴始惠栋;(生康熙三六年,卒乾隆二三年,一六九七至一七五八。)承其祖周惕父士奇之业,其学好博而尊闻,确宗汉诂,撰《九经古义》、《周易述》等,皆以掇述为主,扶植徽学,笃信而不疑。其弟子有江声、余萧客,而王鸣盛、钱大昕,亦被其风。江余之书,(声为《尚书集注音疏》,萧客为《古经解钩沉》,)

言必称师，缀次古义，鲜下己见。鸣盛始稍发舒。至大昕，（生雍正六年，卒嘉庆九年，一七二八至一八〇四。）博学深思，囊括万象，文字、音韵、训诂、天算、地理，无不精研；吴中之学，自是不待外求矣。皖南始江永、（生康熙二十年，卒乾隆二七年，一六八一至一七六二。）戴震。（生雍正元年，卒乾隆四二年，一七二三至一七七七。）永生婺源，为诸生数十年，博通古今。震生休宁，其学亦出于永，"然发辉光大，曲证旁通，以小学为基，以典章为辅，而历数、音韵、水地之学，咸实事求是，以求其原，于宋学之误民者，亦排击防闲不稍懈。"[189]"其乡里，同学有金榜、程瑶田，后有凌廷堪、三胡（匡衷、承珙、培翚）皆善治礼；而瑶田兼通水地、声律、工艺、谷食之学。震又教于京师，任大椿、卢文弨、孔广森，皆从问业。（文弨以校雠名家，大椿传震典章制度之学，广森传震测算之学，）弟子最知名者，金坛段玉裁，（生雍正十三年，卒嘉庆二十年，一七三五至一八一五。）高邮王念孙。（生乾隆九年，卒道光十二年，一七四四至一八三三。）玉裁为《六书音韵表》，以解说文，说文明。念孙《疏广雅》，以经传诸子转相发明，诸古书文义诘诎者皆理解；授子引之，（生乾隆三一年，卒道光一四年，一七六六至一八三四。）为经传释词，明三古辞气，汉儒所不能理绎。其小学训诂，自魏以来未尝有也。""凡戴学数家，分析条理，皆金密严瑮，上溯古义，而断以己之律令，与苏州诸学殊矣。"[190]自徽吴以经术倡，江北浙闽湘粤，翕然承风。或师友讲习，渊源濡染；或钩深穷高，独立名家；通人名德，百年千里，比肩接迹。其一艺一能之士，虽不必为通儒，而著述足以羽翼经传者，尤更仆难数。然汉帜既张，非谈经不足以动世，而考订之学，非耽词章者所便习。"文士既以婴荡自喜，又耻不习经典，于是有常州今文之学，"[191]始于武进庄存与（生康熙五八年，卒乾隆五三年，一七一九至一七八八。）之《春秋正辞》，阳湖刘逢禄《公羊释例》、长州宋翔凤《五经要义》《通义》等继之。及邵阳魏源、仁和龚自珍、邵懿辰出，益"欲以前汉经术，助其文采，不素习绳墨，故所论支离自陷，乃往往如呓语。"[192]沿至晚清，犹有善化皮锡瑞、湘潭王闿运、井研廖平辈，以今文名其学。特自江戴以还，徽学已屹然为汉学之正统,虽当今文学披猖之际,以实学自鸣者,故蝉嫣不绝。清季若番禺陈澧、德清俞樾、定海黄以周、瑞安孙诒让、樾弟子余杭章炳麟、暨仪征刘师培等,其著述亦多足与乾嘉诸经儒媲美焉。

　　清儒经学,远轶元明,其考订名物度制,且度越唐宋诸儒,又范围广博,虽以汉学标名,亦不过用汉儒之训故以说经,及用汉儒注书之条例以治群书,初非尽袭汉儒之说,或仅习汉儒所治之书也。其最精者,首推"小学"(声音训诂文字音韵之学)。[193]其治学方法最可称诵者,则为"征实";[194]而于史学之贡献亦至巨。清初顾王诸儒,皆邃于史学,而黄氏之传尤远。鄞人万斯大斯同兄弟,皆师事宗羲。斯大长于礼春秋。斯同则以史著,纂《明史稿》数百卷,一以《明实录》为主,"凡实录之难详者,以他书证之,他书之诬且滥者,以实录裁之;"[195]与宗羲合称为黄万之学。自后余姚四明之间,士多宗之,最著者,曰全祖望,(鄞人,生康熙四四年,卒乾隆二十年,一七〇五至一七五五。)曰邵晋涵。(余姚人,生乾隆八年,卒嘉庆元年,一七四三至一七九六。)祖望熟于乡邦佚史,究心晚明文献,所著书曰《鲒埼亭集》,多表章遗献之作。(黄氏《宋元学案》,亦祖望续成,)晋涵常自《永乐大典》中辑出《旧五代史》,又撰《南都事略》,并有志重修《宋史》,今本毕沅续《通鉴》,亦晋涵所校定也。会稽章学诚,(生乾隆三年,卒嘉庆六年,一七三八至一八〇一。)亦熟于文献;既乃杂治史例,著文史校雠诸通义,上追刘子玄郑樵之传,区别古籍,因流溯源,以穷其派别。时仁和杭世骏,天台齐召南,亦均博涉诸史,然以校勘著闻,与黄万之学殊矣。浙人之外,以史名家者,曰邹平马骕,(生明泰昌元年,卒康熙十二年,一六二〇至一六七三。)著《绎史》百六十卷,纂录太古至秦末之事,为吾国上古史第一巨著。曰大名崔述,(生乾隆五年,卒嘉庆二一年,一七四〇至一八一六。)著《考信录》三十六卷,极辨传记注疏之失,为儒者言史之正宗。曰大兴徐松,(生乾隆四六年,卒道光二八年,一七八一至一八四八。)尝自《永乐大典》中辑出《宋会要》数百册;又钩稽群籍,撰《唐两京城坊考》,《唐登科记考》,读者惊叹其难;所著《西域水道记》、《汉书西域传补注》等,亦极精博。

而嘉定钱大昕、王鸣盛、阳湖赵翼、三氏于正史工力尤深；大昕著《二十二史考异》，鸣盛著《十七史商榷》，翼著《廿二史札记》，皆考订诸史，逐年累积而后成。大昕于乙部书无不讨寻，舆地、官制、氏族，考核尤精，[196]有清代第一史家之目。弟大昭，族子塘、坫，治史亦皆有心得，家学称极盛焉。大昕尝有志改修《元史》，所补《元史》氏族志、艺文志，精博无涯涘。虽全书未成，然自是《元史》之研究，蔚成风气。邵阳魏源作《元史新编》，稍后又有吴县洪钧作《元史译文证补》，武进屠寄作《蒙兀儿史记》，胶州柯劭忞作《新元史》，于旧史多所补正焉。湘潭王闿运雅以文名，所著《湘军志》，虽仅寥寥十四卷，然词义典雅，远绍太史公书，得其神髓，南宋以来史著，未能或之先也。抑乾嘉诸儒，虽皆以经学名，然"治经实皆考史，或辑一代之学说（如惠栋《易汉学》之类），或明一师之家法（如张惠言《周易虞氏义》之类），于经义亦未有大发明，特区分畛域，可以使学者知此时代此经师之学若此耳。其于三礼，尤属古史之制度；诸儒反复研究，或著通例（如江永《仪礼释例》、凌廷堪《礼经释例》之类），或著专例（如任大椿《弁服释例》之类），或为总图（如张惠言《仪礼图》之类），或为专图（如戴震《考工记图》、阮元《车制图考》之类），或专释一事（如沈同《周官禄田考》、胡匡衷《仪礼释宫》之类），或博考诸制（如金鹗《求古录礼说》、程瑶田《通艺录》之类），皆可谓研究古史之专书。即今文家标举公羊义例（如刘逢禄《公羊何氏释例》、凌曙《公羊礼说》之类），亦不过说明孔子之史法，与公羊家所讲明孔子之史法耳。其他之治古音，治六书，皆为古史学，尤不待言。惟限于三代语言文字制度名物，尚未能举历代之典籍，一一如其法以治之，是则尚有待于后来者耳。"[197]

　　清儒研究史之范围甚广，目录校勘，辨伪辑佚，述作如林，不遑缕举。其关系尤巨者，曰舆地学与金石学。清初顾祖禹撰《读史方舆纪要》百三十卷，论历代州域形势、疆域沿革、山川险要最备，为吾国历史地理第一名著。同时刘献廷著《广阳杂记》，于人地相应之故，言之颇详。然清儒佞古成癖，地理著作，亦以考证古水道或古郡国者为多。

自康乾两朝用兵西陲，辟地万里，嘉道以后学人，多究心于西北地理。寿阳祁韵士，初撰《西陲总统事略》、《藩部要略》。徐松继之，复撰《新疆事略》。至平定张穆撰《蒙古游牧记》，光泽何秋涛撰《北徼汇编》（清主奕詝赐名《朔方备乘》）。于是西北地理之研究，其初仅以新疆伊犁为范围者，继则扩及蒙古全部，兼包东北边徼。清季枝江曹廷杰，尝著《东三省舆图说》、《东北边防纪要》与《西伯利东偏纪要》，虽卷帙不多，然考订精审，言东北边徼地理者，必首推此三书焉。金石之学，著于宋而衰于元明，至清乾嘉世，以考证学派多兼嗜金石，因以大盛。清代以此名家者，实繁有徒，略纪一二。如钱大昕之《潜研堂金石目录》，缪荃孙之《艺风堂金石文字目》，此属于目录者也。（翁方纲之《两汉金石记》，则兼有目录与文字，）刘喜海之《金石苑》，张燕昌之《金石契》，陈经之《金石图》，此属于图像者也。钱大昕之潜《研堂金石跋尾》，武亿之《金石跋》，严可均之《铁桥金石跋》，此属于考订者也。而王昶之《金石萃编》百六十卷，（陆增祥踵之，作《八琼室金石补正》百三十卷，）则又兼著录与考订为一书。抑自乾隆世，弘历命廷臣录内府所藏彝器，撰《西清古鉴》、《西清续鉴》诸书，士大夫闻风承流，相与购致古器，搜集拓本，或集诸家器拓文为一书，（始于阮元《积古斋钟鼎彝器款识》，而以吴之芯之《攈古录金文》为最富，）或著录一家藏器；（始于钱坫之《十六长乐堂古器款识》，而以端方之《陶斋吉金录》为最多，）吉金彝器之研究，视石刻碑版尤远过之，凡所著录，视宋人书不啻倍蓰。又自礼乐兵器玺印泉币外，兼及梵像符契车器马饰，以及封泥明器瓦当专甓古玉古匋古器模范等；莫不各有专书。其初虽附庸于金石学，其继则别立"古器物学"之名。[198]至清季，西陲坠简，敦煌残卷，及洹水甲骨出，好古者亦莫不搜罗研讨。是皆学术进步之征矣。

清代文学，亦颇称盛，然实由明季诸遗老开其源。梨洲、亭林、船山三先生诗文，皆无愧作者，津逮后人亦远，特文名为学行所掩耳。自余山林遗逸，若魏（禧）、侯（方域）、申（涵光）、吴（嘉纪）皆开一代风气之先。钱谦益归命新廷，亦以诗文雄于时，足负起衰之责。康熙之世，人文蔚起，最负盛名者，北则新城王士禛，（生崇祯七年，卒康熙五十年，一六三四至一七一一。）南则秀水朱彝尊。时满人纳兰性德长倚声，好宾礼士大夫，与顾贞观、陈维崧等游。贞观维崧皆工词，与彝尊称词家三绝。孔尚任之《桃花扇传奇》，洪昇之《长生殿传奇》，号称冠冕一代者，亦均出于其时。（曹雪芹之《红楼梦》，为古今小说第一杰作，虽成于乾隆世，据近人考证，所记亦康熙间事，[199]）然其关系尤巨者，则为桐城方苞之古文。苞（生康熙七年，卒乾隆十四年，一六六八至一七四九。）振起于康熙之末，为文上规史汉，下仿韩欧，以有物有序为宗，非阐道翼教有关人伦风化不苟作。同里刘大櫆游苞门，传其义法。姚鼐（生雍正九年，卒嘉庆二十年，一七三一至一八一五。）继起，撰《古文辞类纂》，以尽古今文体之变。三人皆籍桐城，世传以为桐城派。论者或谓桐城诸家，虽尸程朱为后，亦未得程朱要领。徒援引肤末，大言自壮，与汉学之儒竞名，[200]诸为汉学者，如汪中、孔广森、孙星衍、洪亮吉辈，其文采词笔，且非桐城诸家所及。然后者论文严于义法，凡所为文，粹然一出于醇雅，实得唐宋以来古文正传，清之古文，亦自是俨成一王之法焉。鼐主梅花、钟山、紫阳、敬敷诸书院讲席凡四十年，所成就士甚众；管同、梅曾亮、方东树、姚莹，尤称高足弟子，各以所得传授徒友，往往不绝，曾亮之传尤远。阳湖恽敬、陆继辂，亦阴自桐城受法，舍其考据骈俪之学，专志以治古文；于是阳湖古文之学特盛，世号阳湖派。"曾亮在京师二十年，京师治古文者，皆从梅氏问法。湘乡曾国藩亦起而应之。国藩又从唐鉴、倭仁、吴廷栋讲身心克治之学，其于文推挹姚氏尤至。"[201]及国藩领兵戡乱。又乐与当时贤士大夫以学问文章相切劘，主海内之盟凡二十年。国藩为文既规恢闳阔，一时游其门者若李元度、薛福成、黎庶昌、张裕钊、吴汝纶辈，皆极文章之选，说者谓清代文章，"其体实正自望溪方氏，至鼐而词始雅洁，至国藩始变化以臻于大"云。[202]

清代学者对于书籍之整理与流布，亦至有可称。康乾之世，每特开馆局，使学人从事于图书笔研之间，食以廪粟，书成则冠以"御制"、"钦定"字样，印行流布。综武英殿雕刻御制钦定之书，凡经类二十六部,史类六十五部,子类三十六部,集类二十部,论者谓历代政府刻书之多,未有若清廷者。至其卷帙最巨者,首推《图书集成》。其体例盖创自闽人陈梦雷,经始于康熙三十九年,至雍正三年始成(一七〇〇至一七二五),共六汇编(历象、方舆、明伦、理学、经济、博物,)三十二典(历象汇编分乾象、岁功、历法、庶征四典,方舆分坤舆、职方、山川、边裔,明伦分皇极、宫闱、官常、家范、交谊、氏族、人事、闺媛,理学分经籍、字学、学行、文学,经济分礼仪、选举、铨衡、食货、戎政、考工、乐律、祥刑,博物分艺术、神异、草木、禽兽,)六千一百九部,都一万卷,以聚珍铜字印行。其书卷数虽不及《永乐大典》之半,然大典成而未刊,则类书之印行于世者,无过于此书矣。自《图书集成》蒇事,至乾隆朝,复编订《四库全书》,命纪昀等任其事,始于三十八年,至四十七年告竣(一七七三至一七八二)。自敕撰诸书,内府藏本,暨辑自《永乐大典》者外,各省采进本、私人进献本、暨通常流行各书,收入者亦不鲜。总计存书三千四百五十七部,七万九千七十卷。其附于存目者,六千七百六十六部,九万三千五百五十六卷。同时缮录七部,分庋文渊(京师)、文源(京西圆明园)、文溯(奉天)、文津(热河)、文汇(扬州)、文宗(镇江)、文澜(杭州)七阁,渊、源、津、溯称内廷四阁,汇、宗、澜称江浙三阁;[203]好学之士,准其赴阁检视抄录。此清廷对于吾国图籍整理之伟业也。"而外省督抚,礼聘儒雅,广修方志,郡邑典章,粲然大备。阮元补四库未收书四百五十四种,复刊《学海堂经解》一千四百十二卷;王先谦续刊一千三百三十五卷,甄采精博,一代经学人文萃焉。曾国藩督两江,倡设金陵、苏州、扬州、浙江、武昌官书局,张之洞督粤,设广雅书局,皆慎选通儒,审校群籍,广为剞劂,以惠士林。而私家校勘精镂亦夥。丛书之富,曩代莫京。"[204]之洞尝著《劝刻书说》云:"如歙之鲍,(鲍廷博刻《知不足斋丛书》三十集,二百二十种,)吴之黄(黄丕烈刻《士礼居丛书》十九种),南海之伍(伍崇曜刻《粤雅堂丛书》三十集,一百八十五种),金山之钱(钱熙祚刻《守山阁丛书》一百一十种,《珠尘别录》二十八种,《指海》十二集,九十种,)可决其五百年中决不泯灭。"[205]实则诸家之外，清世以校刻古籍暨雕自著书与同时人著书名者，无虑千百家，凡张氏书目答问所载，其有清代刻本者，大抵皆清人家刻本也。清代百学昌明，学者对于书籍之整理与流布，远轶前代，亦为一主因焉。

清代书画艺术，亦名家辈出。"自明清之际，工书者，河北以王铎、傅山为冠，继则江左王鸿绪、姜宸英、何焯、汪士铉、张照、王澍等，接踵而起。"[206]乾隆世，王文治与刘墉，梁巘与梁同书，两两并称。（时称墉曰浓墨宰相，文治曰淡墨探花。巘曰北梁，同书曰南梁。）乾嘉之间，怀宁邓石如，嘉定钱坫，阳湖钱伯坰，皆以书名；而石如分篆真隶以及行草，无一不工，为清人书第一。"咸同以来，以书名者，何绍基、张裕钊、翁同龢三家最著；同龢规模闳变，尤为一代后劲云。"[207]"清初画学蔚盛，大江以南，作者尤多，各成派别，以娄东王时敏为大宗。"[208]时敏（生万历二〇年，卒康熙一九年，一五九二至一六八〇。）少时亲炙董其昌，为一代画苑领袖。与族侄鉴（字圆照，生万历二六年，卒康熙一六年，一五九八至一六七七。）、孙原祁（号麓台，生崇祯一五年，卒康熙五四年，一六四二至一七一五。）、常熟王翚（字石谷，生崇祯五年，卒康熙五九年，一六三二至一七二〇。）（是为四王）皆以山水著称；合常熟吴历（字渔山，生崇祯五年，卒康熙五七年，一六三二至一七一八。）武进恽格（号南田，生崇祯六年，卒康熙二九年，一六三三至一六九〇。）并称清初六大家。而明之遗民隐于僧而以画著者，则有释道济（字石涛）、髡残（字石溪）、朱耷（号八大山人）、宏仁等：道济"画笔纵态，脱尽窠臼；"髡残"画山水，奥境奇辟，缅邈幽胜；"朱耷"书简略秀劲，生动尽致；"[209]较四王尤富于创造性及个性焉。"自康熙至乾隆朝，当国家全盛，文学侍从诸臣，每以艺事供奉内廷，大学士蒋廷锡及子溥，董邦达及子诰，尚书钱维城，侍郎邹一桂，与詹事周鹏翀，为尤著。"[210]时"又设如意馆，制仿前代画院；"[211]"画史供御者，由大臣引荐，如献书称旨召入，与词臣供奉体制不同。"[212]其卓著可传者，自唐岱、张宗苍、金廷标、丁观鹏等外，若郎世宁与艾启蒙，皆西洋人，以西法绘事受清主之赏异；[213]济宁焦秉贞、胶州冷枚、娄县陈枚等，亦皆参用西法。[214]自明季传入西画，至时始称盛行，特士流尚鲜有传习耳。[215]抑康乾之世，不特绘事称盛也，自余艺术制造，亦无一不精。时"如意馆兼及百工之事，自画史外，雕琢玉器，装潢帖轴，皆在焉。"凡有一技之能者，往往召入供奉。"故其时供御器物，雕组陶埴，靡不精美，传播寰瀛。称为极盛。"[216]江西景德镇瓷器，尤冠绝古今。自"明以中官兼景德镇窑务，后改巡道督府佐知其事，清初因之。康熙中，江西巡抚郎廷佐所督造，精美有名，世称郎窑。其后御窑兴工，每命工部或内务府司官往，专任其事。年希尧（雍正中内务府总管）曾奉使造窑甚夥，世称年窑。唐英继之，自雍正中至乾隆初，任事最久，讲求陶法，尤有心得，其所造者，世称唐窑。"[217]综三朝御窑制品，美备精良，超越前古。康熙中所创珐琅彩器，（花文彩色，悉仿铜胎珐琅器为之，故名。亦称瓷胎珐琅，俗称古月轩器。）尤为至精极美之品。[218]然自唐英卒后，清瓷已成绝响。以言绘事，"清画家闻人，亦多在乾隆以前；"嘉道以降，"吴越间作者虽众，然足继前哲名一家者，盖寥寥焉。"[219]词臣供奉者，自黄钺、戴熙、张之万外，可称者亦鲜。[220]光绪中，那拉氏"嘉艺事，稍复如意馆旧规，画史皆凡材，无可纪者。"[221]清代艺术之盛衰，盖与国势相消息焉。

清世佛道诸教，远较前代为式微，惟耶教之传播，则视明季为盛。清世道教，仅信州龙虎山张天师一派，为朝廷所敕许，仍袭明制，封正一真人；然其仪制，则由明之正二品降为正五品，又不许朝觐，仅令礼部带领引见。清代诸主，惟胤禛尝学仙术，求长生，然于方士亦未能真心信奉也。自福临至弘历，皆尝款礼禅师，究心释典。而清僧求如明季莲池憨山其人者，眇不可得。故佛教在清代，实与道教同其末运，仅民间延请祈禳超度而已。惟清季石埭杨仁山居士，刻经金陵，发宏佛愿，继起研究，大有其人。倭人于清光绪世印行我明藏后，复搜罗我国古德之未入藏者，汇辑成书，号曰续藏，为书一千七百五十余部，七千一百四十余卷，中多中土久佚之书，亦于清季重行输入。是则清代佛教史上一可纪念之事也。[222]清初因采用西教士所定之新历，于汤若望等尊崇备至。（顺治二年，以汤若望掌钦天监事，管钦天监印信，累加太仆太常寺卿，敕赐通玄教师。）当福临世，除关东外，内地各省，皆准随意往来传教，入教者达十余万人。比玄烨立，因歙县民杨光先等对西教西法，肆意排击[223]，若望与南怀仁（Ferdinand Verbiest）（比利时人，顺治末入中国，）暨各省西士，悉遭拘禁，教堂亦多被破坏；是为耶教入中国后之二厄。及康熙八年（一六六九），因西法测验无误，始翻前案，监禁西士，悉行释放，被毁教堂，再行修筑。顾玄烨之出此，亦重其学而非崇其教，朝廷虽任用西士，（八年，南怀仁为钦天监副，十二年，擢监正，）而天主教只准西洋人自行，各省立堂入教，仍严行禁止。至三十一年（一六九二），取销是项禁令，入教者始渐增盛。而西教士之内讧亦日烈。自明季以还，西教士来华宣教者，向受葡萄牙之保护，对于吾华固有礼俗，颇知尊崇。康熙中，法人力谋破坏葡人之保护权，自任总督，自遣宣教师。教士派别既多，争论渐滋。四十三年，罗马教皇遣特使至北京传达教命，严禁教徒崇拜祖先。玄烨愤其蔑视吾国礼教，既捕遣教使于澳门，四十五年（一七〇六），复严颁禁约：凡在华宣教西士，皆须向内务府领票，填"永不复回西洋"字样，"若无票而不愿领票者。驱往澳门安插，不许存留内地。"嗣复屡加禁阻；而地方官之仇教者，并领票之宣教师亦加排斥。历雍正、乾隆、嘉庆以讫道光朝，清廷对待耶教之态度，虽时有宽严之别，而不许内地自由传教则一。西士之任事钦天监者，亦于道光十七年（一八三七）终止焉。当嘉庆十二年（一八〇七），英宣教师马礼逊（Rev. Robert Morrison）来广东，是为新教入中国之始。马氏组织印刷所，刊布新约译本，授徒传道。越七年，仅得所中手民蔡高一人受洗。而高弟显同事所中者，温和纯静，反于教旨格不相入，[224]其传教之效可睹矣。马氏后又得弟子梁发，尝著"劝世良言"，宣传教义。道光中，洪秀全得马梁诸氏译著，遂以天弟自命。及太平军兴，所部军士，悉属主内弟兄，所颁规条诏书，并敷演耶教教旨，兵锋所至，先圣学宫关岳庙宇，无不残破。幸也湘军以拥护名教起而讨之。洪军既平，随洪军而兴之变相耶教，卒如昙花之一现。特自鸦片战争以还，准各国自由传教之条约，次第订立，[225]入教者遂日盛一日。桀黠者亦率以入教为护符，鱼肉齐民，霸产抗粮，无所不至。地方官慑于外人之势力,未敢按律惩治。人民仇教之举动,遂屡屡发生;而教案发生一次,耶教即多一重之保障。教士之气焰,如日中天矣。新教自马礼逊来粤后,各国教士纷至,以次遍布全国,入教者亦年盛一年,庚子拳乱后,增加尤剧。据西人统计庚子年受餐教徒凡八万五千人,至宣统二年,增至十七万二千九百四十二人,[226]合新旧两教计之,清季吾华教友,殆在百万以上。自清之亡,不特日增靡已,且愈增而愈速也。虽信教者少,吃教者多。此极少数之信教徒,又鲜英才硕彦,拟之六朝隋唐之大德,固望尘莫逮,即较之明末清初之教徒,亦多愧色。然其外表势力,远非佛道诸教所可几及矣。语其原因:则自条约保护外,入教有特殊之利益,(如同治元年谕"迎神演戏赛会烧香等事,与教民无涉,永远不得勒摊勒派",及兵兴时可托庇教堂之类,不一而足。)一也;败类以教会为护符,二也;帝国主义者之利用,三也;金钱势力之诱迫,四也;媚洋风气之日盛,五也;学校医院之广设,六也;而真信道者仅矣。

自耶教流衍中土,西方之学艺亦随以输入。其事始盛于明季,说见上章。及满清入主中国,西士对吾华学艺之贡献,其成就有视明季为大者。一曰天历仪象。顺治元年六月,汤若望启请多尔衮采用新历,多尔衮谕定"名为时宪历,自明岁顺治二年为始,即用新历,颁行天下。"[227]嗣改崇祯历书为"西洋历法新书",(收入《四库全书》时,又易名《新法算书》,)若望又加入"历法西传"与"新法历引"二卷,介绍西儒歌白尼(Cobernic)第谷(Tyaho-Brahé)加白尔(Kepler)等学说。清廷又以明季所造天文仪器,尽毁于流贼,康熙八年,既任南怀仁为钦天监副,命改造观象台(台在北京齐化门内,建于明世,)仪器,十三年告成,"曰黄道经纬仪,赤道经纬仪,地平经仪,地平纬仪,纪限仪,天体仪;"[228]怀仁撰《灵台仪象志》记其事。十七年(一六七八),怀仁又编成《康熙永年历法》三十二卷。自后至乾隆世,复续命西士监制仪器多种。[229]盖清初诸主,饫闻西人之学说,亦略识历算天文之学,故奕世制作,不厌求详。清之制历,所以测验精而分秒无差,即恃有是种精密之仪象,而时宪历亦沿用至清季焉。二曰测绘舆图。《正教奉褒》载"康熙四十七年谕传教士分赴蒙古各部,中国各省,遍览山水城廓,用西学量法,绘画地图;是年派日耳曼人白进(P. Joach Bonvet)费隐(P. Xav. Ehremberg Fridelli)法兰西人雷孝思(P. Jean-Baptiste Régis)杜德美(P. Pierre Jartonx)等往蒙古及直隶,四十九年(一七一〇),费隐等往黑龙江,五十年,雷孝思等往山东,费隐等往山西陕西甘肃,五十一年(一七一二),法兰两人冯秉正(P. Jos. de Moyra de Mailla)德玛诺(P. Rom. Hinderer)等往河南江西浙江福建,五十二年(一七一三),法兰西人汤尚贤(P. Pierre Vincent de Tantre)葡萄牙人麦大成(P. J. Francois Cardozo)等往江西广东广西,费隐、潘如(Bonjour Augustin)(法人)往四川,五十四年(一七一五)雷孝思等往云南、贵州、湖南、湖北绘图;五十六年,各省地图绘毕,白进等汇成总图一幅,并将各省分图进呈,玄烨命名《皇舆全览图》;"是即世所称《康熙内府舆图》。至乾隆世,复命宋君荣(Antvine Gaubil)傅作霖(F. l'Arrocha)高慎思(J. Espinha)等测绘新疆中亚,重订为乾隆朝皇舆全图。我国用西法测绘之全国地图,实以此两图为嚆矢焉。[230]自余西法绘事、建筑、工艺制品之传播,暨国人对于拉丁文字之学习,[231]亦皆视明季为盛。西士译著,若利类思(P. Ludorrcus Bughio)之弥撒经典、七圣事礼典、司铎典要及超性学要,〔天主教神学大师圣多玛斯(S. Thomas Agninas)所著神学大纲之节译,〕卫匡国(P. Martinus Martini)之灵性理证,亦皆属耶教重要典籍。华士受西学影响者,据《清史稿·畴人传》所载,若淄川薛凤祚,"顺治中,与法人穆尼阁(Joan Nicolous Smogolenski)谈算,尽传其术,(天步真原一书,即穆氏口述凤祚笔译者,所传比例表,以加减代乘除,以折代开方,为对数输入中国之始,)著《算学会通》正集十二卷,考验二十八卷,致用十六卷,贯通中西,不愧为一代畴人之功首。"柘城杜知耕,"精研几何,删削徐利所译《几何原本》,作《几何约论》七卷,又杂取诸家算学,参以西人之说,作《数学钥》六卷。"吴江王锡阐,(生崇祯元年、卒康熙二一年、一六二八至一六八二,)"兼通中西之学,自立新法,用以测日月食,不爽秒忽,著《晓庵新法》六卷,又作《大统西历启蒙》、《三辰晷志》，俱能究术数之精微，补西人所不逮；与同时薛凤祚齐名，称南王北薛。"广昌揭暄，"著《璇玑遗书》七卷，深明西术，而又别有悟入。"以及宣城梅文鼎，（生崇祯六年，卒康熙六十年，一六三三至一七二一。）"所著历算之书凡八十余种"，暨孙瑴成，"御制数理精蕴、历象考成诸书，皆与分纂。"号称一代畴人世家者，实皆"中西荟萃，遂集大成"[232]者也。（清儒明历算者如江永戴震钱大昕等，并精通西法。）然名理哲学，则已成绝响。工艺水利，亦无人推演其绪，以利民生者，惟制造火器一事，功效犹远胜明季。当康熙世，西士最受恩眷者，为南怀仁。三藩事起，玄烨频命监造炮位，先后共达五百余尊，（十三年迄十五年，共制大小炮二百位，十九年十一月，又奉旨铸造战炮三百二十位，二十年八月造成。）以为平定各地，屠杀汉人之用；怀仁亦以是而益得宠幸。（官至通政使，加工部右侍郎职衔，）以敬天信道之人，而所为如此，亦可谓不善用其学矣！怀仁卒后，（康熙二九年、一六八八，）西士中有名天历者，以德人戴进贤（Ignatius Kogler）为著。自康熙末奉诏佐理历政，于雍正世暨乾隆初，补授钦天监正。进贤既与监官刘松龄（P. A. Hallerstein）鲍友管（P. A. Gogeisl）等据西洋新测星度，累加测验，编制《仪象考成》，于怀仁《仪象志》颇多更定。又采用英儒奈端（Newton）等之新说，撰《历象考成后编》，以釐正第谷之旧法。皆天历史上至可纪念之事也。乾隆十一年（一七四六），进贤卒，松龄继授监正。自松龄卒后，（三十九年，一七七四，）以至道光中叶，虽仍续由西士任监职，然西学之输入，则自是中绝焉。[233]

　　西士之来华布教也，同时亦传播吾华文化于西土，艾儒略称"利子尝将中国四书，译以西文，寄回本国，国人读而悦之，"[234]是为西人译我国经籍之始，时万历二十一年（一五九三）也。惜书已失传，内容今亦不可考知耳。当明之季年，西士介绍中国之著作，在欧陆印行者颇多。然经籍之刊布，则始于康熙二十六年（一六八七），柏应理（Philippus Couplet）在法京巴黎出版之拉丁文《大学》、《论语》、《中庸》译本。（《大学》、《论语》，康熙元年，殷铎泽（P. Prosper Intercella）与郭纳爵（P. Ignatus Dacosta）译，旋铎泽复译《中庸》，先后审定三书译文者凡十五人，柏应理带回欧洲之先，曾在印度卧亚发行合刊本二次，）五十年，卫方济（P. Franciscus Noel）之"中国六经"，（内容为《四书》与《孝经》、《三字经》）亦在今捷克巴拉加问世。雍乾之世，《易》、《书》、《诗》、《礼》、《春秋》及《道德经》亦皆有拉丁译文。[235]而西士之论列吾华政治教学，记述史地风俗，暨翻译文学作品，介绍美术工艺者，更层出不穷。虽所有译著，不特未能曲尽原书之义理，且多不乏曲解与误会，所有介绍，亦徒凭一知半解，而非吾国文化之全貌。然述作既众，各国学人展转翻译研索，英法德诸邦宗教政治文学哲理，皆生相当之影响。英人之主自然神教（deism）者，尤好征引我先圣之说，以讥评传统之耶教。[236]下至戏剧绘画建筑园林，以暨服装用具，（绣品瓷器漆器等）欧人对之，亦多发生浓厚之兴趣。[237]盖自十七世纪末以至十八世纪，实为中国文化流行欧洲之时代。惟任传播之责者，仍悉属西士；国人虽有随西士赴欧研求教理者，[238]固未克负荷介绍文化之大业也。然自近世工业机械文明兴，西力东侵，我国族既饱受凌侮，欧人崇拜华化之狂热，亦日以消逝，而欧化之输华，则日盛一日焉。

自乾隆三十四年，苏格兰人瓦特（James Watt）发明蒸汽机关，而世界之变更，即肇于是。嘉庆十二年（一八〇七），美人富尔敦（Robert Fulton）发明汽船，道光五年（一八二五），英人史蒂芬孙（George Stephenson）发明火车，十七年，美人摩尔斯（Samuel Finley Breese Morse）发明电报，皆若与吾国邈不相涉也。而其后鸦片之战，天津北京联军之役，胥此等机械成之。咸同之际，吾国深识之士，知世局既变，旧中国欲竞存于此一新世界，非输入西方文明，变从西法不可。以西艺原本于西学，西人政教修明，又为西国富强之基也，故自机械制造，以至政学理法，无一非吾研索仿效之对象。朝野开明士夫，殊途同归，莫不以是为兢兢。数千年闭关自守之国，亦由是而与世界日进日新。

**其一则翻译西籍也**　以海宁李善兰、无锡徐寿、金匮华蘅芳与侯官严复[239]等为著。善兰咸丰初客上海，从英士伟力亚力、艾约瑟等游，与伟力君译《几何原本》后九卷，（合徐利所译六卷，共成十五卷足本，）谈天十八卷，及美人罗密士《代微积拾级》十八卷，与艾君译胡威立《重学》二十卷。寿与蘅芳，同治中主持江南制造局翻译馆，招致西士伟力君与傅兰雅、林乐知、金楷利等，口译诸书，而自与李凤苞、王德均、赵元益等笔受，先后成书数百种，自象纬舆图格致器艺兵法医术，罔不毕备。复尤为近世译才之首。光绪季年，"复译黑胥黎《天演论》，标举译例，以'信'、'达'、'雅'为尚。嗣译斯密亚丹之《原富》，穆勒约翰之《名学》，斯宾塞尔之《群学肄言》，孟德斯鸠之《法意》，甄克思之《社会通诠》等书，悉本信达雅三例，以求与晋隋唐明诸译书者相颉颃。于是华人始知西方哲学计学名学群学法学之深邃，非徒制造技术之轶于吾土，是为近世文化之大关键。"[240] 复之外，闽侯林纾以古文自名，尝与舌人魏易"译小说数百种。虽文笔雅洁不足与复相比，亦能使国人知西方文学家之思想结构焉。"

**其二则西法印刷与日报期刊等之兴起也** 与译事并兴者，有西法印刷术。铅印石印之类，皆兴于咸同间。其始由西人创立书馆推行（如沪上字林印字馆墨海美华书馆等），国人继起仿设，自沪粤诸地，渐次流布重要都市。"不特新译诸书，赖以迅捷印行，中国旧籍，亦资以广为传播。又进而有铜版锌版玻璃版之类，影印书画，皆不下真迹。又其藉印刷之速而日出不穷者，有新闻纸及杂志。"其初亦大抵由西人主持其事，（同治初年，字林印字馆始设华文日报。申报倡于同治十一年，英人美查主之。又沪林华书院每周出中西新闻一册，为中国周报之始，后改名万网公报。）以传递消息为主，继则国人纷起创办。凡讨论政治，表示民意，介绍学术，指导社会，乃至宣传主义，鼓吹革新，一寓于其间。"为文者务极痛快淋漓，以刺激人之耳目，又欲充实篇幅，不惮冗长，而近世文字之体格乃大变。其以觉世牖民为主者，则用通俗语文，解释事理，期略识文字之人，亦能阅览。浅学者利其便易，从事提倡，而白话文遂以萌芽。"是皆普及文化之利器也。

**其三则游学各国也** "初各国订约，未有及游学者。同治七年，志刚孙家榖等使美，订中美续约。第七款规定嗣后中国人欲入美国大小官学学习各等文艺，须照相待最优国之人民，一体优待。十年，清廷即从曾李等议，派遣幼童，由陈兰彬、容闳率领赴美，入哈佛各校肄业。其后福州船政局督办沈葆桢，又请选派生徒赴法英两国肄业。此游学之第一时期也。赴美幼童，先后都百五十人，嗣遂停止。光绪十六年，总理衙门奏请出使英、法、俄、德、美五国大使，每届酌带学生两名，后又各增两名；为数既少，功效亦未大彰。甲午以后，游学之风复盛，人取速化，不求深造，官私学生，多往日本游学。赴日本学师范者尤夥，（其议实张之洞倡之，日本高等师范学校校长嘉纳治五郎为之特设速成师范班于弘文学院，有数月毕业者，有一年毕业者，略讲教授管理之法，即归国创办学校。）而陆军学生亦多。光绪末年，提倡教育改革军制者，大抵皆日本留学生也。三十一年，考试出洋学生，予以进士举人出身，并授以检讨主事等官。利禄之途大开，人人以出洋为猎官之捷径，而日本之中国学生，多至数万。是为游学之第二时期。当赴日学生极盛时，留学于欧美者亦不乏人，有由官吏派送者，有由教会资给者，有由自费而远游者。观于游日者之足以得官，亦争归而应考试。故光绪三十二年考试出洋学生，其予出身而授官者，大都留学于欧美各国者也。然其人数，究不逮在日本者之多，故其灌输西洋文化，较之由日本间接而得者，反势有所不敌。三十四年，美国国会议决退还庚子赔款，（美金一千三百六十五万四百九十元）清廷议以其款按年派学生百人往美留学。逾年，遂设游美学务处于北京，并建游美学生肄业馆于清华园。于是游美之学生日多。民国以来学术思想，采美学之风尚，以此也。"

**其四则仿制机械也** 同治初，曾国藩在安庆创机器局，命徐寿主其事，试造洋器；是为近世仿制西洋新式机械之始。嗣国藩又与李鸿章设江南制造总局于上海，左宗棠亦于福州筹设船政局，（同时天津南京等地，亦先后设立机器局，）沪局以制造轮船枪炮弹药为主，闽局则专造兵商轮船，虽规模初具，然出品仍不周于用，（沪局自同治六年至十二年，造成兵船五号，小轮三号。闽局初设九年间，成兵商轮船十五号。)[241]故各地军营暨海军商轮，仍多购用外洋枪炮舰船也。次则电机。同治十三年，倭人觊觎台湾，沈葆桢奏请设立电报，以利军备，事寝不行。光绪初，以李鸿章之主持，初办南北两洋电线。嗣后陆续展接，遍及南北各省，以逮新疆蒙古。而电话电灯电车之属，亦皆兴于光绪中。始自上海，继则及于各地。至光绪末，军用无线电亦开始设立。而利用电力之机械，及电气机械之制造，亦先后兴起。及清之亡，电气事业正方兴未艾也。又次则铁路。光绪二年，英商自上海租界造铁路达吴淞，行驶火车，江督沈葆桢因民情愤骇，购其路而毁之。然才阅二年，直省创办唐山开平煤矿，即兴筑轻便铁道，以利运输；光绪十二年改筑，轨广四尺八寸半，遂为中国铁路轨道定制。至甲午以前，铁路造成者，有榆关内外七百零五里。中日战后，朝野上下，咸以筑路为急务，遂设铁路总公司于上海，先造芦汉干路，次及苏沪粤汉等。于是借款购料，一切仰给于外人，而各国争我路权者麕起。及辛丑变法后，各省绅民纷纷自办铁路，然成者仅潮汕、新宁、沪浙数路，而其材料机器，仍须购之国外。惟唐山工业专门学校，于三十一年创设，专究铁路工程，此后我国遂渐能自造客货车及机车焉。又次则开矿。"吾国采矿，多恃人工，其用机器开采化炼，亦自同光开始。开平之煤，漠河之金，大冶之铁，萍乡之煤，为世所艳称。而山西河南之煤铁，四川云南之铜锡，湖南之锑，延长之石油，亦相继以西法开采。其沿铁道之矿，为外人攫取，如抚顺淄川各地之煤，更无论矣。"又"自甲午以前，官办局厂之用机械者虽多，而商民之创办公司经营制造者，尚未大盛。自马关条约明订日本臣民，得将各项机器任便装运进口，在中国通商口岸城邑任便从事各项工艺制造，(第六款第四项)于是土货益为洋货所困，而商民始知自奋。纺织、印刷、酿造、陶瓷、纸、革、茶、糖、淀粉、玻璃、肥皂、火柴之类，靡不购机设厂，竞师西法。"虽较之各国，尚属幼稚，然吾国向为手工业，至是始渐趋于机械工业，是实文化之一大进步也。[242]

余如文武各级学校之设立，民刑商律之修订，行政制度之改革等，亦多采自西法。然仅肇端于清季，至民国而始臻完成，当详述于下章。

至新经济制度之采用,则别见于章末。

* * *

清初士习最可称诵者,无过于明末遗臣逸士之志节。其始"不惜九死一生,以图再造,及事不成,虽浮海入山,而回天之志终不稍衰,迄于国亡已数十年,呼号奔走,逐坠日以终其身,至老死不衰。"[243]若前述亭林、梨洲、船山,暨孙奇逢、陆世仪、李颙、颜元等大儒之艰贞绝俗,介然如金石之确而不可易,无论矣。钱仪吉《碑传集·逸民》、李元度《国朝先正事略·遗逸》及《清史稿·遗逸传》所载,卓卓可称者,无虑百十人。[244]或有托而逃,则有若徐州万寿祺、兴化理洪储、山阴祁班孙、益阳郭都贤、宁乡陶汝鼐等之祝发逃禅,常熟邓大临、暨张雪崖、顾石宾等之窜身为黄冠。(阳曲傅山、甲申后亦改黄冠装,衣朱衣,居土穴以养母,及卒,以朱衣黄冠敛,)或蹈海全节,则有若余姚朱之瑜之留寓日本,鄞县沈光文、惠安张士楷等之遁迹台湾。或发愤著书,欲托空文以自见,则有若兴化李清之编次《南渡录》,海宁谈迁之纂《国榷》,锡山顾祖禹之撰《读史方舆纪要》。而苦隐岩穴贞修笃行之士如长洲徐枋、宣城沈寿民、嘉兴巢鸣盛、平湖李天植之伦,尤未易更仆数。枋遁迹天平山麓,布衣草履,终身不入城市,虽寒饥交迫,不纳人一丝一粟。鸣盛母殁,即筑室于墓,三十七年,跬步不离墓次。寿民匿迹深山,采藜藿以自食,不履城市者三十年。天植居乍浦蜃园,与妻白头相对,时绝食;宁都魏禧纠同志为继粟,枋闻之,曰:李先生不食人食,听其以饥死可也;乍浦有郑婴垣者,与天植称金石交,先天植冻死雪中,及天植以饿死,临殁,曰:吾无愧于老友矣。昔程正叔谓饿死事小,失节事大,诸先生真无愧斯言矣。惟儒者学优则仕,科举仕宦,实为当时士子正业,诸儒以夷夏大义,弃身草野,甘为遗逸以没世,其事非人人所能,且其势亦不可久。故其本身虽抵死支撑,而其亲党子姓,仍多屈服于夷族之前。如以亭林之耿介,两甥徐乾学元文兄弟,则为清显官。以船山之艰贞,子敔则以时文名(与车无咎、王元复、陈之驺称楚南四家)。颜习斋之严峻,其徒李塨乃应举游幕。求如桐城方以智子中德、中履,"随父出亡，备极险阻；"武进恽日初子"格，风雨常闭门卧，以画为生，然于其人不与；"漳浦张若化子士楷，"能继父志，隐居不仕；"俨然遗民世家者，实甚鲜也。仁和应㧑谦尝以预备儿子就试，匆匆于色，徐狷石笑曰："吾辈不能永锢其子弟以世袭遗民也，亦已明矣，然听之则可矣，又从而为之谋，则失矣。"[245] 㧑谦为理学名儒，全谢山所称为"遁世无闷，隐约蓬门，其身弥高，其道弥尊"者，[246] 而狷石讥之如此，亦足征遗民世袭之不易，而国统之不可中断矣。

明世绅权最重，士气亦盛。清之大异于明者，在摧挫士气，抑制绅权。自明之亡，学士大夫起兵死义者，相望于东南，经数十年始定。故清之治术，一面诱以名位利禄，一面胁以刑罚杀戮，而后各地帖服，无复明代绅士嚣张之气矣。清之入关，既以圈地薙发等事肆毒，而惩治绅士尤严，如江南奏销以及各省科场之祸，皆明之积弊，至清而始发者。（已见本章首）虽以惩创贪猾，抑制豪强，而士气熸然矣。清之学者，有谨守卧碑之语；卧碑者，顺治九年所颁，刊立直省儒学明伦堂，以诰诫学校生员者也。所开禁例，有"生员当爱身忍性，凡有官司衙门，不可轻入，即有切己之事，止许家人代告，不许干与他人词讼，亦不许牵连生员作证；""军民一切利病，不许生员上书陈言，如有一言建白，以违制论，黜革治罪；""生员不许纠党多人，立盟结社，把持官府，武断乡曲，所作文字，不许妄行刊刻，违者听提调官治罪"等。盖明季学校中人，结盟立社，其权势往往足以劫制官吏，清初以卧碑禁之。而后官权日尊，为所欲为，为士者一言建白，即以违制论，无知小民，更不敢自陈其利病矣。"故吾国无民治，自清始。清之摧挫民治，自士始。今日束身自好之士，漠视地方团体利病，不敢一谋公益之事者，其风皆卧碑养成者也。"[247]

清代专制政治，度越前世，说已见前。帝王威权之重，清世亦远视明为甚。明制"大朝仪、赞礼唱鞠躬、大乐作、赞四拜、兴，""常朝仪、朔望御奉天殿、常朝官一拜三叩头、谢恩见辞官于奉天门外五拜三叩头。"清始有三跪九叩首之制，凡大朝暨他朝仪，王公百官皆行此礼。明制，"凡早朝行礼讫，四品以上官入侍殿内，凡百官于御前侍坐，有官奏事必起立，奏毕复坐，"[248]清则奏对无不跪于地者。明世六尚书与左右都御史一切谢恩乞休之类，旨下皆称卿，以示重，清则率斥为尔。盖满人惟恐汉人之不尊之，故因前代帝王之制，而益高自位置。若满蒙八旗以世仆自居者，虽仕至督抚，其奏折咸自称奴才，更无论矣。[249]管同尝拟言风俗书云："明之时，大臣专擅，今则阁部督率，不过奉行诏令。明之时，言官争竞，今则给事御史，皆不得大有论列。明之时，士多讲学，今则聚徒结社者，渺焉无闻。明之时，士持清议，今则一使事科举，而场屋策士之文，及时政者皆不录。……大臣无权，而率以畏懦。台谏不争，而习为缄默。门户之祸不作于时，而天下遂不言学问。清议之持无闻于下，而务科第，营货财，节义经纶之事，漠然无与于其身。"[250]满清专制影响及于世风者若此！抑清初诸儒讲学，尚多拳拳不忘种姓之别，兴亡之痛，家国之治乱，身世之进退。自文网日密，为诗文者，既多颂谀献媚，或徜徉山水，消遣时序，及寻常应酬之作。乾隆以降之学者，亦无敢谈法制经济。惟可讲求古书，尽萃其才力聪明于正训诂、明音韵、考名物、核度数，号称汉学。语其善，则"明征定保，远于欺诈；先难后得，远于徼幸；习劳思善，远于偷惰；故其学不应世，尚多悃愊寡尤之士。"[251]而诸儒之重师承，（如惠戴之学，发于一二人，而流及全国，）传家学，（如东吴之惠、高邮之王、嘉兴之钱，或一门通经、或数世递嬗，）及守专门，（如《毛诗》、《郑礼》、《何氏公羊》，以此名其学者固多，即欧阳夏侯之书，齐鲁韩之诗，久亡佚者，亦为之缀辑补汪，成一家言。）亦足与两汉经儒媲美。然经学虽盛，而先王经世之业，则弗敢与问，弗敢与知，学术既与政治脱节，亦遂与世运无关。士类至婢膝奴颜于夷族淫威之下，以自鸣其学，亦可悲矣！

明祖之光复华甸也，于诸族之淹留中夏者，概一视同仁；且务求融合华夷之血统，以泯灭种族之界限。及建夷入主中夏，则纯以征服民族自居，而视汉人为被征服者。满汉通婚，既一代悬为禁令。（至光绪二十七年十二月、始下诏开禁，）满人虽总数不逮汉人百一，而京外诸官缺，满人反较汉人为多。福临尝谓"朕自亲政以来，各衙门奏事，但有满臣，未见汉臣。"又面谕汉满诸臣曰："事有当异议者，何以满洲官议内无一汉官,汉官议内无一满洲官。"[252]及玄烨晚年,犹时言"九卿会议时,汉大臣必有涉于彼之事,方有所言,若不涉于彼之事,即默无一语;""近日外官,满洲所参,大抵多汉人,汉人所参,大抵多汉军。"[253]当时汉官慑于满人,缄默自容,情形概可想见。又其族人概编为八旗,或屯聚京师(禁旅)或分驻各省(驻防),皆以兵之名额坐领饷糈,分编参佐领,以为管辖。故汉人无不纳税,即以所纳之税,供满族之需,而满人则有分利而无生利。汉人皆归地方官管理,而满人则所在地方官不得而约束之。清初又有圈地之制,被圈民人不获他徙者,圈主加以编制,即为包衣奴仆,(其带地投充之丁户亦同)其或因战争而俘获,与汉人有罪发配八旗者,亦皆永世为奴;有逃必戮,诸有隐匿,断斩无赦。其苛暴汉人极矣!满酋家法所以诰诫训练其族人者,首崇满语骑射。国学之祭酒司业,虽满汉并列,并设宗学旗学,分教宗室八旗,又广译经籍,另设翻译童试乡会试,诸通汉文者,亦得与汉人同应乡会试,以为进身之阶。然满语骑射,必令兼习,其有偏尚文学怠于习武者,必奉旨严饬。务令握槊操瓠者,悉抱跃马弯弓之能,俾得以武力挟制汉人。然承平既久,满族多渐染浮薄,荒废本业,其习吟咏,尚虚文,乐与汉人相往还,尤成为不可遏抑之洪流。又以生齿日繁,满廷定例不准旗人卖地与人,而旗人则自违禁令,渐次典与民家为业,致恒产日少。又以一甲之丁,衍为数什百倍。生产之粮,不足赡此数什百倍之人。于是生计亦日促;满廷虽于俸饷外,添设佐领之官,优给养育之粮,而衣食之支绌自若。盖自雍乾以降,满人虽政治地位依旧,文化则沦为汉人之附属,经济地位亦日非一日。及咸同军兴,政治地位复渐次移入汉人之手,然观光绪初中俄伊犁交涉,初命满人侍郎崇厚以特派头等全权便宜行事大臣之衔往俄,比订丧权辱国之约以归,再命出使大臣曾纪泽赴俄改订,以纪泽汉人,仅予"二等公使"衔,不称全权大臣,致俄人屡有"头等所定,岂二等所能改,全权者所订尚不可行,岂无全权者所改转可行"之诮。[254]满族卑视汉人之心理,固历二百数十年而未改也。

满人对汉人本有之阶级禁忌,有任其淆乱,置若罔闻,甚或明令加以废除者。清初上海姚廷遴纪事编述明清之交风俗变迁有云："明季，服色俱有等级。乡绅举贡秀才俱戴巾，百姓俱戴帽，寒天绒巾绒帽，夏天鬃巾鬃帽。又有一等士大夫子弟戴飘飘巾，即前后披一片者，纯阳巾，前后披盘云者。庶民极富，不许戴巾。今概用貂鼠狐皮缨帽，不分等级，佣工贱役，与现任官员一体乱戴。""明季，现任官府用云缎为圆领，士大夫在家，亦有穿云缎袍者，公子生员辈，止穿绫绸纱罗。今凡有钱者，任其华美，云缎外套，遍地穿矣。"[255]清代命服，虽有定式，有僭干者，至罪及制造之家。而于明代相沿之等级，则放任若是。康熙九、十年间，便服裘帽，亦尝一度申明禁令，然不逾年即行弛禁。故终清世，常服皆贵贱溷淆，上下无别也。自明世以来，各地每有贱业奴隶之名籍，如山陕之乐户，（相传其先世当明永乐靖难时，不附燕兵，成祖恶之，贬教坊乐籍，世世不得自拔，）浙江之惰民，（相传其先世为宋将焦光瓒部落，由宋降金，故编其籍曰丐户。一说其先世从陈友谅抗明太祖，为太祖所贬，其业与山陕乐籍同）等，清胤禛即位，即予以解放。雍正五年（一七二七）四月，又谕内阁曰："近闻江南徽州府有伴当，宁国府有世仆。本地呼为细民，几与乐户惰民相同。又其甚者，如二姓丁户村庄相等，而此姓乃系彼姓伴当世仆，凡彼姓有婚丧之事，此姓即往服役，稍有不合，加以棰楚。此朕得诸传闻者。若果有之，应予开豁为良，俾得兴奋向上，免至污贱终身，累及后裔。"七年五月，复谕广东督抚曰："闻粤东地方，四民之外，另有一称，名曰蜑户，即瑶蛮之类，以船为家，以捕鱼为业，通省河路，俱有蜑船，生齿繁多，不可数计。粤民视蜑户为卑贱之流，不容登岸居住。蜑族亦不敢与平民抗衡，畏威隐忍，跼蹐舟中，终身不获安居之乐，深可悯侧。著该督抚等转饬有司，通行晓谕凡无力之蜑户，听其在舟自便，不必强令登岸；如有力能建造房屋及搭棚栖身者，准其在与近水村庄居住，与齐民一同编列甲户，以便稽查，势豪土棍，不得借端欺凌驱逐。并令有司劝谕蜑户开垦荒地，播种力田，共为务本之人，以副朕一视同仁之至意。"[256]胤禛之言如此。而清人自定科举仕宦条例，则又极重流品。凡"娼优隶卒之家，不准考试，其皂隶马快小马禁卒之子孙，有朦混捐纳者，俱照例斥革。"[257]"童生考试，以同考五人互结，廪生认保出结，……有出身不正，如门子长随番役小马皂隶马快步快禁卒仵作弓兵之子孙，倡优奴隶乐户丐户蜑户吹手，凡不应应试者混入，认保派互结之五童，互相觉察，容隐者五人连坐，廪保黜革治罪。"[258] 盖满族对彼征服之汉人，虽一概视同齐民，因欲维持朝廷之尊严，对于欲入仕途之举贡生员，仍保持严格之标准，故一切贱籍皆不得报捐应试也。沿至清末，因政治教育经济社会之剧变，此种贱民阶级观念，始逐渐废除焉。[259]

自西教东渐，其基本教义，若人类之原始罪恶，若天主为唯一真神，若教主耶稣因赎人罪而降生而受戮、而复活，若祭祀神祇祖先皆属邪逆等，与吾华礼俗信仰，实至不相容。明季以还，士大夫斥距者亦甚众。清初杨光先著不得已，至谓"天主教令皈其教者，必毁天地君亲师之牌位而不供奉。不尊天地，以其无头腹手足踏践污秽而贱之也。不尊君，以其为役使者之子而轻之也。（按西教尊上帝，不尊天地，又谓天为上帝之役使，故杨氏云然，）不尊亲，以耶稣之无父也。天地君亲尚如此，又何有于师，此宣圣木主之所以遭其毁也。乾坤俱泪，五伦尽废，非天主教之圣人学问，断不至此。"[260] 虽其所挟持之天历学超越中土，光先则谓"宁可使中夏无好历法，不可使中夏有西洋人。无好历法，不过如汉家不知合朔之法，日食多在晦日，而犹享四百年之国祚。有西洋人，吾惧其以挥金收拾我天下之人心，如厝火于积薪之下，而祸发之无日。"[261] 其攻击西教至矣。因满廷崇信西学，任用西士，仍许自行其教。而诸教士亦务缘饰儒术，解释吾华固有信仰习惯，谓无背于教义，（康熙三十九年，西士闵明我等奏，略谓国人"拜孔子，在尊仰其人格，非因祈福祐聪明利禄而然。祭祀祖先，则出于亲爱之义，孝思之念，所谓报本反始之礼，而非以求福祐，立祖先牌，非谓祖先之魂在上，不过子孙追远，稍抒如在之怀。至于郊天之典礼，非祀苍苍有形之天，乃敬天地万物之原，此孔子所谓郊祀之礼以事上帝也。"（见《正教奉褒》页一二三）以求推行。康熙中叶，罗马教皇屡颁禁约，严令耶教之神不许用天之称号，教徒亦不得祀祖祭神，玄烨愤其不明"中国之大理"，"与和尚道士异端小教相同"，[262] 下令取缔，西教遂入厄运。道咸而后，因条约许各国教士自由传教，所在得置产设堂，于是通都大邑，边徼蛮荒，靡不有西士踪迹。以吾华搢绅，鲜肯舍祖宗神祇而惟崇耶稣，良儒者且以西教挟帝国主义者为后盾，视同蛇蝎。教士则以下层社会为布道对象，立书塾，建医院，救济孤儿弃婴，破除民间弊俗，又广布语体译经，举行礼拜宣传。入教者既间接受西人之保护，桀黠者亦每以教会为逋逃薮，相激相演，教徒与齐民，俨然成一对峙局面，同光之际，民教相仇，遂为社会上一严重问题。极至酿成庚子之拳乱，朝野创巨痛深，仇教者既悉受惩儆，排外者亦一变而为媚外，西人之教学政俗，几无一不为国人讴歌歆羡之对象。张之洞刘坤一第二次会奏变法事宜疏云："近日民情，羡外国之富，而鄙中土之贫；见外兵之强，而疾官兵之懦；乐海关之平允，而怨釐局之刁难；夸租界之整肃，而苦吏胥之骚扰；于是民从洋教，商挂洋旗，士入洋籍。"[263]实可为清末社会写照。欧美之势力，由是通贯于吾社会之任何方面；吾民族之自尊心与自信力，亦至是而斫丧几尽，影响所及，吾华与日本之地位。亦复冠履倒易。当清之兴，日本德川幕府方继丰臣氏而窃国柄，"投戈讲艺，尊崇儒术，专欲以诗书之泽，销兵革之气。幕府既建大成殿于江户，以祀先圣，鸟革翚飞，轮奂俱美，诸藩闻风仿效，各建学校。由是人人知儒术之贵，争自濯磨，文治之隆，远越前古。诸为程朱学、陆王学、汉唐注疏学，暨诗词古文辞者，实繁有徒。既各持其说，无以相胜，则曲托贾竖，邮呈诗文于中国士大夫，得其一语褒奖，乃夸示同人，荣于华衮。而朝鲜信使偶一来聘，又东西奔走，求一接謦欬，以证其所学之精。"[264]洎明治维新，结交欧美，广求知识于世界，于吾华学艺，既弃之如遗；且效法西人，以侵略吾国为其唯一之国策。昔之以输入中国文化，由野蛮而进于文明者，今乃以劫夺中国主权，由弱小而变为强大。吾华震于其变法之效，留学者以数万计，所聘教习，多至数百，西洋之学艺制度，及以汉字翻译西文之新名词，反多由日本输入焉。

清季西洋势力之侵入，对吾经济之影响，亦至深且巨。"吾国历代，虽有各国通商互市之事，然在道咸以前，大都锁国独立，其经济之变迁，要皆限于国内。自五口通商以后，门户洞开，海陆商埠，逐年增辟，始多迫于条约，继或自行开放；综计道光二十二年至宣统元年，全国辟为商埠之地凡九十有三处。（直隶省为北京、南苑、天津、秦皇岛、张家口。山东为烟台、济南、潍县、青岛、周村。江苏为上海、吴淞、镇江、南京、苏州、海州。安徽为芜湖、安庆。江西为九江。湖北为汉口、沙市、宜昌、武昌。湖南为岳州、长沙、湘潭、常德。四川为重庆、万县。浙江为宁波、温州、杭州。福建为福州、厦门、三都澳、鼓浪屿。广东为广州、九龙、澳门、汕头、琼州、北海、三水、江门、惠州。广西为南宁、梧州、龙州。甘肃为嘉峪关。云南为昆明、腾越、思茅、蒙自、河口、大理。奉天为营口、大连湾、安东、大东沟、沈阳、辽阳、新民屯、法库门、通江子、铁岭、凤凰城。吉林为哈尔滨、吉林、长春、珲春、宁古塔、三姓、局子街、龙井村、头道沟、百草沟。黑龙江为齐齐哈尔、瑷珲、海拉尔、满州里。新疆为伊犁、塔尔巴哈台、喀什噶尔、乌鲁木齐、古城、哈密、吐鲁番。外蒙古为库伦、恰克图、乌里雅苏台、科布多。西藏为亚东、江孜、噶大克。共九十四处。中惟恰克图，因雍正五年中俄条约开放。）轮车走集，物货填委，其附近各地及与之关连者，罔不仰通商大埠之鼻息。而此通商大埠又听命于世界各大商场，铜山东崩，洛钟西应，牵连钩贯，而吾国之经济，遂息息与世界各国相通。昔之荒陬僻壤，可变为最重要之都市。昔之家给人足者，多变为不平均之发展。语经济之发达，则为远轶于前。论财政之困难，又觉迥殊于古。当光绪以前，对外贸易总额，均无正确数字可稽，其有正式统计，始于光绪三年之海关册。计自三年以至十三年，全国进出口总数，均在二亿两以内。其后历年增加，至三十四年增至六亿两左右。宣统年间，增至八亿左右。然出入对比，皆属有绌无盈；其所恃以抵补者，转赖在海外之商工侨民，输入其工资及商业所得焉。清初国用，岁不过二三千万两。雍正元年岁入，计共四千余万两。同治末年岁出，在七千万上下。宣统之末，增至三万万数千万元。国用增加，所增之税收……未能弥补，则恃内外债以救急。清季尝募昭信股票及爱国公债，因办理不善，所收无几，转不如举外债之便易，而外资遂源源输入。又以条约赔款之关系，吾海关税等收入支配，遂多操诸外人之手。

西商又在各商埠设立银行，经营中外汇兑存款放款之业，以辅助其母国商人攫夺远东商权，以其资本金及公积金之雄厚，又能发行纸币，吸收我国现金。故吾国社会金融，隐在外人掌握。而清季贪墨官吏，惧以赃私获罪。暨富商大贾信外人之可恃者，多以其款存储于外国银行，外人乃取而贷之清廷，盘剥重利。是皆至可痛心之事也。"至若外商贩卖之鸦片，道光间弛禁后，内而年增数十万无形之堕废，外而年铄数千百万立馨之脂膏，不特国计民生，两受其害，且因国人仿效栽种，土药弥漫，遍于中国，使我国民体力智力堕落至于无地者，更不待言矣。惟自外人经济势力入侵后，国人亦多袭取其术，吸收散殊之各点，集中于新辟之地，新兴之业，冀与外人相竞争，或以操纵吾愚民。虽卒之仍为外人所操纵，然近世新经济制度之采用，实肇端于是焉。一曰公司。吾国商业，从来虽有独资合资之别，要皆无大规模。自与西人通商，震于其公司之财力雄厚，知非小商业所能抵制，则集小资本为大资本，而公司之制以兴。同光之间，李鸿章创办轮船织布等局，招商集股，尚未名为公司。其后各省经营铁路，相率仿行公司之制。清廷修订商律，首颁公司法，分为合资公司、合资有限公司、股分公司、股份有限公司四种。然法律虽极严密，而公司之权，往往操之大股东及经理人之手，腐败堕落，已成者每破产倒闭，未成者或积久而不能募集焉。二曰银行。吾国昔之操金融权者，惟钱庄与票号。钱庄营业不巨，资本亦微。票号流通全国，为汇兑专业，其资本亦不过数十万两。甲午战后，讲求变法，始有倡设银行为通商惠工之本者。光绪二十四年，盛宣怀等首设中国通商银行。三十一年，户部奏设户部银行，（三十四年，改为大清银行，）为今中国银行之前身（民国元年改）。三十三年（一九〇七年）邮传部又奏设交通银行，以绾合轮路邮电四政，继是而商民合资开设，冀与官立银行争利者，亦竞起焉。又清代货币，兼用铜银，铜曰制钱，银曰元宝。而广东与外人互市，多用墨西哥银元。光绪十六年（一八九〇），张之洞督粤，设银元局，自铸银币，其后各省亦相继仿铸。而铜元之制，亦倡于广东，福建继之。辛丑以后，各省竞铸铜元，制钱之用遂微。光绪三十一年，户部设造币厂于天津，兼铸铜银各币。及银行成立，又发行纸币。并为民国以来所袭用焉。[265]

## 注 释

[1]《清史稿》卷一《太祖本纪》载此事略云："邻部古勒城主阿太（即阿台）为明总兵李成梁所攻，阿太王杲之子，礼敦（觉昌安）之女夫也，景祖挈子若孙往视。有尼堪外兰者，诱阿太开城，明兵入歼之，二祖皆及于难。"所云二祖，即景祖觉昌安与显祖塔克世也。

[2] 本书叙努尔哈赤事，多据孟森《清朝前纪》第十二篇《太祖纪》。至努酋及其祖宗对明廷效顺事，即在皇太极世，亦倡言不讳。皇太极天聪四年正月，攻永平，以明七大罪誓师文（见北京大学《国学季刊》第一卷第一期）开端即曰："金国汗谕官军人等知悉，我祖宗以来，与大明看边，忠顺有年。"又曰："我祖宗与南朝看边进贡，忠顺已久"；"先汗忠于大明，心若金石"；"我国素顺，并不曾稍倪大轨"。可为明证。

[3] 以上言八旗，皆据故宫博物院印行之《努尔哈赤实录》。他书记载清初兵制文，皆与此小异。

[4] 廷弼疏略云："辽东现在兵有四种。一曰残兵，身无片甲，手无寸械，随营靡饷，装死扮活，不肯出战。一曰额兵，或死于征战，或图厚饷逃为新兵者，又皆亡去其大半。一曰募兵，佣徒厮杀游食无赖之徒，点册有名，及派工役而忽去其半，领饷有名，及闻警告而又去其半。一曰援兵，弱军羸马，枯甲钝戈，不堪入目。……况今辽人已倾心向奴矣，彼虽杀其身杀其父母妻子而不恨，而公家一有差役，则怨不绝口。彼遣为奸细，则输心用命，而公家派使守城，以哭泣感之，而亦不动。"

[5]《清史稿》卷二《太宗本纪》纪其事云："天聪五年春正月，铸红衣大炮成，镌曰天祐助威大将军，军中造炮自此始。……秋八月，会于大凌河，以红衣炮攻明台兵，降者相继。冬十月，以红衣炮攻于子章台，台最固，三日台毁，守台将王景降。于是远近百余台俱下。"

[6] 按三将皆辽人，《清史稿》卷二百四十一有传。故隶双岛守将毛文龙部下，文龙于崇祯二年，以骄蹇不用命，为袁崇焕所杀，三将至是降金。至所率兵丁，各书记载多失实。据今传《天聪朝臣工奏议》卷中载孔有德呈献兵册奏称"官兵家眷八千一十四员名口"，耿仲明献兵册奏称"官兵家小五千八百六十六员名口"，共计官（称员）兵（称名）及家眷（称口）仅一万三千八百八十。惟尚可喜所率兵丁，今无可考知耳。

[7]《天聪朝臣工奏议》凡三卷，起天聪六年三月，终九年三月，原为沈阳崇谟

阁旧档，罗振玉印人《史料丛刊初编》中。(东方学会排印本)

[8] 蒙古汉军八旗兵额，据魏源《圣武记》卷十一《武事余记》。

[9] 据王先谦辑本天聪朝《东华录》。

[10]《圣武记》卷一《开国龙兴记》语。《清开国方略》卷□曰，"臣下不敢欺隐，民情皆得上达，国内大治，奸宄不生"云。

[11]《清史稿》卷二《太宗本纪》"天聪三年八月，谕曰：今欲振兴文教，试录生员，诸贝勒府及满汉蒙古所有生员俱全赴试，中式者，以他人偿之。九月，初试生员，拔二百人，赏缎布有差，免其差徭"。

[12] 同上书"天聪五年十一月，谕曰：我兵之弃永平四城，皆贝勒等不学无术所致。顷大凌河之役，城中人相食，明人犹死守，及援尽城降，而锦州松杏犹不下，岂非其人读书明理，尽忠其主乎。自今凡子弟年十五岁以下八岁以上，皆令读书"。

[13] 见同上注。

[14] 金国汗致朝鲜国王书，凡十六通，起天聪二年九月，至四年十二月。金国汗致毛文龙及祖大寿等书，共十三通，起天聪二年十月，至五年闰十一月。原亦皆沈阳崇谟阁旧档，罗振玉印入《史料丛刊初编》中，于前者题"太宗文皇帝致朝鲜国王书"，后者题"太宗文皇帝招抚皮岛诸将谕帖"。

[15] 考满洲得名，含义有二。一谓系佛号曼殊之对音，曼殊华言妙吉祥也，努酋曾受人曼殊师利之号，以佛号为尊称，因假借为部族名，汉字乃讹作满洲，清官书满洲源流考主之。一谓满洲本作满住，为女真酋长之尊称，孟森《清朝前纪》第一篇《满洲名称考》主之。盖满洲之音，由于曼殊，满洲之义，乃为酋长，既非部族之名，更与国号无关。自皇太极以清易金，追述往事，有所讳饰，乃借以为部族之称。然其范围亦只限建夷之一部，东北其他部族，固不称满洲，亦绝非地名也。以满洲为地域之名，实始于倭人之南满洲铁路，说详金毓黻《东北通史》卷一总论。本书凡用满洲字（如满清满族等），皆指部族言，不指地方也。又按《清史稿》卷一《太祖本纪》称"始祖布库里雍顺定三姓之乱，众奉为贝勒，居长白山东俄漠惠之野俄朵里城，号其部族曰满洲，满洲自此始"。《史稿》修于民国，乃亦为建夷讳饰如此。由其认建夷自始即号满洲，于是建州卫为清之祖先所自出者，《史稿》亦曲加讳饰。然天聪间所修之努酋实录，未经后嗣改纂者，固犹明白承认而不讳言也。说详孟森《清史稿·中建州卫考辨》，载《中央研究院历史语言研究所集刊》第三本第三分。

[16] 时鲜臣洪翼汉上疏鲜王，至谓"臣自堕地之初，只闻有大明天子，今虏此言，奚为而至也，请亟执虏使而戮之，然后函其首，奏闻皇朝"云云。详但焘译倭

[17] 崇德七年六月，皇太极贻书明廷，略云："每岁贵国馈兼金万两，银百万两，我国馈人参千斤，貂皮千张……以宁远双树堡土岭为贵国界，以塔山为我国界，以连山为适中之地，两国俱于此互市"，王辑崇德朝《东华录》。

[18] 张苍水《奇零草》有满洲宫词云：春宫昨进新仪注，大礼躬逢太后婚，此当时事证，然清代官书，皆刊落不载。至多尔衮封皇父摄政王事，蒋良骐所纂顺治朝《东华录》尚有之，以蒋所据之实录，尚未经乾隆世删改也，自乾隆重定实录，此事亦刊落不载，故今本王先谦续纂之《东华录》，及《清史稿·世祖本纪》，亦皆无只字可稽矣。

[19] 孟森《心史丛刊》一集"奏销案"引韩菼《有怀堂集己未出都》诗："室毁还作室，督促旧主人"，自注云："辛丑年，驻防兵圈占房屋，更代为修葺"，盖时苏州旗兵圈地，韩屋被圈，韩兵逐屋主，而又令屋主代为修葺也。辛丑为顺治十八年，时福临已卒，玄烨初立，至圈地事，当时记载，已多不存，王庆云《石渠余记》卷《纪圈地》篇，可参阅。

[20] 据王辑顺治朝《东华录》。

[21] 此顺治三年事，据同上注。

[22]《心史丛刊》一集"科场案"，疏记此事最详。《清史稿》卷一一五《选举志三》亦略有记载，惟甚简。

[23] 详《心史丛刊》一集"奏销案"。《清史稿》卷六《圣祖本纪一》"顺治十八年六月，江苏巡抚朱国治疏言苏省逋赋绅衿一万三千五百十七人，下部斥黜有差"。

[24] 据徐乾学《柏乡魏公裔介墓志铭》，见钱仪吉《碑传集》卷十一。

[25]《圣武记》卷二谓"时乱起多方，所在鼎沸，情形日日不同，故中原腹地，皆屯重兵，以备应援。楚急，则调安庆兵赴楚，河南兵移安庆，又调兵屯河南以继之。蜀警，则调西安兵援蜀，而太原兵移西安，又调兵屯太原以继之。闽警，则江宁江西兵赴闽浙，调兖州兵赴江宁，又调兵屯兖州以继之。使贼渠不得出湖南一步，各边虽乱，而江淮晏然，得以转输财赋，佐军兴之急。而贼惟以一隅敌天下，饷匮财竭，重敛劳怨，遂臻瓦解"。

[26] 时张勇赵良栋王进宝孙思克奋于陕，蔡毓荣徐治都万正色奋于楚，杨捷施琅姚启圣吴奥祚奋于闽，李之芳奋于浙，傅宏烈奋于粤，见同上注。

[27] 语本徐乾学《资政大夫刑部尚书谥敏果魏公神道碑》，见钱仪吉《碑传集》卷八。按康熙朝十八年七月《东华录》载壬戌上谕，极言时弊六端，与象枢所

言，如出一辙。盖象枢入对，即以此六事为言，玄烨亦即据以传谕群臣也。

[28] 语见《亭林文集》卷六《答徐甥公肃书》。按亭林卒于康熙二十一年，年七十。张穆《顾亭林先生年谱》系此书于康熙十九年庚申，亭林时年六十八岁，与书中"吾以望七之龄"语合。

[29]《潜书·存言》篇。

[30] 见中华书局印行《清史列传》卷八《明珠传》。

[31]《清史稿》卷八《圣祖本纪三》。

[32]《曾国藩先正事略》序语。

[33] 康熙朝《东华录》颇载玄烨晚年愤懑语，如五十三年言"允禵藐视朕躬，朕因愤怒。心悸几危"，六十年言"朕衰老中心愤懑，众人虚诳"。雍正朝东华录载雍正三年胤禛言朕兄弟中如允禔允禩允禟允䄉允禵等，在皇考时，结党妄行，以致皇考圣心忧愤，日夜不宁"，四年又言"阿其那等历年伤皇考之心，不孝不忠，结为党援，扰乱国家，……皆我皇考所洞悉，乃穷困怀羞，凶心益逞，当皇考高年，反种种致怒，无所不至，圣躬憔悴成疾，皆阿其那等之所致也"。

[34] 据《清史稿》卷九《世宗本纪》。

[35] 见雍正朝《东华录》康熙六十一年十二月下。

[36] 见同上注[34]"雍正元年"下。

[37] 汪景祺作《西征随笔》，有讥讪玄烨语，查嗣庭为江西考官，以"维民所止"命题，事发，汪以谤讪处斩，（时雍正三年十二月，年羹尧亦以是月赐死）妻子发黑龙江为奴，期服之亲兄弟发遣宁古塔。查初以谤讪下狱，（四年九月），后查死狱中（五年五月），仍戮尸枭示，其子坐死，家属流放。又以汪查皆浙人，四年十一月，"诏浙江士习敝坏，工为怀挟，停其乡会试"，至六年八月，乃"诏复浙江乡会试"焉。见同上注[34]。

[38]《清史稿》卷九"雍正四年"下。《东华录》载胤禛谕旨略云："伊既以文词诌媚奸恶，为名教所不容，朕即以文词为国法，示人臣之炯戒。著将钱名世革去职衔，发回原籍，朕书名教罪人四字悬其门，令该地方官制造匾额，张挂钱名世所居之宅。且钱名世系读书之人，不知大义，廉耻荡然，凡文学正士必深恶痛绝，共为切齿，可令在京见任官员由举人进士出身者，效诗人刺恶之意，各为诗文，纪其劣迹，以儆顽邪，并使天下读书人知所激劝，其所为诗文，一并汇齐缮写进呈，俟朕过目，给付钱名世"。故宫博物院出版之"名教罪人"一书，即据当时汇齐缮写进呈之册排印者。

[39] 据清礼亲王昭梿撰《啸亭杂录》。

[40]《清史稿·世宗本纪》"雍正元年八月，召王公大臣九卿面谕之曰：建储一事，理宜夙定，……今朕亲写密封，缄置锦匣，藏于正大光明匾额之后，诸卿其识之。"后又别书密旨，藏诸内府，以为异日对勘之资。弘历后皆沿用此制。

[41] 胤禛命贾士芳治病，士芳口诵经咒，有"天地听我主持，鬼神听我驱使"语，胤禛即以"无父无君"之罪诛之。（见雍正八年《东华录》）盖其语非专制如胤禛者所能容忍也。

[42] 乾隆朝元年《东华录》载弘历所颁此类谕旨甚多。如二月谕曰："治道贵乎得中，矫枉不可过正，皇祖时，臣下多有宽纵之弊，皇考时，臣下又多有严刻之弊：……宽非纵弛之谓，严非刻薄之谓，朕恶刻薄之有害于民生，亦恶纵弛之有妨于国事"。三月谕曰："天下之理，惟有一中，中者，无过不及，宽严并济之道也，……见在各省督抚，皆昔年皇考简用之人，即朕偶有除授，亦系从前曾任封疆者，乃当年条奏则专主于严，而近日条奏又专主于宽，以一人之身，而前后互异如此，是伊等胸中毫无定见，并不计理之是非，事之利病，而但以迎合揣摩，希冀保全禄位，固结恩眷，而不知其违乎皇考与朕之本意，适成为庸鄙之具臣而已"。时署四川巡抚王士俊密折奏陈四条，第一条云："近日条陈，惟在翻驳前案，甚至对众扬言，止须将世宗时事翻案，即系好条陈之说"，弘历复严谕申斥，并将士俊革职治罪。

[43] 乾隆五十一年二月谕语。按独夫专断，实为满清家法，而弘历言之尤数，试就《东华录》所载谕旨征之。如十三年言"乾纲独断，乃本朝家法，自皇祖皇考以来，一切用人听言，大权从无旁假，即左右亲信大臣，亦未有能荣辱人能生死人者，朕恪守前规，不敢稍懈"。十四年言"我大清朝乾纲坐揽，朕临御至今十有四年，事无大小，何一不出自朕衷独断，即月选一县令，未有不详加甄别者"。二十三年言"朕临御海寓，至于二十三年，无论日理几务，必躬必亲，近者军书旁午，殷怀筹画，至于夜分不寐，凡在廷臣，无不亲承目睹，……我朝圣圣相承，乾纲独揽，政柄从无旁落"。二十四年言"我朝乾纲独揽，政无旁落，实家法相承，世世敬守"。二十七年言"朕衡量人才，如各部院兼摄之大学士尚书侍郎等，亦止令竭其分量，各抒己见，并不倚为黜陟"。四十三年言"大臣等办理事务，今日有善，即从而眷遇，明日有过，即予以训饬，如其有心干犯，私过亦即严惩，祸福悉视其人之自取，丝毫不设成见，且不存某事必须某人办理之心，如鄂尔泰张廷玉传恒兆惠，皆在左右襄赞机务，伊等既逝，未曾无承办政事之大臣，又如张照汪由敦梁诗正刘纶，皆在内廷经理笔墨，伊等病殁，亦未尝无接办文墨之词臣，此外皆可类推"。四十六年言"我朝列圣相承，乾纲独揽，百数十年以来，复于何事藉为大学士者之参赞"。五十一年言"本朝家法相承，纪纲整肃，太阿从不下移"。类此者尚多。弘历以专制独裁，即此亦可见也。

[44] 雍正七年《东华录》于此事前后谕旨，亦多录入，可参阅。大义觉迷录今尚有传本，所载胤禛谕旨，与《东华录》所载者不同，盖后者据乾隆世修改本《实录》也。

[45] 按雍正七年上谕，于曾静张熙本有"即朕之子孙，将来亦不得以其诋毁朕躬，而追究诛戮之"之谕，然胤禛卒于十三年八月，九月，弘历即位，十月，即"命治曾静张熙罪，十一月，磔曾静张熙于市"。(《清史稿》卷十《高宗本纪一》)

[46] 见乾隆四十四年二月及三月《东华录》。

[47] 清初《实录》屡经改修，每修改一度，即有若干事讳饰，故人多珍视初修本。努酋《实录》，初修成于崇德世，名"太祖武皇帝实录"，今尚有传本。康熙世改修为"高皇帝实录"，今亦有残本存在。雍正世再改，乾隆世又更改修。崇德本已称其部族为满洲，然于满洲之出自建州卫，以及努酋之自附金后，犹不讳言，改修本则无一不讳矣。又如崇德本叙努酋身后，后为诸王强迫令殉，康熙改本尚存此事，但后之称已改为大福金，至乾隆本，则全去此事，其涉及此后，又称为太妃矣。说详孟森《清史稿》中建州卫考辨。至皇太极实录，顺治九年初修，康熙十二年重修，雍正十二年校订。福临实录，康熙六年修，雍正十二年校订。玄烨实录，康熙六十一年修，胤禛实录，雍正十三年修，至乾隆世皆经改订。湘潭蒋良骐在乾隆世纂天命至雍正六朝《东华录》，其所据实录，尚为未经乾隆修改本。及清季王先谦续纂东华录，仍由天命朝起，(自天命至雍正，仍称东华录，自乾隆至同治五朝，则称《东华续录》)，其所据实录，纯为乾隆修改本。故蒋王两录，"不止详略之异，直是事实之有无，及字句之多寡，叙述之方法，无不有异"。(孟森《清朝前纪》序语) 如前注 [18] 所论多尔衮为皇父摄政王事，其一例也 (又据注 [44]，可见雍正谕旨亦经乾隆删改)，又"国史宗室王公列传，开国诸王公若摄政睿亲王以下各传，皆由乾隆间重作，即与重撰之实录相符，外间传本有李 (桓) 氏耆献类征，从国史原本录入，可以证明实录之尽经改造也"。(亦《清朝前纪》序语) 按中华书局印行之《清史列传》，所载清初宗室王公传及大臣传，皆据乾隆间重作本录入，故多尔衮传特详其身后昭雪之典，录乾隆三十八年及四十三年上谕，明珠传于载乾隆三十七年上谕前，且冠以"今上" (指弘历) 字样，上文所称郭琇劾疏，亦弘历特命将全文列入传内者。

[48] 详见三十年六月《东华录》。

[49] 谕文见五十一年七月《东华录》。

[50] 乾隆朝文字狱档印入故宫博物院出版之掌故丛编及文献丛编者，忆尚有十数案，以图籍沦亡，兹未能觅得全帙，姑暂缺。

[51] 略本章炳麟《检论四·哀焚书》。乾隆朝《东华录》载三十九年八月谕，谓

"明季造野史者甚多，必有抵触本朝之语，正当及此一番查办，尽行销毁"，"各省已经进到之书，见交《四库全书》处检查，如有关碍者，即行撤出销毁"。四十一年十一月谕，又谓"明季诸人书集，词意抵触本朝者，自当在销毁之列"。"明人所刻类书其边塞兵防等门，所有抵碍字样，固不可存，然止须删去数卷，或删去数篇，或改定字句，亦不必因一二卷帙，遂废全部，他若南宋人书之斥金，明初人书之斥元，其悖于义理者，自当从删，涉于诋詈者，自当从改，著四库馆总裁等妥协查办，黏签呈览，候朕定夺"。

[52] 略谓"昔程子云，天下之治乱系宰相，此止可就彼时朝政阘冗者而言。若以国家治乱专倚宰相，则为之君者，不几如木偶旒缀乎。且用宰相者，非人君其谁为之。使为人君者，深居高处，以天下之治乱付之宰相，大不可也。使为宰相者，居然以天下之治乱为己任，目无其君，此尤大不可也"。见乾隆四十六年四月《东华录》。

[53] 见同上注。至尹案之起，始于是年三月为父尹令一请谥并从祀文庙，《清代文字狱档》第六辑全册备载是案始末，可参阅。

[54] 皆见乾隆八年二月《东华录》。

[55] 据《清史稿·疆臣年表》，乾隆六十年为总督者，梁肯堂（直隶）孙士毅（四川）毕沅（湖广）三人，为巡抚者，蒋兆奎（山西）秦承恩（陕西）陈淮（江西）姜晟（湖南）朱珪（广东）五人。

[56] 据乾隆二十年三月及五月《东华录》。

[57] 详见《清史稿》卷一一六《选举志四》"制科"节。

[58] 十六年、二十二年、二十七年、三十年、四十五年、四十九年，皆至浙江。四十九年谕旨曰："皇祖六巡江浙，朕敬绍前谟，亦六度南巡，凡筹办河工海塘事宜，无一不抑承彝训，奉扬先烈"。又以杭城行宫及圣因寺供奉玄烨神牌，弘历亦谕伊将来卒后，须于殿内之东室安设供奉云。此注所称及书中下文所述各节，多据《东华录》，不悉注。

[59] 见《清会典》卷七。

[60]《清史稿》卷一六五《部院大臣年表》序云："侍郎之属，虽曰副贰，然与尚书皆为敌体，题奏之草，有一不画，例不得上，奖勘罚过，皆所与同"。

[61]《清史稿》卷一二一《职官志》序云："六部长官数四，各无专事，甚或朝握铨衡，夕兼支计，甫主戎政，复领客台，一职数官，一官数职，曲承禀仰，建树宁论"。

[62] 见《清会典》卷三。

[63] 雍正时，犹留议政大臣之名，以为满大臣兼衔，乾隆五十六年始废之。《东

华录》载是年谕曰："国初因有议政处,是以特派议政王大臣承充办理,自雍正年间设立军机处之后,皆系军机大臣每日召对,承旨遵办,而满洲大学士尚书,向例兼议政虚衔,无应办之事,殊属有名无实,……所有议政空衔,著不必兼充,嗣后该部亦无庸奏请"。

[64]《清史稿》卷一八三《军机大臣年表》序云:"军机处名不师古,而丝纶出纳,职居密勿,初只秉庙谟商戎略而已,厥后军国大计,罔不总揽,自雍乾后百八十年,威名所寄,不于内阁而于军机处,盖隐然执政之府矣"。

[65] 赵翼《檐曝杂记》卷一云:"军机处有廷寄谕旨,凡机事虑漏泄不便发抄者,则军机大臣面承后,撰拟进呈,发出即封入纸函,用办理军机处银印钤之,交兵部加封发驿驰递,其迟速皆由军机司员判明于函外,曰马上飞递者,不过日行三百里,有紧急则另判日行里数,或四五百里,或六百里,并有六百里加快者"。按云崧在乾隆世为军机章京,此书前数节皆记军机处故事,可参阅。

[66]《清史稿》卷一二三《职官志》云:"总督掌釐治军民,综制文武,察举官吏,修饬封疆,标下有副将参将等官。巡抚掌宣布德意,抚安齐民,修明政刑,兴革利弊,考核群吏,会总督以诏废置。标下有参将游击等官"。又卷二〇四《疆臣年表》序云:"清制疆帅之重,几埒宰辅,选材特慎,部院莫儗"。

[67]《清史稿·职官志》序语。

[68] 其郡邑增损,疆界分合,历年颇有不同,并详《清史稿》卷六十一至八十三(《地理志一》至《二十三》)。

[69]《清史稿·地理志》序语。

[70] 据《清会典》卷八十四所载,京师满洲佐领六百八十有一,蒙古佐领二百有四,汉军佐领二百六十有六,驻防佐领八百一十有七,共计一千九百六十有八。

[71] 据《圣武记》卷十一《武事余记》,凡六十六万一千六百五十有六。

[72] 此外又有乡兵土兵等,《清史稿》卷一四〇《兵志四》备详之,兹不论。

[73]《清史稿》卷一一三《选举志》语。

[74] 见《檐曝杂记》卷二"徐健庵"节。

[75] 同上注 [73]。

[76] 学生名额等,详见《清会典》卷三十一、三十二及七十六。

[77]《明史》卷七十八《食货志二》:"一条鞭法者,总括一州县之赋役,量地计丁,丁粮毕输于官,一岁之役,官为佥募,力差则计其工食之费,量为增减,银差则计其交纳之费,加以赠耗,凡额办派办京库岁需与存留供亿诸费,以及土贡方物,悉并为一条,皆计亩征银,折办于官,故谓之一条鞭,立法颇为简便,嘉靖间数行数止,

至万历九年，乃尽行之"。

[78] 详见上章注[90]。

[79] 本段多据王庆云《石渠余纪》卷三《纪丁额》篇。"乾隆十四年，总计直省人丁一万七千七百四十九万有奇，四十八，二万八千四百有三万有奇，五十八年，各省奏报民数三万七千四十六万"。

[80]《清史稿》卷八十四《地理志二十四》语。按科尔沁与漠南蒙古察哈尔等部，清世官书皆合称曰内蒙古，（见下注八十四）兹分为二者，从其朔也。

[81]《清史稿》卷八十五《地理志二十五》语。

[82] 清廷于征讨准部诸役，所编《方略》（《亲征朔汉方略》四十卷，《平定准噶尔方略前编》五十四卷，《正编》八十五卷，《续编》三十三卷，记录甚详，赵翼《皇朝武功记盛略》据《方略》撮叙各役大要，可参阅。读者若欲稍知其详，可参《圣武记》中绥服蒙古记，抚绥西藏记，康熙亲征准噶尔记，雍正两征厄鲁特记，及乾隆荡平准部记，戡定回疆记诸篇。

[83]《清会典》卷六十三称理藩院掌"外藩"之政令。《清史稿》则名为"藩部"，有藩部世表（卷四九至五十一）及藩部列传（卷三〇五至三一二）。藩部传序云："清起东夏，始定内盟，康熙乾隆，两戡准部，自松花黑龙诸江，迤逦而西，绝大漠，亘金山丁零鲜卑之域，南尽昆仑，析支渠搜，三危既宅，至于黑水。皆为藩部"。

[84]《清会典》卷六十三"理藩院……乃经其游牧之治。大漠以南曰内蒙古，部二十有四，为旗四十有九。逾大漠曰外蒙古，喀尔喀部四，附以二，为旗八十有六。环青海而居者曰青海蒙古，部五，为旗二十有八。贺兰山之阴，曰西套额鲁特，额济纳河之阳，曰额济纳土尔扈特，错处于金山天山之间，曰杜尔伯特，土尔扈特，和硕特。凡部十，附以一，为旗三十有四，回部为旗二（哈密吐鲁番）"各旗名详见同卷注。

[85]、[87] 皆见同上卷。

[86] 见同上书六十七卷。

[88]《清史稿·藩部列传》序语。

[89]《清史稿》卷五三三《属国传》序语。传称"浩罕，安集延，古大宛国地，塔什干，汉为康居大宛地，唐之石国也，巴达克山，唐揭盘陀国，阿富汗本罽宾故国"。《圣武记》卷四乾隆绥服西属国记称"哈萨克左部为古康居，右部为大宛北鄙，布鲁特东部为乌森西鄙，西部则休循捐毒也，唐时为大小勃律"。又曰："新疆内地，以天山为纲，南回北准，而外地则以葱岭为纲，东新疆，西属国。属国中又有二：由天山北路而西北，为左右哈萨克，由天山南路而西南，为左右布鲁特，虽同一游牧行

国，而非准非回非蒙古矣。逾葱岭而再西北，为安集延，西南为巴达克山，为爱乌罕；（即阿富汗）虽亦皆回教城郭之国，然岭以西之属国，非岭以东之郡县矣。……爱乌罕，乾隆二十七年入贡，为中国回疆最西之属国，于古为大月氏境"

[90]《清史稿》卷五三五《属国传三》。

[91]《清史稿》卷五三五《属国传三》。

[92]《清史稿·属国传》序语。

[93]《清史稿》卷五三五《属国传三》。

[94] 见同上《属国传一》。

[95] 本节多据《清朝文献通考》卷二九七《四裔考五》。

[96] 皆见《清史稿》卷一六六《邦交志七》。按史稿邦交志共八卷，所叙自俄罗斯英吉利至墨西哥刚果，凡十九国。序称"中国古重邦交，有清盛时，诸国朝聘，皆与以礼"，所以别于属国传之属国也。然礼志十（卷九八）叙"宾礼"，又曰："清初藩服有二类，分隶理藩院主客司，隶院者，蒙古喀尔喀西藏青海廓尔喀是也，隶司者，曰朝鲜越南南掌缅甸苏禄荷兰暹罗琉球，亲疏略判，于礼同为属也"，是荷兰实亦清之属国，邦交志盖据咸同以降为言。

[97]"康熙二年，和人始由广东入贡刀剑八，皆可屈伸，马四，凤膺鹤胫，能迅走"，见同上注。

[98] 分见王子音《国朝柔远记》卷二及卷四。

[99]《清史稿·邦交志七》"瑞典，雍正十年始来华互市。丹墨黑，其来市粤东也，以雍正时，粤人称为黄旗国"。

[100]《清史稿·邦交志一》"雍正五年，定俄人来京就学额数。康熙间，俄国尝遣人至中国学喇嘛经典，并遣子弟入国子监习满汉语言文字，居旧会同馆，以满汉助教各一人教习之。至是定俄人来学喇嘛者额数六人，学生额数四人，十年更代为例"。至本书所载约章，亦皆见志中，别参以约章大全。

[101] 雍正五年订恰克图条约，两国文书往来，均不以皇帝之名，中国则以理藩院，俄国则以萨那特衙门。

[102] 此为有名洪任辉（James Flint）事件，关系文件见北平故宫博物院文献馆印行之《史料旬刊》第四期。

[103] 乾隆二十四年十月二十五日，两广总督李侍尧奏陈防夷规程五项，（一）夷商在省住冬，应请永行禁止，（二）夷人到粤，宜令寓居行商，管束稽查，（三）借领外夷赀本，及雇倩汉人役使，并应查禁，（四）外夷雇人传递信息之积弊宜永除，（五）夷船收泊处所，应请酌拨营员弹压稽查"，实为此种政策最具体之表现。详见《史料旬

[104] 马忧尔尼人贡始末档案，北平故宫博物院文献馆印行之掌故丛编曾加辑录，惟三道敕谕，仅录其二，(一见第九辑，一见第三辑)，最后驳斥英使要求之敕谕，掌故丛编失载，乾隆朝《东华录》则备载之。(《东华录》亦仅录敕谕二道，见于丛编第九辑者，《东华录》亦失载)。

[105] 《清史稿》卷十四《高宗本纪五》"乾隆四十一年三月，命户部侍郎和珅军机处行走，四十四年八月，命和珅在御前大臣上学习行走，四十五年五月，以和珅为正白旗领侍卫内大臣，十月，命和珅仍兼署理院藩院尚书，四十九年七月，命和珅为吏部尚书，协办大学士，兼管户部"。又卷十五《高宗本纪六》"五十一年七月，命和珅为文华殿大学士，管理户部事，五十七年十月，免嵇璜阿桂翰林院学士，以和珅彭元瑞代之"。

[106] 见《章氏遗书》卷二十九《外集二》。原书又列举所设之法，"有通扣养廉而不问有无亏项者矣，有因一州县所亏之大而分累数州县者矣，有人地本属相宜，特因不善设法，上司委员代署，而勒本员闲坐会城，或令代摄佐贰者矣，有贪劣有据，勒令缴出赃金，而掩覆其事者矣，有声名向属狼藉，幸未破案，而丁故回籍，或升调别省，勒令罚金若干，免其查究者矣，有肮脏之缺，不问人地宜否，但能担任弥补，许买升调者矣"，最可窥见当时州县官吏侵蚀贪冒之一斑。又按章氏此书作于嘉庆四年，嘉庆三年，洪亮吉征邪教疏，力陈内外弊政，亦言"今日州县，其罪有三。凡朝廷捐赈抚恤之项，中饱于有司，皆声言填补亏空，是上恩不下逮，一也。无事则蚀粮冒饷，有事则避罪就功，州县以蒙其府道，府道以蒙其督抚，甚至督抚即以蒙皇上，是使下情不上达，二也。有功则长随幕友皆得冒之，失事则掩取迁流颠踣于道之良民以塞责，然此实不止州县，封疆之大吏，统率之将弁，皆公然行之，安怪州县之效尤者乎，三也"。见《卷施阁文甲集》卷十。

[107] 见嘉庆朝四年正月《东华录》。

[108] 薛福成《庸庵笔记》曾录存世俗传抄本"查抄和珅住宅花园清单"，并载是年正月十七日上谕称"查抄和珅家产清单，共有一百零九号，内有八十三号尚未估价，已估者二十六号，合算计银二万二千三百八十九万五千一百六十两"云云，惟此谕不见今本《东华录》。坊行扪虱谈虎客纂《近世中国秘史》第二编辑录薛氏笔记，又详加附论，言"已估价者二十六号，未估者八十三号，为三倍半，若以比例算之，岂不当为八百兆两有奇耶"，则不足置信，盖当时即有百零九号之说，亦未必有此总值也。

[109] 见《圣武记》卷九及卷十《嘉庆川湖陕靖寇记》。

[110] 时"永保拥京营劲旅及大兵万余,徒尾追不迎击,故贼东西横躏无忌","景安（和珅族孙）驻军南阳,任楚贼犯豫,直出武关,惟尾追不迎截,致有迎送伯之号",见同上注。

[111] 见《圣武记》卷九及卷十《嘉庆川湖陕靖寇记》。

[112] 见《圣武记》卷九及卷十《嘉庆川湖陕靖寇记》。

[113] 时汉将战功之盛,推两杨为最,事迹详李元度《国朝先正事略》卷二十三。至罗思举与桂涵,为统领乡勇最著战功之人,事迹详《圣武记》卷十《嘉庆川湖陕乡兵记》。

[114] 见《圣武记》卷九及卷十《嘉庆川湖陕靖寇记》。

[115] 参《圣武记》卷十《嘉庆畿辅靖贼记》。

[116] 见《养晦堂集》卷□。

[117] 如云南有永北厅夷人唐老大等之乱,河南有新蔡教匪失麻子等之乱,广东有黎人韦色容等之乱,山西有赵城教匪曹顺等之乱,湖北有崇阳县民钟山杰等之乱,湖南有耒阳县民阳大鹏等之乱,四川有果洛克番及越嶲峨边夷人桑树格等之乱,台湾有黄文润、陈办、洪协等之乱。

[118] 咸丰二年,太平军北出途中,沿途颁布檄文三道。一曰奉天诛妖檄,二曰谕救世人檄,三曰奉天讨胡檄。前二皆数陈上帝教教义,劝人丢邪神,拜上帝。后一则提出种族观念,痛述满人压迫汉族种种罪恶。略云:"自满洲肆毒,混乱中国,虐焰燔苍穹,淫毒秽宸极,……罄南山之竹简,写不尽满地淫污,决东海之波涛,洗不净弥天罪孽",以下历述其彰著之罪恶十端。又云:"满洲之众,不过十数万,而我中国之众,不下五千余万,以五千余万之众,受制于十万,亦孔之丑矣",此种明晰之种族观念,实为白莲天理诸教徒所无。关于太平天国史料,挽近行世者,如李秀成供状（见《近世中国秘史》第一编及左舜生辑《中国近百年史资料续编》）贼情汇纂（南京国学图书馆印行）《太平天国史料第一集》与《太平天国有趣文件十六种》（前者程演生辑,后者刘复辑,皆北京大学出版）等,皆可考见太平朝真相。至论述太平天国史迹者,以罗尔纲著《太平天国史纲》（商务印书馆二十六年出版）为较简核,可参阅。

[119] 王闿运《湘军志·营制篇》育"军兴调发,被调者辄合绿营将官,营出数十人,多者二百人,共成千人三千人之军,将士各不相习,依例领军械锅帐锹斧枪矛,皆窳钝不足用,州县发夫驮运载,军将拱手乘车马入于公馆,其士卒或步担一矛,倚民家及旅店门,居人惶怖,唯恨其不去,及遇寇作屯,垒壁不及肩,负贩往来营门,隘杂哗嚣,十军而九"。王于定安湘军记言"自洪杨倡乱,大吏久不习兵,绿营砦窳骄惰,闻征调则惊号,叱至敌,秦越楚燕之士,杂糅并进,胜则相妒,败不相救,号

令歧出,各分畛域,迄不得一兵之用"。当时绿营额兵,其弊如此。

[120] 湘军成功之由,曾国藩谓系"忠诚""拙诚"之效,(见《湘乡昭忠祠记》)而其首要,则在训练,王闿运曰:"湘军所以起,为救额兵之弊也,曾国藩首建义旗,终成大功,专尝自以为知兵,其所自负,独在教练,至今湘军尊上而知体,畏法而爱民,犹可用也,观将能否,但于列队峙,号三吹,军士肃肃蜿缀而出,则胜自可见矣"。此外则重赴援,亦为湘军之精神,"咸丰十一年十一月,寇犯徽州,张运桂领军城守,朱品隆唐义训赴援,品隆义训常合屯不相能,及俱出军,隙益甚,品隆至城下,寇来战,军将不支,义训案兵不相救,国藩闻之大怒,遣让义训曰:湘军所以无敌者,彼此相顾也,湘军将虽有仇,临阵未尝不相援,故有晨参商而夕赴救者。私怨,情也,公事,义也,尔独不闻知乎?朱镇危急,三促出军而不肯应,是乱湘军之制,而湘军由此败坏也。不急改者,将谁容汝。……又下檄品隆问状,义训品隆惭惧,相悔谢,同上书谢,请自今辑睦,于是一月七捷,徽州围解"。(《湘军志·曾军后》篇) 至荣战死,则又国藩所谓"躬履诸艰,浩然捐生,如远游之还乡而无所顾悸,众人效其所为,亦皆以苟活为羞"者也。关于湘军战绩,以王氏湘军志所记为最善,近罗尔纲著《湘军新志》,(二十八年商务印书馆出版) 专述湘军制度及利病,亦尚详核可观。

[121] 曾国藩讨粤匪檄,"洪秀全杨秀清称乱以来,于今五年矣,荼毒生灵数百余万,蹂躏州县五千余里,所过之境,船只无论大小,人民无论贫富,一概抢掠罄尽,寸草不留,其掳入贼中者,剥取衣服,搜括银钱,银满五两而不献贼者,即行斩首,男子日给米一合,驱之陷阵向前,驱之筑城浚濠,妇人日给米一合,驱之登阵守夜,驱之运米挑煤,粤匪自处于安富尊荣,而视我两湖三江被胁之人,曾犬豕牛马之不若,此其残忍惨酷,凡有血气者,未有闻之而不痛憾者也。自唐虞三代以来,历世圣人,扶持名教,敦叙人伦,君臣父子,上下尊卑,秩然如冠履之不可倒置,粤匪窃外夷之绪,崇天主之教,自其伪君伪相,下逮兵卒贱役,皆以兄弟称之,谓惟天可称父,此外凡民之父,皆兄弟也,凡民之母皆姐妹也,农不能自耕以纳赋,而谓田皆天王之田,商不能自贾以取息,而谓货皆天王之货,士不能诵孔子之经,而别有所谓耶稣之说,新约之书,举中国数千年礼义人伦诗书典则,一旦扫地荡尽,此乃开辟以来名教之奇变,我孔子孟子之所痛哭于九原,凡读书识字者,又焉可袖手安坐,不思一为之所也。自古生有功德,没则为神,王道治明,神道治幽,虽乱臣贼子穷凶极丑,亦往往敬畏神祇,李自成至曲阜,不犯圣庙,张献忠至梓潼,亦祭文昌,粤匪焚郴州之学宫,毁宣圣之木主,十哲两庑,狼藉满地,嗣是所过郡县,先毁圣宇,即忠臣义士如关帝岳王之凛凛,亦皆污其宫室,残其身首,以至佛寺道院,

城隍社坛，无庙不焚，无像不灭，斯又鬼神所共愤怒，欲一雪此憾于冥冥之中也。本部堂奉天子命，统师二万，水陆并进，誓将卧薪尝胆，殄此凶逆，救我被掳之船只，拔出被胁之民人，不特纾君父宵旰之勤劳，而且慰孔孟人伦之隐痛，不特为百万生灵报枉杀之仇，而且为上下神祇雪被辱之憾，用是传檄远近，咸使闻知"。（《曾文正公文集》卷二）

[122] 薛福成"叙曾文正公幕府宾僚"都八十三人，称其"陶铸群英，广包兼容，持之有恒，而御之有本，以是知人之鉴，为世所宗，而幕府宾僚，尤极一时之盛云"。（《庸庵文编》卷四）

[123] 曾国藩克服江宁折语。

[124] 《湘军记》"捻之患，不知其所自始，或曰，乡民行傩逐疫，裹纸然膏，为龙戏，谓之捻，其后报仇吓财，掠人勒赎，侵淫为寇盗，或数人为一捻，或数十百人为一捻，白昼行劫，名曰定钉，山东之兖沂曹，河南之南汝光归，江苏之徐淮，直隶之大名，安徽之庐凤颍寿，承平时在在有之。咸丰三年，洪秀全陷安庆，踞金陵，遗党徇临淮凤阳，出归德以扰河朔，于是皖豫捻患益炽"。

[125] 《曾文正公文集》卷二。

[126] 《养知书屋文集》卷十《与曾沅浦书》，按此书作于同治初元。

[127] 《清史稿》卷一二四《职官志四》语。

[128] 详《湘军新志》第三章。

[129] 六十年英王表文及清帝敕谕，见故宫博物院印行之《文献丛编》第五辑。嘉庆十年奉贡始末，见《国朝通商始末记》卷六及故宫博物院印行之《清朝外交史料嘉庆朝一》。

[130] 此次奉使始末，详见《文献丛编》第十一辑，及《清朝外交史料嘉庆朝五》。

[131] 防夷则例，自乾隆世李侍尧所定五事后，（见注一〇三）嘉庆十三年，有两广总督百龄拟订之六款，（见《清朝外交史料嘉庆朝五》）道光十年及十五年，又有两广总督李鸿宾及卢坤两次奏定之八条（皆见《粤海关志》）等。

[132] 黄爵滋道光十八年疏语。佛爵时官鸿胪寺卿，疏又云："近来银价递增，每银一两，易制钱一千六百有零，非耗银于内地，实漏银于外夷也，自鸦片流入中国，道光三年以前，每岁漏银数百万两，其初不过纨袴子弟习为浮靡，尚知敛戢，嗣后上自官府缙绅，下至工商优隶，以及妇女僧尼道士，随在吸食，粤省奸商勾通巡海兵弁，用扒龙快蟹等船，运银出洋，运烟入口，故自道光二年至十一年，岁漏银一千七八百万两，自十一年至十四年，岁漏银二千余万两，自十四年至今，漏至三千余万两之多，

此外福建浙江山东天津各海口，合之亦数千余万两，……日复一日，年复一年，臣不知伊于胡底"。

[133]见《国朝通商始末记》卷八。

[134]坊行刘彦著《帝国主义压迫中国史》上卷第一章鸦片战争，第二章英法联军入北京，及第三章俄国侵略中国之东西国境，所述尚扼要，可参阅。又回部诸邦，光绪中犹入贡中国者，仅坎巨提一部，《清史稿·属国传·坎巨提传》云："光绪十七年，英人据其地，出使英法义比大臣薛福成与英外部商定，派员会立坎酉，其疏略云：中国回疆之外，向有羁縻各回部，惟自咸丰同治以来，中国内寇不靖，未遑远略，俄国既以兵力吞并浩罕布鲁特哈萨克布哈尔诸回部，而巴达克山鲁善什克南瓦罕诸小部，则皆服属于阿富汗，迩来阿富汗为英属国，英之大势骎骎由印度北向，有与俄国争雄之意，而中国西边之外，遂日以多事。坎巨提一部，近喀什噶尔南界，在葱岭以南，厥地纵横数百里，户口约近万人，近年属国之入贡中国者，只此一部，盖即新疆识略之乾竺特，一统舆图之喀楚特，同音而异译也"。又《阿富汗传》云：一道光十九年，英印度总督攻阿富汗，二十九年，始与英和，英之有事于阿富汗也，俄人灭布哈尔，次第南侵，英人以阿富汗为印度藩篱，抗之尤力，光绪间，帕米尔之议起，英人复以保护阿富汗为名，出而干涉帕事矣。帕米尔者，葱岭山中宽平之地，供回族游牧者也，帕地有八，其中皆小回部错居。乾隆中，大部隶属中国，羁縻之使弗绝，厥后迤北迤西，稍稍归俄，迤南小部，附于阿富汗，东路中路，则服属于中国，于是帕米尔遂为中俄阿富汗三国平分之地。出帕米尔，南逾因都库什山，即达印度，故俄人尽力经营之，而英人亦遂急起而隐为之备，英之为阿争，即不啻为印度争也。……光绪十七年，英兵入坎巨提，逐其头目，其意在觊觎帕地，二十年帕米尔界议始定"。

[135]《清史稿》卷一六〇《邦交志》序语。

[136]《匡辅之文文忠公别传》（见缪荃孙辑《续碑传集》卷七）及《清史列传》卷五十一《文祥传》，皆详录此疏。可参阅。

[137]《清史稿》卷二十《文宗本纪》语。

[138]《清史稿》卷二十一《穆宗本纪》"同治元年，总理各国事务衙门请设同文馆，习外国语言文字，允之"。国朝通商始末记系此事于同治八年，盖指该馆扩大规制正式成立而言。据《清会典》卷一百，"同文馆管理大臣掌通五大洲之学，以佐朝廷一声教，考选八旗子弟与民籍之俊秀者，记名入册，以次传馆，设四国语言文字之学，（天文化学算学格致医学共八馆）曰英文前馆，曰法文前馆，曰俄文前馆，曰德文前馆。曰英文后馆，曰法文后馆，曰俄文后馆，曰德文后馆。

[139]语本薛福成《庸庵文编》卷一"代李伯相拟陈督臣忠勋事实疏"。接下又

云："其讲求之要有三，曰制器，曰操兵，曰学校，故于沪局之造轮船，方言馆之翻译洋学，未尝不反复致意，其他如操练轮船，演习洋队，挑选幼童出洋肄业，无非求为自强张本，盖其心兢兢于所谓未雨缪绸之谋，未尝一日忘也"。

[140]据《国朝通商始末记》卷十六。以下叙同治朝洋务亦多本是书，不悉注。

[141]见金梁辑印《清史稿·光宣列传》附编客卿蒲安臣传。

[142]按鸿章主办之洋务，惟电线一事，费少而易举，成效亦较著，自光绪六年七月奏设南北两洋电线，八年十一月奏请接办苏浙闽粤电线，九年九月疏请展接津通电线，又请添设山海关等处电线，至十一年十二月奏历年创办电报，先后告竣，言"五年以来，创设沿江沿海各省电线，绵亘一万数千里，国家所费无几，巨款悉由商集，适值法人启衅，沿海戒严，将帅入告军谋，朝廷发纵指示，皆得相机立应，无少隔阂。朝鲜二次内乱，遣兵保护，克日奏功，中国自古用兵，未有如此神速者"。详见沈相生辑各该年《光绪政要》。至主其事者，则为盛宣怀，见《清史稿》卷四七八《本传》。又按本节所叙光绪朝洋务，亦多据《光绪政要》，不悉注。

[143]《清史稿》卷四四四《张之洞传》语。按自曾国藩卒后，清季以兴办洋务著称者，自鸿章外，首推之洞，惟时代较鸿章略后耳。本书以篇幅关系，于之洞事未能详述，兹略据史传补叙于下。光绪十年，两广总督张树声解任专治军，遂以之洞代，之洞阴自图强，设广东水陆师学堂，创枪炮厂，开矿务局，疏请大治水师，岁提专款购兵舰，复立广雅书院，武备文事并举。在粤六年，调补两湖。会海军衙门奏请修京通通路，之洞议自京外芦沟桥起，经河南以达湖北汉口镇，得旨报可，遂有移楚之命。大冶产铁，江西萍乡产煤，之洞乃奏开炼钢厂汉阳大别山下，资场用，兼设枪炮钢药专厂。又以荆襄宜桑棉麻枲而饶皮革，设织布纺纱缫丝制革诸局，佐之以堤工，通之以币政。由是湖北财赋称饶，土木工作亦日兴矣。二十一年，中东事棘，代刘坤一督两江，至则巡阅江防，购新出后膛炮，改筑西式炮台，设专将专兵领之，募德人教练，名曰江南自强军，采东西规制，广立武备农工商铁路方言军医诸学堂。寻还任湖北。

[144]《清史稿》卷五三五《属国传三·南掌传》语。又同卷《缅甸传》云："光绪十一年，英灭之，并取所属掸人地，南缅地区部为四，北缅地区为六，部皆设行政长官，而隶于印度总督，缅甸至是遂亡"。

[145]《清史稿》卷二二二《诸王传七·本传》语。

[146]光绪二十一年，胡燏棻条陈变法自强事宜疏云："办理洋务以来，于今五十年矣，如同文方言馆，船政制造局，水师武备学堂，凡富强之基，何尝不一一效行，而迁地弗良，每有淮橘为枳之叹，固由仅袭绪余，未窥精奥，亦因朝廷所以号召人才者，在于科目，天下豪杰所注重者，仍不外乎制艺试帖楷法之属，而于西学，不过视

作别图，虽其所造已深，学有成效，亦第等诸保举议叙之流，不得厕于正途出身之列，操术疏，斯收效寡也"。(《光绪政要》卷二十一)

[147] 光绪八年李鸿章议覆张佩纶奏请绥靖藩服疏语。(见《光绪政要》卷八)

[148] 铭传与鸿章两疏，皆见《光绪政要》卷六，敷陈铁路之利极详。

[148] 见《光绪政要》卷九。

[150] 十一年至者三艘，定远镇远两铁甲船，济远一快船，皆德制。十四年至者四艘，致远靖远两快船，英制，经远来远两快船，德制。至各船购费，后四艘，鸿章于十五年四月曾有详细报销，计英厂二船，支银一百六十九万三千余两，德厂二船，一百七十三万九千余两，共三百四十三万七千余两，前三艘未能检得。见《光绪政要》卷十一、十四及十五。

[151] 恽毓鼎《崇陵传信录》语。

[152] 十七年八月李鸿章覆奏停购船械事宜，言之极详，见《光绪政要》卷十七。

[153] 恽毓鼎《崇陵传信录》语。

[154] 鸿章于是年七月奏陈我敌海军情势云："北洋海军可用者，只镇远定远铁甲船二艘，为倭船所不及，然质重行缓，次则济远经远来远三船，有水线甲穹甲，而行驶不远，致远靖远二船，前定造时，号称一点钟十八海里，近因行用日久，仅十五六海里，此外各船，愈旧愈缓。日本新旧快船，可用者共二十一艘，中有九艘，自光绪十五年后分年构造，最快者每点钟行二十三海里，次亦二十海里上下，我船订购在先，当时西人船机之学，尚未精造至此，仅每点钟行十五至十八海里，已为极速，今则至二十余海里矣。近年部议停购船械，自光绪十四年后，我军未增一船，丁汝昌及各将领求添购新式快船，臣仰体时艰款绌，未敢启奏渎请，倭人心计谲深，乘我力难添购之际，逐年增置"云云。(《光绪政要》卷二十) 其青明白如画。十四年，即清廷诏修葺颐和园之年也，近人池仲祜撰《海军大事记》，于光绪四年下云："海军款二千余万，尽输入颐和园之用"。以及坊行诸国史读本，或言户部尚书阎敬铭节储款千万，孝钦逼之辞职，以其款建颐和园。或言鸿章于甲午战后叹曰："使当日海军经费，按年如数发给，十年之内，北洋海军船炮，可甲地球矣，何至大败"云云。皆非其实也。

[155] 括弧中语本二十一年四月载湉宣示和让诏谕。时"廷臣章奏凡百上，皆斥和非计"，(《清史稿》卷四四三《孙毓汶传》语) 最可代表者，为两江总督张之洞及河南道监察御史易顺鼎两奏，前者主联英德俄以制倭，后者则查迁与守之两策 (详见《光绪政要》卷二十一) 前者虽未可恃，后者实不失为中策也。至此役经过，姚锡光《东方兵事记略》记录颇详赡，可参阅。

[156] 同注 [146]

[157] 梁启超《戊戌政变记》第三篇《政变前》记载是年三月二十七日康有为在保国会演说辞，列举德占胶州后四十日内各国要挟逼迫者凡二十事，可参阅。

[158] 参《崇陵传信录》。

[159]《清史稿》卷四八〇《康有为传》语。原疏略云："皇上若决定变法，请大集群臣，诏定国是，躬申誓戒，除旧布新，与民更始，立制度局总其纲，立十二局分其事，一曰法律局，二曰度支局，三曰学校局、四曰农局、五曰工局、六曰商局、七曰铁路局、八曰邮政局、九曰矿务局、十曰游会局、十一曰陆军局、十二曰海军局"。（见《戊戌政变记》第一篇第三章及《光绪政要》卷二十四）

[160] 见《清史稿》卷二十四《德宗本纪二》语。

[161] 参《崇陵传信录》。

[162] 语本《清史稿·康有为传》。《戊戌政变记》第一篇第二章《新政诏书恭跋》及《光绪政要》第二十四卷记述当时新政颇详，可参阅。

[163] 二十七年刘坤一张之洞会奏变法事宜疏语。（见《光绪政要》卷二十七）康有为于二十三年十二月上书，亦云："公卿台谏督抚，皆循资格而致，既已裹足未出外国游历，又以贵倨未近通人讲求，至西政新书，多出近岁，诸臣类皆咸同旧学，当时未有，年耄精衰，政事丛杂，未暇更新考求，或竟不知万国情状，其蔽于耳目，狃于旧说，以同自证，以习自安，故贤者心思智虑，无非一统之旧说，愚者骄倨自喜，实便其尸位之私图，语新法之可以兴利，则瞋目而诘难，语变政之可以自强，则掩耳而走避，老吏舞文，称历朝之成法，悚然听之者，盖十而六七矣，迂儒帖括，诩正学之昌言，瞿然从之者，又十而七八矣。无一事能究其本原，无一法能穷其利弊，即聋从昧，举国皆是"。（见《戊戌政变记》第一篇第一章及《光绪政要》卷二十三）

[164] 见《清史稿》卷二十四《德宗本纪二》语。

[165] 谭嗣同等，世称六君子，《清史稿》卷四七一有传，《戊戌政变记》第五篇《殉难六烈士传》记载较详，可参阅。

[166] 许景澄袁昶第三疏语。按三疏皆见《光绪政要》卷二十七。第三疏严劾酿乱大臣，语极激烈，未及奏，两公已被祸矣。参《崇陵传信录》及《清史稿》卷四七三《本传》。

[167]《崇陵传信录》曰："甲午之丧师，戊戌之变政，己亥建储，庚子之义和团，名虽四事。实一贯相生"。

[168] 见《光绪政要》卷二十六。原诏又痛论当时积弊云："近数十年，积习相仍，因循粉饰，以成此大衅。……中国之弊，在于习气太浮，文法太密，庸俗之吏多，豪杰之士少。文法者，庸人借为藏身之固，而胥吏倚为牟利之符，公事以文牍相往来，

而毫无实际,人才以资格相限制,而日见消磨,误国家者,在一私字,谈天下者,在一例字。至近之学西法者,语言文字制造机械而已,此西艺之皮毛,而非西政之本原也。居上宽,临下简,言必信,行必果,我往圣之遗训,即西人富强之始基。中国不此之务,徒学其皮毛而又不精,天下安得富强耶。……苟失其人,以拘牵文义为率真,以奉行故事为合例,举宜兴宜革之事,皆坐废于无形之中,而旅进旅退之员,遂酿成一不治之疾"。

[169] 同上注［160］。

[170] 第一疏二十七年五月上,第二第三疏六月上,全文见《光绪政要》卷二十七。柳先生《中国文化史》第三篇第十三章《外患与变法》,曾节录一二两疏,(《学衡》本下册页四二一至四三三)可参阅。

[171] 二十七年三月,督办政务处议定开办规条,有云:"维新之极,而有康逆之乱,守旧之极,而有拳匪之乱,朝廷旰食,薄海撄心,列国所讥,亦中华之耻也"。(《光绪政要》卷二十七)

[172] 参上注［168］。又二十六年十二月宣示拳匪构乱节次情形,又云:"近二十年来,每有一次衅端,必申一番诰诫,卧薪尝胆,徒托空言,理财自强,几成习套,事过以后,徇情面如故,用私人如故,敷衍公事如故,欺饰朝廷如故。大小臣工,清夜自思,即无拳匪之变,我中国能自强耶。……尔诸臣当于险屯之中,竭其忠贞之力,……大要无过于去私心,破积习。大臣不存私心,则用心必公,破除积习,则办事着实,惟公与实,乃理财治兵之根本,亦即天心国脉之转机"。(《光绪政要》卷二十六)又二十七年督办政务处议定开办规条:亦云:"西人之心公,而中人多私,西人之文简,而中文太繁,西人之事实,而中事多虚,西人之言信,而中人多伪。……自同治初年以来,非不讲求洋务,局厂如栉,船炮如云,积三十年,有何成效。所以然者,西人作事,千人一心,共利其国,中人作事,百人百心,各利其身,身有利有不利,而国则决无一利。此所以股票不售,公司涣群,凡西人有利之事,中国效之,皆赔钱之事。必先正中国人之心,乃可行西人之善法"。

[173] 光绪三十三年十月出使德国考察宪政大臣侍郎于式枚奏云:"惟风气之开辟日新,则人心之趋向各异。当光绪初年,故侍郎臣郭嵩焘尝言西法人所骇怪,知为中国所固有,则无可惊疑。今则不然,告以尧舜禹汤文武周孔之道,汉唐宋明贤君哲相之治,则皆以为不足法,或竟不知有其人,惟告以英德法美之制度,拿破仑华盛顿所创造,卢梭边沁孟德斯鸠之论说,而日本之所模仿,伊藤青木诸人访求而后得者,则心悦诚服,以为当行,前后二十余年,风气之殊如此"。

[174] 初派载泽绍英戴鸿慈徐世昌端方五人,濒行,民党吴樾以炸弹炸之,徐世

昌绍英不果行，改派尚其亨李盛铎。

[175] 原奏见《光绪政要》卷三十二，末谓"有万不可不举行者三事，一曰宣示宗旨，二曰布地方自治之制，三曰定集会言论出版之律"。

[176] 《清史稿》卷二十四《德宗本纪》语。

[177] 原疏甚详，见《光绪政要》卷三十四。

[178] 《崇陵传信录》语。

[179] 《清史稿》卷二二八《诸王传七·奕劻传》云："光绪十年，命管理总理各国事务衙门。二十七年，改设外务部，奕劻仍总理部事。子载振加贝子衔。二十九年三月，授军机大臣，寻命总理财政处，练兵处。设商部，以载振为尚书。三十年，御史蒋式瑆奏，奕劻自任军机，门庭如市，细大不捐，其父子起居饮食，车马衣服，异常挥霍，风闻上年将私产一百二十万，送往东交民巷英商汇丰银行存储，请命查提。三十二年，遣载振往奉天吉林按事。三十三年，东三省改设督抚，以直隶候补道段芝贵署黑龙江巡抚，御史赵启霖奏段芝贵善于迎合，以万二千金鬻歌妓献载振，又以十万金为奕劻寿，汇缘得官，上为罢芝贵，载振疏辞尚书，许之"。

[180] 《崇陵传信录》曰："二十年前，嘉定徐侍郎致祥常语毓鼎曰：'王室其遂微矣'。毓鼎请其故，侍郎曰：'吾立朝近四十年，识近属亲贵殆遍，异日御区宇握大权者，皆出其中，察其器识，无一足当军国之重者，吾是以知皇灵之不永也'"。

[181] 民政部尚书善耆，陆军铁良，度支载泽，礼部溥良，学部荣庆，农工商溥颋，理藩寿耆，凡七人，荣庆出蒙古正黄旗外，皆满人也。汉尚书仅外务吕海寰，吏部陆润庠，法部戴鸿慈，邮传部陈璧，凡四人，时谓满族内阁。

[182] 民政部大臣桂春，陆军荫昌，海军载洵，度支载泽，法部廷杰，农工商溥伦，理藩善耆，凡七人。自桂春荫昌外，且皆为亲贵。汉大臣仅外务邹嘉来，学部唐景崇，邮传部盛宣怀，凡三人。

[183] 《孙文学说》第□章语。

[184] 《清史稿》卷四八七《儒林传一·本传》语。

[185] 同上书卷四八八《儒林传二·本传》语。

[186] 余廷灿王夫之传语，见《碑传集》卷一三〇。

[187] 语本柳先生《中国文化史》第三编第七章《清初诸儒之思想》。

[188] 语本章炳麟《检论四·清儒》篇。

[189] 语本刘师培《近儒学术统系论》，载《国粹学报》第二十八期。

[190] 语本章炳麟《检论四·清儒》篇。

[191] 语本章炳麟《检论四·清儒》篇。

[192] 语本章炳麟《检论四·清儒》篇。

[193] 章炳麟《清儒》篇曰："世多以段王俞孙为经儒，卒最精者，乃在小学，往往得名家支流，非汉世凡将急就之侪也"。

[194] 刘师培《近代汉学变迁论》(《国粹学报》三十一期）曰："江戴之学，兴于徽歙，所学长于比勘，博征其材，约守其例，悉以心得为凭。且观其治学之次第，莫不先立科条，使纲举目张，同条共贯，可谓无征不信者矣。即嘉定三钱（大昕、塘、坫)，于地舆天算各擅专长，博极群书，于一言一事，必求其征。而段王之学，溯源戴君，尤长训故，于史书诸子，转相证明，或触类而长，所到冰释。即凌程三胡，或条列典章，或诠释物类，亦复根据分明，条理融贯，耻于轻信，而笃于深求。征实之学，盖至是而达于极端矣"。

[195] 方苞《万季野先生墓表》述斯同语，见《望溪集》卷十二。

[196] 大昕治史，最核心者为此三事，《二十二史考异》卷四十云："予尝论史家先通官制，次精舆地，次辨氏族，否则涉笔便误"。《潜研堂文集》卷二十四《二十四史同姓名录序》又云："予好读乙部书，涉猎四十年，窃谓史家所当讨论者有三端，曰官制，曰舆地，曰氏族"。

[197] 语本柳先生《中国文化史》第三编第十章。

[198] "古器物"之名，亦创于宋人。赵明诚撰《金石录》，其门目分古器物铭及碑为二，金蔡珪撰《古器物谱》，尚沿此称。至定名为"古器物学"，似始于清季罗振玉氏。罗氏永丰乡人，甲稿云窗漫稿有"与友人论古器物学书"。尝区古器物为"礼器""乐器""车器马饰""古兵""度量衡诸器""枲币""符契玺印，""服御诸器""明器""古玉""古匋""瓦当专甓""古器抚范""图画刻石""梵像"等十五类，盖所谓古器物，以出于人造者为范围也。罗氏又著有《殷虚古器物图录附说》，《雪堂所藏古器物图说》，《古器物识小录》等书。

[199] 说详方豪《红楼梦新考》，载《中外文化交通史论丛第一辑》。

[200] 语略本章炳麟《清儒》篇。

[201]《清史稿》卷四九三《文苑传·三梅曾亮传》语。

[202]《黎庶昌选续古文辞类纂叙语》。

[203] 其后文汇文宗毁于洪杨之乱，文澜亦在乱中遭损，后文源则烬于英法联军，惟渊溯津三阁具存，（文渊藏故宫博物院，战时运保后方，文津移藏国立北平图书馆，与文溯存辽宁者现被日寇劫）而文澜经数度补抄获全，归浙江省立图书馆。（战时亦西运后方）

[204]《清史稿》卷一五二《艺文志》序语。

［205］原文附所著"书目问答"后。

［206］《清史稿》卷五一〇《艺术传二·王澍传》语。

［207］见同上《吴熙载传》。

［208］《清史稿》卷五一一《艺术传三·龚贤传》语。

［209］语皆本同上注各人本传。史又称"道济与髡残齐名，号二石，道济排奡纵横，以奔放胜，髡残沈著痛快，以谨严胜，皆独绝"。

［210］见同上卷《张鹏翀传》。同传又谓"廷锡以逸笔写生，源出于恽格，而不为所囿。邦达山水源于董源巨然黄公望，墨法得力于董其昌，自王原祁后推为大家，久直内廷，进御之作，大幅寻丈，小册寸许，不下数百，溥诸各承其家法。维城山水苍秀，花卉传色，尤有神采。一桂以百花卷被宸赏，世谓恽格后罕匹者"。

［211］《清史稿》卷五〇九《艺术传》序语。

［212］同上《艺术卷三·唐岱传》语。

［213］同上注"郎世宁，西洋人，康熙中入直，高宗尤赏异，凡名马珍禽，奇花异草，辄命图之，无不奕奕如生。艾启蒙。亦西洋人，其艺亚于郎世宁"。

［214］同上注"焦秉贞，山东济宁人，康熙中，官钦天监五官正，工人物楼观，通测算，参用西洋画法，剖析分刌，量度阴阳向背，分别明暗，远视之，人畜花木屋宇，皆植立而形圆，圣祖嘉之，命绘织耕图四十六幅。镌板印赐臣工。自秉贞创法，书院多相沿袭，其弟子冷枚，胶州人，为最肖，与绘万寿盛典图。陈枚，江苏娄县人，官内务府郎中，亦参西洋法，寸纸尺缣，图群山万壑胥备"。

［215］清初名家，惟吴渔山参用西洋法，《清史稿·吴历传》云："历学画于王时敏，心思独运，气韵厚重沉郁，迥不犹人，晚年弃家从天主教，作画每用西洋法，云气绵渺凌虚，迥异平时。"见同上注。

［216］同上注［211］。

［217］《清史稿》卷五一二《艺术传四·唐英传》语。传称"英任事最久，请求陶法，于泥土釉科，坯胎火候，具有心得，躬自指挥，又能恤工慎帑。撰陶成纪事碑，备载经费工匠解额，胪列诸色瓷釉，仿古采今，凡五十七种，自宋大观明永乐宣德成化嘉靖万历诸官窑，及哥窑定窑均窑龙泉窑宜兴窑，西洋东洋诸器，皆有仿制。其釉色有白粉青、大绿米色、玫瑰紫、海棠红、茄花紫、梅子青、骡肝马肺、天蓝、霁红、霁青、鳝鱼黄、蛇皮绿、油绿、欧红、欧蓝、月白、翡翠、乌金、紫金诸种，又有浇黄、浇紫、浇绿、填白描金、青花、水墨五彩、锥花、拱花、抹金、抹银诸名。奉敕编陶冶图，为图二十，各附详说，备著工作次第。后之治陶政者取法焉"。

[218] 按珐琅彩瓷，肇端于康熙二十年后藏应选督造之时。（应选督造者，世称藏窑），器之彩色绘画款式，悉照康熙御制铜胎珐琅彩器作法，颜料亦用西来之品。至唐英督造时，此类彩器益加精进，沿用其法而加以运化，变板滞为生动，更参以我国赭墨等色，补所不足，彩色衬托益觉鲜明。英卒后，遂成绝响矣。见郭葆昌述王维周记"瓷器概说"，载商务印书馆印行《参加伦敦中国艺术国际展览会出品图说》第二册。

[219] 同上注［212］《王学浩传》语。传又谓"自道光后卓然名家者，惟汤贻芬戴熙二人"。同卷《华岩传》又谓"乾嘉之间，浙西书学称盛，而扬州游士所聚，一时名流竞逐，其尤著者，为岩，高凤翰，郑燮，金农，罗聘，奚冈，黄易，钱杜，方薰等"。

[220] 见同上注［210］，原文谓嘉庆中，尚书黄钺由主事改官翰林，入直，画为仁宗所赏。道咸以后，侍郎戴熙，大学士张之万，并官禁近，以画名。然国家寝以多故，视承平故事稍异焉"。

[221] 见同上注［212］。

[222] 本节论清代佛教，及下文论耶教在清代之盛衰，多本拙著《中国人之佛教耶教观》第二章《二教入中国后之盛衰》，载十二年中华书局印行之《学衡》杂志第十五期、十六期。

[223] 详见杨光先著《不得已》，南京龙蟠里国学图书馆影印本。

[224] 张祝龄《中华第一次受洗人蔡高先生轶事》有云："蔡高蔡显兄弟，皆在马君印刷所中充伙计，其兄弟性质相差甚远，显温和纯静，城府至深，与高之急激叫嚣，一望而判，惜乎显对于福音，淡然寂然，格格若不相入，虽主日亦依样赴会，然颇见其有外无内，无意信仰，后果如所料，高则于一千八百十四年七月十六日受洗"。

[225] 英订于道光二十二年，俄订于咸丰元年及八年，法订于咸丰八年及十年，德订于咸丰十一年，丹麦订于同治二年，西班牙订于同治三年，比利时订于同治四年，意大利订于同治五年，葡萄牙订于光绪十三年，美国订于咸丰八年同治七年及光绪二十九年，约中规定最详及关系最巨者，为咸丰八年《中法条约》第十三款，及十年续增《条约》第六款，前者谓"天主教以劝人行善为本，凡奉教之人，皆全获保佑身家，其会同礼拜诵经等事，概听其便，凡第八款备有盖印执照安然入内地传教之人，地方官务必厚待保护，凡中国人愿信崇天主教而循规蹈矩者，毫无查禁，皆免惩治，向来所有或写或刻奉禁天主教各明文，无论何处，概行宽免"。后者谓"应如道光二十六年正月二十五日上谕即颁示天下黎民，任各处军民人等传习天主教，会合讲道，建堂礼拜，且将滥行查拿者予以应得处分，又将前谋害奉天主教者之时所充之天主堂学堂

茔坟田土房廊等件，应赔还交法国驻札京师之钦差大臣转交该处奉教之人，并任法国传教士在各省租买田地，建造自便"，此后各国关于传教之谈判，及清廷政府官吏所出之示谕，大抵以此为准则云。

［226］据西人印行《中国之耶教事业》，引见前注［222］。

［227］见顺治元年七月《东华录》。

［228］据《清史稿》卷二七《天文志二·仪象》序。

［229］据《清通考》卷□□□所载康熙二十二年，制简平仪。地平半圆日晷仪，三十二年，制三辰简平地平合璧仪，五十二年，制地平经纬仪，（按系将地平经纬合为一仪）五十二年，制星晷仪，制四游表半圆仪。制方矩象限仪，乾隆九年，制三辰公晷仪，制看朔望入交仪，制六合验时仪，制方月晷仪，十九年，三辰公晷仪成，命名玑衡抚辰仪。

［230］两图今皆有印本，前者题《清内府一统舆地秘图》，沈阳故宫博物馆以石印出版，后者题，《乾隆内府舆图》，北平故宫博物院文献馆以原图铜版印行。至两图测绘经过，可参阅翁文灏《清初测绘地图考》，（载《地学》杂志十九卷三期）及《读故宫博物院乾隆内府舆图记》"。（载《方志》月刊五卷四期）翁君文中于西士有汉姓汉名者，每以己意改为音译，方豪君已一一为之更正矣，见氏著《中外文化交通史论丛》第一辑。

［231］西法绘事已见前。乾隆世营建之圆明园及长春园，中多模拟西式建筑。（圆明园四十景中，水木明瑟一景，盖仿西洋喷水池，余如园中西洋门、西洋桥、西洋栏杆，亦不可胜数，长春园中仿西洋作风建筑者，有谐奇趣、蓄水楼、花阑、养雀笼、方外观、竹亭、海晏堂、远瀛观、大水法、观水法、线法山、湖东线法画等，凡十二处），工艺制品如呢布钟表及日用品物等，《红楼梦》中即有不少记载，说详方豪《红楼梦新考》。至清初学习拉丁文者，亦详见方君《拉丁文传人中国考》，见同上注。

［232］语皆本《清史稿》卷五一三《畴人传一》。阮元《畴人传》暨罗士琳《续畴人传》所载畴人，远较史稿为多，可参阅。

［233］本节略据上海土山湾印书馆印行圣教杂志丛刊《明末清初灌输西学之伟人》。

［234］艾儒略述《大西利先生行迹》语，新会陈氏排印本。

［235］据方豪著《拉丁文传人中国考》"四译入拉丁文之中国名著"节。

［236］参阅范存忠著《孔子与西洋文化》，（载《国风》第三期圣诞特刊，南京钟山书局二十一年九月出版），及《十七八世纪英国流行的中国思想》，（载中央大学《文史哲》季刊第一卷第三期，三十二年出版）

[237] 参吴宓撮译德国雷赫（A. Reichwein）著《十八世纪中国与欧洲文化交通史略》，载《学衡》杂志第五十五期。

[238] 参方豪著《同治前欧洲留学史略》。载《中外文化交通史论丛》第一辑。

[239]《清史稿》卷五一二《艺术传四》有《徐寿传》，卷五一四《畴人传二》有《李善兰华蘅芳传》。至严复生平，详见王蘧常《严几道年谱》。（商务印书馆出版）

[240] 本节及下二节凡加括号者，皆引柳先生《中国文化史》第三编第十四章《译书与游学》。（《学衡》本下册四三五至四五二页）

[241] 据《光绪政要》卷一载元年十月直隶总督李鸿章两江总督沈葆桢奏上海机器局报销事，及《东方》杂志第十四号载《马江船坞之历史》。又按李沈奏章云："计自同治六年五月，动支洋税之日起，截至十二年十二月底止，共收江海关二成银二百八十八万余两，共用购器制造建厂薪工等项银二百二十三万余两，实存料物等项银六十四万余两，是每年经费，不过银四十万两耳。至闽局，截至光绪三十三年，共成船四十号。"

[242] 本节多本《中国文化史》第三编第十五章《机械之兴》。（《学衡》本下册页四五三至四六九）

[243]《清史稿》卷五〇七《遗逸传》序语。

[244]《碑传集·逸民》凡四卷（卷一二三至一二六），《国朝先正事略·遗逸》亦四卷（卷四五至四八），《清史稿·遗逸传》则仅两卷（卷五〇七至五〇八），三书以事略为最详，史稿亦大抵本诸事略，本节下文所引，虽间有取材碑传集及史稿者，亦以取自事略者为多也。

[245] 语本全祖望《鲒埼亭集外编》卷三十《题徐狷石传后》。

[246] 见同上正编卷十二《应潜斋先生神道碑》。

[247] 本节多本《中国文化史》第三编第三章《明季之腐败及满清之勃兴》。（《学衡》本下册页二九四至二九九）

[248] 括弧中皆见《明史》卷五十三《礼志七》。

[249] 本节略本《中国文化史》第三编第六章《满清之制度》页三三四至三三五。

[250] 见《管异之文集》卷□。

[251] 此言朴学三善，语本章炳麟《检论》卷四《学隐》篇。

[252] 语本顺治十年《东华录》。

[253] 分见康熙四十八年及五十一年《东华录》。

[254]《光绪政要》卷七载出使俄国大臣曾纪泽奏陈改订俄约办事艰难情形疏，略

云："微臣办事之难，与寻常出使情形迥不相同。西人待二等公使之礼，远逊于头等，而视定议复改之任，实重于初议。原约系特派头等全权便宜行事之大臣所订，臣晤吉尔思（俄外部大臣）布策（俄前驻华公使）诸人，咸以是否头等有无全权相诘，臣答以职居二等，不称全权大臣，乃彼一则曰头等所定，岂二等所能改乎，再则曰全权者所定尚不可行，岂无全权者所改转可行乎。……俄人与臣议事，稍有龃龉，则故以无全权非头等之说折臣。每言使者遇事，不敢自主，不如遣使前赴北京议约，较为简捷等语。臣亦知其借此词以相难，但彼国既以无权而相轻，微臣即不免较崇厚而见绌"。

[255] 引自瞿宣颖辑《中国社会史料丛钞》甲集页一一三，二十六年十二月商务印书馆出版。

[256] 皆本雍正朝《东华录》。

[257] 见《清通考》卷七十二《学校考十》。

[258] 见《清会典》卷三十二《礼部》。

[259]《光绪政要》卷三十载三十年十月商部奏请立案削除丐籍疏略云："据浙江绅士卢洪昶等呈称浙省堕民，散处各郡，不下二万余人，男女操业卑微，群萃州处，自为种类，不得与齐民齿，雍正元年，特除浙省堕民丐籍。俾得改业自新，而习俗相沿，厥界未化，非第报捐应试，万无可望，即耕读工商，亦且动遭箝制，……洪昶拟就堕民处所捐建农工小学堂两所，招致堕民子弟入堂肄业，将来毕业学生，准其升入官私各学堂，给予出身。"又云："山陕之乐户，广东之蜑户，安徽之世仆，自弛禁除籍以后，民间一切相安"。

[260] 见《不得已》上卷《辟邪论中》。

[261] 见同上书下卷《日食天象验》。

[262] 故宫博物院影印之《康熙与罗马使节关系文书》，（二十年出版）共十四种文件，中数件有玄烨朱笔批语，最后一种为教宗格肋孟第十一（Clement XI）于一七一五年（康熙五十四年）三月十九日颁布之禁约，康熙朱批云："览此告示，只说得西洋人等小人，如何言得中国之大理，况西洋人等无一人通汉书者，说言议论，令人可笑者多，今见来臣告示，竟与和尚道士异端小教相同，彼此乱言者莫过如此，以后不必西洋人在中国行教，禁止可也，免得多事"。

[263] 见注「170」。

[264] 语本黄遵宪《日本国志》卷三十二《学术志一》。

[265] 本节论经济，多本《中国文化史》第三编第十八章《经济之变迁》。（下册页四九九至五三一）